谜底层层揭开　真相娓娓道来

历史悬案

文若愚　编著

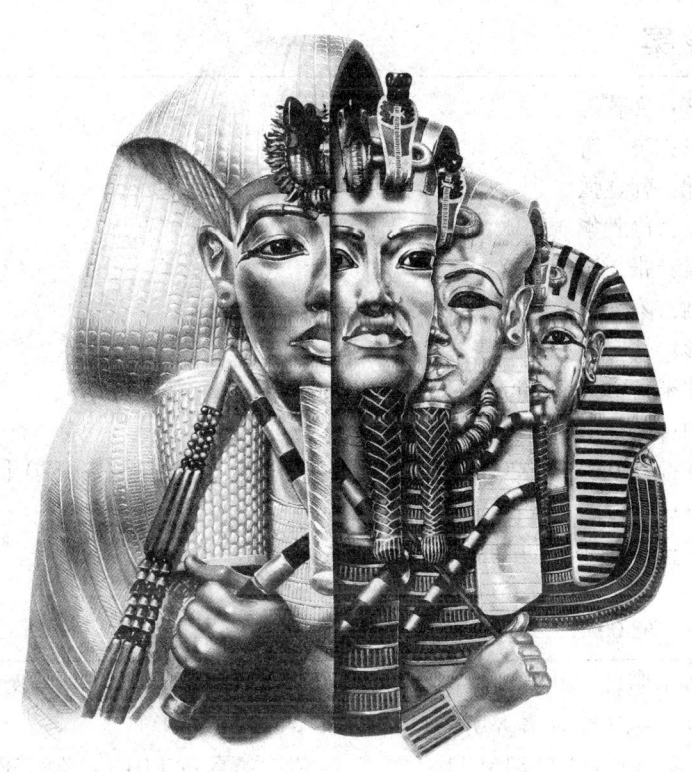

中国华侨出版社
北京

图书在版编目（CIP）数据

历史悬案 / 文若愚编著. —北京：中国华侨出版社，2014.8（2019.11重印）

ISBN 978-7-5113-4854-8

Ⅰ.①历… Ⅱ.①文… Ⅲ.①世界史—通俗读物 Ⅳ.①K109

中国版本图书馆CIP数据核字（2014）第194992号

历史悬案

编　　著：	文若愚
责任编辑：	晓　涛
封面设计：	韩立强
文字编辑：	徐胜华
美术编辑：	张　诚
图片绘制：	陈来彦　陈福平　孙意如　陆铭蓓
图片摄影：	孔　群　郝勤建
部分图片来自www.quanjing.com&www.ICpress.cn	
经　　销：	新华书店
开　　本：	720mm×1020mm　1/16　印张：28　字数：620千字
印　　刷：	鑫海达（天津）印务有限公司
版　　次：	2015年1月第1版　2019年11月第2次印刷
书　　号：	ISBN 978-7-5113-4854-8
定　　价：	68.00元

中国华侨出版社　北京市朝阳区静安里26号通成达大厦3层　邮编：100028

法律顾问：陈鹰律师事务所

发 行 部：（010）58815874　　　　　传　　真：（010）58815857

网　　址：www.oveaschin.com　　　　E-m a i l：oveaschin@sina.com

如果发现印装质量问题，影响阅读，请与印刷厂联系调换。

前 言

著名的历史学家顾颉刚先生认为,学习历史时要区分"记载的历史"和"客观的历史"。对于"记载的历史"即"官史"和所谓"信史",应该敢于质疑,要"研究文献记载中的传说、演变的经历",辨伪以存真。"不立一真,唯穷流变",对历史与现实才有意义。这也就是说,记载的历史遗漏了许多客观的历史,许多细节真相被掩盖了,从而形成许多悬案。

历史的真相之所以会被掩饰,原因是多方面的。有的是因为当局者出于某种政治需要、个人喜好偏见等自身利益的考虑刻意隐瞒,而有所保留、有所舍弃,甚至进行了篡改;有的是因为年代久远,相关人证物证被岁月所尘封,使得史料缺失,许多细节被覆灭;有的是因为受人类当前的认知能力和科技水平所限而不能完全得到合理的解释;等等。这些现实问题使得许多历史细节难以展现出完整的真实面貌,久而久之容易让人们形成一定的认识误区:在谈论历史事件的过程中,人们经常以个人的判断对历史进行厚此薄彼的陈述或判断,事件细节不断地被加入人工的修饰,或进行随意拼接、删改,甚至以讹传讹,最后形成偏见,可能跟事实大相径庭。现代文明中,人们需要知道那些记载不详的历史,更要知道被遮蔽的客观历史细节的真相,让被歪曲或颠倒的历史面貌复原,让被封存的证据得以再现,让历史遗存得以重新认识,得到新的阐释或评价。

为了满足广大读者的求知欲和对历史真相的渴望,我们推出了这本《历史悬案》。全书分为世界篇和中国篇,收录了历史上影响巨大、兼具研究价值和关注度的50多个历史悬案,容量大,涉及范围广。书中各历史悬案按照其发生的时间先后排列,采用案例解读的方式,多角度、全方位地逐层透析这些历史悬案背后的各个疑点,客观、科学地分析其成因、特点及其破译进展情况,力争给读者提供权威、丰富、全面的信息。内容涉及神奇的金字塔、失落的古文明、帝王身世、战争悬疑、宫廷政变、名人之死、文化谜团、神秘宝藏、历史奇案等,一个个亦真亦幻、起伏跌宕的离奇故事,引人入胜。荷兰历史学家盖尔说,历史是一场永无止境的辩论。每个历史悬案都会存在几种学术观点,但是真相远比这些流行观点更充满了悬疑,更为精彩而更富趣味性。对于这些观点,编者并未以一家之言取信于读者,而是在参考了大量文献资料、考古发现的基础上,结合最新的研究成果,客观地将多种经过专家学者分析论证的观点一并提出,展示给读者,使读者在了解这些历史细节的同时,既多了一个与专家学者面对面交流的机会,又多了一条了解真相的途径,这会让历史细节更加鲜活，从而帮助读者见微知著、去伪存真，尝试去揭开谜团。

同时，为了满足读者更高层次的阅读审美需要，编者还精心挑选了200余幅弥足珍贵的相关案例的精美图片，与文字珠联璧合，相辅相成。其中，包括实物图片、历史遗迹、出土文物、经典建筑、人物雕像、经典名画、教堂壁画、摄影作品等，配以准确精当的图注文字，或展示特点，或刻画环境，或解释内涵，或提供佐证，或说明背景，给读者以最直观、最具震撼力的视觉冲击和简洁扼要的语言提示，展现出栩栩如生的历史情境，使人如临其境、如见其人、如闻其声，以弥补单纯文字说明过于抽象的缺憾，使知识的传输更加直接、快捷，印象深刻，以期为读者提供更为广阔的认知视野和想象空间，使读者能结合实物或当时的场面，真切地感受历史情境，体会人们为解开这些悬疑所经历的曲折探索。写作风格上，本书力求通俗易懂、精准生动，将大量未知的事物与现象用语言深入浅出地完整表达出来，可读性强，符合不同层次读者的阅读需求。

我们希望通过简明科学的体例、准确生动的文字、新颖的版式和精美的图片有机结合，为读者营造一个相对轻松的阅读氛围，构建一个回归凝重历史的通道，立体展示悬案的来龙去脉，带你进入一个精彩、神秘的未知世界，去探究历史的真相，以现代的眼光去解读历史细节。

明镜鉴世事，陈酒醉今人。通过阅读本书，你可以了解著名历史悬案之症结，洞悉现实生活，既能增长知识，开拓视野，还能汲取前人的经验和教训，坚定向未知世界挑战的信心。

目 录

世界篇

神奇的金字塔 2
只是法老的陵墓吗 2
是谁修建了金字塔 4
修建之谜 5
谜中之谜 9

法老的"魔咒" 10
安息的法老 10
冒险者的悲剧 11
破解之旅 14

木乃伊传奇 18
神秘的期待复活者 18
制作之谜 21

狮身人面像的迷雾 25
是谁建造了狮身人面像 25
"斯芬克斯"究竟何时诞生 27

印度河文明古城的消失 28
两大古城遗迹的发掘 29
摩亨佐·达罗的消失与核战争有关吗 31

巨石阵遗址 33
英格兰规模庞大的巨石阵 34
是谁建造了巨石阵 35
巨石阵的作用之谜 37

特洛伊城的毁灭 39
特洛伊城宝藏之谜 39

古代特洛伊战争的遗址之谜 ... 43
特洛伊战争是真是假 ... 44

米诺斯的传说 ... 46
忒修斯的传说 ... 47
米诺斯文明的毁灭 ... 48
克里特岛上的迷宫是寝陵吗 ... 50

"天堂"奇观 ... 53
"空中花园"的建造之谜 ... 54
新巴比伦王国修建过通天塔吗 ... 56

古罗马城的覆灭 ... 57
重见天日的庞贝古城 ... 57
赫库兰尼姆古城的神秘失踪 ... 59
庞贝古城是怎样覆灭的 ... 60

失落的玛雅文明 ... 61
湮灭千年的神秘文明 ... 62
玛雅人的圣井 ... 65
玛雅人为何修建金字塔 ... 67
文明,是毁于战争的吗 ... 70
是大自然带来的灭顶之灾吗 ... 72

亚历山大猝死之悬疑 ... 73
昙花一现的帝国 ... 73
神秘而复杂的人格 ... 75
父子猝死之谜 ... 77

恺撒的悲剧 ... 81
伟大的征服者 ... 81
"祖国之父"的结局 ... 83
恺撒与布鲁图 ... 84

揭开埃及艳后的面纱 ... 88
一个女人和两个男人的爱情 ... 88
美与丑:关于埃及艳后真实形象的争论 ... 90
新发现:埃及艳后原来是位才女 ... 91
自杀还是谋杀:克丽奥帕特拉死亡之谜 ... 94

轰动科学界的复活节岛石雕 ... 96
神奇的人面巨石像 ... 96

石雕人出自谁的手 98

印加文明的悬疑 99
　　太阳贞女城马丘比丘 99
　　古老的印加有文字吗 100
　　惊人的印加宝藏 102
　　印加人的"巨石文化"之谜 103
　　太阳门何以神秘 104
　　古印加人为何将"空中之城"弃之而去 106

颇具争议的马可·波罗 107
　　马可·波罗其人其事 108
　　质疑：《马可·波罗游记》是不是虚构的 110
　　回应质疑：另一种声音 113

被遗弃的吴哥古城 116
　　吴哥王朝的发展 116
　　寻找吴哥艺术发展的轨迹 120
　　吴哥古城建立和湮灭之谜 122

终身未嫁的伊丽莎白一世 123
　　不平凡的王者之路 123
　　一代女王的传奇 124
　　她为什么终身未嫁 125

寻找真实的莎士比亚 130
　　伟大的戏剧大师 130
　　到底谁是莎士比亚 132
　　悬案仍将继续 137

蒙娜丽莎微笑的背后 138
　　天才画家达·芬奇 138
　　寻找蒙娜丽莎的原型 141
　　永恒的神秘微笑 144

哥伦布与新大陆的发现之谜 147
　　国籍不明的哥伦布 147
　　美洲大陆的发现是阴差阳错吗 149
　　是哥伦布发现了新大陆吗 150

拿破仑传奇 152
　　辉煌的一生 152

拿破仑在1812年失落的财宝 153
拿破仑为何会兵败滑铁卢 155
官方的说法：拿破仑死于胃癌 156
法国人民的愤怒：拿破仑是中毒而死 158
庸医制造的医疗事故 161

林肯被刺之谜 162
美国历史上最伟大的总统之一 162
福特剧院的枪声 165
是什么人策划了阴谋 167

珍珠港事件内幕 170
美国历史上最悲惨的一天：日本成功偷袭珍珠港 170
难道是罗斯福的"苦肉计" 172
有关"雪计划"的说法 175

恶魔幽灵希特勒之谜 177
来路不明的德国元首 177
希特勒生前的种种奇闻 180
希特勒选用卐作党徽有何用意 182
谁摧毁了希特勒的原子弹美梦 183
魔鬼到底终结了吗 184

纳粹宝藏秘闻 187
无法估量的纳粹宝藏 187
漫漫寻宝路：初露端倪 189
"杀人湖"的秘密 190

轰动一时的梦露奇案 194
性感女星的曲折道路 194
失败的婚姻与危险的爱情 196
迷雾重重：神秘的死亡 197
凶手是谁 199

肯尼迪遇刺之谜 201
美国历史上最具魅力的总统 201
调查疑点丛生，结论众说纷纭 202
惊曝内幕：这是副总统干的 206

谁谋杀了马丁·路德·金 209
"我有一个梦想" 209

阳台枪声：莫名其妙的凶犯 212
一波三折的审判：到底谁是密谋者 215

水门事件之谜 216
举世震惊的水门丑闻 217
神秘的"深喉" 220
最新消息："深喉"浮出水面 221
无奈的结局——尼克松早知谁是"深喉" 223

再说"猫王"死因 224
一代偶像，神秘地死去 225
元凶竟是镇静剂 227
偶像幽灵：稀奇古怪的传闻 230

中 国 篇

华夏文明之初 232
"华夏"的由来 232
华夏第一都到底在哪里 233
黄帝是传说中的人物吗 235
炎帝、黄帝战蚩尤一事是真的吗 236
轩辕黄帝陵在何处 237

汉字起源之谜 239
汉字的起源是怎样的 239
真是"仓颉作书"吗 240

商代墓葬悬疑 242
小屯村甲骨文发现引出的殷墟遗址 242
妇好墓的主人究竟是谁 243
谜团重重的后母戊鼎 245

诡异的中山王墓 246
中山王墓为何有众多的鲜虞族珍宝 247
满城汉墓的主人是谁 248
"金缕玉衣"真的能让尸体不朽吗 249

秦始皇身后留下的悬案 251
谁是秦始皇的父亲 251
身形猥琐还是英武潇洒 254
为何不立后 255

焚书坑儒了吗 257
秦始皇传国玉玺下落追踪 258
真有阿房宫吗 259
病死，还是被害而亡 263
秦始皇陵墓中的重重谜团 265

徐福东渡之谜 269
是史实还是传说 269
徐福故里在哪里 270
从哪里起航，走的是哪条航线 272
徐福到日本了吗 275

赤壁大战之谜 278
究竟是哪个赤壁 279
败于火攻，还是另有原因 282

玄武门之变真相之谜 284
李建成是个阴险狡诈的人吗 284
谁是始作俑者 285
史官是否篡改史实 289

乾陵悬疑 290
武则天死后为何立无字碑 290
乾陵石人像为何没有脑袋 292

杨贵妃生死之谜 293
杨贵妃死于何处，是怎么死的 293
杨贵妃葬于何方 295
如果没有死，流落何方 297

宋太宗即位之谜 300
斧声烛影中杀兄夺位吗 300
金匮之盟的真伪 303
合法继位吗 305

明建文帝朱允炆下落之谜 308
死于大火吗 308
逃出皇宫说 310
穹隆山为僧说 312
改姓隐居说 315
流亡海外说 316

郑和下西洋之谜 317
为何下西洋 317
郑和船队最远到了什么地方 320
西洋之行为何戛然而止 322
郑和航海档案被毁原因 323

明末三大悬案 324
"梃击案"的幕后主使是谁 324
朱常洛死于红丸吗 327
李选侍死于移宫吗 329

李自成兵败后的生死之谜 331
九宫山兵败被杀说 332
夹山寺出家说 335
被部将所杀说 340

孝庄太后下嫁真相之谜 342
太后下嫁不是没有可能 342
真的下嫁了吗 344
根本就没下嫁吗 347

顺治帝出家之谜 350
难道不是患天花而死吗 351
果真出家了吗 353
顺治帝之死又有新说 358

雍正帝继位之谜 359
改诏篡位说版本众多 360
遗诏继位说 362
无诏夺位说 366

雍正帝死因之谜 367
吕四娘刺杀雍正帝说 367
死于丹药中毒吗 370
正常死亡说 373

乾隆帝身世之谜 374
生于雍和宫,还是承德避暑山庄 374
会不会是在草棚诞生 377
海宁换子是真事儿吗 380
生母莫非是钮祜禄氏 383

太平天国之谜 ... 386
外国人担任过太平军上校吗 ... 386
杨秀清有没有逼封"万岁" ... 388
石达开出走之谜 ... 390
李秀成投降书是真是假 ... 393
太平天国宝藏之谜 ... 395

慈禧太后之谜 ... 399
生于何地，说法不一 ... 399
慈禧太后出生地又有新说法 ... 401
她害死了慈安太后吗 ... 403
缘何逼死珍妃 ... 405
是否害死了光绪帝 ... 408

张文祥刺马案之谜 ... 411
为兄弟报仇吗 ... 411
是被收买的刺客吗 ... 412
为了同伙在东南的发展吗 ... 413
为何草草了案 ... 416

清东陵被盗之谜 ... 417
东陵浩劫的罪魁是谁 ... 417
神秘的地宫是怎样被打开的 ... 420
有多少珍宝被盗，如今流落何方 ... 422
慈禧太后墓中珍宝知多少 ... 424

"北京人"化石失踪之谜 ... 425
震惊世界的头盖骨 ... 426
"北京人"化石如何失踪 ... 427
追寻"北京人"化石 ... 429
"北京人"化石可能在哪里 ... 431

世界篇

□历史悬案

神奇的金字塔

古代埃及有这样一个神话：在一次宫廷阴谋中，国王奥西里斯被自己的兄弟残忍地杀害，并被碎尸扔到尼罗河里。王后伊西丝找到其遗体后，悲恸欲绝，哭声感动了太阳神。于是太阳神帮助她把丈夫的尸体还原，并做成木乃伊。结果奥西里斯获得再生，成了冥界的主宰。从此以后，古埃及的每个法老死后，都要制成木乃伊再装入石棺，然后送进其"永久的住所"——金字塔中；这样，法老们的灵魂就能永生。

金字塔到底何时所建？为何而建？由何人修建？又是如何修建？所有这些难解之谜都在世人心中留下一串串问号。同时，有关金字塔这种建筑的种种神秘现象和趣闻，也使人们产生许多困惑。

只是法老的陵墓吗

翻阅世界各国的古代历史，人们会发现，在许多专制统治的国家，其帝王往往修建了豪华奢侈、规模宏大的陵墓，比如中国的秦始皇陵以及举世闻名的兵马俑就是这方面的典型。不过，从这些统治者的出发点来说，修建陵墓的主要目的是要在死后继续享受荣华富贵。但古埃及的法老们之所以修建金字塔，其目的却不仅仅如此，或者说有根本的区别。

迄今为止，在埃及发现的金字塔共有90多座，它们散布在尼罗河下游西岸，人们通常认为它们是古代埃及法老的陵墓。埃及人称金字塔为"庇里穆斯"（pyramids），意思是"高"。由于古埃及人崇拜太阳神，他们相信人会死而复生，渴望灵魂的永恒，所以才有了木乃伊的制作，进而有了存放木乃伊的金字塔。而古埃及所有的金字塔之所以都坐落在尼罗河西岸毗邻沙漠的吉萨高地上，是因为在古埃及人心目中，尼罗河东岸是太阳升起的地方，是生命的源头，而日落的西岸则是超度亡灵的西方彼岸世界。所以，作为最高统治者的法老，为了达到永生的目的，并试图在天国里继续享受荣华富贵，驱使其臣民为自己修建了一座座金字塔。

不过，后世研究者发现的众多神奇现象，又使人们产生疑问：花费如此之多的劳力和钱财，为自己建造一个尸体储存所，除了国王们固有的豪华奢侈心态外，是否还有其他原因呢？因为在实际上，人们在金字塔里发现的法老的木乃伊数目是极少的。科学家们的研究表明，金字塔的形状，使它产生一种奇异的功效，即能使尸体迅速脱水，加速"木乃伊化"。假如把一枚锈迹斑斑的金属硬币放进金字塔，不久，就会变得金光灿灿；假如把一杯鲜奶放进金字塔，24小时后取出，仍然鲜美……

1963年，俄克拉荷马大学的生物学家们证实，已经死亡几千年的埃及公主梅纳，其躯体上的皮肤细胞仍具有生命力！最使

狮身人面像

人毛骨悚然的一件事是，埃及考古学家马苏博士宣称，当他在帝王谷下从事发掘，打开一座古墓石门的时候，竟然有一只大灰猫，满身尘土地凶猛地向人扑来，而几个小时以后，它就死在了实验室里，难道它真的忠实守卫主人4000多年吗？这不由使我们联想到好莱坞电影《木乃伊归来》中的情景。

尽管有的科学家推断，金字塔的结构本身就是一个很好的微波谐振腔体，所产生的微波能量的加热效应可以杀菌，并且使尸体脱水。可是，4000多年前的法老，怎么知道利用微波呢？还有的科学家认为，任何建筑物都可以根据它们的外部形状而吸收不同的宇宙波，而金字塔内的花岗岩石恰好具有蓄电池的作用，它吸收各种宇宙波并加以储存，而金字塔内所产生的那种超自然力量的能，正是宇宙波作用的结果。可是，难道4000多年前的古埃及人就已经知道这些了吗？

关于金字塔，还有一些广为人知的奇事。在相当长的一段时间里，都有人声称著名的胡夫金字塔前有一段可怕的铭文："不论是谁骚扰了法老的安宁，死神之翼将在它的头上降临。"当然经科学家考证，这段著名的咒语其实与金字塔毫无关系，而是出现在另一位法老的陵墓内。但是仍有很多人对此传说深信不疑，并极大程度上混淆了人们的视听。尽管最初很多科学家和探险家都对这种"法老的诅咒"不以为然，然而那些曾真的"骚扰了法老的安宁"的人，绝大多数都遭到了厄运和灾难。在他们中间，有的身患重病而死，有的精神失常，有的莫名其妙地自杀……而美国的一项调查报告表明，在100名曾经到过金字塔观光的英国游客中，随后10年内死于癌症的，竟达40%，而且年龄都不大；而那些曾经爬上金字塔顶的人，都很快出现昏睡现象，无一生还！

这一切难道是在印证法老诅咒的魔力？科学家们对此展开研究和调查后，提出了一些推论。来自开罗大学的塔亚博士认为，金字塔内存在一种曲霉细菌，感染者会导致呼吸系统发炎，皮肤上出现红斑，最后因呼吸困难而死亡。美国迈阿密贝利大学的化学教授达维多凡从金字塔中检验出衰退的辐射线，很显然，这正是英国游客患癌的主要原因。由于金字塔外没有这种辐射线，该教授大胆提出了一个颇为新

3

□ 历史悬案

颖的推断：金字塔是史前外星人的核废料储存所。

是谁修建了金字塔

在过去，由于有明确的文字记载，关于金字塔的建造者，人们有一个普遍的共识。一直以来，金字塔都被看作古埃及劳动人民智慧的结晶。关于这一点，被称为"西方史学之父"的希罗多德（他曾漫游埃及）就认定金字塔是奴隶辛劳的结果，并在2000多年前就曾详尽地记载，在建造胡夫金字塔时，法老强迫所有的埃及人为他做工，10万人为一群，每群人劳动3个月。不计其数的古埃及奴隶从遥远的阿拉伯山（有人认为即今天的西奈半岛）拉来巨石，借助畜力和滚木，把巨石运到建筑地点，然后将场地四周天然的沙土堆成斜面，把巨石沿着斜面拉上金字塔，堆一层坡，砌一层石，逐渐加高金字塔。就这样，用了整整20年的时间才修建完毕。因此，金字塔的修建在当时给埃及人民带来了巨大的灾难，它耗竭了埃及三个朝代的资源，给埃及留下了一片荒凉，并最终激起了人民的反抗。

但是长期以来，这一传统观点却不断面临挑战。

在埃及，大大小小的金字塔有90多座，其中最大的一座是第四王朝法老胡夫的大金字塔。它大约建造于公元前2700年，塔高146.5米，相当于一座40层高的摩天大楼；塔基成正方形，每边长230.6米，占地约52900平方米；由大约230万块大小不等的石块砌成，平均重量约2.5吨，最轻的也有1.5吨。在比大金字塔稍小的卡夫拉金字塔旁，还屹立着一尊巨大的石雕，也就是举世闻名的狮身人面像。据说在1798年，当拿破仑带兵占领埃及时，由于听信在此藏有宝藏的传闻，曾下令用重炮轰击狮身人面像，结果石像岿然不动，轰断的几根胡须现在还保存在英国博物馆里。

人们的疑问就在于：这么巨大的工程，难道真是几千年前的古埃及人完成的吗？因为按照希罗多德的描述，修建金字塔的各个环节如采石、运输、下河、上岸，不仅需要大批的石匠、建筑工人、运输工人、水手，而且需要一大批工程师、施工人员和管理人员，一支有足够的镇压能力的军队也是必不可少的。而且，他们要吃、要穿、要住、要消耗，这就又要有一支庞大的服务队伍。另据估计，支持这样的建筑工程需要5000万人口的国力，而一般认为，公元前3000年前后全世界的总人口也

埃及金字塔大甬道
这条大甬道是通向胡夫墓室的倾斜通道，将近8米高，35米长。

不会超过2000万。何况，已经发现的金字塔有90多座，即使像希罗多德在《历史》中所说的，30年完成一座，总计也需2700年以上，埃及承受得了这样浩繁、这样长久的消耗吗？

所以有人怀疑，金字塔不可能是地球人力所为，而极有可能是外星人所修建的，是他们遗弃的着陆标志，更有人推断这是失落的部落文明的创造。不过，所有这些只能归于猜测，并没有确凿的证据。

真正具有说服力的要数来自考古界的新发现，因为考古是研究历史悬案最科学的手段。考古人员在金字塔埋葬者的随葬品中发现了大量用于测量、计算和加工石器的工具，这表明这些埋葬者就是金字塔的建造者。同时发现的还有一些原始的金属手术器械以及死者在骨折后得到医治的证据，这说明这些死者生前得到了很好的医疗待遇。这样的发现很自然地使人对先前认为金字塔的建造者是古埃及奴隶的说法提出了质疑。因为在古埃及，地位低下的奴隶不可能有医疗的机会，死后更不可能被安葬。此外，考古人员通过对这些遗迹测算，认为只有大约25000名劳工参与了建造金字塔，这就意味着希罗多德有关金字塔由百万名工匠建造的论断是不准确的。

更重要的发现是埃及考古学家在最近二十几年里获得的。考古学家在吉萨高原金字塔区陆续发现了一个规模非常大的工人墓地、一座工人城市和一具可能是人类有史以来发现的最古老的石棺。通过对这些遗址的研究，很多考古学家改变了自己以往的看法，转而认为建造金字塔的是自由人，很可能就是农闲时期的农民，他们做工是要领工资的。据现存的记录显示，古埃及政府主要用面包和洋葱作为这些工人的报酬，而且还有证据表明，工人们为了争取更高的工资曾举行过罢工。

2002年9月，为了进一步揭示金字塔建造者的身份，埃及考古学家打开了在吉萨高地金字塔群附近地区发现的神秘石棺。当时，包括中国中央电视台在内的上百个国家的电视台对此进行了直播。这具4500多年来没有被人动过的石棺长2米，宽1米，埋在吉萨高地金字塔区的东南角。石棺的主人是一座金字塔的监工，他生活的时代是埃及的第四王朝时代（公元前2613~前2494年）。尽管最终除了一具骸骨之外，没有获得重大发现，但这些考古发现的价值却是不容置疑的。

修建之谜

除了对所需的劳动力产生疑问外，后人对金字塔最大的困惑在于其修建的具体过程，而这也是它留给世界的最大悬案。从技术角度来讲，这的确令人感到不可思议。

众所周知，金字塔是由无数巨石堆砌的。可实际上据考察，古埃及并不出产这种巨石，希罗多德也称其是从遥远的阿拉伯山运来的。那么，这些石块是怎样开采、运送的，又是怎样堆砌的呢？要知道，即使在今天，拥有世界上所有现代化技术手段的建筑师也很难完成如此艰巨的工作。我们无法想象，在那么遥远的年代，在只有粗陋的工程技术水平的年代，古埃及人是怎样建造出这一举世罕见的宏伟工程的。

金字塔的雏形

相传，古埃及第三王朝之前，无论王公大臣还是老百姓死后，都被葬入一种用泥砖建成的长方形的坟墓，古代埃及人叫它"马斯塔巴"。后来，有个聪明的年轻人伊姆荷太普，在给埃及法老左塞王设计坟墓时，用山上采下的方形的石块来代替泥砖，建成一个六级的梯形金字塔——这就是我们现在所看到的金字塔的雏形。在古代埃及文中，金字塔是梯形分层的，因此又称作层级金字塔。伊姆荷太普设计的塔式陵墓是埃及历史上的第一座石质陵墓。左塞王之后的法老们纷纷效仿，从此在古埃及掀起一股营造金字塔之风。

毕竟当时的建造者既没有起重设备，也没有滑轮，甚至连轮子在当时都还没有发明出来。那他们是怎样将相当于10辆汽车重的大块石头提到金字塔上的呢？

最关键的就是运输和堆砌问题，因为即使有足够的人力，也无法把这些2.5吨到160吨的巨石运送到工地。人们对此进行了种种推测。有人认为是用撬板圆木棍运石法，但是这种方法需要消耗大量的木材，而当时埃及的主要树木是棕榈，无论是数量、生长速度，还是木质硬度，都远远不能满足运输的需要，而进口木材几乎是不可能的。还有人认为是水运法，但也因论据不充分而未被接受。

2000年，法国的一位科学家杜维斯经过研究，提出了新的见解。他认为金字塔上的巨石并不是天然的，而是一种混凝土。杜维斯借助显微镜和化学分析的方法，认真研究了巨石的构造，并根据化验结果得出全新的结论：金字塔上的石头是用石灰和贝壳经人工浇筑混凝而成的，其方法类似今天浇灌混凝土，由于这种混合物凝固硬结得十分好，人们难以分辨出它和天然石头的差别。为了进一步使自己的观点更具说服力，杜维斯还提出两项佐证：一是他在石头中发现了一缕人发，而唯一可能解释这一发现的，就是工人在操作时不慎将这缕头发掉进了混凝土中，保存至今；二是他发现石料中夹有矿物质和气泡，而化验得知石块是不会含有这两种物质的。

所以他认为修建金字塔的巨石其实是用模板浇灌而成的，而整个金字塔也就是这样一层一层堆砌起来的。同时，这也解释了为什么在石块之间严实无缝，甚至连很薄的刀片也插不进去。由于现代考古研究也的确证实人类早在数千年前就知道如何制作混凝土，所以许多科学家比较赞同杜维斯的论断。

其次就是设计问题。长期以来，胡夫金字塔作为人类史上最伟大最古老的建筑物之一，由于其建筑技术上的高超、定位技术的精确，一直以来使世人惊叹不已。据测算，它的4条底边相差不到20厘米，误差率不到千分之一；它的东南角和西北角的高度，相差仅1.27厘米，误差率不到万分之一，而这即使对于现代建筑而言也是一大难题，即所谓的"正直角技术"。神奇的是，古埃及的建筑大师们竟能将该技术游刃有余地应用于金字塔的转角建构上，并且只有极小的误差。他们居然在没有水平仪、没有动力设备、没有现代化测量手段的情况下，完成了塔基的勘测和施工，实在不能不令后人叹服。

尽管自9世纪开始，就有盗墓者、探险者、考察者不断进入胡夫金字塔，然而，它的内部结构仍然是个谜。塔内有迷宫般的通道和墓室，通道有整齐的台阶，脉络一样地向墓室延伸，直到很深的地下。墓室另有两条通气孔通到塔外，据说死者的灵魂可以从这些小孔里自由出入。奇怪的是，这两条气孔，竟然一条对准天龙座（代表永生），一条对准猎户座（代表复活），这样精巧的设计和构思，真是几千年前的古人所完成吗？

在金字塔中，内部结构极为复杂和神奇，并装饰有雕刻和绘画等。由于墓室和甬道里十分黑暗，创作这些精致的艺术作品需要光亮才可能进行，所以必须在火炬照明或者是在油灯下才能完成。但是，事实再一次使研究者困惑。因为如果当时的确使用了火炬或油灯，就多少会留下一些痕迹。而在研究者对墓室和甬道里积存了4000多年之久的灰尘进行了全面仔细的科学化验和分析后，结果证明，灰尘里没有任何黑烟和烟油的微粒，没有发现丝毫使用过火炬或油灯的痕迹。这就意味着，古代艺术家在胡夫金字塔地下墓室和甬道里雕刻、绘制壁画时，根本不是使用火炬或油灯来照明，那么他们又是如何解决这一问题的呢？难道真的像有些人猜测的，距今4000多年前的古埃及人竟已掌握了类似现代电灯的技术吗？

据历史记载，古代世界曾有七大奇迹（如古巴比伦的空中花园等），然而随着岁月的流逝，它们有的倒塌了，有的消失了，而金字塔依然屹立在沙漠之中几千年之久，毫不动摇，这与其设计的奥秘是密不可分的。

人们发现，自然形成的52°锥角是最稳定的角，并称之为"自然塌落现象的极限角和稳定角"。金字塔的锥角就正好是51°50′9″，这说明它就是按照这种极限角和稳定角来建造的。我们知道，金字塔是处在沙漠中的。由于金字塔的独特造型，使沙漠中凌厉的风势得以沿着塔的斜面或棱角缓缓上升，塔的受风面由下而上，越来越小，在到达塔顶的时候，塔的受风面趋近于零，这种以逸待劳、以柔克刚的独特造型，把风的破坏力化解到最小程度。人们还知道，磁力线的偏向作用能够使地面建筑，甚至高山崩溃，而胡夫金字塔塔基就正好处于磁力线中心，它随着磁力线

□历史悬案

斜坡建造法想象图

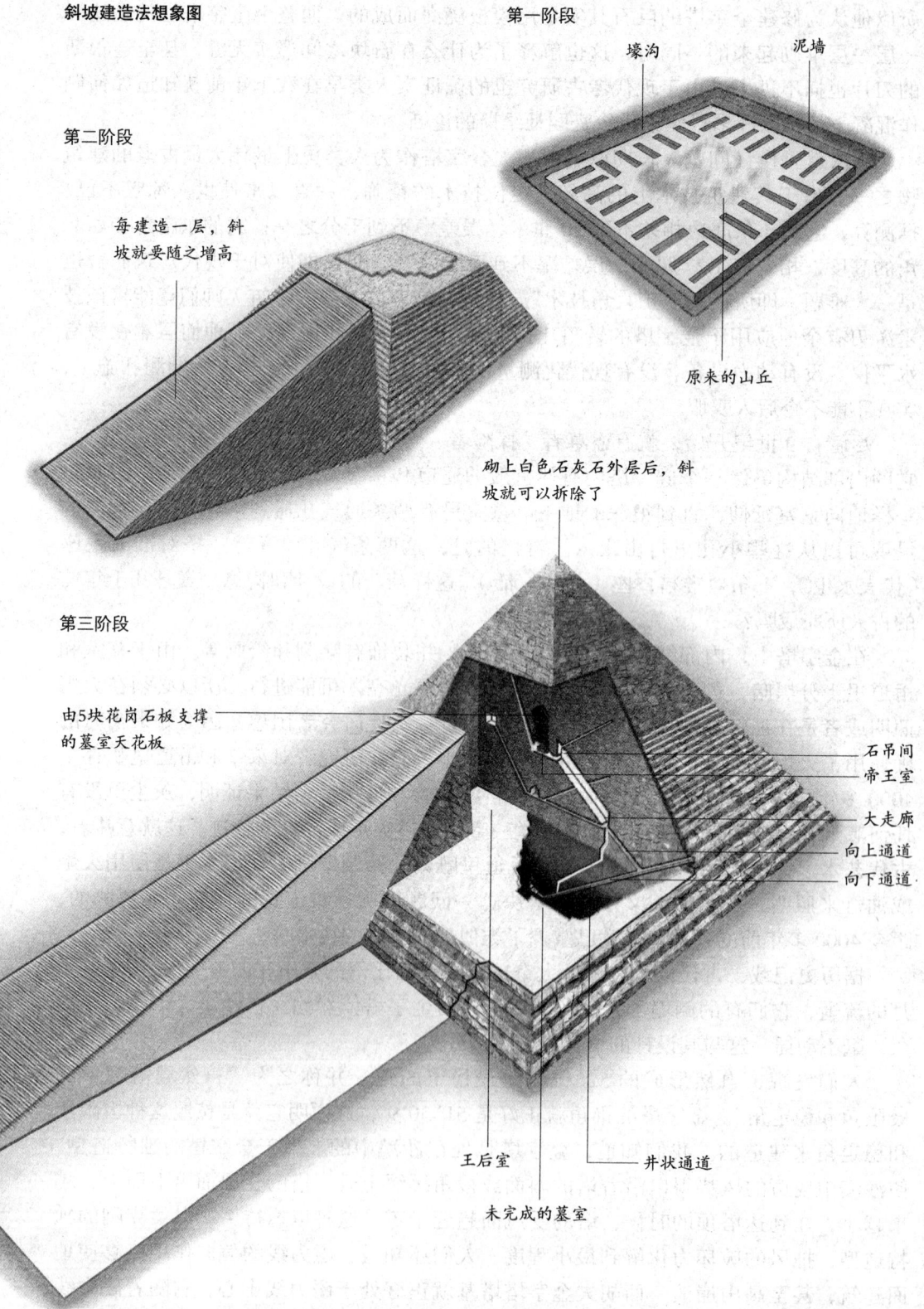

第一阶段
壕沟
泥墙
原来的山丘

第二阶段
每建造一层,斜坡就要随之增高

砌上白色石灰石外层后,斜坡就可以拆除了

第三阶段
由5块花岗石板支撑的墓室天花板
石吊间
帝王室
大走廊
向上通道
向下通道
王后室
井状通道
未完成的墓室

的运动而运动,随着地球的运动而运动,因此,它所承受的振幅极其微弱,地震对它的影响也就不大了。可以看出,52°"角",方锥体的"形",与磁力线同步运动的"位",是金字塔稳定之谜。但是,古埃及人能够将这些奥秘一一掌握,实在让现代人称奇。

谜中之谜

对于围绕着金字塔的一些悬案,人们已经有了一些认识,特别是由于考古发掘的不断进展以及现代科学技术的应用,相信许多重大问题不久就可以得到解答,然而,作为人类历史上最大的谜团,金字塔所带给后人的一些疑问,又是短期之内很难得出结论的。

比如,随着考古发掘工作的逐步深入,有越来越多的证据表明,就连传统上对于金字塔建筑时间的判定上都非常值得怀疑。首先,狮身人面像很有可能并非在卡夫拉统治期间修建的。1992年,美国的法医学专家弗兰克·多明戈对埃及法老卡夫拉雕像的头部及狮身人面像的"人面"做了深入细致的研究,结果证明两者差别很大,不可能是同一人,因此,考古学家先前对它的面部进行的主观诠释显然是错误的。另外,在1992年8月,来自波士顿大学的地质学修奇博士,根据狮身人面像所受腐蚀的特点与程度,同样也得出了一个惊人而又严谨的结论:狮身人面像至少在埃及历史上最后一次雨季的早期,也就是公元前7000年至公元前5000年就已建成。而从公元前3000年以来,吉萨高原上一直没有足够造成狮身人面像侵蚀的雨水,所以只能解释这些痕迹是很久以前、吉萨高原上雨水多、温度高的时代残留下来的。修奇博士的论点在当年美国地质学会年度大会上获得了3000名同行的一致支持。而事实上,据埃及考古学家分析,它在修建技术方面甚至要比其他已确定的年代晚了几千年的建筑都要高超得多。这就使人们产生了新的疑问:难道在埃及古王国建立之前,古埃及人就有相应的社会组织来动员足够的人力从事此类大规模建筑工程吗?

其次,一些广泛流传于世界各地的许多有趣的数字,则从另一个侧面也昭示了金字塔的玄妙,比如:

1. 金字塔的自重 $\times 10^{15}$ =地球的重量
2. 金字塔的塔高 ×10亿=地球到太阳的距离(1.5亿千米)
3. 金字塔塔高的平方=塔面三角形面积
4. 金字塔的底周长:塔高=圆周:半径
5. 金字塔的底周长 ×2=赤道的时分度
6. 金字塔的底周长 ÷(塔高 ×2)=圆周率(π=3.14159)

这一系列的数据,到底是偶然的巧合,还是精确计算的结果?它们无不使考古学家、建筑学家、地理学家、物理学家迷惑不解。

还有一些奇妙的发现,比如延长在塔底面中央的纵平分线,就是地球的子午线,这条线正好把地球的大陆和海洋平分成相等的两半;金字塔的塔基正位于地球各大陆引力中心；大金字塔的尺寸与地球北半球的大小，在比例上极其相似，难道古埃及人在几千年前就已经计算出了地球的扁率？

法老的"魔咒"

图坦卡蒙，古埃及众多法老中的普通一员，他本人在历史记载中默默无闻。这位古埃及最年轻的国王小小年纪即惨遭不幸，其死因直到今天仍然是个谜。不过人们关于这位法老议论最多的却是另外一件事：在他死亡几千年之后，其陵墓上的一行"魔咒"曾使无数人望而生畏，该法老也因此而名声大噪。多年来，围绕着这位法老的种种传说和故事，特别是因他而起的所谓"法老咒语"，正以各种方式在接触他陵墓的人们身上演绎着……

安息的法老

在古代，世界各地的许多专制帝王，出于同样的目的，都曾为自己修建了豪华的陵墓，其规模之大，往往令人瞠目结舌。而且，为了能够在另外一个世界里继续享受在世时的荣华富贵，他们还实行极度奢侈的厚葬，将大批奇珍异宝、黄金财富随同自己的尸体一同带入陵墓，而这也正是他们的愚蠢之处。因此，他们又不得不绞尽脑汁地防范接踵而至的盗墓者、探险者以及不可避免的政治对手。为了达到这一目的，他们可谓是费尽心机，劳民伤财。除了尽可能把陵墓修建得更加隐蔽、更加坚固外，他们还役使能工巧匠设计了各种机关和陷阱，这些机关陷阱都足以使普通入侵者付出沉重的代价，并使之望而却步。在中国，这样的例子就有很多：举世闻名的秦始皇陵，至今人们还没有完全了解其具体构造；而人们对成吉思汗的墓葬几乎是一无所知；即使主张薄葬的曹操也留下了所谓"七十二疑冢"来迷惑后人。但大多数情况下，历史的教训是，无论帝王们的陵墓如何坚固隐蔽，几乎无一例外地遭到蹂躏和劫掠，近代中国发生的"东陵盗宝"案即是铁证之一。

还有一些帝王，在他们死后，除了同样采取相关防范措施外，还通过另一种极为独特的方式，来试图震慑胆敢骚扰自己陵寝的后来者，这种方式就是诅咒。在埃及国王谷的深山峡谷之中，有一座属于法老图坦卡蒙的陵墓，其墓道的门上镌刻着这样一行铭文："谁打扰了法老的安宁，死神之翼将降临到他的头上。"这就是著名的"法老咒语"。据历史记载，图坦卡蒙，这位古埃及第十八王朝的法老9岁就登基，但在公元前1323年，时年仅18岁的他就神秘地死去。

比这位法老本人更神秘的是，虽然从这座陵墓被发现至今仅有100多年的历史，但是围绕着这一魔咒，已发生了太多离奇神秘的故事。所以，数十年来，在历史学界、科学界、考古学界、媒体乃至娱乐界的共同"造势"下，所谓的"法老咒语"

竟被渲染到这样一种程度：它不仅令那些盗墓者望而却步，而且连那些考古学家和探险者也不寒而栗。而这也似乎正好达到了法老最初的目的。

那么，所谓法老的"魔咒"到底是怎么一回事呢？它又为什么会引起如此大的轰动，并给那么多的人带来恐怖呢？事情还得从100多年前说起。

冒险者的悲剧

自18世纪以来，由于为古老的东方历史和传说中的财富所吸引，欧洲各国的一些探险家纷纷来到埃及。他们抱着种种不同的目的，试图在这里发现奇迹或找到历史的答案。虽然对于埃及，人们最为熟悉的无疑是金字塔，但对于那些专注于古代宝藏的探险家而言，更有价值的却是法老们真正的陵墓。他们深信，随同法老们一同埋葬的，一定是大批宝藏。

根据各种文献记载和民间传说，古埃及法老图坦卡蒙的陵墓，并不像他的祖先那样藏在金字塔中，而是秘密修建在断崖底下以避过盗墓者的耳目。人们还认为在这位法老的陵墓之中，藏有数量巨大的宝藏。于是，探险家们就将目光转向了埃及神秘的帝王谷，这里，正是传说中多位法老陵墓的所在地。来自英国的考古学家霍华德·卡特，就是众多执着的探险者之一。

卡特熟读古埃及历史，一生都梦想发现图坦卡蒙的陵墓。出于对古埃及考古的痴迷，早在1891年，霍华德·卡特就来到了埃及，并发誓要找到隐藏在地下的法老陵墓。从1903年起，他就带领助手在帝王谷的每一寸土地上搜索。不久后，他的这一宏愿得到了另一位英国人、著名探险家卡纳冯爵士的慷慨资助。在得到有力的资金保障之后，卡特就率领考古队在帝王谷展开了艰辛而漫长的工作。就这样，经过了整整19年的努力，在经历一次次的失败和打击之后，功夫不负有心人，重大发现也在一步步向他们走近。1922年11月4日，卡特在另一位著名法老拉美西斯六世的陵墓下面发现了一处石壁上开凿的台阶，在台阶的尽头，他们看到了一道显然已尘封几千年的墓门，墓门上赫然有"图坦卡蒙"的封印，这一重大发现顿时令卡特欣喜若狂。同时，他还发现，在墓门上还镌刻着一句铭文，内容为"谁打扰了法老的安宁，死神之翼将降临到他的头上"。这多少让人感到一丝恐惧。然而，面临重大发现的兴奋，他们无暇顾及这几千年前的诅咒。因为，所有的人都深信，这只不过是法老死后苍白的努力，试图恐吓那些入侵者，以保障自己遗体和财富的

卡特（左）举着蜡烛走进图坦卡蒙墓室，右为卡纳冯爵士。

□ 历史悬案

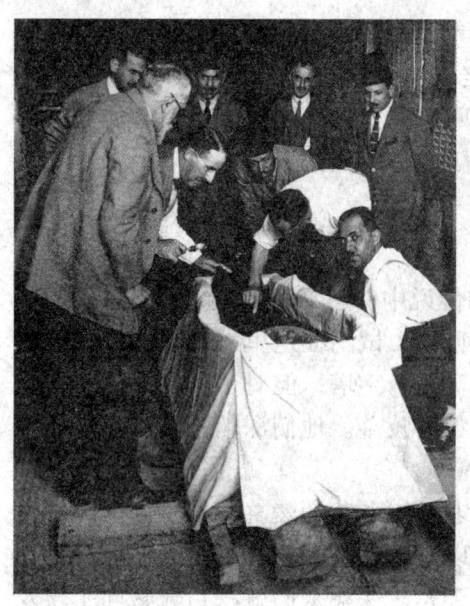

考古学家在对图坦卡蒙的木乃伊进行解剖。

安宁。

随即,卡特马上发电报将这一消息告知了远在英国的卡纳冯爵士,后者则立刻起程,于11月26日来到埃及。卡纳冯爵士一到达发掘现场,考古队就着手开凿墓门。墓门厚重而坚固,直到次年的2月18日才被凿通。通过这个洞口,卡特举着蜡烛率先进入墓室,卡纳冯爵士紧随其后。烛光照亮了墓室,顿时,他们被眼前的景象惊呆了。墓室保存完好,有镶满珠宝的黄金御座,有大量的黄金珍宝,还有一个石棺。石棺里面嵌套着3层黄金棺材,图坦卡蒙的木乃伊就在最里面,内棺由纯金制成,上面写着这位法老的名言——"我看见了昨天,我知道明天。"躺在棺内的图坦卡蒙戴着一副很大的金面具,面具上还有一块伤疤。这位死时还很年轻的法老看上去既悲伤又静穆,胸前陈放着由念珠和花形雕刻串成的领饰、矢车菊、百合、荷花等,虽然色彩已基本剥落,但仍依稀可见。法老的木乃伊由薄薄的布裹缠着,浑身布满了项圈、护身符、戒指、金银手镯以及各种宝石。其中还有两把短剑,一把是金的,另一把是金柄铁刃的。另外还有法老的两个小女儿的木乃伊以及当时的各种时尚衣物等。这突如其来的宝藏使考察队员们欣喜若狂。

对所有参加开掘的人员来说,这无疑是一个欢乐的节日,谁也不会想到接下来将面临的厄运。而事实正如有些人后来所形容的,神秘的图坦卡蒙法老陵墓犹如希腊神话中的潘多拉的盒子一样,打开之后就灾祸丛生。

其实早在墓室打开之前就已经初露不祥之兆。1922年11月4日当天晚上,卡特家中精心饲养的一只金丝雀被一条眼镜蛇吃掉。而当卡特将这只金丝雀从英国带到埃及时,考古队的一位工头看到后曾戏言:"这是黄金之鸟啊,它将带领我们到达陵墓!"但是,就在他们发现墓门的那天晚上,卡特的仆人忽然恐惧地向他报告说金丝雀被蛇吃了。据说,这位仆人举着黄色的羽毛向卡特叫:"是法老的蛇吃了它!因为它带你到了陵墓!请千万别打开它!"但卡特未予理睬,反而辞退了这名仆人。

而厄运才刚刚开始。当他们经过几个月的努力,终于在1923年2月18日打开墓门之后,虽然看到了惊人的财宝,但同样震撼他们的一个噩耗也随即传来:卡纳冯爵士病死了,而且死因相当离奇!卡纳冯爵士当时年仅57岁,而且身体状况一直良好。但3月的一天,他的左颊突然被一只毒蚊子叮咬了一口,而这小小的伤口竟使他感染上急性肺炎,尽管他被紧急送往开罗治疗,但最终还是不治身亡。更令人惊异的是,据后来检验法老木乃伊的医生报告说,木乃伊左颊上也有个伤疤,而且与卡纳冯爵士被蚊子叮咬之处的位置完全相同！另据爵士的儿子回忆说，当父亲去世的那天夜里，他们就在隔壁房间里不停地祈祷，突然，他们看到开罗全城的灯火一下子全部熄灭了，四周一片黑暗。

接下来发生的故事只能用一个词总结，那就是：死亡。卡纳冯爵士的好友乔治·古尔德听闻噩耗后便立即赶至埃及，出于好奇还去法老的陵墓走了一圈。结果第二天，他突发高烧，12小时之后竟也撒手尘寰。不久，在考古行动中，曾经给法老木乃伊做过X光透视的放射专家也感到筋疲力尽，在他回到英国之后不久也去世了。随后，第一批参观该陵墓的英国企业家乔尔伍尔，不久也发起无名高烧并很快死去。在发掘行动中，负责推倒墓内一堵墙壁从而找到了图坦卡蒙木乃伊的考古学家莫瑟，不久患了一种神经错乱的怪病，痛苦地死去。参加考察队的卡纳冯爵士的兄弟赫伯特，不久死于腹膜炎。协助卡特编制墓中文物目录的理查德·贝塞尔，于1929年自杀，次年2月，他的父亲威斯伯里勋爵也在伦敦跳楼身亡，甚至送葬的汽车又压死了一名8岁儿童！据说他的卧室里摆放了一个从图坦卡蒙墓中取出的花瓶。还有，曾参观陵墓的尤埃尔在一次意外中溺水身亡。

到1930年底，在参与发掘图坦卡蒙陵墓的人员中，已有12个人离奇地暴死，只有2人还侥幸活在世上。而到1935年为止，先后有21名与发掘图坦卡蒙陵墓有直接或者间接关系的人员死于非命，其中包括主要发掘人卡特的助手、秘书及其家属等。

不过，随后的几年当中，发现图坦卡蒙陵墓的卡特却一直健在，但是事情并未结束。自以为侥幸躲过了劫难的卡特，本来过着隐居的日子，不料也在1939年3月无疾而终。埃及开罗博物馆馆长米盖尔·梅赫莱尔是负责指挥工人从陵墓中运出文物的人，他根本不信当时已沸沸扬扬的"诅咒"一说，还曾对周围的人说："我这一生与埃及古墓和木乃伊打过多次交道，我不是还好好的吗？"但话说出还不到4个星期，他就死于突发性心脏病，时年52岁。

这一系列的离奇死亡事件，足以使任何不信邪的人为之震惊。人们不得不怀疑这是法老的咒语显灵了。于是，所谓法老的咒语显灵之说，从此在世界各地广泛流传。

特别是在英国，当时曾引起巨大的轰动。《每日快报》曾这样报道说："接二连三的不祥之兆使得人们迫不及待地将其解释为法老的咒语显灵了。"而《每日邮报》的资深撰稿人、古埃及学权威阿瑟·威格尔也断言道："这是古埃及神灵的诅咒。"一时间，英国社会各界一致认定卡纳冯爵士就是死于法老咒语，甚至连鼎鼎大名的侦探小说家柯南·道尔这样的人也不例外，并曾在小说中详细叙述了这一故事。

几十年来，由于这么多离奇事件的发生，许多人开始对"法老咒语"的魔力深信不疑。本来人们以为，古埃及法老之所以将这种咒语刻在墓道上，不过是想吓唬那些盗墓者，使法老的遗体和墓中财宝免遭劫难。而起初那些前来埃及发掘古迹的西方学者和探险家，也没有把这当回事。然而几十年来不断发生的事情，却使那些人们不得不对咒语感到畏惧。人们不得不怀疑，这是法老的咒语显灵了。结果，图

□历史悬案

坦卡蒙墓门上那短短的一行铭文，也逐渐成为各地阴谋故事的灵感来源，直到今天，它依然吸引着众多猎奇者的目光。

破解之旅

尽管围绕图坦卡蒙陵墓发生的一桩桩命案直接导致了许多人对所谓"法老咒语"的魔力深信不疑，但是，包括历史学家、考古学家、科学家等在内的许多人，仍对这种并无实际科学依据的结论充满疑问，而几十年来，他们对于该问题所展开的科学的、理性的探索也一直在进行，并确实找到了一些答案。

首先，对于所谓当时"法老咒语"的一系列报道和炒作，许多研究者就表示质疑。著名的古埃及考古学家哈瓦斯博士甚至认为，当时之所以有那么多记者热衷于炒作所谓的"法老咒语"，其实很可能有不可告人的目的，即出于对死者的报复。因为在当时，发掘法老陵墓一事确实在世界各地引起巨大轰动，各大报纸均想独家报道，而卡纳冯爵士最终选择了英国的《泰晤士报》，从而招致了一些记者的恶意炒作。他还认为，实际上那些有关古埃及的金字塔和法老陵墓的传闻，也是一些别有用心的作家和制片人杜撰出来的，其目的无非是通过制造噱头大赚钞票。

虽然在卡纳冯爵士染病身亡后，许多人开始猜测可能真的有种超自然力量在发挥作用，但科学家们自始至终都不相信会有什么超自然力量，他们一直努力在为卡纳冯爵士之死寻找科学依据。他们认为，卡纳冯爵士要么死于陵墓中的毒菌，要么死于其脆弱的免疫系统。因为经过调查，研究人员发现，其实在启程前往埃及之前，卡纳冯爵士就已经患有一种慢性病，正是这种疾病破坏了他的免疫系统。而科学家在对木乃伊进行研究时的确发现了一些危险的病菌如黑曲霉和黄曲霉，它们都能够引起从充血到肺出血等各种过敏反应。此外，科学家还在封闭的石棺内发现了氨气、甲醛和氢化硫等，这些有毒气体都有可能伤害人们的眼睛和鼻子，使他们出现类似于肺炎的症状，情况严重时就能置人于死地。更有人提出，一些陵墓中寄居的蝙蝠即是置人于死地的罪魁祸首。

还有一种观点根本就否认卡纳冯爵士之死与陵墓内的有毒物质有关联。有关专家认为，本就年老体衰且患有慢性疾病的卡纳冯爵士是在第一次进入陵墓后几个月才去世的，如果他果真是感染了陵墓里的有毒物质的话，那么症状早该表现出来了。美国夏威夷大学的一位流

图坦卡蒙黄金面具

行病学者甚至认为，卡纳冯爵士也许在陵墓内比在陵墓外面更要安全！

对于诅咒的说法，最主要的开掘人霍华德·卡特就始终不相信。他声称，所谓法老图坦卡蒙的诅咒是荒谬的报道。他后来还就这个问题发表了一篇文章，其中提道："就现代的埃及人来说，他们的宗教传统中根本不容许这种诅咒存在。相反，埃及人却很虔诚地希望生者能对死去的人表示善良的祝愿。"1933年，为了打消人们的疑虑，德国的古埃及学家乔治·斯丹道尔夫教授就该问题发表了一篇文章，在列举了大量事实后，他认为"法老的咒语"是根本不存在的。

然而一系列的死亡事件毕竟是铁一样的事实，谜底还要等科学家来揭开。

有的研究者认为，所谓"法老咒语"其实就是一种用来对付盗墓者的病毒。1963年，开罗大学的医学教授伊泽得出一项结论，他认为进入法老墓穴的人是感染了病毒而死的。通过许多考古学家做的体检，他发现这些人均带有一种能引起呼吸道发炎的病毒。

1983年，来自法国的女医生菲利浦提出了新的见解。她认为真正的杀手的是霉菌，但这种霉菌并不是法老有意安排的，而是由于法老陪葬物中的食品腐败后在墓穴形成众多的霉菌微尘，而进入墓穴者不可避免地要吸入这种微尘，结果引发肺部感染而死。

还有一种研究认为，"法老咒语"的魔力来自陵墓的结构。因为图坦卡蒙陵墓的设计，竟能产生并聚集某种特殊的磁场或能量波并致人于死命。但新的疑问是：即使以现代人的科技水平，也未必能设计出这样的结构，难道几千年前的古埃及人真的就掌握这种能力了吗？

总而言之，以上观点虽各有其道理，但都或多或少存在漏洞。无论是病毒说、霉菌说还是结构说，都有难圆其说之处。若说是病毒，什么病毒能在封闭的空间中生存4000多年？若说是霉菌，陵墓掘开后空气流通，霉菌微尘不久就会逸散，如何会持续多年……

截至目前，似乎最有说服力的研究结论当属"致癌气体"说，这一全新的理论是占埃及考古学家扎西·哈瓦斯博士提出的。

1999年，针对长期以来考古界对"有害病菌"的推测，德国的微生物学家哥特哈德·克拉默经过探测，宣称在木乃伊身上发现了足以致命的细菌孢子，而且它们在木乃伊身上可以寄居繁殖长达数个世纪之久。根据这一重大医学发现，哈瓦斯此后每次进入陵墓时都要在墓室墙壁上钻一个通气孔，等陵墓内的腐败空气向外排放数小时之后再进入。不过他认为这并不是全部原因，经过进一步检测，他发现众多法老陵墓的石灰墙内普遍充满了一种叫作氡的气体，医学专家一致认定其可以致癌，由此他怀疑这正是导致部分考古人员患病甚至丧命的直接原因。或许是真的破解了"法老咒语"，尽管哈瓦斯博士所发掘的古埃及法老陵墓以及接触到的木乃伊数目要比所有在世的考古学家都多，屡屡"骚扰了法老的安宁"，可他依然健在。据说当有记者采访哈瓦斯时，曾问他是否害怕"法老的咒语"，他坚称从不相信这一传言。甚至在最近，哈瓦斯博士还带领来自意大利、瑞士、美国等国的放射线学家、流行病

□ 历史悬案

年轻法老的安息之地

这幅图画是根据卡特画出的草图以及陵墓挖掘时的实景照片绘制而成的,这里清楚地展示了岩石内凿出的图坦卡蒙陵墓全部四个墓室的示意图。在清理完通往墓室的16级台阶后,一道石门将墓室与外界隔开,门上盖有墓地守卫者和一个鲜为人知的法老的印章:图坦卡蒙。一切完好无损!打开这道门,才真正踏入法老的安息之地。其结构从左至右依次是前厅、附厅、厝室和珍宝室。

墓室的前厅里乱七八糟地摆放着宝箱、藤椅、食物、被拆散的战车以及用卡特的话说"一个神秘的黑色神龛"。前厅的尽头有两个真人大小的年轻法老的雕像,他们每人手持拐杖和棍棒,守着自己的安息之地。挖掘者们用了大约4年的时间才将前厅整理完毕,而得以进入厝室,尽管此前法老的陵墓经常遭到洗劫,然而厝室里的石棺却保存得非常完好,使得人们能够在几千年后仍能一睹法老的尊颜。

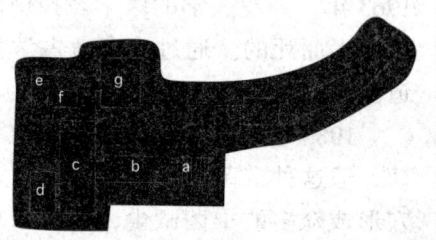

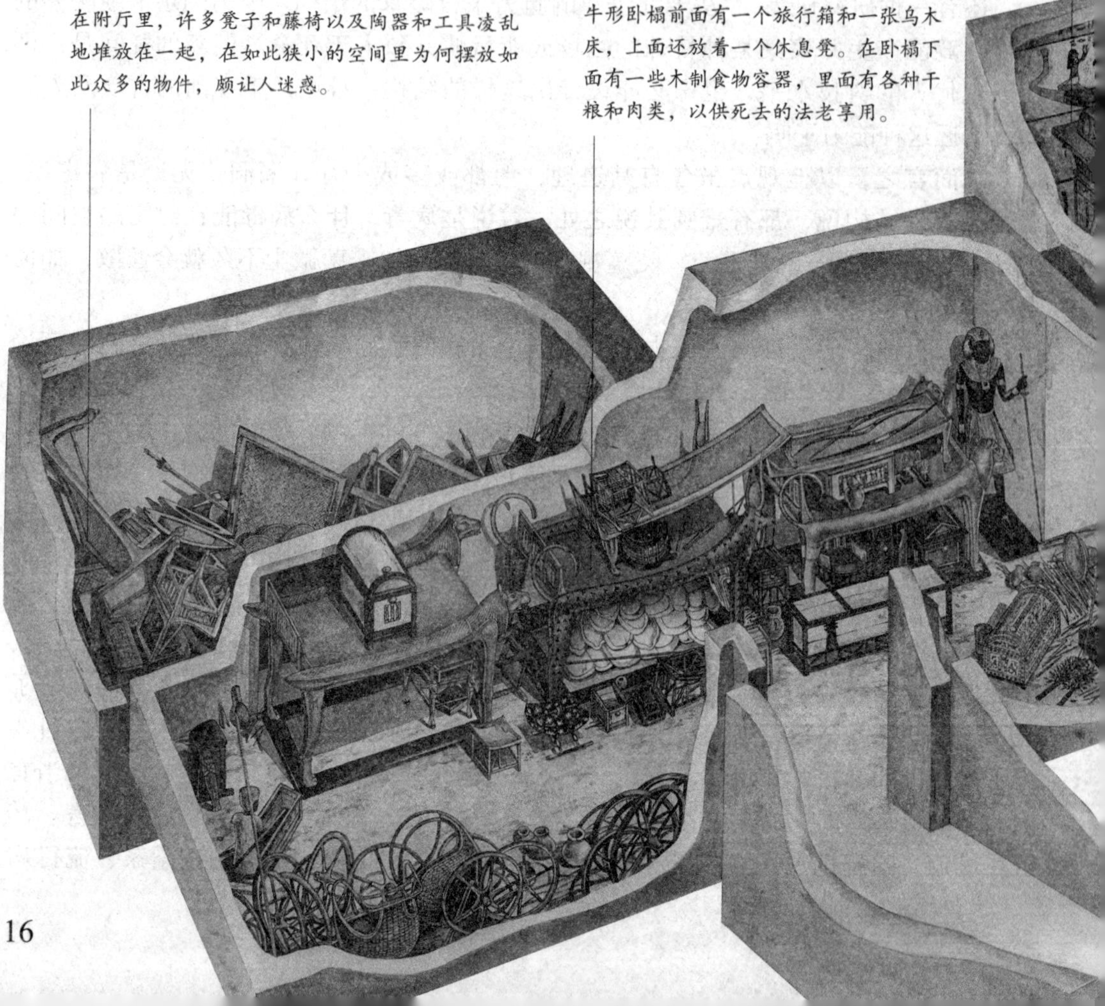

a 墓室台阶
b 墓室通道
c 前厅
d 附厅
ef 厝室
g 珍宝室

在附厅里,许多凳子和藤椅以及陶器和工具凌乱地堆放在一起,在如此狭小的空间里为何摆放如此众多的物件,颇让人迷惑。

牛形卧榻前面有一个旅行箱和一张乌木床,上面还放着一个休息凳。在卧榻下面有一些木制食物容器,里面有各种干粮和肉类,以供死去的法老享用。

世界篇

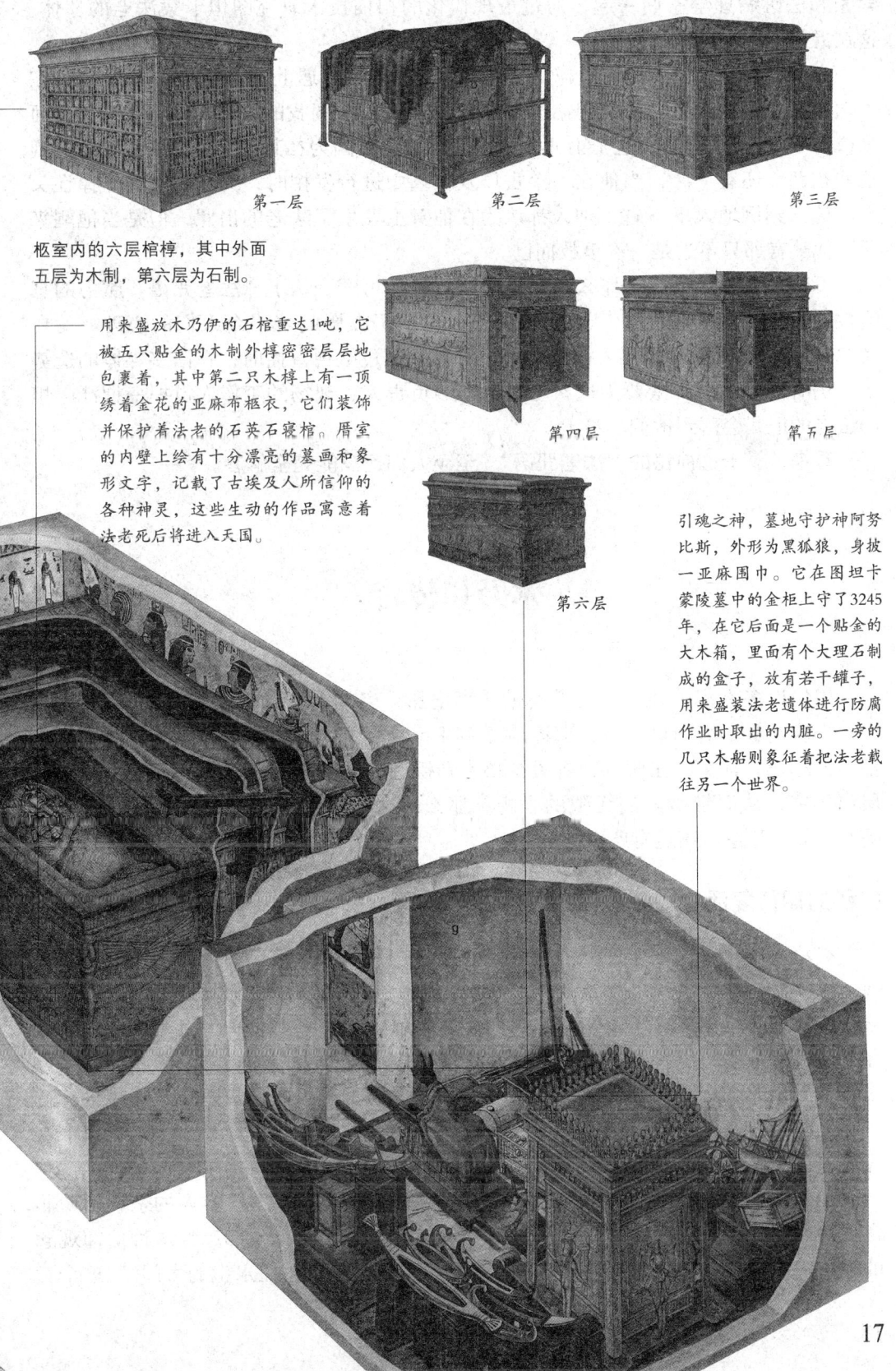

第一层　　　　　第二层　　　　　第三层

椁室内的六层棺椁，其中外面五层为木制，第六层为石制。

第四层　　　　　第五层

用来盛放木乃伊的石棺重达1吨，它被五只贴金的木制外椁密密层层地包裹着，其中第二只木椁上有一顶绣着金花的亚麻布椁衣，它们装饰并保护着法老的石英石寝棺。厝室的内壁上绘有十分漂亮的墓画和象形文字，记载了古埃及人所信仰的各种神灵，这些生动的作品寓意着法老死后将进入天国。

第六层

引魂之神，墓地守护神阿努比斯，外形为黑狐狼，身披一亚麻围巾。它在图坦卡蒙陵墓中的金柜上守了3245年，在它后面是一个贴金的大木箱，里面有个大理石制成的盒子，放有若干罐子，用来盛装法老遗体进行防腐作业时取出的内脏。一旁的几只木船则象征着把法老载往另一个世界。

17

学家和法医病理学家们一起，通过最现代化的扫描技术研究图坦卡蒙法老的遗体，这在近几十年来还是第一次。

为了进一步打消人们的疑虑，哈瓦斯还戏言他也曾遇上过"诅咒"。据他说，在一次发掘中，他曾看见一块碑铭上写着："如果有人擅闯我的坟墓，他将被鳄鱼、河马或狮子吃掉。"但显然这个诅咒不大可能会发生，因为在其现实生活中很少会遇到这些东西。还有一次，当他在一个古埃及坟墓中进行发掘时，突然一块物体掉在头上，他立刻倒地人事不省，别人都认为在他身上发生了法老的诅咒，但是当他醒来后，他笑言那只不过是一次事故而已。

不管怎么说，虽然有那么多的科学家从各种角度否认了"法老咒语"魔力的真实性。但历史上曾发生的令人恐惧的一幕幕，仍在影响着当今人们的心理。就在2002年有关方面进行机器人探秘金字塔行动并通过电视直播时，在诸多媒体的造势下，仍有许多观众不禁要为这次考古活动的负责人、现场的工作人员捏一把汗，担心法老的诅咒会落到他们的身上。

看来，对于这神秘的"法老咒语"，至今人们还没能完全解答。

木乃伊传奇

相信许多人都曾观看过好莱坞的一部电影，名为《木乃伊归来》。在该影片当中，古埃及金字塔的墓室里，那逐渐复活并且具有无穷法力的木乃伊，自然令大家都不会忘记。其实，在西方，有关神秘木乃伊题材的文学和影视作品，多少年来都层出不穷，从而带给人们无限的联想。那么，这些创作者的想象力是从何而来的呢？是凭空臆造，还是有所根据？

神秘的期待复活者

木乃伊，泛指长久保存下来的干燥的尸体，它是人类历史的长河中最值得称奇的。实际上，木乃伊在世界各地都有发现。由于多数木乃伊生前只是普通人，他们的尸体被不经意地保存了下来。它可能是冰人或干尸，只要骨头上有组织，并被保存下来，就是木乃伊。不过，木乃伊又特指古代埃及人用特殊的防腐药品和埋葬方法保存下来的没有腐烂的尸体。因为在埃及发现的木乃伊数量最多、时间最早、技术也最复杂，所以每当提起木乃伊，人们往往会首先联想到古埃及、法老、金字塔等等。因此，还是让我们先回到古埃及的历史中，追溯木乃伊的由来吧。

在古埃及，木乃伊的由来与人们的宗教观念息息相关。古埃及人的宗教信仰非常独特而强烈，他们都对来生有一种强烈的信仰。古埃及有一部反映这种信仰观念的经书——《亡灵书》，其中写道："肉体死亡为灵魂开启通往永生的大门。"这个对死亡极为重视的观念在古埃及很早就出现，大概已有6000年的历史了。从《亡灵书》的内容可以看出，古埃及人有这样一种基本思想：灵魂并不随同肉体一起死亡，而且还会回到原来的肉体中。古埃及人对死亡的态度，与世界其他民族都有着很大差异。他们并不惧怕死亡，而是把冥界当作今世快乐生活的再现。这就驱使他们很认真地为死亡做准备。在古埃及，每一个稍有身份和地位的人，在世时都要为自己准备一个能够永生的坟墓，而且要一直忙碌到生命的最后一刻才算完成。对古埃及人来说，死亡只是生命的暂时中断，而不是彻底结束；人死后并不就此消失，而是进入另一个比今生更为美好的永恒生命。

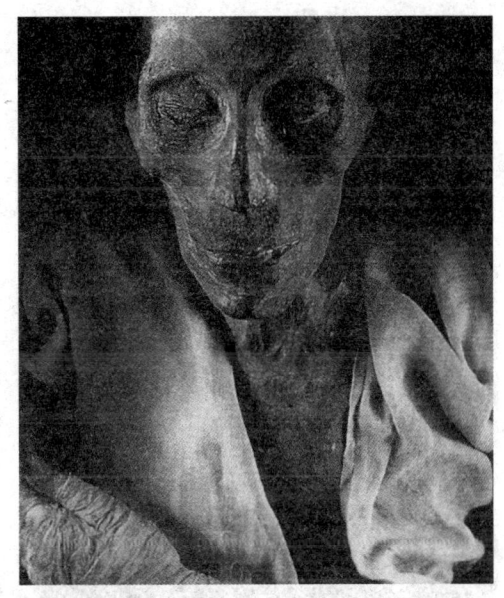

拉美西斯二世木乃伊

正是由于古埃及人相信灵魂不死而且有时会回到原来的肉体，所以非常注意尸体的保存，并逐渐形成了一种普遍的社会风气。他们为了保全尸体，发展出制作木乃伊的方法。按照古埃及人的观念，人生在世，主要依靠两大要素：一是看得见的人体；二是看不见的灵魂。他们把灵魂称为"卡"，形状是长着人头、人手的鸟，人死后，"卡"可以自由飞离尸体。同时，尸体仍是"卡"依存的基础。为此，就必须要为死者举行一系列名目繁多的复杂仪式，使他的各个器官重新发挥作用，使木乃伊能够复活，继续在来世生活。

"木乃伊"一词来自阿拉伯文，本意为"沥青"。因为大多数木乃伊在出土时呈发亮的黑色，而在中世纪时，人们往往以为这种黑色是木乃伊身上涂的一层沥青。古埃及人对来世生命的信仰和相关的墓葬习俗，至少在大约距今6000年前就已经在古埃及的巴达遗址中出现。在古埃及奇妙的丧葬文化影响下，为了达到永生的目的，古埃及人对于尸体的保存和丧葬的礼仪都有一套非常讲究的程序，而其神话结构和礼仪在古王国时期（大约距今4500年前）就已逐渐发展完备，一直到中世纪都没有太大的变化。

无独有偶，类似于古埃及人制作木乃伊的现象，在世界各地都存在。事实上，古代文明较为发达的大部分民族都曾掌握了尸体防腐的技巧，尽管他们的水平和方式有差异。不过，在其他民族中，没有像古埃及那样广泛地制作木乃伊，而是只有个别贵族或富人才有这种举动。

在对散布于世界各地的木乃伊及各民族奇特的丧葬文化进行研究时，一些研究者不断产生疑问，而有些研究者所提出的大胆而新奇的看法，也在某种程度上使这一本来很简单的现象蒙上了一层神秘的色彩。其主要疑问有二：古代人是如何学会木乃伊的制作方法的？木乃伊是否能真的复活？

□ 历史悬案

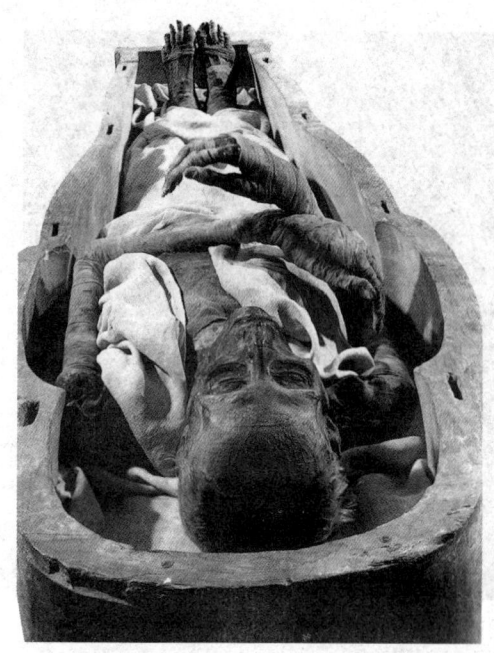

法老拉美西斯二世的木乃伊　古埃及　第19王朝

拉美西斯二世肩披一件亚麻布制成的柩衣，在轻轻围在法老身上之前，柩衣先被掸去灰尘，又多次用蒸馏水洗涤过。拉美西斯的尸体因严实缠绕着亚麻布而历经3200年仍完好无损。

美国有一位名叫冯·丹尼肯的学者，他对人类的众多史前文明都持有与众不同的观点，特别是金字塔、木乃伊等，他都认为是一种外星人文明的结果。而在学术界，像冯·丹尼肯这样的人并不在少数。而他们手中，也似乎确有一些"证据"。比如，他们认为古埃及人制作木乃伊的技术，在距今6000多年前就如此成熟，简直不可思议。同时科学研究也的确发现，古代人类留下的木乃伊，其技术含量在那个时代是"太高了"。古埃及一位公主的木乃伊被发现后，科学家居然宣布其皮肤的细胞仍具有活力；在南美某地发现的一具婴儿木乃伊，在6000多年后依然显得稚气而可爱；而中国著名的马王堆女尸在2000多年后的今天依然肌肤柔软！面对这些惊人发现，人们提出了疑问：古时候的人到底是从哪儿知道人体的细胞经过一定的处理后，生命会延迟万亿倍而继续活下去呢？如果按常规推理，那几乎是不可能的，除非是有某种"神"教会了他们。而这种"神"，如果不是真的神仙的话，就可能是天外来客。

同时，考古学家的一些重大发现，似乎更支持了这些我们看来非常荒诞的结论。19世纪80年代，俄国人鲁登克在蒙古发现了一座陵墓，陵墓内发现了用冰冻法制作的木乃伊。更重要的是，陵墓内的一些符号引起了考古者的兴趣。人们对墓里的符号进行鉴定，辨认出一些四角形符号，每个符号有六排成四行的正方形图画，还有狮身人面状的奇特形象，她们头上还有结构复杂的角状物，背上有翅膀，其姿态都呈飞天状，一切都清晰可见。很多人据此推断，这正是外星人为死者留下的标记，便于他们将来复活。

另外一个疑问就是，这些古代的木乃伊是否真能在某个时刻复活。长期以来，人们一直在探询复活的观念是从哪儿来的，是某位古代的首领偶然想到的，还是像有些学者大胆推测的：很可能是某位古代首领仔细观看了"神"对尸体的复杂处理过程，从而掌握了让尸体苏醒的秘密。考古发掘表明，在许多埋葬木乃伊的陵墓里，除了墓主人以外，还有许多陪葬者，他们不是死于暴力之下，而是自愿而死。这就说明他们的确相信在未来能获得第二次生命。

1954年6月，人们在萨卡拉发现了一座陵墓，墓室里横着一只装满珠宝和金首饰的箱子，说明陵墓未被盗过；奇怪的是棺材没有棺盖，而代之以滑板。当考古工作者将棺材打开时，发现里面根本就没有东西。难道是木乃伊丢下自己的珍宝悄悄地消失了？

在深入考察了世界各地的木乃伊现象后，冯·丹尼肯等人越发坚定地认为，这些木乃伊是会复活的，当"神"实践他们的诺言重新返回地球时，他们将唤醒这些几千年来苦苦等待的木乃伊。尽管这些观点在常人看来简直就是天方夜谭，但面对那些存在了几千年而未朽的木乃伊，人们还是会感到神秘而敬畏。

制作之谜

无论是埃及还是其他地区发现的古代木乃伊，留给后人最大的疑问就是其制作之谜。像埃及木乃伊，尽管一些历史著作曾有详细记载，但仍有许多神奇的现象至今人们无法破解。迄今为止，人们了解最详尽的，当属古埃及木乃伊的制作过程。作为古埃及文明留给后世的一份特殊遗产，制作木乃伊的技术，在长期的实践过程中逐渐积累和提高起来。虽然古埃及人本身并没有为后人留下有关木乃伊制作方法的记载，但古代历史学家希罗多德等曾在他们的著作中谈到他们听说的情况，而他们的记述已为现代的科学研究和实验所证明。

据生活于公元前5世纪的希罗多德等人记载，木乃伊是由专门的制作机构负责，经过一系列处理后，采用埃及某些地区出产的氧化钠使尸体完全干燥而形成的。其具体过程如下：制作师先通过鼻腔吸出脑髓，注入药物洗清脑部，然后在腹部开一个口子，取出肺、胃、肠等器官，而只在体内留下心和肾（古埃及人认为这两样器官对将来的复活而言非常重要）。再用椰子酒和捣碎的香料冲刷体腔，然后填入某种树脂、浸过树脂的亚麻布以及锯屑等物，最后照原样缝好。尸体需全部埋入氧化钠中干燥。70天后，制作师取出尸体进行清洗，仔细地涂上油膏和香料，在防腐程序完成之后，还要在头发上涂抹香油，保持发质亮泽，接下来还要用特制的化妆品为脸部上妆。然后用大量的浸泡过香油的亚麻布包裹严密，再在外面涂上树脂。最后进行包扎，从手指和脚趾开始，直至四肢、全身，在这一过程中，要特别小心防止指甲脱落，腹部的切口处也要盖上。这样包裹好的木乃伊，会保持着脱水前的形状。有些上层社会人家的木乃伊头上，还套有特别的面套罩，其外形酷似死者生前的面貌，一些王公贵人的脸上甚至戴上黄金面具（比如人们所熟知的图坦卡蒙法老），身上也用黄金包裹起

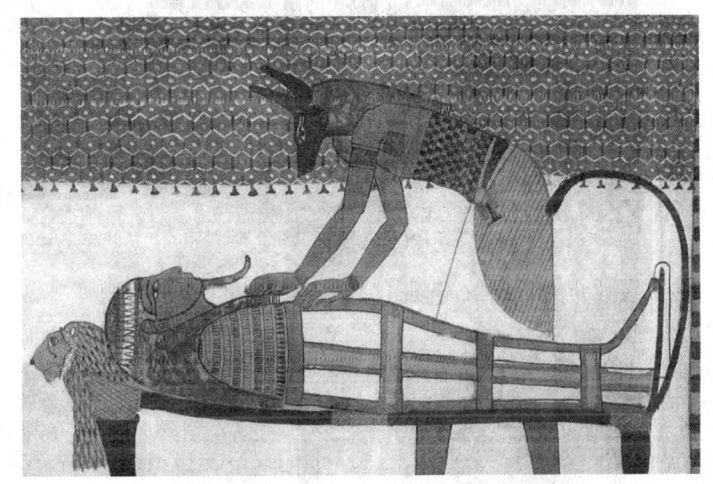

木乃伊制作图
在埃及的信仰中，冥神是人身豺首的形象，因此在制作法老的木乃伊时，要由专门的人员装扮成冥神的样子来进行。

□ 历史悬案

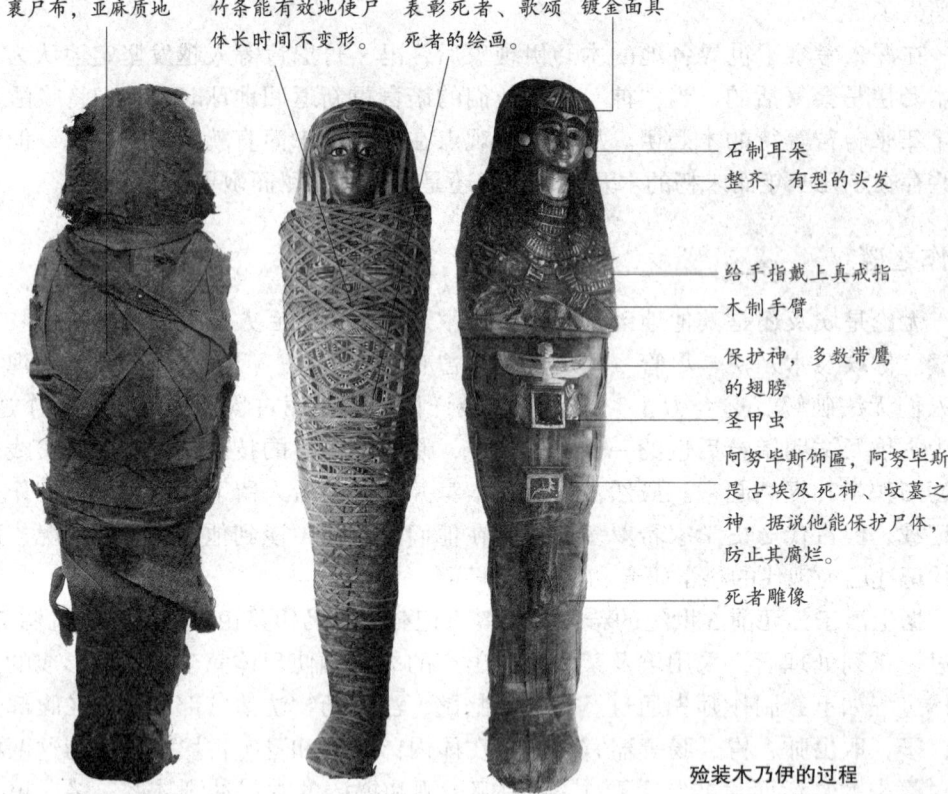

裹尸布，亚麻质地
竹条能有效地使尸体长时间不变形。
表彰死者、歌颂死者的绘画。
镀金面具
石制耳朵
整齐、有型的头发
给手指戴上真戒指
木制手臂
保护神，多数带鹰的翅膀
圣甲虫
阿努毕斯饰匾，阿努毕斯是古埃及死神、坟墓之神，据说他能保护尸体，防止其腐烂。
死者雕像

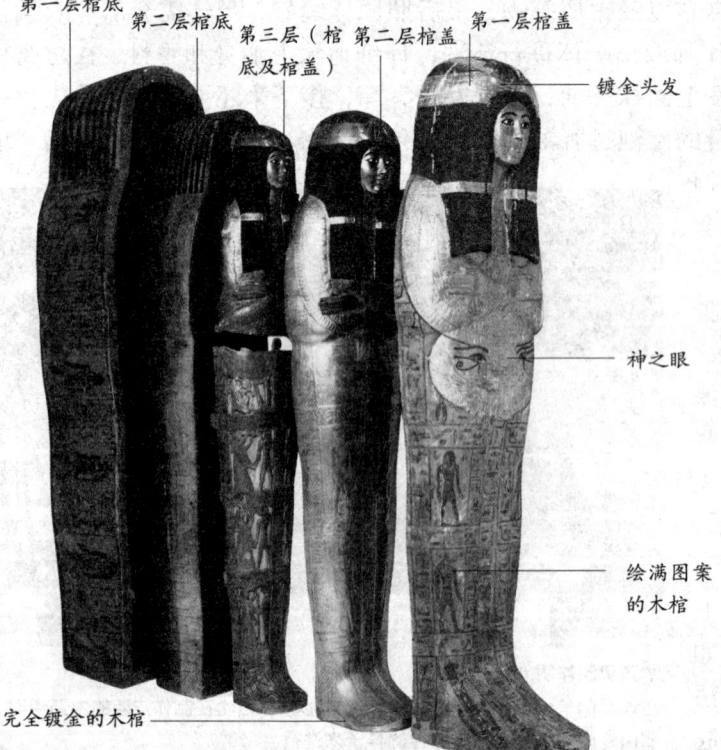

第一层棺底
第二层棺底
第三层（棺底及棺盖）
第二层棺盖
第一层棺盖
镀金头发
神之眼
绘满图案的木棺
完全镀金的木棺

殓装木乃伊的过程
第一步，用亚麻布把尸体紧紧包裹起来。
第二步，给尸体戴上面具，再用一层布包裹，然后用竹条或木条捆扎。
第三步，进一步仔细地包裹尸体，并对表面进行装饰。
第四步，殓棺。越有钱的人家选择越多层的棺木。此图所示为三层棺，每一层都装饰精美。

来。至于从尸体取出的内脏，经干燥处理后，也用亚麻布包裹，装入特殊的大口瓶子，储藏在墓中。在木乃伊的表面和绷带内，一般都放有护身符和蜣螂雕像，以起到保护死者的作用。在清理木乃伊的头部时，埃及人用一种特制的有倒钩的金属工具，从鼻腔伸入，使鼻腔裂开一个小孔，但又不会使整个头骨破裂。然后从鼻孔倒入棕榈酒，用一种细长的工具伸入脑中搅拌，脑髓会充分溶解于棕榈酒，然后把尸体翻转，棕榈酒和溶解于其中的脑髓就会从鼻孔流出，使得整个脑壳变干净。

制作木乃伊的全过程极为复杂，通常耗时达70天之久，且费用也很昂贵，除需要各种药品、香料、护身符等物品外，包裹尸体也需要很多优质亚麻布。因此，一般只有国王、贵族、富豪才能承担得起，而穷人制作木乃伊时，只能草草了事。所以，希罗多德还在著作中谈到过另外两种比较便宜的木乃伊制作方法，这些方法虽然很难保证尸体的完好，但多少也可以给穷人一些心灵上的安慰。而且，也许正是这些便宜的方法，才使制作木乃伊的传统在埃及得以传播和延续。直到4世纪以后，当基督教在埃及占据统治地位后，由于当时埃及属于拜占庭帝国的版图，而基督教的教义主张尸体应自然腐烂，于是制作木乃伊的习俗被废止。

从医学角度讲，由于古埃及专门有一批人以制作木乃伊为职业，他们掌握的技术代代相传。这一行业的存在，同时也表明古埃及人已经掌握了物理、化学、医学等多方面的知识。他们用作干燥剂的氧化钠，经现代科学分析，其实是碳酸钠、碳酸氢钠、盐和硫化钠的混合物。但是，世界各地还有很多各种形式的木乃伊，有的也存在了几千年的时间，而对于它们的制作经过，人们就不是非常清楚了。

在南美洲的安第斯山地区，人们发现了古印加人所留下的木乃伊，它们居然是用童男童女制成！考古学界因其发现之地，又称之为印加人山地木乃伊。据说，出于神秘的信仰，印加人常将童男童女制成木乃伊供奉给神灵，而安第斯山脉的丁冷空气又将他们的身体冷冻起来。更为神奇的是，透过厚厚的布料，人们发现他们的血液竟仍然凝结在血管之中。

还有一种木乃伊，也是在南美洲发现的，考古界称之为泥木乃伊，这也是人类最早制作的木乃伊。大约6000年前，居住在智利海岸附近的秦科罗人，盛行将死去的族人制成木乃伊。可以说，他们的木乃伊制作历史比古埃及人还要早。当然在制作方法上，秦科罗人的水平要比古埃及人逊色得多。他们先是取出死者的内脏，肢解尸体并除去大部分肌肉。然后，他们用植物纤维填充尸体，并在尸体的表面裹上厚厚的黑泥，因此这些木乃伊也被称为黑色木乃伊。不过经过几千年的演变后，秦科罗人的木乃伊制作技术也越来越成熟，他们甚至在木乃伊的脸部绘出各种精美的图案。直到最后，他们开始用红色的泥土包裹尸体，也就是今天我们所发现的泥木乃伊。

在世界各地发现的木乃伊中，能够与古埃及人的成就相媲美的极为罕见，而中国的木乃伊制作技术绝对位列其中。考古发现表明，中国人很早就发明了保存尸体的方法。所以他们不像古埃及那样，制作时必须事先取出容易腐烂的内脏器官与大脑，而这种木乃伊的制作技巧迄今仍是未解之谜。在桂林发现的一具保存完好的木

□历史悬案

马王堆女尸　湖南省长沙市马王堆出土

乃伊上，甚至仍然蓄有指甲，还有鼻塞和耳塞，这说明尸体内仍留存有体液。而世界其他各地的木乃伊，基本上都是干尸。在中国发现的众多木乃伊中，最著名的当推在长沙马王堆汉墓发现的女尸。可以毫不夸张地说，它是世界上保存最完好的古代木乃伊。

长沙马王堆汉墓位于长沙市芙蓉区马王堆乡，原来是河湾平地中隆起的一个大土堆。堆上分布西汉墓三座，三座汉墓中，2号墓葬的是汉初长沙丞相利苍，1号墓是利苍之妻，3号墓是利苍之子。1972年，当考古工作者对1号墓葬进行发掘时，令人惊叹的事发生了：一具西汉不腐女尸浮现在人们面前。据考证，这位女性的身份是西汉初期长沙丞相利苍的妻子辛追夫人，她死于2000多年前，死时大约50岁，神奇的是她的四肢在2000多年后竟仍能弯曲自如，而肌肤的触感也相当柔软。由于这具木乃伊非常柔软，因此考古人员可以像对待常人一样进行尸体解剖。

长沙马王堆女尸的发现，不仅是中国考古界的惊天发现，即使在世界考古史上，也产生了深远的影响。时隔2000多年，这位贵夫人的尸体竟能保存得如此完好，简直令人难以置信。那么，古代中国人是采用何种方法使古尸保存得如此完好呢？随后，来自各学科的研究者们开始了艰苦的探索，大致总结出了一些原因。

首先，女尸不腐的基本因素就是近似真空的墓室条件。由于该墓室在深达16米的地下，上面还有直径50～60米、高20多米的大封土堆，不透气，不渗水，封闭极严。而尸体又安放在6层之多的厚木板涂漆棺椁之中，棺椁四周还采用黏性和致密性很强的白膏泥、吸湿性很强的木炭填实。这层层保护阻挡了水与空气的侵蚀力，从而造成了一种与外界隔绝的独特环境，几近于真空。

其次，人们在棺椁中发现了一种红色的液体。化验表明，这种液体具有防腐的作用，是墓主入葬时特意注入的防腐剂。这种特殊的防腐剂，可以杀死尸体和随葬品入葬时所附带的细菌。在我国古代的药物书中，就有关于防腐剂的记载，但是，这种红色液体究竟是由哪些物质所构成，对于今天的研究者而言，还是个未解之谜。

最后，人们发现，在墓室密封之后，不但可消除外界光线、温度、湿度等对于尸体的损害，而且在墓室里形成了恒温和相对稳定的湿度，使整个墓室处于一个稳定的环境之中。更绝妙的是，当初发掘的时候，人们用探铲往墓室里打洞，结果从里面喷出了很强的气流。这种气流的急剧喷出，说明墓室内的大气压高于墓室外面。研究者推断，这种气流是由细菌作用所产生的沼气，沼气的积聚达到饱和，从而加大了墓室内的压强。饱和的沼气对于细菌有杀伤作用，而高压也同样使细菌无法生

> **古代著名的木乃伊**
>
> ①拉美西斯二世木乃伊，拉美西斯二世的木乃伊是人类历史上最著名的木乃伊。
> ②奥茨冰人，奥兹冰人木乃伊是一具有5300年历史的木乃伊。
> ③沼泽木乃伊，是自然形成的木乃伊，于19世纪末被两名荷兰农夫发现，因其埋葬于沼泽之中，故名。死者为女性，人们称其为伊蒂女郎，死于2000年前。
> ④新克罗木乃伊，发现于智利的阿里卡，比埃及的木乃伊还早2000年，1983年，由一位建筑工人偶然发现。这种木乃伊是人造而成的，是世界上最早的人造木乃伊。由于这些人曾生活在新克罗海滩，故被命名为新克罗木乃伊。
> ⑤印加儿童木乃伊。
> ⑥圣比兹木乃伊，制作于中世纪的木乃伊，约有700年的历史，保存技术相当高超，被发现时不仅完整而且柔软，人们甚至可以晃动它的胳膊，蜷起它的手指。1981年，考古学家在一座12世纪的修道院附近发现了这具木乃伊。

存，这与充气罐头的杀菌道理是一样的。问题在于，古代中国人是无意识还是已经真的掌握了这种奥秘呢？答案不得而知。

狮身人面像的迷雾

传说埃及人很崇拜狮子，他们认为狮子是力量的化身，因此古埃及的法老把狮身人面像放在他们的墓穴外面作为守护神。斯芬克斯狮身人面像位于开罗市西的吉萨区，在卡夫拉金字塔的南面，距胡夫金字塔约350米。斯芬克斯狮身人面像是世界上最大的狮身人面像，石像脸长达5米，头戴奈姆斯皇冠，额头上刻着"库伯拉"圣蛇浮雕，下颌雕有象征帝王威严的长须，在阿拉伯文中，它被称为"恐惧之神"，象征着君主的威严与权力。每天来到广场参观的人很多，关于斯芬克斯石像的出现时期在学术界也有很多种说法，至今不能得到统一，斯芬克斯和其石像仍是一团迷雾。

是谁建造了狮身人面像

在埃及的尼罗河畔，除了众所周知的金字塔外，还屹立着一座巨人——狮身人面像。它从埃及向东方凝视，面容阴沉忧郁，既似昏睡又似清醒，蕴含着一股雄壮的气势，给人以神秘的遐想。多少年过去了，经过几千年的风吹日晒雨淋，一切都在变化之中，狮身人面像却一直默默地守护在尼罗河畔，似乎在捍卫着什么、守望着什么。然而又是谁建造了它，保护了它，为它除沙除尘呢？

有种意见认为，狮身人面像在埃及"古王国"时期建成，是由第四王朝的法老卡夫拉（公元前2520～前2494年）建成的。这是传统历史学观点，它出现在所有

□历史暑索

狮身人面像
与金字塔一样，狮身人面像是古埃及文明最有代表性的遗迹，也是人类古代文明的重要标志之一，坐落在哈夫拉金字塔前。

埃及学标准教科书、大百科全书、考古杂志和常见的科学文献中。这些文献都表示，狮身人面像的面部是按照卡夫拉本人的模样来雕刻的——也可以说，卡夫拉国王的脸就是狮身人面像的面孔，这一点已被认为是历史事实了。

比如，闻名世界的考古专家爱德华兹博士就说过，狮身人面像的面部虽已严重损坏，"但依然让人觉得它是卡夫拉的肖像，而不单只是代表卡夫拉的一种象征形式"。

他们之所以这样说，根据之一乃是竖立在狮身人面像两前爪之间的一块花岗岩石碑上刻着一个音节"khaf"。这个音节被认为是卡夫拉建造狮身人面像的证据。这块石碑与狮身人面像并不是同时出现，而是对图特摩斯四世法老（公元前1401～前1391年）功德的纪念。这位法老把即将埋住狮身人面像的沙土彻底清洗干净了。这块石碑的碑文说狮身人面像代表了"自始至终存在于此的无上魔力"。碑文的第13行出现了卡夫拉这个名字的前面一个音节"khaf"。按照瓦里斯·巴杰爵士的说法，这个音节的出现非常重要，它说明建议图特摩斯法老给狮身人面像清除沙土的赫里奥波利斯祭司认为狮身人面像是由卡夫拉国王塑造的。

然而仅仅根据一个音节，我们就能断定卡夫拉建造了狮身人面像吗？1905年，美国埃及学者詹姆斯·亨利·布莱斯提德，对托马斯·扬的摹真本进行了研究，却得出了与此相悖的结论。布莱斯提德说："托马斯·扬的摹真本提到卡夫拉国王的地方让人觉得，狮身人面像就是这位国王塑造的——这完全是没有事实根据的；摹真本上根本看不到古埃及碑刻上少不了的椭圆形图案……"

你也许会问什么是椭圆形图案。原来，在整个法老统治的文明时期，所有碑文上国王的名字总是包围在椭圆形的符号里面，或是用椭圆图案圈起来。所以，很难使人明白刻在狮身人面像两前爪之间的花岗岩石碑上的卡夫拉这位大人物的英名——实际上其他任何一位国王都不例外——怎么可以缺少椭圆图案。

再者，即使碑文第13行的那个音节指的就是卡夫拉，也不能说明是卡夫拉雕刻了狮身人面像。卡夫拉可能还因为其他功绩被怀念。卡夫拉身后的许多位（或许其身前也有许多位）国王（如拉美西斯二世、图特摩斯四世、阿摩斯一世，等等）都修复过狮身人面像，卡夫拉怎么就不可能是狮身人面像的修复者之一呢？

实际上，19世纪末和20世纪开创埃及学的一大批资深学者都认为狮身人面像并不是由卡夫拉雕刻，这一说法才是合乎逻辑推理的。当时担任开罗博物馆古迹部主任的加斯东·马斯伯乐也是那个时代受人推崇的语言学家，也是认同这种观点的学者之一。他在1900年写道："狮身人面像石碑上第13行刻着卡夫拉的名字，名字前后与其他字是隔开的……我认为，这说明卡夫拉国王可能修复和清理过狮身人面像，这在某种程度上也证明了狮身人面像在卡夫拉生前已被风沙埋没过……千百年过去了，'斯芬克斯'仍然伫立在尼罗河畔，即使它的身上已经是千疮百孔。也许对于敬仰它的人、膜拜它的人来说，这无损于它的形象。"

"斯芬克斯"究竟何时诞生

关于狮身人面像还有一个神话。在埃及神话中，狮身人是个妖兽，作为驱灾的象征常常被置于墓顶或刻于盾牌上。它形象特异，长着蛇尾，背上还生着两只老鹰翅膀。在古埃及神话中它是男性。但是，在迈锡尼时代传入希腊时，希腊人把它改造成女性，还给它起名为"斯芬克斯"，意思是"绞死者"的意思。

在希腊，神话故事也被完善了。宙斯的妻子赫拉是个忌妒心和报复心很强的神。宙斯喜欢上了忒拜城国的女儿塞墨勒，这引起了赫拉的嫉妒。于是，她派斯芬克斯到忒拜来祸害人民。斯芬克斯守住城门，给要进城的人提出难猜的谜语，猜中的人才能进城，斯芬克斯也立刻自杀；猜不中的会立即被它撕碎吃掉。

一天，俄狄浦斯路过这里，他知道了斯芬克斯的所作所为，决心把它除掉。他来到斯芬克斯的面前。斯芬克斯的谜面是："什么生物早年用四只脚走路，中年用两只脚走路，晚年用三只脚走路？而脚最多的时候，又是速度最慢、力气最小的时候？"俄狄浦斯想了一下："这太容易了，这是人啊！人在幼年的时候用双脚双手爬着走路；中年的时候用两只脚直立行走；等到老了，腿脚不灵便了，就必须拄上一根拐杖作为支撑，这样就变成三只脚了！"斯芬克斯见谜底被揭开，又气愤又羞愧，自杀身亡。此后，"斯芬克斯之谜"被用来比喻不可理解的人或是难以猜到的事情。

当时的国王瑞翁为了让人们记住这个罪恶滔天的恶魔，便在斯芬克斯经常出没的地方即今天狮身人面像所在之地，造了一座石质雕塑，流传保存至今，成为今天的文化珍宝。传说也许只是因为时代久远，非常神秘，于是就有了人们的种种想象和猜测。人们一直认为狮身人面像修建于大约公元前2500年，然而科学家们发现，狮身人面像比人们认为的年代可能要更早，甚至早一倍。波士顿大学的地质学家罗伯特·M.肖赫对吉萨遗址进行了一次从地震方面切入的研究，结果表明，狮身人面像最初雕刻的时间比通常人们认为的要久远，因为这座石像裸露在外面，与周围的石灰石床岩受风化和侵蚀的时间要比人们认为的长得多。另外，狮身人面像和其他年代确凿的建筑物侵蚀程度有着显著的差异，这也表明了其存在时代之间存在的距离。

科学家们利用各种先进的仪器和方法对狮身人面像进行了研究，经过声波穿行速度等科技测试，他们惊奇地发现，狮身人面像的"尾部"是卡夫拉统治时期出现的，要比石像前面的部位和两边部位的壕沟年代晚一半以上的时间。也就是说早在卡夫拉修建狮身人面像之前，狮身人面像的头部就已经存在1000多年了。这一发现使他们大为振奋，并且深信不疑，地质学家于1919年10月22日在圣地亚哥举行的美国地质学年会上提交了他们的研究报告：狮身人面像的实际修建时间是公元前7000年到公元前5000年。

然而考古学家们完全不能接受这样的研究结论，他们认为这与他们所了解的古埃及的情况完全不相符合。就他们所掌握的考古知识来看，在卡夫拉统治的几千年前，古埃及人根本不可能拥有建造这一巨型建筑物的技术，甚至也完全不可能有这种愿望的产生。狮身人面像的建造技术比已经确定年代的其他建筑物的技术先进很多，如果再将它的建造年代提前，那将是不可思议的事情。如果承认地质学家的结论，那么几千年前，修建狮身人面像的不应该是古代埃及人，而只可能是另外的一群高级智慧生物，或者也只能是还不能确定到底存在与否的外星人。

宇宙学的研究者根据金字塔建筑群种种与天文现象的巧合神奇之处以及金字塔内遗存的超前于现代的物品，推测金字塔是外星人在不同时期单独或帮助法老建造的。科学家以先进的仪器探测发现狮身人面像之下也有类似金字塔内的秘密通道和密室，于是猜想斯芬克斯是否也是出自外星人之手，原本是作为宇航导向的标志而后又被法老发现并为己用，当然这仍然属于推测。

斯芬克斯像雄伟壮观，它表情肃穆，凝视远方。学术界的争论与猜测使斯芬克斯到现在为止都还扑朔迷离，它凝视远方的眼睛里一定充满了等待被理解的渴望，但是它到底出自谁手、来自哪个久远的年代，都没有准确的答案。期待研究者找到更能让大家都信服的证据，拨开深藏在狮身人面像后面沉重而神秘的历史云雾，见到一个完整的有着明确历史内涵的狮身人面像。

印度河文明古城的消失

巴基斯坦信德省的拉尔卡纳县南部，印度河的右岸，有一座半圆形的佛塔废墟。这里白天狂风怒吼，沙尘飞扬；夜晚寒风习习，尽收眼底的只有一望无际的沙漠。多少年来，这里一片荒芜，满目凄凉，被当地人称为"死亡之丘"，但许多学者更喜欢称它为"核死丘"。1922年，印度勘察队员偶然在这里的佛塔废墟内，找到了几块刻着动物图形和令人费解的文字的石制印章。此后60多年，考古学家在这里发掘出了一个建于4500年前的古城遗址，向世人证明了印度河文明与两河流域的苏美尔文明一样古老而灿烂。这就是举世闻名的摩亨佐·达罗，标志"印度河文明"的古城，1980年被列入《世界遗产目录》。印度河文明包括哈拉帕和摩亨佐·达罗两个大城市以及100多个较小的城镇和村庄，两个大城市方圆都超过5千米。但是，后来印度河文明消失了。印度河文明古城遗迹的发掘能带给人们探索古印度文明的什么线索呢？印度河文明又是怎样被遗弃的？

两大古城遗迹的发掘

印度河是世界上较长的河流之一。但在18世纪之前，人们根本没有想到这条藏身于沙漠、人迹罕见的河流曾有过堪与古埃及相媲美的璀璨昨天。而且与其他古代文明相比，完全是史无前例的。

印度河文明最早引起人们注意是18世纪哈拉帕遗址的发掘，在这里发现了大都市残址。19世纪中叶，印度考古局长康宁翰第二次到哈拉帕时，发掘出一个奇特的印章，但他认为这不过是个外来物品，只写了个简单的报告，此后50年，再也无人注意这个遗址了。后来，考古专家以含哈拉帕在内的旁遮普一带为中心，东西达1600千米、南北1400千米的地域内，发现了属于同一文明的大量遗址。这个发现震动了考古学界，因为涵盖范围如此之大的古文明在世界上可以说是独一无二的。

1922年，一个偶然的机会，人们发现了位于哈拉帕以南600千米处的摩亨佐·达罗遗迹。这里出土的物品与哈拉帕出土的相似，人们才想起了50年前哈拉帕出土的印章，考古学家开始注意这两个遗址间的广大地区。这些遗址位于印度河流域，所以被称为印度河文明。据考证，遗址始建于5000年以前甚至更早的年代。然而令人激动的还不仅是它的面积和年代，不久，人们就发现虽然这些遗址属于同一文明，但生活水平并不一样，这是什么原因呢？

对哈拉帕出土的印度印章进行研究的结果令人失望，没有人能释读印章上的文字。文字是一个国家文明的水准，有文字的印章可能在政治、经济活动中担任重要角色。而且印章只在摩亨佐·达罗和哈拉帕出土，于是专家们推断，摩亨佐·达罗与哈拉帕都是都市，这就可以解释为什么处于同一文明的人生活水准不一样，当然这只是推测。

为了进一步证实摩亨佐·达罗和哈拉帕的都市性质，考古学家对摩亨佐·达罗进行了最广泛的发掘。摩亨佐·达罗面积约100平方千米，分西侧的城堡和东侧的广大市街区。西侧的城堡建筑在高达10米的地基上，城堡内有砖砌的大谷仓和被称为"大浴池"的净身用建筑等，其中最令人惊讶的是谷仓的庞大，这似乎显

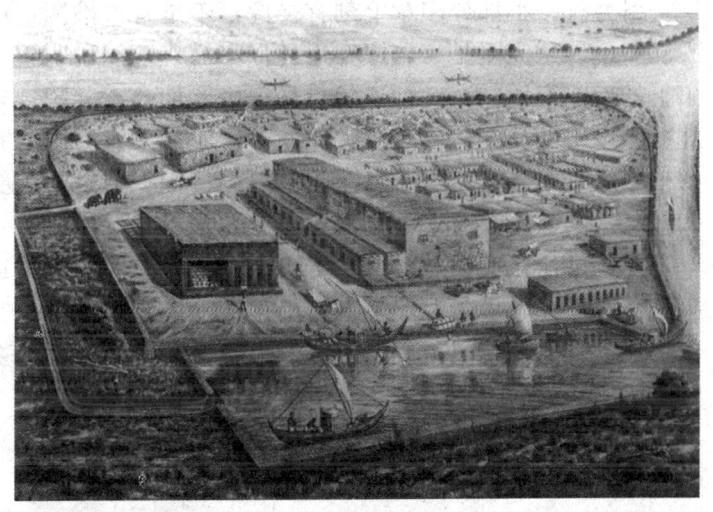

哈拉帕地区东南边缘4000多年前的洛萨港口

□ 历史悬案

示了这个城市当时的富足。不过装满大谷仓的谷物是怎样征集来的呢？

市区有四通八达的街道，东西走向和南北走向的各宽10余米，市民的住房家家有井和庭院，房屋的建材是烧制过的砖块。如果不是亲眼所见，这是难以置信的，因为在其他古代文明中，砖块只用于王宫及神殿的建筑。最令考古学家惊异的是其完整的排水系统。其完善程度就连现今世界上数一数二的现代都市也未必能够达到。二楼冲洗式厕所的水可经由墙壁中的土管排至下水道，有的人家还有经高楼倾倒垃圾的垃圾管道。从各家流出的污水在屋外蓄水槽内沉淀污物再流入如暗渠的地下水道，地下水道纵横交错，遍布整个城市。面对如此密集的地下水道，人们不禁瞠目结舌。住宅区各处均设有岗哨。从挖掘结果看，这是一个十分注重市民生活公共设施的城市。这是一个什么形态的社会呢？为什么它没有宫殿，所有的住房水准又都一样，完全不同于宫殿、神殿林立的古印加，美索不达米亚及国王、法老陵密布、贫富悬殊的埃及呢？除了完善的公共设施之外，还有不少通向印度河乃至阿拉伯海的港埠，这是广泛而积极的经济活动的表现。这所有的一切出于何人的规划？这个设计师可以说具有现代化的头脑。另外，整个摩亨佐·达罗没有防御系统和攻击武器，也没有精美夺目的艺术作品，这也是已知古代文明中的唯一先例。

这些城市的统治者是什么人？考古学家按照惯例首先在摩亨佐·达罗寻找王宫和神殿，结果一无所获。这又牵涉了一个问题：是什么人，用什么样的方法统治这块辽阔的国土？而且摩亨佐·达罗和哈拉帕有着完全相同的城市建设，难道它们都是首都？因为没有神殿，能不能用其他古文明中的例子——古印加、美索不达米亚、古埃及的国王同时兼任法老或祭司王来推测统治者呢？所有遗址中确实没有发现祭司王统治的痕迹，难道5000多年前的印度河文明已经废弃了君主制？这么大的国土不可能没有统治者，考古学家又仔细研究第一块和以后出土的印章，但经过一个世纪的努力，印章上的字还是无法读解。那么，它是否是一种权力的象征；如果是，这两个城市为什么又没有神殿和宫殿呢？

因为有一小部分印章上刻有神像，于是有人推测，这可能是宗教遗物。但也有人反驳说，这完全是家族或个人的保存品，不能说明整个国家具有宗教性质，况且出土的近3万枚印章有神像的只是很少一部分。谜团越来越大。有人认为只要能够释读印章上的文字，就可以解释这个文明的来龙去脉。其实，文字固然可以使人了解整个文明的起源和衰落，但大多数考古学家认为，必须从多方面研究，以相互印证。

究竟是什么人创造了这个文明，开始人们误以为它是受其他文明的影响发展起来的，但是进一步考古发现，无论是文字还是印章都是其他地方看不到的，而且对出土人类骨骼的鉴定也表明这里的人融合了许多人种的要素，不是现在已知的某个特定民族。

那些当时在今天已经无法居住的地方建设如此高度文明的城市的人，如果不是印度人的先人，那又是什么人呢？

有人认为，印度河文明与其他文明是同时崛起并存的。是不是可以说，印度河文明发展之初，受到过外来文明的影响，但在漫长的历史长河中孕育出了独特的高度文明？

摩亨佐·达罗的消失与核战争有关吗

规模宏大的摩亨佐·达罗古城建于印度河流域，全部由毛坯砖建成，包括一座卫星城，周围建有壁垒，是青铜时代的古城遗址。城址占地约 8 平方千米，按城市规模推算，当时的人口在 4 万人左右。城镇街道大部分是东西向和南北向的直路，成平行排列，或直角相交。主要街道宽达 10 米，下面有排水道，用拱形砖砌成，形成一个独特的排水系统。数千间房屋好像棋子般布满全城。每个住宅都有 6～10 间房，并有院子，最突出的是一幢包括许多间大厅和一个储存库的建筑物。它可能就是当时摩亨佐·达罗城的国王或首领居住的地方。住宅大都有水井和整洁的浴室，而且有一条修得很好的排水沟，把废水引入公共排水渠中。大小住宅多半都在外墙里面装有专用的垃圾滑运道。居民可以把废物倒进滑运道，滑到屋外街边小沟。小沟又连接下水道系统。如此复杂的污物和污水处理系统，不仅在上古时代是无与伦比的，就是当今世界上的许多城镇也望尘莫及。

古城大体可分为上城和下城两部分。上城首先看到的是高达 15 米的圆形古堡。从古堡往下走，是著名的大浴池和粮仓，大浴池由红砖和灰浆砌成，四周还有精巧的上下水道。研究印度河文明的专家认为，这座大浴池很可能是为宗教仪式服务的。现在，印度河一些地区仍保留着将沐浴用于宗教仪式的传统。下城离上城约 1000 米，当人们置身于两人多高的街墙之间时，迎面会有凉风习习吹来，使人们对古代建筑师巧妙地利用季风进行自然通风的技巧惊叹不已。

古城出土了数百件奇异的人形陶俑，描绘了当时的"圣母"祭祀仪式，体现了古摩亨佐·达罗人的艺术创作特点，表现了他们对"神力"的敬畏和虔诚。出土文物中有一尊似是教王一类首领人物的塑像，头系发带，面蓄胡须，左肩上斜搭一件饰有三瓣花图案的大氅，双目微睁，显出沉思的模样。另一件精巧的文物珍品是一个舞女的塑像，全身赤裸，叉腰翘首，栩栩如生，一副高傲尊严的神态。此外还出土了大量石制印章、陶器、青铜器皿等文物。印章上刻有牛、鱼和树木的图形文字，很像古埃及的象形文字和苏美尔人的楔形文字。不

摩亨佐·达罗古城遗址
从这一片废墟中似乎可以看出它曾经遭受过人为的破坏，所以有的学者怀疑它遭受过核打击。

□ 历史悬案

过,遗憾的是,这些"天书"至今还没有被人们识读。

城市是文明发展水平的一个重要标志,有学者认为类似摩亨佐·达罗先进发达的城市规划与1000多年后的古罗马时代处于同等的水平!而在其所处的时代,世界上绝大部分的人们还居住在山洞中,或是住在用树枝树叶、泥土搭起、垒起的简陋棚屋里,最多也不过是1000人以下的村落。

可是,在3500年前的一天,这座城市神秘地消失了,葬身于黄沙之下。而且种种迹象表明,这里的居民在一个短暂的时间内突然无影无踪地消失,并遗弃了这座城市。为什么会发生这样的事情?摩亨佐·达罗人在离开这个城市后,去了哪里?为什么在别的地方没有再现这个城市的文明?这些谜一直困扰着考古学家们。有意思的是,在印度语中,摩亨佐·达罗的意思是"死亡之丘"。为什么叫这样一个名字呢?难道一开始就蕴含着某种不解的神秘?

史学家认为,昔日摩亨佐·达罗郊外也是郁郁葱葱,有着和尼罗河一样宽阔古老的印度河。它不仅灌溉着千里沃野,也孕育着人类的文明。只是到了后来,由于过度的放牧和种植,破坏了生态平衡,使得植被稀疏,表土裸露,在强烈的阳光照射下,水分迅速蒸发,最终沦为一片沙洲。可是,这样的解释却无法说明摩亨佐·达罗人为什么也消失了。

也有人提出,是一次大地震毁灭了城市,可是,这里丝毫没有地震遗留下来的痕迹;有人认为,是一场瘟疫使居民们远走他乡,可是,为什么他们没有在其他地方创造同样的文明呢?还有人认为,是别的部落占领并且洗劫了城市。可是,谁又相信,最文明的国度会被原始野蛮的部落征服呢?或许可以从摩亨佐·达罗出土的人骨上找到一些线索。这里出土的人骨,都是在十分奇异的状态下死亡的,换言之,死亡的人并非埋葬在墓中。考古学家发现这些人是猝死的,在通常的古文明遗址中,除非发生过地震和火山爆发,否则不会有猝死的人。摩亨佐·达罗没有发生过上述两件事,人骨都是在居室内被发现的,有不少居室遗体成堆地倒着,惨不忍睹。最引人注目的是,有的遗体用双手盖住脸呈现出保护自己的样子。如果不是火山爆发和地震,那是什么令这些人瞬间死去呢?这在很长的一段时间内是一个谜,考古学家们提出了流行病、袭击、集体自杀等假说,但均被推翻了。无论是流行病还是集体自杀,都不能解释这"一瞬间"的死亡。为了解开这个谜团,印度考古学家卡哈对出土的人骨进行了详细的化学分析。卡哈博士的报告说:"我在9具白骨中发

从摩亨佐·达罗古城遗址中发掘出的人物造型的青铜器,从她高傲的眼神和动作来看,这可能是当时的一位权贵人物。

现均有高温加热的痕迹……不用说这当然不是火葬,也没有火灾的迹象。"是什么异常的高温使摩亨佐·达罗的居民猝死呢?公元前3000多年的大叙事诗《玛哈巴拉德》中记叙的战争景象一如广岛原子弹爆炸后之惨景,提到的武器连现代化武器也无法比拟。

另一首叙事诗《拉玛亚那》描述了几十万大军瞬间完全被毁灭的景象。诗中有一点值得注意,大决战的场地是被称为"兰卡"的城市,而"兰卡"正是当地人对摩亨佐·达罗的称呼。最后,英国科学家杰文波尔力排众议,提出了摩亨佐·达罗城遭受了原子弹袭击。研究者们在城中发现了许多爆炸的痕迹,并且找到了爆炸中心。在爆炸中心1平方千米半径内所有建筑物都成了齑粉,距离中心越远建筑受毁坏程度越小。在距中心的较远处,发现了许多人骨架。从骨架摆放的姿势看,死亡的灾难是突然降临的,人们对此毫无察觉。而且这些骨骼中都奇怪地含有足以与广岛、长崎核袭击死难者相比的辐射线含量。不仅如此,研究者们还惊奇地发现,这座古城焚烧后的瓦砾场,看上去像极了原子弹爆炸后的广岛和长崎,地面上还残留着遭受冲击波和核辐射的痕迹。对遗址中的大量黏土和矿物碎片进行分析的表明,它们被烧熔时的温度高达1400~1500℃,而这种高温,当时的锻造条件是无论如何也达不到的。

联系到古印度史诗《摩诃婆罗多》对5000多年前史实的生动描述,后人也可对"核死丘"的遭遇领悟一二:"空中响起轰鸣,接着是一道闪电。南边天空一股火柱冲天而起,比太阳耀眼的火光把天割成两半,房屋、街道及一切生物,都被这突如其来的天火烧毁了……","可怕的灼热使动物倒毙,河水沸腾,鱼类等统统烫死。死亡者烧得如焚焦的树干,毛发和指甲脱落了;盘旋的鸟儿在空中被灼死,食物受到污染……"。难怪美国"原子弹之父"奥本海默认为这部印度古代叙事诗中记载的分明是史前人类遭受核袭击的情形。

可是,当年繁华的城市,由于岁月的消磨、洪水的冲刷和盐碱的腐蚀,现在仅剩下一片片砖瓦残迹。但摩亨佐·达罗遗址也以其惊人的古代文明、神奇的难解之谜,吸引着无数学者和游客的到来。

巨石阵遗址

在17世纪初期,一位名叫约翰·奥布里的考古学家在英格兰南部平原发现了一些独特的巨石建筑,它们巍然屹立,宏伟壮观,散发着神秘诱人的魅力。由于是他初次发现这些巨石建筑,所以将其命名为"奥布里坑群"。坑群内圈竖着两排蓝砂岩石柱,现已面目全非,有的只留下原来的痕迹。巨大的石柱群建筑的原始用途一直是人们研究的主题。有人认为它是纪念碑,有人认为它被用于举行宗教仪式。考古

□ 历史悬案

学家们都认为它有宗教和天文用途。这些巨石阵到底是谁建造的呢？至今仍是个谜。

英格兰规模庞大的巨石阵

英格兰巨石阵最壮观的部分是石阵中心的砂岩圈。它是由30根石柱架着两架横梁组成，横梁间彼此用榫头、榫根相连接，构成一个封闭的圆圈。这些石柱高4米、宽2米、厚1米，重达25吨。砂岩圈的内部是5组砂岩三石塔，排列成马蹄形，也称为拱门，两根巨大的石柱，每根约重50吨，另有一根约10吨重的横梁嵌合在石柱顶上。这个由巨石排列成的马蹄形坐落于整个巨石阵的中心线上，马蹄形的开口正对着仲夏日出的方向。巨石圈的东北侧有一条通道，在通道的中轴线上矗立着一块完整的砂岩巨石，高4.9米，重约35吨，被称为"踵石"。每年冬至和夏至，如果人们从巨石阵的中心远眺踵石，就会发现太阳隐没在踵石的背后，这种奇特现象也给孤独荒凉的巨石阵增添了神秘莫测的气氛。

依据科学家实地考证，巨石阵最初建于新石器时代后期，约公元前2800年，那时巨石阵已初见规模——圆沟、土岗、巨大的踵石和"奥布里坑群"。约公元前2000年是巨石阵建筑的第二阶段，在此期间整个巨石阵已基本完成。这个阶段的主要建筑是蓝砂岩石柱群和长长的通道。巨石阵的第三期建筑尤为重要，约在公元前1500年，这时建成了沙石圈和拱门，巨石阵也全部完工，这就是我们现在看到的雄伟壮丽的巨石阵遗址的整个面貌。需要特别提及的是，建造这个庞大无比的巨石阵整整需要150万个人工，并且在整个建筑过程中，自始至终没有使用轮载工具和牲畜的痕迹。这是令人惊讶的现象。

1932年，地理学家H.H.托马斯探寻到了他们使用的原料蓝砂岩，它是一种污迹斑斑的灰色物质。这些蓝砂岩中的三种岩石种类与在史前巨石柱附近发现的任何岩石都不同，但是托马斯发现同样类型的三种石头在威尔士的卡梅宁山和富尔·特里冈之间山峰上露出地表的自然岩石中都能够找到。

英格兰南部平原上的人们是如何把这些重达5吨的石头从威尔士运到英格兰

英格兰巨石阵遗迹近景
英格兰的历史和史前时代深受地理影响。由于它曾是某些欧洲通道的必经之路，所以在那儿发现了多种巨石文明墓穴建筑，这种建筑分为两种：第一，长方形的塚，状如小山丘；第二，宗教性的建筑，以斯通亨治史前巨石柱为代表。

34

的呢？

英国史学家杰弗里在其著作《中世纪编年史》中曾有过亚瑟王的谋臣默林从西方（尽管不是从威尔士，而是从爱尔兰）获取石头的描述。据流传的民间传说，把这些石头运送至史前巨石柱，可能是通过爱尔兰海这一途径，对此杰弗里也有过记载。在英格兰南部的索尔兹伯里平原附近有大量其他种类石头的情况下，那些建造史前巨石柱的人们为什么要舍近求远地跑那么远去取石头呢？

一部分地理学家对此进行了研究分析，其中最著名的G.A.凯拉韦认为，这些蓝砂石是通过冰川，不是由人力搬运的。但是，大部分专家反对凯拉韦的观点，因为他们不相信最近的冰川作用会向南延伸到普里斯里山或者索尔兹伯里平原上。即使事情真是如此，冰川运动把威尔士一小块地区的蓝砂石收集起来，然后通过沉积作用再把它们置于英格兰的另一小片地区，而并非把它们散落于各地，这对于自然界来说，出现此种情形似乎不太可能。布里斯托尔海峡的南部或东部没有任何其他的蓝砂石这一事实从反面证实了冰川理论的不可信。

因此，最普遍的解释是，来自索尔兹伯里平原的人们把一些独木舟捆绑在一起，然后通过爱尔兰海运输这些蓝砂石。但这种推论最重要的一点是要找到证据来证明索尔兹伯里平原的人们已掌握了一些令人叹服的技术手段。

除了英伦诸岛，巨石建筑还广泛存在于爱尔兰、西班牙、法国一部分地区、斯堪的纳维亚地区、地中海诸岛，等等。产生这些巨石结构的文化被称为巨石文化。巨石结构有可能是新石器时代的重要遗物，其种类很多，形状、结构、性质也不尽相同。

巨石结构之所以遍布广大地区，可能与新宗教和埋葬的习俗有关，即巨大的石块是用来作为祭祀或坟墓之用的。欧洲新石器时代的农民死后普遍被埋葬在山坡上，尸体摆成屈曲四肢的姿势或仰卧的姿势。在英国，次新石器时代的民族实施火葬，把骨灰埋葬在圆形的圈地内。在这种圆形圈地中，最著名的是青铜时代的斯通亨治祭坛。

而且，研究巨石建筑的专家们认为，斯通亨治石栏的建造者们，是利用绳索、杠杆、滚木、土坡等方法，把巨大的石块从遥远的地方运到这里并建造起来的。由于石栏非常庞大，巨石又不是从近处开采的，如果没有统一的计划安排，没有集合很多人力并发挥卓越的才智，进行长期艰苦的劳动，完成这样的工程简直是难以想象的。这就说明了一个重要问题：这种巨石结构一定具有非常重大的意义，很可能就是太阳神的庙宇和祭坛，否则在生产力极为低下的条件下，原始人绝不会付出如此巨大的代价去建筑它们的。由此可知，样式不一的巨石结构与当时丧葬风俗及原始宗教息息相关。

是谁建造了巨石阵

究竟是谁或者他们是怎样建造了这种独具特色的庞大建筑呢？在这方面没有留下任何只言片语的解释。英国南部索尔兹伯里平原的原始居民的文明程度在当时仅仅处于生存线上，也就是说他们无力建造这些如今建造起来也颇费力气的巨大石阵。

12世纪时，牧师杰弗里认为应把建造巨石阵的功劳归于亚瑟国王的宫廷男巫默林。根据他所著《不列颠国王的历史》记载，有些作为纪念碑的石阵是受亚瑟王的叔叔的委托建造的。这些石阵是为纪念反侵略战争而建的。

17世纪时，国王詹姆斯一世也对这些石阵颇感兴趣，并派人调查。调查者认为，当地居民不可能建造出这样的石柱，并得出结论说，如此精巧构造只能出自罗马人之手。

在英格兰奥克尼群岛的斯卡拉布雷岛上发现的距今约4000年的石结构房屋，至今保存良好。

而根据20世纪人们发明的用放射性碳元素来测定当地石阵的年代的数据显示，这些巨石阵可能造于公元前1500年以前。而那些有可能建造石阵的古代人类的出现远远落后于测定的年代。

1953年，一位名叫阿特金森的考古学家从偶然在石阵旁发现的一把匕首中得到启示。他认为此种匕首有可能来自希腊迈锡尼城堡的皇家坟墓。而那把匕首制造年代大约也在公元前1500年。

据此，阿特金森认为石阵是由来自更加文明的地中海地区的建筑师所建。考古学界接受了这种理论。

就在他们备感欣慰之际，这种理论又很快被否定。20世纪60年代发明了一种新的放射性碳元素测定年代法，由此得出的有力证据表明，巨石阵比原先设想的要古老得多，甚至比迈锡尼文明也要古老。新的放射性碳元素测定年代法证实迈锡尼城堡建于公元前1600～前1500年，这表明巨石阵起源更为久远，远远早于任何地中海文明所带来的影响。

依靠这个最新推断，石阵周边的河床和外部沟渠大约开始建造于公元前2950年，周边内的一些木结构建于公元前2900～前2400年，以后的某个时间段这些木结构才被石头所代替。

新的年代测定法彻底动摇了该理论传播者的思想体系。这些巨石阵产生的年代如此久远，它不可能是由欧洲文明所建造，非欧洲文明离此更加久远。所以，大部分专家学者被迫接受这样一个事实：建造巨石阵的是那些居住在附近的原始居民，并且是在没有任何外界的帮助下自行完工的。

从1980年到1984年，英国考古学家对巨石阵遗址进行了大规模的发掘考察，比较清晰地揭示了斯通亨治巨石阵是新石器和硅铜时代维塞克斯文化的图景。通过对放射性同位素的鉴定，证实这一伟大建筑始建于公元前3100年，距今已经5000多年了。当时，这里有绵延不断的原始森林，是大不列颠岛上人类文明的发源地。维塞克斯的原始部落就在这里繁衍生息，他们制作了石器、兽骨工具和陶铜器皿，大不列颠岛上的远古人们最初在这里建立了土坛。大约在公元前2100年，原始居民的农牧业社会已经能够从远方运来大青石，开始在石坑中筑起石坛，并且从坛中央向东方建起大通道，形成了轴线。后来的五六百年间，人们又从更远的地方运来巨石，经过精心雕琢和设计，建成了我们今天所看到的马蹄形石阵。

从最初的木结构、小石结构到后来的巨石阵，先后经历了2000年之久。这样雄奇的建筑工程和高明的数学、天文知识，令今天的人类赞叹不已。正是这一灿烂的维塞克斯文明，推动了英格兰岛的进步。

自公元前1世纪开始，先后统一英格兰这块土地的人们在策马驰过平原的时候，无不在斯通亨治巨石阵前发出赞叹声。那威严的气势迫使统治者拜倒在石头下，乞求神秘力量的庇护。

巨石阵的作用之谜

有学者认为，巨石阵是远古时代的天文观测仪器。

持这种观点的主要是一些天文学者。确实，巨石阵的神秘莫测与天文学有着紧密联系。远在200年前，就有人注意到巨石阵的主轴线指向夏至时日出的方位，而冬至的落日又在东西拱门的连线上。1965年，波士顿大学的天文学家霍金斯利用计算机测定表明，巨石阵的排列方式可能与太阳和月亮在天空运行的位置相关，而56个奥布里坑群则能准确地预报日食、月食。

这些内容记载于他的史学名著《破译史前巨石柱》一书中，这本书出版后很快成为一本畅销书。

霍金斯发现，巨石柱上165个主要点之间的定线与太阳和月亮的升落有着极其密切的联系。更能引起争论的是，他认为史前巨石柱上的称为奥布里孔的一圈坑穴曾被古人用来预测月亮的圆缺。霍金斯称史前巨石柱为"新石器时代的计时器"。

自从发现"迈锡尼"雕刻以来，仍然是史前巨石柱问题的研究权威的阿特金森也以同样显著的标题《史前巨石柱上的月光》进行回击。阿特金森认为史前巨石柱上的天体准线很可能是偶然出现的。至于奥布里孔作为月亮圆缺的预测物的观点，阿特金森提出证据说这些洞孔曾被用作火葬坑穴，而且在挖掘后不久即被掩埋掉。

天文学家们提出了多种方法证明史前巨石柱可能被用作一个天文观测台，其中一些比霍金斯的方法更离奇。但是，天文学家们有这样一个倾向：他们看重的是不同的点与太阳或月亮如何成一条直线，而疏忽了这样的事实，即这些想当然的圆点中的一个可能比另一个晚造于几百年甚至上千年之后的某个时候。考古学家们很快就找到了大部分理论的难以成立之处。

到了20世纪末，虽然纷争仍在延续，但是几乎所有的考古学家（包括阿特金森)都认为天体准线中至少有一些,尤其是太阳准线,绝不仅仅是巧合。大部分人对于这一观点持相同意见:至少从现代意义而言,巨石阵很可能从未被用做天文台,但是,或许作为史前宗教仪式的一个组成部分,建造史前巨石柱的人们很可能从那儿观测过太阳。

然而,甚至连极不成熟的天文学也表明,索尔兹伯里平原的人们曾观测过天空,并且用某种方法记录了他们的所见所闻。显而易见,史前巨石阵的建造者尽管在某些方面有些原始,但是在其他方面却是高度发展的。从这种意义上而言,最近的发现在加深我们对史前巨石阵理解的同时,更增添了到底是谁建造了它这一问题的神秘色彩。

但是,也有学者认为巨石阵是原始人打猎的特殊装置。

因为巨石阵的全部建筑时间都属于新石器时代,一些专家推测,巨石阵是猎取大型野兽的狩猎装置。他们认为由于当时的工具和武器都很落后,为了猎取较大的野兽,如猛犸、熊、河马、犀牛等,自己又不致被猛兽所伤,人们就想出了这种办法。专家们认为,今天人们只看到巨石阵的残迹,当初它一定还有一些由木头、骨头和兽皮等制作的工具,由于年代久远早已不复存在。另外,遗迹周围还散落有不少石块,这可能也大有用处。由此他们的结论是,巨石阵很可能是一种具备狩猎、生活多种用途的设施。复原后的结构可能是这样的:

巨石阵围成一个院落,在两根石柱之间是进出口,大小可通过比较大的猛兽,在洞口正上方,有用木棍撑起的大石块,叫"警戒石"。当野兽触碰到木棍时,石头便落下来砸在野兽身上,同时向院内之人发出警告。

院子里面还准备了第二道防线,即悬挂一块"打击石"。当猛兽闯进来时,站在高处的人用手一拉操纵绳,巨石便会准确地砸向野兽。

院内的中间地带还建了一座二层小楼,是由圆木和一些巨石柱围建而成的,楼板铺在巨石柱的上面。它的目的在于监视大院及周围的情况。

这种狩猎工具也并不是在原地等待野兽自投罗网,一般是在其中放置一些引诱物,如利用野兽幼仔叫声作为诱饵。因此,猎手们把捉来的小兽拴在院子里,让它不停地叫唤,以引诱母兽到来。兽群在听到幼仔的叫声后,会不顾一切地拼命冲入院内。即使野兽没有被巨石砸死,高处的猎手们也会向其投掷石块,置它们于死地。

获取野兽后,他们便把猎物拖进小楼进行加工,把兽皮、肉等晾干并储藏,而把其他无用之物扔到院内作为引诱物。每次狩猎后,他们又会重新恢复设置狩猎工具,以有利于下一次狩猎。

多数学者把巨石阵视为古人举行祭祀的宗教场所。

在最早叙述巨石阵的《中世纪编年史》一书中,作者认为是亚瑟王的谋臣默林用魔法把巨石阵从爱尔兰移到英格兰做墓地。学者们把巨石阵的石桌看作石棺,把高大直立的石条推断成重大事件和人物的纪念碑。如果人们从空中俯瞰巨石阵时,能清楚地辨认出巨石阵是极有秩序地排列成了蜥蜴、鹰等动物的图案,据推测,这些动物图案可能被古人视为心中的图腾。

就英国南部的斯通亨治巨石阵而言，它既有明显的宗教意图，又有严密的天文功能。在石阵表面刻有不少蛇、月亮、太阳等图案，而平面石阵的布置，又体现了相当复杂的天文计算功能。这个巨石阵占地极广，巍峨耸立，显得庄严、肃穆，从而迫使古人向神灵顶礼膜拜。斯通亨治巨石阵是人类最早的祭祀建筑之一。

更有一些学者把巨石阵视为一种文化标志。他们认为古人崇尚巨石般的坚硬刚毅，向往巨石般的高大威猛，所以巨石阵所体现的恢宏磅礴的气势正是古人心中理想所在。巨石文化一方面表现了古人对自然伟力的崇拜精神，另一方面也蕴含着他们追求生命永恒的观念。不同形式的巨石结构所营造和渲染的空间氛围，似乎具有一种超越自然与生命力的恒久永存。

巨石阵遗迹究竟是谁建造的？它是进行祭祀活动的宗教场所，或是天文观测仪器，还是古人狩猎的工具，甚至是其他别的东西？目前这仍旧是不解之谜，也许永远也找不到答案。但如此雄伟壮观的巨石建筑，所体现出的勇气和智慧不能不令我们深为叹服。更重要的是，巨石结构以其所体现的宗教精神和科学意识确立了自身的价值意义，因此，它成为人类精神最远古的纪念碑。

特洛伊城的毁灭

荷马是古希腊著名的盲诗人，我们现在所谈的《荷马史诗》，即《伊利亚特》与《奥德赛》，是他根据当时民间和宫廷歌谣重新创作而成的文学作品。这两部史诗记述的是有关特洛伊战争的一些逸事。读过《荷马史诗》的人一定会为故事中映射出来的远古希腊文明的光芒所深深打动，而始终环绕故事中心的特洛伊古城也必定给你留下了深刻的印象，然而特洛伊城在经历了10年的特洛伊之战后最终毁灭。人们在回味希腊部落史诗般的事迹的同时，也不能不为特洛伊感到惋惜。《荷马史诗》作为一部文学史上的不朽之作，对欧洲文明产生的影响非常巨大，而它作为一部史诗也一直深深地吸引着人们去探寻它的真实性。特洛伊城在哪里？它真的存在过吗？特洛伊宝藏下落如何？

特洛伊城宝藏之谜

众所周知，《荷马史诗》是古代希腊文化的瑰宝，它宏大的叙事、磅礴的激情以及塑造得栩栩如生的形象不仅是希腊古典文化的高峰，更是欧洲文学的源泉。但人们一般都把它当作神话传说，很少有人会对其中所描写的财富信以为真，并孜孜以求。但恰恰就有这么个人，将荷马笔下的特洛伊城当作他的精神故乡，并终生都在兀兀以穷年地不倦追寻。

亨利·谢里曼1822年生于德国北部的梅克伦堡。父亲是贫穷的乡村牧师。在小

□ 历史悬案

荷马雕像

时候听过的故事里,谢里曼最喜欢特洛伊的故事,并立下宏愿,长大了要去寻求伟大的特洛伊城。但他知道这需要一大笔钱。由于家境贫寒,14岁时谢里曼不得不辍学当了学徒,但他时刻都没有忘记少年的梦想,没有忘记辉煌一时的特洛伊城,在业余时间他开始学习希腊语。这位年轻的学徒怀揣着梦想默默地并坚定地朝着自己的目标进发。

谢里曼有着惊人的语言天赋,他用三个月的时间就学会了希腊语,并先后掌握了德语、英语、法语、荷兰语、西班牙语、意大利语、葡萄牙语、俄语、瑞典语、波兰语、拉丁语、波斯语、阿拉伯语、土耳其语等18种语言。同时,他的事业也蒸蒸日上,19岁时他到南美一艘轮船上做勤杂工。22岁时经人介绍在一家大公司谋得一份通讯员和簿记员的工作,并很快崭露了出众的商业头脑。1850年,谢里曼搭上开往美洲的轮船,加入加利福尼亚的"淘金热"的队伍,他赚到了一大笔钱。接着,在俄国克里米亚战争与美国南北战争中,谢里曼又投资军火生意,获得巨额利润。谢里曼终于成了百万富翁,这时他已过了不惑之年。他觉得离梦想的实现已经指日可待了,便决定退休,来到小亚细亚半岛的西北隅。因为,据荷马在《伊利亚特》中的描写,他认为那就是特洛伊古城的原址。这已是1869年,距荷马所描写的那场伟大的战争已过了2000多年。

说起来,谢里曼是个十足的浪漫主义者,对希腊的迷恋使他在处理个人生活问题时也极富想象力。在和前任俄罗斯妻子离婚后,他便托朋友在希腊寻觅伴侣,他心目中的女神自是海伦无疑。因此,提出的择偶条件是:希腊籍,出身寒微,貌若天仙,最最重要的是她必须对《荷马史诗》充满热情。也许是他对梦想的执着感动了上苍,他真的找着了这样一位姑娘——16岁的索菲亚·英格斯托门罗斯。他们婚后生了两个孩子,取的名字都是《荷马史诗》中的人名:安卓米奇和阿伽门农。

1870年4月,谢里曼从土耳其政府申请到了发掘的许可证,雇用了100多名当地的工人,在土耳其西北部的希萨里克山丘破土动工,开始了他寻梦的传奇经历。在当时,除了希萨里克外,还有一个名叫布纳巴西的村落也被认为与特洛伊遗址有关。谢里曼根据他的"向导"荷马的描述,认定希萨里克更有可能是特洛伊的原址。挖掘工作断断续续持续了三年,炎热的天气、工人的情绪以及疾病、土耳其政府的干预等困难层出不穷,但没有什么可以阻止一个从小就扎根于心的梦想,那颗种子早已萌芽、生长,成为一棵难以摇动的大树。

不断的发现也支撑着谢里曼的信心。开始是一段石墙,他立刻断定这是特洛伊的城墙。接着是一大片的城市废墟,一层叠着一层。谢里曼热情高涨,夜以继日地工作。可惜的是,他毕竟没有受过正规的考古学训练,他没有用科学的方法逐层小心翼翼地寻找文物,而是鲁莽地命人挖开一道130英尺长的壕沟,一下子就直达废墟的第六层。因为他认为,特洛伊城肯定应该在最下面。为此,他毁坏了上面几层的文物,这是十分可惜的。逐渐地,城市的路面、陶罐,更重要的是,一栋大型建筑物终于露出地面。谢里曼认定,这就是特洛伊的最后一位国王,那位带领他的人民坚守10年保卫自己国家的普里阿摩斯的王宫遗址。

1873年6月15日,一个同以往一样炎热而尘土飞扬的早晨,大约9点钟,谢里曼看着工人们干活儿,突然发现在墙角的旧青铜器后面,有东西在闪闪发光。这无疑是格外激动人心的时刻。谢里曼后来在自传中回忆到:这是他一生中最精彩的瞬间,因为追求一生的梦想就在那一瞬间实现了!

为了不被人察觉,谢里曼立刻叫妻子让工人们停工回去,他们二人开始拼命地在泥土中挖掘。据说,索菲亚当时解下肩上的红色披肩,把谢里曼从土中找到的宝物一件一件包裹起来。这些东西包括3件头饰、60只耳环、6只手镯、近9000颗黄金珠子以及其他珠宝饰物和银、铜花瓶,等等。谢里曼先后还发现了另外3处宝藏,难以计数的金银珠宝令人眼花缭乱。其中,最珍贵的就是那些头饰。最大的那顶纯金头带,由16353块金片金箔打造而成,底下是一长串的项链,长长短短以心形金片组成的流苏垂在佩戴者的前额和双肩。谢里曼断定,这一定是海伦的遗物,只有世界上最美的女人才有资格佩戴这么精美绝伦的饰品。他把这个头带戴在索菲亚头上,流光溢彩的头带衬托出索菲亚美丽的脸庞,使谢里曼恍惚间见到了梦中的女神。后来,索菲亚的画像中就戴着那个美丽的头饰,使后人有幸一睹其芳容。

和当时绝大多数欧洲人一样,谢里曼极端蔑视他考古所在的国家,认为只有他们这些文明世界来的人才懂得保护文物。土耳其政府有所风闻,派人来检查,但谢里曼早已将这些珍贵财宝送往附近港口,装船运往希腊的岳父家。

后来,谢里曼掩饰不住他的得意,向全世界公布了他的发现。这个没有受过正规教育,被正统考古学家所瞧不起的业余考古爱好者终于名扬天下。虽然大多数人将信将疑,但他的考古发掘却是不容置疑的事实。谢里曼认为,特洛伊城就在那些遗址的倒数第二层,发现宝藏的地方就是普里阿摩斯王宫的人门。但是,以后的一些考古学家认为,谢里曼的判断是错误的。从年代上推断,谢里曼所发掘的废墟的倒数第二层,即谢里曼认定的特洛伊古城,其实是比特洛伊要早上千年的另一座古城。只有第三层的年代才和特洛伊相差不远,也就是说,谢里曼已经直接穿透了特洛伊城。后来,在倒数第二层和第三层两个假说以后,又有学者提出第六层、第七层是特洛伊的两个假说。那么特洛伊究竟是传说还是真实?真的存在这样一个古老的繁荣的城市吗?真的生活着那样一批英雄吗?因为,没有直接确凿的证据可以证明,谢里曼所发掘的遗址就是特洛伊城,《荷马史诗》中的宝藏真的就是谢里曼发掘出的那些金银珠宝吗?

1890年,谢里曼逝世,终年68岁。他被安葬在自己钟情的国家——希腊,受到了国葬的待遇。但在他临死前,他也不得不承认,他所发掘的不一定是特洛伊城。即便如此,他的伟大发现和执着顽强、孜孜以求的精神仍然令后世的人充满景仰与敬佩。

□历史悬案

　　至于这批被人们称为"谢里曼黄金"的财宝，它的下落也颇富戏剧性。起初，谢里曼觉得希腊政府接受它是顺理成章的事，但迫于土耳其政府的压力，希腊政府最终没敢接收。谢里曼又打算将它们送往英国大英博物馆，并希望英国能为他加封晋爵，可惜他的愿望又落了空。于是，谢里曼和自己的祖国德国谈判。这里需要插叙一点的是，因为当时美国人比德国人更容易获得土耳其政府的信任，谢里曼早在动手发掘之前就已经取得了美国国籍。德国政府许诺授予他封号和勋章，因此，1880年谢里曼把这批宝藏送到了柏林。德国政府举

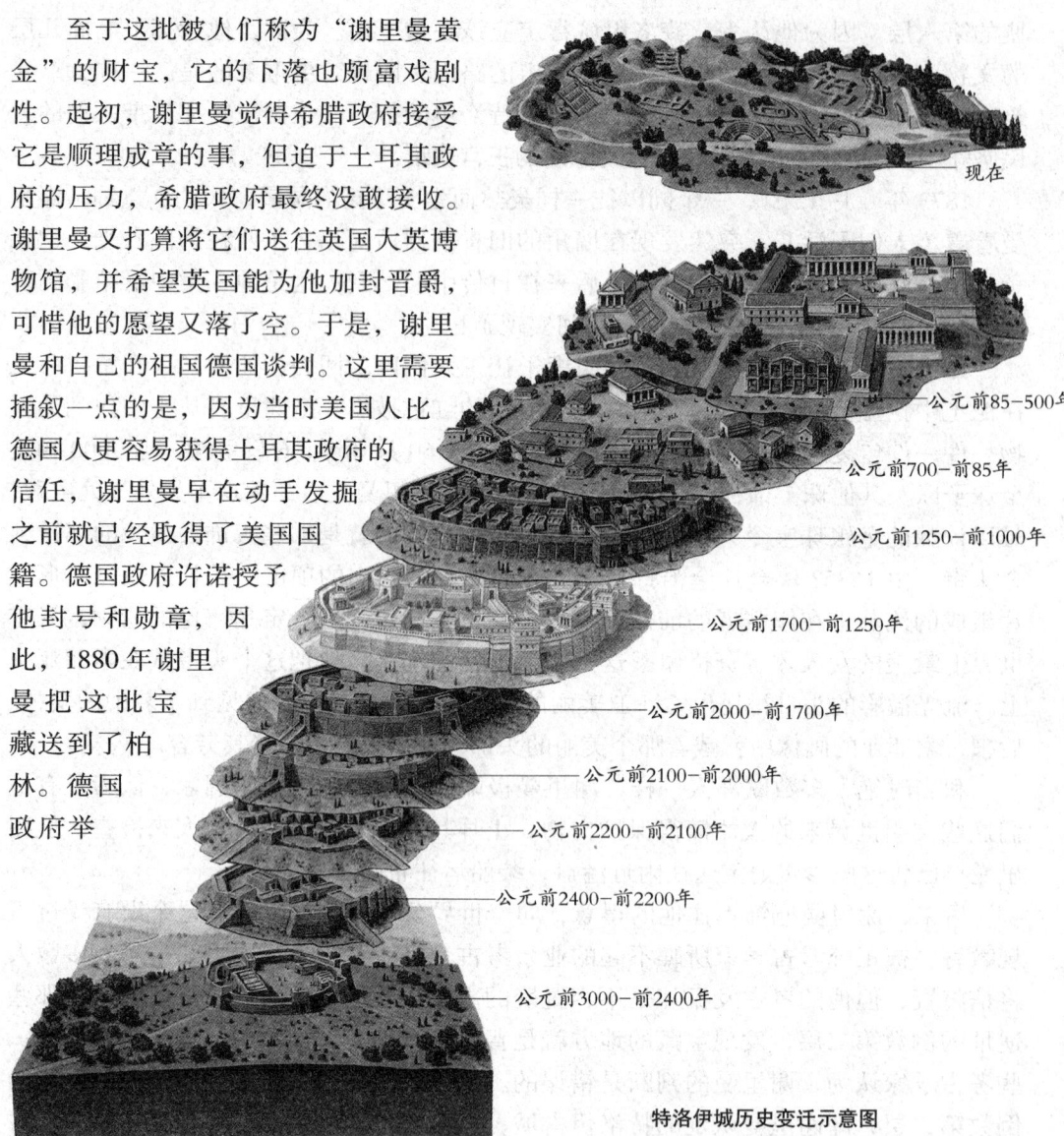

特洛伊城历史变迁示意图

行盛大的欢迎仪式，德皇亲自接见了谢里曼。功成名就、志得意满、美梦成真，恐怕这些词都不足以概括谢里曼当时的兴奋心情。而德国政府也因此大出了一把风头。他们把这批财宝展出，轰动世界。为了安抚土耳其政府，谢里曼还是赔偿了他们2000英镑，这在当时是一大笔钱。

　　"二战"后，这批财宝不知下落。一说是在战火中毁掉了；一说是被当时的苏联红军运回了苏联，藏在克里姆林宫的某个角落里。1991年，又传出这批财宝在世间的消息。原来，两个学艺术的学生在普希金博物馆帮忙时，偶然发现了一些尘封的材料，上面记录着"二战"后从柏林运来的谢里曼黄金的线索。1996年，这批珍贵的财宝终于在莫斯科展出。

42

至于它们的归属问题，至今众说纷纭，悬而未决。德国政府坚决认为谢里曼是德国人，而且他早已将这批财宝捐赠给了柏林博物馆，理应归还德国；希腊政府以索菲亚的名义要求拥有，因为它们本是从希腊运出去的；而土耳其政府当然也有充足的理由要求占有它们；甚至英国政府也来凑热闹，他们忘了100多年前早已失去了把这批宝藏放在大英博物馆的机会，只是声称"二战"胜利后柏林博物馆是他们的管辖范围，"谢里曼黄金"自然也应属他们管辖。

无论如何，这笔宝藏不仅意味着财富，更是人类智慧的结晶，昭示着3000多年来人们曾走过的足迹。希望它能得到妥善保管。

古代特洛伊战争的遗址之谜

著名的《荷马史诗》第一部《伊利亚特》叙述了这样一场战争：英俊潇洒的特洛伊王子到各国游历，到了斯巴达王国，国王不在，受到年轻漂亮的王后海伦的热情款待，这两人一见钟情迅速坠入了爱河，结果特洛伊王子将海伦带走了。这自然引起斯巴达国王的强烈不满，于是他纠集了希腊各国大军，围攻特洛伊城，但整整围攻了三年，也毫无所获。这时希腊人想出了一个绝妙的办法：他们首先造了一个大木马，将一支突击部队藏在木马里，然后在两军对垒之时，假装撤退，而让特洛伊人俘获了木马。特洛伊人不知道木马的机关，还以为是希腊军队的新式武器，于是很高兴地抬回去研究。谁知到了晚上，当特洛伊人张灯结彩举办庆功酒宴之时，希腊的这支突击部队从木马中钻出来，打开了城门，之后与城外的部队里应外合进攻特洛伊城，刹那间昔日美丽壮观的特洛伊城变为一座废墟。

这场激烈残酷的战争真的发生过吗？特洛伊城的遗址究竟在什么地方呢？

1871年，德国人亨利·谢里曼在小亚细亚北部的希萨里克，大约距达达尼尔海峡5千米附近的山丘上进行考古发掘，结果意外地发现了特洛伊遗址的第一和第二文化层。之后他又在当地挖掘第三文化层时，挖出了许多古代的黄金酒杯、王冠、银瓶、手镯等贵重物品，并且发现了有火灾的痕迹。他在进行一番考察与分析后，宣布自己找到了特洛伊城的遗址。

可是出人意料的是，谢里曼的朋友、他的合作者建筑学家多朴菲尔德根据自己的考证否决了他的这一观点。多朴菲尔德认为，特洛伊城自公元前2000多年前到公元后几个世纪，一直有人居住，因而先后应该形成了九个文化层，而不止三个。他在第六文化层里发现了许多尸骨以及大量被烧毁的房屋，这明显是战争的遗迹。据此他指出，特洛伊战争遗址不是在第三文化层，而应该在第六文化层。

多朴菲尔德的观点一时为人们所接受，直到20世纪30年代，又有人提出质疑，其中最具代表性的是英国考古学家卡尔·布勒根。他根据自己发现的新材料指出，多朴菲尔德在第六文化层发现的大量被毁坏的房屋和许多尸骨，是由于地震造成的，而非战争所为，因此是不能作为特洛伊战争遗址的。布勒根在第七文化层中发现了大量遭受火烧和抢劫的房屋，而且各家各户都备有埋在地下的大瓮，瓮口仅露出地面，这表明当时特洛伊城正在遭受围困，并且不久就毁灭于战火之中。因此布勒根认为

□历史悬案

特洛伊城郊外的防御城墙遗址。在特洛伊战争期间,它起到了防御希腊人的作用,城破之后,希腊人彻底毁坏了这座著名的防御墙。现在,只剩下残墙在诉说着过去的历史。

真正的特洛伊战场遗址在第七文化层。

无论是谢里曼、多朴菲尔德还是布勒根,他们尽管都有各自的看法,但是却存在着共同的认识基础——认为希萨里克附近的山丘就是古代特洛伊城的遗址。假如古代特洛伊城的遗址不在那里,那么他们的推论就完全变成了空中楼阁。事实上,不断有人对古特洛伊城遗址的方位提出新的见解,例如多年从事《荷马史诗》研究的墨西哥语言学家罗伯特·萨利纳斯提出一种新的观点,他认为特洛伊城的遗址并不在小亚细亚,而应该在波斯尼亚和黑塞哥维那的加贝拉镇,该镇位于奈雷特瓦河流入亚得里亚海入口处,这个地形与《伊利亚特》中的环境描述是接近的,并且"入口处"的位置也为希腊大军的停泊船只提供了证明。奥德修斯设计的"特洛伊木马"也不是用木料制作的"马",而是奈雷特瓦河上常见的一种前部雕饰马头形象的船。特洛伊人误以为是自己的船只,就放行了,造成了丢城灭国的悲惨结局。萨利纳斯的观点未能为学术界所接受,不少人提出反对意见。特洛伊木马计中的"马",是木制的马还是船,至今仍在激烈的争论之中。

据美国《纽约时报》报道,美国特拉华州立大学地质系的约翰·克拉夫特率领一些土耳其和美国的地质学家,对古特洛伊周围的沉积层进行了考察,他们提出了一个新的看法:希腊人可能是沿着爱琴海前进,并且在特洛伊以西的贝西卡港湾登陆,然后折向东方,经由位于特洛伊城东南的平原向该城进攻的。在特洛伊城西北8千米处的贝西卡港湾有深水且深入内地,可以说是希腊军队船只理想的停泊之处。因此,有些专家强调说,特洛伊战场应该在特洛伊城以西的地方。

但是约翰·克拉夫特的说法至今并没有得到大多数人的认可。所以特洛伊战争的遗址究竟在哪里,至今还是一个未解之谜。

特洛伊战争是真是假

在《荷马史诗》的滋养下,当代艺术家通过电影再现的火爆的"特洛伊战争",令考古学家倍感压力。特洛伊战争到底有无其事?多少年来人们争论不休。

在过去的二十几年中,来自近20个国家的350多位科学家和技术专家参与了一项对特洛伊遗址的考古发掘工作。这一遗址位于今天土耳其的西北部,其文明活动从公元前3000年早期青铜时代开始,直到拜占庭定居者于公元1350年放弃了它。

按照这一项目的现任负责人曼弗雷德·科夫曼的说法，确定荷马所描述的特洛伊战争的真实性，成了这一考察活动的主要任务。

科夫曼说，根据考古遗迹推论，大致可断定特洛伊城大约是在公元前1180年被摧毁的，可能是因为这座城市输掉了一场战争。考古人员在遗址处发现了大量相关证据，如火灾残迹、骨骸以及大量散置的投石器弹丸。

按照常理，在战争结束后，保卫战的胜利者会把那些用于投掷的石块等武器重新收集起来以便应付敌人再次入侵；而若是征服者取胜，他们是不会做这种善后工作的。当然，这些遗迹所反映的那次冲突并不意味着就是《荷马史诗》中所讲的那场特洛伊战争。考古证据还表明，在该城此次被打败的几十年后，一批来自巴尔干半岛或黑海西北地区的新移民定居到了那个很可能已相当凋敝的城市。

在考古学界，传统的主流看法认为，这些遗迹与《荷马史诗》中提到的那个伟大城市毫无关系；作为今天考古对象的那座古城，在青铜时代晚期已没有任何战略意义，因而不可能是一场伟大战争的"主角"。

而科夫曼就此反驳说，对欧洲东南部地区新的考古研究将纠正这些看法。

科夫曼指出，特洛伊城以当时那一地区的标准来看，称得上一个非常大的城市，甚至具有超地域的战略重要性。它是连接地中海地区和黑海地区以及连接小亚细亚和东南欧的战略中枢。在当时的东南欧地区，特洛伊城的这一战略中枢位置是无与伦比的。特洛伊城显然因此遭受了反复的攻击，它不得不一再进行防卫，以及一再修复、扩大和加强其工事。这在留存到今天的遗址上，还有明显的表现。最近的挖掘还表明，特洛伊城比先前一般认为的规模要大15倍，今天遗址覆盖面积就有75英亩。

科夫曼推断，当年荷马必是想当然地认为他的听众们知道特洛伊战争，所以这位游吟诗人才会浓墨重彩地刻画阿基利斯的愤怒及其后果。荷马把这座城市和这场战争搭建成一个诗意的舞台，上演了一场伟大的人神冲突。然而，在考古学家看来，《荷马史诗》还可以在一种完全不同的、世俗的意义上得到证实：荷马和那些向荷马提供"诗料"的人，应该在公元前8世纪末见证过特洛伊城及那片区域，这个时期正是大多数学者所认可的《荷马史诗》的形成年代。

科夫曼认为，尽管在荷马生活的那个时期，特洛伊城可能已成为废墟，但是留存到今天的这一伟大之城的废墟也足以给人深刻印象。生活在当时或稍后时期的《荷马史诗》的听众，如站在

特洛伊城遗址

彼地某一高处俯瞰,应当能一一辨认出史诗中所描写的建筑物或战场的遗迹。

尽管特洛伊位于安纳托利亚(小亚细亚的旧称),但两位特洛伊考古活动的先驱(德国人谢里曼,1871年发现了古代特洛伊城遗址;卡尔·布勒根,主持了20世纪30年代对特洛伊的考察)却带给人们这样一种观点:特洛伊是希腊人的特洛伊。这个观点是一种成见。而科夫曼指出,这一观点并不正确,两位先驱的考古研究仅涉及在"西线"从希腊到特洛伊的考察,却忽视了在"东线"对安纳托利亚地区的整体考察。

科夫曼说,随着考古研究的不断深入,学者们已大致确定,青铜时代的特洛伊与安纳托利亚的联系是相当密切的,这种密切程度要超过它与爱琴海地区的联系。在特洛伊出土的、数以吨计的当地陶器以及其他一些发现(如刻有象形文字的印章、泥砖建筑、火葬现象)都验证了这点。

对安纳托利亚的研究告诉人们,这座今天被称为特洛伊的城市在青铜时代后期曾兴起过一个有相当实力的王国——威路撒。赫梯帝国和埃及人与威路撒都曾保持着密切联系。据赫梯帝国的历史记载,在公元前13世纪至公元前12世纪早期,他们和特洛伊城之间的政治和军事关系甚是紧张。

这个时期正是《荷马史诗》所描述的发生特洛伊战争的时期。这中间有什么联系吗?这一点值得继续研究。

几十年前,那些坚持特洛伊战争真实性的学者们曾是少数派,他们的学说曾被主流学术界嗤之以鼻。然而,随着近十几年来相关考古活动的突飞猛进,当年的少数派如今成了多数派。而今天的少数派,那些坚决否认特洛伊战争真实性的学者只能用一句"特洛伊没有任何战略意义"的说法支撑他们的观点,正如科夫曼等人指出的,这种说法过于勉强。

科夫曼说,现在大多数学者已达成共识,在青铜时代后期的特洛伊曾发生过几次冲突。然而,我们还不能确定荷马颂吟的"特洛伊战争"是不是对这几次冲突的"记忆蒸馏",是不是的确发生了一场值得后人永远追忆的大战争。

米诺斯的传说

在希腊神话和传说里,记载着这样一个故事:米诺斯国王是诺色斯、克里特和整个爱琴海的国王。有一次他派他的儿子安德罗吉到大陆去参加运动会。不料,安德罗吉遭到了雅典国王的妒忌并被谋害致死。米诺斯震怒之下,发动战争,众神也纷纷降灾荒和瘟疫到雅典,雅典被迫求和,答应定期送童男童女到克里特。而米诺斯国王把他们关在迷宫里,或是让恶兽吃掉,或是饥饿而死。为此,雅典人惶惶不安。这是久远的希腊传说,尽管流传得相当广泛,但一直以来都没能引起人们足够的重视。20世纪初，英国的考古学家阿瑟·伊文斯带考古队来到克里特岛，经过3年的发掘，终于在克里特岛的伊拉克利翁市发现了米诺斯文明中最大最重要的王宫遗址——克诺罗斯王宫。而关于米诺斯国的传奇故事更是吸引了世人的注意。

忒修斯的传说

在古希腊神话传说中，忒修斯因其英勇而成为亮点人物。他有过许多英雄的壮举，但他最伟大的行动却是杀死牛头人身的怪物米诺陶洛斯。

米诺陶洛斯是帕西菲王后与一头公牛交配后产下的怪物。当时，强大的国王米诺斯在克里特统治着希腊，他和帕西菲结婚，但帕西菲却爱上了一头漂亮的公牛。帕西菲让发明家代达罗斯为她制作了一只木制的母牛，以便她可以藏在里面与公牛交配。以后她生下了可怕的米诺陶洛斯——一个半人半牛的怪物。

米诺斯便求助于代达罗斯，修建了一个巨大的迷宫来囚禁这头牛头人身的怪物。每隔9年，国王都要送14个雅典童

忒修斯找到父亲的信物　油画

男童女到迷宫喂这头牛头人身的怪物。这也是为死于雅典人之手的米诺斯之子安德罗奇斯报仇。在忒修斯以前，从来没有一个年轻人生还。忒修斯是雅典国王埃勾斯的儿子，他自愿前往。忒修斯承诺父亲他会回来，并且将升起白色的风帆来表明他的胜利。忒修斯杀死了牛头人身怪物，走出了迷宫。这样就结束了雅典年轻人被残害的无谓牺牲，克里特对雅典的统治也就结束了。

对于忒修斯的故事和克里特文明，后人曾做过深入研究。1900年，牛津阿尔莫宁博物馆的理事阿瑟·伊文斯来到了克里特。他的发现证明克里特不仅仅是伟大帝国的中心，而且有关忒修斯的故事远远不像曾经看起来的那般充满幻想。

19世纪20年代的艾伦·瓦斯和19世纪30年代的卡尔·布勒根，发现了与克里特文明同时存在的迈锡尼文明的证据，这种文明明显独立于克里特文明。他们认为，在公元前1500年后某些时候，迈锡尼人征服了克里特人。至此，迈锡尼文明得以繁荣发展。这些材料，在某种程度上似乎进一步证实了忒修斯的传说是有一定历史根据的。和迈锡尼人一样，雅典人是希腊人，所以忒修斯的胜利可能意味着在某次（或者连续几次）实际的战斗中迈锡尼希腊人击败了牛头人身的克里特人。

是忒修斯（或是他作为希腊人的象征）杀死了牛头人身怪物（或者怪物是克里特人的象征）吗？由于年代久远，此外也没有太多的史料可考，也许进一步的发现和研究能为这个看似完全虚构的故事增加一点可信度，从而解开克里特文明之谜。

□历史悬案

米诺斯文明的毁灭

4000多年前,地中海上的克里特岛是一个光辉灿烂的文化中心,考古学家们现在已经证明克里特属于东方式的奴隶制国家。它拥有强大的王权,处于被奴役的无权地位的是大量的奴隶和农民。从它的艺术面貌可以看出,它同古埃及、古希腊和美索不达米亚有诸多联系,但它并不是东方与西方这两个世界之间的简单过渡,古代东方文明对其影响颇大,但是东方帝国的威严、沉重的气息在它身上是看不到的。克里特艺术生动明朗、优雅秀逸,它最突出也最令人着迷的品质是世俗性和享乐性。克里特文明与后来的希腊文明缺乏直接的承继关系。但它却是后者真正的先导,它在气质上无疑更接近古代希腊。

克里特文明大约萌芽于公元前3000年,那时它已经进入了青铜时代,是爱琴海文明的发源地。我们追溯人类的文明发展史,在进入青铜时代这一阶段时,希腊与包括中国在内的四大文明古国相比丝毫都不逊色。今天的考古学家们已经能够轻而易举地描绘出克里特文明的三个阶段,他们将公元前3000年~前1100年的克里特文明分为早期、中期、晚期三部分,其中米诺斯王在位的时代是克里特文明的黄金时代。因此人们常常称克里特文明为"米诺斯文明"。

早期米诺斯文明(大约公元前3000~前1900年),是青铜时代的早期。按考古学家伊文斯的说法,这种早期文明的辉煌发展,"决定因素……可以追溯到渡越利比亚海同尼罗河谷的公开交流"。这种文化交流,通过贸易,或是移民(他们是公元前3000年初埃及国王征服了整个埃及时被逐出的避难者)来进行。尼罗河三角洲的新技艺如宝石的雕琢和彩陶制造被移民们带到克里特,当地的原始社会向奴隶社会的过渡因而大大加速。

克诺罗斯宫殿俯瞰,它是唯一幸存下来的米诺斯人的文明遗址。

在这1000年之间,岛上人口增加速度很快。不仅南部麦沙拉平原拥有众多人口,东部地区也成了繁荣富裕的地区,一些重要的市镇和聚居地也在沿海地区出现,如法莱卡斯折、普塞拉摩克洛斯、吉尔尼亚等。由于商品经济的促进,专业手工匠人阶层形成,烧制陶器、木器制作、房屋建筑、葡萄汁压榨等技艺都有所发展,贫富分化已相当明显,略显粗陋的只是金银饰品的制作。

中期米诺斯文明(约公元前1900~前1600年),是旧王宫和新王宫初期阶段。这个时期克里特岛奴隶制国家形成并开始强盛,这一时期出现了两个重要的变化：第一，出现了王宫；第二，交通困难引起地方差异，文化开始统一。在克诺罗斯、费斯托斯、玛丽亚等地都修筑了规模宏大的王宫。这些王宫的形制布局大同小异，建筑风格和特征相同。

这段时期的陶器制作具有较高的水平，不仅有罐、钵、杯、碗、瓶诸多器型，而且彩陶也非常精美，盛行轮制陶术，生产的"蛋壳陶"非常薄。

王宫的壁画水平令人炫目，不仅富丽堂皇，而且其具有丰富的题材内容，有些壁画以花卉、叶草和海洋生物为主题，也有些壁画描绘宫廷宴乐、礼仪和竞技活动。

海上贸易在这段时期开始兴起和兴盛，因此米诺斯国逐渐富裕起来，它逐渐控制了爱琴海诸岛，以保护海上贸易、控制海上交通，并逐渐成为海上帝国。

晚期米诺斯文明（约公元前1600～前1100年），是"米诺斯霸国"。米诺斯文明在这段时期达到鼎盛。

在这段时期，作为一个世界强国，米诺斯完全有资格与埃及帝国、亚述帝国平起平坐。那些在埃及陵墓墙壁上留下了"岛民"形象的高傲大使们，不是作为臣服国进贡的使者，而是作为大国君王的送礼特使，昂首出入埃及、亚述帝国的宫廷。克里特国王就在豪华的克诺罗斯王宫里统治他的海外属地。

当时已出现具有较大规模的城市，据测算，首都克诺罗斯人概拥有8万人口，岛上有许多城镇。除此之外，米诺斯王朝版图已包括爱琴海诸岛和希腊大陆南部。

那时，米诺斯的海运非常发达，与埃及、叙利亚有较为频繁的往来，并在爱琴岛、希腊大陆南部伯罗奔尼撒沿海设立了商站。

米诺斯王朝在这段时期成为一方霸主。在当时的古代世界，其工农业、海运和商业都达到了顶峰水平。

让我们回过头来再次纵观克里特文明，它于公元前3000年萌芽，大约从公元前1900年开始进入繁荣期，到公元前1600年前后则达到全盛。然而，令许多历史学家和考古学家迷惑的是，在公元前1450年前后，发展得蓬蓬勃勃的克里特文明竟在它的鼎盛时期突然于瞬间消失得无影无踪。其中缘由众说纷纭、莫衷一是，我们暂且看一看这样一种比较流行但并非共识的解释。

公元前15世纪中期，克里特岛饱受一系列地震及其余震的侵袭，这一切造成了巨大的破坏和人员伤亡。惊恐和沮丧使人们内部出现了纷争，克里特岛的祥和与安宁被打破了。战争终于在克诺罗斯王国和岛上其他统治者之间爆发了。虽然最后的胜利者是克诺罗斯王国，其他王宫都成了一片废墟，但克里特的实力却因为这场内部斗争而大为削弱。从此，它变得不堪一击。克里特的虚弱被希腊大陆上好战的迈锡尼人清楚地认识到了。

迈锡尼人最初从米诺斯人那里学会了航海技术，他们利用米诺斯人暂时的虚弱迅速出击，米诺斯人在许多岛屿上的殖民地很快就被他们占领了。他们一次次地试图攻占克里特岛，但都未能如愿。直到大约公元前1450年，另一种从天而降的自然灾难帮助进攻者终结了米诺斯文明。

在克里特岛以北约130千米，有一座桑托林火山岛，桑托林火山海拔仅566米，

20世纪中的三次喷发规模不大,与维苏威火山相比其威力甚小,它的宁静使岛上居民祖祖辈辈感到很安全。然而,人类历史上最猛烈的一次火山爆发正是在这里发生的。那大约是公元前1450年前后,桑托林火山喷出多达62.5平方千米的火山灰渣,几乎在瞬间,厚厚的火山灰便把岛上所有的城市都埋在了底下。火山灰直冲天际,弥漫在空中,地中海东部地区都为其所覆盖。

据记载,当时埃及的上空曾出现了三天漆黑一片的情景,巨大的海啸也因火山爆发而产生,海啸引起的浪头高达50米,这滔天的滚滚巨浪迅速南下,很快便来到克里特岛,岛上的城市、村庄和良田都被摧毁了,港口设施被冲毁,船只被狂涛击碎,米诺斯无敌的舰队顷刻间化为乌有,整座岛屿几乎完全丧失了防御能力。

火山内部极大的压力迫使火山发生惊天动地的大爆炸,火山自行崩塌陷落,一个圆周足有60千米的火山口就此形成。炽热的岩浆喷薄而出,火山灰散落地点最远达70千米处。火山爆发给克里特岛带来了灭顶之灾,火山灰很快就掩埋了整座岛屿,克里特岛再次被火山爆发引起的海啸冲击,米诺斯的辉煌终于就这样毁于一旦。

真的是这样绝无仅有的一次火山大喷发,葬送掉了一个古老的文明社会的吗?克里特王国永远的消失在人类的文明史上,渐渐被人们所遗忘了,仅仅留下了神秘莫测的零星传说。

克里特岛上的迷宫是寝陵吗

在中国古代,认真思考生死问题的人们把人的身体称为"逆旅",意思是身体只是灵魂在尘世间暂时歇脚的一个寓所。生和死、住所和寝陵,真的是没有什么分别吗?

4000多年前,地中海克里特岛山上居住的是米诺斯人,他们专门从事航海贸易,创造了比希腊还早的物质文明,而且成为一个光辉灿烂的文化中心。

克诺罗斯王宫里的各类建筑物鳞次栉比,错落有致,中央是一长方形的庭院,周围则是国王宝殿、王后寝宫,以及有宗教意义的双斧宫等房舍建筑,其间有门厅、长廊、复道、阶梯等相互连通,千门百户,曲折通达。宫里有水管和浴室设备,墙壁上有琳琅满目的绘画和浮雕,陈列着精美的陶器、织物和由金银、象牙制成的奢侈品。

这座规模宏大的克诺罗斯王宫是一个由团块结构房间集合成的建筑群,长方形中央庭院东西约29米,南北长约59米,围绕该庭院的是一些至少是两层,少数达四层的房屋。这些房屋看上去是极随意的胡乱组合,其实却是富有韵律的有机安排,所有的房间组合在一起便构成了一个封闭的整合体。从遗址平面图上看,宫室厅堂围抱,通道纵横交错,整个王宫很像是一块叫人眼花缭乱的集成电路板。建在丘陵上的宫殿随地势的高低起伏而错落有致,那些按不同功能需要设计,不计较对称规则与否的建筑物,以及厅室之间遍设的通道、楼梯、台阶,实在是错综复杂。从东麓远望,但见层楼高耸,门窗廊道参差罗列,蔚为壮观。因为建筑物分处于不同的水平上,阶梯和坡道就成为必不可少的了。房间的通风和采光问题则以天井来解决。

众多的梯道和天井又使建筑群的空间与受光生出无穷变化，整个宫殿楼层密接，厅堂错落，廊道曲折，实不愧"迷宫"之誉。

这座宫殿的中央庭院以石板铺地，建筑面积颇大，因而较为宽敞，给四周厅室带来了足够的阳光和空气。王宫西面还有一个较小的庭院，而西南部则是王宫的主入口处，宫殿大门的平面呈一个横向的"工"字形，在中间的横墙上开有门洞，在前面设一对有方形柱顶板、圆盘形柱帽和柱础，柱身为略呈上粗下细的圆柱。而西北角上有一个长方形露天剧场，它是目前发现的世界最早的露天剧场遗址。

穿过四对折门，便可以进入到这位于王宫心脏位置的幽秘的厅堂。厅内倚着北墙有一把带树叶状高靠背的石椅，椅背中间稍稍凹进，椅座近乎正方体，整座椅子的造型及图案显得过于简朴。王座两侧还有一些更加简陋的石头长凳，几乎就像我们在山路凉亭里见到的那些。宝座厅墙上布满根据残迹修复的壁画。王座两侧墙上对卧着一对鹰首狮身的神兽，昂着头，胸部绘有美丽流畅的涡卷状装饰图案。

克诺罗斯宫殿南边有闻名于世的两个牛角，它们曾被认为是神圣的象征。

中心庭院的西面，便是那所赫赫有名的有"御座之室"之称的地窖式祭堂。

祭堂呈长方形，中间涂成红色，门的右边，靠北墙有一个高背的石膏宝座，宝座的靠背很高，座位呈斗拱形状。宝座的前面，靠近门的左边有宽敞的阶梯向下通到一处神秘的窖穴。宝座两边，靠着墙壁的是石头长凳。

在外面前屋中，摆放着可能供祭祀时用的小型的石坛和陶坛。

当研究者们刚发现这个祭堂时，曾把它错认为是浴室，后来又认为是米诺斯王议政厅，称之为"御座之室"，但堂内那种结构，却给人一种非常强烈的宗教祈祷场所的印象，所以此房间又叫"地下世界恐怖的法庭"。

面对着地窖式祭堂的是一排房屋，这些房屋中有一间的墙壁上绘有鹧鸪的壁画装饰，所以研究者们称其为"鹧鸪之室"。

"鹧鸪之室"内的壁画色彩清新显明，绝对不像3500多年前描绘的。研究者们认为，克里特的工匠们采用了一种绘画新工艺，即用一种新鲜的湿灰泥来涂画，在石灰泥干后就涂上一层薄薄的透明液体以防止褪色和干裂等现象。

在著名的"鹧鸪之室"的旁边，是一间里面有一个洗脚的水池的小房屋，房屋四周备有休息的石长凳。水池的水可以放掉，流至房屋门口的陶槽里。这个水池可能是供王宫的客人洗脚饮马饮骡之用的。离此不远的一间房屋较大，屋内还留有一只彩色红陶土澡盆的残片和烧水设备的遗迹，应该是为客人准备的浴室。

"后宫"坐落在山岗下的河谷边一个平台上，由著名的大阶梯将后宫与王宫连成一体。

大阶梯一共有五道,上面两道只剩下一些痕迹了,但仍不失宏伟庄严的气派。

沿着大阶梯向下走,中途在大阶梯左边有一堵米诺斯式的墙,墙上是一幅用浅蓝与赤褐色绘成的壁画。大阶梯右边是一道俯瞰中心墙壁的低矮栏杆,这种设计使阶梯具有了良好的自然光源,栏杆上竖着上粗下细的米诺斯式柱,支撑着阶梯上面的平台。柱基和窝眼都是原有的,研究者们对这些建筑进行了部分修复。

米诺斯王宫内景

大阶梯的脚底,便是建筑精美的"后宫"了。

后宫中王宫妇女的房舍和王后的寝室位于后宫的中央,与外界隔绝,形成一个异常豪华的封闭区域。

后宫的一堵墙上,绘有蓝色的海豚和五颜六色的鱼,壁画是用珊瑚和海绵形状镶边,从那些珊瑚和海绵身上,向上冒出透明的气泡。这是整座王宫中最为精彩的一幅壁画。

整个王宫建筑中最引人入胜的建筑便要数"梯级宫"了。

梯级宫,由宽阔方便的阶梯与上下左右相连,通过阶梯向上通达两层楼房,向下也通达二层房屋,那些阶梯用一排排柱子分开,四周房屋围成一个天井,以便采光。

在另一边,有一个门道通到更远一点的一套较小的屋子,这套房子外边没有门,只能从内厅进入。套房中有一间小小的浴室,有陶瓷制的澡盆,其样式和现代浴盆十分相似,地下有一个排放脏水用的洞孔。旁边还有一间当作厕所的小房子。

这间厕所建在3600多年前,简直让人无法相信——它居然是冲水厕所。厕所右方一块石膏板面上有一个槽,安放了大约57厘米高的座位。厕所过道外边有块石板斜向一个半圆形的洞孔,形成一个蓄水池,由此开出一个小导管通到大阴沟,这个通过大阴沟的孔穴部分被奇特的凸出物所遮蔽,从座位中心偏离开去,这样,就在右边给用作冲洗浴盆的容器留出了空间。

米诺斯王居住在后宫的几间正堂里。其中以"双斧大厅"的设计最为独特。

"双斧大厅"和紧邻的房间是用一排柱子分隔开来的。这些柱子上都有用来安折叠门的凹槽。这种折叠门冬天可以关闭起来保暖,到了夏天,又可以把门折叠起来推进柱子上的凹槽,使室内气流通畅,清新凉爽。

克里特的建筑艺术是独具风格的。克里特的建筑全都是世俗性的,其主要类型除宫殿外还有旅舍、别墅、公共浴室、作坊等。米诺斯宫殿的外观不像亚述、波斯宫殿那样壮丽,它不追求统一宏伟的外部效果,但内部体验却极为丰富多样。建筑单元都很小,天花板很低,这是一种令人感到亲切的尺度。它的圆柱上粗而下细,使人产生一种俯瞰的感觉。壁画在建筑总体中扮演着重要的角色。它的基本色彩是明亮的红、黄、蓝。在半明半暗的房间里，这些清新的壁画带来的是轻快活跃的气氛。克里特的城市国家就是环绕着米诺斯王宫这样的宫殿群形成的，宫廷就是国家的政治、经济、文化中心。

不过，我们今天见到的米诺斯王宫并非一开始建成的样子。一开始的建筑已经在无数次的地震和其他灾变中面目全非了，如今的宫殿是历经数次修建后保留下来的古迹。最早一批建筑大约完成于公元前2000年，而挖掘所见的这批建筑，即伊文斯所谓的"最后宫殿"，则完成于公元前1700～前1500年，属于新王宫时期，是在旧王宫的废墟上重建的。

那么，这座富丽堂皇、结构复杂的巨大建筑真的是一座王宫吗？虽然历史学家和考古学家一般都同意这种说法，但德国学者沃德利克则不赞同，而且其说法好像有所依据。在1972年出版的一本书中，沃德利克说："克诺罗斯这座宏伟建筑，绝对不是国王生时居所，而是贵族的坟墓或王陵。"依据沃德利克的说法，被大多数考古学家所认为的是用作储藏油、食物或酒的大陶瓮，其实是用来盛放尸体的，尸体被放在里面后，加入蜜糖浸泡以达到防腐的目的；石地窖则被用来永久安放尸体；壁画代表的是灵魂转入来生，并且把死者在幽冥世界所需物品画出来。沃德利克还认为那些精密复杂的管道，不是为活人设置的，而是为了防腐措施的需要。

为了支持自己的说法，沃德利克提出几项很有意思的事实，比如说克诺罗斯这座建筑物的位置，绝对不是建筑王宫的绝佳位置，因为它所处的地方过于开敞，四面受敌，如若有人从陆上进攻即无从防卫。同时当地没有泉水，必须用水管引水，水量很难供应那么多居民。"王宫"及附近范围内也无一望即知是马厩和厨房之类的房屋，这里的居民难道不需要交通工具和食物？至于那些被认为是御用寝室的房间，更都是些无窗、潮湿的地下房舍，在气候温暖、风和日丽的地中海地区，绝不可能选择这样的地方来居住。

到底是怎么一回事呢？米诺斯国留给人们太多的谜。

"天堂"奇观

在2500年前，一名希腊经师写下了眩人耳目的七大奇观清单：罗德岛巨像、奥林匹亚宙斯神像、埃及金字塔、法洛斯灯塔、巴比伦空中花园、以弗所阿提密斯神庙以及毛索罗斯王陵墓。这位经师说，七大奇观，"心眼所见，永难磨灭"。这就是所谓世界七大奇观的由来。作为世界古代七大奇迹之一，古巴比伦的空中花园让人惊叹不已，"想象其形而心向往之"。然而，正因为没有见到其实物的存在，从而让人对其真实性产生了怀疑。美丽的巴比伦空中花园到底是什么样子的，怎样建造的

□ 历史悬案

呢？关于新巴比伦王国通天塔的传说是真的吗？

"空中花园"的建造之谜

巴比伦空中花园当然不是建在空中，这个名字纯粹是出自对希腊文 paradeisos 一词的意译。其实，paradeisos 一词直译应译作"梯形高台"，所谓"空中花园"实际上就是建筑在"梯形高台"上的花园，后来蜕变为英文 paradise（天堂）。

巴比伦空中花园是什么时间建造的呢？

一般认为，巴比伦空中花园是在幼发拉底河东面，距离伊拉克首都巴格达大约100千米，是在巴比伦最兴盛时期尼布甲尼撒二世时代（公元前604～前562年）建造的。

千年古都巴格达向来以文学艺术和雕塑绘画著称于世，世界名著《一千零一夜》中许多故事的出处都在巴格达。然而，美丽的巴比伦空中花园究竟在哪里呢？

据历史记载，巴比伦是公元前626年迦勒底人建立的新巴比伦王国的遗址，主要由阿什塔门、南宫、仪仗大道、城墙、空中花园、石狮子和亚历山大剧场等建筑组成。遗址一直埋在沙漠中，直到20世纪初才被发现。而汉谟拉比（公元前1792～前1750年）时代的古巴比伦王国遗址，至今还被埋在18米深的沙漠底下。

在遗址宫殿北面外侧不远的一堆矮墙中，中间是一个深深的地下室，散发出一种异样的味道，原来这就是空中花园的所在地。据说，花园建于皇宫广场的中央，是一个四角锥体的建筑，堆起纵横各400米、高15米的土丘，共有7层，每层平台就是一个花园，由拱顶石柱支撑着，台阶并铺上石板、芦草、沥青、硬砖及铅板等材料，眼前只有盛开的鲜花和翠绿的树木，而不见四周的平地。同时泥土的土层也很厚，足以使大树扎根。虽然最上方的平台只有20平方米左右，但高度却达105米（相当于30层楼的建筑物），因此远看就像一座小山丘。

更有历史学家放言道："从壮大与宽广这一点看，空中花园显然远不及尼布甲尼撒二世宫殿，或巴别塔，但是它的美丽、优雅，以及难以抗拒的魅力，都是其他建筑所望尘莫及的。"公元前1世纪作家昆特斯·库尔提乌斯这样描述这座空中花园："无数高耸入云的树林给城市带来了荫蔽。这些树有12英尺之粗，高达50英尺。从远处看去，如茵的灌丛让人以为是生长在高大巍峨、树木繁盛的山上森林。"

然而，这么豪华的"天堂"现在却什么也看不到了，只有一段修复后的低矮墙中残留的一小块原址遗迹，旁边有一口干

空中花园

尼布甲尼撒二世为他的妻子爱美提斯修建了著名的空中花园，这是古代著名的奇观之一，但现在没有人亲眼看到过这座花园是什么样子。

枯的老井。据说这就是当年空中花园的遗存品，但尼布甲尼撒博物馆的馆长说，经过考证，现在仍不能确认这就是真正的空中花园遗址，因为这里离幼发拉底河20多千米，而资料记载空中花园就在河边上。事实上，大半描绘空中花园的人都从未涉足巴比伦，只知东方有座奇妙的花园。而在巴比伦文本记载中，它本身也是一个谜，其中没有一篇提及空中花园。所以真正的空中花园在哪里，至今没人能说得清楚。

至于为什么要建造奇特的巴比伦空中花园，古代世界就有两种不同的说法。

一种说法是，公元前1世纪中叶，西西里岛的希腊历史家狄奥多罗斯在他的40卷《历史丛书》中提及，"空中花园"由亚述女王塞米拉米斯供自己玩乐所建。空中花园或许真的曾名噪一时，但塞米拉米斯却实无其人，她只是希腊传说中的亚述女王。

另一种说法是，来自巴比伦祭司、历史家贝罗索斯（公元前3世纪前期）写过一部向希腊人介绍巴比伦历史和文化的著作，曾提及公元前614年巴比伦国王去世，新国王尼布甲尼撒二世即位后，迎娶了北方国米底之女爱美提斯。而米底是一个山国，山林茂密，花草丛生。米底公主骤然来到常年不雨的巴比伦，触目皆是黄土，不觉怀念起故乡美丽的绿丘陵来。她日夜愁眉苦脸，茶不思，饭不想，本来美丽的身影，不久就瘦骨嶙峋了。这可急坏了巴比伦国王。可是，在巴比伦连块石头也难找到。怎么办呢？他请来了许多建筑师要他们在京城里建造一座大假山。经过几年的营造，也不知花耗了多少奴隶的血汗，一座大山终于造好了。山上还种上了许多奇花异草。这些花木远看好像长在空中，所以叫作"空中花园"。花园里，还建造着富丽堂皇的宫殿，国王和王后得以饱览全城的风光。据说，王后从此兴高采烈，思乡病一下子消失得无影无踪。

虽然空中花园已全部为荒漠所吞噬，但同伊甸园一样，空中花园的传说一直吸引了无数人。很长时间以来，许多古代的著作对它是否真的存在过表示疑问。19世纪，德国考古学家罗伯特·科德卫发现了一些证据，他认为可以证明空中花园确实存在过。第一条线索是若干个石拱，它们可以轻易支撑住树林、土壤、岩石以及导水管的巨大重量。接着，他又发现一根轴从屋顶一直延伸到地面，这可能就是一口井，空中花园的水也就是从这里抽取。进一步的研究表明，屋檐正下方的地面曾用于某种形式的储存，这极可能是一个蓄水库。今天美索不达米亚一带气候干燥、缺少石材，空中花园离幼发拉底河又有一段距离，而花园的花离不开水，那么它是如何解决供水问题的呢？如果真是这样的话，在水泵发明几个世纪前，水又是如何被运到屋顶花园的？

公元前1世纪的历史学家兼作家斯特拉博曾记载："有专门的旋转式螺旋桨把水送到屋顶。这些螺旋桨的功能就是不断地从幼发拉底河抽取水源以播洒滋润整个花园。"尽管人们一直把这种旋转式螺旋桨视为阿基米德螺旋泵，并且由于它能够较好地输送大量水源，最终引发了全世界农业的革新，然而奇怪的是，古代文卷中没有一处特别提到巴比伦曾使用过这种水泵。可这种水泵却被另一位统治者亚述国王辛

□ 历史悬案

那赫里布使用过,他的都城设在尼尼微,横跨巴比伦西北部的底格里斯河。

在有关亚述国王辛那赫里布的许多文献记载中却不止一次地提到他在尼尼微城中建有一座美丽的花园,并引城外的河水入城中浇灌花木。而辛那赫里布的后代也常常提及,他们常在尼尼微的这个人造山形花园中以捕杀从笼子里放到园中的狮子和野驴为乐。

尼布甲尼撒二世死后23年,波斯人出兵占领新巴比伦城,他们还改变了幼发拉底河道,使河道远离了巴比伦城。按理说,巴比伦空中花园的花木肯定会因为缺水而枯萎,在百年之后不可能还保持郁郁葱葱。可是在尼尼微的浮雕却表明,亚述人不仅采用"水泵"抽水浇灌人造花园,还用水槽将山泉引入园中。即使无人灌溉,花园依然可以苍翠如初。

专家们认为,空中花园应该有完善的输水设备,由奴隶不停地推动着连系的齿轮,把地下水运到最高层的储水池中,再经过人工河流往下流以供给植物水分。同时美索不达米亚平原没有太多石块,因此研究员相信花园所用的砖块定是与众不同,相信它们被加入了芦苇、沥青及瓦。狄奥多罗斯甚至指出空中花园所用的石块加入了一层铅板,以防止河水渗入地基。

事实究竟如何呢?还有待进一步考证。

新巴比伦王国修建过通天塔吗

如今的人们,已能利用航天飞机深入宇宙,更能用望远镜探望宇宙深处的秘密,但人们还是很向往更遥远的天外,希望能达到世界的顶端。这种愿望自古有之。

基督教经典著作《旧约·创世记》第十一章曾有这样一段记述:古时候,天下众多的人口,全都说着同一种语言,人们在向东迁移时,走到一处叫示拿的地方,发现那里是肥沃的平原,就定居下来。他们商定在这里用砖和生漆修建一座城和高耸通天的塔,以此传播声名,免得四处流散。这件事惊动了耶和华,他看到城和大塔就要建成,十分嫉妒人们的智慧和成就,便施法术变乱了人们的口音,使人们的言语各不相同。结果,工程不得不停下来,人们从此分散到了世界各地,大塔最终没有建成,后人把这座大塔称作巴别。"巴别"就是"变乱"的含义。

如何看待《圣经》中这段记述,史学界众说纷纭。有的人认为《圣经》中的这段传说有所根据,认为《创世记》记载的那座大塔的原型,就是古代两河流域(即示拿)新巴比伦王

巴比伦宝塔式建筑遗迹

56

国时代巴比伦城内的马都克神庙大寺塔。这座大寺塔，被称作埃特曼安基（意为天地之基本住所）。它兴建于新巴比伦国王那波帕拉沙尔（公元前626～前605年）在位时，到其子尼布甲尼撒（公元前604～前562年）在位时才建成。这一传说也反映了新巴比伦王国时代巴比伦城内居民众多、语言复杂的情况。公元前5世纪，古希腊历史学家希罗多德在其所著的《历史》一书第1卷181节中，记载了如下事实："在这个圣域的中央，有一个造得非常坚固、长宽各有一斯塔迪昂（古希腊长度单位，约合185米）的塔，塔上又有第2个塔，第2个塔上又有第3个塔，这样一直到第8个塔。人们必须循着像螺旋线那样地绕过各塔的扶梯走到塔顶的地方去。那里有一座宽大的圣堂。"希罗多德说塔共11层，可能是把塔基的土台或塔顶的庙也计算在内了。公元前331年马其顿亚历山大到巴比伦时，这座大塔已非常破败。为了纪念自己的武功，亚历山大曾有意重建此塔。可是，据估算，光是清除地面废料，就需要动用1万人，费时2个月。由于工程浩大，亚历山大只好放弃了这个打算。

相反，有的学者不同意《圣经》中提到的通天塔就是新巴比伦时代马都克神庙大寺塔的观点，认为在巴比伦城内，早在新巴比伦时代以前就曾有两座著名的神庙，一座叫作萨哥－埃尔（意为"通天云中"），一座叫作米提－犹拉哥（意为"上与天平"），它们很可能就是关于通天塔的传说的素材。但是，有关这两座神庙，没有更多的史料可以提供参考。

古罗马城的覆灭

古罗马城在公元1世纪十分繁荣，一度成为欧洲的政治、文化、经济、贸易中心。然而后来，这座繁华的都市竟在一场大火中变为废墟。1748年，那不勒斯国王的御前工程师阿勒比尔奉命去勘测一条150年前开凿的引水隧道。他在那不勒斯西北部20多千米的地方开始挖掘。挖到6米多深时，发现了一具手握金币的木乃伊和一些色彩鲜艳的绘画。经历史学家认定，阿勒比尔下挖的地方正好就是已经失踪了1600多年的古罗马名城庞贝。人们在阿勒比尔的率领下，开始对庞贝古城展开发掘工作。当时发掘的目的，主要还在于寻找一些艺术珍品和金银财宝。到了1763年，有一个叫约翰的德国人，凭着自己苦学来的知识，从挖掘出的杂乱零碎的遗迹中，第一次整理出庞贝古城的原样。赫库兰尼姆城与庞贝城的命运相似，几乎是与庞贝城同时覆灭的。究竟谁是古罗马城灾难的罪魁祸首？古今史学家对此一直存在着争议。

重见天日的庞贝古城

1748年，埋葬于地下1000多年的庞贝城遗址被人们所发现。即使到今天，庞贝城也只有3/5被考古学家们发掘出来，仍有许多死难者、器具和建筑物被深深地掩埋在地下。尽管如此，富丽堂皇的庞贝城也使人们产生无限遐想。

庞贝城占地面积1.8平方千米，用石头砌建的城墙周长4.8千米，有塔楼14座，城门7个，蔚为壮观。纵横的4条石铺大街组成一个"井"字形，全城被分割成9个区，每个城区又有很多大街小巷相通，金属车轮在大街上辗出了深深的车辙，历历在目，仿佛马车刚刚驶过一般。

这张画所描绘的景象，是1799年时已挖出来的庞贝剧场区。它是由一名去意大利旅行观光的画家所画。

在大街的十字路口都设有高近1米、长约2米的石头水槽，用来向市民供水。那么水槽里的水又是从哪里引来的呢？原来水槽与城里的水塔相通。水塔的水则是通过砖石砌成的渡漕从城外高山上引进来的，然后分流到各个十字路口的公共水槽中，这个系统也为贵族富商庭院的喷泉和鱼池供水。

庞贝城里还有3座大型剧场。其中最大的一座剧场位于城东南，建于公元前70年，可容纳观众2万人，也可以当作角斗场，当年人与人、人与兽的角斗就曾在这里举行。

这座大型剧场的东侧还有一座近似正方形的圆形体育场，边长约130米，场地三边用圆柱长廊围住，黄柱红瓦，金碧辉煌，场地正中是一个游泳池。这个体育场估计能容纳观众1万余名。

城西南有一个长方形广场，是全城政治、经济和宗教中心，四周建有官署、法庭、神庙和市场。城市至少建有一座公共浴室，不但冷热浴、蒸气浴样样俱备，还附有化妆室、按摩室，装修也十分到位，墙上还用石雕和壁画装饰着。

庞贝城遗址充分反映了古罗马社会道德的沦丧，一部分人沉溺于酒色，纸醉金迷，生活糜烂。庞贝城明显有两多：一是妓院多；二是酒馆多。不堪入目的春宫画画满了妓院的墙壁，各种淫荡的脏话在墙壁上随处可见，城内酒店林立，店铺不是很大，酒垆与柜台都在门口，酒徒可以站在柜台外面喝酒，酒鬼们在一些酒店的墙壁上留下了信手涂鸦的歪诗邪文，至今依稀能够辨识出来。

比起埋在地下20~30米深且被新城覆盖的赫库兰尼姆，庞贝城埋在地下平均深度为3.6米，较易发掘，但要运走那么多的泥石，也不是一件容易的事。目前，整个庞贝遗址就是一座博物馆，用外墙围住，不准任何人居住，更不准车辆入内，而在遗址外围，逐渐形成了一座几万人的游览城市。

庞贝古城在科学家们的努力下重见天日，它反映了古罗马时代城邦居民的日常生活,是一座世界少有的天然历史博物馆。

赫库兰尼姆古城的神秘失踪

无独有偶,在古罗马城,有一座古城有着与庞贝城相似的命运,它就是赫库兰尼姆。

它的发现是一个偶然。1709年,一群工人在那里挖井,发现了古时剧场的舞台,进一步挖掘以后,陆续发现了众多的大理石构件。就这样,古城被发现了。

但当时意大利处在奥地利军队占领之下,奥国的亲王闻讯后只关心攫取大理石,以建造他的新别墅,根本不重视考古发掘的事情,更别提能否意识到它挖掘的是世界上独一无二的珍宝———一座完美无缺的古城了。

直到1738年,意大利的皇家图书馆馆长、人文学家唐·马赛罗·凡努提侯爵开始在赫库兰尼姆城发掘。他清理出土了3个穿长袍的罗马人的大理石雕像,又找到一方铭文,借此了解到曾经有个叫鲁福斯的人出资兴建了"海格立斯剧场"。依据这一点,专家们断定,这里就是失踪千年的罗马古城赫库兰尼姆。

1763年庞贝城出土了刻有"庞贝市公所"铭文的石碑,人们的目光都聚集到那里,甚至掀起了一股发掘庞贝城的热潮,相应地,赫库兰尼姆的发掘受到了冷落。直到1927年,意大利政府终于决定分阶段发掘赫库兰尼姆城,赫库兰尼姆城的原貌才开始逐步展现在世人面前。

赫库兰尼姆城,又叫海格立斯,是以希腊神话中的英雄海格立斯的名字命名的。在人类史上,这座城市曾经被意大利几个不同的民族相继占领和统治过。公元前89年,它和庞贝城一起被罗马人占领,成为罗马国的一个属地。当时它的占地面积约为23万平方米,人口达到5000人。

赫库兰尼姆城是建立在发源于维苏威火山的两条溪流之间的高地上,四周环绕着高墙。但是,赫库兰尼姆城被掩埋在大量巨大的岩石下,平均深度达到了20~26米。因此为该发掘工作带来了想象不到的困难。为了穿透异常坚硬的岩层,考古工作者不得不动用空气压缩机、推土机等复杂的现代化工具。在发掘出的遗迹里人们看到:在有家小吃店的柜台上还放着胡桃。修理店里,有铜烛台仍放在远处等待修理……就连墙壁上的涂鸦也被保存了下来。有间屋子的斜坡上,写着一句话:"帕吐姆那斯爱艾菲安达。"但是,赫库兰尼姆城的居民们却神秘地"失踪"了。在最初250年的发掘中,仅仅发现9具遗骸。所以,人们推测,赫库兰尼姆城的居民大多数逃走了。

但是,事实上并非如此。1980年,安装地下水泵的工人们发现了两具躺在古海滩上的遗骸。一具是稍胖的男子,考古学家们发现他的身旁有条打翻了的船,另一具是女性,长得很美。1982年,考古学家们在大面积清理海滩时,意外地发现了13具遗骸。同一年,用挖掘机来挖掘海堤下面堵塞有岩石的三处石拱门时,其中的一个拱门下,发现了6个成年人、4个儿童以及一个抱婴儿的保姆,他们的遗骨挤作一团,另外的两个拱门下,分别发现48具、19具尸骨。

也是在同一年,考古工作者对海岸边的10间小屋进行清理工作时,发现大量保存

□历史悬案

完整的遗骸。

总共算起来，赫库兰尼姆城大约出土了将近200具遗骸。通过对这些遗骸进行深入细致地研究，考古工作者们已经了解到，在古代罗马，男子的身高一般为1.70米，女子为1.55米，虽然就健康状况来讲，有几具骸骨有患关节炎、贫血症等迹象，但总体说来，大部分人的体格健壮、肌肉发达，健康状况还是相当良好的。

赫库兰尼姆城虽说几乎是与庞贝城同时覆灭，这两座城在各方面的状况却存在着较大的差别。到如今，庞贝城已有大约3/5重见天日了，而赫库兰尼姆城却离发掘完毕之日还遥遥无期，主要由于它掩埋得较深，岩层又坚硬又厚，加上又处在现代城市之下，进展不免困难重重。虽然现在已经发掘出赫库兰尼姆城的4个行政区，还有石头街、古罗马广场、长方形大会堂以及竞技场的一半，但是许多遗迹、遗物还被深埋于地下，甚至赫库兰尼姆城的实际规模也还需要进一步的发掘来评估。基于以上的因素，赫库兰尼姆城已经被誉为"考古史上最引人瞩目的未完成的工程"。

庞贝古城是怎样覆灭的

从1860年以后，经过100多年系统的大规模发掘，庞贝古城基本上已经重见天日了。发掘的结果表明，庞贝古城是一座背山临海、繁荣热闹的避暑胜地。大剧院、竞技场、体育场、酒店、赌场、妓院和公共浴室应有尽有。这表明，庞贝古城当时已经成为古罗马帝国达官贵族们的游乐场了。

在重现的庞贝古城里，人们可以清楚地看到，生活突然中断时的情景。餐桌上放着没有吃完的带壳的熟鸡蛋和鱼，面包炉里有烤好的面包，商店前柜上放着硬币，瓶罐中有栗子、橄榄、葡萄、小麦和水果。完好地保留了已经化成化石的蒙难者当时遇难时的姿态和动作，由此可以猜想当时的场面：有蹲在地上双手捂住面孔的；有趴在地上不断挣扎的；有头顶枕头仓皇外逃的；还有小女孩抱着母亲的双膝号啕大哭的；乞丐拼命攥住零钱袋；奴隶角斗士死在挣不开的铁链上；看家犬前腿跃起，猫儿钻进柜底……整个庞贝城好像一部电影定格在某一瞬间。这些尸骨周围被火山灰泥石浆包得严严实实，形成硬壳。后来，遗骸腐朽，化为乌有，而尸体原型的空壳却保留了下来。考古学家们就地灌注石膏，让死难者保持原状。庞贝古城当年居

画家笔下的庞贝末日
公元79年，维苏威火山的喷发悲剧触动了那些19世纪参观过庞贝城的艺术家，图为一幅表现庞贝末日的油画。

民约有 3 万人，至今掘出 2000 多具尸骨。

庞贝古城的大部分居民跑到哪里去了？留在古城里的人为何死得这样悲惨？人们在探索着答案。

有人说，庞贝古城毁于维苏威火山爆发。公元 79 年 8 月 24 日中午，维苏威火山发出了震耳欲聋的巨响。一瞬间，喷出的岩浆直冲云霄。浓浓的黑烟，裹挟着滚烫的火山灰砂，弥漫着令人窒息的硫黄味，铺天盖地地降落在庞贝城。几个小时之内，14 米厚的火山灰就毫不留情地将这座生气勃勃的古城埋没得无影无踪了。庞贝古城是否是在一瞬间毁灭的呢？有人提出了异议。维苏威火山的爆发有一个过程，前后经历了八天八夜，古城居民完全可以从容地逃生。火山盖被冲开时，岩浆、碎石、烟灰、水蒸气一起喷上天空，天地顿时漆黑一团。半小时后，喷出物才飘到庞贝城，无孔不入的粉尘和硫黄气体使人窒息。4 小时后，等到飘落到屋顶的火山灰够重时，建筑质量较差的屋顶才塌下来，人们仍可从废墟中爬出来逃命。在第一次的袭击中，几乎无人丧生。48 小时后火山喷出物减少，天空渐渐明朗，逃出城的人以为没事了，纷纷返回，其中尤以回家取财宝的富豪居多。就在这时，第二次大喷发降临了，灼热的气体和烟灰置人于死地，今日所见的遗骸大约都是由这一次袭击所致。

那么庞贝城又是如何在火山爆发中变成"化石城"的呢？

这要归功于"水熔岩"。当年火山灰阵雨足足下了八天八夜，蒸汽遇冷凝成水滴，聚合空气中的灰尘，落下瓢泼大雨。大雨扫荡山顶灰渣，形成滔滔泥流。泥浆流就像水泥一样，干燥后坚如岩石，给积灰的城市盖上了一层硬壳，这就是地质学上所说的"水熔岩"。"水熔岩"将庞贝三座城市严严实实地密封起来，阻止了后人的盗窃，为人类保存了 1900 年前最完整的"城市博物馆"。

庞贝灾变中还有一大谜就是那不勒斯为何不曾覆灭？那不勒斯目前有人口 140 万，占那不勒斯湾一带人口的 2/3，为意大利第四大城市。它比庞贝城更靠近维苏威火山，可是它为什么始终未受破坏？从地理方面考虑，那不勒斯地势略高于庞贝三城，维苏威火山爆发时盛行西北风，火山缺口在东北方，火山灰奈何不了那不勒斯。

事实真的是这样吗？可惜，繁盛一时的庞贝古城已经消失了，留给后人的仍是一个谜。

失落的玛雅文明

在 19 世纪之前，人们对于中美洲的古代历史一直非常陌生。尽管有无数的欧洲殖民者来到这里，开辟了新的文明，而他们所认识的土著历史，却几乎是一片空白。与此同时，在当地一些地方，广泛流传着一个故事：古代有一位王子得知密林深处有一个极为神秘的城堡，城堡里的人都遭到了魔鬼的诅咒而长眠，等待他去解救。

□ 历史悬案

于是王子勇敢地进入到毒蛇猛兽出没的莽莽森林中，决意去拯救不幸者。当他历尽千辛万苦终于找到了隐藏在密林深处的城堡时，看到了一位被魔法催眠的美丽公主。当他靠着正义的指引将公主及全城百姓救醒后，整个王国又复活了。谁也不会想到，现实中发生的事情，竟真的跟这个传说有几分相似，因为人类重新发现了一个无比神秘的国度——玛雅王国。

湮灭千年的神秘文明

1839年，有两位美国人来到中美洲，他们是约翰·史蒂芬和卡德沃德。此二人一直对流传于当地的古老传说深感兴趣，一心想证实该故事背后所隐含的秘密，从而开始了他们的探险之旅。他们在中美洲洪都拉斯的热带丛林中，披荆斩棘，历经千辛万苦。终于有一天，他们在密林中发现了一座被废弃的巨大城堡。呈现在他们眼前的，有宏伟的神庙、宽阔的马路、豪华的宫殿。尽管这一切都已成为废墟，到处被荒草和荆棘所掩盖，但突如其来的人间奇迹仍震惊了整个世界。

两位美国人在中美洲丛林发现古城的消息传开后，立即吸引了一批又一批的考古人员来到洪都拉斯，并将探索的范围扩大到整个中美洲地区。功夫不负有心人，进入20世纪以来，随着探险范围的不断扩大，一个古老而神秘的文明——玛雅文明，终于被人们全面发现。据统计，各国的考古人员先后发现玛雅文明遗址达170处之多。经过初步研究，学者们大致推测出，在公元3世纪～9世纪的漫长岁月里，玛雅文明就曾经辉煌一时，其辐射范围北起墨西哥南部的尤卡坦半岛，南达危地马拉、洪都拉斯以及秘鲁的安第斯山脉这个广阔的区域。就是在这块土地上，玛雅人创造了一系列不可思议的奇迹，包括他们所获得的天文和数学知识，他们所描绘的古老的宇航图，乃至构思奇特的金字塔建筑，都绝对可以与世界其他任何古老的伟大文明相媲美。因此，尽管美洲大陆很晚才被欧洲人发现，但当这些发现者面对这块新的大陆文明时，不禁惊呼玛雅人为"新世界的希腊人"。

实际上，当西方殖民者初次踏上中美洲的土地时，就接触到了古老的玛雅文明。早在1566年，一名叫狄亚哥·兰达的西班牙牧师就曾对该文明有初步的研究。

此后相当长的时间

玛雅曾经的辉煌一去不复返，只剩一片残垣、废墟。

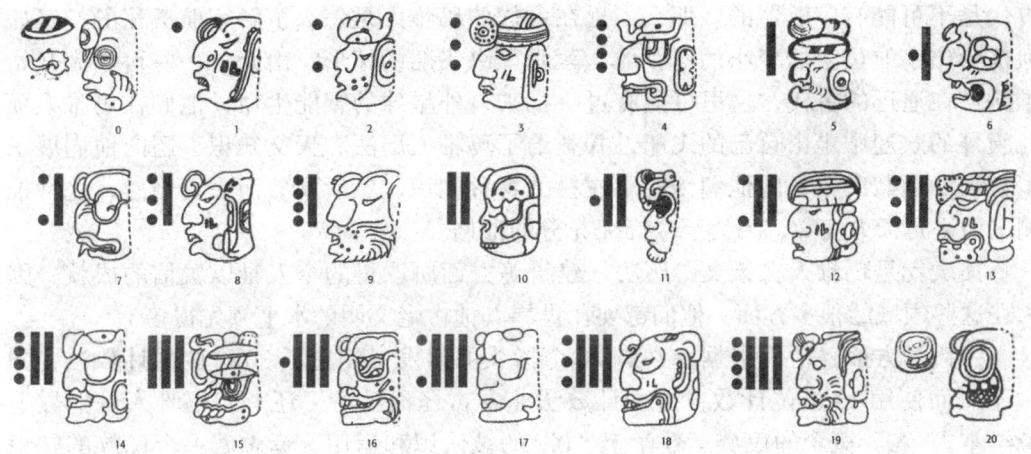

玛雅人使用的数字
玛雅数字由点、线和人头的侧面组成，一个点表示"1"，一条线表示"5"。"0"用蛇贝和下巴被手代替的头部侧面组合表示。表示"20"的头侧面则较难辨认。

里，兰达以及与他同时代的牧师们记录的有关玛雅失落的城市、庙宇和废墟的信息，就静静地躺在西班牙殖民地的档案馆里，没人加以理会。直到18世纪，才陆续有一些探险者再次开始了对玛雅文明的探索。最终才有了本文开头所叙述的一幕。

如今，人们对玛雅文明有了一个大概的了解。该文明几乎波及整个中美洲，其最繁华的时代为七八世纪。早在公元前2000多年，玛雅人已经开始种植玉米。居住于墨西哥尤卡坦半岛的玛雅人，在当地不规律的降水条件下，发展出了依靠高密度劳力和农田水利系统，包括运河、水库及其他落差型储水设施的农业。然而仅仅隔了一个世纪，它就突然消失和停止了。不过，即使面对着一片片废墟，人们仍可以依稀看到玛雅文明那光辉灿烂的影子。而且，由于这一文明所达到的高度，人们往往会疑问：这一切是如何造就的？难道它们是从天而降的吗？虽然科学家们进行了无数的研究和考证，但至今为止尚未能够提供一个圆满的答案。那么，就让我们先大致了解一下它的众多神奇之处吧。

首先，玛雅文明中最著名的难解之谜就是古代玛雅人竟然能够制作出宇航图。20世纪50年代，在墨西哥高原的一个荒凉的山谷里，一群考古学家在清理一座古代神庙时，偶然发掘出一块沉重的、刻满花纹图案的石板。他们发现，在石板上雕刻着一些古怪的图案，内容大致为一个驾驶员手握方向盘在空中飞行，四周围绕着一些装饰性的花边图案。当时，考古学家们一致认为这是一件充分展示玛雅人想象力的图画。然而20世纪60年代以来，当美苏两国先后成功进入太空后，人们的看法就发生了巨大变化。当玛雅人石板的样图被送到美国航天中心时，那些参与航天器材研制的专家无不惊呼："了不起！这是古代的宇航器！"因为图中仪表、脚踏板以及其他各种宇航操作工具都清晰可见！而当宇航员行走于月球和太空的照片不断传回地面后，人们更是大吃一惊，因为他们推测，玛雅人的石板图画似乎正是描绘宇航员操纵火箭翱翔太空的情景！可是，这一切又显得太过于荒诞了，因为众所周知，

63

古代是不可能有宇航器的。那么，远在古代的玛雅人是怎么了解宇航奥秘的？又如何描绘出宇航员蛰居窄小的驾驶舱，紧张操纵飞船的情形？由此，一些科学家开始推测：在遥远的古代，这里可能有过一批来自外星球的智能生命，他们在玛雅人顶礼膜拜的欢迎中走出自己的飞船，并教给了玛雅人历法和天文知识，还向他们展示了自己的运载工具，向他们传授了农耕的各种知识，然后飘然而去。当然，这种推测又似乎是天方夜谭，因为至今尚无充分的证据。

其次就是玛雅人在天文、历法、建筑等方面所取得的令人难以置信的成就，因为在这些领域的很多方面，他们都要比世界其他古老文明的水平领先得多。

在数学方面，他们根据手和脚20个指头的启发，创造了20进位的计数法，同时还兼而使用18进位计数，这种计数法非常古怪而独特。还有，玛雅人是世界上最早掌握"0"概念的民族。数学上"0"的被认识和运用，标志着一个民族的知识水平。玛雅人在这方面的才能，比中国人和欧洲人都早了千余年。玛雅人所创造的数学，适应他们按年记事的需要，以及决定播种和收获的时间，还能对季节和年度中雨水最多的时间准确地加以计算。在高明的数学水平的基础上，玛雅人还制定出了精妙的18月历法。玛雅人认为一个月等于20天，一年等于18个月，再加上每年之中有5个未列在内的祭日，一年实际的天数为365天，这正好与现代对地球自转时程的认识相吻合。玛雅人除对地球历法了解得十分精确之外，对金星绕太阳一周所需的时间也非常了解，他们计算的结果为584天，而今天人们推算结果为584.92天。

为了历法的需要，玛雅人还修建了大量金字塔和神庙。根据历法上的指示，他们每隔52年要建造一座有一定数目阶梯的大建筑物，一天为一阶，一道平台表示一月，直到顶端共计365天；每一块石块都与历法有关，每一座完成的建筑物都需符合天文上一定的要求。玛雅人建筑的金字塔与著名的埃及金字塔有所不同。埃及金字塔是空心的，内部为帝王陵寝；而玛雅金字塔为实心，塔前广场是民众参加祭典的场所，塔顶则供神职人员办公、居住或观察天象之用。

然而，尽管19世纪的学者对这一文明非常感兴趣，但顽固和偏见使大多数欧洲人对玛雅文明的内在价值不屑一顾。为了进一步解释这些文明的发达和神奇，一些西方人提出了所谓的"文明扩散论"。这一理论认为，玛雅文明的源头是欧洲大陆的古老文明。有些人据此推断，玛雅文明是由《旧约圣经》中的"失落的十部族"的后裔所创造的。

数百年来，玛雅文明不断吸引着大批探索者。他们对天书一样的玛雅典籍，绞尽脑汁，但到头来，只能望洋兴叹。据说自第二次世界大战以后，为了研究玛雅文化，美国和苏联都投入了大量的人力和物力，甚至还使用了先进的电子计算机，但即使如此，也仅仅破译出了其中的1/3。更神奇的是，1966年，有人根据已认出的这些玛雅文字，破译了一块玛雅石碑，结果发现它竟是一部记有发生于9千万年前，甚至4亿年前的事情的编年史，而4亿年前，地球还处在中生代，根本没有人类的痕迹。难道玛雅文明真的是一种天外来物吗？

玛雅人的圣井

在世界上的诸远古文明中,玛雅无疑是最富于浪漫色彩与神秘气息的一个。在英文词典里,Maya意思是神秘莫测的幻境以及产生幻觉的能力。过去,由于考古学的不发达,人们一直以为在欧洲人来到新大陆之前,这里是蛮荒一片,但玛雅文明的发现让人们看到,它在科学(天文学、历法、工程学、数学)、农业(玉米、番茄、可可、烟草的种植)、文学(象形文字、编年史、神话)、艺术(雕塑、绘画、编织)等诸多方面,都做出了令后世人无比惊叹的巨大成就。它与阿兹特克文明和印加文明一起构成西半球文明。因此,学术界普遍认为,世界各大陆在相互隔绝的情况下,都独立发展了各自的文明。如今,他们大都倾向于摈弃四大文明古国的说法,而讲四大文明区,即东地中海文明区(包括埃及、美索不达米亚、亚述、腓尼基、希腊以及罗马)、南亚次大陆文明区(包括印度及其周边地区)、东亚文明区(中国及周边地区)、中南美印第安文明区(玛雅、阿兹特克、印加)。

大约自公元前3000年,玛雅地区就有人类活动了,随后经历了形成期、古典期和新帝国时期等阶段。其中,公元300~900年的古典期为其鼎盛时期。大约9世纪后,玛雅文明开始衰落。这令后人百思不得其解。西班牙人的入侵使玛雅文明古迹遭到严重摧毁。它的秘密深藏于中美洲的热带丛林中。人世沧桑,热带丛林迅速的生长掩埋了一座座古老的城市,直到几百年后才有人拨开密林,让它们重现人间。

最早发现玛雅文明的是美国考古学家约翰·史蒂芬和卡德沃德。1839年,他们在热带丛林中跋涉了10个多月,考察了许多玛雅人留存的古建筑遗址,发现这是一个人们完全不了解的、一度十分辉煌的古代文明。但是,关于玛雅的考古是在20世纪才顺利展开的。1931年12月29日,生物学家伦德尔访问了一处邻近危地马拉北部边境的墨西哥遗址,他惊异地发现这是一处曾经十分恢宏的古建筑群落,他将之命名为卡拉克穆尔。直到1982年,考古学界才彻底将此遗址清理出来,令世界瞩目。这里矗立着103个纪年石碑,镌刻年代始于公元514年,迄于公元830年。在

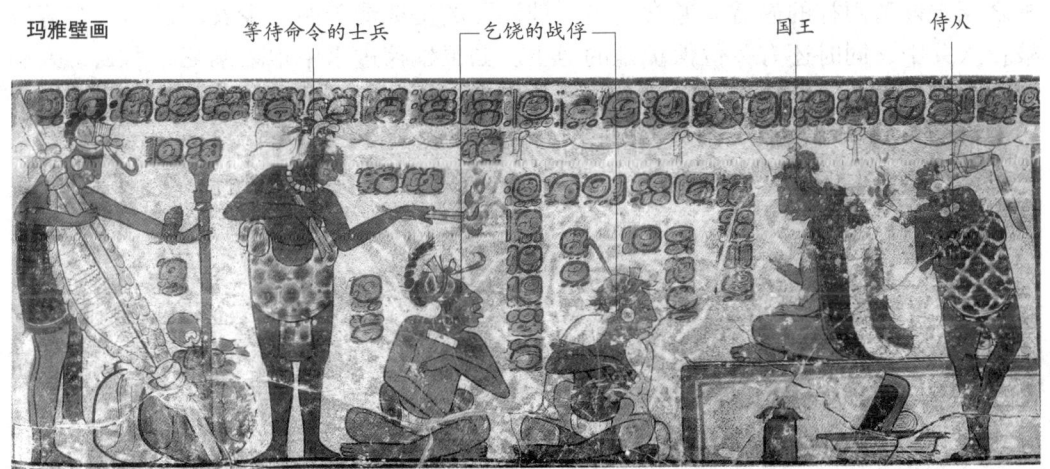

玛雅壁画　　等待命令的士兵　　乞饶的战俘　　国王　　侍从

方圆25平方千米内，大约居住着5万以上的人口，已知建筑物超过了6250座。

另一个世界闻名的玛雅人遗址是蒂卡尔城。它于1956年由美国100多位考古专家发掘，这是迄今为止发现的保存最为完好的古代玛雅人遗址。它占地576平方千米，有大型金字塔10余座，神庙50余座，各种建筑物总数超过3000座，城市布局十分合理。自公元前7世纪起就建有金字塔坛庙建筑群，延续的时间长达1700年左右，直到10世纪才因某种缘故由盛而衰，变成废墟。蒂卡尔以其所达到的非凡的文明成就，于1979年被联合国教科文组织确定为世界文化遗产。

以上两处具有高度的考古价值。除此之外，奇琴伊察也是人们十分关注之地，无论考古学家还是寻宝人。对于考古学家而言，奇琴伊察有神奇的天文台、武士庙和库尔干金字塔；而对于寻宝人来说，这里有古玛雅人的全部财宝。按照玛雅语读音，奇琴伊察意即扎伊人的井口。在那里，有两口玛雅人所谓的"圣井"。

奇琴伊察地处尤卡坦半岛北部干旱地区，几乎没有河流，降水也极为有限。因此，在这里，水源问题是玛雅人最为关切的问题。据考证，在公元前1500年前后，这里就有玛雅先民生息繁衍。公元6世纪，玛雅人在两个天然大井旁修建了奇琴城。这是两个天然蓄水池，井口开口呈50～63米的略不规则的椭圆，井壁陡立，一层一层的岩层叠压在一起，自上面看像一排排密密的圆圈。从井口到水面约20米，水面到井底也有20多米深。这两口天然井是由石灰岩层塌陷而形成的，是这里饮用水的主要供应地。伊察人来到此处，并把此井冠以自己的名字。伊察人对这两口井顶礼膜拜，奉若神灵，把它们称为"圣井、雨神之家"。

因为水是生命之源，玛雅人最为看重这两口井，连他们最重视的神灵也是"雨神"。传说，这两口圣井就是雨神的家。每当遇到饥荒、瘟疫、旱灾等灾害，玛雅人就要举行隆重的求雨活动。祭司们带领大家向上天祈祷："啊，云，我恳求您马上来临，带给我们生命。雨神啊，我们奉献面饼和肉食给您……我对您的请求是给农民以生命，下雨吧，在他们劳动的地方，重新给他们以生命吧。"直到20世纪70年代，访问玛雅的人还亲眼看见过此仪式。

求雨最重要的内容之一是把活人投进井里，在玛雅人看来，那是请活人前往雨神之家去询请雨神的谕旨。通常充当"神使"的是纯洁美丽的少女。她们会在清晨被投入井中，同时还有一位保护她的卫士。如果她摔进水中很快溺死，那么，人们就感到非常失望。他们会号哭着一起向水中投石头，因为神灵已经把不祥的预兆昭示给他们。假如从清晨到中午，井中的人还侥幸活着，上边的人们就会垂下长绳，把幸存者拉上来，这个生还的人就备受崇敬，被认为是雨神派来的神使。12世纪后期，一位叫亨纳克·塞尔的男子就因投井不死而被奉为神使，最后做了玛雅的最高掌权者。

为了取悦神灵，玛雅人在向"雨神"派送"使者"的同时，还把自己所认定的一切好东西都投进里面，有大量的金银珠宝，还有盘碟刀斧、贝雕等。因此，在后世人眼中，玛雅人的两口圣井实际上就是两个名副其实的聚宝盆。

最先对这两口圣井感兴趣的人是美国人汤普逊。19世纪末，他曾经连续25年担任美国驻尤卡坦半岛的领事。他花了40年的时间研究玛雅历史，并实地考察了奇琴伊察的两口圣井。他和他的助手们用抓斗捞起井底的淤泥，果然从中找到大量珍宝和数十具少女尸骨。据说，有一次，在圣井旁边的神庙中发现一块石板下面是空的，将石板撬开，下面是一个宽敞的地下室。和所有童话中的寻宝故事一样，他连续撬开几块石板，还打死一条藏在那里的大蟒蛇。然后发现一个阶梯，从阶梯一直走下去，是一间人工开凿的石屋。石屋地板上盖着一块非常大的石板。汤普逊用力挪开石板，结果下面是一个15米深的竖洞，里面有无数的珍珠项链、手链、用宝石和玉石制成的花瓶，等等。虽然有所发现，但汤普逊显然并没有找到真正的玛雅人的圣井。而且，这个故事似乎太像小说流传在寻宝人中，其可信度令人起疑。玛雅文化的神秘和人们对其知之甚少有关。这也加深了寻宝人的猎奇心理。1977年法国人丹尼尔在奇琴伊察的遭遇还要离奇，并且命丧于此。不过，这些故事都可说是姑妄言之、姑妄听之罢了。

奇琴伊察圣井
奇琴伊察的圣井是一座泉水池，它是古城主要的水源，也是玛雅人祭神用的圣井，水深21米。关于它有着怎样的神秘传说呢？

实际上，所谓的宝藏只是玛雅文明的附属，对于今天的人来说，那些曾经辉煌一时又谜一样消失了的文明才更让人唏嘘不已。他们曾经是人类一路走来的足迹，那些宏伟的金字塔、天象台、宫殿、球场、纪年碑林，那些形象各异、充满异域情调的雕塑，那难以破译的象形文字体系，都是文明发展的印痕，都藏着无数往昔的奥秘。那些镌刻着象形文字铭文的玛雅碑石耸立在丛林的深处，静默而庄严地坚守在沧桑巨变的大地上，向后来者昭示着历史与未来。

玛雅人为何修建金字塔

大凡讲到金字塔，人们往往会想到埃及的金字塔，毕竟那是"世界七大奇迹"之一。其实，古代美洲的金字塔不仅数量超过了埃及的，而且特色更鲜明。埃及的金字塔是国王法老的陵墓，而美洲玛雅人的金字塔，则不完全是帝王的陵墓，更多的是一种祭坛。

中美洲的玛雅人是一个特别的人种，语言自成一体，脸型轮廓很独特，前额倾斜、鹰钩鼻、厚嘴唇。他们在美洲这片沼泽低洼、人迹罕见的热带雨林中，创造了令人难以想象的辉煌文明，如平顶金字塔祭坛、浮雕、石碑等众多杰出的建筑物。玛雅人创造了一套精巧的数学，来适应他们按年记事的需要，以决定播种和收成的时间，对于季节和年度中雨水最多的时间，准确地加以计算，以期充分利用贫瘠的土地。他们所掌握的数学技巧，在古代原始民族中，高明得令人吃惊。尤其是他们熟悉"0"的概念，比阿拉伯商队横越中东的沙漠把这个概念从印度传到欧洲的时间早1000年。凡此种种，使得玛雅文化也成为世界文明史上的奇葩。

玛雅文化诞生于公元前1500年，分为前古典期、古典期和后古典期三个时期。据考证，大约公元前后，玛雅人达到了第一个兴盛期，在尤卡坦半岛南端的贝登湖周围建立了第一批"城邦"，营造了一个繁华的城市。现今整个遗迹面积达130万平方米，其中心地带包括金字塔、祭坛等多处建筑。中心大广场东侧的美洲豹金字塔，塔高达56米，分为9级，塔顶建有尖型小庙；西侧是2号金字塔，高46米。最高的4号金字塔高达75米，站在塔顶可一窥全岛全貌。与埃及最早的几座金字塔进行比较，发现它们竟然如同孪生的姐妹一般。苏格兰天文学家斯穆斯对埃及的两座金字塔作了为期4个月的勘测，他们得出了一些令人深思的数据：塔的4个面都是等边三角形，它们正好朝着东、南、西、北4个方位；底边与塔高之比，恰好为圆周率与半径之比；塔的高度为地球周长的27万分之一，也是地球到太阳距离的1万亿分之一。

不过玛雅人的金字塔的天文方位计算得更为精确：天狼星的光线经过南墙上的气流通道，直射到长眠于上面厅堂中的死者头部；北极星的光线通过北墙的气流通道，径直射进下面的厅堂里。

一直以来，人们都认为金字塔是一种坟墓，而且确实在很多金字塔中找到了木乃伊。那么，玛雅人会不会是不谋而合地也用工程浩大的金字塔做坟墓呢？如果是，为什么金字塔与塔顶上的神龛是这么不相称，整个塔的建造水平是如此之高，而神龛却是相当粗糙，这不能不令人怀疑神龛可能是后来加上去的。根据这些，人们又推测，金字塔原先很可能是玛雅祖先的祭坛和用来观察天象的神坛，这是由于玛雅人对神有种近乎狂热的崇拜。玛雅人信奉的神主要有太阳神、雨神、风神、玉

玛雅文明时期的金字塔群及月亮广场。

68

米神、战争之神、死亡之神等。在玛雅人看来，神的世界远比人间凡世丰富伟大。他们经常举行祭祀典礼，每位玛雅人都认为，为神献身是一种非常神圣的事情。因此玛雅人依照自己的历法建造的金字塔，实际上都是一种祭祀神灵并兼顾观测天象的天文台。

这些宏伟遗迹处处显示的不平凡，使得它与如今毗邻的印第安人居住的茅屋和草棚格格不入，而且这些宏伟的建筑并不是出于实际生活的需要，而是严格按照玛雅人的宗教信仰和神奇的玛雅历法建造的，简直令人难以置信。从考古学家掌握的证据来看，当时玛雅人仍巢居树穴，以采集或狩猎为生，过着相当原始的生活，似乎没有文明前期过渡形态的痕迹。那奇迹般的文化并没有经过一个由低向高逐渐发展的过程，而似乎是在一夜之间从天而降，骤然间涌现出了各种超越时代的辉煌成就。任何民族对外部世界的认识都必须和他们的生产方式相一致。后来，在金字塔发掘出了一些精致的透镜、蓄电池、变压器、太阳系模型碎片、不锈钢和其他不知什么合金制成的机械、工具等。因而有些学者以此为基点，认为这些建筑不是玛雅人自己创造的，而是别人传授给他们的，可是又有谁能把这样先进的知识传授给他们呢？

而且从早期的人类文明历史来看，文明的创造和辉煌都离不开河流：埃及和印度的古代文明，首先发祥于尼罗河以及恒河流域，中国古代文明的摇篮则在黄河和长江流域。为何偏偏只有玛雅人把他们的灿烂文明建筑于热带丛林之中呢？

不管怎样，不知出于何种原因，大约公元9世纪，玛雅人放弃了高度发展的文明，大举迁移，他们所创建的中心城市停下了新建筑的建造，城市在某一天被完全放弃，繁华的城市变得荒芜，任由热带丛林将它们吞没。玛雅文明一夜之间消失于美洲的热带丛林中。从后来发掘的仅完成了一半的雕刻来看，这场劫难似乎来得十分突然，然而当时又有什么灾难是他们无可抵挡的呢？玛雅人抛弃自己建造起来的繁荣城市，却要转向荒凉的深山老林，这种背弃文明、回归蒙昧的做法，是出于自愿，还是别有隐情？

关于玛雅文明的消失有着种种猜测，有人说他们是受到了瘟疫、战争等的袭击，但是为什么没有见到尸体？它的消失与它的崛起一样，充满了神秘的色彩，为世人瞩目。

有人认为，玛雅人有可能被外族入侵，他们被迫离开家门。可是，有谁比正处于文明和文化兴盛时期的玛雅人更强大呢？

有人认为玛雅人是由于发生地震而被迫离开家园。可是直到今天，那些雄伟的石构建筑，虽然有些已倒塌，但仍有很多历经千年风雨依然保存完整。

有人认为，可能是因为隔代争斗，或是年青的一代起来反对老一代，或是发生内战，或是因为一场革命，玛雅人离开了故土。如果真有上述情况中的任何一种发生的话，那么也只有一部分居民，即失败者，离开国家，而胜利者则仍留下生活。但调查研究没发现有玛雅人留下来的任何迹象，哪怕是一名玛雅人！

当历史渐行渐远，成为一种遥远的回忆后，我们所能了解到的只是梦呓般的神话，以及一幢又一幢遗弃的建筑，然而神秘的玛雅人、神秘的玛雅文明、神秘的玛雅金字塔，无不让我们记住不只有一个埃及金字塔……

文明，是毁于战争的吗

大约在9世纪以后，玛雅文明突然衰落了，而且是在极短的时间内就湮没在了密林深处。这是一个令研究者百思不得其解的问题，为当今史学界一大悬案。

考古发现表明，玛雅文明曾相当繁荣，当时玛雅人的经济、文化都非常发达。农民们依靠先进的生产水平垦殖畦田、梯田和沼泽水田，生产出大量的粮食，供养激增的人口；手工业和商业也都很发达。在750年前后，玛雅文明达到了顶峰。据估计，当时他们共有人口300万~1300万，但此后，玛雅文明就逐渐走向了衰落。大约9世纪，玛雅人突然陆续放弃他们的发展中心。他们离开了辛苦建筑的城池，舍弃了富丽堂皇的庙宇、庄严巍峨的金字塔、整齐排列雕像的广场和宽阔的运动场。玛雅文明开始衰落，其征兆是不再雕刻石碑。考古学家发现，当地最后一块石碑完成于869年，整个玛雅区最后一块石碑则完成于909年。不但如此，神殿、宫殿等最足以代表玛雅文明的建筑也不再兴建，彩陶也不再制作，一般民众也很少兴建新房舍，而他们的人口也急剧减少。至今，历史学家们也没有弄明白是什么力量终止了玛雅文明，以至于有学者认为这是人类历史上最为彻底全面的一次文化失落。有很多研究人员认为，玛雅城市之间的战争、城市内部贵族之间的争斗、森严的等级制度，以及人口过剩所引起的经济形势恶化，是导致玛雅文化的全面崩溃的直接原因。

为了进一步确定其中的原因，20世纪80年代末，一支包括考古学家、动物学家和营养学家在内的45人组成的多学科考察队，来到了中美洲危地马拉的热带雨林地区。这支科考队用了6年的时间，对200多处玛雅文明遗址进行了考察。结果，该考察队认为，玛雅文明是因争夺财富及权势，自相残杀而毁灭的。特别是随着对玛雅文字研究工作的不断深入，科学家们已经破译了所有玛雅文字中的80%以上，从而能够对玛雅文明和社会有了一个新的认识，其中一些发现就有力地支持了上述观点。

现在我们知道，古代玛雅世界并不是一个单一的统一王国，而是由许多相互独立的小国和城邦拼凑而成的，就像古代希腊一样。文字记载和考古发现都能表明，在多数时间里，这些玛雅城邦之间一直疲于相互征战。玛雅人并非传说中那样热爱和平的民族，相反，即使在9世纪之前的全盛时期，玛雅各城邦之间也一直在进行着争权夺利的战争。

更可怕的是，玛雅人不断战争竟是他们所共同信奉的宗教的需要。从现存的一些玛雅图像作品上可以看到各种战争场景，他们的战争就好像是一场恐怖的体育比赛，士兵们用矛和棒做兵器，袭击其他城市，而其目的就是抓俘虏并把他们交给本国的祭司，作为向神献祭的礼品。这种祭祀正是玛雅社会崇拜神灵的标志。这是一种嗜血的古老信仰，也是各个好战的城邦的共同宗教。在玛雅人的信仰里，人类十

世界篇

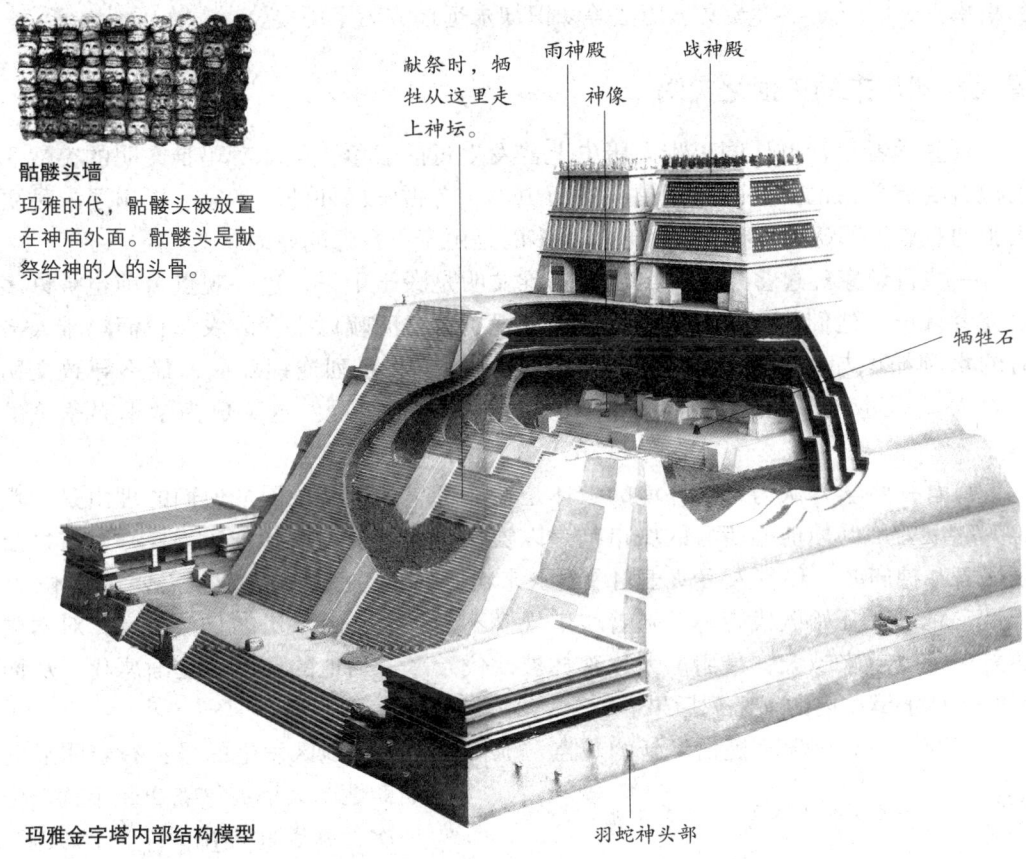

骷髅头墙
玛雅时代，骷髅头被放置在神庙外面。骷髅头是献祭给神的人的头骨。

献祭时，牺牲从这里走上神坛。
雨神殿
神像
战神殿
牺牲石
玛雅金字塔内部结构模型
羽蛇神头部

分危险地处于魔鬼神之间，随时可能遭受毁灭性力量的打击。为了不让这些毁灭性力量降临，他们必须诚惶诚恐地侍奉神，包括用牲口和人祭祀。于是就出现了历史上经常上演的一幕幕出于宗教原因和胜利者力量的炫耀，战俘常常遭到杀戮。另外，玛雅宗教仪式中最重要的一条就是血祭，要求祭祀者以一种极为痛苦的方式献出自己的鲜血，因为他们相信只有让神感到满意后宇宙才能运转得井然有序。从他们留下来的一些雕像中，我们常常能看到，一些国王和王后居然在自己身上放血。

彼拉斯城本来是面积很大的玛雅城邦，但在761年时，该城的王宫却覆灭了。考古学家从废墟上发现的石板文字记载上了解到，当时它遭到了邻近的托玛瑞弟托城的攻击，并遭到了斩草除根的大屠杀。随后，胜利者举行了庆祝仪式，他们破坏了王宫、神庙。而此后，这座曾繁荣一时的城市就被舍弃在热带雨林之中。考古学家在废墟中还发现了一个装有13个8～55岁男人头颅的洞。

此外，各玛雅城邦内部也矛盾重重。8世纪中期以后，随着政治联姻情况的增多，除长子外的其他王室兄弟受到排挤。于是有一些王子离开家园去寻找新的城市，而大部分则留下来争夺继承权。长期的争夺权力、财富和美女的战争，使得生灵涂炭、贸易中断、国家毁灭，而最终估计只有10%的人幸存下来。

今天，虽然仍有200万以上的玛雅人后裔居住在中美洲各国，但是玛雅文明中

71

□ 历史悬案

的精华，如象形文字、天文、历法等知识却永远地成为了历史。

是大自然带来的灭顶之灾吗

有些学者尽管也认同玛雅人历史上曾发生过的战争，但却对玛雅文明的突然湮没抱有更有新意的看法。特别是一些历史学、考古学以外的科学家，提出了一种更大胆的观点，即认为玛雅文明的衰落更多的是由于大自然的原因。

一些科学家经过多年研究，认为玛雅文明是毁于干旱，这一观点目前也被许多研究者认可。他们认为，连年发生旱灾摧毁了古文明赖以生存的农业；而玛雅人当时的水利知识却很贫乏，于是农业的歉收引起了一系列连锁反应，最终导致文明的毁灭。不过，导致这些地区旱灾频发的原因是什么呢？这又成为学术界争论的焦点。

曾有一些学者认为，对环境的破坏是造成干旱的直接原因。他们的理由是：玛雅人的宗教信仰使他们所有的城市都是以宏伟巨大的金字塔和神庙为核心，在兴建金字塔和神庙时，玛雅人习惯于用白石灰来粉刷外墙；而烧制石灰就需要大量木柴，于是玛雅人便开始砍伐森林。随着城市规模不断扩大，金字塔的日益增高，对木柴的需求量也越来越大，最后，大片森林被砍伐殆尽，当地的环境也逐渐恶化，从而引发包括干旱在内的一系列后果。

最近，一些科学家提出了新的观点，他们认为玛雅地区发生的旱灾有着明显的周期性，大旱灾每隔208年就发生一次，并因此提出一个新的见解：玛雅文明的消失与太阳的周期性活动增强有关。来自美国佛罗里达州大学的地质学家霍德尔就是这一理论的提出者，这一观点曾发表在权威的《科学》杂志上。

霍德尔领导的这项研究，是从墨西哥南部的奇昌卡纳布湖湖底的沉积物开始的。他们在湖底钻孔，取得了1.9米的沉积岩岩芯样本，并对样本中的碳酸钙浓度进行了研究。由于干旱年份湖水的蒸发量较大，相对时期沉积物中碳酸钙的浓度也就较高。碳酸钙浓度高的岩层，对应的年份就一定发生过旱灾。研究的结果是惊人的。沉积岩中的碳酸钙浓度，在年代上表现出了明显的周期性。每隔208年，

玛雅"宇宙盘"
这只盘子表达了玛雅人的宇宙观。

72

湖底的沉积物中就有高浓碳酸钙层出现,也就是说,每隔208年,当地就会发生一次旱灾。最严重的一次发生在公元750～850年。而208年这个周期,和目前太阳活动每206年就有一次增强的周期正好吻合。霍德尔在地质学上的研究,为解决这一历史之谜带来了突破。科学家指出,虽然太阳活动的周期事实上变动的幅度大约仅有1%,但却足以造成玛雅文明心脏地带干旱的发生。事实上,当科学家将玛雅文明的发展与太阳活动的周期一起研究比较时,就发现每次遇到干旱发生,该社会文明的发展便有趋缓的现象。

瑞士苏黎世联邦技术研究院的一个国际研究小组也有类似的发现,在公元750～950年,玛雅文明经历了一次漫长的旱季,中间发生过3次持续时间为3～9年的大旱灾,上述三次大旱灾分别发生于公元810年、公元860年和公元910年。这些灾害给予玛雅这个早已濒临绝境的文明最后一击,使其彻底崩溃。在9世纪早期,许多城镇都遭到废弃。正是由于太阳活动带来的气候异常和干旱,使得玛雅文明走向衰落。事实表明,在8世纪时,玛雅社会曾有大约1300万人,但是在后来不到200年的时间里,他们的城市却迅速变得荒芜了。

不过,有些学者却并不认同上述观点。比如宾夕法尼亚大学考古与人类学博物馆馆长沙布诺夫就认为,干旱只是一连串事件中的一件,但绝不是全部答案。因此,学者们一致认为"玛雅文化为什么崩溃"和"玛雅文化是怎样崩溃的"仍是当今文明研究中最棘手的问题。

亚历山大猝死之悬疑

公元前4世纪30年代,在欧亚非大陆交界之处,出现了一位伟大的征服者——亚历山大,这位比中国的秦始皇还早100年的年轻帝王,率领其军队纵横世界,兵锋所至,所向披靡。短短的10年间,希腊、埃及、巴比伦、波斯、印度这些古代世界的辉煌文明,纷纷向他低下了高傲的头,被迫将各种尊贵的称号赠给他。然而,仅仅10年后,横亘在三大洲大地上的庞大帝国,却因亚历山大的猝死而轰然倒塌,迅速走向分裂和衰落……

昙花一现的帝国

公元前356年,在希腊北部的马其顿王宫,一名王子呱呱坠地了。他,就是后来的亚历山大大帝(公元前356～前323年),古代世界最著名的征服者。

这名天资聪慧的王子,深得国王腓力二世的喜爱。当他长到13岁时,其父王就聘请了当时世界最著名的哲学家亚里士多德给他当老师,希望其受到良好的教育。亚历山大从小就具备勇敢、倔强而自负的个性。据说,有一次,当目睹儿子年纪轻

□ 历史悬案

轻就驯服了一匹成人都束手无策的烈马后,腓力二世曾意味深长地对儿子说:"我的孩子,我这个王国对你已经不够大了,你去开辟新的王国吧!"

后来的事实证明,腓力二世的确是一位具有远见卓识的国王。实际上,当时的马其顿王国,经过腓力二世的锐意改革,已成为希腊地区一个举足轻重的国家,尤其是其军队的战斗力不可小视。公元前337年,经过几次规模不大的战争,希腊大部分地区都已归入马其顿的势力范围。随后,这个新兴的王国就跃跃欲试,跨越赫勒斯旁海峡,向古老的、庞大的波斯帝国发动攻击了。

公元前336年,一切准备就绪,在准备出兵之前,腓力二世为一位女儿举行了盛大的婚宴。然而,就在宴会上,突然蹿出一位青年,手持匕首刺杀了国王。腓力二世死后,马其顿马上陷入了一片混乱。但是,继承王位的亚历山大,凭借其勇敢、才智和抱负,迅速稳定了局势,而此时他刚满20岁。两年后,与父亲一样怀有勃勃野心的亚历山大,再次把注意力转向了东方的波斯。当时的波斯统治着从地中海一直蔓延到印度的广阔领土,并多次入侵希腊,如赫赫有名的马拉松战役就发生在其间。那时,虽然波斯帝国的鼎盛时期已成为过去,但仍是当时地球上最庞大、富强的帝国。

公元前334年,经过一番准备后,亚历山大发动了对波斯帝国的进攻。尽管手中仅有3.5万人的部队,但亚历山大凭借其杰出的军事天才和训练有素的士兵,获得了一个又一个的胜利。据说在临行前,他把自己的所有地产收入、奴隶和畜群都分赠给人。一位大将迷惑地问他:"请问陛下,您把财产分光,给自己留下什么?""希望。"亚历山大说,"我把希望留给自己,它将给我无穷的财富!"将士们被亚历山大的雄心所激励,他们决心随他到东方去掠夺更多的财富。

油画《亚历山大征服巴比伦》(局部)

经过短短几年的征服,亚历山大先后打败了波斯,逼死了该国国王大流士三世;占领了埃及,在那里被奉为法老;进入阿富汗乃至印度。在印度,由于气候炎热,士兵们水土不服,加上连年征战,十分疲惫,拒绝再向东前进,才使亚历山大的征服行动暂告一段落。返回波斯后,亚历山大开始对其闪电般建立起来的横跨欧、亚、非三大洲的庞大帝国进行整顿。毕竟是亚里士多德的学生,这位军事天才并不只会打仗,文化修养也很高,行政管理能力很强。在他的努力下,希腊文化和中亚文化很好地融合在一起,从而开启了长达300年的希腊化时代。据历史记载,亚历山大后来还试图继续开展征服活动,在其计划中,

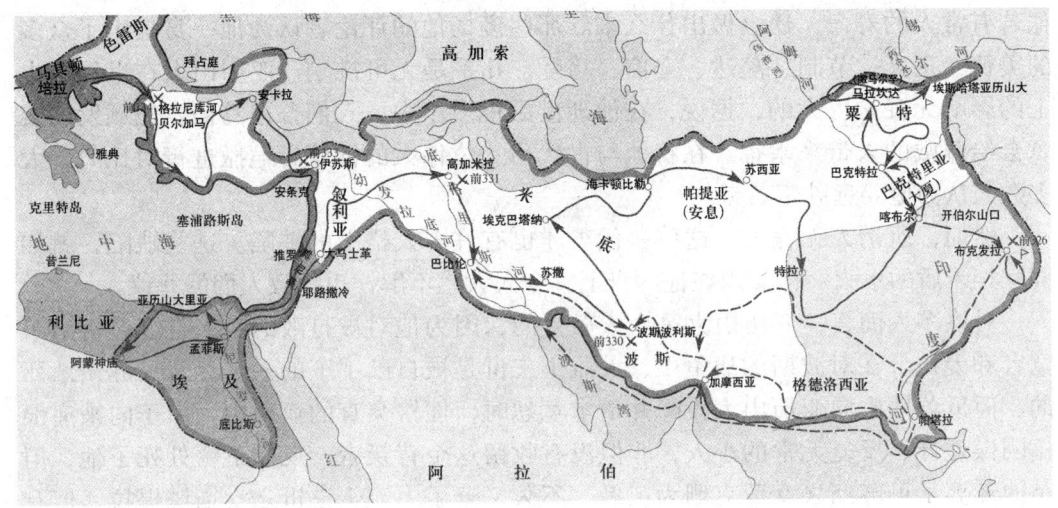

马其顿东侵路线示意图

甚至包括了阿拉伯、不列颠等地区。但是，这一切都终未发生。因为在公元前323年6月，身在巴比伦的亚历山大突然死去，时年仅33岁。据说，他最喜欢的书是荷马史诗《伊利亚特》，他一心想成为史诗中阿喀琉斯那样的神话英雄，创造辉煌的伟绩。可是，神话英雄阿喀琉斯却也是短命而死。

接下来，在同样短暂的时间里，这个庞大的帝国就如同其创立者本人一样猝然死亡了。由于死时非常年轻，亚历山大生前没有指定接班人，结果在他死后不久，帝国内部就展开了一场场夺权斗争。在这些夺权斗争中，包括亚历山大的母亲、妻子和孩子在内的许多人都惨遭杀身之祸。而在他的几位得力部下各自分割地盘、自立王国之后，盛极一时的亚历山大帝国也宣告结束了。尽管亚历山大帝国只存在了13年就崩溃了，但该帝国的存在，客观上却促进了东西方经济和文化的交流，以至于直到今天，仍有许多以亚历山大命名的著名城市。

神秘而复杂的人格

至今，"亚历山大"这个名字仍响彻世界，说他是西方有史以来最伟大的领袖人物之一，一点都不过分。同时，亚历山大在其短暂的一生里，留给后人太多的疑问，尤其是关于他的英年早逝，几千年来一直是人们所热烈关注和探讨的话题，并产生了观点各异的说法。在探究亚历山大的死因时，人们又不得不首先为其极为复杂的人格而迷惑。

毋庸置疑，这位像流星一样划过历史天空的伟人，引来了后世无数惊叹的目光。法国著名作家蒙田在其随笔《论盖世英雄》中评价亚历山大是与荷马并列的英雄人物，他感慨道："亚历山大大帝，他很早就开始他的事业，用那么少的手段完成那么辉煌的理想；当他还是一名少年，已在追随他在全世界作战的名将中间树立了威信；命运对他的特殊眷顾，使他完成了许多偶然的，有的我甚至要说是轻举妄动的功勋。"的确，当他只有33岁时，已在广阔的大地上所向无敌，以致人们无法想象，

□ 历史悬案

他若有常人的寿命,还会做出什么来。那些褒扬他的评论者认为他一身集中了众多的美德:正义、节制、豁达、守信、笃爱,几乎是无可挑剔。亚历山大在世界历史上的影响无疑是巨大的,据说,在他逝世后很多年中,人们普遍笃信,他颁发的奖章会给佩戴的人带来幸福。在将他与古代另一位伟大的征服者恺撒进行对比时,大多数人认为他要远胜于后者。

然而,所谓人无完人,这位一代英才也有许多人格上的缺陷。这些缺陷,就如同互相矛盾的水火一样交织在他的身上,令人大惑不解,也招致人们的非议。

对许多人而言,亚历山大是令人敬爱的,因为他对被打败的敌人也能经常给予宽容和爱护。在对波斯的战争中,大流士三世是被自己手下的一名总督贝苏斯杀死的。但贝苏斯去向亚历山大投降并请求宽恕时,性格爽直的亚历山大由于向来痛恨搞阴谋诡计、反复无常的小人,非但没有收留这个背叛者,反而下令处死了他,但是他却娶了贝苏斯之女罗克珊为王后,不久又娶了大流士三世之女斯塔提拉。但有时他却没有这种宽容,尤其是对那些被征服的平民百姓。当他攻打底比斯、腓尼基等城市时,曾因为遇到顽强抵抗而下令屠城,将大批居民卖为奴隶;当占领波斯后,曾将大量战俘屠杀;当进军印度时,曾背信弃义地处决许多投降者;甚至在占领科赛时,曾残暴地杀戮许多儿童。在对待部下和朋友时,他通常慷慨而宽厚,但有时却又凶暴残忍、自私自利。有一次,因酒后发生争执,他竟亲手杀死了他的亲密朋友、救命恩人克雷图斯,而在酒醒后又表现得极度悔恨。

还有,亚历山大对待文化艺术的方式也让人很不解。作为亚里士多德的学生,他智慧非凡,并且尊重文化界人士。据说,他非常尊敬亚里士多德,为其创造了良好的工作环境,在行军中,他常把沿途的各种见闻写信告诉他的老师。有一次,当碰到瞧不起自己的希腊哲学家戴俄泽尼时,他居然没有发怒,而是羡慕地说:"假使我不是亚历山大的话,我就想做戴俄泽尼。"但同样是这个人,却犯下一些毁灭人类文化成果的罪行,其中之一就是焚毁了壮丽的波斯王宫。

亚历山大与赫费斯特翁在一起

76

波斯王宫位于今伊朗法尔斯省首府东北60千米处，是国王大流士在位时期于公元前6世纪~前5世纪建造的。据记载，这座王宫规模宏大，有许多精美的雕像和高大的石柱，还有很多珍贵的壁画和黄金、象牙装饰物，可谓当时世界上的艺术宝库。公元前330年，亚历山大打败大流士三世后，素来珍爱文化艺术的他，竟然在占领波斯王宫后，下令将其焚毁，使这一宏伟壮丽的建筑化为灰烬。一些历史学家认为，亚历山大之所以焚毁波斯王宫，是为了取悦一位名叫泰绮思的妓女。古罗马著名的历史学家普鲁塔克在其名著《希腊罗马名人传》中，曾对这一事件进行了详细的描述。据说，亚历山大在一次庆功宴上喝得酩酊大醉，而坐在他身边的雅典名妓泰绮思对他开玩笑地说，愿不愿意放一把火把波斯王宫烧掉？亚历山大一时冲动，真的就放起火来了，一时之间整个宫殿都陷于一片火海之中，当将士们匆忙赶来时，只见烂醉的亚历山大正不停地放火取乐，因此谁也不敢阻止。尽管当亚历山大清醒之后，对自己的鲁莽行为非常后悔，但波斯王宫的被焚却是无可挽回的。

即使在今天，亚历山大让人捉摸不透的个性，仍是各种文艺作品所热衷的题材。在好莱坞巨片《亚历山大大帝》中，就给观众呈现了这样一位历史人物：希腊、马其顿甚至阿尔巴尼亚人拥戴他，印度、伊朗人则对他恨之入骨；基督教人士认为他征服世界并为世界带来了福音，耶路撒冷的犹太教信徒对他敬若神明，而拜火教徒则认为他破坏了该教的大量圣书而仇恨他……

还有一件趣闻值得关注，那就是亚历山大与其密友赫费斯特翁之间暧昧的关系，这导致很多人甚至认为他是一个同性恋者。尽管亚历山大娶了两位王后，其中一位还为他生下了王子，但大多数人认为他和好友赫费斯特翁的关系暧昧，而这一切并不是空穴来风。据记载，亚历山大是一位外貌非常出众的人，他眉清目秀而器宇轩昂，是个十足的美男子。赫费斯特翁是马其顿贵族，从小就在王宫中生活，深得腓力二世的喜爱，并成为亚历山大儿时最亲密的好友，乃至后来成为他传说中的爱人。实际上赫费斯特翁在军事和外交方面也很有才干，并跟随亚历山大赢得了许多战役的胜利。亚历山大迎娶王后时，正是由赫费斯特翁充当男傧相，而他本人后来也迎娶了一位波斯公主。但在公元前324年，赫费斯特翁因病去世，亚历山大似乎受到了严重的打击，从此竟郁郁寡欢，不到一年的时间就因病身亡。

作为历史上最富有戏剧性的人物，后世许多人往往将亚历山大同拿破仑、希特勒进行比较，因为他们都有军事才能、强烈的征服欲和复杂的人格。但客观地说，亚历山大的影响要比其他两个人更加深远。

父子猝死之谜

亚历山大留给后世最大的谜团，就是他的猝死，因为他到底死于何种原因一直是人们希望解答的悬案。巧合的是，亚历山大的父亲腓力二世，同样属于猝死，而且其被刺杀的背后同样有众多疑点。在探讨亚历山大父子二人的猝死时，有一个人是非提不可的，她就是亚历山大的母亲奥林匹亚斯。

奥林匹亚斯本是伊庇鲁王国的年轻公主，在嫁给腓力二世时只有14岁，从现存硬币上的图案来看，她曾是一个非常美丽的女人。然而在历史学家的描述中，这个女人带有浓重的巫婆色彩，还被描绘成性情乖张的妖女，迷信一些原始邪教，甚至把蛇带到他们夫妻的卧房里。奥林匹亚斯的种种怪癖，很快就使腓力二世对她丧失了兴趣，日渐充满了厌恶之情，并转而另觅新欢。而受到冷落的奥林匹亚斯除了对儿子倾注更大的心血外，更加沉溺于那些邪恶的巫术。

公元前336年，正当腓力二世准备集结希腊各城邦的力量向波斯进军时，却在为女儿举行的婚宴上遇刺身亡。这年夏天，腓力二世在王国的旧都皮拉为即将嫁给伊庇鲁斯国王的女儿举行盛大的结婚典礼。婚礼场面热闹而奢华。腓力二世当天身穿节日的白袍，喜气洋洋，没有佩带武器，在一群喜庆的宾客簇拥下，走进礼堂。正当腓力二世通过礼堂入口时，突然，一名卫兵打扮的人猛冲出来，拔出短剑直往腓力二世胸前刺去，腓力二世未及躲闪，转瞬间就倒在血泊之中。凶手早已备好马匹，打算事成后立即逃跑，不料马脚被野藤绊住，他从马鞍上摔了下来，当场被人击毙。经查证，凶手名叫鲍舍尼亚斯，是一个年轻的贵族。尽管当时马其顿宣称刺客是波斯人所派，其意图很明显是为了阻止远征波斯战争的进行，但大多数人认为，谋划刺杀腓力二世的是马其顿贵族，因为腓力二世的政治改革损害了他们的利益。不过，从一开始，就有人暗地里怀疑是腓力二世的妻子策划了这起阴谋，而亚历山大很可能也参与其中！据有的学者分析，由于当时腓力二世已对其妻奥林匹亚斯极度疏远，而且人们都风传他将娶另一位美女为新的王后，而这无疑也会大大威胁身为王子的亚历山大的继承权。

古希腊史学家普鲁塔克也怀疑刺杀阴谋一事与亚历山大有关，他认为，刺杀腓力二世的罪行最主要应该归咎于奥林匹亚斯，正是她指使刺客采取行动，同时应直接受到怀疑的还有亚历山大本人；而亚历山大即位后，马上宣布这件谋杀案完全是出自波斯的国际阴谋，是为了阻止马其顿的东征而使出的手段，但这种冠冕堂皇的解释实际是为了掩饰其真正的动机。在丈夫死后，奥林匹亚斯在国家政治生活中常

倘若亚历山大不死，历史将如何改写？

传说亚历山大曾留有一份征服世界的计划：

军事：建造1000艘特大的战船，以便攻打迦太基和地中海西部；开辟横越北非、由亚历山大港到直布罗陀的军事道路，沿途建港口、基地和军火库。亚历山大甚至打算将版图扩大到不列颠群岛。

建立新城市：在欧洲与非洲之间进行人口大移民，亚里士多德曾建议亚历山大把伊朗统治阶级移到欧洲去，为即将缔建的世界希腊国做必要准备。

大手笔的建筑计划：完成海菲斯提恩火葬台；在马其顿和希腊建造6座宏伟的庙宇，要达到世界奇观的水准，其中包含重建特洛伊的雅典娜庙，使之成为"全世界著名胜地"。亚历山大要为父亲腓力二世兴建金字塔墓，以抗衡并超越吉萨的大金字塔。这么做，马其顿世界帝国的缔造者将享有世间最气派的纪念碑。

这些"最后计划"太不合常情，显然亚历山大生前是有继续征服的雄心壮志。他不是只想超越前人，更要让后人赶不上他。

常扮演重要角色。在亚历山大离开马其顿王国去东征期间，曾任命安提帕特治理国家，然而野心勃勃的奥林匹亚斯每每从中作梗。不过当亚历山大死后，安提帕特的儿子卡山德却成为摄政王。公元前316年，卡山德宣判奥林匹亚斯死罪，并不准她以基督教仪式入葬。

至于亚历山大的猝死，历史上一直有多种说法，至今仍没有绝对使人信服的结论，尽管当时的历史学家曾对他最后的一段日子做了详细的记录。著名历史学家阿利安记录道：（公元前323年）5月29日他因发烧睡在浴室中。翌日沐浴后进入寝宫，与米迪厄斯整日玩骰子。晚间沐浴，献祭神明，进餐，整夜烧未退。5月31日依例再沐浴、献祭，躺于浴室中之际，听尼尔朱斯讲述航行大海探险经历取乐。6月1日烧得越发厉害，他整夜难安，次日整日高烧。他命人将床移至大浴池旁，躺在床上与诸将领讨论军中空缺及如何挑选补足。6月4日病况更为恶化，须由人抬至户外进行献祭。之后他命高级将领在宫廷院内待命，命亲兵指挥官夜宿寝宫外。6月5日他被移至幼发拉底河对岸的干宫中，略睡一下，但高烧不退。当将领们进到宫中，他已不能言语，直到6月6日均是如此……

根据历史记载，亚历山大在临死前曾一直过量饮酒，发病期间有高烧不退症状。古罗马历史学家阿利安在其著作中，对此有详尽的记载。他写道：自从其密友赫费斯特翁死后，在最后的一段日子里，什么都不能制止亚历山大贪恋杯中物，连王后临盆也不顾，反而喝得更凶，以麻痹自己；那年5月他又为尼尔朱斯举办盛大的饮宴，在连喝两天后开始感觉发烧，而且烧得越来越严重，他口渴，又喝更多酒解渴，结果昏迷不醒，最终引发肝功能衰竭而死去。

一些正统的史书认为他是在征服期间不幸感染上了恶性疟疾，由此发烧多日而死的。也有人认为，他是因过量饮酒而导致身体虚弱得病而死的。不过在最近，有一些研究者从医学的角度提出了新的观点。美国弗吉尼亚州卫生健康部的流行病学家约翰·马尔和科罗拉多州立大学的传染病专家查尔斯·卡利谢尔通过研究宣称，亚历山大是感染了一种名为"西尼罗河"的病毒而死亡的，他们声称这是在通过对历史的分析以及先进的测试后得出的结论。他们还认为，这种"西尼罗河"病毒很容易以鸟类或者其他动物作为宿体，通过蚊子传播进而感染人类，而历史著作的记载在很大程度上也与其推理吻合。这两位医生为此引证了历史学家普鲁塔克的记载："当亚历山大三世到达巴比伦一处断壁残垣时，发现空中盘旋着许多乌鸦，它们互相叮啄，一些死乌鸦从空中摔落下来，掉在亚历山大身边。"根据这一细节，他们分析这些乌鸦很可能就是感染了"西尼罗河"病毒，然后将病毒传染给亚历山大。此外，二人还将亚历山大的呼吸道感染、肝功能紊乱以及皮疹的症状输入一种诊断程序，程序测试结果显示，亚历山大感染"西尼罗河"病毒的概率是100%，这验证了他们观点的正确性。不过，对于这种推断，同样有一些医学家表示怀疑。美国罗得岛大学的流行病学家托马斯·马思虽也赞同这是一项值得关注的研究，但是对上述结论却表示异议，其理由在于，易受"西尼罗河"病毒感染的人群一般是老人或者免疫力低的人，而亚历山大当时只有33岁，且年轻健壮，因此他感染此病毒的概率会很小。

不过，无论是在当时还是后世，人们最关注的是，亚历山大到底是否被人投毒，因为许多人根本就不相信他是因病而死。虽然当时包括历史学家普鲁塔克在内的传记作者，基本上无人怀疑亚历山大是遭人下毒而死。但在亚历山大死亡5年后，国内突然有传言说他是中毒而死，而其母后奥林匹亚斯也曾因此处死许多人，并命人把亚历山大的斟酒官艾欧拉斯的骨灰散入风中，理由就是怀疑他下毒。甚至有一些历史学家认为，策划毒死亚历山大的，正是其老师亚里士多德，而毒药也完全是由他提供的。多年以来，希腊人一直对马其顿的统治心怀怨恨，对亚历山大本人也深恶痛绝。当下毒者是艾欧拉斯的说法传到雅典时，民主派们一片欢呼，雄辩家狄摩西尼提议大家表决向艾欧拉斯致谢。

还有的研究者认为，亚历山大极有可能是死于慢性番木鳖碱中毒，而聪明的下毒之人正是亚里士多德，因为亚里士多德的弟子兼友人植物学家锡奥夫拉斯特斯曾提及此物的用途及剂量，并说"掩盖其苦味之上策，即使用于纯酒中"，相信这不会完全是巧合。不过对这一段历史了解最清楚的普鲁塔克也没有明确告诉人们真相，他只写道："初时亚历山大对亚里士多德评价极高，敬爱他超过其父，但最后几年渐渐对他产生怀疑。他从未实际害及他，但其友谊已丧失原有之热情与爱，显见两人已渐行疏远。"除了亚里士多德，一些亚历山大的部下也有谋杀的嫌疑。因为随着军事上的极度成功和威望的不断增长，亚历山大当时已变得具有东方专制君王的诸多做派，而这是向来有希腊民主传统的多数人所无法容忍的。结果，很有可能，亚历山大许多昔日的好友和亲信，在目睹他染上东方化的奢靡作风、动辄杀人的暴怒，甚至竟敢自封为神以后，觉得他已变成暴君，为所欲为而喜怒无常，从而终于走出了这一步。正如亚历山大的老师亚里士多德自己说过的："无人可自由地忍受如此统治。"

更离奇的是，在亚历山大死亡600年后，他被葬在埃及亚历山大城的尸骸竟突然失踪，这又在后世引起了轩然大波。该事件发生后，考古界就一直将寻找亚历山大的尸骸列为最值得关注

亚历山大病重，众将官悲伤不已。

的课题之一。不久前,一位名为安德鲁·楚格的英国考古专家公布了他的重大发现:亚历山大的尸骸就埋在位于意大利威尼斯的圣·马可墓中,他主张应掘出墓中的遗骸进行尸检。此言一出,随即招来众多非议,因为圣·马可是天主教的圣徒。

作为研究亚历山大的专家,楚格曾出版过多本相关著作。他坚信在4世纪的基督教混乱之中,有人将亚历山大的尸骸伪装成圣·马可的尸骸而秘密埋在当时的亚历山大城,随后遗骸又被辗转运至威尼斯。他进一步论证道:"据记载,亚历山大大帝和圣·马可的遗骸都是用亚麻裹住,经过干尸化处理。亚历山大的尸骸遗失不久就出现了圣·马可的坟墓,而且都是在亚历山大城的中心广场附近,地理位置几乎相同。很有可能是教会中的高层神职人员,甚至有可能是大主教亲自下决定把亚历山大的尸骸伪装成圣·马可的遗体。几个世纪后,威尼斯商人将尸骸偷出并运至威尼斯。"

目前学术界对楚格的观点存有很大分歧,牛津大学的专家罗宾·福克斯认为这是无稽之谈。但是剑桥大学的希腊历史教授保尔·卡勒吉则对这一观点持积极态度。甚至有人提出:"如果能将尸骸挖出并进行DNA测试,再和亚历山大的父亲的尸骸进行对比,问题就可以水落石出了。"相信这一系列谜案,不会在短期之内得到彻底解答。

恺撒的悲剧

他是古代西方最伟大的统帅和征服者之一,与亚历山大齐名。伟大的戏剧大师莎士比亚曾专门为他创作了一部戏剧——《尤利乌斯·恺撒》。他虽然生活在古罗马共和时期,却常被人们称为"大帝"。在后世的欧洲,他的名字就被作为帝王的专用词,然而,他又是一位悲剧性的人物。正当他处于事业顶峰之时,却被阴谋者所刺杀,身中23刀而死。更可悲的是,刺杀者当中,居然有他最信任的、被他认为是自己的私生子的人。那么事实的真相究竟如何呢?

伟大的征服者

公元前100年7月13日,罗马著名的尤利乌斯家族诞生了一名男婴,他就是罗马历史上最伟大的人物之一,政治家、军事家尤利乌斯·恺撒。

公元前1世纪时的罗马,正面临一个转型时期,虽然它的国力强盛,但同时也出现了许多社会问题。一方面是由于在对外征服中屡屡获胜,大量的奴隶和财富源源不断地流入罗马,从而滋生了一批腐朽的贵族元老。另一方面,国内的阶级矛盾日趋激烈。下层人民不断起来反抗罗马贵族的统治,著名的斯巴达克起义就使得罗马元气大伤。此前的几百年,罗马实行的一直是共和体制,但这时却越来越走向集

□ 历史悬案

权和独裁。在恺撒出生的那个年代，罗马就先后出现了马略、苏拉等统治者。正是这一特殊的历史背景，造就了恺撒的成就。恺撒的家世可谓相当显赫，他在父系亲属和母系亲属都出身纯粹的贵族家庭。赫赫有名的马略还是他的姑父，而他外祖父也曾担任过执政官，并在早年给予了恺撒强有力的支持。为此，在登上罗马最高权力宝座后，恺撒还努力为自己创造了一个神圣的家谱，声称自己是罗马神话英雄伊尼阿斯的后裔。

在早年，恺撒接受了良好的教育，学习辩论、哲学、法律以及军事等。经过严格训练，他能讲一口流利的希腊语，而且对希腊历史产生了浓厚的兴趣，并对希腊古代伟大的征服者亚历山大大帝充满了崇敬和羡慕之情，发誓长大后要做亚历山大式的人物，成为"罗马第一人"。

公元前82年，恺撒通过在海外活动开始了他的政治生涯，并迅速显示出了非凡的军事和外交才能。公元前75年，他曾在旅途中被海盗劫持，最后以50塔兰特的赎金获释。而他获释之后做的第一件事就是组织一支舰队，然后捕获所有劫持他的海盗，并把他们全部钉上十字架。30岁时，恺撒通过选举当选为财务官，并获得元老院议员的资格。此后，他又曾在西班牙负责财政事务。就是在西班牙期间，发生了改变他命运的一件事。有一天，恺撒在神庙中看到了亚历山大大帝的塑像，联想到亚历山大在30岁时已征服世界，而自己却依然无所作为，于是抱负宏大的他主动辞职离开了西班牙。再次回到罗马后，恺撒先后担任了市政官、祭司长、大法官以及西班牙总督等显赫的职务，从而一步步登上权力的顶峰。

公元前60年，通过一系列政治手腕，恺撒、庞培和克拉苏（庞培是军事实力派，克拉苏则是罗马第一富豪）缔结了政治联盟，这就是罗马历史上著名的"前三头同盟"。三人结盟后，恺撒的势力大增。但为了获取能与另二人相抗衡的资本，恺撒于公元前58年发动了对高卢地区（相当于今天的法国）的战争，在长期的高卢战争中积蓄了实力。其间，恺撒率军征服了外高卢，并占领了不列颠岛北部800多个城市。当他回到罗马城时，率领着部下风光无限地通过凯旋门，身后则是抬着缴获的2800顶金冠的士兵，罗马城万人空巷，民众纷纷去欢迎他。随着大量战利品和奴隶源源不断地送到罗马，恺撒的声望几乎达到了顶峰。公元前53年，克拉苏在亚洲战场上阵亡，于是恺撒与庞培之间的对抗也日趋激烈。公元前49年，恺撒与庞培之间的内战终于爆发了。结果，恺撒的军队势如破竹，庞培仓皇逃往希腊，不久又逃往埃及，最终在那里被杀。内战结束后，恺撒被选为终身独裁官，而且

恺撒像

还拥有统帅、大教长和"祖国之父"等尊号,集各种大权尊荣于一身,成为名副其实的军事独裁者。后来,西方的一些帝王便纷纷以"恺撒"自称,如俄国的"沙皇"就由此而来。

在西方历史上,恺撒是与亚历山大和汉尼拔齐名的伟大军事家和征服者。他在军事战术上的主要贡献,就是善于选择主要突击方向,巧妙地分割敌军,将其各个击破;在战斗队形中通常留有强大的预备队作为重要组成部分,用来加强部队在主要方向上的突击力量,这是一项伟大的创举。另外,由于他决定采用的历法成为现在大多数国家通用的公历的前身,并且把7月以自己的名字命名为JULY,他成为家喻户晓的人物。更难得的是,恺撒还是一位杰出的作家。他一生勤于著述,流传到后世的著作有《高卢战记》《内战记》等,都是他自己亲身经历的战争回忆录,文笔清晰简朴,行文巧妙。

恺撒与克丽奥帕特拉一起步入王宫

恺撒追击庞培到埃及时,遇到了埃及艳后克丽奥帕特拉。克丽奥帕特拉的美貌使得不可一世的恺撒为之倾倒,甚至不惜得罪元老院,千里之遥将她带回罗马。

"祖国之父"的结局

打败庞培,赢得罗马内战后,恺撒被罗马公民大会和元老院授予了终身荣誉头衔——"祖国之父"。恺撒顺理成章地把军、政、司法和宗教大权都掌握在手中,建立起个人的独裁而开明的统治。首先,他对已经非常腐败的共和制度进行了改革,在元老院增补了300名成员,而这些成员多数来自被元老贵族轻视的商业和一般职业阶层,他们宣誓绝不反对恺撒的任何命令。另外,恺撒还慷慨地授予自由奴隶的子女和高卢人以公民权,给受迫害的犹太教徒以宗教信仰的自由,还将许多居民移居到法国、西班牙、希腊等地。他采取种种措施制止了税收官的投机活动,保证了货币的稳定和流通等。总之,独裁的恺撒却给人民带来了一个公平、仁慈、开明的社会,将罗马塑造成一个强大的中央集权帝国,使罗马成为古代最鼎盛的帝国之一。正是因为如此,很多历史学家称他是才干卓绝、仁慈大度的君主,一位出类拔萃的政治家。

然而就结局而言,恺撒又是一个悲剧人物,而其根源之一就在于他的自负。事业上的巨大成功,使踌躇满志的恺撒认为,几百年的罗马共和政体已经名存实亡了,他甚至对亲信说:"共和国,这是一句空话,现在已经没有内容了!"恺撒的军事独裁,引起了一部分以共和派自居的罗马元老贵族的严重不满,而有些原来支持他的

□ 历史悬案

表现恺撒被刺死的绘画

人也因他的自负而感到失望。于是，有一部分人，包括守旧集团、对改革失望者和宿敌残余逐渐结合起来，为了共同的目的，组织起一个阴谋集团，以保卫"共和"之名密谋采取恐怖袭击。据说当时恺撒已察觉一些危险的迹象并听到暗杀传言，但他却不顾那些善意的警告，未做防范，甚至曾在回答死亡的问题时戏称："突如其来的死是最好的死法。"

公元前44年3月15日，阴谋集团的成员身藏匕首，邀请恺撒来元老院议事，只待恺撒一到，突然行刺。虽然有人已事先警告他这天有人要暗杀他，恺撒却没带卫队，只身一人来到元老院开会。在他从容地坐上黄金宝座后，一个刺客假装恳求他办事，抓住他的紫袍，其实是行动的暗号，随后所有阴谋者一拥而上，刀剑像雨点般落在他的身上。起初，恺撒还极力反抗，但当他看到最为信任的布鲁图也举刀向他刺来时，便放弃了抵抗，最终身中23刀，死在元老院大厅庞培的雕像旁边，时年56岁。恺撒死后，罗马元老院按照法令将其列入众神行列，尊称为"神圣的尤利乌斯"，并决定封闭他被刺杀的那个大厅，同时决定将3月15日定为"弑父日"，元老院永远不得在这天集会。

2000年来，在西欧，3月15日这一天一直被视为不祥的日子。不过，恺撒虽然死了，但罗马国家体制变化的历史走向却已不可逆转。不久，他的继承人屋大维建成了真正的帝国，使罗马进入了空前的繁荣。历史也似乎证明，以帝制替代共和制，的确是无法阻挡的趋势，而恺撒只是顺应了这一历史潮流而已。

恺撒与布鲁图

据记载，恺撒在临死前所说的最后一句话是："还有你，我的孩子。"这句话是针对刺杀者之一布鲁图而说的。长期以来，关于恺撒与布鲁图之间的神秘关系，有着太多的说法,至今没有绝对准确的结论。

布鲁图(公元前85~前42年),也是古罗马一位杰出的政治家。他是罗马显贵家族的后裔,而他的母亲塞尔维利娅年轻时曾是恺撒的情妇。一些历史学家认为,尽管恺撒有许多情妇,但他最爱的却是布鲁图的母亲塞尔维利娅。早在公元前59年,在恺撒出任第一任执政官期间,曾买了价值600万塞斯退尔的珍珠送给塞尔维利娅,可见他们当时的感情绝非一般。事实上,恺撒年轻时的确与塞尔维利娅疯狂相爱,而布鲁图就恰好出生于那个时候。因此,恺撒私下里一直认为布鲁图是自己的儿子,许多罗马人也相信这样的传言。

可惜的是,布鲁图本人却一直憎恨这种说法。公元前77年,布鲁图的父亲被庞培暗杀,布鲁图被叔父收养。成年后,他靠发放高利贷迅速地成了显贵,并进入了元老院,开始在政治上崭露头角。不过,在政治上,他属于保守共和派,从而与恺撒站在对立面。因此,在公元前49年爆发的庞培与恺撒的罗马内战中,尽管与庞培有着杀父的不共戴天之仇,布鲁图却加入了前者的阵营。不久,在希腊战场上,庞培大败。可能的确是出于慈父之情,恺撒对反对他的布鲁图非常仁慈。他命令部下:在战争中不得伤害布鲁图。最终,布鲁图写信向恺撒请求原谅,而恺撒也慷慨地既往不咎,将他召入了自己的阵营。据说,恺撒当时把一柄长剑和一把犀利的匕首交到布鲁图手中说:"孩子,这些是作为军人不可缺少的,留在身边用吧。"但是,他做梦也不会想到这武器有一天却用在了他的身上。

归顺恺撒后,布鲁图的仕途可谓一帆风顺。由于他机智过人,富有管理国家的才干,所以得到了恺撒的宠爱和信任。恺撒在征服高卢,建立独裁统治制度之后,把总督大权交给了布鲁图,还使其担任城市法官等显要职务。正像古罗马著名历史学家普鲁塔克所说:"恺撒不但深爱塞尔维利娅而且也爱布鲁图,虽然他不过是私生子。"恺撒一直把布鲁图当作最亲密的朋友,甚至在遗嘱中将他作为第二继承人。

然而,政治立场上的冲突最终导致布鲁图再次站到了恺撒的对立面。面对恺撒在罗马的独裁统治,一直以共和传统维护者自居的布鲁图开始发生了动摇。的确,恺撒的一系列政治举措给罗马共和制造成了巨大的威胁。他对元老院熟视无睹,任意处置贵族高官,这些都招来了保守派的憎恨。公元前44年3月,恺撒开始全力准备对小亚细亚地区的帕提亚人的战争。当时许多罗马人都深信一种预言:只有国王才能打败帕提亚人。于是社会上流言四起,认为恺撒真的要在罗马称王。

还有一段有趣的插曲,在某种程度上加深了共和保守派对恺撒的憎恨,也进一步将他推向了死亡的边缘,这就是恺撒与埃及艳后克丽奥帕特拉的关系。

据记载,当初恺撒与庞培发生内战时,曾追杀后

布鲁图半身塑像

□历史悬案

者到托勒密王朝统治下的埃及。当时,该王朝内部正陷入争夺王权的混乱之中。争斗的双方都希望获得恺撒的支持,以巩固自己的权力。有一天傍晚,恺撒驻地的卫兵通报,说埃及国王要将一件珍贵的礼品送给他。随后一名埃及仆人扛着一条毛毯进来,结果里边躺着一位绝代佳人,她,就是后世闻名的埃及艳后克丽奥帕特拉。很快,两人陷入了热恋当中。恺撒在埃及逗留了相当一段时间,并在这里迎来了儿子恺撒·里昂的诞生。在平定了小亚细亚的庞培余部之后,恺撒带领着克丽奥帕特拉和他们的儿子回到了罗马。据说,当恺撒班师凯旋,全罗马都沉浸在狂欢之中。游行队伍抬着2800多个金冠进入城市,威风凛凛的恺撒高坐在战车上接受人民的欢呼致敬;在恺撒身后是规模庞大的步兵、骑兵和壮观的战斗表演;晚上还表演了非洲人与400头雄狮的搏斗,以及亚洲和希腊的舞蹈。

但是,在欢迎他们的同时,本来就对恺撒的威望惴惴不安的元老们,对于一同前来的克丽奥帕特拉及其儿子,表现出了高度警觉。他们怀疑恺撒会照搬埃及的东方传统,自立为罗马国王,并让他那并非罗马公民、在罗马没有继承权的埃及儿子接管王位。并且,他们担心热恋中的恺撒很可能把克丽奥帕特拉看得比罗马的统治还重要。

于是,一些与恺撒水火不容的人开始秘密联合起来,并成功地将布鲁图拉拢过来。面对有称王企图的恺撒,布鲁图表示了坚决的立场:"为国家自由而死,是我们刻不容缓的职责!"事实证明,布鲁图对恺撒可谓是恨之入骨。在他心中,恺撒就是暴君的代表,而除暴安良是他的"天命",刺杀恺撒天经地义。而且,布鲁图从来不把自己看作恺撒的儿子。另一方面,当时整个罗马城有许多人动员布鲁图行动起来,别再犹豫。他们还不断提及他的先祖,以

恺撒的妻子请求丈夫留在家里
公元前44年3月15日清晨,恺撒的妻子告诉他说她做了个可怕的梦,她哭着劝告恺撒不要到元老院去。恺撒当时吃了一惊,但最终没有改变主意。

86

此来鼓动他，因为他是第一任执政官布鲁图的后裔，而母系则起源于另一个高贵的塞尔维留斯家族。

虽然后来意大利的著名政治理论家马基雅维利曾说过一句经典的话："如果布鲁图装成一个傻瓜，他就会成为恺撒。"不错，只要布鲁图能够与恺撒站在一起，他迟早会得到一切的。然而，布鲁图却选择了与反对派一起策划推翻恺撒的阴谋。

公元前44年3月15日这一天，当谋杀者们将刀剑刺向恺撒时，恺撒起先还奋力抵抗，并一面喊叫一面挣扎。可是，当他看到布鲁图手里的匕首时，几乎不敢相信自己的眼睛，然后绝望地喊道"还有你，我的孩子。"于是用外袍蒙上了头，心甘情愿地死于乱刃之下。因此，很多后世的历史学家认为，即使恺撒在临死之时，仍认为布鲁图就是自己的孩子，而他也绝对想不到布鲁图会参与谋杀自己。

恺撒死后，其部下宣读了他生前立下的遗嘱。在这遗嘱中，恺撒指定自己姐姐的孙了屋大维为自己的继承人，给其3/4的财产，并指定屋大维为自己的家庭成员，同时将自己的名字传给他；为自己可能出世的孩子指定了监护人，具有讽刺意味的是，其中几个竟是参与阴谋的凶手；此外，他还把台伯河的花园留给人民公用，并赠予每个公民300塞斯退尔。值得一提的是，当中还指定了布鲁图为第二继承人。

2000年来，对于布鲁图的这一行为，众说纷纭。有的人认为，他是大义灭亲、勇于反抗暴政的英雄，在戏剧大师莎士比亚的名作《尤利乌斯·恺撒》中，就称他是"一个最高贵的罗马人"。然而，有些人却将他列入了叛徒和背信弃义者的名单，文艺复兴时代的诗人但丁，在《神曲》中就将他视为一个邪恶的出卖者，在地狱里受到无情鞭笞。但布鲁图始终认为自己的行为是天经地义的伟大之举，正像他曾说过的"我爱恺撒，但更爱罗马"。恺撒死时年已56岁，而这时的布鲁图才40岁，只要稍有耐心，深受恺撒器重的布鲁图很有可能获得罗马的最高权力，他这么做确实非同寻常。但是，不同的立场决定了对他的争议将不会停止。

杀死恺撒之后，布鲁图等人立即宣布，这是自由面对暴政的一次胜利，但是大多数罗马人并不接受布鲁图等人的说法。事实是，恺撒的突然遇刺，使拥有百万人口的罗马城很快陷入了骚乱，帝国处于动荡分裂的危险边缘。恺撒最好的朋友、军事副统领安东尼果断地采取行动，很快平息了骚乱。在恺撒的葬礼上，安东尼将象征权力威望的斗篷，高高举过朋友的脸庞，发誓要为他报仇雪恨。布鲁图等人逃亡希腊，在那里筹集资金、征募士兵、组建军队，但他们根本就不是恺撒派的对手。最后，布鲁图战败自杀，还有一种说法称他是见到恺撒的鬼魂后惭愧而自尽的。其他人也难逃惩罚，阴谋刺杀恺撒的人中，几乎没有谁在他死后活过3年的。所有人都被判有罪，并以不同方式死于非命，其中有些就是用刺杀恺撒的同一把匕首自杀的。

□历史悬案

揭开埃及艳后的面纱

美国好莱坞有一部电影《埃及艳后》（伊丽莎白·泰勒主演），曾经在当时轰动全世界。在这部耗资巨大的史诗影片中，对观众影响最深刻的，莫过于那位风华绝代、经历曲折的埃及女王——克丽奥帕特拉七世了。几千年以来，每当人们提到克丽奥帕特拉，首先就会联想到她的美貌和富有传奇色彩的爱情。无论是莎士比亚、但丁还是萧伯纳，众多的文学大师都曾不吝笔墨地描绘过她的一生，或赞叹，或贬斥……如今，她已成为古埃及文明具有象征性的历史角色之一，而她的故事，也成为全世界经久不衰的话题。

一个女人和两个男人的爱情

克丽奥帕特拉七世，托勒密王朝的后裔。该王朝是由亚历山大的部下托勒密在埃及建立的，也正是古埃及历史上的"希腊化时期"。公元前51年，克丽奥帕特拉18岁时，其父托勒密十二世去世，遗嘱中指定让长子托勒密十三世和克丽奥帕特拉共同执政，统治埃及。3年以后，年轻的托勒密支持者将克丽奥帕特拉驱逐流放。就在此时，罗马独裁者恺撒为追击他的对手庞培带兵来到埃及。当时的罗马势力正如日中天，而恺撒已成为这个强大国家的实际独裁者。作为国力并不强大的埃及国王，托勒密十三世和克丽奥帕特拉当然都希望能够让恺撒作为自己的靠山，以此来巩固自己的统治。于是，姐弟二人为此各自展开了活动。托勒密十三世为取悦恺撒，将逃亡的庞培的人头作为见面礼送给他。而克丽奥帕特拉的故事更具有传奇色彩。传说一个傍晚，一名埃及仆人进来向恺撒报告说，埃及女王有一份礼物要送给他，只见埃及仆人扛着一卷镶有金箔的地毯放在恺撒脚下后，突然从地毯卷里站起一位美艳无比的少女，这就是克丽奥帕特拉。据有关记载说，时年已54岁的恺撒马上就被她征服了，从此充满热情地与克丽奥帕特拉走到了一起。凭借着恺撒的武力支持，克丽奥帕特拉打败了托勒密十三世，成功地登上埃及王位，与其弟弟托勒密十四世共同执政（兄妹共同执政是托勒密王朝的惯例），史称克丽奥帕特拉七世。

恺撒在埃及逗留了相当一段时间，其间与克丽奥帕特拉共同生活在一起，后者还为他生了一个儿子，名恺撒·里昂（小恺撒）。后来，当恺撒打败所有的政敌返回罗马时，克丽奥帕特拉带着他们的孩子随同前往罗马，住进了恺撒在罗马郊外的别墅，据说当时罗马城为他们举行了盛大的凯旋仪式。然而好景不长，公元前44年，在罗马的一次政治阴谋中，恺撒被其部下暗杀，顿然失去靠山的克丽奥帕特拉只能重返埃及。不久，托勒密十四世突然辞世，有人认为是克丽奥帕特拉对他下了毒手。她随即指定儿子小恺撒和她共同执政，开始了托勒密·恺撒的统治。

世界篇

当安东尼看到美艳而又典雅的克丽奥帕特拉时，便将一切抛到了九霄云外，完全沉迷于她的似水柔情中。

恺撒被暗杀后，他的部将安东尼与恺撒的继承人屋大维等一同控制了罗马的局势。安东尼等上台后，曾传讯克丽奥帕特拉，试图剥夺她的王位，让埃及成为罗马帝国的一个行省，这使托勒密王朝再一次陷入危机之中。然而，克丽奥帕特拉再一次以一人之力改变了历史。当安东尼带兵前来埃及追剿刺杀恺撒的凶手时，与这位传奇女王不期而遇了。于是世界历史上最著名的一段爱情故事发生了——安东尼立即坠入情网，很快就成了克丽奥帕特拉的俘虏。身负罗马军国重任的安东尼从此几乎成了一个埃及公民，他与克丽奥帕特拉形影不离，沉湎酒色。公元前37年，安东尼更是做出了令人震惊的决定，他致书罗马元老院，宣布休弃自己原来的妻子（屋大维的妹妹），正式与克丽奥帕特拉结婚，并宣布将罗马东部的部分领土赠给埃及女王和她的儿子。这一决定，不仅在罗马元老院引起了极大的愤怒，同时也使安东尼与屋大维的政治联盟正式决裂，双方兵戎相见势在难免。

公元前32年，在地中海的业兑兴，安东尼所率领的军队和屋大维的罗马海军展开了决战。结果安东尼莫名其妙地临阵退却，在战争中一败涂地，他本人也选择了自杀。克丽奥帕特拉听到这一消息后，悲痛地用国王之礼埋葬了安东尼。为了保全自己的王位和埃及的独立，她传话给屋大维，希望能够得到接见，但遭到了后者的拒绝。同时克丽奥帕特拉又听说屋大维准备将她作为战利品带回罗马游街。于是她给屋大维写了一封信，恳求将她和安东尼埋在同一个坟墓中，然后就用一条眼镜蛇自杀了。

□ 历史悬案

几千年来，安东尼与克丽奥帕特拉的爱情故事在西方广为流传，并成为不爱江山爱美人的典型例子。对于克丽奥帕特拉与古罗马最伟大的两位英雄之间的爱情故事，人们基本上是持批判的态度。在许多文学家的笔下，埃及艳后克丽奥帕特拉的形象多是一个美艳风流、爱勾引男人的妖媚女子。大诗人但丁在他的《神曲》里将她投到了地狱之中；莎士比亚在其名作《尤利乌斯·恺撒》里将她描述成"旷世不遇的肉欲妖妇"；20世纪的文学大师萧伯纳也称她为"一个任性而不专情的女性"。

美与丑：关于埃及艳后真实形象的争论

长久以来，无论是在各种文学作品中，还是银幕上，传说中的埃及艳后都拥有无比美丽的容貌。甚至有一种说法，将她与希腊传说中的海伦和中国唐代的杨贵妃并列为世界古代三大美女。《震惊世界的女人》一书是这样描述克丽奥帕特拉的："她有像青春少女那样的苗条体态；有一双乌黑发亮的大眼睛，高高隆起的鼻子比普通妇女更显得高贵，一头乌黑发亮的长发，衬托出细腻白皙的肌肤，使裸露的肢体如脂似玉；微微翘起的嘴唇，似笑非笑，蕴藏着一种高深莫测的神秘。可以说她既具有东方美女的妩媚，又具有西方美人的丰韵，可谓天姿国色。"法国哲学家帕斯卡甚至在其《思想录》中写道："假如克丽奥帕特拉的鼻子长得短一些，整个世界的面貌就会改变。"而美国著名影星伊丽莎白·泰勒在好莱坞巨片《埃及艳后》中所扮演的克丽奥帕特拉，更是引起人们无尽的遐想。

然而另一方面，我们不得不承认，尽管在野史、传说和文学作品处处有关于埃及艳后的说法，但有关她本人真实的文献资料却是非常罕见。所以，到底历史上真实的克丽奥帕特拉是什么样的，也成了困扰人们的话题。

要找到这个问题的答案，最好的办法莫过于在克丽奥帕特拉那个年代流传至今的雕像中寻找。可是，要找寻保存至今的2000多年前的雕像实在不是一件易事，其中能够保存完好的就更是凤毛麟角了。在德国柏林博物馆有一尊据称是全世界保存最好最完整的埃及艳后的肖像。遗憾的是，如果这尊肖像确系埃及艳后本人的，那就令人大失所望了。因为从肖像看上去，克丽奥帕特拉只是一个平平常常的女人：头发简简单单地打个髻，风格朴实，她的鼻子应该属于鹰钩鼻，而且她的嘴也并不性感。她甚至没有佩戴任何珠宝，包括耳环和项链。

克丽奥帕特拉统治时期发行的金币
金币上雕刻着克丽奥帕特拉的头像。她梳着一个简单的希腊式发型。

有些考古学家根据出土的古埃及雕像证实，真实的克丽奥帕特拉其实相貌平平甚至有些丑陋。据报道，英国国家博物馆曾推出了这位埃及女王的展览，展品中有11尊女王的雕像。从雕像来看，女王的个头矮小短粗，身高只有1.5

90

米左右，体型明显偏胖，甚至脖子上还有很明显的赘肉，牙齿长得也毫无美感；她的衣着相当朴素，长相很一般，脸上轮廓比较分明，看起来有些严厉。这难道就是真实的埃及艳后吗？有专家分析，托勒密王室为了保持血统的纯正，曾实行近亲婚配的制度，所以克丽奥帕特拉有可能在某方面还会有缺陷。英国《泰晤士报》根据这些雕像，采用电脑技术绘制出克丽奥帕特拉的肖像，结果呈现在人们眼前的古代埃及艳后，原来竟是个又矮又胖的丑女人！但人们不禁要问：如果这是真的，那她有什么特殊的魅力使得恺撒和安东尼都对她如此着迷？

对此，英国方面的专家解释说，实际上只是在克丽奥帕特拉死后，她与恺撒及安东尼的浪漫情史才开始让后人产生兴趣，随着时间的推移，经过各种艺术加工和民间的渲染，到最后就将克丽奥帕特拉塑造成了美艳妖冶、风情万种的女王。

英国媒体对克丽奥帕特拉形象的"更正"则立刻遭到了埃及人的同声谴责。为了维护他们心目中至高无上的"女神"，埃及各方人士与英国人展开了一场舌战。埃及大学义物学院前院长布鲁非苏尔说："克丽奥帕特拉脸部的细腻光华和神韵是无可辩驳的，她挺拔的鼻子和端庄的五官在古今世界女王中再也找不到第二个。"埃及吉萨文物局局长扎西哈瓦斯博士也指出："英国人说克丽奥帕特拉丑陋和肥胖是毫无根据的，他们应该到埃及卢克索神庙去看一看，这座神庙里有保存完好的克丽奥帕特拉的浮雕；如果克丽奥帕特拉像英国学者描述的那样丑陋，那么为什么身边绝对不缺美女的罗马帝国的两位盖世英豪会不顾一切地拜倒在她面前？"还有人批评说，《泰晤士报》采用电脑技术绘制出来克丽奥帕特拉的肖像只不过是想多卖几份报纸而已。更有甚者，一些比较情绪化的埃及人甚至把这件事和戴安娜之死拉扯到一起。他们声称，英国人可能故意制造了那次车祸来阻止英国前王妃戴安娜和埃及人多迪谈恋爱，因为英国人害怕戴安娜这位"英国美人"嫁给一个埃及人。

不过争论归争论，到目前为止，克丽奥帕特拉到底是什么样的容貌这个问题还无法找到答案。

新发现：埃及艳后原来是位才女

由于受传说的影响，后人往往会有一种错觉，即认为克丽奥帕特拉只是凭借其美貌而获得恺撒等人的欢心，由此得以维护自己对埃及的统治。不过近些年来，新的考古发现证实，这位埃及艳后其实是一位非常聪明、智慧非凡的女王。有关研究者也一致认为，不论克丽奥帕特拉到底相貌如何，单凭她使埃及得以在强大的罗马帝国虎视眈眈之下暂时保全，就表明她必定是一位很有才干的女人。作为古埃及王国的统治者，一方面要应付国内的夺权斗争，另一方面又要应付外来的危机，这仅仅依靠美丽显然是不够的，所以克丽奥帕特拉无疑应有很敏锐的政治头脑。考古学家找到了克丽奥帕特拉当年亲笔签署的政令和她曾经居住的古城，这些都足以证明这位女王远非只靠美貌，而是靠智慧来治国安邦的。

发现克丽奥帕特拉亲笔签名的政令纯属偶然。在德国的柏林博物馆里保存着一具再普通不过的古埃及木乃伊，以至在被收藏入馆的100多年间，从来没有引起考籍，可惜这些书籍早就失传了。美国加利福尼亚埃及玄术博物馆馆长利莎·斯奇瓦帕奇认为，由于在千百年前，古埃及著名的亚历山大图书馆曾被人纵火焚毁过，所以许多古埃及书籍，包括克丽奥帕特拉自己撰写的科学书也许都在这场大火中被付之一炬。不过，一些中世纪的作家都曾在文章中谈到过克丽奥帕特拉。在他们笔下，克丽奥帕特拉当年在亚历山大城设计的建筑计划是史无前例地庞大，并开凿运河把尼罗河河水引入亚历山大。还有，被称为古代世界七大奇迹的亚历山大灯塔，虽然希腊文献中的记载是在公元前270年左右由亚历山大大帝的手下托勒密·索特命建筑师兴建的，但阿拉伯历史学家伊布恩·阿布·艾尔哈卡姆却认为它可能是克丽奥帕特拉的杰作。

艾尔·达利还认为，人们之所以将埃及艳后看作一个爱勾引男人的风流女王，完全是因为后人对她的认知全部来自她的敌人——罗马人。在古埃及钱币上铸刻的克丽奥帕特拉，不过是一个很普通的女人，绝非人们印象中的杀人于无形的美人。她的敌人之所以将她形容成一个性感尤物，只是想让世人以为，她不是靠自己的才华，而只是靠风流手段才令罗马的两大统帅对她俯首称臣的。

自杀还是谋杀：克丽奥帕特拉死亡之谜

据有关历史记载和各种传说，克丽奥帕特拉当时是用毒蛇自杀的，加之希腊历史学家普鲁塔克的叙述，后世基本上接受了这一观点。但是，几千年后，人们开始对这一说法产生了怀疑。一方面，普鲁塔克出生在克丽奥帕特拉死后75年，他的说法本身就值得怀疑。另外，现代的法理学家和犯罪专家根据现代科学理论，认为普鲁塔克笔下的克丽奥帕特拉之死有多个疑点。

首先，就是那条在行凶后"消失"的眼镜蛇。在古埃及，眼镜蛇象征着尊贵和荣耀。它是一种体型庞大的爬行动物，平均长度达到2.5米。按照普鲁塔克的说法，女仆将这条眼镜蛇藏在一个装满无花果的竹篮中以逃过卫兵的眼睛——那这个竹篮需要多大体积？卫兵看到这样的竹篮难道就不起疑心吗？按照普鲁塔克的记载，克丽奥帕特拉写了一封信，告诉屋大维她准备自杀，然后她取出那条眼镜蛇，让它咬了自己一口，随后她把这条蛇递给了女仆埃拉斯和沙尔米恩，两个仆人也像主人那样结束了自己的生命。当卫兵闻讯赶到的时候，两个人已经死了，另外一个也已经是奄奄一息，那条蛇也不见了。

牛津大学热带医学和传染病教授戴维·沃勒尔认为，克丽奥帕特拉和两个女仆死得似乎有些太快了。尽管曾经有人在遭到眼镜蛇袭击后15~20分钟之内死亡，但通常来说，毒发身亡的时间要相对长一些，他所见过的最短的死亡时间是2个小时。而屋大维的卫兵仅仅在几分钟之内就赶到了现场，3个人却已经相继死去——这3个人同时创造了毒发身亡的最快纪录，是不是有点儿太巧了呢？除此之外还有一个极为重要的事实：毒蛇并不是在每一次咬人的时候都会释放毒液。沃勒尔说，当人被毒蛇咬到时，中毒的平均机会只有50%，而3个人一个挨一个都中毒的概率简直是微乎其微。

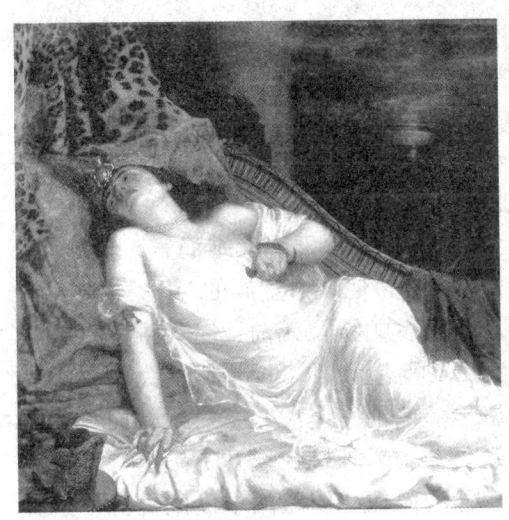 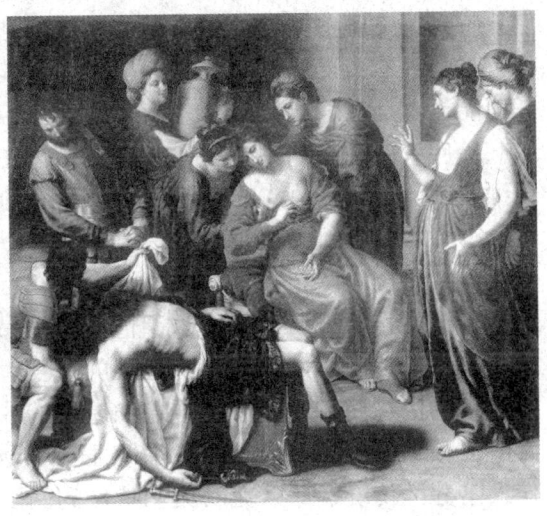

克丽奥帕特拉自杀想象图
亚克兴角海战的失利和安东尼的死，使埃及艳后失去了活下去的勇气。她望着安东尼的尸体，悲恸欲绝。是否此时她死志已决呢？

其次，克丽奥帕特拉自杀有悖常理。现代犯罪调查专家帕特·布朗认为，普鲁塔克的说法根本站不住脚。且不说克丽奥帕特拉会不会选择以自杀的方式结束生命，假定她确系自杀身亡，但她临死之前的行为——派人交给屋大维一份"遗书"却让人感到奇怪，决意自杀的人是不会有这种表现的。一般情况下，自杀者往往会把遗书随身携带或放在自杀现场，以便人们能够及时发现。如果一个人已经决定自杀，他会事先把遗书送给某个可能来救他的人吗？再者，对于屋大维来说，战败的将军自杀在罗马人的传统中是一种体面的结束，但埃及人将自杀看作一种罪孽，作为埃及统治者的克丽奥帕特拉为何会选择这种方法来结束生命呢？布朗认为，人们对于自己的本性必定是忠实的，没有人会去做自己都认为愚蠢的事情，克丽奥帕特拉是埃及女王，是一个坚强的女人，如果有反击的理由，她就会不遗余力地这样做。在克丽奥帕特拉生命的最后几年中，其唯一的目的就是要将儿子养育成人，继而掌管天下。在儿子命运未卜的情况下，她怎么可能会自杀身亡呢？虽然这只是人们的推断，但却增加了普鲁塔克故事的可疑性。

再次，用眼镜蛇自杀不符合人性本能。一般而言，人类对蛇的恐惧是与生俱来的，对于一个平常人来说，即使伸手触摸一条无毒的小蛇也是一种挑战，更不用说抓住一只有毒巨蟒并让它在自己身上咬上一口，那该需要多大的勇气啊！作为一个高贵的统治者，经历过无数风雨，对克丽奥帕特拉来说，死亡也许已经不算什么了，但她的两位女仆呢？我们可以想象一下当时的场景，在看到克丽奥帕特拉被蛇咬后痛苦尖叫的样子后，那两位女仆怎么能够还有勇气接过眼镜蛇并让它咬一口呢？

布朗还分析说，当有人自杀时，通常在现场必须看到两样东西：尸体和完成自杀所借助的工具。因为人已经死去，所以不可能自己把工具转移到其他地方，唯一能将工具转移的，就是在这个人死后到过自杀现场的人。而在这个"案件"中，人

□历史悬案

们只找到了克丽奥帕特拉和她两个女仆的尸体,除此以外现场没有任何其他的东西,没有蛇,没有毒药,没有匕首,没有任何能够显示是自杀的证据。当然现场也没有任何能显示是谋杀的证据。

最后,研究者认为,屋大维在克丽奥帕特拉之死上有重大嫌疑。布朗认为,屋大维有杀死克丽奥帕特拉的动机、方法和可能性。

第一,屋大维是克丽奥帕特拉死后最大的受益者。对于屋大维而言,安东尼、克丽奥帕特拉以及克丽奥帕特拉的儿子,无疑都是威胁他政治生涯的对手。事实上,当克丽奥帕特拉死后,他还杀了恺撒·里昂。克丽奥帕特拉死前,屋大维一直将其软禁着,他控制着她的人,掌管她的饮食。第二,对屋大维来说,假造克丽奥帕特拉自杀的消息简直易如反掌。蛇和遗书的故事不但使他完全洗脱了嫌疑,而且他派人前去救克丽奥帕特拉的"义举"显示了他的仁慈。另外,在埃及历史上,并没有仆人陪葬的传统,那么克丽奥帕特拉的两个女仆为何在能够敲门求助的情况下选择恐怖地死去呢?答案很简单,因为她们见证了谋杀,那么她们就必须保持绝对沉默。布朗进一步分析到,安东尼的男仆也随主人自杀身亡,他是不是也目击到了一场谋杀呢?安东尼腹部的致命伤究竟是不是自己造成的呢?有没有可能安东尼也是被屋大维派遣的杀手刺杀,然后被带到克丽奥帕特拉跟前示威?

总之,克丽奥帕特拉之死究竟是自杀还是他杀迄今为止也没有最终结论。普鲁塔克对埃及艳后之死的记载虽然让世人颇有微词,但他在书中曾写的"真相无人知晓"又似乎颇意味深长。

轰动科学界的复活节岛石雕

在浩瀚的太平洋中,距离南美洲海岸大约5950多千米的地方,有一座呈三角形的小岛屿。虽然它是一个普通的小岛,但在这个小岛上,矗立着神秘的人面石像,它就是当今智利著名的旅游胜地——复活节岛。岛上总共有600多尊雕像,它们按照外形和大小不同可分为四类,最矮的有3.56米高,最大的约20米高。这些雕像有95%是石雕,这些石头来自岛上一个叫拉诺拉拉库的山上。是谁雕刻的这些巨大的半身人面像?为什么要雕刻这些石像?为什么有一部分雕像还没有完工就遭到了抛弃?200多年过去了,人们对于这些问题的思考还在继续着。

神奇的人面巨石像

那是1722年复活节的下午,荷兰探险家、海军上将罗格温率领一批欧洲水手,在一望无际的太平洋上航行,途中发现了这座孤悬于太平洋东部的波利尼西亚最东的一个小岛。那天恰好是复活节,所以人们就以"复活节岛"来命名这个神奇的小岛。随着18世纪的探险热潮，1770年西班牙航海家冈萨雷斯、1774年英国探险家库克船长也相继来到过复活节岛。

在登上小岛后，罗格温几乎不敢相信自己的眼睛：岛上遍布着数以百计的巨大的半身石雕人像！总共有600多尊，都整齐地排列在4米多高的长行石台上，石台大约有100多座。这些巨大的半身人像，都有着奇形怪状的长耳朵、长脸，一副冷漠的神情，一双长手放在腹前，面朝无边无际的大海仰首凝视着，神色茫然。这些石像仿佛从正面、侧面以及各个不同的角度瞅着你，让人不寒而栗……

这些石像的雕刻大致分为两个时期，前期约开始于公元700年，石像的制作比较粗糙，大多为中小型。后期为公元1000～1700年，以短腿、长身型的巨大石像为特征。造型上和前期相差无几，但是个体较大，石像头部长而且大，正面是长方形，下颌突出，鼻子略凹，两臂曲放在腹部，头顶平坦，上面安放着被当地人称之为普卡的圆柱形头冠。复活节岛雕像的质地是火山凝灰岩，取自岛东部火山口斜坡上的石场；头冠的材料则是红色的凝灰岩，取自岛西部的另一个采石场。奇怪的是，在小岛的东南部山区，还有300多尊没有竣工的人面巨石像，最大的一尊高约20米，重400吨，其中一顶帽子就有30吨重；有的已加工好放在远处等待着运走；有一尊石像最奇特，脸部已雕琢完成，只有后脑勺的一点还和山体连接。这里的一切仿佛是突然停止的，因为到处是石斧、石镐、石钎、石凿，大石料上深刻的凿痕还分明可见。小岛四处布满石屑，好像人们接到一个突如其来的无法抗拒的命令，顷刻间舍弃了一切匆匆离去似的。这又是怎么回事呢？小岛上到底发生了什么重大的事情？

罗格温发现复活节岛的事件，轰动了整个科学界，于是世界各地的历史学家、地理学家、考古学家、航海家以及探险家们纷至沓来，都想到这个小岛上来，亲眼

复活节岛国家公园石雕
石像全用整块火山熔岩雕琢而成，高7～10米。这些石像线条简洁粗犷，长耳高鼻、凸眉凹眼，昂首挺胸，遥望大海，若有所思，给人一种神秘感。

一睹岛上群体石像的风采，并探索石像的奥秘。

有人做过精确的计算后指出，雕刻这么多的石像，至少需要5000个身强力壮的劳动力才能完成。雕刻一件中等大小的石人像，就需要十几个工人干上1年，还不包括完工后的运输。如果320个劳动力产生的拉力，可以拉动一尊8吨重的石像，那些10吨、20吨、80吨重的石像又要拉动、又要竖起来、戴上30吨重的红帽子，简直是不可思议的。在贫瘠的小岛上，居民们无法种植粮食，食不果腹，最多能勉强维持2000人的基本生存需求，要养活5000名强劳力雕刻石像，更是没办法用常理来解释的。

在离复活节岛500米的海面上，有三座高达300米的小岛——莫托伊基、莫托努俟、莫托考考——四周是危崖绝壁，任何船只都无法靠近。然而岛民们却清楚地记得，原本是有几尊巨人石像高高耸立在这危崖的顶端的。法国考古学家马奇埃尔证实，这些石像确已跌入海中，可石像的基座石坛还稳稳坐落在危崖绝顶上。

考古学家面对着这三个小岛上的石坛，更是目瞪口呆。因为他们知道，就是在现代社会，除了最先进的直升直降的飞行器，谁也无法把这些巨人石像运到悬崖绝顶上。

石雕人出自谁的手

在这个几乎与世隔绝的孤岛上，出现了这么多的神奇雕刻，不能不让人想到这样一个问题：这些石雕是怎么一回事？究竟它们是在什么时候产生，又是如何产生的？为此，人们进行了种种猜测与研究。

有人认为，复活节岛是曾经存在高度文明的古代亚特兰提斯大陆的一部分。古希腊著名哲学家柏拉图在《对话录》里曾经提到过亚特兰提斯大陆大约在10000年以前，由于地壳变动的影响，南太平洋这个拥有灿烂文化的古大陆，和它的几千万居民一起沉到了海底。而当时属于大陆一部分的复活节岛因为种种原因逃过了这一劫，因此古文明的冰山一角——复活节岛上的千尊石雕人像得以保存下来。

还有人认为这些石雕是印第安人的手笔。因为复活节岛的住房样式与智利、秘鲁这些国家大同小异，而这些国家的最早居民则是印第安人。几千年前他们在这里创造了包括文字、图画、雕刻、系统的天文知识和风格独特的建筑等在内的高度文明。在复活节岛的南部石雕像里，有一个显然与众不同，他是坐着而不是站在那里，因此当时很可能已经出现了阶级社会。但后来不知道出于什么原因，这一切统统神秘地消失了，于是只留下这些石雕作为对已逝文明的缅怀。

另外有人认为，当时岛上的文明程度再高，他们的劳动工具只不过是粗笨的玄武岩扁铲，并没有铁器，而且人数又少，这么巨大的石雕，他们怎么可能完成呢？就是把石头从雕刻地运到海边，也不是一件简单的事，要知道，这些石雕一般高达10米，重几十到上百吨啊！所以这些石雕绝对不是岛上的远古居民完成的，而很可能是外星人的作品，说不定这神秘的复活节岛曾是外星人的一个基地呢！

其实本来存在一把打开复活节岛石雕人之谜的钥匙，那就是当地土著居民说的"天书"或"会说话的木板"。岛上有许多刻着奇怪符号的木板，系用鲨鱼齿刻写而成，有的像人，有的像鱼，有的像工具，还有的像花草树木。当地人说从这些符号中可以知道复活节岛的历史，那么有关神秘石雕的问题也就迎刃而解了。可是，第一，这些木板曾经遭到传教士的掠夺，遗失大半，现在已经所剩不多了；第二，这些符号变化太少；第三，这些符号与岛上居民现在使用的文字没有丝毫联系，所以全世界的古文字学家都拿之毫无办法。据说关于这些"会说话的木板"还有这样一个故事：复活节岛上曾经有一个叫加伯利尔的人懂得这些符号，可是没等他传授给别人，就因麻风病死去了。从此，这些"会说话的木板"变成了永远的哑巴。而要找到石雕的答案，也就难上加难了。

就连岛上的当地居民，也说不清楚关于复活节岛石雕的来历。他们没有从祖辈那里获知关于石雕的任何事情，只知道在很古老的时代就有这些石雕了。事实上，他们连对自己居住的岛的历史也不是很清楚。历史留给我们的谜实在太多了，但这何尝不是对人类智力和毅力的一种挑战呢？现在，越来越多的考古学家络绎不绝地赶到复活节岛进行考证，相信不远的将来，人类的科学一定能够揭开笼罩在复活节岛上的神秘面纱。

印加文明的悬疑

印加帝国在印第安人的传说中，就是一个金子的王国。传说中的印加宝藏在哪里呢？"马丘比丘"的意思是"古老的山峰"，它坐落于安第斯山脉两座险峻的山峰之间，是印加帝国的都城遗址。这座建于西班牙人入侵前100年的城市，现已成为传奇般的印加文明的一个代表。在印加人留下的遗迹中，最引人注目的特点就是以巨石为材料的建筑艺术，其规模之宏大，技艺之高超，常常显示出超越当时的工艺水平。太阳门位于秘鲁的蒂亚瓦纳科城，它是古印加文化最为杰出和典型的代表，它是用一整块巨石雕刻而成的。太阳门因其神秘性成为专家研究的目标。马丘比丘人在云雾缭绕的山顶建造了美丽的空中花园，可是早在1533年西班牙人征服印加帝国之前，马丘比丘人就已经离开了这座美丽的"空中之城"。他们为何弃城而去？

太阳贞女城马丘比丘

在印加语中，"马丘比丘"意为"古老的山峰"。位于古印加帝国首都库斯科城西北112千米高原上的马丘比丘被四周的崇山峻岭环抱，海拔2280米的古城两侧为600米的悬崖峭壁，下临湍急的乌鲁班巴河，地势极为险要。智利著名诗人聂鲁达曾在他的长诗《马丘比丘之巅》中写道："我看见石砌的古老建筑物镶嵌在青翠的安第斯高峰之间。激流自风雨侵蚀了几百年的城堡奔腾下泄……"

马丘比丘古城建于印加帝国后期1440～1500年，1531～1831年统治秘鲁的

□历史悬案

印加人不借助任何文字或其他书面语言的情况下统治庞大的帝国，他们创造了文字的替代品——"基普"，即结绳来传递信息。

西班牙殖民者由于古城周围山高路陡、丛林密盖，一直未发现这个城市，到了1911年，美国耶鲁大学南美历史学教授海勒姆·宾加曼才发现了这个面积13平方千米的古城。

由于马丘比丘古城三面环河，一面临山，所以长年笼罩在云雾之中。古城内所有建筑都用石头砌成，石头之间完全没用岩灰等粘合物，但连接处的缝隙连薄薄的刀片都插不进去，可见当时建筑技术的高超。马丘比丘古城遗址外围是层层梯田形成的农业区，城区有200余座建筑。城内规划井然有序，北部多为庄严的宫殿和神庙，南部是作坊、居室和公共场所。马丘比丘的建筑因地形而建，从城脚到城顶部共有3000多级石阶，城内各个街区和建筑之间都有石阶相连。

在古城的高处平台上，有一块巨大无比的石头，这便是印加文化传说中的"拴日石"。拴日石呈长方形，表面被工匠们打磨得十分光滑，棱角齐整。相传，印加人非常崇拜太阳，认为世间万物皆是太阳所赐。但太阳每天东升西落，每当太阳落山之时，他们都担心第二天太阳不会升起。于是，有人便想出一个办法，在马丘比丘兴建拴日台，竖起打磨好的石头来把太阳拴住。

关于马丘比丘的兴建，有一种比较神秘的说法。传说，马丘比丘是印加帝国为"太阳贞女"修建的，为了满足太阳神的需求，帝国每年从全国选拔出才貌双全的美女来到马丘比丘，她们为太阳神所有，终身不能嫁人，在马丘比丘城内从事宗教活动，为印加帝国祈求国运昌盛。为了维持城内女人们的生活，帝国也派一些男人作为奴隶为女人们耕田，提供生活必需品。但男性和女性绝对不能通婚，一旦他们之间发生性关系，便会立即被处死。所以，马丘比丘又被称为美女云集的城市。

马丘比丘的神秘莫测和诡异一直吸引着世界各国好奇的人们。为此，秘鲁政府还专修了一条80千米长的铁路，从库斯科直接把旅游者送到古城遗址旁。

古老的印加有文字吗

公元1200年前后，以太阳之子孙自称的印加部落征服了库斯科盆地和以它为中心的邻近部落及氏族，在高原上建立了强大的印加帝国。印加帝国农业和手工业都有着较高的发展水平。他们用棉花或羊驼毛在织布机上织布，并能编织出各种式样、色泽鲜艳的动植物图案和几何图形，他们把劳动、生活等场景刻在陶制或青铜铸造的器皿上，能够达到以假乱真的程度，据说1533年西班牙殖民主义者打进库斯科的印加王御花园时，竟然会把点缀园景的金花、银花当成了鲜花，伸手去采摘的时候才发现是人工镂刻的。印加人民的天文知识也达到了相当发达的水平。信奉多个神的印加人把日月星辰都视为神灵，从而把天文学和信仰巧妙地联系在一起。他们通过对星辰尤其是对月亮圆缺的长期观察，编制了相当精确的历法。为了观察太阳位置，与农业季节的关系，印加人民在库斯科附近建造了观察台。在马丘比丘还发现了一个土语叫"因蒂华姐娜"的古代测时仪器。

印加文化如此丰富，瑰丽神奇，但是印加人到底有没有自己的文字却一直是史学家长期以来争论不休的一个问题，有的学者认为，印加陶器上那些类似豆子的符号就是他们的文字，是一种特殊的会意文字，只是尚未破译出来而已。有的学者则认为，16世纪以来，在库斯科太阳神庙里的金柜装饰物上的那些"图画"就是传说中的象形文字。1980年5月，英国工程师威廉·波恩斯·格林经过整整7年的考察，写了题为《介绍印加人的秘密文字符号》的学习论文，提出以下观点：印加文字由16个辅音和15个元音组成，这种秘密文字是美洲最早的象形和表意文字之一。然而，这种观点却并不被史学界、考古学界和学者所接受。

更多的学者认为，印加没有自己的文字，他们创造了结绳记事的方法，管理有序的驿道制度和有关宗教技艺等的教育制度去维系整个印加帝国的正常运行。印加的结绳记事方法有两种：基普和基尔卡，主要用于辅助记忆、统计和记事。但是这两种方法通常为少数祭司、贵族所垄断。基普是印加人用羊驼毛或骆马毛编成各种结的彩色绳子。1981年1月19日，在秘鲁利马省拉帕斯村发现的印加古记事绳长250米，是迄今发现的最长的记事绳。细绳的不同颜色代表不同的事物。根据专家们研究，褐色代表马铃薯，白色代表银，黄色代表金，黑色代表时间，红色代表士兵。印加人借助绳的颜色、结的形状、大小和位置，来进行对各种重要事件、自然现象的区别和统计，印加王则通过原始邮政系统传递的记事绳来了解各地的收成、账目和治安等状况。基普是一种辅助记忆的手段，而不是一种文字形式。基卡尔是另一种辅助记忆的手段，它是画在毛织品、布板、石板上的历史图画符号。基卡尔的形式是多样的，一种是在布板或织物上画的没有年表的历史图画符号；一种是在一些奇怪的石板上画的像堡垒开放状的一排排四边形。有的学者推断这只是一种计算和统计的符号。最初侵入印加帝国的西班牙人曾记述，他们在库斯科的太阳神庙附近的一所专门的祭司秘房中，发现了贴在木板上的大幅粗布画，画布记述着印加人的传说和历史事件。16世纪，西班牙驻秘鲁总督托莱多曾亲眼见过那种布板，上面画着印加统治者的像，人像的周围有关于印加神话传说的符号。但遗憾的是布板的金框被西班牙殖民者劫走，金框中的历史图画被焚烧化为灰烬，因此并不能成为事实的依据。

在印加王国有专门掌管和运用"基普"的官员，官名为"基普卡马约克"，一般均为贵族和贵族子弟，他们经常陪同印加王使臣去各地巡游，负责监督税收和人口统计，实际为王室的会计和兼职秘书。他们依据记事绳向国王汇报情况。在印加王国为贵族子弟设立的学校里，教师还专门传授结绳记事的知识和方法。专家研究说这样的学校设立在首都库斯科，培养从事专职工作的专业人才，学习期限是四年，第一年学克丘亚语，第二年学天文历法，第三年学会表达和识别基普，第四年学习

□ 历史悬案

其他专门知识。

印加王国是西班牙殖民主义者入侵前美洲最主要的文化中心,在印加文化中占重要地位的巨石建筑群和纵贯南美洲的石砌大道,令当今建筑师都赞叹不已,然而这一切如果说是在没有文字的情况下完成的,实在难以让世人信服。虽然到现在为止确实没有确凿的证据证明印加人有过文字,但史学家和学者一直在努力地寻找,所以关于印加文字的有无问题还会继续争论和探索下去。

惊人的印加宝藏

曾经生活在南美大陆上的印加人早在新大陆被哥伦布发现之前,就已经创造了属于自己的辉煌的古代文明。印加帝国在印第安人的传说中,就是一个金子的王国。由于那里盛产黄金,所以人们在建筑宫殿时会用大量的黄金作为装饰,比如首都库斯科的太阳神庙和黄花园就闪耀着金灿灿的光芒。

最初到南美大陆掠夺黄金的是西班牙人弗朗西斯科·皮扎罗。1533年,皮扎罗率领180名骁勇善战的西班牙士兵穿越危险重重的安第斯山脉到达了印加北部重镇卡沙马尔卡,从未见过这些周身涂满金粉的印加人,以为是天使降临人间。为了打败印加人,皮扎罗精心策划了一场战斗,180名西班牙人以少胜多,打败了4万多人的印加军队。被杀的印第安人有5000人之多,而西班牙人几乎没有伤亡,他们还抓获了阿塔瓦尔帕国王。战斗结束后,皮扎罗不但派人前往印加军营搜刮了价值8万比索的黄金,而且还以国王阿塔瓦尔帕为要挟向印加人勒索巨额赎金,最终13265镑黄金、26000镑白银被送到西班牙殖民者的手中。尽管得到了巨额宝藏,皮扎罗却背信弃义地依然要将国王阿塔瓦尔帕这位最后的印加太阳王子杀掉。当阿塔瓦尔帕走上绞架之时,他面对印加人世代崇拜的太阳之神和浩渺神秘的亚马孙丛林,痛切地诅咒这些可恨的刽子手。这些双手沾满了罪恶与血腥的强盗最终都应验了这些咒语,他们在掠夺了印加人的大量金银之后,终因分赃不均而引发了激烈内讧,几乎所有的头目,包括皮扎罗、他的4个兄弟及伙伴都被杀死或囚禁。那批巨额的印加财宝也因此下落不明,不知所终。

有关印加人宝藏的传说还远不止这些。1576年,西班牙商人古特尼茨就发现了"小鱼宝藏"。他在一位印

坚固的建筑

图中墙上的壁龛是印加建筑共有的特征,可以起装饰作用。印加帝国的砖石匠把石缝做得非常严密,即使发生地震,石墙仍能回到原位。

第安部落首领的带领下，通过一条崎岖的地道进入了秘鲁印加国王的墓穴，发现了大量令人眼花缭乱的金银珠宝。这个宝藏之所以叫作"小鱼宝藏"，是因为其中有许多眼睛由翡翠打制、全身由黄金制成的小鱼。传说在发现"小鱼宝藏"的地方另一侧还埋藏有"大鱼宝藏"的陵墓。几个世纪以来，为了找到"大鱼宝藏"，寻宝者前赴后继，寻遍了附近所有的陵墓，结果一无所获。现在秘鲁政府为确保宝藏不落入他人之手，公开宣布在政府不允许的情况下，任何人不得擅自开掘、破坏陵墓。

还有一处印加宝藏，即传说中的印加"黄金湖"，也格外令人瞩目。据传，印加王的加冕仪式就在湖畔举行。周身涂满金粉耀眼夺目的新国王，代表着太阳之子的光辉，然后国王在湖水中将金粉洗去，臣民们纷纷把自己最珍贵的宝石、黄金献于国王的脚前。新国王把所有的这些都投入湖中，作为奉献给太阳的礼品。如此世代积累，黄金湖中就积存了大量金银珠宝。自从16世纪西班牙征服印加帝国后，对黄金湖的寻找和打捞行为就从未中断。最后人们确定传说中的黄金湖就是今天哥伦比亚的瓜达维达湖。1545年，一支西班牙探险队在该湖中捞起了几百件黄金制品，更加证实了黄金湖的传说，更多的寻宝者纷纷被吸引到这里。1911年，一家英国公司妄图抽干湖水获得宝藏，花费了巨大的人力、财力，结果却没有找到他们想要的巨额财宝。为了保护湖中的宝藏，1974年哥伦比亚政府下令禁止在湖中打捞任何物品，并派军队加以保护。黄金湖的传说从而也更加神秘了。

与"黄金湖"宝藏对应的是"黄金城"的传说，这是一个更让寻宝者向往的地方。皮扎罗在得知这一传说后，为探寻其源头严刑拷打了一些印加贵族。一位贵族承受不了重刑，吐露了黄金的所在——位于亚马孙密林中的一位印第安酋长帕蒂统治的玛诺阿国，那里产有堆积如山的金银，但这个地方只有国王和巫师知道，其他人无从知晓。西班牙人立即组织了一支探险队开赴那个既不知道方位又不知道道路的神秘地区。面积达280万平方千米的亚马孙原始森林是如此广袤无垠、遮天蔽日，在这里前进一步意味着更向死神靠近。因此无数的探险队不是狼狈逃回，就是下落不明，损失极其惨重。

直到17世纪时，有6个葡萄牙人带领一群印第安人和黑人闯入了亚马孙丛林。辗转数年，突然有一天，他们透过密林发现了一座壮观辉煌的古城遗址和一片大草原。古城中间有一座手指北边高山的石像，几位幸存者将探险经过写成报告，放置在巴西里约热内卢图书馆里。后来有人依据报告的记载来到遗址，但只找到了小部分的宝藏。

传说中的印加宝藏并不止于此，有人统计过，印加人黄金的数量相当于当时世界其他地方黄金数量的总和。但面对危险丛生的亚马孙密林，更多的冒险家只能"望林兴叹"。或许死去的印加王的灵魂附着在这些珠宝上，它们牢牢看守着这些藏在密林深处的宝藏，世人永远不会找到。

印加人的"巨石文化"之谜

数百年来，马丘比丘古城历经山洪暴雨和雷击地震的摧残，这座山城中的多数

□ 历史悬案

建筑已经倒塌，但仍有216间石屋至今仍完好无损。尤其是这座山城中用花岗岩巨石砌成的墙垣，更是巍然屹立。建造这道墙垣的石块，体积大小几乎相等，层层叠加，不施泥灰抹缝，却坚固无比。在简单的金石工具的时代，印加人的石砌技术能达到如此精湛的程度，既让人感到无比惊奇，又让人觉得不可思议。

在印加人留下的遗迹中，最引入注目的特点就是以巨石为材料的建筑艺术，其规模之宏大、技艺之高超，常常显示出超越当时的工艺水平。考古学家和史学家把这些巨石建筑说成巨石文化，该文化中首先应该介绍的是印加帝国的首都库斯科。这座城市的主要建筑全部由精工凿平的巨石砌造，石块之间没有任何黏剂衔接，但至今却连剃须刀片都插不进去。

在库斯科城四周的山岭上有很多古堡，其中城北的萨克萨瓦曼古堡有三道石墙围护，每一道石墙高18米，长540米以上。每块巨石长8米，宽4.2米，厚3.6米，体积约121立方米，重量达200吨。在500多年前的美洲，既没有钢铁工具，又没有开山炸药、车轮技术，印加人怎么能开采出如此巨大的石料呢？又怎么能运到目的地呢？这些疑问都让人困惑不解。

许多考古学家和历史学家经过长期研究和考察认为，印加人石砌技术的秘密正在逐步为人们所认识。印加人的叠石建筑艺术，是从以前各个时代的巨石文化传统中继承下来的。在印加帝国鼎盛时期，各地优秀的工匠集中到库斯科，从而为巨石文化的进一步发展创造了前提。在进行大规模的建筑活动中，又总是出动上万人做工，这就使得滚木运石的方法得以实行。

法国著名学者、美洲史专家波尔·里维等人通过考证指出，印加人虽然还不知道怎样冶炼钢铁，但他们却能够利用铜、锡、金、银的不同比例，配制成多种合金，并熟练地掌握了锻造、加工和成型蜡模浇铸等工艺技术。特别是他们使用含锡量不同(3%～14%)的青铜合金，再经过高温锻炼，就可以造出坚硬如铁的斧、凿、钎、锤等破石工具，这样就可以比较轻松地进行巨石开采。

对于印加人加工巨石的方法，秘鲁的专家们获得了一个惊人的发现。他们在对库斯科附近的一个采石坑进行考察时，发现里边有许多植物的枝叶残迹。据当地传说，有一种啄木鸟，常常用嘴衔着一种神奇的植物在岩壁上钻孔筑巢。照此推测，这种植物具有软化石头表面、降低岩石硬度的奇妙功能，印加人掌握了用这种植物软化岩石的方法，然后再利用金石工具，就可以随心所欲地对中长石、玄武岩、闪绿石进行加工，凿成各种形状，刻成各种浮雕。

如果真是这样的话，那么巨石文化的秘密就基本揭开了。可惜的是，以上解释只不过是专家们的推测，还需要加以证实。

太阳门何以神秘

蒂亚瓦纳科文化是5～10世纪影响秘鲁的一支伟大的文化，以精美的石建筑为特征。

作为该文化最杰出的象征和代表，太阳门用重达100吨以上的整块巨型石雕刻而成。造型庄重，比例匀称。高有 3.048 米，宽 3.962 米，由一块完整的巨型石岩凿成，中间凿有一个门洞。门楣中间有一个浅浅的浮雕神像，呈人像的头部放射出许多道光线，双手各持着护杖，在其两旁平列着三排 48 个较小的、生动逼真的形象，其中上下两排是面对神像的带有翅膀的勇士，中间一排是人格化的飞禽，浮雕展现了一个神秘莫测的神话世界。据说每年的 9 月 21 日，黎明的第一道曙光总是准确无误地射入太阳门中，"太阳门"也正是因此而得名。

　　太阳门的出现引起了很大的轰动，在印加人创造蒂亚瓦纳科文化的年代，运输工具是很落后的，甚至都还没有带轮子的驮重工具，何况蒂亚瓦纳科文化遗址在峰云相交、峭拔陡立的安第斯高原上，太阳门的雄伟和它所处的背景环境有着太大的反差，堪称奇迹。16 世纪中叶，西班牙殖民主义者见到这座庄严的古建筑时，认为是印加人或艾马拉人建造的。但是艾马拉人不同意此说，认为太阳门很古老，是太阳神自己建造了太阳门和蒂亚瓦纳科的建筑群。欧美大百科全书记载了两种传说：一个是太阳门是由一双看不见的神秘之手在一夜之间建造起来的；另一种说那些雕像本来是当地的居民，后来被一个外来朝圣者变成了石头。奥地利考古学家阿瑟·波斯南斯基在 20 世纪上半期提出一个设想，认为该文化可以追溯到 1.3 万年前。从

库斯科城梯田和灌溉渠遗址

□ 历史悬案

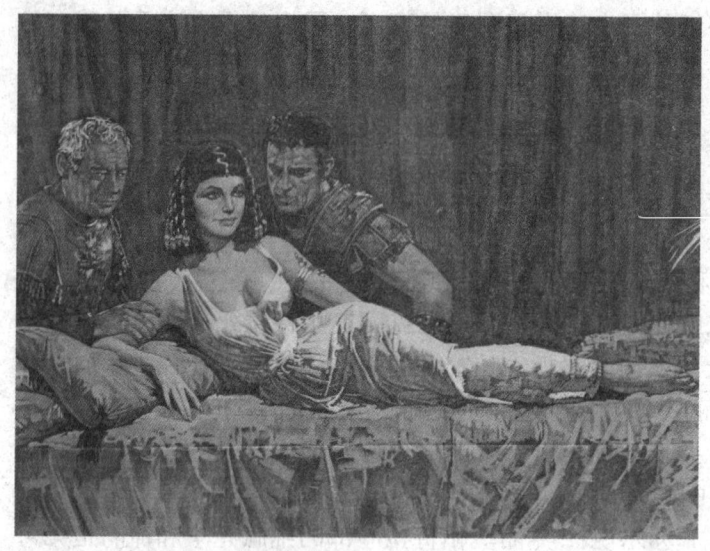

伊丽莎白泰勒主演的《埃及艳后》海报

古学家或者研究人员的注意，谁也不会想到它的身上居然隐藏着一个天大的秘密。后来，比利时的纸草考古学家简·比根获得批准对这具木乃伊进行全面研究。有一天，他突然发现木乃伊的布片里夹着一张古老发黄的草纸，凭他的第一感觉，这绝对是古埃及某个时代的文件。于是他小心翼翼地从木乃伊身上一点点剔出了那片16开大小的草纸，结果他发现，纸草上竟写满了密密麻麻的古埃及文字！如获至宝的比根马上对这张纸片进行了特别鉴定。借助普通放大镜，比根识别出，这是一份古埃及某个王朝的正式公文，上面还附有收件日期，他断定这是埃及某个农民与某位先生之间的普通合同。然而令人遗憾的是，比根没有再做进一步的研究就急不可待地把其成果发表在考古权威月刊上。随后，一名荷兰历史学家万·明尼看到这篇研究论文后，立即察觉到可疑之处，他认为仅从发表的图片看，这份文件绝非私人间的合同，而极有可能是地地道道的古埃及政府文件。明尼当即向出版社要来了文件的放大照片，当他把这张照片输入电脑后，明尼当即就断定这确实是埃及王宫的文件。当古埃及历史学家将文件抬头的年份换算了出来后，公元前33年2月23日的结果让研究者们大吃一惊。公元前33年，这不正是克丽奥帕特拉七世统治下的托勒密王朝吗？接下来的发现更让人吃惊。文件的内容显然是手写的，从笔力来看，似乎出自一名男性官员之手。文件的具体内容，是埃及国王答应给罗马帝国大将军卡尼迪斯以优惠的商品进出口关税——允许他每年免税向埃及出口1万袋小麦，进口5000安普耳的上好埃及美酒。在这份文件的末尾，有一个娟秀的单词，这个单词的字体显然跟文件内容的字体完全不一样，并且带有很明显的女性笔迹的特征。当那个单词在40倍的专业放大镜下显现清楚以后，明尼失声惊叫了起来：genestho，这不就是古埃及国王签署法令时的希腊用语"同意"的意思吗？埃及国王、公元前33年、罗马帝国大将军，加上女性签字——这毫无疑问就是克丽奥帕特拉的亲笔签名。

发现克丽奥帕特拉亲笔签署的政令的消息传出后，世界考古学界为之振奋。大英博物馆的考古专家们对荷兰历史学家明尼的学术水平深感佩服，他们深信，明尼发现的手稿绝对是克丽奥帕特拉亲笔签署的，因为作为一名严谨的学者，明尼的研究从来没有错过。大英博物馆希腊与罗马古董馆副馆长苏珊·沃尔克十分肯定地说："这肯定是克丽奥帕特拉亲笔签名，因为文件的内容可以追溯到公元前33年，正是克丽奥帕特拉七世统治时期,这是埃及艳后留下的唯一笔迹。"沃尔克进一步分析认为,这份手写文件不仅仅是一份政府公文,更具体体现了克丽奥帕特拉的政治手腕。古希腊著名的历史学家普鲁塔克在其名著《希腊罗马名人传》中曾有过这样的记录:"埃及艳后克丽奥帕特拉在恺撒死后,急欲求得安东尼的庇护,但却碰了一个软钉子。于是,克丽奥帕特拉马上把主攻方向转向安东尼手下最得力的大将卡尼迪斯,以贿赂的手段最后买通了这位影响力非凡的罗马大将。卡尼迪斯后来说服了安东尼,让他同意庇护克丽奥帕特拉,而安东尼也从此陷入埃及艳后的温柔陷阱中不可自拔。"尽管普鲁塔克把一切描写得绘声绘色,但历史学家和考古学家却从来没有发现过可以证明这些史实的确凿证据。而这次发现的克丽奥帕特拉的亲笔签名文件,无疑是"埃及艳后"收买罗马帝国大将的铁证。另一位埃及远古史学家阿兰鲍曼表示:"这份文献的发现,说明'埃及艳后'绝非只凭美色来保家卫国、捍卫自己王位的。她运用的技巧跟我们现在处理国际关系时的做法并没有什么两样。这才是'埃及艳后'美丽与智慧的真正体现。"

不久后,美国考古学家戈迪奥和他的埃及同事在亚历山大城遗迹的发现,更进一步证明了埃及艳后克丽奥帕特拉的非凡政绩。他们潜入亚历山大港外海海底的时候,看到了一条又一条的街区、一座又一座的雕像,那就是埃及艳后克丽奥帕特拉和她的最后一个情人安东尼共筑的爱巢——亚历山大城。这次考古发掘证明了在克丽奥帕特拉统治时代,古埃及仍保持着极度的繁荣,同时也证明了"埃及艳后"不仅美丽,而且还有着杰出的才干,否则不可能将埃及治理得如此井井有条。

英国伦敦大学学院埃及古物学者奥卡萨·艾尔·达利在一批以前从未被发现过的中世纪文献中也发现了一个惊人内幕:埃及艳后克丽奥帕特拉可能还是一个富有才华的古代数学家、化学家和哲学家。在对这份文献进行翻译后,艾尔·达利惊讶地发现,这份几近失传的文献,记载的许多内容都与早期埃及的历史有关,而文献中描写的埃及艳后克丽奥帕特拉,竟是一个富有才华的数学家、化学家和哲学家!文献记载道:克丽奥帕特拉精通多种语言,她的第一语言是希腊语,同时会说拉丁语、希伯来语、亚拉姆语和埃及语;她曾经写过好几本科学书籍,而且每周都要和一组科学专家开会讨论科学难题。艾尔·达利相信,写下这批文献的作者肯定获得了有关克丽奥帕特拉的第一手资料,甚至可能亲眼看到过她自己撰写的科学书

克丽奥帕特拉会见安东尼
克丽奥帕特拉企图以她的美貌打动安东尼,拼死为自己的孩子挽回王国。

□ 历史悬案

太阳门秋分时节射入第一道太阳光这点来看，可以认为，太阳门上刻的是历法知识，太阳门是石头日历。后来火山爆发或自然灾害毁灭了这座古老的城市和文明。如果这些图案与符号是表达历法的，那么古印加人又是如何测算出秋分时节太阳与太阳门位置关系的？

为弄清楚蒂亚瓦纳科文化的真实原貌，美国考古学家温特尔·贝内特用层积发掘法证明该文化最早年代为公元300～700年，太阳门约在公元1000年前正式建成。这里原是宗教圣地，朝圣的人群跋山涉水而来，举行朝拜仪式，并建造了这些宏伟的建筑物。苏联历史学家叶菲莫夫、托卡列夫也赞同这一观点。但是反对者也有着充分的理由：建造太阳门的安山岩产于的喀喀湖上一个名叫珂帕卡班纳的半岛上，它是怎样搬运到蒂亚瓦纳科来的？玻利维亚的科学家们做过实验，用木筏在水上只能运输较小的石块。如从陆上运输，6名士兵才能拖动一块半吨重的石头。在当时生产力极其低下的时候，如果要把重达100吨的巨石从5千米外的采石场搬运到指定地点，至少需要每吨配备65人和数英里长的羊驼皮绳，而以当时的条件是不可能达到的。另外，要把这么庞大沉重的石门立起来，必须要用大型的起重机，而当时的印加人连车辆都没有发明，他们是怎样把这巨大的石门立起来的？

著名的考古学家卡洛斯·旁塞·桑西内斯和伊瓦拉·格拉索用放射性碳鉴定，蒂亚瓦纳科始建于公元前300年，公元8世纪以前竣工。一般都认为太阳门是宗教建筑，不过前者认为蒂亚瓦纳科是当时举行宗教仪式的中心场所，太阳门是一个重要庭院的大门，门楣上的图案反映了宗教仪式的场面。伊瓦拉·格拉索认为，太阳门很可能是阿加巴那金字塔塔顶上庙堂的一部分。美国的历史学家艾·巴·托马斯也认为遗址不是宗教活动的场所，而是一个大的商业和文化中心，阶梯通向之处是中央市场，太阳门上的浅人形浮雕，其辐射状的线条表示雨水，两旁的小型刻像朝着雨神走去，以象征承认雨神的权威。

太阳门是建筑史上的一个奇迹，它超越了它的时代，它是南美大陆最负盛名的古代文明奇迹，凡是看到过"太阳门"的人，无不为它的宏伟壮观惊叹不已，惊叹的同时它也吸引了很多专家学者的关注。虽然到现在太阳门仍然还没有召告它的形成原委，但是相信太阳门的光芒一定可以照亮寻求它骄傲历史的眼睛。

古印加人为何将"空中之城"弃之而去

神秘的"马丘比丘"这座空中古城在被废弃了近1个世纪之久后又重新展现在世人的面前，它的雄伟壮丽让世人惊叹不已，但对它的种种疑问也时时萦绕在人们的心头。

根据传说，"马丘比丘"是印加帝国的缔造者曼科·卡帕克的出生地。它三面临河，一面靠着白雪皑皑的萨而坎太山，地势极为险要。正是因为如此，它才躲过了西班牙征服者和天主教士的侵扰与破坏，得以完整保留。

城中建筑极具宗教色彩，凡是磨制光滑、对缝严整的建筑均为神庙，且都配备

3扇窗，缝与缝之间没有任何黏合物粘接，连最锋利的刀片也插不进去。墙上的每一块石头都像是在玩拼图一样被巧妙地连接起来，与其他印加遗址的风格大相径庭。在城市中间的"神圣广场"，矗立着一座巨大的日晷，马丘比丘人通过它来测定每天的时刻。在古城的一端还有著名的太阳神庙和"拴日石"，印加人希望用拴日石永远留住他们心中至高无上的神——太阳——万物生命和希望的起源。

勤劳的马丘比丘人还在城堡对面的山峰上筑出一层层梯田，并在每一层上开凿了引水渠，引来雪水浇灌农田，企望获得丰收。

拥有如此美丽而逍遥的空中之城，马丘比丘人为何离开自己理想的家园？没有任何留恋，没有任何先兆，到底是什么原因呢？很多人认为是因为西班牙征服者的原因。

可是，根据历史记载，当年侵略者的铁蹄并未能够踏上这里。并且，考古学家在研究中还发现，早在1533年，西班牙人征服印加帝国之前，马丘比丘人就已经离开了这座美丽的"空中之城"！即使真的是因为西班牙人的入侵，想想印加帝国的雄厚实力，拥有万骑精锐的印加人，怎会不敢和100多人的西班牙入侵者作殊死搏斗？这种解释恐怕站不住脚。

今天的考古学家在绵延的安第斯山脉中，陆续发掘到许多印加帝国的遗迹，证明印加人确实是抛弃他们美丽的家园，而在荒芜的山地中重建了他们理想的国度。

马丘比丘人在云雾缭绕的山顶建造了美丽的空中家园，他们在此安居乐业，可是他们又离开了这方他们赖以生存的乐土去重建家园，到底是为了什么？是上苍的旨意，还是部落之间的侵袭与纷争，还是奴隶们的反抗使其统治坍塌了？目前没有任何证据能解释他们为何弃家而去，印加人和马丘比丘人给人们留下了一道无法解答的谜题。

颇具争议的马可·波罗

1254年，在意大利商业城市威尼斯的一个商人家庭，一个叫马可·波罗的男孩出生了。谁也不会想到，就是这个男孩，他在长大后，竟会跟当时人们还非常陌生的、遥远的东方中国发生奇妙的联系。更想不到的是，他将在未来的几百年里成为影响西方世界的重要人物之一。1298年，当44岁的马可·波罗在热那亚的监狱里向狱友鲁思蒂谦口述他在东方的见闻时，大概没有人会想到，就是这本后来被称为《马可·波罗游记》的书，将会在西方世界引起怎样的轰动，激发多少发现者的灵感，又招致多少争议。

□ 历史悬案

马可·波罗其人其事

忽必烈授予马可·波罗金牌

马可·波罗（1254～1324年）出生于意大利古老的商业城市威尼斯。他的家族世代经商，其父亲和叔父常到地中海东部地区进行商业活动。据说，他的父亲和叔父曾因经商于1260年到过伊斯坦布尔，后来又到中亚的布哈拉，并且在那里遇到了一个波斯使臣，随即和使臣一起到了中国，见到了当时中国元朝的皇帝忽必烈。1269年，当马可·波罗15岁时，他的父亲和叔父才从遥远的东方回到威尼斯。回来以后，他们将在东方的种种见闻，讲给马可·波罗听，这使得他从小就梦想长大后做一个商人去漫游东方。

17岁那年，马可·波罗的这一梦想终于实现了。1271年，他的父亲和叔父决定再次动身去中国，并要带马可·波罗同行。于是，年轻的马可·波罗便以意大利威尼斯商人的身份，怀着对东方的向往，踏上了漫漫征程。他们从威尼斯起程，渡过地中海，到达小亚细亚，然后经由亚美尼亚折向南行，沿着底格里斯河谷到达巴格达，再由此沿波斯湾南下，向当时商业繁盛的霍尔木兹前进，继而从霍尔木兹向北穿越荒无人烟的伊朗高原，折而向东。在他们到达阿富汗的东北端时，马可·波罗由于适应不了高原山地的生活，不幸病倒了，只好停下来疗养。过了一年之后，马可·波罗恢复了健康，继续前进。大病初愈的他与父亲一道，克服了种种困难，才翻越了帕米尔高原后来到喀什，沿着塔克拉玛干沙漠的西部边缘行走，抵达叶尔羌绿洲，继而向东到达和阗和且末，再经敦煌、酒泉、张掖、宁夏等地，终于在1275年到达当时元朝的上都（即今天内蒙古的多伦），历时三年半之久。他们又到达大都（即今北京），并在那里居住了十几年。

据马可·波罗在游记中说，当21岁的他跟随父亲和叔父去觐见忽必烈大汗时，忽必烈非常高兴，在宫内设宴欢迎，并留他们在朝中居住下来。由于马可·波罗聪明好学，很快就熟悉了朝廷礼仪，并掌握了蒙古语等语言。而忽必烈在和马可·波罗的接触中，对他产生了好感，于是授予他官职，对他很器重，曾好几次安排他到国内各地和一些邻近国家进行巡游和访问。根据游记记载，马可·波罗曾到过云南，他从大都出发，经由河北到山西，自山西过黄河进入关中，然后从关中逾越秦岭到四川成都，再由成都西行到建昌，最后渡金沙江到达云南的昆明。他还去过江南一带，取道运河南下，在他的游记里，有淮安、宝应、高邮、泰州、扬州、南京、苏州、杭州、福州、泉州等城市的记载，其中还记载他曾在扬州担任官职3年。此外，

108

马可·波罗还奉命访问过东南亚的一些国家,如印尼、菲律宾、缅甸、越南等国。

后来,由于旅居中国多年,马可·波罗和他的家人开始思念故乡,非常渴望返回故乡威尼斯。终于在1290年底,大汗准许他们一家返乡,同时命他们护送阔阔真公主往伊儿汗国完婚。他们由泉州出航,由海路经印度抵达波斯湾,在那里父子三人由陆路返回威尼斯。据说,当马可·波罗回家时,模样像个乞丐,穿着一件破旧的大衣,就在邻居们怀疑的目光中,他脱下外衣,拉出衬里,只见里面塞满了各种珍贵的宝石。于是,马可·波罗的大名迅速传扬开来,而他也开始将把自己的见闻公之于世。1298年,马可·波罗44岁时,参加了威尼斯与热那亚两座城市之间的战争,结果被对方俘虏。在狱中,为了打发时光,马可·波罗向狱友们口述了他在东方的见闻,并由鲁思蒂谦执笔记录下来,这就是举世闻名的《马可·波罗游记》。1324年,马可·波罗去世,葬在威尼斯的圣·多雷教堂,时年70岁。

可能马可·波罗永远也不会想到,当他的游记问世后,立即广为流传。700多年来,世界各地用各种文字辗转翻译,译本之多,超过了100种。据历史记载,《马可·波罗游记》是在1298年写出的,原本早就不见了,现存的各种版本有150种,包含多种语言的译本,最老的为1351年版,现在流行的是16世纪的版本。

《马可·波罗游记》的出现,在欧洲引起了巨大轰动,使西方人了解到原来还有一个比他们的家园更为富庶繁荣的东方世界。此后,西方人对东方产生了极大的兴趣,从而出现了探寻东方世界的狂热。例如著名的发现者哥伦布,就深受马可·波罗的影响,企图开辟海上通向中国的航路。而当他于1482年8月3日开始航行时,随身携带的,

马可·波罗描绘的忽必烈的生活及云南风物
从上至下分别为:忽必烈一次猎获了大量猎物;忽必烈喜欢带着狮子和狗去狩猎;忽必烈和妻子一同就餐;忽必烈的妻子和他们的孩子攀谈;云南的野兽。

就包括西班牙国王致中国皇帝的书信,以及一本《马可·波罗游记》。如今,这本他做过眉批的书,还保存在西班牙的一座图书馆里。

《马可·波罗游记》分四卷,第一卷记载了他们东行时的沿途见闻;第二卷记载了蒙古大汗忽必烈及其宫殿、都城、朝廷、政府、节庆和游猎等事,以及在杭州、福州、泉州等地的见闻;第三卷记载日本、越南、印度等地的见闻;第四卷记载了成吉思汗的后代之间的战争和在亚洲北部的见闻。全书共229章,涉及100多个国家和城市的山川地形、物产、气候、商业、居民、宗教信仰、风俗习惯等。

马可·波罗的这本游记,重点部分是关于中国的叙述,因为他在中国停留的时间最长。他在书中以大量的篇幅、热情洋溢的语言,记述了中国无穷无尽的财富,巨大的商业城市,极好的交通设施,以及华丽的宫殿建筑等。

马可·波罗的游记问世后,很多人因其内容新奇而争相传阅,成为当时很受欢迎的读物,被称为"世界一大奇书",并对后世产生了巨大的影响。首先,它打开了中古时代欧洲人的地理视野,在他们面前展示了一个宽阔而富饶的国家和文明,引起了他们对于东方的向往,也有助于欧洲人冲出中世纪的黑暗,走向近代文明。其次,马可·波罗的游记对后来欧洲航海事业的发展,也起了促进的作用。当时一些著名的航海家和探险队的领导人就是读过他的书后,从中得到巨大的鼓舞和启示,激起他们对于东方的向往和冒险远航的热情。因此,作为世界历史上第一个将地大物博的中国向欧洲人做出报道的人,马可·波罗被誉为"中世纪的伟大旅行家"。

据说,当马可·波罗临终时,他的朋友们都劝他取消那些令人难以置信的说法,因为只有这样,死者的灵魂才能进入天国。而马可·波罗马对那些好心人说的却是:"我所写下的还不及我看到的一半。"

质疑:《马可·波罗游记》是不是虚构的

不可否认的是,由于马可·波罗的游记实际上是两个人合作的结果,即由马可·波罗口述,由鲁思蒂谦执笔,因此很有可能出现一种情况:这位充满想象力的作家会将情节夸张甚至添枝加叶。而且,这部游记的原稿早就失传了,留存下来的只是一些经过不断誊写的手抄本,其版本据统计达150多个。这自然会产生许多前后矛盾和与史实不符的情况,而这也使得后世一些研究者产生了巨大的怀疑。

事实上,自这部游记成书700多年来,就不断有人质疑书中那些夸大和虚构的东西,甚至怀疑他是否真的到过中国。德国学者徐尔曼在其著作《中世纪城市组织》中就最早提出马可·波罗根本没有到过中国的观点,认为马可·波罗在元朝所谓17年的历史完全是荒诞的捏造。而另一位德国汉学家福赫伯也列举出了许多疑点加以印证。美国学者海格尔和英国学者克鲁纳斯、吴芳思等也不约而同写了《马可·波罗到过中国吗》的文章表示质疑。总结起来,他们的主要质疑集中在以下几点:

第一,马可·波罗自称在中国17年深受忽必烈器重,但是为何元朝史书中找不到哪怕一条可供考证的记录?包括他自称在扬州做官三年,扬州地方志里同样没有记载。

第二，他自称学会了蒙古语和汉语，但游记中叙述的许多地名、人名甚至动物、器件，都使用波斯人的叫法，而他并没有提到自己懂波斯语。

第三，游记中只是描写了一些人们较为熟知的资料，而当时最富中国特色的汉字、印刷术、茶叶、筷子以及其他极其引人注目的东西没有提到，其中最典型的就是没有提到长城。

第四，游记中记载混乱、错误百出，并且描写了许多明显不符合史实的场面。例如他自称曾向元朝献抛石机帮助攻打襄阳，而实际上襄阳在他到中国前一年就撤围了。

其他疑点还有，书中几乎很少提到马可·波罗的父亲和叔父，也从未提到过他们的生意，没有提到过在中国符合他们身份的任何经商活动，这是否能从侧面说明他们没有到过中国，所以经商也无从谈起。怀疑者发现，马可·波罗回国时没有携带任何中国特有的东西，而威尼斯珍宝馆收藏的所谓马可·波罗罐，其实是14世纪的德化白瓷，与他毫无关系，而他带回的一些宝石实际上是波斯的特产。书中还有一些明显与史实不符之处，如将成吉思汗的病死说成是膝上中箭而死等，都属于明显的疏漏和错误。

尽管另有一些学者就上述怀疑的观点进行了辩护，但最终他们也陷入了困惑。比如，怀疑者认为关于马可·波罗自称在扬州做总管3年是谎言，因为史书和扬州地方志都没有记载。辩护者们解释说马可·波罗当时也许只是一个管理盐务的小官，因为他在游记中写到了产盐区长芦、海门和真州。但是扬州地方志中明确记载了元代大小官员，包括外国人的详尽名单，仍然没有找到他的记录。辩护者后来又解释说后人可能是将马可·波罗的原话"奉大汗命'居住'扬州三年"误抄成了"奉大汗命'治理'扬州三年"。但怀疑者马上反驳说仅仅"居住"扬州为何要"奉大汗命"，而且他"居住"扬州三年都做什么？似乎除了知道繁华扬州出产马饰外，就很少提到了。

关于马可·波罗竟然没有记载长城的问题，辩护者认为元长城已经年久失修破败不堪，况且元长城土木结构并非明长城砖石结构那样引人注目，因此没有引起他的足够重视。但怀疑者指出当时的长城其实损坏并不严重，如果马可·波罗真的游遍中国，必然要数次经过长城，不可能视而不见。而同时代的元朝大臣张德辉就曾记载"北上漠北途中，有长城颓址，望之绵延不绝"，为什么单单马可·波罗就忽视了它呢？

关于没有茶叶的记载，辩护者们认为可能蒙古族人不喜饮茶，所以马可·波罗对此也无印象。但实际情况却是，忽必烈于当时已下令官方组织茶叶贸易，还曾设立常湖等处茶园都提司"采摘茶芽，以供内府"。而且，早于马可·波罗的一位波斯商人苏来曼在所写的《中国印度见闻录》就明确提到了茶。

关于汉字书法和印刷术，辩护者们的解释是马可·波罗不认识汉字，因此对中国汉字书法和印刷术不会做记载。但怀疑者认为，如果他真的到过中国，那么当他回到欧洲，看到落后的手写方式时，必然会联想到中国神秘的汉字书法和先进的印

□历史悬案

刷术,而比他早30年到中国的传教士鲁不鲁乞就记载了中国的书法和印刷术。

至于其他一些疑点,如筷子、缠足等,其他外国人著作如《爵士游记》《中国和通向中国之路》中都有记述,而唯独马可·波罗游记里没有任何记载。更让人

马可·波罗请求忽必烈准许他回国

们产生疑问的是,这部书中的叙述描写常常充满夸张失实的情节、信口妄说的逸事,其中许多地方即使今天看来也是非常夸张而令人吃惊的。由于书中动辄使用"百万"这个词,以至人们送了"百万先生"的绰号给马可·波罗。

1995年,英国不列颠图书馆中国部主任吴芳思博士出了一本书,书中概括了前人对《马可·波罗游记》提出的疑问,结合自己的研究,明确表示,马可·波罗并未到过中国。吴芳思博士甚至进一步指出马可·波罗可能从来没有到比黑海沿岸和君士坦丁堡更远的地方,有关中国的种种描述则是从来往经过那里的波斯商人们口中打听来的,并加以想象和夸张而形成的。因为马可·波罗自称懂蒙古语和汉语,在意大利用法文写成此书,但书中很多名称却偏偏采用波斯语,而当时来往的商人们以波斯人居多。

假如这些怀疑者的论点成立,那么马可·波罗为什么要编造并不高明的传奇故事呢?对此,德国的徐尔曼教授认为他企图借以激发蒙古族贵族对西方人士的热情和帮助,以及西方人士对东方古国的向往和兴趣。而另一部著作《详编不列颠百科全书》指出,这很可能与他的社会地位较低而又想向上层社会爬有关。有一个例子也许能说明问题:和马可·波罗差不多同时代的,并自称是他的旅伴的约翰·曼德维尔,写出了《约翰·曼德维尔爵士的游记》。他也仿效马可·波罗的说法,声称自己和大汗共同生活了一年半。他的书和马可·波罗的书一样获得了巨大的成功。但后来证明他是一个剽窃者,大量抄袭了阿尔伯等人关于中国的记述,这或许可以说明马可·波罗说自己到过中国也不过是追逐名利罢了。

1999年,美国有关方面为了证实马可·波罗事迹的真伪,组成一个科学考察队。他们决定重走当年马可·波罗走过的道路,不过是用现代交通工具代步,并全程网上直播。

考察队先在北京集中准备,然后转赴新疆维吾尔自治区喀什。丝绸之路在敦煌以西分三条路线,马可·波罗走的是塔克拉玛干沙漠南缘这条路,考察也选择了这条路线,1999年10月4日,考察从这里开始。大体上沿着马可·波罗的足迹穿越塔

克拉玛干沙漠，经过河西走廊、黄土高原，于11月2日到达北京。11月5日，全部考察活动结束。考察队将自己的见闻和《马可·波罗游记》进行了比较，证明许多记载是真实的，但同时也有许多出入。

《马可·波罗游记》中说，喀什是一个都会，这里是从西方进到中国的入口，中亚的通衢要道，城市繁荣，商业兴盛。考察队发现，这里的风情仍有不少和马可·波罗的记述相似。马可·波罗曾着重记述的葡萄和棉花，仍是这里主要的农作物。《马可·波罗游记》中记述的丝绸、服饰、食品和手工艺品，不少在市场上还可以见到，并保持着旧日的风格与情调。就这件事看，《马可·波罗游记》是真实可信的。不过经过考察，他们发现游记中有些记载属明显错误，还有些应该记下的事物没有记，而这些都足以成为否定马可·波罗来过中国的依据。

游记说，在张掖的一座庙中，有几尊约5米的卧佛。考察队员、考古学家福克斯到张掖寻访时发现，这里的大佛寺确有卧佛，但其长度是游记所说的7倍，即35米。福克斯质疑：如果马可·波罗是亲眼看过，误差怎么会如此之大？福克斯感到《马可·波罗游记》中好些记述，不像是他自己的经历。如穿越塔克拉玛干沙漠，非常危险艰辛，当年马可·波罗一路上遭遇的困难，肯定比他们今天遇到的要大得多，应该大书特书，但在《马可·波罗游记》中，仅占有200字的篇幅，不免使人生疑。

总之，经过切身体会，考察队发现了不少疑点。根据考察所得和其他相关学者的研究结果，福克斯得出结论：《马可·波罗游记》对推动东西方的经济文化交流，的确起了不可磨灭的历史作用，但马可·波罗极有可能没有到过中国。

接下来，那些收看网上直播的年轻人，在考察结束后进行了投票，结果65%的人否定马可·波罗到过中国，35%仍肯定他来过。仍然相信马可·波罗到过中国的人，承认游记里面有错误和缺失，但认为这并不能得出马可·波罗没到过中国的结论。他们认为，马可·波罗只是一个商人而非作家，游记是由他口述，别人写的；他到过的地方也许没有那么多，观察不仔细，记录也会有疏失，但记下的事物也够多了，何况在这次考察中不少也确实得到了证实。

回应质疑：另一种声音

尽管《马可·波罗游记》中的确存在不少疑点，那些认为马可·波罗在编造的研究者似乎有相当多的证据，但同时也有大量的学者认为这部游记所叙述的内容是不容置疑的，这些肯定者中间不仅有中国人，也有外国人。国际知名马可·波罗研究专家、南开大学历史系教授杨志玖，多年来一直致力于维护《马可·波罗游记》真实性的研究，他明确地表示，这部游记绝对不是伪造的。

杨志玖指出，当前所有怀疑论者的论据不外有四点：一是在浩如烟海的中国史籍中没有一件有关马可·波罗的可供考证的材料；二是有些具有中国特色的事物在其书中未曾提到，如茶叶、汉字、印刷术等；三是书中有些记载夸大失实或错误，如冒充献炮攻襄阳、蒙古王室谱系等；四是从波斯文的《导游手册》抄来的。

□历史悬案

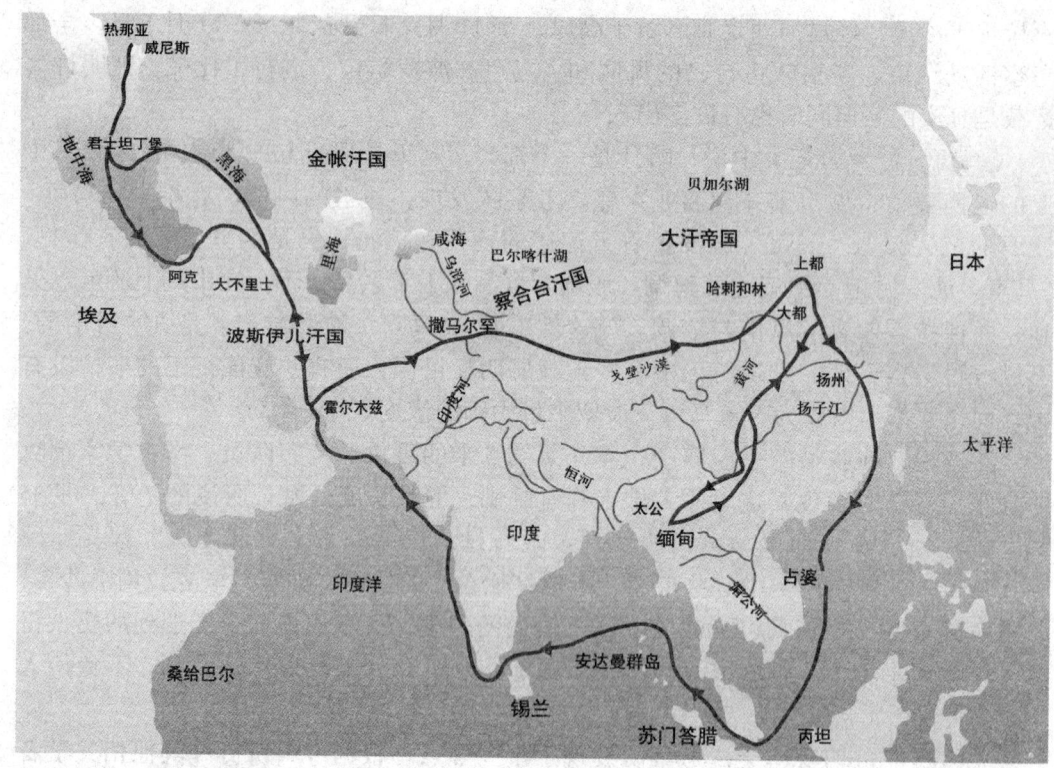

马可·波罗行迹路线示意图

对此,杨志玖认为,上述事例除第四点外,其他在马可·波罗的书中确实存在。但是由此断定马可·波罗的记载不可靠或他根本没有到过中国,显然过于草率了。因为在马可·波罗前后到达中国的西方传教士、使臣、商人留有行迹的不下10人,但他们的名字和事迹同样极少见于汉文记载。可见在汉文史籍中找不到名字或事迹并不是鉴定某一人物、著作真伪的唯一标准。而且他指出,在《永乐大典》中,他曾发现了一段与马可·波罗一家人离开中国有关的可供考证的资料。杨志玖认为,马可·波罗书中记载了大量的有关中国的政治、经济、社会情况,人物活动和风土人情,其中大部分都可在中国文献中得到证实。随着研究的深入,还可以继续得到证实。虽然其中不免有夸大失实或错误等缺陷,但总体上可以说是基本属实。为什么非要抓住他没有提及的事或个别错误记载而全盘否定其真实性呢?不错,马可·波罗的某些记载确实有错误、不清楚和疏漏的地方,但同时持怀疑论者也没有认真仔细地对这些缺陷加以分析研究,找出其缺陷的原因,或根据可靠的资料证实其并非缺陷,而是以偏概全,夸大这些缺陷,进而怀疑其全部记载的真实性,抹杀马可·波罗书的价值和贡献。

另外一位学者、来自北京大学的党宝海博士,也认为马可·波罗到过中国是很有证据的,他对该问题有着独到的观点,其论据主要有:

《马可·波罗游记》记载元朝政府在灭掉南宋后,大量拆毁南方的城墙,而在元朝有关文献里的确可见有关记载。迄今为止，马可·波罗是记载此事的唯一外国人。如果没有到过中国，他能从哪里抄袭呢？

另外，《马可·波罗游记》还写到忽必烈曾下令在国家主要道路的两侧栽植树木，给行人提供阴凉、指示方向，这条记载和同时期元朝法律的规定是一致的。而马可·波罗仍是记载此事的唯一外国人。

的确，几乎中国所有的元史和蒙古史研究者都认为马可·波罗到过中国，但这主要是基于他们的学术背景而不是所谓民族感情。当人们对元朝历史有较多了解之后，再去阅读《马可·波罗游记》，就能够明显感受到，如果没有到过中国，他根本不可能写出这样一部著作，因为书中涉及元代政治、经济、社会生活的大量细节。到目前为止，人们还没有发现任何同时期的欧洲、西亚、中亚文献对元代中国的记述如此翔实。比如其中记载了忽必烈的生日、元朝的庆典及狩猎、元朝在东北和西南地区的战争、大都（今北京）与行在（今杭州）的高度繁荣、镇江的基督教教堂、中国各地的物产、宗教、风土人情等。事实上，学术界对13世纪中国的很多研究都要使用该游记提供的资料。从12～13世纪东西方的了解程度来看，如果马可·波罗没有到过中国，他绝不可能靠抄袭写出这部行记。

对于那些质疑者，党宝海博士等人也有自己的看法。他们指出，像吴芳思本人并不是元史或蒙古史专家，而只是一个中国问题的研究者。具体到对马可·波罗的研究，她对元代历史没有深入的了解，因而不具备必要的知识基础。她的论据大多是引用其他学者已有的观点，比如德国学者的研究，她自己并没有提出有力的新证据。另外，吴芳思认为马可·波罗抄袭，那她必须告诉我们，马可·波罗究竟抄了谁的什么书。她不可能回答出这个问题，因为12～13世纪没有哪个外国人对中国的了解能超过马可·波罗。

最后，持肯定观点的学者们一致认为，从身份来看，马可·波罗是一个得到忽必烈信任、享受特权的色目人，能出入元朝统治的高层，地位相当特殊，这和学界的主流看法是一致的。从马可·波罗本人的特点来看，他的观察力和记忆力惊人，对不同地区的物产，如矿物、动植物的观察非常细致，也很关注各地的商业活动、经济水平、宗教信仰、风土民情等，他四处旅行，记录了各地的地形和交通状况。不过，马可·波罗爱吹嘘自己，喜欢夸大其词。

另外，也有一些外国研究者加入为马可·波罗辩护的行列中来。美国国家地理频道的摄影师麦可·山下，为了证实自己的看法，曾用了一年时间，重走了马可·波罗的中国冒险之旅，试图解开有关真相。结果他发现，马可·波罗所描绘的世界，精确程度之高令人惊奇，有太多的信息可以证明这一点，如果不是亲眼所见，绝对不会如此精确地描绘出一些细节。

不过，由于观点对立的双方势均力敌，都认为自己有充分的证据，所以，马可·波罗有没有到过中国将要成为一个长期存在的悬案了。

□历史悬案

被遗弃的吴哥古城

　　吴哥古城大约建于12世纪前半叶吴哥王朝全盛时期，当时，高棉国王苏耶跋摩二世信奉婆罗门教，为了祭祀"保护之神"毗湿奴，便建造了著名的吴哥窟（也称小吴哥）。吴哥窟是属于印度教的神庙，在吴哥窟周围一度坐落着一座由苏耶跋摩二世主持修建的城市。但现在已经消失了。吴哥窟的平面布局乃是由拥有柱廊的许多矩形平面所组成。在矩形平面矗立着一座座塔，越接近中心主塔者其规模越大。较大的塔，其塔身轮廓之曲线，多少带有印度教神庙的特色，尽管吴哥文明深受印度教文化影响，并是在继承印度教文化的基础上发展起来的，但多数学者认为吴哥文明的高度发展是印度教文化的发源地所无法比拟的，尤其是吴哥的建筑工艺。大吴哥位于吴哥窟的北部，是阇耶跋摩七世统治时期建造的新都。吴哥城规模非常宏伟壮观，护城河环绕在周围。城内有名式各样非常精美的宝塔寺院和庙宇。吴哥城的中心是巴扬庙，它和周围象征当时16个省的16座中塔和几十座小塔，构成一组完美整齐的阶梯式塔形建筑群。吴哥古城独特而永久的魅力吸引了全世界的目光，它与埃及金字塔、中国长城、印度尼西亚的婆罗浮屠并称为"东方四大奇观"。考古学家们在柬埔寨的丛林中发掘吴哥古迹时，一次次地为吴哥古迹所感叹，也一次次地产生疑问：吴哥古城是怎样建立起来的？它又是为何被人们遗弃了呢？

吴哥王朝的发展

　　公元6世纪下半期，曾经兴旺发达的扶南王国开始走向没落，真腊国在北方地区逐渐崛起，最终取而代之。伊奢那跋摩一世登上真腊王座后，锐意进取，大胆改革，并派出使者出访中国，向中国皇帝讲述自己国家历史的变迁、真腊兴起及取代扶南的过程、两代先王及在位君主的作为等等。中国史官们根据真腊使者的叙述写成"真腊传"列入官史之中。《隋书·真腊传》记述的就是实现这个历史转变的真腊。

　　伊奢那跋摩一世把都城建在伊奢那补罗，研究者们把伊奢那补罗作为国家首都时的文化称为前吴哥文化，建筑和雕刻构成了这一文化的主体。

　　作为王都，伊奢那补罗对经略东西部都十分有利，它既是全国的政治中心，又是一个文化中心。全城有居民2万余户，10余万人，在当时是一个大城市。

　　城内的建筑主要有两大类。一是世俗的建筑，这类建筑的代表是王宫，宫中的宫殿宽阔而高大，《隋书》中称它为"大堂"，是国王听政之所，光护卫阶庭门阁的武士就有上千名。二是宗教方面的建筑，这类建筑以寺庙和宝塔为主。高棉人对超人的力量即神有着虔诚的信仰和崇拜，于是便把想象中神的形象塑造出来供奉在寺庙和宝塔中。这些建筑用砖石建造，并尽量加以装饰和美化。装饰的主要手段和形式是雕刻，比如在门楣和天花板等处雕刻各种图案花纹，塔式建筑分为单塔和塔群。印度风格在这个时期的建筑和雕刻有着明显的表现，但高棉人已经发展出了具有高棉民族特色的艺术风格。

吴哥城遗址

　　构成前吴哥文化的另一重要内容就是碑铭，它是刻在石碑上的文字。它的存在与宗教活动有关，许多碑铭的内容反映了宗教的活动与传播。今天，当人们把一块块石碑从地下挖出来时，碑铭就成了解读柬埔寨古代历史的珍贵史料。这里的碑文，是前吴哥文化中的珍宝，文字优美，富于韵律，十分适合阅读，文章或委婉悲痛，或铿锵有力，极具文学价值，使你在了解真实的吴哥历史的同时，又领略到了高棉人的文学神韵。目前人们已知的最早的碑铭，刻在今吴哥波雷发现的公元611年的石碑上。人们还发现了这之后的一些石碑。从611年到9世纪初统一的真腊王国建立之前的石碑上，碑铭差不多都是用梵书刻写的。而从伊奢那跋摩一世建都伊奢那补罗开始，又出现了用高棉文刻写的碑铭以及高棉文同梵文并存的碑铭。这一变化是历史的一个转折，它凸显出高棉民族文化的发展，反映出当时人们在书刻记载重大历史事件和宗教活动的碑铭时已打破梵文的垄断，开始使用本民族的文字。高棉的民族文化已经在印度文化的影响中繁衍起来。

　　公元9世纪初，阇耶跋摩结束了近200年的分裂局面，将陆真腊与水真腊合而为一，创建了吴哥王朝在柬埔寨历史上最灿烂辉煌的时代。

　　阇耶跋摩二世是吴哥王朝的缔造者，虽然缺乏文献记载，但还是能看出他是一位大有作为的国王。他在考仑山京城及其附近地区修建了王宫和行宫，还修建了一座著名的寺庙——宝剑寺，这些建筑的风格，对后来的吴哥式建筑具有启蒙作用。

　　阇耶跋摩二世还赐名婆罗门为"巴辣菇"，意为"圣贤之士"，并加以供养，为吴哥走向辉煌奠定了文化和政治基础。

　　阇耶跋摩二世死后，他的儿子阇耶跋摩三世继承王位。阇耶跋摩三世鼓励生产，减轻赋税，国内呈现一派欣欣向荣的景象，虽然他没有多大的丰功伟绩，但在他统治期间，吴哥王朝更加强盛了。

　　阇耶跋摩三世死后无嗣，由其堂弟继承王位，这就是因陀罗跋摩　世。他的最大功绩是，作为第一个在吴哥地区兴建水利工程的真腊国王，建造了一个庞大的水

117

利灌溉系统工程。他利用一个人工开凿的蓄水湖，把一片不毛之地变成了丰产的稻田。后来，人工灌溉系统的高度发展，促进了以农业为主的封建社会的经济的发展，才使吴哥王朝的统治者，能够以吴哥地区为中心，建立起一个人口稠密、中央集权制的强国。也正是由于有了这种灌溉系统，也才能使吴哥王朝有足够的人力物力来建造规模宏大的吴哥王城和吴哥寺等一系列建筑。由此可见，因陀罗跋摩一世为吴哥王朝的兴盛打下了物质基础。

在建筑艺术方面，砖石结构的建筑是从因陀罗跋摩一世开始的。他建造的有神牛之意的波利科寺于公元879年建成，专门供奉他的父母、外祖父母和阇耶跋摩二世及王后的神像。研究者们认为，巴孔庙、波利科寺及其洛利寺，标志着高棉古典建筑艺术的开端。

在政治方面，因陀罗跋摩一世还划分了王室内部的等级，建立起王室体制，为以后各朝代所沿用。由于他卓越的政绩，后人在碑铭中称颂他为"王中的狮子"。

因陀罗跋摩一世死后，由其子继承王位，称耶输跋摩一世。这是一位在吴哥王朝史上非常有影响力的帝王。耶输跋摩一世也非常重视水利灌溉系统的建设，他登上王位不久，就在都城的东北建造了东巴莱湖，这个大水库长7000米，宽2000米，与暹粒河相通。发展和完善水利灌溉系统，对于以农业生产为主的封建社会来说，意义十分重大。耶输跋摩一世在建筑方面的功绩远不止于此，他还设计了一个新都，根据他的名字起名为耶输陀罗补罗。这是在吴哥地区建立的第一个吴哥城，占地约26平方千米，是环绕着巴肯山的天然山丘建造的，四周有一条200米宽的护城河。在都城中心的巴肯山上还建造了5座砂岩方塔，中间一座供奉着国王自己的形象湿婆林伽。耶输跋摩一世还在全国各地修建了代表湿婆教、毗湿奴教和佛教等各种教派的寺庙共达100多所，它代表了吴哥早期的建筑风格。

在政治方面，耶输跋摩一世不仅击退了侵扰真腊沿海地区的占婆和爪哇海盗，还扩大了王国的疆土，使疆域东至占婆，西抵缅甸，北至老挝中部，南达暹罗湾直至马来半岛北部，与扶南国全盛时期的疆土不相上下。

由于缺乏史料，关于10世纪时期吴哥王朝的历史，除留下的寺庙建筑遗迹以

吴哥城寺庙中心的圣塔

外，其他方面就知道得很少了。这些遗留下来的古迹，可以让现代人清楚地看到当时社会的文明程度和生产力水平，但却无法知道具体的历史事件。当时中国正处在唐末及五代的动荡时期，根本找不到有关吴哥王朝的任何记载，历史学家们只好在那些残破的碑铭上寻找线索。不幸的是，目前10世纪的吴哥历史仍是空缺的。

由于耶输跋摩一世统治时期打下了良好的基础，到10世纪以后，吴哥王朝走向了更辉煌的时期。苏耶跋摩一世在11世纪初期，击败他的竞争对手，登上了吴哥王朝的王位。苏耶跋摩时期最引人注目的建筑是披梅那卡寺和茶胶寺。披梅那卡寺（"空中宫殿"）是当时吴哥的王宫，故有"天宫"之称；茶胶寺是第一座用砂岩建成的高棉庙宇。在宗教方面，苏耶跋摩一世是第一个皈依大乘佛教的真腊国王，因而在其死后人们给他以高尚的圣名——"涅槃佛"。

耶输跋摩一世死后，乌迭蒂耶跋摩登上王位，在他统治期间，发生了多次战争。由于国王有一位英勇善战的军事首领，因而在战争中取得了完全胜利。在这一时期又增加了一些新的建筑，其中以巴普昂寺最为有名，它与"空中宫殿"同属于一个类型的建筑。乌迭蒂耶的重要业绩是在吴哥城的西郊，开凿了西巴莱湖，这是一个长8000米、宽2200米的大水库，它扩大了灌溉系统，对发展农业经济起到了重要作用。

12世纪，自称"太阳护卫神"的苏耶跋摩二世登上了吴哥的王位，他带领军队东征西讨，使真腊国的疆土日益广阔。1128年，他率军征讨现在越南境内的大越国，并使其臣服，他还依靠强大的军力使宿敌占婆沦为自己的属地长达5年之久。他使吴哥王朝成为当时东南地区的王者，也使他本人成为柬埔寨史上一位非常著名的国王。

苏耶跋摩二世的武功，让后人赞叹不已。然而他为修建豪华的庙宇，而耗尽国力、民力的行为，也使他留下了千古骂名。苏耶跋摩二世是一位无坚不摧的勇士，也是一位出色的建筑家。他主持建造了自己的陵墓，即举世闻名的吴哥窟。吴哥窟的地基总面积在40000平方米以上，上面至少建有10余个有重要文物价值的建筑物和其他遗迹，从1112年开始建造，到1201年才全部完成。其中心神殿高40米，供奉着一尊毗湿奴金像。有人称其为世界上最大的宗教建筑物。

由于苏耶跋摩二世好大喜功，沉醉于庞大的神庙的建筑，耗尽了国力，1150年他死去以后，吴哥王朝便一度出现了衰落的景象。于是，占婆便乘机大举入侵，在1175～1181年，占婆占领真腊达5年之久，与过去吴哥军队占领占婆的时间相等。

直到阇耶跋摩七世登上柬埔寨历史的舞台，吴哥才又重新走进鼎盛时期。1181年，他率领军队彻底击溃了占婆军队，使吴哥结束了长达30年的动荡局面。他建立了一支强大的军队，并努力开拓吴哥王朝的版图。除真腊以前的领土被收复以外，现在的老挝、泰国、马来半岛的北部和缅甸的一部分也成了吴哥王朝的领土。这位战功卓著的国王还进一步发展水利事业，促进农业经济的发展，鼓励工商业，使吴哥王朝进入了历史上最富强的时期。

□历史悬案

　　阇耶跋摩七世是吴哥王朝最杰出的君主，他把吴哥王朝推向鼎盛后，总结了苏耶跋摩二世的历史教训，建造了一座坚不可摧的城堡——吴哥通王城（大吴哥），并在城内建造了众多的宝塔、寺庙等建筑。直到今天，人们仍能从柬埔寨丛林的废墟中一睹吴哥通王城当年的风采。

寻找吴哥艺术发展的轨迹

　　纵观吴哥的建筑和雕刻艺术的发展过程，可谓漫长而曲折，经历了由简单到复杂、由幼稚到成熟的漫漫长路。它从公元1世纪开始，经过几百年的发展、繁荣，在公元9世纪以后达到了顶峰。人们在探索吴哥艺术的发展过程中，沿着柬埔寨历史变迁的印迹，层层而上，描绘出整个吴哥艺术的发展轨迹。高棉的寺庙，以吴哥城为中心，向四面辐射，遍及全国各地。各个时期的寺庙代表了各个时期高棉人在建筑和艺术上所达到的水平，表现出各个时期的风貌和形成的风格。当人们将其贯穿起来，便会发现，它犹如一个艺术百花园，争奇斗艳，婀娜多姿，各展风采，使人们从一个艺术台阶步入另一个艺术台阶，直到艺术的高峰。

　　最先让研究者们感叹的是众多的建筑及石雕艺术品。这个艺术平台是由阇耶跋摩二世建造的。这位国王不仅缔造了吴哥王朝，还奠定了吴哥艺术的基础。被爪哇人俘获的经历不但促使他义无反顾地投身到反抗外族统治的斗争中去，同时，也使他看到了异族宗教和文化的精华，为创造自己独特的民族文化吸取了大量的营养。

　　802年，他正式宣布国家独立，从而开始了一个新的时代。同时，也预示着一个文化复兴时期的到来。他将政治与艺术巧妙地结合在一起，使坚硬的政治内核包装上绚丽的文化外衣，一时间成为东南亚地区的亮点。他先后在湄公河下游的因陀罗补罗、诃里诃罗洛耶、阿摩罗因陀罗补罗、摩诃因陀罗跋伐多建立都城，并在每个都城里展示艺术成就，成为留给今人的一笔文化遗产。

　　这一时期的雕刻艺术，以荔枝山上的摩诃因陀罗跋伐多最为有名，它们是一个时代的产物，代表的是为吴哥文明奠基的那个时代，它们处在同一个文化平台上。当然荔枝山上的建筑可称得上是它们中的代表，我们不妨称它为"荔枝山文化平台"。

　　"荔枝山文化平台"上的建筑包括荔枝山上的丹雷格拉、奥邦、卢阿列、克登斯拉、特莫达、果基、果罗霍姆和山外的桑波波雷古、波雷波罗萨等。该平台建筑以"山形建筑"为主要特色，建筑物高大，而且多层。它以砖石为建筑材料，且建在山上，这同宗教理念相一致。建筑上的雕刻也出现了一些变化，正面过梁浮雕图案呈现多样化，支撑建筑物的柱子也发生了变化，方柱或八角形主柱取代了以前的圆柱，柱面饰满花纹和人物雕像。三角楣的楣框呈猫爪印形。求变、追求多样性是这一时期雕刻艺术的潮流。

　　研究者们从荔枝山平台向上探寻，就来到了阇耶跋摩二世选定的都地——罗鲁豪斯。巴孔庙、波利科寺和洛利寺是当时都市中最恢宏的建筑。三座庙宇是早期吴哥文化的代表作，而且是早期吴哥时代建筑物中保存得最完好的。在三座建筑中仍然体现了对多样性的追求。三座寺庙建筑并非完全一样：一类是多层的山形建筑，如巴孔庙；另一类则是把多个建筑共建在一个台层上，便于祭祀先人，波利科寺和洛利寺即是如此。但它们有一点却是共同的，即每座庙内都供奉着象征人神合一的湿婆林伽。这些供人们崇拜的偶像实则是当政国王的形象，每一个湿婆林伽都具体有所指。

这一时期建筑物的雕刻，在艺术上更显成熟。罗鲁豪斯建筑群标志着高棉建筑和雕刻艺术经过本土艺术与外来艺术的交融后，诞生了本民族独特的艺术风格，有人说这是高棉古典艺术的开端。

9世纪末，耶输跋摩一世当政，他把首都从罗鲁豪斯迁到吴哥通王城，在吴哥地区建立了第一个都城。耶输跋摩一世是一位从小受过良好的教育、知识十分渊博的学者。他既热衷于本民族文化传统的学习，也乐于接受外来的优秀文化。耶输跋摩一世也是一位乐于在建筑上下功夫的国王，特别是对于寺庙，他更是情有独钟。新都是围绕着巴肯山建筑的，整个布局以它为中心展开，寺庙也是以巴肯山为中心建造。在他建造的众多寺庙中，以巴肯寺最为有名，它是吴哥文明形成过程中具有代表性的建筑之一。寺的核心部分是5座用砂岩砌成的塔，呈梅花状分布在一座名叫"耶输跋摩山"的山上。中间的一座内供奉着湿婆林伽——国王自己的形象。巴肯寺有大小塔100多座，分层排列，高低相间，布局完整而协调。巴肯寺仍是以砖为主的砖石结构建筑，具有早期吴哥建筑的特点。除此之外，还有

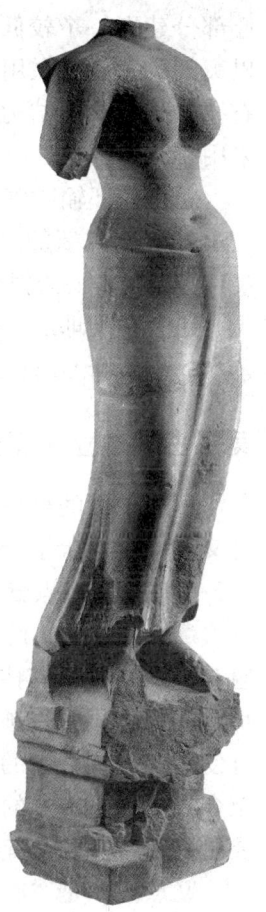

吴哥城出土的女子立像

普侬巴肯、普侬格罗姆和普侬博，它们建于同一时代，具有共同的文化和特性，构成了巴肯风格。

10世纪中叶，吴哥王朝又出现了一位充满智慧和远见的国王，他就是因陀罗跋摩二世，他建筑的"空中宫殿"和班迭斯雷庙把吴哥艺术水平又向前推进了一大步。所谓"宫殿"，并非王宫，而是国王和王公们祭祀的神殿。宫殿构筑于高台之上，远远望去，就像悬在空中。在设计上，它独具匠心，增加了前代所没有的回廊。"空中宫殿"回廊建筑是后来有名的吴哥寺回廊的雏形，后者便是在此基础上发展起来并趋于成熟的。

创新的另一项标志性建筑则是班迭斯雷庙。这是一座以精美著称的珍珠般的小型庙宇，无论是造型，还是雕刻，它都堪称是吴哥建筑中的一颗明珠。这是一座供奉婆罗门教主神的圣寺。寺门上的浮雕在继承传统的基础上又向前跨进了一大步，显示出古代高棉劳动人民的智慧和才能。雕刻的题材广泛，有神像，也有图案花纹，还有神话故事，细致精美，是高棉古代艺术的杰作。同前代相比，班迭斯雷庙在布局上跳出了把建筑物建在高台的各阶层的固有格局，而将塔寺建在平地上，只将中

121

心部分建在一个较低的平台上。这样，建筑群的布局显得分散、匀称和疏朗，给人以爽朗的感觉。在用材上，班迭斯雷庙用以石为主的砖石结构代替了以砖为主的砖石结构建造。石结构的重要性被大大突出，高棉人在此基础上，将后来的建筑完全采用石结构。

总之，耶输跋摩一世和因陀罗跋摩二世创造了吴哥艺术史上的空前时代。吴哥艺术发展到了新的阶段，勤劳智慧的高棉人，在此基础上把吴哥艺术推向了顶峰，吴哥寺是这一辉煌时代最耀眼的建筑，在建筑技巧和雕刻艺术上都成为空前的奇观。

还有在阇耶跋摩七世时建造的巴扬庙，是吴哥时代最成熟的艺术作品，是吴哥艺术的最高峰。而且吴哥文化以此为代表，形成了巴扬风格的艺术。

吴哥古城建立和湮灭之谜

重现于世的吴哥古迹，具有独特和永久的魅力，这使世人为之倾倒、赞服，同时又使人们产生了无穷的遐想和许多疑点。由于有关柬埔寨中古时代的史料极其缺乏，所以这些疑点就成了千古之谜。

疑点之一是，何人建造了美妙绝伦的吴哥古城？它的每一块石头都是精雕细琢，遍布浮雕壁画，其技巧之娴熟、精湛，想象力之丰富、惊人，使人难以置信，以至长时间流传吴哥古迹是天神的创造，不可能出自凡人之手。在垒砌这些建筑时，没有使用黏合剂之类的物品，完全靠石块本身的重量和形状紧密相接，丝丝入扣。时至今日，吴哥古迹的大部分建筑虽历经沧桑，却仍岿然不动。吴哥古迹充分向人们展示了柬埔寨人民高超的艺术才能和过人的智慧。

疑点之二是，通过对吴哥城的规模进行估计，在这座古城最繁荣的时候，至少100万居民生活在这儿。可是为什么这样一座繁荣昌盛的都城竟然淹没在茫茫丛林里呢？它的居民为什么都不见了呢？

有人猜测，这里曾流行瘟疫或霍乱之类的疾病，使他们迅速地在极短时间内全部死去；还有人猜测，可能是外来的敌人攻占这座城市后，将城里的所有居民赶到某一地方去做奴隶了。

疑点之三是，在柬埔寨历史上放弃吴哥是一个具有重要转折意义的事件，它标志着一度强大的吴哥王朝的瓦解。

那么，是不是有别的因素呢？中国有一些学者认为，这种结局与暹罗人的不断入侵有关，这使得高棉人作出了撤离吴哥的最终决定。自从暹罗人不断强大后，使高棉人蒙受了深重的灾难和巨大的损失。日益衰竭的国力使高棉人无法应付暹罗人的挑战，只好采取回避的方法。O.W.沃尔特斯博士也有相似的看法。但是他认为，吴哥王朝的衰弱和抵抗力的丧失，并非完全是暹罗人所造成，而是高棉王族之间内部矛盾斗争发展的结果。这时，暹罗人入侵，从而导致了吴哥王朝放弃古城之举。

15世纪上半叶，吴哥王朝被迫迁都金边，曾经繁华昌盛的吴哥城，杂草灌木丛生，逐渐被茂密的热带森林湮没。从此，它留下了一系列的问号和悬案，有待后人去探索研究。

终身未嫁的伊丽莎白一世

众所周知,当今英国的国王伊丽莎白二世女王在全世界都享有崇高的威望。其实,在英国历史上,曾先后出现过不少女王。除了我们目前所熟知的伊丽莎白二世之外,还有两位也在世界历史上扮演过重要角色:16世纪时的伊丽莎白一世和19世纪时的维多利亚女王。尤其是伊丽莎白一世,她在执政时期,鼓励海外贸易,推行殖民活动,使英国国力大增,并于1588年打败海上强国西班牙的无敌舰队,为日后英国成为"日不落帝国"奠定了坚实的基础,是英国在近代成为欧洲强国的当之无愧的奠基人。同时,这位集美貌、智慧、权力、财富于一身的女王,却给后世留下了一大悬案——终生未嫁,这也成为几百年来人们一直谈论的话题。

不平凡的王者之路

伊丽莎白一世(1533~1603年),英国都铎王朝的最后一任也是在位时间最长的一位君主(1558~1603年在位)。1533年,伊丽莎白一世出生在英国的格林尼治,她的父亲就是著名的亨利八世,此人因实行宗教改革而成为英国乃至欧洲历史上相当有影响力的一位国王。她的母亲安娜·波琳是亨利的第二个妻子,由于亨利八世和安娜·波琳的婚姻一直得不到英国国会的承认,所以伊丽莎白也一直被认为是私生子。在伊丽莎白2岁的时候,安娜王后再次怀孕。不幸的是,亨利八世此时已经开始厌倦这位妻子,并另觅新欢。于是心惊胆战的安娜只好希望自己能够生出一位皇子以避免重蹈前王后凯瑟琳的覆辙。由于终日在惊惶中生活,安娜流产了——是个已经成形的男胎。亨利

16岁时的伊丽莎白漂亮迷人
作为王室中的女孩,她可能并未想过日后会成为英国的一代女王,也可能未曾想过会终生未嫁。

八世勃然大怒,让武士们从格林尼治宫里把正在养身体的安娜王后拖了出来,关进了阴森可怖的伦敦塔;后又借题发挥,把曾经入宫安慰表妹的王后的表兄乔治也捉了起来,随即以通奸罪为名将二人送上了断头台,此时的伊丽莎白年仅3岁。半个月之后,亨利八世又迎娶了他的新王后。

尽管如此,伊丽莎白还是在皇室中生活,并受到了良好的教育。幼小的伊丽莎白显得异乎寻常的早熟和敏感。据说,在为人处事方面,她8岁时的表现就已经超

□ 历史悬案

画中描绘了1588年侵入英国的西班牙"无敌舰队"在英国舰队的炮火轰击下慌张撤退的情景。

过了40岁的女人。她知道怎么保护自己、怎样讨人喜欢,为了讨好父亲和继母,她从来不在任何人面前提到自己惨死的母亲;她甚至还学会了精良的手工,为弟弟做衣服、为父亲和继母制作小礼物。与此同时,伊丽莎白如饥似渴地学习各种知识,如同一块海绵,把她能够接受的全部吸收进去。她能说希腊语、法语、意大利语,而且都像她的母语英语一样流利。另外,她对神学和音乐、文学也掌握得十分熟练,还能翻译难度极大的法文诗,以至于有些研究者认为她就是莎士比亚戏剧的真正作者。在她那个时代,如此学识渊博的年轻贵族小姐,简直就是凤毛麟角。

1547年,当伊丽莎白13岁的时候,亨利八世死了。继位的是伊丽莎白同父异母的弟弟爱德华六世,但他执政没几年也死了。随后,伊丽莎白同父异母的姐姐玛丽即位。在这位玛丽女王统治期间,英国恢复了罗马天主教,她还下令迫害国教徒,据说大约有300人被处以死刑,这使她赢得了"血腥玛丽"的不光彩的绰号。更不幸的是,由于伊丽莎白的母亲安娜·波琳当年为了维护自己女儿的利益,曾让正迷恋着她的亨利八世强迫已近成年的玛丽去做婴儿伊丽莎白的侍女,并促使议会通过了一件《继承法案》,将王位继承权全部归属给了自己的孩子。因此,当时的玛丽曾受了不少委屈。当登上王位后,报复心极强的玛丽立即找借口逮捕了伊丽莎白,并将其关押在伦敦塔内。伊丽莎白后来虽然被释放了出来,但在一段时期内仍处于危险之中。1558年玛丽死去,25岁的伊丽莎白终于继承了王位,是为伊丽莎白一世。

一代女王的传奇

当时,年轻的伊丽莎白即位之初就面临着许多问题:与法国的战争,与苏格兰和西班牙的紧张关系,尤其突出的是英国国内的宗教派别之间的尖锐矛盾。不过在解决这一系列问题的过程中,伊丽莎白很快就显示出了非凡的才能。

伊丽莎白执政不久就通过了"至高权力与同一性法案"(1559年),确立英国圣公教为正式的英国宗教,同时允许天主教的存在,并在其整个统治期间使这一折中法案得到了坚决的贯彻执行。就这样,她领导英国在没有严重流血的情况下通过了宗教改革的第二阶段。不可否认,伊丽莎白的正确决策在一定程度上解除了英国天主教和新教徒之间的深仇大恨,她成功地保持了民族的统一。

伊丽莎白同时开展灵活多变的对外政策。1560年她缔结了《爱丁堡条约》,提出了一个与苏格兰和平解决争端的办法。英国与法国的战争结束了,而且两国的关系也得到了改善。伊丽莎白企图避免战争，但是由于16世纪西班牙有好战的天主教势力，西班牙和英国之间的战争无法避免。伊丽莎白是个智慧超群的女子，她显然讨厌战争和流血，但是需要时她毫不犹豫。由于当时的英国国力远不如西班牙，于是伊丽莎白长年不断地发展英国海军，终于在1588年双方进行的一场大规模海战击败了西班牙的"无敌舰队"。这场胜利使英国一跃成为世界头号海军大国，直到20世纪它还保持着这种海上霸王的地位。

这位女王的功绩还有：1563年出台了"穷人法"，该法的颁布使得当地政府可以从市民身上收取经费去帮助最穷苦的农民，这对后来欧洲社会的福利制度产生了深远影响。伊丽莎白时代的英格兰以其非凡的作家和作曲家闻名，最著名的英国作家威廉·莎士比亚就产生在这个时代。这当然包含着她的一份功劳：因为她曾不顾伦敦地方当局的反对，支持莎士比亚剧院。伊丽莎白时代也是英国探险的时代，有开往俄国的探险，有马丁·弗罗比歇和约翰·戴维斯发现通往远东的西北之路的创举，有弗朗西斯·德克雷爵士路过加州的环球航行，有沃尔特·罗利爵士和其他人在北美无意中发现了英国移民的奇遇。

虽然在伊丽莎白的统治时代，英国还不是一个世界强国，但是她给英国留下了世界上最强大的海军，为随后发展起来的大不列颠帝国奠定了坚实的基础。

她为什么终身未嫁

俗话说，"男大当婚，女大当嫁"，可是，拥有至尊地位的伊丽莎白却始终独身，一再错过结婚的时机，这到底是为什么呢？

据历史记载，伊丽莎白登基时年方25岁。她身材修长，略显瘦削，当时的宫廷服饰特别适合她的身型，在鲸骨紧身衣的作用下，她的腰围仅有13英寸；而轮状皱领恰到好处地遮掩住她稍长的颈项，散开的大篷裙则更进一步地衬托出她的高贵。女王漂亮的鹅蛋脸上嵌着一双水汪汪的大眼睛，虽然略有一些近视，但却不妨碍她的美丽，反而使得她的眼神具有一种特别的诱惑。她有一头浓密而光润的金红色长发，皮肤雪白得几乎透明，还有一双纤长如艺术家的玉手。女王不仅喜欢打扮，而且也很会打扮自己，天生的丽质配上闪亮的珠宝，时髦的衣饰，优雅的谈吐，绝对是当之无愧的美女，再加上头顶上的王冠，欧洲大陆不少王公贵胄争相拜倒在她的石榴裙下，用尽心机，渴望成为她的王夫。由于关系到以后英国王位的继承和国家的稳定，伊丽莎白女王的婚事曾被作为国家大事提上英国的政治日程。在议会里，大臣们纷纷强烈要求女王早日结婚。可是，一年又一年过去了，伊丽莎白却仍旧保持独身。

关于美貌的伊丽莎白女王为什么终身不结婚，后人有过种种猜测。有的人认为，最大的可能就是因为其父亨利八世曾两次杀妻、六娶王后，使伊丽莎白从小就蒙上了一层心理阴影，不信任男人和家庭，患上了婚姻恐惧症。还有人认为，从古至今各国王室成员的婚姻，无不烙上深深的政治烙印，只是国家政治、国际关系的附属物，包含了太多的阴谋与利益关系，所以聪明的女王宁愿选择独身也不愿终生生活在龌龊的交易中。更有一些女王的政敌宣称，伊丽莎白根本就没有正常的生理功能，是一个阴阳人，因为宫中曾传出女王的月经少得可怜之类的流言，而另一些持相反意见的人则说女王有过私生子。从这些观点看来，有些虽说是猜测，但似乎不无道理。

首先，父亲亨利八世对伊丽莎白的影响可以说是相当深刻的。亨利八世的第一任妻子是其亡兄的遗孀、西班牙亚拉冈公主凯瑟琳，这次婚姻的目的是继续与西班牙的联盟以共同对付法国。后来亨利八世为了与王后的女侍安娜·波琳也就是伊丽莎白的生母成婚，不惜与教廷决裂，自立英国教会。然而安娜·波琳很快就被亨利八世厌弃并被冠以通奸不贞的罪名而遭到处决。再后来亨利八世又娶了四位王后，她们或因生育而死，或被亨利遗弃，或与安娜·波琳同样结局。只有最后一位凯瑟琳·帕尔活得比亨利久，她后来嫁给海军大臣托马斯·西摩，于1584年9月死于难产。父亲的寡情让伊丽莎白领略到了男人的薄幸，性和死亡的阴影也如梦魇一般紧紧地盘踞着伊丽莎白的内心世界。

在弟弟爱德华六世当政时，摄政大臣西摩让自己的亲弟弟托马斯当上了海军大臣，又让他娶了亨利八世的遗孀凯瑟琳·帕尔，没想到帕尔却因难产而死。王太后妻子就这么死了，让满怀野心的托马斯无比懊丧，因为他做梦都想有朝一日能登上英国国王的宝座。于是，英俊的托马斯盯上了伊丽莎白公主，妄图以男色引诱她。而他的哥哥摄政大臣却不能容忍弟弟明目张胆窥视王权的做法，将他毫不留情地丢进了伦敦塔，并以此为名声讨伊丽莎白。年轻的公主义正词严地驳斥了这种无稽的指控，对别人诬陷她与托马斯养下私生女的说法予以反击，摄政大臣无奈之下只好砍了弟弟一个人的脑袋。但是尽管如此，朝臣们仍然通过小爱德华国王对伊丽莎白"不清白的名誉"加以惩处：一年半都不准姐姐踏入宫廷，还把她身边的忠实仆从予以监禁。这是年轻的伊丽莎白第一次的情感经历——追求她的男人动机如此卑劣，又为她带来了如此不堪的后果。这恐怕进一步加深了她对婚姻的恐惧感。

但是女王的婚姻无疑是英国上下关注的最大焦点，大臣们轮番向女王进言，请求她尽快选择一位合适的丈夫，尽早为王国诞育接班人。实际上，早在女王一登基，欧洲各国的求婚大使便踏上了英国的土地。最早的一群使节中当数法国和西班牙的客人最为醒目，然而女王对这两国都没有丝毫的好感。因为在玛丽女王时期，法国夺去了英国在欧洲大陆上的最后一块领地，并迫使伊丽莎白最后在放弃的条约上签了字；而西班牙国王腓力二世对英国干过的那些事，就更不用说了：掀起宗教迫害狂潮，使用酷刑，还在最后关头抛弃了身为前英国女王的妻子。又因为西法两国本就是敌对国，答应谁也不合适。不过，初登王位的伊丽莎白由于私生女的身份，英格兰女王的合法地位一直得不到承认，而西班牙在当时的国际社会中有着举足轻重的地位。于是聪明的女王不动声色地利用起腓力二世，对他的求婚态度暧昧，既不回绝又不应允，使腓力二世对联姻一直抱有希望，求婚之事因此拖了好几个月，以致当时西班牙驻英大使惊呼道："这个女人真是为十万妖魔所纠缠着。"直到伊丽莎白的地位得到国际社会的承认后，她才以宗教信仰不同为由明确拒绝了腓力二世。

后来，伊丽莎白又经常以自己的婚姻为筹码，周旋于欧洲各大国之间，为英国谋求利益。

尽管如此，这位"童贞女王"并不缺乏罗曼史。据说，早在被姐姐玛丽一世囚禁在伦敦塔里的时候，伊丽莎白就认识了罗伯特·达德利，从此就一直对他情有独钟。伊丽莎白把绝境中降临的爱情看得十分重要，终其一生都矢志不渝地将达德利称为"我的眼睛"。1558年伊丽莎白一世即位以后，立即封达德利为御用马夫，后来达德利还得到了莱斯特伯爵的封号。本来达德利可以说是英国国内最适合成为女王丈夫的人选，然而摆在眼前的事实却是残酷的：罗伯特·达德利已有妻室。伊丽莎白只好接受了这个事实，自己虽然贵为女王，却不可能遂心所愿地嫁给自己想嫁的人，这也许是上天为了让她更好地服务国家所做的安排。从痛苦的爱情里渐渐解脱出来的伊丽莎白，仍然一如既往地和罗伯特出双入对。就在此时，突然传来了罗伯特·达德利之妻艾米死在乡间居所的消息。从现场来看，这位可怜的妻子是不慎从楼梯上摔下来，扭断了脖子而死的。但是谣言立即像风一样传播开来，认为达德利一定是幕后主谋，他担忧女王日渐移情别恋，为了尽快升做王夫而扫除了这块绊脚石。甚至有人认为，女王才是幕后黑手，她为了和心爱的达德利双宿双飞，派人谋杀了这位可怜的妻子。这样的谣言，令女王大为恼火。她珍视自己历尽艰辛才得来的王座，怎么会为了一个男人、一个愚蠢的村妇损害自己在臣民间的好名声、动摇统治权呢？关于这件事的调查，持续了一年半之久，最后的结论是：达德利夫人确实死于意外。但是女王已经不太可能下嫁达德利了，无论什么时候，只要她嫁给他，人们马上就会联想到这起事故，那些可怕的谣言势必会影响伊丽莎白的威信，甚至让她失去王位。

在29岁时，伊丽莎白女王不幸患上了天花，病重的她非常清楚地意识到自己如果死去，国家和王位将面临怎样的将来。她似乎有些追悔莫及，没有早日结婚，没有给王国留下合法的继承人。她甚至留下遗嘱，封罗伯特·达德利为英国的人护法。

没想到，女王的病情却奇迹般地逐渐好转起来。所有的人都认为，经过了这次生死考验，女王一定会毫不犹豫地下嫁达德利了。然而事实并非如此，病中的女王看清了很多人的真实面目，她的当务之急是要清除这些企图取自己而代之的王位威胁者。她的外甥女苏格兰的玛丽女王可以说是其中最强劲的一个。玛丽本是法

罗伯特·达德利与伊丽莎白女王相拥而舞

127

□ 历史悬案

国王后，因国王丈夫早死，自己又和婆婆不和而返回苏格兰。她的"未婚"身份必然使得企图攀上她这根高枝的各国政要、本国政敌想要利用她来推翻伊丽莎白的统治。因此，伊丽莎白决定，要先促成玛丽的婚姻，让她的"未婚"身份消失，大掉其价。不久，玛丽就嫁给了表哥汤利——这位汤利也拥有英国王位继承权，伊丽莎白就这样不露声色地把窥视王位的汤利远远地赶到了苏格兰去。伊丽莎白没有想到的是，欧洲各国君主见风使舵的本领如此之强，前一刻还在向玛丽许诺政治利益的使节，一旦知道玛丽已婚，下一刻就转而奔向英格兰，将利益转送给未婚的伊丽莎白。因此伊丽莎白决定，要好好地保护自己的未婚身份。不久以后，从苏格兰传来的消息也进一步地坚定了她不嫁的念头。

玛丽女王和汤利结婚一段日子之后，就有了身孕。刚刚得知这个消息时，伊丽莎白很是不安，唯恐玛丽生下儿子而威胁到自己的地位。好在汤利完全是一只绣花枕头，真正能够协助玛丽料理国政事务的，是她的秘书瑞其欧。就在玛丽即将分娩的时候，她那愚蠢自大的丈夫汤利，在近臣的怂恿之下，竟当着玛丽的面，在荷里路德宫中率众杀害了瑞其欧。玛丽十分伤心痛苦，她万万没有想到，自己主动将苏格兰国王的宝座和权柄让给汤利，放弃女王的尊贵身份做王后，最后居然成了汤利富贵的跳板，由堂堂女王沦为这个轻浮男人的囚徒。玛丽的血泪史为伊丽莎白敲响了一记警钟，无论是达德利还是别的情人，他们真的仅仅是在爱着自己吗？如果自己也像玛丽那样，由女王变成王后，那么得偿所愿的男人难道就不会像汤利那样翻脸无情吗？汤利不过是个纨绔子弟，就已经如此大胆嚣张，更何况自己这些老练而富于心机的情人？伊丽莎白的王位是她历尽艰险，几次与死神较量后才得来的，她是绝不甘心将王座拱手相让的。更何况，嫁人是为了什么呢？让自己由女王变成王后？6位母亲和一个姐姐的教训难道还不够吗？

从父亲亨利八世那里，伊丽莎白深刻地了解到，男人总是认为自己的性别占有优势，认定女人是弱者。伊丽莎白于是决定将自己的性别变成优势，要弄那些自认为可以在两性关系上占上风的男性君王。她是个女人，而且是个未婚的女人。她非常清楚自己的身份，也决定将这身份好好加以利用。于是，一旦有哪个国家与英国关系紧张，或是英国需要哪个国家的支持的时候，女王便会暗示自己的重臣

该画作于1600年。画中伊丽莎白坐在撑着华盖的轿椅上，穿过伦敦街道，伴随和服侍左右的是穿着华丽盛装的朝臣和宫女。当时，伊丽莎白韶华已逝，然而在画家笔下，她依然显得风华绝代。

128

们出面，向对方国家的使节提出建议——为什么不向我们的女王求婚呢？一旦成功，就可以不费一兵一卒地得到整个英国。欧洲大陆上所有的王公贵族都无法抵挡这个具有巨大诱惑力的建议，一般都是几乎立刻改变主意，不仅不跟英国过意不去，还想方设法地百般讨好伊丽莎白和她的国家。面对这些求婚，女王将拖拉的"爱情游戏"玩得无比纯熟，很轻巧地就把他们拖进了迷宫。当英国的困境得到摆脱，求婚者就会发现费尽心机和钱财之后，自己收获的只是一场空欢喜。明明知道自己上了当，他们却不能够再挑起战端，因为求婚不成恼羞成怒的行径在欧洲是会遭到讥笑的。另一方面，伊丽莎白却为她的英国赢得了宝贵的时间，将英国的实力再一次提升。令人惊叹的是，在伊丽莎白登基为英国女王之后，这样的"求婚游戏"，竟成功地进行过20多场。

1573年，伊丽莎白已经40岁了，如果再不结婚，那她将永远不能结婚，因为她即将失去生育能力，婚姻也就失去了意义，于是大臣们再次向她提出结婚的请求。然而结果却是，伊丽莎白用嘲讽的口气对大臣们说："那你们认为我该嫁给谁？"大臣们一时哑口无言。伊丽莎白威严地扫视着御座下或站或跪的大臣们，将手中的戒指戴在了一直空着的无名指上，将一句令人震惊的话甩给了目瞪口呆的大臣们："我只可能有一个丈夫，那就是英格兰。"就这样，伊丽莎白一世成为英格兰历史上最夺目的一朵玫瑰，对于英国人来说，她就是都铎玫瑰的化身。

1578年，仍待字闺中的伊丽莎白差点就结婚了。当时，法国国王亨利二世的四弟、年仅23岁的安佐公爵到英国做客，年龄相差近一倍的两人一见钟情，手拉手地在御花园里嬉笑调情，甚至当众拥抱。安佐公爵弗兰西斯一心迷恋已是半老徐娘的女王，年龄的差距丝毫不影响弗兰西斯追求爱情的决心，他曾滚烫肉麻地向女王表示，自己将是欧洲最执着的求爱者，并且分别于1579年和1581年两度向女王求婚。对于女王来说，这个穷追不舍的小子虽然其貌不扬——天生一双罗圈腿、满脸大麻子，但以自己的"高龄"要想找到更合适的郎君谈何容易，没准他还真是自己结婚生育后嗣的最后指望。渐渐地女王有点喜欢上了他，并亲切地叫他"我的小青蛙"。眼瞅着这件好事有了眉目，按捺不住的安佐公爵终于沉不住气了，居然大言不惭地向来访的西班牙大使表示女王和自己不日将举行婚礼。此事顿时在王宫里传得沸沸扬扬，女王因此苦不堪言，龙颜大怒。

人们从哈德菲尔宫堆积如山的历史档案中发现了一封写于1581年的情书，这封长达4页的情书就是安佐公爵就此事向女王表示歉意的。在信纸的顶端标上了罗马字母"E"，并配以公爵家族徽章和一个利箭穿心的符号，让人第一眼便能够看懂信中强烈的示爱信号。由于这封情书是用法文写成的，而且"关键处"还使用了大量密码，所以时至今日它里面的内容还未被人们全部读懂。这封情书上端空白处有几行潦草的字迹，据专家分析这是女王当时为破译信件内容而打的草稿。历史学家、英国国家海洋博物馆客座研究员戴维·斯塔基博士说："伊丽莎白一世，她的行为就像一个女中学生。面对那些如同大书一般的密码，身为女王的伊丽莎白居然亲自动手破译，简直让人不可思议。"据说伊丽莎白曾经答应了安佐公爵的求婚，但后来不

□ 历史悬案

知道是什么原因，也许是考虑到英、法、西班牙之间复杂的国际关系，在将要举行婚礼的前几天，女王突然变了卦。她郑重宣布解除婚约，并表示会一辈子独身。同时她向国民发表了一番这样的谈话："我无须再选佳婿结婚，因为我在举行加冕典礼时，已将结婚戒指戴与我国臣民的手指上，意即我与全体臣民为伴，将我的生命与贞节献于英国。"从此，大受感动的英国人民也常用"贞洁女王"的美名来称呼伊丽莎白女王。

另据英国有关媒体报道，最新发现的一份材料表明，16世纪的俄国沙皇伊万四世（又被世人称作"恐怖的伊万"），在自己的第一任妻子去世后10年，也曾经秘密地向当时的英国女王伊丽莎白一世写信求婚。然而由于求婚失败，于是他向伊丽莎白一世亲笔写了一封内容粗鲁、充满恶毒语言的攻击信，信中竟将一生未婚的英国女王称作"老处女"。

最终，在位45年的伊丽莎白女王，选择了一条令全世界都为之困惑的人生道路。至于其中的真正缘由，恐怕也是非常复杂的，而以上一些解释，也只能是猜测罢了。

寻找真实的莎士比亚

伟大的思想家马克思称他为"人类最伟大的天才之一"，恩格斯也盛赞他作品的现实主义精神与情节的生动性、丰富性。他的作品几乎被翻译成世界所有文字，他是英国文艺复兴时代最负盛名的首席剧作家。他所生活的时代正值伊丽莎白女王当权时期，也是英国拓展海上霸权的时代，当人们称这一时期为"伊丽莎白时代"的同时，也有很多人以他的名字命名这一时代。直到300多年后的今天，他的魅力依旧有增无减，后人仍然将他的作品视为剧本的范例，几乎每个人都会朗诵几句，其影响力之深远，无人可及。他的许多经典作品，被世界各国以各种语言一次次地搬上舞台和银幕，长久不衰。然而，一直以来，对于他的真实面目，人们又一次次地陷入困惑，并由此产生了种种猜测。

伟大的戏剧大师

威廉·莎士比亚（1564～1616年）是英国伟大的戏剧家和诗人，也是欧洲文艺复兴时期人文主义文学的集大成者。1564年4月23日，莎士比亚出生于伦敦西北方的斯特拉特福镇的一个富裕市民家庭，其家族世代务农，但到他父亲时，由于与富家女联姻而逐渐改变家庭状况，其父曾任地方参议员及政府官员。16岁之前，莎士比亚一直在当地文法学校就读，学习拉丁文，在那里掌握了写作的基本技巧和较丰富的知识。但因父亲破产，他未能毕业就走上独自谋生之路，曾与父亲一同经商，当过肉店学徒，也曾在乡村学校教过书，还干过其他各种职业，这一切都大大丰富了他的社会阅历。然而父亲却很快发现，年轻的儿子却对写作有更大的兴趣。18岁时，莎士比亚在很短的时间内与一位比他大8岁的女子安妮结婚，不久，其妻先后为他生下一个女儿苏姗娜和一对双胞胎：哈姆内和朱蒂丝。

22岁那年，莎士比亚将妻儿留给父母照顾，自己单独前往伦敦，决心开创自己的事业。最初，他只能给到剧院看戏的绅士们照料马匹，后来他当了演员，演一些小配角。尽管莎士比亚本来渴望为剧团写作剧本，并以此收入来养活妻儿和父母。但初到伦敦的威廉，既没有经验也没有名气，为一展所长，他便加入剧团，为日后的剧本寻找市场。不久，莎士比亚被"女王剧团"雇用，夏天随剧团巡回演山，秋天返

人类历史上最伟大的戏剧天才威廉·莎士比亚像

回伦敦，冬天则待在酒馆里，为即将进宫演出的剧本做准备。1588年前后，莎士比亚开始写作剧本，先是改编前人的剧本，不久即开始独立创作。当时，英国的剧坛为牛津、剑桥背景的"大学才子"们所把持。据说，一个成名的剧作家曾以轻蔑的语气写文章嘲笑莎士比亚这样一个"粗俗的平民""暴发户式的乌鸦"竟敢同"高尚的天才"一比高低。但是，天才的莎士比亚却很快就便融入了伦敦的上流社会，而且十分得心应手。

由于当时正逢英国海军击败西班牙无敌舰队取得海上霸权的时代，英国各地庆祝仪式不断，戏剧表演成为不可或缺的重要节目，也给了在"女王剧团"修习多年的莎士比亚一个崭露头角、打响知名度的好机会。

1592年，莎士比亚完成了他的第一部剧本《亨利六世》，该剧一经上演，就使他一举成名。由于剧中的用词华丽、夸张矫饰，立刻获得大众好评，从而使莎士比亚一跃成为知名剧作家。不久，由于瘟疫流行，已由演员升任为剧作家的莎士比亚返回阔别5年的家乡。在此期间，他完成了著名的《驯悍记》《错中错》以及大量十四行诗。后来，莎士比亚又转至"大臣剧团"，以寻求更好的发展。从1594年起，他所属的剧团受到王公大臣的庇护，称为"宫内大臣剧团"。詹姆斯一世即位后，也对该剧团予以关爱，命其改称为"国王的供奉剧团"，因此剧团除了经常的巡回演出外，也常常在宫廷中演出，莎士比亚创作的剧本进而蜚声社会各界。1596年，莎士比亚完成了经典的《仲夏夜之梦》《罗密欧与朱丽叶》等名作，从而确立了在英国戏剧界的绝对地位。1599年，莎士比亚加入了伦敦著名的环球剧院，并成为股东兼演员。莎士比亚逐渐富裕起来，并为他的家庭取得了世袭贵族的称号。1612年，他作为一个有钱的绅士衣锦还乡。1616年4月23日，莎士比亚逝世于家乡斯特拉福特镇，葬于圣三一教堂，享年52岁。

莎士比亚在其20余年的写作生涯中，共创作了37部戏剧，其中只有16部在他生前以4开本盗印版出版，原因是当时作家将剧本卖给了剧团，而剧团为垄断便不

□ 历史悬案

《麦克白》剧情场景图

麦克白杀死国王后,诬陷并杀害了他的好友班可,从而当上了国王,在国王宴会上,班可的鬼魂却依约赴宴,指控麦克白的罪行。此画面描绘的是当时宴会上混乱的场景。

发表,被盗印的剧本则是由演员口授,或在演出时被人速记下来,故而版本多有遗漏和错误。1623年,莎士比亚去世7年后,曾与他在"宫内大臣剧团"共事的演员海明和康德尔收集莎士比亚遗作36部,出版了第一个莎士比亚戏剧集,即后人所谓第一对开本,其中的剧目不是按创作年代,而是按喜剧、历史剧和悲剧三类编排的。从18世纪后期开始,越来越多的学者对莎士比亚的作品及其本人进行研究。

莎士比亚的主要作品有:《亨利六世》《理查三世》《理查二世》《亨利四世》《亨利五世》《错误的喜剧》《驯悍记》《维洛那二绅士》《爱的徒劳》《仲夏夜之梦》《威尼斯商人》《温莎的风流娘儿们》《无事生非》《皆大欢喜》《第十二夜》《尤利乌斯·恺撒》《安东尼和克丽奥帕特拉》,而最为人所知,也是最多人改编成舞台剧、电影等艺术作品的,就是著名的四大悲剧《哈姆雷特》《奥赛罗》《李尔王》《麦克白》。

莎士比亚的戏剧大都取材于旧有剧本、小说、编年史或民间传说,但在改写中注入了自己的思想,给旧题材赋予新颖、丰富、深刻的内容。在艺术表现上,他继承古代希腊罗马、中世纪英国和文艺复兴时期欧洲戏剧的三大传统并加以发展,从内容到形式进行了创造性革新。他的戏剧不受三一律束缚,突破悲剧、喜剧界限,努力反映生活的本来面目,深入探索人物内心奥秘,从而能够塑造出众多性格复杂多样、形象真实生动的人物典型,描绘了广阔的、五光十色的社会生活图景,并以其博大、深刻、富于诗意和哲理著称。

17世纪始,莎士比亚戏剧传入德、法、意、俄、北欧诸国,然后再到美国乃至世界各地,对各国戏剧发展产生了巨大而深远的影响,并已成为世界文化发展、交流的重要纽带和灵感源泉。我国莎士比亚研究的权威朱生豪认为,在世界的文学史上,能够与莎士比亚相提并论的,只有荷马、但丁、歌德,而若以"超越时空限制"这点来看,在所有的文学家中,莎士比亚是无与伦比的。

到底谁是莎士比亚

当莎士比亚的作品在全世界得到广泛的传播时,围绕莎士比亚本人的一桩悬案也在吸引人们的目光,这就是关于他真实身份的种种怀疑和猜测。一方面,人们一致承认莎士比亚是世界文学史上最为重要的作家之一，甚至在国际上专门有人对他进行研究，并形成了一门独特的学问——"莎学"。另一方面，却有人不断提出，莎士比亚其实只是一个化名而已，他并不是真实存在的。

实际上，早在18世纪80年代，就有一些人考虑关于莎士比亚作品的作者身份的问题。当时，一名叫詹姆斯·威尔莫特的牧师，曾花了4年的时间，设法在这位斯特拉特福

疑是莎士比亚的人
鉴于莎士比亚剧作蕴含了丰富的古典文学、法律和科学知识，有人认为，培根（左）、德比伯爵（右上）、牛津伯爵（右下）都有可能是莎氏剧作的真正作者。

商人和他的作品之间建立联系，然而却一无所获。还有人声称，尽管经过了200多年的研究，人们仍未发现任何记录如手稿、诗、信、日记或任何出自莎士比亚本人的文件，就连他向一位律师口述的遗嘱中也没有提到其文学遗产以及由谁来继承的问题。甚至有人宣称，他们发现在莎士比亚的家乡小镇保存的他的遗嘱中，连"莎士比亚"的签名都是由别人代笔的，而且拼法也不统一，很像当时文盲的通常做法。人们的众多疑问还包括，有关莎士比亚的生平，有很多不为人知之处，不但他个人没有留下这类文字，相关的材料很少。耐人寻味的是，即使在他的女婿霍尔医生所写的日记中，也难以寻找到其岳父是杰出剧作家的一点说明。即使在当时，也没有人明确地指出哪些作品是莎士比亚创作的。除了两首自己生前发表的长诗之外，他的其他作品都是死后别人收集整理成书的。在莎士比亚去世时，也没有太多人表现出关注之情，理由就是，当时没有一个人根据习俗为他的去世写表达缅怀之情的哀诗。因此，世人对莎士比亚真实身份的怀疑越来越多。包括像拜伦和狄更斯这样的大作家，也对莎士比亚的那些杰出成就表示怀疑，狄更斯就曾表示一定要揭开"莎士比亚真伪之谜"。

首先明确表示怀疑的便是美国作家德丽雅·佩肯。他曾发表了一个新奇的观点，即认为英国著名哲学家弗朗西斯·培根才是莎剧的真正作者。其理由主要有：第一，莎士比亚生活于英国伊丽莎白王朝宗教、政治以及整个社会大动荡的时代，在那个时代，上流社会认为写剧演戏是有伤风化的可耻的事。但在牛津大学和剑桥大学的知识分子中，仍有不少学者一直在悄悄地排戏。可能迫于社会压力，撰写剧本的人

133

□ 历史悬案

莎士比亚的签名

就虚拟出一个"莎士比亚"的笔名。而在当时的知识分子中，培根才华超群、阅历丰富，理所当然是剧作者。第二，莎剧内容博大精深，气势恢宏，涉及地理、异域风情、宫闱等诸多方面，而出身于一个普通市民家庭、从来没有上过大学的演员莎士比亚，是不可能写出这样的剧本的。相反，只有说它们出自才华横溢的培根之手才是合理的解释。第三，将莎士比亚剧本尤其是初版作品和培根的笔记进行对比后，人们竟可以发现二者有惊人的相似之处。

1955年，美国的文艺批评家卡尔文·霍夫曼又提出了一个轰动一时的观点，他认为，与莎士比亚同时代的杰出剧作家克利斯托夫·马洛才是莎剧的真正作者。霍夫曼认为，1593年时，马洛由于受到迫害，只身离开英国逃往欧洲大陆。在以后的生活中，他便以威廉·莎士比亚的笔名，不断将创作的一些戏剧作品寄回英国，从而不断在英国发表并搬上舞台。霍夫曼的依据就是，与莎士比亚同样年龄、毕业于剑桥大学的马洛是一个才华超群、阅历丰富的作家，著名戏剧《汤姆兰大帝》就是他的作品。而他的作品的文体、情节以及作品中塑造的人物和莎剧都极其相像，据此，霍夫曼断定这些剧本均为马洛一人所创造。

还有学者的猜测则更离奇，这些人竟然提出，莎士比亚是伊丽莎白女王借用的名字。这一观点的确让人十分吃惊，不过他们似乎也有自己的理由。据记载，莎士比亚的第一本戏剧集是潘勃鲁克伯爵夫人出版的，而她正好又是伊丽莎白女王的亲信密友和遗嘱执行者。这些学者认为，伊丽莎白女王知识渊博，智力超群，对人们的情感具有极高的洞察力，是完全能够写出那样的杰作的，而且莎剧中不少主角的处境都与女王出奇地相似。更巧合的是，女王能言善辩、词汇丰富，据统计，莎剧中的词汇也非常丰富，多达21000多个；当1603年女王去世以后，以莎士比亚为名发表的作品数量随即大为减少，在质量上也大打折扣，这些很有可能是女王早期的不成熟之作，而在她死后由别人收集出版的。另外还有一些稀奇古怪的说法，认为莎士比亚其实是一个名叫玛丽·悉尼的女性。

不过，20世纪90年代以来，有些学者提出了更新的观点。他们认为莎士比亚极有可能是伊丽莎白时代的一位朝臣——牛津伯爵爱德华·德维尔。由于已经有越来越多的人对此观点表示认同，以至于目前"牛津派"的影响也最广泛。

"牛津派"认为，莎士比亚最多只读过小学，根据已知的情况，他也没有去过斯特拉特福和伦敦以外的地方，并且很可能在40多岁的时候离开首都，一直过着谷物商和地产商的乏味生活。由此他们怀疑，莎士比亚不可能在如此复杂的作品中融入那么多有关王室、宫廷、政治和外国的知识。1616年，莎士比亚默默无闻地辞世。1622年出版的亨利·皮查姆著作——《地道绅士》一书中，曾列举了伊丽莎白时代最伟大的诗人,其中头一位就是爱德华·德维尔,而对莎士比亚却只字未提。

那么,爱德华·德维尔是何许人呢?经查,爱德华·德维尔(1550~1604年),是伊丽莎白一世统治时期的一名贵族,是牛津十七世伯爵,他比莎士比亚年长15岁,1550年出生在赫丁厄姆堡。德维尔曾在牛津和剑桥大学求学,并在欧洲大部分地方旅行过。根据专门对此进行研究的文学组织德维尔学会的说法,莎士比亚仅仅是运气好而已。当他身无分文地来到伦敦时,正好被身为贵族的德维尔抓住,为他带有揭露和讽刺意味的写作和表演充当一种掩护。该学会宣称,牛津伯爵爱德华·德维尔才是被官方认定的莎士比亚37部戏剧作品的真正作者。正如该学会的秘书理查德·马利姆所说言,德维尔是最适合这种工作的人,因为他受过相应的教育,并有相关旅行经历,而莎士比亚却没有这些背景。

1992年,"牛津派"的又一强有力的证据诞生了。美国马萨诸塞大学的一位博士研究生罗吉·斯垂特麦特,在华盛顿福尔吉莎士比亚图书馆1427号收藏柜中,发现了一部于1570年在日内瓦翻译和出版的《圣经》。经考证发现,这部《圣经》竟是莎士比亚真实身份的证明,它最有力地证明了德维尔就是莎剧作者,而莎士比亚学界则将其称为"日内瓦圣经"。

日内瓦圣经封面和封底银片上雕刻的那些标记都是牛津伯爵家族的几种纹章上的内容。而且根据保留至今的伯爵的家庭账目,他确实在1570年购买过一部《圣经》。因此基本可以肯定,这部《圣经》的主人是德维尔。根据福尔吉图书馆专家的研究,其纸页上的边注和文本字行下面划的线条所用的黑色和红色墨水,大体可以断定是17世纪以前的产品,所以这些字符可能是《圣经》的第一位主人德维尔阅读时加上去的,对此,一般也没有什么疑问。这部《圣经》装帧十分华丽考究,精致的红色丝绒书面,四角镶着银质护片,封面和封底之间有银质搭扣,封面中央镶着一块椭圆形的银片,银片上雕刻着一个戴着王冠的野猪头,封底中央也有一块银片,上面雕刻着分成4块的盾牌,盾牌左上方的弧形部分中有一颗星,盾牌的上面也是一顶王冠。正文的内容分成3个部分:第一部分《旧约》、第二部分《新约》,第二部分是《诗篇》和《祈祷书》,分别注明1570、1568、1568的字样。

莎士比亚主要戏剧作品目录

第一时期(1590~1600年),以写作历史剧、喜剧为主:《维罗纳二绅士》《温莎的风流娘儿们》《错误的喜剧》《无事生非》《爱的徒劳》《仲夏夜之梦》《威尼斯商人》《皆大欢喜》《驯悍记》《第十二夜》《约翰王》《理查二世》《亨利四世》《亨利五世》《亨利六世》《理查三世》《泰特斯·安德洛尼克斯》《罗密欧与朱丽叶》。

第二时期(1601~1607年),以写作悲剧为主:《一报还一报》《终成眷属》《特洛伊罗斯与克瑞西达》《科利奥兰纳斯》《雅典的泰门》《尤利乌斯·恺撒》《麦克白》《哈姆雷特》《李尔王》《奥赛罗》《安东尼与克丽奥帕特拉》。

第三时期(1608~1613年),以写作悲喜剧、传奇剧为主:《暴风雨》《冬天的故事》《亨利八世》《辛白林》《泰尔亲王配力克里斯》。

□ 历史悬案

莎士比亚时代用来抄写或著作的桌椅

众所周知，莎士比亚戏剧同《圣经》有密切的关系。因为莎剧文本中包含着极其丰富的历史和文学知识，可以发现许多作品影响的痕迹，而其中影响最大的就是罗马作家奥维德的《变形记》和《爱经》。由于没有任何证据能证明斯特拉福的威廉·莎士比亚有过《圣经》，他的遗嘱对遗产进行分配时也没有提到《圣经》。因此这部德维尔读过的《圣经》的发现立即引起了"牛津派"的极大兴趣，吸引他们开始了对这部《圣经》的研究。而斯垂特麦特和其他人的研究成果也在报刊和互联网上陆续发表，并制成光盘广为宣传，产生了很大的影响。

他们研究的重点是德维尔加上的字符同莎士比亚戏剧有无直接的联系。"日内瓦圣经"有许多地方用红笔或黑笔画了线，有的是画在各节的编号下面，有些是画在文字行的下面。另外还有一些简单的边注，用工整的斜体字写成，不过有些字的靠外部分被切掉一点，估计是重新装订时被切除的。这些边注大都是单字，比如"罪过""怜悯""宽恕""高利贷"，个别边注稍长，比如在《旧约·箴言》3章10节"这样，你的仓房必充满有余；你的酒榨有新酒盈溢"的旁边加了一个边注："给穷人赐福"。此外，页边也有一些用花朵或是符号做的标记。

他们研究的主要对象是莎剧中的一些人物，特别是福斯塔夫。福斯塔夫在《亨利四世》和《温莎的风流娘儿们》中都出现过。这是个老不正经、流氓气十足，但又风趣、快活的喜剧人物，偏偏是莎剧中引用《圣经》最多的角色。"牛津派"认为，福斯塔夫引用的《圣经》内容，许多在"日内瓦圣经"中都有标志。比如在《亨利四世》中，福斯塔夫骂他的一位朋友是"婊子生的亚西多弗"，这可是个偏僻的典故，许多人都不知道"亚西多弗"是什么意思。经考查，"亚西多弗"出于《圣经·旧约·撒母耳记（下）》，是给大卫和他的儿子押沙龙出主意的人。而研究者发现，在"日内瓦圣经"中，提到"亚西多弗"的这一节的下面就画了横线。又如，福斯塔夫说他的仆人巴道夫"全然是黑暗的儿子"，而在《圣经·新约·帖撒罗尼迦前书》中也有这样的话："你们都是光明之子，都是白昼之子。我们不是属黑夜的，也不是属幽暗的"，结果研究者发现，在"日内瓦圣经"中这几句的下面也画了线。还有，在《温莎的风流娘儿们》中，福斯塔夫对人吹嘘说："就算歌利亚拿着织布的机轴我也不怕。"歌利亚是《圣经》中的著名巨人，为大卫王所杀，在西方是家喻户晓的故事，但是歌利亚拿着"织布的机轴"人们就未必熟悉，在《圣经·旧约·撒母耳记（下）》中确有这"这人的枪杆粗如织布的机轴"的话语，而在"日内瓦圣经"中这句的下面也画着线。

最后，按照"牛津派"的统计，"日内瓦圣经"中边注有40多处，画线有1000

多行,两项相加共 1066 行。他们认为,这些做了标记的部分,大约 1/4 直接出现在了莎剧文本中,还有更多的句子同莎剧文本有关。莎士比亚最出色的名句共 66 处,其中有 29 处同"日内瓦圣经"中做了标记的部分有所关联。而这些做了标记的《圣经》句子,同时代的其他作家基本上都没有引用过。因此,"牛津派"得出一个结论:德维尔记住了《圣经》中的这些内容,并写进他的戏剧作品;"日内瓦圣经"是莎士比亚真实身份的证明,它最有力地证明了德维尔就是莎剧作者。

与此同时,经过 10 年的努力后,斯垂特麦特的博士学位论文《德维尔"日内瓦圣经"的边注》也于 2001 年通过了答辩。无论人们是否同意斯垂特麦特等人的结论,这部"日内瓦圣经"都是莎学史上的一个重大发现,斯垂特麦特等人的研究无疑具有重要的意义。为此,德维尔学会的秘书马利姆主张把名誉还给真正的剧作家,他甚至说"如果你坚持认为埃文河畔斯特拉特福的威廉·莎士比亚是作家,你就扭曲了整个文学历史"。

悬案仍将继续

由于莎士比亚的形象已在全世界人们的心目中扎下了根,所以如果没有铁一样的证据,历史形成的观念是很难改变的。而且无论对于哪种违背传统的观点,人们总能找到反驳的理由。有一位著名的伊丽莎白时代文学专家,曾在英国的《泰晤士报》上发表了一篇文章,居然从"性"的角度就轻而易举地推翻了它。这位专家指出,莎士比亚作品中充斥着大量的有关性的描述,而那些人们曾相信的莎剧的作者如培根、马洛和牛津伯爵等人,却都是同性恋者,这就说明他们的猜测是毫无根据的。

对于德维尔说的流行,莎士比亚家乡的莎士比亚出生地基金会明确表示不屑一顾,认为那些人完全是胡说八道。他们始终坚持,爱德华·德维尔并没有写莎士比亚的作品,莎士比亚的作品就是莎士比亚写的。就德维尔学会认为是德维尔将莎士比亚当作"掩护"的观点,该基金会的负责人韦尔斯反驳说,在莎士比亚时代繁忙、充满流言蜚语的戏院里,这种欺骗手段根本不可能成功;而德维尔作为一个大忙人,却能在他各种各样的活动间隙写出如此多的杰作,这本身就是荒谬的。

对于斯垂特麦特的结论,正统的"斯特拉福派"并不同意,他们认为把"日内瓦圣经"同莎剧联系起来,本身就是很牵强的。美国芝加哥大学的戴维·凯斯曼也对"日内瓦圣经"进行了研究。按照他的统计,"日内瓦圣经"有 1000 行做

莎士比亚纪念馆内的餐桌

了标记，其中只有 20% 在莎剧中出现，而莎士比亚戏剧中至少有 2000 行同《圣经》有关。他还指出，"日内瓦圣经"中画线和做标记最多的是《撒母耳记》（上、下）和《列王记》3 篇，大约 1/4 的记号在这里，而《圣经》中被莎剧引用最多的几篇，如《创世记》、"四福音书"和《启示录》，"日内瓦圣经"中做的记号却不多。此外，"日内瓦圣经"中还有几篇，如《哥林多后书》《何西阿书》以及几篇所谓"伪经"，都做上了比较多的记号，但这些做了标记的内容，在莎士比亚戏剧中却很少或者根本没有引用。所有这些足可以证明，"日内瓦圣经"的所有者同莎士比亚有不同的兴趣，不可能是同一个人。最后，"斯特拉福派"的结论就是："日内瓦圣经"同莎剧文本的对应只是偶然，根本无法证明二者之间有必然联系，而"牛津派"在有意夸大其价值。

由于争论涉及著作权的问题，学术界的争论甚至惊动了司法界。

1987 年 9 月 25 日，美国联邦最高法院曾在华盛顿做过一次模拟"审判"，结果 3 位法官一致投票把著作权判给了威廉·莎士比亚。不过不久后，他们又都改变了态度，并且一再用不同的方式向"牛津派"表示歉意。在斯垂特麦特的博士学位论文获奖后，3 位法官中的史蒂文斯，作为美国法律界的权威，甚至以严谨的法律文书的形式表示了他的祝贺和评价。他在贺信中说："你证明了德维尔《圣经》的所有者同莎士比亚经典作品的作者同样地熟悉《圣经》文本……我相信你不会不同意：将来什么时候我评论（莎剧）作者问题，如果提到你的论文，会有越来越多的持传统观点的学者不得不承认你收集来的、用于支持'牛津派'立场的那些证据的力量。"

不过，对于数以亿计的普通读者而言，莎士比亚究竟是谁？在短期之内，这还将是一大悬案。

蒙娜丽莎微笑的背后

在法国的卢浮宫博物馆里，保存着一幅名为《蒙娜丽莎》的油画。如今，这幅画是世界上最昂贵的艺术作品之一。每天，都有来自世界各地的众多艺术爱好者，在它面前流连忘返。这幅人物肖像画由意大利画家达·芬奇创作于 1502 年。几百年来，画中人那神秘、悠远的微笑，不知让多少人浮想联翩。人们对神秘微笑了几百年的蒙娜丽莎的真实身份，产生了众多传闻和猜测。

天才画家达·芬奇

列奥纳多·达·芬奇（1452～1519 年）是意大利文艺复兴时期的艺术大师，与拉斐尔、米开朗琪罗并称意大利"文艺复兴美术三杰"。1452 年 4 月 15 日，达·芬奇出生于文艺复兴的发源地、历史上著名的城市共和国佛罗伦萨附近的一个小镇——

芬奇。由于是一名私生子，因此他的名字在意大利文中的意思是"芬奇镇的列奥纳多"之意，而没有冠之以父亲的姓氏。年轻时，达·芬奇跟随佛罗伦萨画派画家韦罗基奥学画。1481年，他离开佛罗伦萨前往米兰，之后应法国国王弗兰西斯一世的邀请，前往法国，在法国他度过了自己的一生，1519年在克劳城堡去世。

作为文艺复兴时期最卓越的代表人物，达·芬奇是世界历史上罕见的全才，他的成就和贡献是多方面的，在多个领域都很有建树。他不但是一位天才的大画家，还是一位数学家、音乐家、发明家、解剖学家、雕塑家、物理学家和机械工程师。他不仅以其高超的绘画技巧而闻名于世，还设计了许多在当时无法实现的超时代的发明，而这些设计后来都被现代科学技术所实现了。同时，达·芬奇还推动了建筑学、解剖学和天文学的发展。

达·芬奇雕像

他是欧洲第一位描画风景的画家，他画中的人物真实、栩栩如生，构图严谨、稳重。他最著名的画作是为米兰圣玛利亚修道院作的壁画《最后的晚餐》和肖像画《蒙娜丽莎》，著作有《绘画论》。

达·芬奇这位世界的天才，其主要才能表现在科学发现和想象上。他曾经设计过直升机、飞行器、热气球、攻城器以及城市防御体系、排水系统，还研究过人体解剖、比例、透视，是一位多才多艺、全面发展的人。他道德高尚，举止温雅，且体格健壮，力量过人，据说他一只手就能轻易地折断马蹄铁。更有趣的是，他左右手都会写字、作画，而他用左手写的字是反向的，人们只有在镜子里才能看懂！

从达·芬奇留给后人的12幅绘画作品和7000多页手稿、设计图来看，他对科学的兴趣要比对绘画大得多，他在科学研究上的成就绝不亚于他的艺术成就。他曾提出"太阳是不动的"这一超时代的结论，早在哥白尼之前就否定了地球中心说，他当时就认为月亮本身并不发光，只能反射太阳的光辉，甚至幻想过如何去利用太阳能。在物理学方面，他发现了液体压力，提出了连通器设想，还发展了杠杆原理。他关于物体惯性的描述后来为伽利略的实验所证明。达·芬奇对解剖学和生理学也很着迷。他研究解剖最初是为了让艺术造型更加准确，后来却发展成了一个独立的科学研究领域。他在解剖学上的最大贡献是创造了一套图解，而这种样式至今仍被广泛应用着。他是设想采用玻璃和陶瓷制作心脏和眼睛的第一人，他甚至绘制过婴儿在母体中的发育图。达·芬奇研究过心脏和血液循环系统，并画出了心脏瓣膜，这是有史以来第一幅有关动脉硬化的解剖图！

在军事和机械领域，达·芬奇设计了飞行机械、直升机、降落伞、机枪、坦克、潜水艇、双层船壳战舰、起重机、纺车、机床、冲床、自行车，等等。达·芬奇还是一位杰出的思想家。他坚信科学，常常流露出对宗教的怀疑和厌倦。他认为认识起源于实践，知识的获得要依靠直接的观察和经验。他的实验工作方法经伽利略从

□ 历史悬案

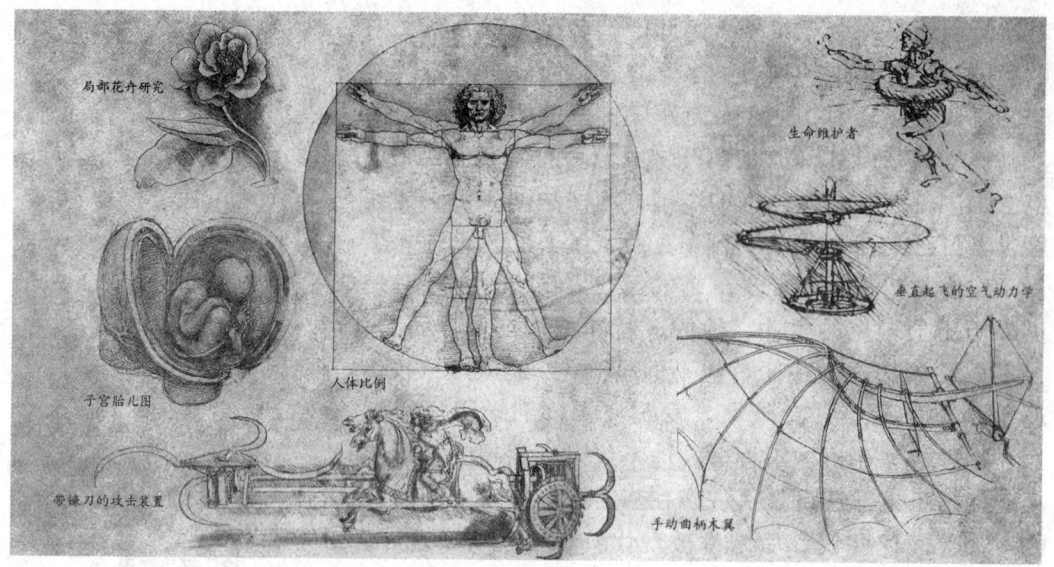

达·芬奇绘制的各种设计草图

达·芬奇的才华并不仅限于绘画方面的成就，在他记录幻想发明和观察自然现象的笔记本中，同样显示了他在其他领域中的才能。如此丰富的创造都出自一己之力吗？

实践上加以发展，后来由英国哲学家培根从理论上予以总结，成为近代自然科学最基本的研究方法。

在生前，达·芬奇的大多数著作和手稿都没有发表，直到他逝世后多年，这些天才的产物才被人们发现。正如一位科学史学家评论的："如果他当初发表他的著作的话，科学一定会一下就跳到一百年以后的局面。"因此，恩格斯称达·芬奇称为文艺复兴时期"巨人中的巨人"。

人们几乎不能相信上天会慷慨地把盖世奇才和美德完美地赋予一个凡人。而天才达·芬奇却能集这两者于一身，在世界人物史上也很鲜见，他为何如此幸运地得到上苍的青睐成为一个难解之谜。欧洲一些专家学者近年来广泛而认真地研究了达·芬奇的生平，企图从中找到一些奥秘。有人用计算机分析了他一生的成果。结果令人们大吃一惊，若要完成他全部的绘画、雕塑、研究和各种发明等工作，就算一刻不停地做，需要的时间至少也是 74 年。这对他来说，简直不可能，因为他只活了 67 年。

人们从达·芬奇的生平中，还能隐约感觉到某种神秘之处。他一无家庭，二无亲友，终其一生都在躲避着那些被他称为"多嘴的动物"的女人，他隐秘的生活使他从事的事业非常机密。这更使专家们怀疑，达·芬奇可能是得到了神秘人物的帮助。否则，一个人的精力是有限的，如何能取得如此大的成就？

达·芬奇的社交圈很狭小，这就使人们很容易对达·芬奇唯一的仆人托马兹·玛奇尼产生兴趣。托马兹·玛奇尼是一个时刻跟随在达·芬奇左右的人，他是一位面目慈祥、体格强壮并有一双智慧之目的中年术士，阅历十分丰富，曾到过东方，受到过东方圣人和统治者的接见，还带回了大量的古阿拉伯和古埃及的书籍。据记载,他是一位出色的水力专家、雕刻家、机械师,同时对炼丹术等也极为热衷,只是因为他身份低微,故不为人们所知。有些学者从这些史料中得出结论:托马兹·玛奇尼是达·芬奇的有力合作者。

但大多数历史学家对上述的观点颇有微词。他们认为,托马兹·玛奇尼这个人物是人为臆造的,并不是历史人物。

有些专家认为,达·芬奇可能是立足于古人的创造发明并对它们进行了再创造和改良而得到如此丰硕的成果的。他们指出,类似直升机的画,早在达·芬奇之前的佛来米派艺术家手稿中就已出现过,与达·芬奇后来的设计很相像。另外,有记载表明,达·芬奇与东方祭司相交甚密,长期往来。他可能从这些古代文明的传继者那儿,得到许多人类知识的精华。

对达·芬奇一生的创造也有人表现出不以为然的态度。他们指出,达·芬奇的科学创造,都只是停留在构想阶段,与真正的科学发明有着本质的区别。但是,持这种观点的专家不得不承认,达·芬奇是一个集崇高美德和天才智慧于一身的奇才。

被后人视为旷世奇才的达·芬奇为后人留下了充满智慧的财富,即便是几百年后的今天,仍然令人叹为观止。不过对于后世大多数人而言,似乎认为他只是一名画出了永恒微笑的画家,这幅画就是举世闻名的《蒙娜丽莎》。作为达·芬奇的代表作品以及文艺复兴时代的一个象征,这幅名画拥有着超越时空的无穷魅力。首先就是画中女子那神秘的微笑,几百年来不知吸引了多少人流连忘返,试图从不同角度捕捉她的神情,却总是百思不得其解。其次,关于画中女子真实身份的猜测,长期以来,一直困扰着研究者。她的原型到底是谁,与达·芬奇又有什么关系,一直是世界文化艺术界的重大悬案。

寻找蒙娜丽莎的原型

几百年来,《蒙娜丽莎》——达·芬奇所创作的这幅名画,是世界上最永恒的女性阴柔美的象征。画中的女子天生丽质,带着谜一样的迷人微笑。从风格上讲,这幅画和同时代其他的画都不一样。更让人产生疑问的是,画上面没有签字,也没有日期,更没有透露画中人的名字,那么达·芬奇创作时的原型究竟是谁?对此,学术界和民间一直争论不休,因而长期以来流传着不少有关蒙娜丽莎身份的说法。

很多人认为,画中人可能是当时意大利社会上层的某位贵妇人,他们还提出几位极有可能的候选者,包括伊莎贝拉·德艾斯特、伊莎贝拉·古亚兰达以及塞西利娅·加莱拉妮等。另有一些人认为,蒙娜丽莎不是别人,其原型就是达·芬奇的情妇。也有相当一部分人认为,画中人是当时佛罗伦萨城内的一位名妓。

蒙娜丽莎 达·芬奇 意大利

此外，也有人声称画中人是达·芬奇的母亲。最令人感到新奇的是，有人对达·芬奇的面部线条与画中人的面部线条进行了研究后，认为二者的线条非常相似，于是得出结论：这是达·芬奇的自画像！而他之所以把自己画成女人，只不过是因为达·芬奇天性好玩。小说《达·芬奇密码》中就坚定地认为《蒙娜丽莎》是达·芬奇本人的女版自画像，甚至更进一步推测达·芬奇很可能是个极其自恋的同性恋者。还有一些人则干脆认为，《蒙娜丽莎》是达·芬奇的即兴发挥，根本就没有什么原型。

种种争论，一直持续了400多年的时间。不过，最近的一项研究结果似乎逐渐澄清史实。该项研究表明，"蒙娜丽莎"的真名叫丽莎·吉拉迪妮，她是一位名叫弗兰西斯科·吉奥康多的意大利丝绸富商的妻子。更有趣的是，早在1550年，便有人提出了这一观点，只不过直到今天才找到证据而已。

就在前不久，来自意大利佛罗伦萨市的教师吉乌塞普·帕兰蒂，在经过了25年的时间对达·芬奇的一生进行研究后，将自己的成果全都写进了他的著作《蒙娜丽莎真有其人》中。该书出版发行后，立即引起不少人的关注。

在25年当中，吉乌赛普·帕兰蒂一直在研究佛罗伦萨市的档案，试图在这里获得突破。功夫不负有心人，他终于找到了明显的证据。经过研究发现，达·芬奇一家与丝绸商弗兰西斯科·吉奥康多的关系非常密切。1495年，吉奥康多娶丽莎·吉拉迪妮为妻。帕兰蒂还指出，其实早在1550年，专门描写意大利文艺复兴艺术家的传记作家吉奥·瓦萨里便认为这位丝绸商的妻子是《蒙娜丽莎》的原型，因为这位作家本人与吉奥康多一家的私交甚好。如今看来，瓦萨里的这一说法是可信的。实际上，《蒙娜丽莎》这幅画还有另外一个鲜为人知的名字——"拉·吉奥康多"，这个名字正好与瓦萨里的说法相吻合。

在对佛罗伦萨市的档案进行了长年研究后，帕兰蒂发现，达·芬奇的父亲、公证人赛尔·皮埃罗·达·芬奇与赛尔·弗兰西斯科·吉奥康多相识多年，建立了密切的社会关系，为后者做了很多事，包括帮助他们兄弟写契约，还于1497年帮助他解决了与佛罗伦萨修道士的货款纠纷。据帕兰蒂考证，蒙娜丽莎是达·芬奇父亲朋友的妻子，她的名字叫丽莎·吉拉迪尼，出嫁前居住在基安蒂市。帕兰蒂发现的丽莎的结婚登记表证明，1495年3月5日，16岁的丽莎于与年长她14岁的赛尔·弗兰西斯科登记结婚。弗兰西斯科的第一任妻子卡米拉·鲁塞拉伊在1494年去世，丽莎是吉奥康多的第二任妻子，出嫁时只有16岁。

在自己的著作中，帕兰蒂指出，吉奥康多非常爱自己的妻子，甚至专门在家中修了个小礼拜堂，使妻子能在那里祈祷。在临终前，吉奥康多立下遗嘱，将全部财产都留给了丽莎，并把她称为"心爱的、忠实的妻子"。此外，帕兰蒂还透露，当时佛罗伦萨城中一位酒商也认识丽莎，这位酒商曾在日记里写道："丽莎·吉拉迪尼的生命属于佛罗伦萨和基安蒂……我也是基安蒂人，我想记下她的故事。"丽莎24岁那年，达·芬奇的父亲请儿子为她画像。当时达·芬奇正被一场财务纠纷所困扰，为了帮儿子一个忙，达·芬奇的父亲自己拿出一笔钱，然后告诉儿子这是丽莎和她丈夫出的画像费，于是，达·芬奇欣然完成了这幅人物肖像。

此外,帕兰蒂还找到了这对夫妇生下的5个孩子中的4个孩子的档案:皮埃罗生于1496年;卡米拉生于1499年;安德里生于1502年;吉奥康多生于1507年。其中,卡米拉和妹妹后来成为修女。

帕兰蒂表示,他一直没有找到丽莎的死亡档案,但具体时间可能是在1540~1570年。因为从1540年开始,当地居民的死亡档案管理混乱,许多档案都是空白,但自1570年后,死亡档案步入正轨。帕兰蒂还发现,1570年,也就是丽莎的丈夫去世一年后,她把在奇安蒂的一个农场转让给自己的小女儿鲁多维卡修女,这个农场是丽莎的嫁妆。帕兰蒂认为,丽莎之所以转让这个农场,可能是为了换取鲁多维卡修女同意照顾她,因为当时她已经60岁了。

有人认为,《蒙娜丽莎》的原型是达·芬奇自己。从这幅《裸体的蒙娜丽莎》可以看出,她的面相与达·芬奇本人确实相像。

由于破解蒙娜丽莎之谜的贡献,一些学者给予帕兰蒂很高的评价,不过仍有一些人对这一结论表示怀疑。对此,帕兰蒂强调自己并没有进行任何虚构,只是把收集到的资料整理成书而已。他说:"我不是写小说,我要用事实说话,我的书里只有真实的历史资料。"

关于这幅名画的创作过程,也是文艺复兴时期最大的谜团之一。前不久,意大利研究人员宣布,他们找到了达·芬奇在佛罗伦萨的工作室,而这正是《蒙娜丽莎》诞生的地方。

在佛罗伦萨市中心的桑蒂西马·安兹亚塔修道院里,三名研究人员还发现了一个从修道院通往一个工作室的隐藏的楼梯和门口。经考证,人们发现这就是达·芬奇在16世纪初进行创作的画室。画室还用壁画进行了装饰,其中一幅壁画描绘的是一张被群鸟围绕的有翅膀的天使的脸。专家认为这表现的是《天使报喜》的主题,与佛罗伦萨乌菲兹美术馆保存的达·芬奇创作的一幅"天使报喜"图使用的是类似的技法。专家们认为,这些壁画是达·芬奇和他的学生们画上去的。也正是在这个地方,达·芬奇遇到了激发他创作出名画《蒙娜丽莎》的那个女人,也就是佛罗伦萨丝绸商人弗朗西斯科·吉奥康多的妻子,因为吉奥康多一家在这座修道院有一个小礼拜堂。当时,达·芬奇还在这里创作了《圣女和抱孩子的圣安妮》,目前保存在意大利国家美术馆里。

在过去的100多年里,这座修道院一直由军事地理研究所占用。直到最近对修道院的部分设施进行修缮时,专家们才发现了达·芬奇的这个工作室。佛罗伦萨保存与恢复委员会主席克里斯蒂娜·亚西迪妮表示,发现这个工作室是一件令人激动不已的事件,她说:"我们需要进行更深入的研究,但发现这些壁画的确鼓舞人心。"

□历史悬案

几百年前，专注于意大利文艺复兴人物的传记作家吉奥·瓦萨里曾在《艺术家们的生活》一书中写道，当修道院的修道士带他进入他们的房间时，他看到过达·芬奇当年使用的东西。可是直到现在，达·芬奇的工作室才被确认。达·芬奇研究专家阿莱桑德罗·维佐西表示，达·芬奇工作室的发现可以使学者们更好地理解达·芬奇当年的创作情况。

永恒的神秘微笑

无论什么人，只要置身于达·芬奇的《蒙娜丽莎》前，必定会被画中女子的微笑深深吸引。蒙娜丽莎嘴角微皱，眉宇舒展，脸部的微笑似乎一掠而过，却又能恰好被人捕捉。她的笑，视你的心情而变化，在你沉静时，你看她的笑，真是清水芙蓉，翠山之黛，不由你不沉醉；若你欢欣时去看，此时倘或带些轻浮的意念，那么画中的笑，又是冰清玉洁，如断臂的女神，教你油然生出庄重之感；或者你是在心情悲寂的时候去看，那么这笑容里又有一丝哀绪与你共鸣，又有一份关心抚慰你正在抽搐的心……总之，蒙娜丽莎的微笑，神秘莫测，令人神往，引人遐想。

为什么这幅画会有这样的艺术魅力呢？是因为出于大画家达·芬奇之故，还是跟这幅画的模特有关？自从这幅画问世以来，几百年的时间里，人们争论不休，可惜仍然不能拨云见日，解开这个尘封已久的谜团。

有人用审美心理学的原理解答这个问题，说一件艺术品，不同的人来观赏，或者同一个人在不同的时间观赏，其感受和效果自然是不同的。人们欣赏一件艺术品，往往是以自己日常生活经验为基础的。所以说蒙娜丽莎微笑的神秘，实在没有什么好研究的，争论这个问题，就好比中世纪经院哲学家们争论一枚针尖上可以站立几个天使一样无聊。比如说我国的一首曲词《天净沙·秋思》，无论何人，只要读到"断肠人在天涯"，是无论如何也不会哈哈大笑的；又比如有人吟诵李白的《将进酒》或者苏轼的《念奴娇·赤壁怀古》，即便是他当时再不开心，也断然不会让另一个人感受到他所吟诗歌的悲凉气氛。其实只要我们仔细想想就会知道，并不是任何一件文艺作品都会给人以神秘莫测之感。因此争论蒙娜丽莎微笑的神秘，绝非是毫无意义的。

无论从艺术表现力上，还是从光学、解剖学等方面而言，它都充满着神奇色彩。因为我们从不同的角度去欣赏这幅画时，总会得到不同的效果，这也是它令全世界无数艺术爱好者着迷的原因。

美国旧金山斯密斯凯特威尔眼科研究中心的一名科学家研究发现，人类视觉讯号的干扰可改变他们对《蒙娜丽莎》面部表情的判断，这就可以解释为何不同人对她的微笑有不同看法，有时看来哀伤、忧心忡忡或快乐。而她的微笑可能源于人们脑部的判断受到视觉噪音干扰，就像信号不好时电视机上的"雪花"。

这位专家指出，传送到我们眼睛的讯号的自然"噪声"似乎会改变我们看到的影像。照射到视网膜的光子数目随着时刻不同而变动，有时会对我们所看到的视觉图案造成误导性的干扰，效果跟电视受到干扰相似，令面部和对象的轮廓模糊

世界篇

《蒙娜丽莎》解析图

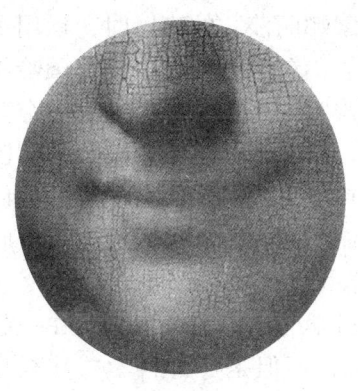

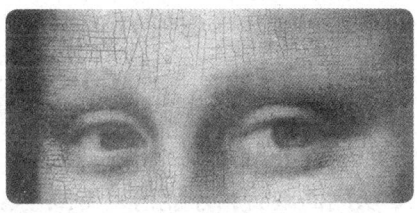

这是一双温柔的眼睛,带着深不可测的意味看着远方。这双眼睛没有睫毛和眉毛,这是因为修复此画的人考虑到当时佛罗伦萨流行剃眉的美容术,将睫毛连同眉毛一起修掉了。

这是美术史上最大的谜之一,众说纷纭:其微微翘起的嘴角左右不匀称,嘴唇轮廓不太清晰。画家涂上薄薄的色彩,运用晕涂法使光与影巧妙地融合,创造出独特的效果。

这是被认为是美术史上画得最美的一双手,精确、丰满、柔嫩。

背景山水幽深茫茫,淋漓尽致地显示了画家奇特的烟雾般的笔法"空气透视"。达·芬奇对同时期的恬静派风景画十分反感,他偏好描绘散发着神秘气息而动人的自然景观。

有人说蒙娜丽莎衣饰上的链状刺绣图案正是达·芬奇的签名方式。意大利文"链结"为Vincolare,似乎和达·芬奇(DaVinci)的名字有着一定关系。

145

不清。

有研究者分析，具备科学天才的达·芬奇在画"蒙娜丽莎"的嘴巴时，运用了模糊轮廓的手法，这种手法在意大利原文的字面意思为"像烟般蒸发"。而美国哈佛大学一名神经生物学家利文在其著作《视觉和艺术：观赏的生物学》中提出一个理论：以模糊手法绘画的微笑，在周边视觉下较为明显，所以当你集中望向她的嘴巴时，笑容便会消失，就像我们观看暗淡的星星时，直接望上去星星便会消失。他认为，这不只是单纯的模糊手法，达·芬奇绘画时还试图"欺骗"人类的视觉，令欣赏者要从侧面观看，才能清楚看到"蒙娜丽莎"的笑容。

在这里，我们就不得不关注一下达·芬奇这个将科学与艺术完美地结合在一起的天才。但是按照达·芬奇的界定，艺术，尤其绘画，不但是一种科学，甚至是"所有科学之后"。达·芬奇的独到之处就在于，他既能发现事物表面迷人的美感，又具备物理学者与解剖学者的视角。他同时具有科学家的观察力与艺术家的表现力，是艺术史上第一位对人体和动物的比例做过系统研究的艺术家。他不但熟悉人体外部的比例，而且了解人体的内部构造，因此笔下人物的比例、结构、动态都十分准确，无懈可击。正是因为达·芬奇对几何比例与构图十分精通，才使《蒙娜丽莎》除了那永恒的神秘微笑外，还创造性地解决了半身肖像的构图问题。几个世纪以来，西方那些卓越的半身像无一不受这幅画的影响。

达·芬奇最大的艺术贡献，体现为运用明暗法使平的画面呈现出空间感和立体感。在文艺复兴初期，画家一般都用线条来表现透视，单线平涂，色彩较单调。而达·芬奇研究光影学，首创明暗渐进法，用光线和阴影的技巧来描绘人物、景致，使之呈现逼真的立体感。甚至一直到印象派出现前的几百年内，无人能够逾越达·芬奇建立的三度空间绘画体系。由他首创的明暗法使这一时期的绘画为之一变，艺术史家普遍认为它是绘画艺术的一个转折点。在同时代的人看来，达·芬奇就像一位充满传奇色彩的魔术师；而在现代人眼中，令人惊异的是，他仅用12幅完整的作品就奠定了最伟大画家的地位。

今天，面对着这幅《蒙娜丽莎》，人们除了惊叹，还是惊叹，就像一部艺术史著作所总结的："这是世界美术史上最美的一只右手；这副脸庞，只要见过一次，就永远离不开我们的记忆……这是人类绘画的极品，这幅画的巨大成功致使以后的画家没人敢再涉足这个题材！"

《蒙娜丽莎》包含的"恋母情结"

据说蒙娜丽莎原型在作为模特被画时已经怀孕，画中女人手臂肿胀和脸颊微胖，而且手上没有戒指，在当时的佛罗伦萨，一个富有的夫人不戴指环的唯一的解释是怀孕导致手指变粗，以致她不得不摘下戒指。

弗洛伊德用"恋母情结"解释了蒙娜丽莎"微笑"的含义，这幅杰作表露出画家对母爱的渴望。弗洛伊德认为蒙娜丽莎的现身，勾起了私生子达·芬奇对生母的痛切记忆，他通过绘画向那位生母的化身倾诉孤独的身世，在她的肖像上涂满了隐秘的激情。

更有甚者，从医学的角度别出心裁地对蒙娜丽莎的生理状况进行了一番检测，结果认定她患有内斜视，甚至发现她右下脸上有一点肿，这些"大夫"们指出，这或许是蒙娜丽莎神秘微笑之谜吧。

后来甚至关于蒙娜丽莎的年龄，也有人提出质疑，认为早不是什么妙龄少妇了，已经人到中年，很可能已经40岁往上了。这无疑使得蒙娜丽莎的微笑越发显得扑朔迷离。

哥伦布与新大陆的发现之谜

西班牙著名城市巴塞罗那海滨的港口广场上，有一座高达60米的圆柱形纪念碑，底座四周雕有8只神态各异的狮子，环绕柱体中部雕有5个凌空飞舞的女神，碑顶端是一尊巨大的人物雕像。这位巨人双眸凝神远望，挥手遥指大西洋彼岸。在雕像不远处的码头上停泊着一艘古代船只的复制品"圣·玛丽娅"号，这是一艘中世纪的黑色木帆船，虽不大，但精致坚固，别具一格。这就是世界上伟大的航海家哥伦布和他当年横渡大西洋的帆船。1492年8月3日，在西班牙王室的资助下，哥伦布乘着这艘长仅20多米的船，从巴罗斯港出发，航行70天，到达巴哈马群岛的圣萨尔瓦多岛，发现了美洲。哥伦布发现美洲大陆的事实早就被载入了史册，而他本人也因此彪炳千秋。距哥伦布发现美洲大陆到现在已有四五百年的历史了，有关哥伦布的传说仍在大西洋两岸流传着。这位划时代的航海家到底是哪国人呢？他是阴差阳错发现美洲大陆的吗？是他发现了新大陆吗？

国籍不明的哥伦布

哥伦布虽然不是西班牙人，但他当年是在西班牙国王斐迪南二世和女王伊莎贝拉的资助下开始冒险生涯的，哥伦布也为西班牙在世界航海史上写下了浓墨重彩的一笔，他是西班牙的骄傲。

可是，这位划时代的航海家到底是哪国人呢？中外各种史书上通常引用的说法是：克里斯托夫·哥伦布，意大利热那亚人，生于1451年。他的祖父乔凡尼·哥伦布住在意大利旧热那亚城以东8千米处的昆特镇，是一个经营毛纺织业作坊的手工业者。父亲多米尼科·哥伦布，学徒出身，开了一个呢绒作坊和一个小客店，是织布行会会员，在同行中有一定的威望。1445年，他与一位纺织工女儿苏桑那·芳塔娜罗莎结婚，6年后，哥伦布诞生在这个家庭中。关于哥伦布家庭和他的早期生活，人们知道得很少，只大略知道他曾在拉丁文学校学习，

航海星盘

147

□历史悬案

哥伦布像

很早就出海航行了,还有过当海盗的记录。1476年,哥伦布移居葡萄牙,参加了葡萄牙对热那亚的一场海战,后来他向葡萄牙国王建议探索一条向西航行可以直通东方的新航线,但未被采纳。1485年,哥伦布移居西班牙,终于得到了西班牙王室的资助,前往东方寻找黄金,结果发现了美洲大陆。他晚年贫病交加,1506年寂寞地死去了。意大利为了纪念这位伟大的航海家,把热那亚哥伦布少年时代住过的房屋列为文物,加以保护,现在还不时有人前往那个地方去参观。

有人却认为这些事实不能说明哥伦布是意大利人,很早就有人提出异议。《大英百科全书·哥伦布条》说,哥伦布本人从未明确宣布自己是热那亚人;他没有用意大利文写下任何东西,他给弟弟和他人的信及日记都是用西班牙文写的,他喜欢用西班牙语来拼写自己的名字,也希望别人这样来拼。这些似乎证明哥伦布是一个曾经居住在热那亚的西班牙犹太人。但《美国百科全书》的有关条目则说,哥伦布之所以没用过意大利语,是因为他的母语利古利亚方言并不是一种书面语的缘故。

关于哥伦布是意大利人的说法,在1978年4月再次受到了置疑。委内瑞拉史学家马利亚提出了一个石破天惊的观点,引起了人们的关注。经过长期的考证以后他发现,史书上记载的这位克里斯托夫·哥伦布根本没有去过美洲,他只不过是一位在地中海从事商业航行的航海家。而到过美洲是另一位叫作克里斯托瓦尔·哥伦布,是一位道地的西班牙人,由于两人名字的发音和拼写近似,导致了长期以来人们把这两个人当作了一个人。

西班牙一位研究哥伦布的权威学者阿尔夫索·恩塞纳特教授称,哥伦布不是出生在公认的1451年,而是1446年,虽然出生地是意大利的吉诺阿,但他在非常年幼时全家就搬到了西班牙的伊比利亚岛,因此他实际上是西班牙人。他讲西班牙语和葡萄牙语,但是不懂意大利语,后来也从未回过意大利。恩塞纳特教授并非信口说胡话,他曾经花了十年时间研究哥伦布,广泛细致地收集各种资料。虽然这种做法不亚于大海捞针,但也不能说一点儿收获也没有,他最后得出了哥伦布是西班牙人的结论。

最近,一位挪威的海运史作家发表了一种新看法,哥伦布可能是挪威人,出生于一个贵族家庭,他的说法在挪威引起了广泛报道、怀疑和兴趣。

还有个别的美国人竟认为,哥伦布是印第安人,只是因为"被风吹过去了",因而他知道回家的路,这种说法带有浓厚的神话色彩,当然是不可信的。

总之,目前为止关于哥伦布的一切都众说纷纭,我们不得不承认,这是历史的遗憾,前人的疏忽大意造成了一大片的空白。人们越是想拨云见日,越是感到迷雾重重。

美洲大陆的发现是阴差阳错吗

传说中航海英雄哥伦布只是阴差阳错地发现了美洲大陆。但是，进入20世纪以来，人们便逐渐对这些说法产生了怀疑。

许多历史学家会提出这样的问题，哥伦布如何会犯下这种错误？大量证据显示出他发现的地方既不是日本也不是中国，他为什么在此情况下还一再坚持说他发现的地方就是印度，居住在当地的人就是"印度人"呢？在一些历史学家看来，哥伦布从没想过要去亚洲，他的雄心勃勃的印度计划只是为了把其他探险家的注意力引开而精心设计的一个障眼法。他们认为哥伦布的目标从一开始，就是去发现新大陆。

哥伦布向世人宣布，他是以印度作为目的地的，他那个时代的编年史家们相信了他的这种说法。

哥伦布在1492年10月21日，登上了一座在他看来极为偏远的岛屿，在当天的航海日志的一开始他就写道，亚洲大陆仍然是他的航行目标，他要亲手把伊莎贝拉和斐迪南写的介绍信交给"大汗"，即中国的皇帝。哥伦布在返回西班牙途中，给伊莎贝拉和斐迪南写了一封信，其中谈到他建立了一座将有利于"和邻近的大陆……以及大汗做一切交易"的要塞。

从这些资料中，我们可以推断出哥伦布的航向和他的目的地。为哥伦布辩护的多为传统主义者。传统主义者们在著名的航海家萨穆埃尔·埃利奥特·莫里松的领导下，回应了这些质疑，他们说《授权条款》虽然没有非常明确地提到印度，但它所规定的哥伦布享有利润的份额中所罗列的宝石、珍珠以及香料等，全部都是亚洲的产品，因此，他的目的地显而易见。

哥伦布发现美洲新大陆的航行只是他4次航海生涯中的第1次；其后，他又在1493年、1498年和1502年先后3次前往那里。持与比尼奥德特相同观点的人推测，哥伦布在途中肯定曾注意到他所发现的这些岛屿与约翰·曼杰维利以及马可·波罗所描写的地方完全没有共同之处。日本和中国等伟大帝国究竟在何处呢？金屋顶和大理石街道到底在何处呢？这里有的只是一些原始的村落。

可能直到第3次航行时，哥伦布才把事情的真相搞清楚。他在1498年7月抵达了今天委内

哥伦布航海所用的船只复原模型
15世纪90年代哥伦布向西航行时，就乘坐这种帆船。用直角索具把多桅帆船进行改造。船体中部竖立主桅，并在前桅挂一直角帆。必要时，主桅同样可重新挂起直角帆。

□ 历史悬案

瑞拉的帕里亚海湾,才开始觉得可能这里并不是中国海岸线外围的岛屿。眼望着宽阔的奥里诺科河三角洲,他估计如此多的淡水只有可能来自一块具有相当大规模的陆地。依照拉斯·卡萨斯的记述,哥伦布在航海日记中曾这样写道:"我相信这块陆地是相当广袤的,迄今为止,我们仍对它一无所知。"

但在这短暂的清醒之后,哥伦布再次陷入了比他最初的"关于印度的伟大事业"更荒诞的想法之中。他把这块新大陆当作人间天堂,认为它是传说中的伊甸园。对此,他还作出了进一步的解释,因为它"就位于被权威人士认作是天堂的所在地的赤道附近"。

哥伦布很可能到死时还一直相信他去过的地方就是印度。如果事实果真如此,那么哥伦布的目标专一和倔强可真是天下无双;如果不是这样,他绝不可能对他在以后的航海中所得到的证据视而不见——当然也包括他第一次航海中所得到的证据。不管怎样,无论哥伦布的意图究竟是什么都不重要,我们只要知道美洲大陆的发现为人类文明史增添了重要的一笔。在这块富庶的土地上,后来曾发生许多历史事件,世界史从此改写。丑恶与美好并存、财富与贫穷同在,历史短暂而又意义深远,这些在哥伦布当初也许都没有料到吧。

是哥伦布发现了新大陆吗

哥伦布发现美洲大陆已经成为人们的共识,然而现代却有一些学者对此提出了质疑。

大多数历史教材中,关于哥伦布和美洲大陆都会有这样的记载:1492年8月3日,在西班牙王室的资助下,哥伦布率领三艘大船前往东方,虽然没有找到他热切盼望的黄金,但却成为第一个发现美洲大陆的欧洲人。

但是在1978年4月,有人却对克里斯托夫·哥伦布第一个到达美洲的说法提出了质疑。新说的提出者是委内瑞拉史学家艾尔马诺·内克塔里奥·马利亚。这位史学家认为,西班牙人阿隆索·桑切斯·德韦尔瓦才是第一个到达美洲的人,他横渡大西洋到达美洲的时间为1481年。他在返航途中,住在桑托港一个叫克里斯托瓦尔·哥伦布的人家,不久在那里病死。临死前,他把去往美洲的全部航行资料都交给了克里斯托瓦尔·哥伦布。10年后,按照他的航行路线,克里斯托瓦尔·哥伦布开始了他远渡美洲的行程。而这个克里斯托瓦尔·哥伦布和我们通常所说的克里斯托夫·哥伦布绝不是同一个人,后者根本没有踏上过美洲的土地。

此外,还有一种说法认为,在1170年的探险途中,威尔士王子

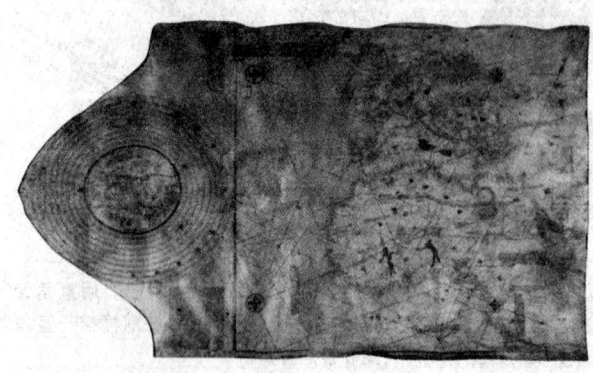

哥伦布绘制的地图

马多克·格威内德曾到过北美的莫比尔海港。有的人则认为在1472年，冰岛总督匹宁在葡萄牙国王和丹麦国王的共同倡议下，也曾带领一支探险队到达格陵兰和纽芬兰一带，后来这一带被葡萄牙人称为"产鳕的地方"。

还有一些学者证明中国的航海家可能在他们之前就已越过浩瀚的太平洋到达了美洲，这些学者还提供了一些耐人寻味的证据。虽然未曾在美洲发掘出中国古代的工艺品，而且这种相关的记载也没能在中国的古籍中找到，但是最近发现的一些颇为神秘的联系却让人困惑不解。如果古时候太平洋两岸完全音讯不通，没有接触，这些联系仿佛就无法解释。而在所有的联系中，小小的花生是最叫人困惑的。

植物学家认为，中国直到20世纪初才开始引种原本生长在美洲的花生。那么为什么5000年前生长的花生会在中国的江苏、浙江两省出现呢？花生的种子既不能在鸟类的胃里存活，经咸水长时间浸泡后又不能发芽。这么一来，花生经过人手从一个半球移植到另一个半球的可能性就较大了。

带轮泥塑动物是公元纪年前后在墨西哥发现的，而中国在公元前3世纪末的汉朝时期就已制造这种泥塑动物了。在欧洲人15世纪到达美洲之前，美洲文化都没有使用车轮的记录，所以在美洲发现这种泥塑动物实在叫人诧异。中国古钱币有斧形的，而居住在墨西哥和厄瓜多尔的阿兹泰克人铸造钱币时也仿照薄铜斧。据说，在墨西哥陶蒂华康和危地马拉卡密纳尔胡猷等地曾出土过三足圆锥盖圆柱形容器，而这种容器在中国汉代也可以找到。

1977年冬天，美国地质调查队的一支沉船打捞队在加利福尼亚州洛杉矶帕拉斯维德半岛浅海处将一个重250千克的轮胎形大石圈打捞上来，它被初步认定是一个石锚。1981年，在相同地点又有两位美国地质学家捞出类似的石锚和压舱石。据估计，这艘遭暴风袭击在南加州一带触礁沉没的大商船长24～34米，载客量为80～150人。经过对石锚取样化验分析，这种岩石与中国福建、台湾的灰岩相同，并不存在于美洲。石锚的沉海时间可依据它上面所积累的厚达2.5～3毫米的锰矿外衣计算出来，为2000～3000年。

另外，想要用巧合来解释中国和中南美洲在文化上相似的地方似乎很困难。如中国有死人口中含玉作为护符的风俗，而墨西哥阿兹泰克人和玛雅人也有此风俗。更叫人惊奇的是，太平洋两岸的人们都喜欢把绿玉染成赭红色。风俗相同得如此细微，对于天各一方的国家来说是非同寻常的。再如中国商代（公元前16～前11世纪）和墨西哥古老文明之一的奥梅克文化（约公元前14～前10世纪）都有拜虎为土地神的风俗，而且它们都被塑造成没有下颌的形象。

由于中国有着5000年的灿烂文明，因此越来越多的历史学家认为中国人最早到达了美洲，但什么时间、如何分布以及与土著印第安人是什么关系等一系列的问题仍然是不解之谜。

□历史悬案

拿破仑传奇

拿破仑·波拿巴，法兰西第一帝国的皇帝、伟大的军事家、政治家。这个个子矮小的法国人，拥有传奇的一生。他在战场上所取得的举世无双的胜利，令无数征伐者为之汗颜；他带给欧洲的巨大政治冲击，曾影响了千万人的命运。1812年，拿破仑发动了对俄国的远征，虽然最终大败而归，但是他在莫斯科城却掠夺走大量财宝。最后财宝的下落却无人知晓。在一个名为滑铁卢的地方，拿破仑遭到了人生最大的打击，并被他的政治敌手流放到大洋中的一个孤岛上，最终寂寞地在那里结束余生。不过，人们并没有彻底将他忘记，这位英雄为何会兵败滑铁卢，他是如何死去的，已成为世界历史上著名的疑案。

辉煌的一生

拿破仑·波拿巴（1769年8月15日~1821年5月5日），法国近代史上伟大的军事家和政治家。他出生于科西嘉岛阿雅克修城的一个破落贵族家庭，10岁就进入军校学习，年仅16岁就被任命为炮兵团少尉军官。1789年法国资产阶级革命爆发时，拿破仑同情革命并成为雅各宾派的拥护者。1793年7月，由于一举攻下了保王党的堡垒土伦，拿破仑深受革命领袖罗伯斯庇尔的赏识，被任命为少将、炮兵旅长。1795年10月，拿破仑率炮兵击溃了巴黎保王党人的武装叛乱，被督政府晋升为陆军中将、巴黎卫戍司令，从此开始成为军界和政界的重要人物。

1796年3月，年仅26岁的拿破仑被任命为法国意大利军司令官，从此开始了独立作战的生涯。出发前，拿破仑与巴黎著名的交际花约瑟芬举行了婚礼。在意大利，他与处于优势的第一次反法同盟军连续作战，取得了一系列的辉煌胜利。1798年5月，拿破仑又受命远征埃及。1799年8月，拿破仑看到国内局势急转直下，人民怨声载道，认为时机已到，立即率亲信离开埃及，冲过英国海军的封锁，秘密返回巴黎，并于11月9日发动了著名的雾月政变，成为第一执政。

拿破仑加冕典礼

1800年6月，拿破仑打败第二次反法同盟。同时在国内，他利用欧洲大陆短暂的和平，励精图治，发展国力，一时间法国出现了繁荣昌盛的局面。1802年5月，经全民投票通过，拿破仑成为"终身执政"，集行政、司法、立法大权于一身，为向帝制过渡铺平了道路。1804年5月18日，拿破仑正式加冕，宣告自己为法兰西第一帝国的皇帝，称号为"拿破仑一世"。在位期间，他还颁布了著名的《拿破仑法典》，该法典确立了资本主义立法规范，至今还对西方社会发挥着作用。

此后，拿破仑又多次打败奥、英、俄等国结成的反法同盟，迫使对手或割地、或赔款求和，期间还占领西班牙等国。1810年3月，他与约瑟芬离婚，娶奥地利国公主玛丽亚·路易莎为妻。1812年，拿破仑发动了对俄国的远征，这成了他一生中的重大转折点。起初，他的军队长驱直入，直捣莫斯科城。然而，当地的严寒气候和俄国军民的抗法斗争终于使法军大败而归。1813年，欧洲第六次反法同盟成立，拿破仑率军40万余联军作战，结果在莱比锡战役中一败涂地，各附庸国及诸小邦乘机起来摆脱法国控制，拿破仑陷入四面楚歌的境地。1814年，反法联军向法国本土进军。很快，巴黎沦陷，拿破仑被迫于4月6日宣布退位，并被放逐到意大利的厄尔巴岛，波旁王朝复辟。然而，拿破仑再次创造了世界历史上罕见的奇迹。不到一年的时间，他竟成功地从厄尔巴岛上逃了出来，并迅速集结了数以万计的支持者，于1815年3月20日，不费一枪一弹进占了巴黎，重新登上皇帝宝座，建立了"百日王朝"。当时正在维也纳开庆功会的欧洲各君主国慌忙调集重兵，组成第七次反法同盟军。1815年6月，拿破仑在滑铁卢战役中几乎全军覆没，被迫第二次退位。10月，他被流放至更遥远的圣赫勒拿岛。

1821年5月5日，拿破仑在岛上病逝，终年52岁。19年后，法国的七月王朝派军舰到圣赫勒拿岛迎回了拿破仑的遗骨，将其安葬在塞纳河畔的荣军院。

拿破仑在1812年失落的财宝

有人说，全世界最伟大坚韧的民族有三个，俄罗斯是其中之一。历次侵略俄罗斯的战争，无不以侵略者的失败而告终。无论起初侵略者的气焰多么嚣张，俄罗斯人处于多么被动不利的局面，但他们都能坚持到底，取得最后的胜利。不管是1812年的拿破仑，还是1941年的希特勒，都无法撼动那片广袤的土地以及土地上世世代代生长着的坚韧而顽强的人民。

关于1812年的战争，我们可以从托尔斯泰史诗般的《战争与和平》中看到详尽的描述，也可以从柴可夫斯基雄壮的《1812序曲》中，感受到那个血与火交织的年代，感受到俄罗斯人深厚凝重的情感。而作为拿破仑来说，这是他一生功业的转折点，此后再加上滑铁卢之败，他叱咤风云的一生就只落得病死于圣赫勒拿岛的凄凉结局。后人在研究那段历史时发现，1812年冬天，拿破仑遗落在冰天雪地的俄罗斯草原上的，有冻饿而死的法国士兵，有他称霸世界的雄心，有他横扫欧洲战场所向披靡的辉煌胜利，还有他从莫斯科掠夺的整整25车的金银珠宝。

1812年，拿破仑已是欧洲大陆的绝对统治者，他的权力登峰造极。他下一个目标是吞并庞大的俄罗斯,因为俄罗斯已经站到了以英国为首的反法同盟一边。6月,拿破仑率领50万大军长驱直入,开始了他的远征。他采取速战速决的战术,妄图迅速攻下俄罗斯。有一个事例可以证明他的鲁莽与决心:法国士兵穿着单衣,只带了4天的面包上路,随军供给也只有20天的。也许,对于俄罗斯这样一个庞大的国家来说,速战速决是远征军的唯一取胜之道。近130年后,希特勒也效仿拿破仑,于1941年6月进攻苏联,采取闪电战术。同样地,他们起初都节节胜利。

  法军希望寻找俄军主力迅速予以歼灭,俄军则节节败退。8月,在斯摩棱斯克两军有一次激战,双方互有伤亡,俄军再次后撤。这时候,俄军著名的将领库图佐夫临危受命,掌管指挥权。法军已逼到莫斯科城下,库图佐夫放弃了莫斯科,采取焦土政策,将美丽的首都付之一炬。众所周知,莫斯科是公元12世纪由伊凡三世创建的,为了取代当时东正教的中心君士坦丁堡,伊凡三世专门花重金聘请意大利设计师来设计克里姆林宫,庞大的建筑群使之成为巴洛克风格的艺术精品。拿破仑原以为攻下了莫斯科,粮草、辎重、服装等补给都应有尽有。但他没想到的是,9月14日攻陷莫斯科后,俄罗斯人留给他的却是一座废城。当天晚上,城内到处起火,大火一直烧了几天几夜,毁灭了大半个城市。法军疲惫不堪,又得不到休息与给养。俄罗斯的冬天来得又快又早,10月中旬已经开始下雪。衣衫单薄的法军抵抗不住严寒,10月19日,拿破仑只好下令撤退。这一退兵败如山倒,一发不可收拾。俄军紧随其后追击,法军冻死饿死不计其数,面对勇猛追击的俄军根本没有还手之力。

  莫斯科虽是一座空城,但克里姆林宫是艺术的宝库,而且很多贵族仓促之间带不走的金银珠宝仍可使拿破仑大发横财。于是,在法军疯狂撤退的队伍中有25辆马车十分特殊,它们满载着的是拿破仑在莫斯科掠夺来的财宝。暴风雪不期而至,不时有人倒毙路旁。12月底,法军终于走出了噩梦般的俄罗斯大草原。拿破仑此役几乎全军覆没,50万大军生还的仅二三万人。紧接着拿破仑兵败滑铁卢,被放逐到圣赫勒拿岛,于1815年病逝。

  那么,那25车价值连城的财宝呢?据拿破仑的亲信阿伦·德·哥朗格尔的回忆录记载:拿破仑在万般无奈之下,下令将那25车财宝悉数沉于萨姆廖玻湖底。因为他不想将得之不易的财宝拱手奉还给俄国人。这一说法也得到苏联学者尤·勃可莫罗夫的认同。他从一本1832年出版的历史传记《法国皇帝拿破仑·波拿巴的生涯》中发现同样的描写,因不能带走克里姆林宫的珍贵物品、教堂的装饰品以及绘画和雕像等等,拿破仑下令将这些东西沉入萨姆廖玻湖。此书写作时间离1812年战争刚刚过去约20年,所写情况应为属实。而且同时代其他法国人、俄国人的著作中也曾提及拿破仑沉于湖底的财宝。由于法军士兵一般不会重返噩梦般的俄罗斯,而附近的村民即使知道也无力出资打捞财宝,因此勃可莫罗夫断定这笔财宝应该还沉睡在萨姆廖玻湖底。奇怪的是,他遍查地图,都没有找到萨姆廖玻湖的名字。最后,他向国家地理研究所询问,答复是:在比亚吉玛西南29千米的有块沼泽叫作萨姆廖玻,由萨姆廖玻河而命名。从时间上掐算,拿破仑大约在11月初到达比亚吉玛,看来岁月的变迁,使那片湖水变成沼泽了。

有资料显示，1835年，斯摩棱斯克地区政府曾对萨姆廖玻河进行勘查，发现湖底5米深处有堆积物。政府后拨专款建立围堰，将湖水抽干，但结果只发现一堆岩石。后世又有人进行探索，仍旧没有结果。拿破仑的财宝究竟是否藏身在如今这片沼泽之中？没有人知道。

拿破仑为何会兵败滑铁卢

1815年春，被放逐到厄尔巴岛的拿破仑回到巴黎，东山再起，很快重新控制了整个法国政权。得到这一消息后，欧洲各国君主如临大敌，立即组织了第七次反法同盟，希望能在最短的时间内将他绞杀。拿破仑也迅速组织部队抵抗，根据制定的正确的战略部署，要在俄奥大军到达之前解决战斗，以迅雷不及掩耳之势先将英普联军各个歼灭。可是这一次战争局势并没有朝着"战神"部署的方向发展。

受命占领布鲁塞尔重要阵地以牵制英军的内伊元帅迟缓犹豫，使这一行动未能如期完成。后来在双方激烈争夺时，拿破仑又命令内伊属下戴尔隆军团由弗拉斯内向普军侧后方开进，和主力部队一起对普军实行夹击，但戴尔隆对命令理解不清，错误地向法军后方的弗勒台开来，使这决定性的一击延误了近两个小时。而当戴尔隆重新赶回普军后方时，又被不明战局的内伊元帅严令调开，这时英军已在戴尔隆的大炮射程之内，戴尔隆机械地执行了内伊的命令，使法军在临胜之际功亏一篑，英军逃脱了被全歼的命运。

滑铁卢大战是世界战争史上令人瞩目的一页，也是拿破仑戎马生涯中的最后一战。然而，这一战却以拿破仑的失败而告终。滑铁卢战役的进程既惊心动魄，又富有戏剧色彩，许多微妙因素影响了战局，使法军的锐势急转直下，失去了几乎到手的胜利。

6月18日中午，随着三声炮响，滑铁卢之战的帷幕骤然拉开，排山倒海的法国

该图展现了在英普联军的全面反攻下，拿破仑（左前景中）溃败的情景。经此战后，拿破仑签署了退位令，结束了他100多天的复位局面。

骑兵呼啸而上，但防守的英军顽强抵抗，以猛烈的火力压住了法国骑兵的锐势。战斗进入了胶着状态，整个下午的激战没有片刻停歇，处于浴血苦战之中的双方都失去了完全控制局势的力量。黄昏到了，拿破仑亲自率领自己的近卫军又向英军阵地冲去，但是就在这个时刻，英国的援军到了，而拿破仑一直相信在英援军到来之前会前来救援的格鲁希元帅的部队却始终未到。形势急转直下，英军趁势变守为攻，对法国军队发起了总攻。

列成方阵的法国近卫军一面拼死抵抗，一面缓慢后撤，拿破仑也只好下车骑马而走。他脸色惨白，汗流满颊，在暗淡的星光下跑过了一个个尸横遍野、怪影幢幢的战场。他试图收拾残军，无奈力不从心，战场上躺着2.5万名死去的和受伤的法国人，法国几乎损失了全部的炮队，而几十万奥国生力军正逼近法国边境，还有几十万俄国军队不久也将到来——所有这一切都使拿破仑陷入完全绝望的境地。他不得不宣布退位，从此开始通向死亡的流亡生活。

法国滑铁卢战役失败的原因引起了史学家和军事评论家的极大兴趣。

有人认为，是格鲁希元帅的迟迟不到毁灭了整个法国军队，因为当时拿破仑的军队有7.2万人，英军也有7万人，双方势均力敌，谁的援军先到，谁将占据优势。或者是天气原因在这场战争中占据了很重要的因素，导致了拿破仑的失败。可是也有人把原因追溯到更早一些时候，他们认为，如果一切都按拿破仑最初的正确战略进行，本来早就可以结束战斗了，滑铁卢的决战也不会发生。第七次反法同盟也会像上几次一样，被拿破仑打得落花流水、一败涂地。

人们还常常把原因归结为拿破仑用兵失误，主要是当时在他身边缺少能攻善战、和他配合默契的将领，达乌被围困在汉堡，缪拉没能够及时从那不勒斯赶回来，马塞纳正在西班牙征战。拿破仑虽然培养了一批将才，但在关键时刻却不能为自己所用，这无疑是一场悲剧。

最后，听一听拿破仑自己的解释吧。他说："这是命中注定的，因为就算有了这一切原因，那场战斗本来也是该我赢的。"

也许，是这些微妙的因素综合在一起发生作用，使战无不胜的拿破仑再一次遭遇了失败的命运。人们不遗余力地对其中具有决定性影响的因素进行探讨，但是谁也不能说服谁，只好作为一桩疑案继续讨论下去了。

官方的说法：拿破仑死于胃癌

拿破仑去世后，有关方面对他的尸体进行了解剖。但在当时复杂的政治环境下，为了避免难以预料的政治风波，解剖的过程和病情结论，始终未对外界做任何披露，最终只是由法国当局出面宣称拿破仑死于"心血管疾病"。然而，一位名叫科斯坦的专家，在对拿破仑生前最后一位医生弗兰斯西科·安东马奇书写的病历进行仔细研究后，提出了新的观点——拿破仑死于胃癌，其理由主要有三个方面：

首先，从遗传学的角度来看，癌症可以说是拿破仑家族的遗传病，这是支持拿破仑死于胃癌一说最有力的论据。研究者发现，拿破仑一家三代人中大多数死于胃癌，这其中包括他的祖父、父亲与3个妹妹。有关专家也介绍说：第一，存在着纯遗传性的胃癌，也就是说由患胃癌的父母等直系亲属直接遗传给下一代；第二，胃癌的遗传性更多的是体现在遗传物质上，它不同于遗传病，父母有就一定会传给下一代。就目前病因学研究结果看，有些癌瘤可能是在一定的遗传特征的基础上，再加外界致癌物作用所致。既然拿破仑一家有多位成员因胃癌而死，并且基本上都是他的直系亲属，那么拿破仑患胃癌的概率自然是很大的。

其次，拿破仑本人也一直认为自己得的是癌症。研究人员根据文献记载发现，拿破仑平时总是喜欢把右手插在马甲中，这个细微的生活习惯正好反映出他一直遭受着严重

拿破仑自从到了圣赫勒拿岛后，一直坚持口述自己的历史，即使在患病期间也不间断，这为后人提供了研究他及这段历史的珍贵资料。

胃痛的折磨，而恶性胃溃疡发展成为胃癌的可能性相当大。同时，止痛药在拿破仑的日常生活中频繁出现也是一个很好的佐证。据说人们在给拿破仑做尸体解剖时，发现其胃已溃烂，肝部微肿，其他内脏完好。拿破仑的私人医生弗兰斯西科·安托马奇在病历中有这样的记载：拿破仑死前上腹部剧痛难忍，打嗝呼出的气味非常难闻；他还有慢性神经衰弱和厌食迹象；拿破仑患有慢性泌尿系统疾病，夜里常咳嗽，并出冷汗，而这些症状同胃癌病人发病的症状非常相像。科斯坦还表示，报告中用医疗术语暗示，医生在拿破仑体内发现了一个胃瘤。由于当时做尸体解剖的除了有拿破仑的私人医生弗兰斯西科·安东马奇外，一同在场观看的还有5位英国医生，因此一般认为，医生在尸体解剖时做手脚的可能性不大，这一结论性的病情报告的真实性还是有保障的。所以它在相当长的一段时期内，在史学界享有绝对的权威。

最后，近年来又有一项新的研究成果表明，拿破仑确实死于胃癌，这项研究是由瑞士巴塞尔大学医院解剖病理学院专家艾利桑德罗·鲁格里领导的小组和苏黎世大学医学史研究所的科学家们联手进行的。研究的手段则很奇特，它通过对拿破仑不同时期所穿的裤子进行分析得出结论。研究者们共分析了12条拿破仑生前穿过的裤子，其中有4条裤子是他被流放之前穿过的，另外8条是他在流放圣赫勒拿岛的6年期间穿的，包括他临死前穿的那一条。研究者们从死于胃癌的病人的尸检报告中获取了体重下降的信息后，又测量了健康人的腰围，并由此推算出腰围和实际体重之间的关系，随后这些数据被用来作为推测拿破仑死前几个月的体重情况的依据。瑞士科学家们测量了这12条裤子的腰围，然后又研究了一些活着的胃癌病人的腰围变化，结果发现，拿破仑的腰围变化和胃癌病人的腰围变化完全一致。拿破仑生前穿的最大号裤子腰围尺寸是110厘米，而在他1821年去世前，他所穿的裤子腰围已缩小到了98厘米，也就是说裤子腰围的最大差异达到了12厘米。

□ 历史悬案

法国人民的愤怒：拿破仑是中毒而死

由于在法国人民心目中，拿破仑享有无上的威望，所以当他被流放后，在短短的时间内就逝世的消息传出时，很多人都曾对此事表示了怀疑。尤其是在法国人民中间，当时就有拿破仑被毒害致死的传言，并逐渐流传开来。他们认为，既然在英国人眼中，拿破仑是刽子手和最可怕的危险人物，那么当昔日的敌人成了自己的阶下囚，面对如此绝佳的机会，他们岂能放过他？同时，法国人民并不仅仅是出于对自己英雄的爱戴，才产生这种怀疑的，而是有所凭据的。

第一，据说在拿破仑贴身男仆的日记中曾记载，拿破仑在狱中经常忍受慢性疼痛，这也一度成为他被人投毒致死的证据之一。曾随拿破仑一起流放到圣赫勒拿岛的仆人路易·马尔尚，在其日记中写道：拿破仑去世前经常失眠，腿部肿胀无力，掉头发，偶尔抽搐，总是觉得口渴。后来，瑞典牙医和毒药专家佛舒伍德在对日记进行仔细研究后认定，上述症状均与人服食砒霜后的情形类似。

第二，人们后来在对拿破仑的头发进行化验时，从结果中也发现了一些疑点。1957年11月，佛舒伍德在哥德堡的图书馆里，读到一篇新奇的论文，其中提到只需用一根头发就能分析出砒霜含量，这促使他开始着手验证自己的推论。3年后，他专程到巴黎从拿破仑侍从的后裔处索取拿破仑的头发。经过23年的努力，佛舒伍德用现代技术鉴定了拿破仑头发的化学成分。他发现越是接近头发根部，所含的砷就越多，而一般人头发中砷的含量是极低的。因为砷是一种有毒的化学元素，它的化合物——三氧化二砷就是砒霜，一种剧烈的毒药。拿破仑头发中的砷含量比正常人头发的含量高出40多倍。这一结果似乎足以证实拿破仑死于中毒的说法。后来，法国斯特拉斯堡的科学家也通过对拿破仑发样分析确认，其砷的含量是正常人的7～38倍。这些科学家认为，只有长时间的慢性砷中毒才会达到如此高的指标，所以他们据此认定拿破仑很可能是死于砒霜中毒。再后来，美国联邦调查局和法国巴斯德大学也对拿破仑的一根头发进行了分析，并从中发现了相当数量的砒霜。所有这些结果，无疑都在向人们昭示拿破仑死于中毒的事实。

至于凶手为何选择砒霜作为杀人的工具，怀疑者推测，除了因为它的毒性之外，还在于它无臭无味，难以在尸体上被检验出来，而且人们往往容易将砒霜中毒的症状与其他一些疾病的症状相混淆。但另一方面，有专家认

拿破仑入殓

为，根据历史记载，拿破仑是个非常小心谨慎的人，总是时刻保持着高度的戒备心理，他的皇后约瑟芬就曾亲口说过皇帝总担心被下毒害死的话；即便是在去往圣赫勒拿岛的船上，拿破仑也从不随意享用自己喜欢的食品，而是通常要让大臣们亲口尝过一小时后，才开始品尝。那么，如此小心谨慎的拿破仑又怎么会轻易中毒呢？究竟又是谁下的毒？围绕这些问题，多年来出现了各种各样的说法。

圣赫勒拿岛的土壤 1969年　　拿破仑在圣赫勒拿岛用过的牙粉

英国历史学家钱德勒等人认为，毒害拿破仑的最大犯罪嫌疑人应是拿破仑的好友查尔斯·蒙托隆伯爵，他当年正是利用自己的这种身份所创造的便利条件，秘密在拿破仑饮用的酒中放入了砒霜，毒死了这位蒙难的法国皇帝。不过，在蒙托隆为何要投毒的问题上，研究者们又存有很大争议。

有人认为蒙托隆是谋财害命，持这一观点的研究者认为，根据当时的文件记载，拿破仑在其遗嘱中为蒙托隆留下了价值200万法郎的金币，在蒙托隆后代家中发现的文件也显示，身为律师的蒙托隆当时陷入了非常严重的财务困境。所以他们推测，很可能蒙托隆是为摆脱这种困境，才产生了"提前获得拿破仑遗产"的想法，并将之付诸行动。

还有一些历史学家则宣称，这是一起政治谋杀。他们分析蒙托隆应该是法国保皇党和英国的间谍。由于这两派力量都不希望他长命百岁，尤其是拿破仑的卷土重来，曾使他们胆战心惊，只有拿破仑的死亡才能彻底让他们放心。再有，当年为了防范拿破仑从南大西洋逃跑，英国还派遣了一支舰队和5000名士兵日夜轮流地监视圣赫勒拿岛，仅此一项每年所需的军费开支就高达800万英镑，如果拿破仑不在了，这笔额外的军费开支岂不是就节省下来了吗？在这种情况下，蒙托隆进入了他们的视野，成为他们除掉拿破仑的最好人选。对于蒙托隆伯爵而言，此举可谓是"一箭双雕"了，他当然会竭尽所能的不辱使命。有人认为，在法国国王路易十八的兄弟阿图瓦公爵指使下，蒙托隆曾多次阴谋杀害拿破仑。这位阿图瓦公爵作为法国王室的继承人，当然担心拿破仑复出推翻君主政体，所以非常支持暗杀拿破仑的行动。

还有一种离奇的说法，认为蒙托隆是因为"爱"才投毒的，提出这一说法的正是当年投毒者的后人——弗朗索瓦·德·孔戴·蒙托隆，他提出这种说法的依据是一本手记。近30年以来，弗朗索瓦一直潜心研究拿破仑在圣赫勒拿岛上度过的最后日子的记录。一次偶然的机会，弗朗索瓦在自家祖传的宅院中发现了一个暗室，暗室里藏有其先人蒙托隆伯爵撰写的一部关于圣赫勒拿岛生活的手记，伯爵在这本手记中记载了他和拿破仑在圣赫勒拿岛生活的情景。此外，历史学家还发现了伯爵与同时流亡到岛上的古尔戈将军合写的8卷回忆录和一些信件，其中一封信可能就是拿破仑的亲笔信。这些历史文献再一次证实了拿破仑被毒死的说法，凶手正是拿破仑的忠实随从——蒙托隆伯爵。手记中说，伯爵在圣赫勒拿岛上经常给拿破仑吃含有小剂量砷的药，但他此举并不是为了暗杀拿破仑，而是出于对他的无限忠诚的"爱"。伯爵希望能通过给拿破仑服食这种小剂量的毒药，使"伟大的皇帝"身体日渐衰弱，给人以一种患了重病的印象，从而最终促使狱卒能允许拿破仑返回欧洲大陆接受治疗。那么这个伟大的计谋为什么最终没能实现呢？弗朗索瓦推测，也许原因就在于拿破仑一直认为自己胃部有肿瘤，为了减轻胃部疼痛而经常服用止痛药。不幸的是，正是这些止痛药与砷发生了致命的"化学效应"，从而使他命丧黄泉。

不过，也有相当一部分研究者从科学的角度分析，认为拿破仑的中毒并非人为的，而是另有根源。据介绍，拿破仑被放逐到圣赫勒拿岛时，在他所居住的卧室里贴着一种特殊的墙纸。这种墙纸长不到1米，但其成分中有一种富含高浓度砒霜的绿色涂剂。一些专家指出，圣赫勒拿岛位于南大西洋，岛上的气候非常潮湿，含有砒霜的墙纸受潮后会蒸发出水汽，这些水汽中同样也充满了高浓度的剧毒砷化物，进而污染了整个卧室的空气。拿破仑长期呼吸这种有毒物质，不可避免地导致慢性中毒而死亡，这大概就是我们今天所说的室内装修污染吧。当年监狱看守的记录上曾记载道："拿破仑在生命的最后阶段，头发脱落，牙齿露出了齿龈，脸色灰白，双脚浮肿，心脏剧烈跳动而死去"——这类似于砷中毒的症状。英国文献专家理查德认为，这或许能证明导致拿破仑死亡的真正原因的确是砒霜中毒，但并不是人为的。

有趣的是，近年来，随着科学技术的发展，"中毒"说也日益面临质疑。2002年10月，应法国《科学与生活》杂志之邀，法国3位权威人士利用同步加速器射线对拿破仑遗留下来的头发进行了细致的分析。这3位权威人士分别是巴黎警察局毒物学实验室负责人里科代尔、法国奥赛电磁辐射使用实验室专家舍瓦利耶，以及巴黎原子能委员会专家梅耶尔。《科学与生活》杂志将拿破仑遗留下的一些头发交给了3位专家，希望他们能据此为拿破仑之死下个结论。据介绍，这些头发共有19绺，有的是在拿破仑死后从其尸体上取下来的，也有的是在拿破仑在世时保留下来的。三位专家对每绺头发都进行了上百次的测量，结果显示，无论是在1821年拿破仑死后取下的头发里，还是在1805年和1814年拿破仑在世时保留下来的头发里，砒霜的含量都超出正常值许多倍，这一结论本来正是拿破仑被下毒致死的铁证。然而科学家们认为，关键的问题在于这些头发的取留时间相距16年。疑问也随之产生了，首先是不可能有人连续投毒16年，而且如此大量的砒霜足以使拿破仑在被流放前就至少被毒死三次了。其次是在长达16年的时间里，这些头发中的砒霜含量几乎一致，并均匀分布在整根头发上。这就表明头发上的砒霜不是拿破仑摄食到体内的，而是来自外部环境。专家们由此断定，拿破仑不可能是死于砒霜中毒。对此，专家们做出的推测是，头发中的砒霜可能来自以木材取暖、放置老鼠药、摆弄含砒霜的子弹等，而最可能的是来自某种护发剂，因为在19世纪时，法国非常流行用砒霜保护头发。

在此之前，曾提出"胃癌"说的瑞士研究小组也表示，拿破仑头发中所含的超过正常人数倍的砷，很可能与他嗜酒的习惯有关。因为当时的葡萄酒制造者通常用砷来干燥盛酒的盆和桶，而拿破仑是极其喜欢享用葡萄酒的。甚至还有一种解释认为，处处对人设防的拿破仑为了防止有人毒害自己，故意服食砒霜以增加抵抗力。

庸医制造的医疗事故

2004年，美国旧金山法医检验部的法医病理学家史蒂文·卡奇公布了自己的新观点——拿破仑死于一名庸医导致的灌肠医疗事故，从而使有关拿破仑之死的谜团又增加了新的说法。卡奇认为，拿破仑生前曾出现胃部不适及肠痉挛等症状，而他的医生天天用灌肠的方法缓解症状，结果导致拿破仑体内水电解质平衡紊乱，最终引起心律失常而死。

卡奇指出，对拿破仑之死应负直接责任的是他的那些好心办坏事的医生，因为他们对拿破仑的病痛采取了不适当的医疗措施。拿破仑生前由于常年肠胃绞痛，为了缓解症状并且减轻痛苦，医生们时常给他使用灌肠剂。卡奇认为，那些医生时常使用又大又脏的类似注射器之类的东西给拿破仑灌肠，并定期把通常用来引发呕吐的石酸氧锑钾注入拿破仑口中，使他因此而经常呕吐。结果却是体液中的钙离子大量丢失，出现水电解质平衡紊乱，同时体重也急剧下降，变得瘦骨嶙峋。随后，医生们又给拿破仑使用了600毫克大剂量的氯酸汞导泻剂（一种灌肠剂），使其本已偏低的体内钙离子水平再次一落千丈。而身体已经极度虚弱的拿破仑在经过这般摆布之后，体内严重缺钾，其直接后果就是引发扭转型室性心动过速症状，即由于心跳不规律，输往大脑的血液突然中断，最终导致死亡。据史料记载，正是在这种野蛮治疗

拿破仑至死仍然坚持保护法国大革命的成果，他认为"帝国卫士永远唱着马赛曲前进"。拿破仑自视为法国荣誉的化身，法国也以拿破仑为荣。1840年12月15日，经过激烈的公开辩论后，路易·菲利浦获英国同意后以盛大而辉煌的仪式将拿破仑的遗体运回巴黎。成千上万的民众目睹符合皇帝身份的棺木在庄严肃穆的送葬队伍中，被送往军人公墓安葬，尚在人世的旧部属们悲恸欲绝。

□ 历史悬案

之下,叱咤一时的法兰西第一帝国皇帝仅仅两天就一命呜呼了。另外,卡奇还指出,拿破仑体内的砷可能来自吸烟或其他外部环境因素,但这无疑使他变得更容易患上扭转型室性心动过速症这种心脏疾病。

尽管卡奇的新理论讲得有板有眼,但这一说法还是遭到了一些人士的强烈反对。美国康涅狄格州著名医生菲尔·科尔索便认为这一推理有些牵强。他坚持认为,拿破仑遭受肠胃病痛折磨已经持续了相当长时间,从症状上来看很可能是胃癌。因此,无论医生采用了何种治疗措施,最终都无法使他逃脱死于癌症的厄运。

除了以上几种主要的观点以外,有关拿破仑的死亡原因还有一些影响不大的说法。比如有的人认为他是在桃色事件中被情敌所谋害;有的人认为他早在远征埃及和利比亚之时,就曾经染上过一种热带疾病,后来虽然经过治疗而痊愈,然而在流放期间恶劣的生活环境导致了他旧病复发,最终夺走了他的生命;还有一些人认为他是死于曾一度在圣赫勒拿岛上猖獗流行的肝病,等等。

毫无疑问,伟大人物的死,总是会受到世人的关注。拿破仑的死因,之所以长期成为人们所关注的焦点,一方面是因为他生前的确创造了太过辉煌的业绩,成为无数人所仰慕的对象;另一方面也因为他又是在一种具有悲剧色彩的形势下去世的,而且死时年龄也不算老。所以,一代又一代的历史学家和科学家对这一事件进行研究,试图得出石破天惊的结论,也就在情理之中了。但事情的真相究竟如何,看来需要人们继续研究探索。

林肯被刺之谜

在美国内华达州的一座山上,雕刻着美国历史上4位最伟大总统的巨大头像,他们中有"美国之父"华盛顿、《人权宣言》的起草者杰弗逊、美国鼎盛时期的奠基者西奥多·罗斯福,还有一位就是黑人奴隶的解放者林肯。亚伯拉罕·林肯,这位具有传奇经历的总统,以其巨大的勇气和魄力,领导了一场旨在废除奴隶制的斗争。他的胜利使无数的黑人奴隶获得了解放,开辟了美国乃至人类历史的新纪元,也使他成为美国历史上最伟大的总统之一。然而,就是这样一位伟人,却在1865年4月14日,被一颗罪恶的子弹击中,永远地倒下了。当载着他遗体的列车从华盛顿开向他的家乡斯普林菲尔德时,千百万人默默地站在铁路边目送列车远去。同时,关于他的被刺,也成了美国历史上众多的政治悬案之一。

美国历史上最伟大的总统之一

亚伯拉罕·林肯(1809~1865年),美国第16任总统。与其他大多数美国总统相比,林肯的一生可以说是充满了艰辛和坎坷。林肯的出身比较贫寒,正如他曾经感慨的，他的童年简直就是一部贫穷的简明编年史。1809年2月12日，林肯出生在肯塔基州哈丁县的一个伐木工人家里。从幼年起，他就开始帮助父母劈柴、提水、做农活等。更不幸的是，当他9岁时候，母亲因病去世了，这对少年林肯而言无疑是非常残酷的打击。不过，命运似乎又在补偿这位未来的总统，因为他遇到了一位非常善良、贤德的继母。尽管条件有限，继母仍常常教林肯识字学习，但林肯正式读书时已经15岁了。长大后，林肯离开父母，开始独立谋生，迫于生计，他先后做过店员、村邮务员、测量员等工作。1833年，林肯与朋友合开了一个杂货店，由于经营不善，被迫倒闭，使他用了10年的时间才还清了杂货店的债务。一年后，他的恋人安妮又因病去世，他悲恸万分。然而，自强不息的林肯一直坚持勤奋自学，于1835年成为一名律师。1842年11月4日，林肯与一名富商的女儿玛丽·托德拉结婚，不过由于妻子脾气暴躁，他的婚后生活并不幸福。

1830年，林肯一家迁居到伊利诺伊州，而林肯也就在这里开始了他的政治生涯。1832年，林肯初次参加伊利诺伊州议会竞选议员，结果失败了。此后，针对当时美国社会存在的一些问题，林肯常常通过政治演说表达民众的心声，他所提出的一些有利于公众事业的建议，也得到广泛的响应。1834年，林肯加入了辉格党，并终于在1834年当选为伊利诺伊州的议员，从而正式开始其政治生涯。不久，林肯又当选为州议会辉格党领袖。1846年，他进一步当选为国会众议员。

当时的美国社会，正面临着一个十分严峻的社会问题，这就是南方诸州所实行的奴隶制不但日益引起奴隶的反抗，而且越来越影响到整个美国的国家利益。由于历史所造成的原因，当时美国南方诸州的奴隶制非常猖獗。一方面，在奴隶主的残酷压榨和迫害下，广大黑人奴隶过着暗无天日的生活，遭到了世界各国所有具有正义感的人士的谴责；另一方面，由于美国的版图日益扩大，而南方的奴隶主们竟妄图把这种野蛮的制度扩张到新加入联邦的西部各州，这就与北方的工业资本主义产生了矛盾。于是，在废奴主义者们的发起下，一场轰轰烈烈的解放黑人奴隶的运动开始了。而奴隶制度的废除，就成为当时美国社会最敏感的政治问题，北方与南方各州之间形成了水火不容之势。

1854年，主张废除和限制奴隶制的北方各州人士成立了共和党，而林肯很快就成为这个新党的领导者。不久，南部奴隶主竟派遣一批暴徒拥入堪萨斯州，试图用武力强制推行奴隶制度，从而引起了堪萨斯内战。这一事件使林肯意识到斗争的尖锐性，于是

林肯在为为"新自由"而死的人们发表悼词，他后来也为这一信念献出生命。

□ 历史悬案

他明确宣布了"为争取自由和废除奴隶制而斗争"的政治主张。1856年,林肯作为共和党副总统候选人竞选失败。1858年,林肯发表了著名的废奴主义宣言,要求限制黑人奴隶制的发展,实现祖国统一,他说:"一个分崩离析的国家是维持不久的,我坚信,我们这个政府不会永远容忍这种半奴隶制、半自由制的状况。我不希望联邦制解体,更不希望我们这个国家崩溃。我相信奴隶制终究要归于灭亡的,不分地域,南北奴隶们都会获得自由的。"这一宣言立即震动了美国,因为它不仅表达了北方资产阶级的愿望,同时也反映了全国人民的意愿,因而为林肯赢得了巨大声望。

1860年3月,众望所归的林肯作为共和党候选人,以高票当选为美国第16届总统,但他马上就不得不面对前所未有的严峻的国内外形势。由于与林肯的政治主张有不可调和的矛盾,南方诸州决定起来反抗,甚至不惜以分裂美国作为代价。在林肯当选后的3个月中,先后就有11个州宣布退出联邦,他们组建"南部联盟",另外组成美国政府,还推举出总统和副总统,并制定了新宪法,开始公开叛乱。内战一触即发,北方政权岌岌可危。1861年4月12日,南方联盟开始向联邦军队发起攻击,内战正式爆发,这就是美国历史上著名的南北战争。在战争初期,由于各种复杂的因素,联邦军队一再失利,而黑人奴隶问题也没有根本解决。为了获得包括黑人奴隶在内的广大民众的支持,在关键时刻,1862年9月22日,林肯宣布了亲自起草的具有伟大历史意义的文献——《解放黑人奴隶宣言》草案(即后来的《解放宣言》),宣布废除奴隶制,解放黑人奴隶。从此,由于极大地调动了广大民众的热情,北方联邦军队获得了最广泛的支持,战争形势才开始发生了明显的变化,北部军队很快地由防御转入了进攻,终于在1864年获得了彻底的胜利。而《解放宣言》,也由此成为联邦成立以来美国历史上最重要的文件。

美国内战终以北方的胜利而告终,也使得美国继续向着民主、自由、平等的道路前进。因而,林肯被美国人视为历史上最伟大的总统之一,足以与华盛顿、杰弗逊、罗斯福等并列。

由于林肯的卓越功绩,1864年11月8日,他再次当选为美国总统,开始了他的第二个任期。随后,他着手进行战后重建工作,然而,还没等林肯把他的战后政策付诸实施,悲剧发生了。1865年4月14日晚10时15分,当林肯在华盛顿福特剧院看戏时,突然被一名凶手开枪刺杀,该凶手据

林肯就任总统时的盛大典礼

164

说是一个同情南方的精神错乱的演员。1865年4月15日清晨,林肯与世长辞,时年56岁,任总统4年又42天。林肯去世后,他的遗体在14个城市供群众凭吊了两个多星期,后被安葬在普林斯菲尔德。他本来希望总统任期结束后,能回到家乡去开一个律师事务所,但他的愿望最终没能实现。

但是,历史不会忘记这位伟大的总统、伟大的解放者,也不会忘记他在《解放宣言》中所宣布的:"我,亚伯拉罕·林肯,合众国总统,今依宪法授予的权力……宣布,在上述各州及区域,所有被视作奴隶的人立获自由并于以后永保自由;合众国政府包括陆海军当局将承认和维护他们的自由。我同时在此嘱咐上述获得自由的人们,除非为了必要的自卫,应当避免使用任何暴力;并劝告他们在任何可能情况下,为了合理的工资而忠诚地从事工作。我特此宣告并希周知,凡条件适合者被吸收为合众国的武装部队,参与守卫堡垒、据点、兵站和其他地点,并于上述部队各类船舰上服役。我们大家确信这是一个正义的行动,它出于军事必要并为宪法所认可,我请求人类对之详加审鉴,上帝为之赐福。"

革命导师马克思曾高度地评价林肯说,他是一个不会被困难所吓倒,不会为成功所迷惑的人,他不屈不挠地迈向自己的伟大目标,而从不轻举妄动,他稳步向前,而从不倒退……总之,他是一位达到了伟大境界而仍然保持自己优良品质的罕有的人物。

福特剧院的枪声

随着美国内战的结束,林肯所领导的解放黑人奴隶的伟大事业也迅速在全国开展起来。然而,就当千千万万的黑人奴隶获得解放的同时,一场针对林肯的阴谋却在悄悄地进行着。

1865年4月14日,似乎注定是一个悲哀的日子。这天,林肯为自己预定的日程表是这样安排的:8点以前办公,然后进早餐,在10点内阁开会前接见来访者;午餐,再接见客人;傍晚偕同夫人乘马车兜风,同伊利诺伊州的旧友非正式会晤;去陆军部两次;再次会客,然后和夫人及几名随从去福特剧院观看演出。

上午10点钟,内阁会议准时召开,前来参加会议的有陆军部长、代理国务卿弗雷德里克·西华德,以及从前线返回华盛顿的格兰特将军等一些重要人物。不过由于意见分歧,会议非常短暂,最终决定在4月18日再开一次会议,讨论关于如何医治国家的战争创伤等问题。午餐时,还发生了一个小插曲。一位名叫南希的黑人妇女来到白宫大门口,要求面见总统。可是,卫兵拦住她,告诉她总统正在用午餐,现在不能接见她。不料,南希一下子叫了起来:"看在上帝的面上,让我去见林肯先生吧;我是忍受饥饿步行了5英里才走到这个鬼地方的!"她的叫喊引起一阵小小的骚动。就在这时候,林肯开门走了出来,他温和地说:"让这位善良的妇女进来吧,我有时间同所有需要我帮助的人交谈。"原来,南希和她的丈夫托姆原是里士满附近一个种植园的奴隶,直到《解放宣言》发表后他们才来到华盛顿。目前,托姆参加波托马克军团去了,家里留下一对双胞胎男孩和一个女婴,起先托姆的军饷还按月

□历史悬案

（上）林肯被刺
（左）林肯的门票

送来，可现在却不知在哪儿才能领到托姆的军饷。她的孩子们嗷嗷待哺，她想问总统能否帮她领到托姆的军饷。总统听她讲完后对她说："你有权得到你丈夫的军饷。明天这个时候再来吧，我会把签好的条子交给你的。"当深受感动的南希转身要走时，总统又叫住她并语重心长地说："我善良的妇人，也许你以后还会遇到更加艰难的日子，甚至家里全部食物只有一块面包；即使这样，也要分给每个孩子一片，并把他们送去上学。"说完，还对她深深地鞠了一躬。

到下午，林肯按计划和夫人乘坐马车兜风，他们一路谈笑风生。林肯还对夫人表示，希望第二次任职期满后，能出国旅游一次，然后回到故乡，或是重操律师旧业，或是经营一个农场。总之，这一天林肯的心情似乎也不错，唯一美中不足的就是妻子上午的表现让他大失颜面。原来，上午的内阁会议结束之后，格兰特将军曾和林肯讨论晚上的社交活动安排。本来外出的建议是林肯夫人提出来的，她想和丈夫一起放松心情。但是玛丽一看到格兰特的妻子朱莉娅·格兰特也要一同去的时候，立即打翻了醋坛子。因为玛丽容不得任何一个别的女人接近她的丈夫，而且她还担心声名鹊起的格兰特的锋芒会盖过林肯。结果玛丽竟然用粗鲁的言行来对待格兰特夫人，恼怒的格兰特夫妇遂拒绝了总统的邀请，借口说要去新泽西州看望家人。

当天晚上，林肯偕同夫人如约前往罗德岛大街的福特剧院看戏，随同的有志愿兵少校亨利·里德·拉恩伯恩和他的未婚妻丽娜·吉米卡特，负责总统林肯警卫的是约翰·帕克，他的任务就是寸步不离地守护总统，严密监视任何可能伤害总统的行为，因为当时不断有关于刺杀总统的传言。晚上9时10分，总统一行进入剧院，由引座员莉丽莎·加里福斯带着进了包厢房。在场的1000多名观众听说总统林肯到来，便一起鼓掌欢迎，许多人都站了起来欢呼，林肯也礼貌地走出包厢向欢迎他的观众挥手致意。接下来就是看戏，演出的是英国戏剧作家托姆·泰勒的作品《我们美国的表兄弟》。当时的情形是：林肯在包厢内坐在扶手摇椅上，他只能看到包厢里同他坐在一起的几个人，以及舞台的演员演出；包厢内有两道门，前门是开着的，便于看戏，后门是锁着的，有利于保卫工作。然而，谁也没有留意到，在林肯侧面的后门上竟然有一个约10厘米的小洞，显然是有人故意凿穿的，而其目的便是能在包厢外面往里看窥探到林肯所坐的位置,然后选择时机溜进包厢采取行动。

渐渐地,戏剧的演出达到了高潮,人们的注意力都被吸引到了舞台上。就在这时,最令人震惊的事情发生了。有一名男演员,从容地走进了总统的包厢,然后突然掏出一把手枪瞄准林肯的左耳和背脊之间,随即扣动了扳机,只见总统猝然倒下。由于现场非常吵闹,观众中只有很少人听见枪声。最先反应过来的是坐在林肯旁边的夫人和几个陪同看戏的人,他们纷纷尖叫起来。接下来包厢里一片混乱,而那位刺客则立即从包厢里跳到舞台上,转身向观众喊了句"一切暴君都是这个下场"后,转身就向外逃跑了。

据当时人回忆,全场观众都被眼前所发生的一幕惊呆了,以致尽管凶手在仓皇逃跑时将自己的脚扭了竟没有一个人反应过来去追拿凶手。结果,短短的几分钟后,凶手就骑马脱逃了。当人们将总统送往医院时,一切都为时已晚了。尽管林肯总统被击中后并没有立即身亡,尽管他的夫人紧紧地握住他的手,再三地告诉他:"活下去!你必须活下去!"但是几个小时后,当时钟指向1865年4月15日凌晨7时22分10秒时,这位将自己的一生都献给了黑人奴隶解放事业的伟大总统——亚伯拉罕·林肯,终于永远地停止了心跳。巧合的是,这一天正好是耶稣殉难日。

是什么人策划了阴谋

回过头来说那罪恶的凶手。事后,经过有关方面的调查,人们得知,他的名字叫约翰·威尔克斯·蒲斯。据说,蒲斯出身于美国戏剧界名门之后,是一位著名演员的儿子,他哥哥也是一位著名演员。但是,26岁的蒲斯却是一位平庸的演员。不过,这名演员还有不为人知的一面,那就是渴望出名,同时在政治上是一个坚定的南部联邦的极力支持者,对林肯所领导的事业极度仇视。还在内战进行期间,蒲斯就纠合了一群人暗中活动,包括他的死党米切尔·奥劳夫林和萨姆·阿诺德,马里兰州一个制造马车的乔治·阿茨罗德,药店员工大卫·赫罗尔德,前南部联邦士兵路易斯·鲍威尔,以及曾为叛军提供过情报的约翰·萨拉特等人。他们试图通过一些极端手段包括绑架暗杀等来破坏联邦政府的事业,为此他们曾经在华盛顿的一所公寓密谋了绑架林肯以交换南部被俘战士的计划,但这些计划都先后流产了。

但是,始终贼心不死的蒲斯等人一直在寻觅新的机会。4月14日那天,他们获得一个重大新闻,因为海报上说,林肯和格兰特等将前来观看演出。于是,蒲斯立即召集死党实施他们的最后计划,他们决定兵分三路:由阿茨罗德去刺杀副总统约翰逊,由佩因和赫罗尔德去刺杀国务卿西华德,而蒲斯本人则亲自去刺杀总统林肯。不过他们的行动并没有达到预期目的。根据有关资料的描述,首先,临阵退缩的阿茨罗德根本就没有去刺杀副总统约翰逊。至于佩因和赫罗尔德二人,倒似乎进行得不错。他们摸到了西华德家外面,由赫罗尔德守在马车上接应,佩因直接进了西华德家,他拿着一包药,这也是早就策划好的。西华德的儿子告诉佩因,他的父亲正在睡觉,现在还不能吃药。但是佩因坚持要送药进去,小西华德感到此人不可理喻,命令他立即滚蛋。由于害怕被看穿阴谋,佩因立即掏出了手枪,对准小西华德的头部就是一下，可惜不知什么原因，手枪居然没响。佩因赶紧握紧枪，用枪托猛砸小西华德的头，可怜的小西华德头骨被打裂了。扫除了门外的障碍，佩因从包裹里抽出一把大刀冲进了西华德黑暗的卧室，这时他才发现卧室里除了西华德还有西华德的女儿和一个男护士。男护士见势不妙，立即跳将起来冲向佩因，佩因抡起大刀就把他的前额砍破了，而西华德的女儿在惊吓之余也被佩因打晕了。随后，佩因冲到西华德的床边，一刀一刀地猛刺国务卿。这时，西华德的另一个儿子听到声响也冲了进来，不料被手持凶器的佩因在前额划了一刀，并且砍伤了手。佩因感到此地不宜久留，于是迅速离开卧室，跳下楼梯，在楼梯上他又撞见了一个国务院信使，佩因一不做，二不休，把这信使又砍伤了。直到逃到大门前，狂奔的佩因不停地尖叫："我疯了！我疯了！"更令人不可思议的是，所有遭到佩因袭击的人最后都康复了，西华德在继林肯之后的约翰逊总统的任期里还继续做他的国务卿。

再说元凶蒲斯，他在剧场内径直走向总统所在的位置，右手握着一把八盎司重的单发大口径袖珍手枪，左手持着一把匕首，然后从容不迫地开后门进入包厢，最后冷酷地把一颗直径不到半英寸的铅弹头射进总统的后脑。当枪声响时，最先反应过来的拉思伯恩少校一跃而起，扑向刺客，却被他手中的匕首刺伤。不过凶手在纵身往下跳时，被装饰包厢的联邦锦旗缠住了马靴上的马刺导致失去了平衡，一下从10英尺的高处跌落到舞台上，折断了胫骨。但凶手仍以惊人的速度冲过舞台，跑出了剧场大门。后来人们计算了一下，凶手从射出子弹到跑出大门，总共才不过六七十秒的光景。不过，警察总算得以沿着血迹去追踪。4月26日上午，负责缉拿凶手的联邦侦探和纽约第16骑兵队终于在弗吉尼亚州的加勒特农场将凶手包围并将其击毙。

尽管看起来林肯遇刺案就是如此的简单：一个支持南方奴隶主的凶徒将仇恨发泄在总统身上。然而事实似乎并非如此，多年来人们始终对此存有许多疑问。

首先，最大的疑点就是关于总统包厢上的那个大洞。当时，林肯的包厢有前后两道门，而且都上了一把大锁。林肯总统坐在扶手摇椅上，除了能看清舞台上的演员外，再能看到的就是和他一同坐在包厢里的夫人和几个站立他周围的护卫。这一切看起来再安全不过了。然而，谁也没有料到包厢的后门早已被人做了手脚。门上的那个窥视孔显然是刚钻不久的，而且那把形同虚设的大锁也早被人弄断了锁簧，而这道门离总统还不足5英尺，这也正好使得凶手能够轻而易举地进入总统的包厢行刺。那么，人们不禁要问：为什么锁坏了没有人报告？

其次，护卫林肯的警察当时都干什么去了？本来为确保总统的安全，除了随从总统的4名白宫卫士之外，陆军部还特意派来一名颇受信任的武官布莱恩携其未婚妻同往。另外据说，忽然有不祥预感的林肯为了自身的安全考虑，曾亲自要求作战部长斯特顿派一个名为埃克特的陆军上校来做自己的保卫，但斯特顿通知总统，埃克特早已在当晚安排了任务，后来只得委派布莱恩作为总统当晚身边的警卫官。而按照事先安排，警察约翰·派克本来应该是守在大厅通往包厢的必经之路上的，但是他对看戏毫无兴趣，竟趁演出换幕的间隙，躲到另一个房间去喝酒去了，使得凶手能溜进包厢。这一切，难道都是巧合吗？

再次，一直有很多人怀疑，刺杀林肯一定是一起政治阴谋。尽管公开的说法是，凶手之所以要刺杀林肯，一方面是为南方奴隶主报仇，同时也想使自己出名。但这只是官方的调查结果，很多人并不相信这种说法，他们认为刺杀总统一案一定有不可告人的内情。正如人们所知，林肯在去剧院之前曾有过不祥的预感，所以对作战部长点名要求要埃克特陆军上校担任自己的警卫，作战部长则借口说埃克特上校当晚要执行别的任务而改派他人。而据事后的调查得知，事实上埃克特当晚根本就没有执行什么任务，他在家里待了一晚上，那么作战部长为什么要说谎？至于派去顶替埃克特的布莱恩，一向行为不轨，认识他的人对他都没什么好印象。至于对凶手的追捕，抓活口也不是不可能的，可最终却把唯一的直接参与者击毙了，是谁开枪打死他的？又是谁下命令要把凶手杀死的呢？更令人奇怪的是，在后来的凶手缉拿报告中，人们惊奇地发现上面居然写着：凶手系自杀身亡。人们对这些问题都希望能有所了解，只可惜直接犯罪嫌疑人已被击毙，看来这又将是一桩永久的悬案了。

许多资料披露，林肯在遇刺前似乎已有某种预感，如果这是真的，是否意味着他已觉察到了什么针对他的阴谋？其实在林肯当总统时，各种暗杀总统的计划就满天飞了。据说就在被暗杀的那天早上，林肯同一直不和的副总统安德鲁·约翰逊突然摒弃前嫌，似乎他知道自己大限已尽。林肯在任时，由于经常发生恐吓事件，周围的人非常担心他的安全问题，他们经常提醒林肯要小心。面对这一切，林肯虽然他表现得满不在乎，但似乎也早有心理准备。就在他遇刺的当天傍晚，当林肯在陆军部谈完公事后，突然对随从克鲁克说："克鲁克，我相信有人想要杀害我，你知道吗？"这令所有在场的人都大吃一惊。因为在平时别人常常告诫他要注意自己的安全时，他总是一笑置之，而这次却相当严肃，而且据说他还曾自言自语地说："我毫不怀疑，他们会这样干的。"

因此，尽管当时联邦军事法庭判定凶手与其他8名同伙共同策划了这次暗杀，并将其中4名判处绞刑，另4名被判罚苦役，但社会各界对此产生了大量的推测，究竟谁是这次暗杀行动的幕后策划者？有一些人认为，当时的副总统约翰逊可能由于某种原因介入了此事。有的历史学家认为，幕后策划人是当时陆军部情报机构的负责人拉斐特·贝克，因为他在组织和领导那次追击中打死了蒲斯。而大多数人

蒲斯的同谋被执行绞刑

则推测,由于对林肯的重建政策不满,陆军部长斯坦顿为了共和党激进派的利益而策划了这次暗杀。甚至有一些作家认为,在弗吉尼亚被击毙的并不是蒲斯,而是一位与他长得十分相像的人做了替罪羊。不过由于上述说法均缺乏有力的证据,也只能是假设而已。

最令人遗憾的是,目前解答这一疑问的希望似乎已很渺茫了,因为在1926年时,林肯的儿子罗伯特·托德·林肯也离开了人世。在他去世之前,竟把父亲的一些私人文件付之一炬。当朋友表示困惑时,他说,他要把那些文件毁掉的原因是这些文件里有内阁成员犯有叛国罪的证据。如果他说的是真的,则进一步证实了刺杀林肯是一场政治阴谋的猜测。

珍珠港事件内幕

1941年12月7日,美国在西太平洋的海军基地珍珠港突然遭到日本海军的袭击,在短短的时间里,美国在这里苦心经营几十年的成果化为乌有,太平洋舰队几乎全军覆没。正所谓几家欢喜几家愁,当这一事件发生后,日本人的狂喜、美国人的悲哀、德国人的愤怒、英国人的窃喜,一切都显得那么不可思议。由于美国迅速宣布加入第二次世界大战,当时的局面逐渐发生了根本的改变,而德、意、日法西斯的末日也从此日益临近了。尽管60多年过去了,对于这一悲剧性的事件为何能够发生,日本人的阴谋如何会轻易得逞,人们仍有太多的疑问。那么,事件发生的背后,是否真有什么玄机?

美国历史上最悲惨的一天:日本成功偷袭珍珠港

1941年,第二次世界大战已经进行到第三个年头了。在亚洲,中国人民为抗击日本法西斯的侵略,已展开了10年的浴血奋战;在欧洲,德国纳粹的铁蹄正无情地践踏着英国、苏联。当时,几乎所有的目光都集中到了美国身上。拥有世界上最强大经济实力的美国,理应果断地加入世界反法西斯阵营中来,为世界的和平做出自己应有的贡献。实际上,当时日本已将魔爪伸向了美国在亚太地区的势力范围,极大地损害了美国的利益。1937年7月7日,日本发动了全面侵华战争,严重损害了英、美在华的政治、经济利益;1939年9月2日,德、意、日签订三国轴心同盟。作为回应,美国随即宣布1940年1月26日到期的《日美通商航海条约》将不再续约;1940年5月,总统罗斯福命令结束年度例行演习的太平洋舰队不返回美国西海岸,而是留驻珍珠港,实施威慑;1941年7月2日,日军在印支南部登陆后,美国立即宣布中止美日贸易,冻结日本在美国的所有资产,不久又宣布对日本实施全面石油禁运。这对于资源极为缺乏的日本而言,无疑是致命的。为了获得战争所急需的石油、橡胶、锡、铁、铝、大米等资源，日本决定对美不惜一战。

遗憾的是，美国国内长期盛行的"孤立主义"极大地束缚了白宫的行动。与此同时，已经杀红了眼的日本，却已将侵略的直接目标指向了美国。为此，日本开始积极策划向美国发动突然袭击的军事阴谋，而美国却似乎还被蒙在鼓里。最终，日本将袭击目标指向了美国在太平洋的海军基地——珍珠港。

珍珠港建于夏威夷群岛，该群岛位于北太平洋，东距美国西海岸约3800千米，西距日本约6000千米，距菲律宾约7000千米，战略地位十分重要，素有"太平洋心脏"之称。夏威夷群岛的主岛是瓦胡岛，而珍珠港就位于瓦胡岛的核心区域，是一个天然良港，因盛产有珍珠的牡蛎而得名。1909年，美国开始在此建设海军基地，经过几十年的努力，珍珠港已成为美国在太平洋上的主要海军基地。自1940年5月起，美国太平洋舰队常驻珍珠港。太平洋舰队在珍珠港停泊的舰艇包括3艘航母、9艘战列舰、20艘巡洋舰、69艘驱逐舰和27艘潜艇。也正因如此，日军如欲南进，首先就要拔去这根刺。

在策划袭击珍珠港的过程中，时任日本联合舰队司令的山本五十六担任了最高指挥。尽管在起初，对美国的经济和军事潜力有着极为深刻的了解的山本曾极力反对向美国开战，但当日本大本营与美开战的战略方针确立后，他便一改初衷，竭尽全力策划组织对美国的作战方针。作为海军航空兵专家的山本，首先提出以突袭手段在开战初期就一举全歼或重创美国太平洋舰队，确立起日本的军事优势，并不断对美国实施主动进攻，使其无法积蓄起足够与日本对抗的力量，从而赢得战争的胜利。

山本五十六研究偷袭珍珠港的计划

1941年1月7日，山本正式向海军大臣提交了突袭珍珠港设想的《战备意见书》。4月10日，该计划草拟完毕并上报大本营。几经周折，在计划直接呈交到天皇那里后，才最终使得大本营于1941年10月19日批准这一计划，此时距珍珠港之战仅有50天的时间了。应该说，山本的计划制订得非常周密。在兵力编成上，既要求具备强大的突击威力，又要避免编队过于庞大而被发现。最终确定为航空母舰6艘、战列舰2艘、重巡洋舰2艘、轻巡洋舰1艘、驱逐舰9艘、潜艇3艘、油船8艘，共计31艘舰船，舰载机423架。为了确保成功，日军还广泛搜集美军情报，先后派遣200多名间谍到珍珠港活动，从各方面打探美军在珍珠港的部署。为了确保偷袭的突然性，日军还采取了一系列无耻的外交欺骗。日本先后任命素有亲美派之称的野村吉三郎、来栖三郎等人为和平特使，赴美谈判。直到开战前一天，这种谈判仍在进行当中，极大地麻痹了美国。

1941年12月7日，当地时间为星期日，日军已悄悄逼近珍珠港，准备发动一场震惊世界的突袭。总指挥山本发出动员令："帝国兴衰在此一举，我军将士务必全力

□ 历史悬案

珍珠港内浓烟滚滚

美国政府为在日本偷袭珍珠港中牺牲的官员举行葬礼

奋战。"7时49分，日军的攻击正式开始。当天，停泊在珍珠港的军舰有8艘战列舰、8艘巡洋舰、29艘驱逐舰和5艘潜艇，加上其他舰艇和辅助舰艇共94艘。在日军飞机突如其来的猛烈轰炸下，美军猝不及防，飞机、大炮等根本来不及投入作战就被炸成了碎片。几分钟后，负责轰炸的日军指挥官就急不可耐地向总部拍发胜利密码：虎！虎！虎！

在持续约两小时的袭击当中，日军共消耗鱼雷40条，各种炸弹556枚，损失飞机32架，1艘大型潜艇和5艘袖珍潜艇，损失133人。美军方面，被炸沉4艘战列舰、1艘巡洋舰、2艘驱逐舰，伤4艘战列舰、4艘巡洋舰、1艘驱逐舰、8艘辅助舰；飞机被毁188架，伤159架；人员死亡2403人，失踪255人，伤1178人。尽管日军偷袭的主要目标美国太平洋舰队的3艘航空母舰及22艘其他军舰不在珍珠港，而且油库、造船厂未遭破坏，但是此次偷袭作战，因其组织周密，行动果敢，代价小而战果大，堪称突袭战例的经典之作。从军事意义上讲，日军偷袭珍珠港，一举消灭了美国的太平洋舰队，取得了在东南亚的制空权和制海权，为日军横扫东南亚奠定了基础。珍珠港事件，也是美国历史上最耻辱的军事失败。

12月7日当晚，美国总统罗斯福召开内阁紧急会议，商讨对策。次日，罗斯福向参众两院发表战争咨文，由于情绪激动，罗斯福总统竟从轮椅上站了起来，坚持站着发表了简短而感人的演讲，要求对日宣战。罗斯福说："昨天，1941年12月7日——一个遗臭万年的日子——美利坚合众国遭到了日本帝国海空军部队突然和蓄谋的攻击"，并愤怒地谴责日本人"通过虚伪的声明和表示希望和平而蓄意对合众国进行了欺骗"，使许多美国士兵丧失了宝贵的生命。因此，罗斯福要求国会宣布："自1941年12月7日星期日——日本进行无缘无故和卑鄙怯懦的进攻时起，合众国和日本帝国已处于战争状态。"在雷鸣般的掌声中，美国会一致通过罗斯福的提案，宣布从此美国正式参战。

难道是罗斯福的"苦肉计"

珍珠港事件为何能发生，综合实力上落后于美国的日本，竟能从几千千米之外成功地突袭成功，这实在让人难以理解，难道其中另有隐情吗？对于这起美国历史上最惨痛的失败，长期以来，各国历史学家有着不同的说法。其中，有相当一部分研究者提出一个惊人的观点：珍珠港事件之所以发生，其实是美国总统有意设计的"苦肉计"！

第二次世界大战结束以后，由于不断有一些当事人将一些内幕公之于众，越来越多的人相信，其实美国早已获知日军的偷袭计划。他们认为，罗斯福之所以设计这一"苦肉计"，也确实出于无奈。因为当时美国国内孤立主义思想非常严重，使得罗斯福总统很多援助英、苏、中等国的计划受到掣制。而作为极富远见的杰出政治家，罗斯福很清楚，如果不及时援助正在艰苦奋战的英、中、苏等反法西斯国家，等到轴心国确实控制了欧亚大陆后，美国将无力独自抵抗已经根基牢固的德、意、日轴心国。尽管从历史的选择看，美国早参战比晚参战有利，但国内的孤立主义只图眼前利益，不愿参战。所有这些因素逼迫罗斯福不惜以珍珠港为代价，来唤起民众的正义感，也粉碎孤立主义的幻想。

首先，从现有材料看，美国人当时已破译了日本的外交密码和至关重要的海军密码。早在1941年初春，美国人在一艘日本油轮上截获了一套完整的日本海军密码本。因此，在珍珠港事件之前，已经掌握了日本海军密码的美国高层决策者，不可能对日本的海军行动一无所知。很多人因此深信，罗斯福事先肯定知道了日本要偷袭珍珠港的情报。据说，有一位叫劳伦斯·萨福德的美国海军情报官，当时就破译了日本海军部海军军令部的密码，他们第一时间探听到日本的联合舰队正向珍珠港方向开进，并将这个情报通过美国海军作战部长斯塔克海军中将，送到了罗斯福那儿，而罗斯福看了这个情报后只说了一句"知道了"，就再没有下文。1941年12月6日，华盛顿方面曾破译了一份由14部分组成的电文的13部分。在读完了这13部分的内容后，罗斯福马上找来了他的首席顾问哈里·霍普金斯说："这就意味着战争。"事实上1941年时，美军的密码专家威廉·弗里德曼所领导的机关"魔术"，已能截获并破译出绝大多数日本人用九七式打字机发出的"紫色密码"外交电报。这些电报中就包括许多有关珍珠港的情报，例如，1941年9月24日，日本海军通过外务省致电檀香山总领事馆，要求了解美军太平洋舰队军舰在珍珠港的停泊位置；11月15日，日本外务省要求驻檀香山总领事馆每周至少报告两次珍珠港美军军舰的动向；11月18日，日本驻檀香山总领事馆向外务省汇报了美军军舰进珍珠港后航向变化角度和从港口到达停泊点的时间；11月28日，日本外务省要求檀香山总领事馆销毁密码和密码机；12月2日，日本驻檀香山总领事馆用低级密码继续报告美军的一举一动等等。随后，"魔术"就将最重要的情报由特别信使及时递交给总统、陆军部和海军部的部长、作战部长、情报局长、国务卿等军政首脑，而其他人极少能接触到这些情报。

还有一些说法认为，英国方面也早就破译了日军企图偷袭珍珠港的密电，但英国首相丘吉尔却有意扣留了情报，而其目的就在于迫使美国参战。最有力的证据就是，英国首相丘吉尔在得知珍珠港遭偷袭后的日记里写道：这是一个好消息！

□历史悬案

准备和谈的日美双方

作为假象,日本大使野村吉三郎(左)及特使来栖三郎(右)笑容满面地随同美国国务卿赫尔(中)前往白宫,而此时日本攻击舰队已驶向珍珠港。

当时,在掌握了日本舰队正在驶近夏威夷的情报后,罗斯福和他的顾问班子面临着三种选择:一是向全世界公布日本特遣舰队已经驶近,这样日本舰队调头退回日本;二是通知太平洋美军,命令他们做好战争准备;第三就是保密,让日本舰队继续驶向珍珠港偷袭。而罗斯福等最终选择了第三种,就是因为一方面他们相信驻防珍珠港的美军太平洋舰队能够抵抗日本人的进攻,而另一方面会刺激那些孤立主义者的神经。于是,华盛顿方面并没有将情报通知太平洋舰队司令金梅尔海军上将和夏威夷基地司令肖特陆军中将。对此,金梅尔将军后来在接受调查时曾指责海军部扣下了珍珠港将可能遭受袭击的有关情报,直接导致了1941年12月7日的灾难。

其次,事件发生之前,美国高层所下达的一系列奇怪的命令让人产生疑问。一是在1941年初,将太平洋舰队包括1艘航空母舰、3艘战列舰、4艘巡洋舰、17艘驱逐舰在内的作战力量调拨给了大西洋舰队。此外,海军部还把舰队中素质最好的指挥官和水兵也成批调往大西洋舰队。为此,金梅尔曾多次向海军作战部长斯塔克陈述加强太平洋舰队实力的重要性。他在1941年9月12日写给斯塔克的信中言语恳切地说:"一支强大的太平洋舰队,无疑是对日本的威慑,而弱小的舰队也许会引来日本人。"但海军部却丝毫不理会金梅尔的呼吁。更奇怪的是,当日本飞机对珍珠港狂轰滥炸时,太平洋舰队的主力——3艘航空母舰恰巧全部外出,因此逃过劫难。二是事变前美国方面曾向珍珠港紧急调集医务人员和药品。1995年9月5日,当时的美国总统克林顿曾收到一位名叫海伦·哈曼女士的来信。信中称,曾在"二战"中任美军后勤部副主管的父亲向她讲述过一些关于珍珠港事件的惊人内幕:珍珠港事件爆发前不久,罗斯福总统紧急召开了一个由极少数军官参加的秘密会议。总统在会议上透露了一个惊人的消息:美国高层已经预见到日本海军将要偷袭珍珠港,可能造成大量人员伤亡和财产损失。他命令与会者尽快准备将一批医务人员和急救物资集结到美国西海岸的一个港口,随时待命启运。罗斯福总统特别强调禁止将会议内容向外透露,包括珍珠港的军事指挥官和红十字会的官员。面对与会官员的惊讶与不解,罗斯福解释说,只有当美国本土遭到攻击时,犹豫不决的美国民众才会同意他宣布投入战争。为了查证该女士的说法是否属实,美国红十字会夏威夷分会的工作人员对该会1941年至1942年财政年度报告的影印件和有关国家档案进行了查阅,结果也意外发现,美国红十字会和美军后勤医疗部队在珍珠港事件前一两个月确实曾进行过非常规的人员和储备物资紧急调动。这批额外补给，在偷袭珍珠港事件后的急救工作中发挥了重要作用。有关人员还从夏威夷红十字分会会长阿尔弗雷德·卡瑟尔的弟弟威廉·卡瑟尔的日记中发现，12月6日，夏威夷分会的全体人员奉命战备值班。这封信在当时引起了很大轰动，但由于哈曼不是当事人，而她父亲史密斯也已于1990年去世，所以人们对这一材料还有所怀疑。

另外，一些相关当事人的回忆，似乎也在向人们昭示着事情的真相。约翰·莱尼夫，一位荷兰退役海军上将，在其临终前曾向人们透露了他所知道的珍珠港事件内幕。1941年12月2日，时任荷兰流亡政府派驻华盛顿上尉武官的莱尼夫去找美国海军情报局的朋友聊天，闲谈中，一位美国海军情报军官指着墙上的一幅地图对他说："这里是日本特遣舰队正在东进的地方。"这使他大吃一惊。6日下午，莱尼夫再次来到海军情报局打听情况时，一名军官将手指指向墙上宽大的海图上，告诉他日本人正在离檀香山约400英里的地方。第二天，战争就爆发了。

人们还得知，就在珍珠港事件发生的前一天晚上，面对迫在眉睫的战争阴云，美国海军部长诺克斯、海军作战部长斯塔克、陆军部长史汀生、陆军参谋长马歇尔和商务部长霍普金斯以及总统罗斯福等人，竟少见地聚在白宫，一同消磨时光！以上种种疑点，再结合当时罗斯福等人的表现，使所谓"苦肉计"的猜测变得更加可能。因为在珍珠港惨败的消息传到华盛顿后，罗斯福立即召集阁僚开会讨论，而多年后人们在整理当年的纪录片时竟发现：当陆军部部长史汀生走进白宫时，嘴角竟流露出一丝得意的微笑。

除了美国的一些研究者坚持这样一种观点之外，尤其是战争的发动者日本人，似乎也更倾向于相信这一说法。为了推卸战争责任，很多日本人坚信是美国人为了参加二战，故意引诱日本人发动珍珠港事件的，《大东亚战争全史》的作者服部卓四郎和《偷袭珍珠港前的365天》的作者实松让就是其中的典型代表。

有关"雪计划"的说法

关于罗斯福"苦肉计"的猜测还没有定论时，不久前，美国 份名为《洞察》的杂志，又提出了让人更为震惊的说法：珍珠港事件是苏联人一手制造的！那么，美日之间的战争，怎么又和苏联扯上了关系呢？该杂志认为，由于当时苏联担心日本从东线发动进攻，使自己陷入东西两线作战的困境，于是启用早已安插好的庞大间谍网（据说苏联在美国政府内至少安插了329名间谍），操纵美国和日本提前开战，珍珠港事件因此爆发。为了进一步证实上述结论，该杂志首次披露了众多秘密。

美国著名的苏联情报专家赫伯特·罗梅斯汀推出了他的新著《维诺纳的秘密》，这本书是罗梅斯汀与美国国会前调查员、资深记者埃里克·布伦迪尔合著的。该书向人们宣示了一大秘密：为了掌握日本的军事动向，苏联在日本培植了一个庞大的间谍网，确保苏联不受到日本的进攻；相反，日本主动向美国发动进攻，那是苏联求之不得的事。为了实现自己的计划，苏联在美国政府内部安插了一名高级特工，正是这名特工为日本空袭珍珠港做好了铺垫工作，这名特工就是指导美国"新政"

□ 历史悬案

日本偷袭珍珠港使斯大林得以调动部署在远东地区的40个师到斯大林格勒与德军决战。

的经济学家、罗斯福总统最信任的经济顾问之一：亨利·迪克斯特·怀特。最新的证据表明，身为苏联间谍的怀特曾从苏联高层那里得到指令，负责向罗斯福提出大量针对日本的政策性建议，从而成为美国与日本开战的关键因素。

  直到1946年，美国情报部门才开始察觉怀特的间谍身份。当时的联邦调查局局长胡佛便向总统杜鲁门写信，认为怀特是一名不可小视的苏联间谍。1948年，美国众院也曾就怀特是不是间谍的问题举行过听证会，但不久怀特就去世了，事情也就不了了之。又过了几十年，直到20世纪90年代中期，美国解密了一批文件，其中包括截获的苏联政府的大量秘密电文，结果人们惊讶地发现，怀特的名字就多次出现在这些秘密电文中，这才使怀特的间谍身份最终被确认。经过对解密文件的研究，学者们终于发现，有足够的证据证明怀特一直在与苏联情报部门合作，而苏联同意为怀特上私立学校的女儿支付学费，并给他一家送过贵重礼物。

  不久，又一位美国前情报官向外界透露：怀特敦促美国政府对日本采取强硬政策，实际上是苏联一份秘密计划"雪计划"的重要组成部分。由于当时日本正向西太平洋诸国发动进攻，因此苏联担心日本可能会从远东地区向自己发动进攻。众所周知，在1941年前后，日本国内正为"北上"还是"南进"而犹豫不决，高层内部为此而争论不休。所谓"北上"，就是从远东进攻苏联，沿西伯利亚一路西进，最终与德国军队汇合；所谓"南进"，就是占领整个西太平洋，控制印度支那、东南亚及澳大利亚等地，然后经印度、伊朗、中东与德国会师。曾经有一段时间，日本内部主张"北上"的势力一度占据了优势，从而使苏联感到非常紧张。1995年，曾任苏联秘密情报机构克格勃的前身NKVD的美国部副部长的维塔利夫·帕夫洛夫在一篇情报杂志上发表文章，他承认自己曾在1941年交给怀特一张便条，上面列出了苏联的外交政策要点，敦促怀特向美国政府"推销"这些政策，其中就包括美国应敦促日本立即全部从中国撤军。在怀特的努力下，国务卿果真给日本政府高层打电话，敦促其从中国撤军。然而具体到外交交涉中，美国政府向日本提出这种要求，不但不会得到同意，反而会进一步激化两国之间的矛盾，招致日本人的嫉恨，果然，不久日本人就偷袭了珍珠港。

  研究者认为，虽然不能肯定这些苏联间谍一定影响到了罗斯福的决策，但他们把罗斯福以及其他高官的想法传给了苏联却是事实。至于如果美国不强烈敦促日本从中国撤军，美国和日本是否真的可以避免战争，他们认为，至少美国会有一段宝贵的备战时间，珍珠港事件中也不会损失那么多人。"二战"结束后，马歇尔将军在国会听证时也承认，如果当初不是珍珠港遭到空袭，美军可能会等到1942年1月1日才对日宣战。

另一方面，苏联也加紧了在日本的此类努力。在数年的时间里，苏联在日本建立了一个间谍网，随时了解日本的动向，其领导人就是装扮成纳粹德国记者的理查德·索奇。据有关档案记载，早在1941年9月，索奇向苏联高层汇报，日本正准备进攻美国，而不会进攻苏联。苏联高层才终于松了一口气，并决定将部署在远东地区的40个陆军师迅速调到斯大林格勒，与德军决战，并最终取得胜利。同时，苏联从来没有把掌握的"日本准备进攻美国"的情报透露给美国。不管怎么说，珍珠港事件的发生对于苏联而言，的确是一大幸事，随着美国的正式参战，来自日本的威胁总算真正消除了。

恶魔幽灵希特勒之谜

阿道夫·希特勒，一个曾经令全世界恐惧的名字，纳粹德国的缔造者，第二次世界大战的罪魁祸首，屠杀千百万无辜生灵的凶手……他是一位专横、粗暴、傲慢、狡猾、残酷的独裁者，曾以其闪电战蹂躏了整个欧洲。希特勒采用了红地、白心、黑字来作为纳粹党的党旗，作为法西斯主义的复征。这是什么用意？1944年12月27日清晨10时45分，一声闷雷似的爆炸声忽然响起，声音来自挪威电力化工厂诺斯克氢化工厂。这一声爆炸背后蕴藏着第二次世界大战期间一个令人难以置信的故事。同它一同灰飞烟灭的是希特勒想占有第一颗原子弹的梦想。到底是谁摧毁了希特勒的原子弹美梦呢？1945年4月30日，当苏军攻入德国首都柏林时，这位曾经不可一世的战争狂人，在一间秘密地下室里，与其情妇一同自杀，死后尸体由部下焚毁，就此结束了他罪恶而可耻的一生。至此，关于希特勒的一切似乎都已经结束了，然而又似乎远未结束。因为几十年来，关于他复杂而神秘的一生，人们一直有太多的疑问没有得到解答。

来路不明的德国元首

大多数人认为，希特勒出生于奥地利。1889年4月20日，阿道夫·希特勒出生在位于奥地利和德国巴伐利亚边境的一个叫布劳瑙的小镇，其父是小镇上的一名海关官员。希特勒3岁那年，因为父亲要在德国巴伐利亚的帕骚市管理一个属于奥地利的海关，他们一家曾搬到那里居住。1903年和1908年，希特勒的父亲和母亲

□ 历史悬案

希特勒（左一）与党徒在发动啤酒馆暴动前的合影

相继去世。此后，学业不佳的他便开始流浪般的生活。在维也纳，他曾凭借自己唯一的特长，靠画明信片、水彩画谋生。在此期间，希特勒阅读了不少大肆鼓吹极端国家主义和极端民族主义、反犹主义的小册子。很快，他就成为一名狂热的种族主义者，笃信他所属的雅利安种族天生就是高贵的，而犹太种族则恰恰相反，是低贱的。

1913年5月，对大德意志民族充满着狂热情绪的希特勒，离开维也纳移居慕尼黑。第二年，第一次世界大战爆发。对战争充满热情的希特勒作为志愿兵加入了巴伐利亚步兵第一团，其间曾负伤，并还获得过两枚铁十字勋章。当德国战败后，希特勒决定投身于政治。

1919年春天，希特勒被调到陆军军区司令部的政治部新闻局工作。1919年9月，希特勒加入了德国工人党，并担任该党主席团的第七名委员。随后，他就开始按照自己的观点和目标来改造这个党。由于的确具有演讲方面的天才，希特勒很快就吸引了大批追随者。他利用德国当时盛行的民族主义和社会主义两股潮流，将德国工人党正式改名为"德国国家社会主义工人党"，也就是纳粹党。经过努力，加上合适的政治土壤，纳粹党迅速壮大起来。《凡尔赛和约》的巨额赔款使魏玛共和国初期经济困难、政治动荡，敏感的希特勒认为这正是他推翻共和国的良机，于是策划了慕尼黑啤酒馆暴动，结果却以失败而告终。希特勒被判入狱8个月，期间他撰写了《我的奋斗》，这本书是一个集国家主义、帝国主义、反犹主义和反对民主主义思潮于一体的大综合，被看作是法西斯的理论和行动的纲领，是纳粹党的圣经。啤酒馆暴动的失败使希特勒认识到不能通过政变去剥夺台上统治者的权力，而是要通过与他们的合作才能取得政权。1925年2月27日，纳粹党正式重建，希特勒又获得了独裁元首的身份。

1929年10月，一场世界性经济危机爆发，德国局势又开始动荡。利用这个机会，希特勒一方面为国家社会主义展开更强大的宣传，对各阶层人民不断做出符合其愿望的慷慨许诺。一方面又通过纳粹党的宣传机器，重点向中下层的中产阶级发动讨好攻势，以争取得到他们的支持。到了1932年，纳粹党人数骤增到100万，在这一年举行的国会选举中，纳粹党获得了230个议席，一跃成为国会中最大的党派。1933年1月30日，希特勒终于登上了总理的宝座，第三帝国由此诞生。后来他又将总统和总理这两个职务合二而一，成为实际的独裁者，并逐步走上战争之路。

有趣的是，希特勒死后，一些专门研究其身世的学者，仍在不断制造关于他的新闻。众所周知,希特勒是一位疯狂的种族主义者,他坚信所谓日耳曼人是世界上最优秀的人种,尤其仇恨犹太人,并直接策划了对犹太人进行"解决"的屠杀命令。然而,令人甚感惊奇的是,有关"希特勒是犹太人"这样的说法却一直都在流传。有些历史学家认为,这种传言并非空穴来风,因为的确有一些事实让人颇感蹊跷。比如,尽管纳粹曾经制定了禁止犹太血统的人加入军队的法律,然而希特勒本人却亲手签署了不少血统证书,证明一部分犹太人是纯日耳曼人:"我,阿道夫·希特勒,根据种族法,宣布你为日耳曼血统。"如此一来,德国军队中也存在了不少犹太人,其中有一些犹太人还能够成为高级军官甚至将军,相传米尔希元帅就有犹太血统。不仅如此,党卫军特工部的头子莱因哈德·海德里希的祖母也是犹太人。当希姆莱曾经就此事向希特勒汇报时,一向主张反犹的希特勒并未采取任何措施,而是让海德里希继续留任,这些做法未免让人感到奇怪。如果要寻找答案,那么"元首其实是犹太人"的说法的确不无可能。不过,由于没有确凿的证据,这种传闻终究不会得到人们的承认。况且,在希特勒的一手导演下,"二战"中被纳粹德国杀害的犹太人达600万之多,如果"希特勒是犹太人"的说法被证实,对全世界的犹太民族而言,企图灭绝自己民族的人竟然是"自己人",这在心理上恐怕是很难让他们接受的。

甚至有一位叫戴维的英国历史学家宣称,经他研究发现,希特勒竟然可能是英国女王伊丽莎白二世的祖母玛丽王后的私生子!只是在他在13岁时,才被送到德国,乃至后来当上了第三帝国的元首。戴维之所以敢发表这一石破天惊的结论,依据就是他母亲留下来的一本相簿。据戴维披露,这本相簿中收藏着一些珍贵的照片,还有印着大教堂、宫殿和欧洲风景的明信片。戴维的母亲表示,这本相簿的主人就是希特勒。在仔细研究了希特勒的照片以及明信片背面手稿的笔迹后,戴维发现,这些字迹与德国学者马泽尔编纂的《希特勒的书信及笔记》一书中所有文章中的笔迹,可以说非常相似。

另外,在1953年出版的《我的少年朋友》一书中,作者库彼切克曾详细地描写了第三帝国元首的生活,而笔迹鉴定家对该书中作者所写的序言以及序言下面的作者签名进行了细致的鉴定后,也认为其字迹与希特勒字迹的雷同度高达百分之百。由于希特勒年轻时曾有个叫库彼切克的朋友,因此

希特勒走上纳粹德国的最高统治宝座

□ 历史悬案

戴维大胆推论《我的少年朋友》一书就是希特勒假借朋友之名写的，这就是说，希特勒并不像人们通常所认为的那样，是在战争结束时自杀而死，而是一直活到战后。同时，由于希特勒的部分个人书信和老照片的签名都是用英文或拉丁文书写的，而希特勒在学校里根本就没有学过英文和拉丁文，这当然令人禁不住怀疑他是从小就熟知这些语言的。戴维还有一条证据，就是当他将约翰王子与希特勒的照片进行仔细对照后，竟发现约翰王子的耳朵与希特勒的几乎一模一样。通过以上种种佐证，戴维相信，希特勒就是玛丽王后的第五个儿子约翰王子。虽然据记载约翰早在1919年，也就是13岁的时候就病死了，但也有传言说他并没有死，而是被秘密送往德国，寄养在某个家庭里，直至后来成为德国元首。

希特勒生前的种种奇闻

除了其出身存在的疑团之外，希特勒死后，曾在他身边工作和生活的一些人还披露了各种奇闻，使后人至今难辨真假。

一是关于他的心理问题。1994年12月中旬，美国中央情报局披露了他们在1944年2月完成的一篇有关希特勒的心理特征的分析报告，该报告的作者是哈佛大学著名的人格心理分析专家亨利·穆雷博士，他根据一些惊人的事实对希特勒的性格进行了分析。

在男女感情方面，传闻希特勒年轻时曾狂热地爱上他的"嫡亲外甥女"，虽然这种不正常的"爱"最终以其心上人的自杀而收场，但必然会在他心灵上留下深刻的、甚至一生都难以消除的畸形阴影。它完全有可能导致心理压抑，而且这种压抑会越来越深重，最后必然导致严重的变态。此后，他的一生都对女人再无好感，而他所谓情妇——爱娃·勃劳恩其实可能只是一种装点。

在体貌的喜好方面，由于笃信日耳曼人应该有一个高挺的鼻子，从而给人以"刚毅自信、勇敢无畏"的感觉，希特勒当权后曾做了多次"鼻美容"手术。希特勒对自己施行的是"鼻子渐高术"，就是让医生一点一点地加高他的鼻子。据说甚至德军在苏德战场上节节败退时，他的鼻子加高手术仍未停止，这充分证明了希特勒的虚荣已经到了畸形的程度。还有，希特勒的肌肉不发达，因此即使在夏天他也从不穿短袖衫。这说明他为了掩饰自己已经到了反常的地步，"永不露体"的衣服无疑会大大加大他与周围人、同外界的隔膜，可见他的心理负

1942年的希特勒与爱娃·勃劳恩

180

担已经很沉重。

在性格的矛盾性方面。据说希特勒一直患有严重的牙病,尽管在拔牙时他会痛苦地尖声怪叫,但他却始终拒绝使用麻醉剂。他顽固地认为,麻药会让他变傻。令人难以置信的是,这位杀人不眨眼的魔王居然患有轻度的"晕血症",他见到血,特别是人血后常常会感到不舒服。一方面,希特勒对动物特别是自己饲养的动物关怀备至,充满仁爱。他拥有一个庞大的鸟类养殖场,如果有一只孔雀死了他会伤心得掉泪。有时一只昆虫死了,他甚至也会摇头叹息。然而另一方面,他却能心安理得地下令把几十万犹太人活活毒死。

其他一些令人费解的事情还有:希特勒一生没有驾驶过汽车,可是他的秘密爱好却是在夜深人静之际坐上车,命令司机以时速超过100千米的速度飞驶,这在当时可是一个不可思议的疯狂速度,相当危险。后来,他的司机因为过度紧张而精神失常。可是另一方面,他又严格规定他所乘的大车最高时速不准超过37千米。希特勒还对长桌有特别的兴趣,他拥有的一张最长的桌子将近50英尺,以在举行会议时使用。

从上面的分析可以看出,希特勒很可能患有严重的心理障碍,而确有历史学家经过研究认为希特勒是遗传精神病患者。曾经有人在维也纳的一家医疗机构发现的一份医疗档案,经美国历史学家蒂莫西·里巴克研究认为,其主人就是希特勒祖母妹妹的曾孙女,名叫阿洛伊西亚·V。从档案记录中得知,阿洛伊西亚患有精神分裂症、忧郁症、妄想症等精神疾病。里巴克等人经过对希特勒的家谱进行了5年的研究后,发现希特勒家族成员常有身体或精神上的残疾。

精神分析学者埃里希·弗洛姆认为,希特勒是一个施虐—受虐性格的典型例子,这种施虐—受虐性格,也称之为独裁主义性格。弗洛姆还认为希特勒是一个极端的恶性自恋狂:希特勒只关心他自己,他的计划,他的权力,他的愿望。他为破坏所迷狂,死亡的气味对他来说是甜美的。在他成功的那些年里,他似乎仅仅要毁灭他认为是他的敌人的那些人,而当他最后在感到世界末日到来的日子里,他表现出最大的满足是亲眼看到一切的毁灭:德国人的毁灭,他周围的人的毁灭和他自己的毁灭。

关于希特勒,最令人吃惊的一种"发现"莫过于有关其性别的大胆推测了。据说希特勒有一个怪癖,就是对别人的手指很着迷,如果他不喜欢一个人的手,他就会立刻转身走开,拒绝同这个人继续交谈。一般来说,只有女人才比较注重研究别人的手,希特勒对别人的手的兴趣当属一种反常的表现。他的女性性格还表现在他对战争的指挥上。希特勒在指挥所有战役时,下的都是同一条命令:坚守阵地,一步不退,战斗到一兵一卒、一枪一弹。他认为撤退即意味着把灾难从一个地方转移到另一个地方而已。如此不惜以几十万官兵的性命为代价来死死守住曾经占领的土地,就为了让自己面目有光。战场上原本很正常的战术性撤退以保存实力,重整旗鼓再卷土重来等等,希特勒全不肯做,而这种疯狂的举动通常只有在女人身上才会体现出来。

□ 历史悬案

希特勒选用卐作党徽有何用意

希特勒在《我的奋斗》中这样解释说："任何党都应该有一面党旗，用它来象征庄严和伟大……黑、白、红三色的旧帝国的国旗……不适合作为我党的象征，因为所代表的德国，可能在以后会受尽耻辱，要被马克思主义所击败，而我党却是要消灭马克思主义的。所以我们不应该沿用旧的德国国旗……但是，在我的理想中，我们的党旗也应保存旧国旗中的黑、白、红三色。我做了很多试验，终于决定我党的党旗最后的形式是红地之中的一个白圆，圆中再画上一个黑色的卐字……"不久，它也成了维持秩序的军队的臂带的图案。

希特勒口若悬河的演说博取了中年妇女的欢心，他也乐于在她们面前展示自己非凡的男性魅力。

从以上这些话，可以清楚地看到他既把它当作反马克思主义的标志，又把它当作争取纳粹主义胜利的斗争使命的象征。但为何选用卐字来作为纳粹主义的象征，希特勒并没有明确解释其原因。西方学者对此做过许多推测。有的认为，当希特勒在维也纳流浪时，看到反犹政党的党徽是用卐字来做标志的；也有的认为，德国的反犹的一些右翼组织是用卐字做标志的。其实，当希特勒还很小的时候，就对卐字有着深刻的印象了。美国学者罗伯特·佩恩在其所著的《希特勒传》中对此有过一段描述。

希特勒全家于1897年迁到林茨和萨尔斯堡之间的兰巴赫镇居住。那里有许多古老的教堂，其中有一座建于11世纪的东正派大修道院，希特勒进了这所修道院的学校，立刻被这里的一切迷住了。在修道院的过道上、天井上、修道士的座位上及院长外套的袖子上他都能见到一个卐字标志。希特勒就在附近的拐角处居住，他每天都能透过他住房的窗口看见卐字。

卐字是一个带钩的十字。修道院院长西奥利多赫·冯·汉根视它为自己名字的双关语。希特勒非常崇拜院长显赫的权势，所以将卐看成是院长的象征。他后来回忆说："我屡次因教堂里的庄严、豪华的庆典欣喜若狂。我崇拜修道院院长，把他看成是我最渴望、最崇高的理想，这就像我的父亲把乡下的神父看作是他的理想一样，我认为这是很自然的。"

罗伯特·佩恩认为，冯·汉根院长的标志图很可能就成为日后希特勒卐字的原型。

但这种种猜测都是人们在研究希特勒这一特殊的历史人物时所做的假想，究竟希特勒采用作为纳粹党标志有何用意，里边是否藏有什么奥秘，目前还无人得知。

谁摧毁了希特勒的原子弹美梦

重水是用于取得铀 235 制作过程中控制原子核反应的理想减速剂。但"二战"时盟国没有获得足够量的重水，且提炼重水需要一年半时间，只好用石墨作代用品。1940 年 4 月，国际科学家之间流传着小道消息说，德国的凯瑟·威廉研究所正在进行一项广泛的企图分裂原子的试验。接着，正当美国的名为"曼哈顿计划"的研制原子弹的计划在 1942 年开始之时，从英国负责经济战的情报机构那传来了一个惊人的情报：德国人已经命令挪威的电力化工厂诺斯克氢化工厂，每年把重水的年产量从 1360 千克增加到 4500 多千克。

美国和英国最高当局一下子面临一个巨大的危机：这是否意味着德国可能先于盟国制造出原子弹呢？罗斯福和丘吉尔对此忧心忡忡。当时的英国外交大臣哈利法克斯勋爵不无忧虑地指出："这意味着希特勒决意将恫吓付诸实施。"

于是，如何摧毁诺斯克氢化工厂和破坏它的重水储存，这成了英国战时内阁考虑的问题。英国空军参谋部报告，由于这个工厂四周为丛山所包围，使用现有飞机进行直接目标的轰炸是行不通的。这只能是突击队干的活儿。

在第二次世界大战期间，英国非常重视特种作战的价值，着手培养了一支训练有素、具有深入敌后作战能力的部队，并成立了特种作战司令部，亦称特别行动署。它专门以爆破、淹没等特殊手段削弱德国的物质力量，因此，丘吉尔形象地称它为"非绅士风度作战部队"。这支部队令法西斯魁首希特勒坐卧不安。

艾因纳尔·史吉纳兰德被英国特种部队总部派到伦敦。这个聪明、体格健壮的人是个滑雪能手和神枪手，这对于他将要从事的工作提供了重要条件。更为有利的是，他过去一直就住在诺斯克氢化工厂附近，他还有个兄弟和一些朋友在那里身居重要职位。

史吉纳兰德很快学会操作一台电力强大的短波收发报机，而且也学会了跳伞。不久他得到命令：立即潜回挪威，搜集一切有关诺斯克氢化工厂的情报，并发回伦敦，在那里等待增援小组的到来。到达挪威后，他非常谨慎小心地把他的那些最信得过的朋友们组织起来，成为一个提供有关工厂各种信息的"联络网"。这些信息被立即发往伦敦的中央情报机构。因为有了史吉纳兰德准确的报告，"燕子"计划开始实施了。先是第一批的 4 名突击队员空降到工厂附近。1944 年 11 月 9 日，远在伦敦心急如焚的联合作战部军官终于听到他们等待已久的突击队员们发来的信号。他们在诺斯克氢化工厂附近已安排就绪，同史吉纳兰德已联系上，并且已用无线电和着陆信号作为标志，准备迎接滑翔部队送来的破坏小组。

11 月 19 日，两架轰炸机，每一架牵引着一架满载伞兵部队的滑翔飞机从英国起飞了。但是几小时之后，在挪威的一位特工人员用无线电发来报告说，轰炸机和牵引飞机坠毁，机上所有人员不是死亡就是被俘了。

在伦敦，陷于绝望的联合作战部只得一切从头开始。1944 年 12 月下旬，另一项

□ 历史悬案

代号为"炮手行动"的计划准备付诸实施。一天晚上，6名挪威特种部队成员跳伞降落在冰雪覆盖的斯克莱根湖面上，那里离突击队员隐藏的地方近50千米。

12月27日上午，他们终于到达了山顶，沿着铁路匍匐向前爬行。距工厂150多米时，他们可以听见工厂机器的轰鸣声。大门里面却没有动静，几个人端着汤姆枪，迅速占据了有利地势，包围了住着12个德国卫兵的营房。由于他们工作出色，小组仅用了几分钟的时间就找到了安装电缆线的隧道，它一直通向毗邻浓缩铀部门的一个房间。

正在那间房里值班的德国警卫见到两支手枪枪口对准着他，立刻安静地言听计从。乔基姆检视了储藏罐、管道和机器，并在会造成最大损坏的地方，用颤抖的手把炸药安装完毕。他时时担心的警报器会突然尖厉地嘶叫起来的情况并没有发生。他点燃了30秒钟引爆的导火线后，要卫兵和一位挪威人赶快跑开。刚跑到地下室近20米远的时候，一声爆炸巨响，在硕大的水泥墙后面声音显得低沉，但是却震撼着地面。

警铃之声大作，当酣睡的德国兵纷纷从房子里窜出来时，乔基姆和他的小组成员已经消失得无影无踪。他们只能眼看着极其珍贵的450多千克重水从炸碎了的储存罐里涌流出来，流得满地乱泻，顺着工厂的污水沟流走了。

随后，德国的司令官冯·法尔根霍斯脱将军气急败坏地走进弗马赫，视察着工厂被破坏的情况。他边看边骂："这是我所见到过的他妈的最厉害的袭击。"接着，几乎一个德国国防军的师，德军滑雪巡逻队和低空侦察机1.2万人开进了这个地区，搜寻了全部山头、大路和小道，但是突击队员一个也没被抓到。

经过了难以想象的艰难路程，6个特种部队队员都安全地撤离了危险之地，有的飞回了伦敦，有的则留下来继续进行其他的地下工作。然而，希特勒的原子弹美梦就这么破灭了，甚至连是谁坏了他的好事都不知道，这的确是英军特种兵史上非常出色的演出。

魔鬼到底终结了吗

1945年4月30日，苏军攻占了国会大厦，希特勒的总理府已在炮火的射程之内。下午3点30分，绝望的希特勒在安排完后事后，回到地下室的避弹房间，先服用了毒药，然后又对自己开了一枪。与此同时，刚刚与希特勒仓促举行完婚礼的爱娃·勃劳恩也吞下了毒药。随后，两人的尸体被侍从用军毯包上，抬至总理府的花园里，浇上汽油，在熊熊大火中化为灰烬，骨灰被埋进了一个炮弹坑。苏军来到这里后，开始到处寻找希特勒的尸体。5月5日，一名苏军士兵注意到花园的一处废墟中露出了灰色毯子的一角。当他们搬走瓦砾、掀开毯子时，看到的是两具烧焦了的尸体，旁边还有一条已经死去的阿尔萨斯狗和一条幼犬。他们怀疑这就是纳粹头子阿道夫·希特勒。但斯大林接到报告后认为希特勒没死，只是隐匿起来了。因为尸体已经焚烧得难以辨认，所以专家便提出通过牙齿来确定身份。法医学专家欣喜地发现，这具尸体的下颚骨居然保存完好。由于世界上所有人的牙齿都不会相同，所以牙齿鉴定的结果是最具说服力的。于是苏联成立了一个以瓦西里·戈尔布申上校为首的秘密机构，这个机构的唯一任务就是验明死者身份。经过在柏林展开的一场大搜索后，他们终于找到了希特勒的牙医布拉什克教授的助手霍伊捷尔曼。她找到了希特勒牙齿的X光照片以及制作好但从未使用过的金牙套，戈尔布申等人与从那具尸体上取下的实物仔细对照，最终确认那牙齿应该就是希特勒的。至此，一段公案似乎也有了定论。

盟军士兵检查希特勒在柏林地堡中的残留物

然而，在战后，仍有相当一部分人对希特勒的去向问题表示怀疑，他到底是死了，还是消失了？如果确实死了的话，那是自杀还是他杀？他的遗骸又到哪里去了？

最近，美国一位女历史学家德伯拉·海登又提出了全新的说法：希特勒是因为梅毒缠身而万念俱灰，才饮弹自尽的。她甚至认为，正是因为对病情的绝望才促使希特勒演变成了一部疯狂的"杀人机器"。海登女士多年来收集了大量有关希特勒晚年生活及身体状况的内部资料，在对资料进行整理和综合分析之后，她认为希特勒晚年"顽疾缠身"，实际上就是晚期梅毒。根据希特勒的个人首席医生莫雷尔掌握的病例，希特勒的心脏一直有问题，经常心律不齐，或者说鼓膜有伴音，而那是由于梅毒感染伴发主动脉炎引起的。希特勒晚年动辄癫狂暴怒，很可能是梅毒浸染了他的大脑，使他患上了脑炎，以致神经功能紊乱。在生命的最后几年里，希特勒常常被各种疾病困扰，如头晕目眩、胸闷气短、胸口疼痛、肠胃不适、颈部长满脓疱、胫骨受损导致小腿肿胀，有时甚至连皮靴都穿不上……而诸如此类的病症都是梅毒感染的典型症状。希特勒从1941年开始定期要接受碘盐注射，这在当时是治疗所有性传播疾病的常规手段。另外，希特勒之所以选中莫雷尔作他的长期私人医生，也极有可能与他深知自己的病情有关。莫雷尔不仅是一位资深的皮肤科专家，更是当时德国最著名的性病治疗权威。在当时的医疗条件下，感染上梅毒就意味着宣判了死刑。同时，梅毒也解释了希特勒的性冷淡，也解释了他为何要在自己唯一的个人传记《我的奋斗》中花13页纸的笔墨来阐述德国根除梅毒的重要性。至于希特勒究竟是如何感染上梅毒的，据说是1908年（或者是1910年）他在维也纳时曾与一位街头妓女发生了关系，从此落下病根。而且据野史记载，这个让希特勒一见倾心的红尘女子居然还是个犹太人。当然这只是一种传闻，缺乏史实证据，但是希特勒却在《我的奋斗》书中认为犹太人对传播梅毒负有不可饶恕的责任。

有关希特勒遗体的下落，在过去几十年里也一直是个谜。俄国一位记者在有关方面提供的档案协助下，终于解开谜底。报道透露，希特勒的尸体残骸后来被重新

□历史悬案

1945年发现于爱娃住所的希特勒衣服残片

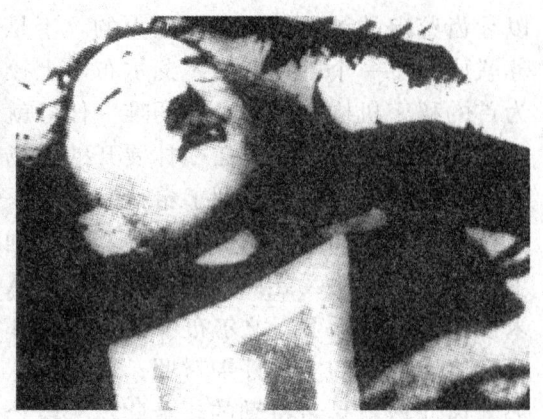

在德国总理衙署花园的沙坑里发现一具尸体,前额有一个弹孔,与希特勒十分相像。

埋葬了多次,最终被火化。第一次尸体掩埋是在1945年4月30日,希特勒、他的新婚妻子爱娃和他的两条狗被埋在总理府花园内。苏军士兵5月4日在一个弹坑内发现了两具不明身份的尸体。他们搬走了尸体,但因为当时苏军认为已经找到了希特勒的尸体,所以同日又将尸体掩埋。5月5日,尸体再次被挖出,并被送往布赫镇的一个诊所。对尸体残骸的医学检查于5月8日完成后,在苏军反间谍部门的监视下,尸体残骸在费诺夫镇第三次下葬。为了让从莫科斯赶来的米什克将军对尸体残骸进行重新检查,尸体残骸于5月17日被再次挖出。1970年3月13日,克格勃负责人安德罗波夫向当时的苏共总书记勃列日涅夫送去一份请示文件称:"第三集团军的克格勃特别部门1946年2月在我们驻马格德堡军营内埋葬了希特勒、爱娃、戈培尔、戈培尔妻子和孩子的尸体。由于作战需要,上述营地将转移给德国方面。考虑到工程建设或者其他土方开挖工程可能会使埋葬地被发现,我建议挖出这些尸体以进行火化。"文件于3月16日得到了苏联最高领导层的批准。克格勃特别部门的工作人员于1970年4月5日早上挖出了希特勒、爱娃等人的尸体残骸。他们将这些骸骨放入盒内,并于当天早上完成了对尸体残骸的"物理摧毁",骨灰则撒入了比德里兹河。报道还透露,希特勒还剩下两块头骨碎片,现存于莫斯科。

著名的研究者列昂·阿尔巴茨基在他的《第三帝国最后的秘密》(副题"希特勒消失之疑案")中,根据有关史料,对希特勒于1945年4月死于自杀一说提出了疑问。1972年,希特勒的牙医在同德国作家马泽尔的谈话中,也说自己无法肯定那的确就是希特勒的颅骨;他的助手也发表了同样的言论,而当初他俩的证言恰恰就是苏联尸检专家鉴定的依据。另外,莫斯科犯罪学实验室对据说是希特勒开枪自尽时在沙发上留下的血迹进行了鉴定,竟发现那不是血,而是色泽相像的液体。被认为是希特勒的那具焦尸的血型,同希特勒的真实血型也不相符,焦尸的大脑内也未发现弹痕。苏联内务机关在数月后对尸体做鉴定时,也未发现服毒痕迹。因此,有人提出,很可能是替身掩盖了"元首"潜逃的事实,而爱娃·勃劳恩的死不过是为了让戏演得更逼真些。在生还下来的所有目击证人中,只有近侍林格一人见过死后的希特勒。希特勒的副官京舍说,他曾下令让警卫离开通向希特勒套间的房舍。所以其余的人只是见过裹在毯子里的尸体从希特勒办公室抬出,至于毯子里究竟是谁,他们并不知道。而实际上,希特勒极有可能在隔壁换了装,改变了外貌,由于在4月30日午夜逃出总理府,防空洞的人多达4万名,所以希特勒很容易夹在人群中混了出去。希特勒警卫队成员凯尔瑙也供称,他在5月1日还曾看到希特勒活着。后来,人们又曾在丹麦的北海海滨发现过一只密封的玻璃瓶,里面装着一名德国潜艇水兵的信,说希特勒就在这艘潜艇上。由于潜艇撞上了沉船,破了个大洞,仅有部分艇员逃生。而希特勒在艇尾紧闭的舱内无法脱身,极有可能葬身海底。

总之,有许多人相信希特勒不过是伪造了自杀现场,然后以移花接木的手法逃之夭夭。据说此后希特勒做了易容手术,隐姓埋名定居在南美某国,苟延残喘,而后来确实有大批纳粹战犯都将南美作为隐身地。但也有人认为,这种说法不过是那些不甘心失败的纳粹余党散布的谣言而已。

纳粹宝藏秘闻

作为人类历史上最大的一次浩劫,第二次世界大战留给我们的是无数惨痛的记忆。在欧洲,纳粹德国铁蹄所到之处,无不生灵涂炭。更令人发指的是,他们不仅肆意践踏了许多国家的领土,同时还大肆掠夺这些国家的财物和艺术珍宝,并由此形成了所谓的"纳粹宝藏"。战争已经过去60多年了,然而,那些凝聚了无数人血汗的财富的下落,成了纳粹留给后人的众多谜团之一,时至今日仍没有水落石出。电影《飞鹰计划》,所演绎的就是一个寻找纳粹宝藏的故事。但这些只是人们的一些艺术想象而已,那真实的情形又是如何呢?

无法估量的纳粹宝藏

第二次世界大战期间,纳粹德国的铁蹄几乎践踏了整个欧洲大陆,对许多国家犯下的滔天罪行可以说是罄竹难书。他们在别国的领土上滥杀无辜,为所欲为。不仅如此,他们还是一群贪得无厌的强盗,对所到之处进行了掠夺式的洗劫。

为了更好地掠夺其他国家的财富,希特勒曾经精心组织了一支特别部队,他们的任务就是专门有计划地对各国的珍贵文物、金银财宝进行有组织的大规模的抢劫。结果,许多被占领国家的古堡、宫殿、博物馆里珍藏的艺术珍宝被洗劫一空。以波兰为例,纳粹在刚刚征服波兰的时候,其第二号人物戈林就下令大肆掠夺波兰的文物。他曾对部下这样说:"你一发现有什么东西可能是德国人民所需要的,就必须像警犬一样追逐,一定要把它弄到手。"在不到半年的时间里,几乎所有的波兰文物都全部被纳粹接收。同时,纳粹只要占领一个国家,其财政人员便马上夺取这个国家

□历史悬案

的黄金和外国证券、外汇等，并向这些国家征收数目惊人的"占领费"。此外，纳粹还通过种种理由巧立名目，迫使占领国支付"罚金""贡金"等等。根据有关方面的统计，到战争结束时，纳粹仅"占领费"一项的收入就有600亿马克。而那些国家被迫支付的"罚金""贡金"等的金额也高达1040亿马克。德国官方的一份秘密报告表明，到1944年7月为止，从西欧运到德国的文物共装了137辆铁路货车，共计4174箱，20973件，单单绘画就有10890幅，其中绝大多数为名家杰作，其价值简直无法估量。这还只是有据可查的，至于那些没有登记在册的，其数量根本就无法统计。

　　在国家性掠夺的同时，那些纳粹头目也趁机为自己大肆敛财，扩充私人收藏。仅以戈林为例，他一个人所收藏的文物，据他自己估计就值5000万德国马克。其中包括5000幅世界名画，16万件珠宝镶嵌的宝物，2400多件古代名贵家具。这些物品中有1500件属于稀世珍宝，绝对可以组建一个颇具规模的博物馆。1945年4月20日，戈林坐着他的装甲汽车仓皇逃往巴伐利亚，后面紧跟着的卡车护送队装满了他从各国搜刮来的财宝。结果美国部队在其运送途中截获了最后的一批，其中就包括了27箱绝版书，4箱贵重的玻璃器皿，8箱金银器，以及无价的东方地毯等物品。

　　正是这些疯狂的掠夺使纳粹法西斯手中掌握的财富迅速膨胀，数目大到惊人的地步，这些财富经过瓜分形成了令人垂涎的宝藏，其中最为著名的有：希特勒金库、大德意志之宝、隆美尔宝藏等。

　　所谓希特勒金库，指的就是1938年奉希特勒之命而建造的"狼穴"。据说它建造在波兰格鲁贝尔河畔的一座名叫凯特尔赞的小城，以前这个地方叫拉施坦尔。在战争期间，拉施坦尔成了一个军事禁区。"狼穴"建造在地下20多米的深处，四周布有80处野外防御工事和犬牙交错的地雷网与死亡带。在1939年到1944年期间，这里一直是希特勒的参谋部所在地，"二战"中纳粹德国所进行的一系列秘密的军事攻击计划也都是在这里拟定的。在"狼穴"里还有一座造币厂和一个银行。据后来被抓获的纳粹分子交代，在这座神秘的地下金库里曾经存放着数量相当惊人的黄金、白银和各种珍宝。为了确保"狼穴"工程的绝对秘密，纳粹法西斯不仅残忍地把当年参与修建该工程的1万名工人全部枪杀，而且连参与制定"狼穴"工程方案的所有设计人员也无一幸免。这些设计人员被送上一架据说是将把他们运往德国西部的飞机，但是飞机在降落时却突然爆炸了，这当然也是纳粹的计划之一。也正因如此，"狼穴"的位置、内部构造等成了永

德国皇宫中珍贵的酒器

188

远无解的谜。"二战"结束后的 10 多年内，无论是苏联人还是波兰人，都曾为此费尽周折，但最终也没有能找到这座地下金库，甚至连与这笔财产有关的编制清单也从来没有发现过。

所谓"大德意志之宝"，是指 1944 年底在纳粹德国即将崩溃前夕，希特勒为日后东山再起而开始有计划地藏匿起来的一大笔德国政府的财产。希特勒为此专门下了一道密令"把当时还留在德国的所有财宝以'国家财产'名义隐藏起来"，并派专人负责此事。1945 年 4 月，有近千辆卡车秘密转移了德国银行的财产，按当时的估价这笔财产大概相当于 3500 亿法郎。同时被转移的还有一大批首饰、金条、宝石、稀世的艺术珍品，以及纳粹头子们的私人财产和教会财产；另外还有从意大利、南斯拉夫、希腊和捷克等国犹太人掠夺来的总价值估计可达 7000 亿法郎的财产。

"二战"末期，第三帝国行将土崩瓦解，不甘失败的纳粹当局妄图日后卷土重来，遂将战争期间劫掠的财富和部分秘密文件藏匿起来，由此也引发了战后扑朔迷离的搜寻活动。战后的几十年间，尽管不断有人宣称发现了纳粹宝藏，也在欧洲数个偏僻地点先后发现过金条、名画和珠宝等纳粹宝藏，但人们所见到的不过是纳粹藏宝中极小的一部分，那么纳粹的大量财宝究竟藏在什么地方呢？

漫漫寻宝路：初露端倪

纳粹藏宝的数目是如此巨大，自然引起了无数人的垂涎。很多人相信，哪怕只是找到它的凤毛麟角，也能让人一夜暴富，享用不尽。所以有许多发财心切的冒险者纷纷踏上了搜寻纳粹藏宝的道路。不仅如此，不少国家的政府部门也把眼光盯在它的身上。由于都自认有权得到这笔财产，包括原联邦德国政府和奥地利政府以及法国、美国、苏联和以色列的秘密机构都曾竭力地寻找这批财宝。

要寻找这笔巨大的财富，首先得知道它到底藏在哪里。有人认为，"大德意志之宝"的主要财宝已经被多次转移，然后分散隐藏，其主要藏宝处大致分散在奥地利的加施泰因、萨尔茨堡、萨尔茨卡梅尔克附近的地区。也有人认为，这些财物主要藏在奥斯小城周围，原因是奥斯在战争期间是纳粹德国负隅顽抗的最后据点之一，估计有价值 2 亿多马克的财产被隐藏在奥斯地区。还有人认为，相当一部分的纳粹宝藏被隐藏在奥地利境内的阿尔卑斯山中。

据说，战争结束后不久，盟军就曾经组织过一支寻宝队，并且确实在阿尔卑斯山中的一个盐矿里发现了一批黄金、银器、宝石、瓷器、雕像、名画，价值达 100 亿法郎。消息一经传出，寻宝者们立即接踵而至，阿尔卑斯山多年来也因此而热闹非凡。1945 年，一位瑞士向导宣称自己在山中见到了一架纳粹飞机和驾驶员的遗骸。当有关人员在向导的带领下赶到那里时，却发现一条移动的冰河掩盖了这个地点，飞机、驾驶员也早已荡然无存。根据史料记载，1943 年墨索里尼处于山穷水尽之时，希特勒曾密令用飞机为他运去相当于 1 亿美元的黄金，以使他能够继续苟延残喘。可惜人算不如天算，飞机在阿尔卑斯山阿丹墨罗峰触山失事，因此人们怀疑这名瑞士向导发现的就是这架运送黄金的飞机遗骸。1946 年，两位名叫赫尔穆特·迈尔和

□历史悬案

纳粹德国掠夺的黄金
"二战"期间,希特勒专门组织了一支特别部队对被占领国进行掠夺、搜刮,从而为战争积累资金。图中即是纳粹部队从犹太富商那里劫掠来的黄金首饰。

路德维格·皮切尔的寻宝者带着地图走进了奥地利山区。没过多久,人们就发现了他们的尸体。在离尸体不远的地方,是几个已经被挖开了的藏宝洞。由于洞内已经空空如也,所以可以断定被这两个人掘出的财宝已经被秘密转移了。1952年、1953年,人们又在这个地方连续发现了数具尸体和8个被掏空的藏宝的地洞。

综合几年来这些暗杀和失踪事件的雷同性,警方分析的结果是,隐藏在奥地利阿尔卑斯山区的财宝是被前纳粹突击队严密控制和守卫着的。不久之后,警方在这一地带逮捕了一个纳粹犯罪嫌疑人,此人身上带着一份有纳粹德国党卫队将军史坦弗·弗罗利奇正式批示和签名的清单:66亿瑞士法郎、99亿美元、14吨金条、294颗钻石和数万件的艺术品。这份清单的发现,似乎让人们看见了光明的前景。警方当然希望能从此人身上得到些有价值的东西,却始终没能打开突破口。

实际上,在这之前,奥地利警察就曾抓捕过数名与纳粹宝藏有关的人。1949年,警方发现一个叫兰兹的人,在他的衣服里缝着一张奇怪的单子,上面开列有瑞士法郎、美钞、黄金、钻石、鸦片等总值1亿多美元的东西,签署这张单子的也是史坦弗·弗罗利奇。但是对于这张单子的来历和目的,兰兹守口如瓶,宁死不讲。1950年5月17日,警方又抓住了一个和弗罗利奇有关系的人,警察在他隐藏在一个寺庙的箱子里发现了500多万元的美钞及金条。这个名叫希姆尔的人承认这些都是弗罗利奇叫他保管的。随后,警方终于捕获了弗罗利奇。然而,让大家失望的是,不论是弗罗利奇本人还是希姆尔都非常强硬,拒不说出上述隐藏物的地点。

1954年,一位名叫弗兰克的德国人称,他在奥地利度假期间利用自己过去曾经是纳粹党员以及被希特勒授勋的身份,打进了负责掩护宝藏的纳粹地下组织,并最终看到了那些处于严密守护之下的宝藏。据他披露,在每个地穴上都可以清楚地看到标明了50万、70万的字样;不仅如此,他还听到了许多以度假为名义前来寻宝的人最后却惨遭杀害的故事。但弗兰克其人和这些财宝的真实性却让很多人怀疑。不过,有关国家的寻宝行动仍在继续。1960年,以色列政府就在布拉亚·阿尔默的高山牧场区找到了价值190亿法郎的宝藏。

"杀人湖"的秘密

在众多冒险者为纳粹宝藏而进行寻宝活动时,不少人为之付出惨重的代价,但

190

所谓"人为财死",后继者仍是络绎不绝。在众多搜寻纳粹藏宝的故事中,最吸引人也最恐怖的当属"杀人湖"的秘密。

在奥地利萨尔茨堡往东南60千米的巴特奥塞附近有一片山区,这里怪石嶙峋,松林茂密,阴森幽暗。山里面有一个被称为托普里塞湖的湖泊,早先它曾是一个盐矿,大约有2000米长,还不到400米宽,但最深处却达到103米。就是这么个不起眼的小湖泊,50余年来却因为一些恐怖的传说而赫赫有名,这就是和纳粹宝藏有关的著名的"杀人湖"。

1945年5月初的一天,一个常在托普里塞湖上打鱼的渔夫,从湖中打捞上来了一张印着各种奇怪符号的纸片。由于怀疑这张纸片或许是某个国家的钞票,于是渔夫第二天便拿着那张纸片来到巴特奥塞的一家银行,没曾想银行真的付给他了一笔数目可观的奥地利先令。一夜暴富的渔夫当然更加仔细地搜寻那个地方,并不断发现了同样的纸片,随后接二连三地来到那家银行兑换这些纸片。不久,党卫军曾把托普里塞湖当作保存财宝的秘密"保险柜"的消息便不胫而走。紧接着有传闻说,托普里塞湖里埋藏着党卫军攫取的黄金,而且很可能就是第三帝国的黄金储备。

在托普里塞湖发现纸钞的消息传到了当时英美军驻法兰克福的司令部里,这时一个意想不到的事情发生了。当时,由于美军的先遣部队已经进入奥地利,所以公路上到处都是奉命撤退的德军士兵和辎重车队,情况十分混乱。这时有两辆满载箱子的汽车被困在萨尔茨堡和林茨之间。为了解决这种状况,摆脱堵塞,负责押运的德军上尉便命令把其中一辆车上的所有箱子都扔到河里去。两周后,在水流的作用下,那些箱子竟然开了,当地的居民吃惊地看到河上漂浮着成千上万张英镑纸钞!不久盟军又发现一辆德军卡车上装载着23个箱子,里面是总计2000万的英镑纸钞。在盟军的调查中,周边的居民曾称,确实有人看到德国人把一些用白金属制成的大箱子投入托普里塞湖中,每个箱子上都赫然写着"帝国专运"。

大约40年后,奥地利《巴斯塔》报的记者找到了前希特勒德国反坦克部队的军官、奥地利人格鲁伯。此人曾于1944年秋被派往距萨尔茨堡不远的富士尔城堡,由于无意中参加的一次秘密会议而成为重要见证人。据他说,与会的都是第三帝国的高层官员,其中包括戈培尔和时任外交部长的里宾特洛甫。会议之后,一些满载着金锭、金币、珠宝和英镑假钞的货运汽车驶往富士尔城堡。随后,车队转而开往托普里塞湖地区,而美军发现的那辆装有英镑的卡车正是其中的一辆。1945年1月31日,德国财政部长曾建议疏散国家的黄金储备,这一建议被希特勒采纳。于是一列满载黄金、白金、外币、外国股票和帝国纸币的24节火车驶出了柏林。看来,上述那些财物可能正是德意志帝国国家银行的黄金储备。

我们再回到1945年。在发现那些英镑后,美军海军潜水小分队曾在托普里塞湖进行过搜索。但是,当一个潜水兵在水下意外死亡之后,搜索工作就停止了。此后,一些与帝国黄金储备有点干系却又管不住自己嘴的人先后失踪了。即便如此,一批又一批的寻宝者仍旧前赴后继的前往托普里塞湖。1946年2月,两位工程师——奥地利人赫尔穆特·迈尔和路德维格·皮切尔来到托普里塞湖,同行的还有一个叫汉

□ 历史悬案

斯·哈斯林格的人，三人均是以"旅游者"的身份来的。由于劳克冯格山可以俯瞰整个托普里塞湖，他们便决定登上这座山。半路上，或许预感到了什么，哈斯林格返回了出发地。一个月后，另外两个人仍是杳无音讯。于是营救小组开始前往劳克冯格山寻找，最终在山顶发现了一座用雪堆成的小屋，现场的情景惨不忍睹：小屋旁边有两具尸体，皮切尔的肚子被剖开，胃被塞到了背囊里。后来经过调查才知道，这两人在二战期间曾参与过托普里塞湖边一个"试验站"的工作，德国海军在这个"试验站"进行过新式武器的研制。很显然，这两个知情者是被灭了口。1947年，有人认出时常出现在托普里塞湖周围的外地人当中有一个是前德军参谋官鲍曼。奥地利法院认为他在战争快结束时曾从这里运走了两箱黄金，并以此为由对他提出了起诉，但被鲍曼矢口否认，他只承认自己从教堂的金库里拿走过收藏的古币。接着，又有人在托普里塞湖地区一个别墅的花园中发现了一堆废弹药，下面埋藏着三只箱子，里面装着1.92万枚金币和一块500克重的金锭。一时间，托普里塞湖一带的种种发现让众多的寻宝者跃跃欲试。

1950年8月，来自德国汉堡的工程师凯勒博士和职业攀岩运动员格伦斯试图爬上雷赫施泰因山南坡的一处哨壁，因为从那里可以一览无遗地观看托普里塞湖。然而在攀爬的过程中，格伦斯身上的安全绳"意外"地断了，整个人也如蒸发般消失了。惊魂未定的凯勒博士不久以后也突然失踪了。到底发生了什么事情？因为不愿让亲人就这么莫名其妙地失踪，格伦斯的亲属进行了私人调查，结果他们发现失踪的凯勒博士"二战"时曾在党卫军服役并担任潜艇秘密基地的负责人。此时大家才恍然大悟，正是潜艇军人才有可能与托普里塞湖边的"试验站"发生瓜葛，才有可能成为转运和储藏帝国财宝的同伙。同年夏天，3个法国学者拿着一封奥地利因斯布鲁克市军方开出的介绍信前往当地警察局。信中说，他们是专门研究阿尔卑斯山地区湖泊生物的专家，需要潜入托普里塞湖湖底进行相关的研究工作，请求当地警察机关在他们的科考过程中给予支持。当地警察局批准了这一科学考察活动。然而3位法国学者当天所带回的考察成果竟然是4只沉甸甸的箱子！回到下榻的旅馆后，他们付了数目可观的小费将箱子装上汽车便匆忙原路返回。当旅馆经理到银行兑换从3位学者手中得到的外币时，竟被银行发现是假币！对那封所谓的介绍信，因斯布鲁克市军方也是一无所知；而旅馆的女招待事后反映她曾听到3个"法国人"说着一口地道的汉堡方言。看来，这三个所谓的"法国学者"很可能是前德军"试验站"的专家，他们带走的箱子里装的自然就是纳粹藏宝的一部分。

接下来，仍有寻宝者不断前来，而1952年也是死亡人数最多的一年，先后有好几人神秘地死于非命，托普里塞湖因此被冠以"杀人湖"的恐怖名字。1959年夏，由西德《明星》周刊资助的潜水队获得了在托普里塞湖潜水作业5周的许可证，所有的人都希望此次打捞能够揭开"杀人湖"的秘密。潜水队带着超声波探测器和水下摄像机，从托普里塞湖下70~80米深处的湖底打捞出了15只箱子和铁皮集装箱，在里面发现了1935~1937年版的5.5万英镑假钞。这次打捞的最大收获在于，它使当年的"伯恩哈特"行动（即纳粹德国以印发大量假币来扰乱敌对国家金融秩序的行动）真相大白。然而，意想不到的事情让打捞行动半途而废。1959年8月27日，打捞队打捞上来两只标号为"B-9"的箱子，里面装着第三帝国安全总局的文件和集中营犯人花名册。随后，一封严厉命令立即停止搜寻的电报迫使打捞工作戛然而止，理由是资金短缺。紧接着，奥地利内务部的代表发表了一项声明，宣称箱子里除了英镑假钞外别无他物，在文件中也未发现盖世太保头子希姆莱日记一类的东西。但外界一直在怀疑，这是否有人在有意阻挠第三帝国的某些秘密被公开？据说在托普里塞湖里除了假币外，还藏匿着德国秘密机构的间谍名单以及这些人参加过的行动指令的专案文件。而这些间谍中的许多人现如今在各自的国家里都是合法的公民，他们潜伏在政府、议会及著名银行和公司的董事会中。就是在奥地利的一些要害部门里，也有不少人不希望公开托普里塞湖的秘密。

　　后来发生的事情也许证实了上面的猜想。1963年，前抵抗运动参加者、奥地利人阿尔布雷克特·盖斯温克勒打算申请获得在托普里塞湖搜索的许可证，可是他立即就遭到新法西斯组织的恐吓，而他的申请也被当地政府拒绝了。1983年初秋，托普里塞湖又发生了一起悲剧。一名西德潜水运动员阿格纳不顾当地政府的禁令，执意潜入了湖底，没想到漂上来的却是他的尸体。经调查发现，致死的原因是有人割破了他的氧气管。而他的两名同伴在事后的调查中被发现是前党卫军分子。这次事件发生后，奥地利当局下令严厉禁止一切在托普里湖的民间业余潜水活动。

　　1984年11月，西德考察专家汉斯·弗里克教授宣布，他将乘特制的微型潜艇探查托普里塞湖。11月15日，汉斯·弗里克教授宣称在水下80米处发现了假英镑，并打捞上一些水雷、轰炸机骨架、带水下发射装置的火箭破损部件等，可是关于大家都十分关心的第三帝国的黄金问题却是只字未提，弗里克本人对此也保持了沉默。

　　发生在托普里塞湖所有事件都引起了奥地利政府的警惕，后者决定在自己的管理和监督之下对托普里塞湖进行探查。1984年11月，奥地利军队的考察专家们开赴托普里塞湖，并在所有通往湖区的大小道路上都实行戒严。专家们在湖底不仅发现了假币，还打捞出了一枚长3.5米、重1吨的火箭。令美国工兵部队人员万分诧异的是，沉在水底40年之久的金属骨架竟然没有一点锈蚀的痕迹！在湖西南部的湖底，奥地利扫雷部队的专家们借助探雷器和检波器发现，湖底可能有大量金属存在，而且集中在大约40平方米左右的范围内。这一发现令大家精神为之一振，是黄金还是地下弹药库？对此，有关人员表示目前还很难确定，也许是湖底原有的稀有金属，也许是第三帝国埋藏的黄金。后来，考察专家们在距离湖岸仅70米的环湖山岩的峭壁上发现了一个已被炸毁、被疑为是地下仓库的入口。据说有人还曾由此钻进洞口，并顺着坑道爬进了一个人造的大山洞，里面放着写着"易爆品"的箱子。而文献资料表明，战时确实有一批囚犯被押解到托普里塞湖修筑地下工程，这些囚犯在湖底水下开凿过水平坑道及一些入口。1985年，萨尔茨堡工兵小分队试图从森林密布的湖南岸进入湖底的地下坑道，但是专家们推断希特勒分子有可能在通往财宝埋藏处的坑道里布下地雷，然后所有的考察活动便很快停止了。遗憾的是，山洞里到底藏着什么，至今仍是个谜。

193

□ 历史悬案

值得一提的是，时至今日，很多人都在怀疑，在瑞士的银行里，有数目惊人的纳粹财富存放在这里。托普里塞湖里还有可能藏着一些瑞士银行的秘密账号，这些秘密账号里保存的可能就是纳粹分子劫掠来的财富。"二战"中的有关受害者，包括各国政府和一些民间人士，纷纷要求对这一问题予以解决。然而，由于事情已过去较长时间，许多当事人也已离开人世，所以要想彻底澄清这类问题，还需要相当长的时间。

轰动一时的梦露奇案

金发碧眼、性感的嘴唇、娇美的身材，以及被风吹起的白色裙子，这就是好莱坞巨星玛丽莲·梦露留在世人心目中永恒的印象。这个倾倒众生的绝代尤物迎合了男人们对物质美人的幻想，她用婴儿般稚气的音色极大地诱惑着男人们的心。尽管已经香消玉殒几十年，她却仍然是众多人心目中无人能够替代的性感女神。遗憾的是，这样一位绝代佳人，却在风华正茂时离奇地死去，而围绕她死因的调查，也成了美国历史上最著名的悬案之一。

性感女星的曲折道路

玛丽莲·梦露，原名诺玛·简·贝克，1926年6月1日出生在洛杉矶综合医院里。在她出生时，父亲就已离开她们母女远走他乡。因穷困不能抚养女儿，母亲格兰戴丝只好把她安置在洛杉矶市中心西南部伊达·勃兰德尔的领养家庭中。勃兰德尔一家是基督徒，他们依靠领养孩子来增补拮据的家庭收入。格兰戴丝每个星期六都会回来看望女儿，但是却从来不搂抱或者亲吻她，甚至连笑容也没有。有一天，格兰戴丝宣布已经为她们买了一栋房子。没想到在搬家的几个月后，格兰戴丝开始精神失常，时常尖叫或者狂笑，最后只能被送往在诺瓦克的州立精神病医院。于是，不幸的诺玛·简成了一名孤儿，格兰戴丝的好友格雷斯·麦基和戈达德成了她的监护人。1935年，格雷斯结婚后，诺玛·简被送到了洛杉矶孤儿院，此后她曾陆续到过12个领养家庭。从这一家到那一家，从孤儿院到收容所，

这是梦露在1948年的电影《斯库达，嚯！斯库达，嗨！》中的剧照，在这部电影中梦露扮演了一个一抛头露面便消失的不起眼的小角色。

194

别的孩子或许正在享受欢乐的童年，而年幼的诺玛·简却在品尝颠沛流离的滋味。1941年9月，格雷斯再次领养了她。后来，因为格雷斯一家将前往美国东部居住，而小诺玛的年龄尚小，她只能选择结婚或者被送回孤儿院。在格雷斯看来，婚姻会是小诺玛的最好归宿。于是，梦露被介绍与邻居的儿子詹姆士·多尔蒂于1942年6月结婚。

1945年，诺玛·简成为一名降落伞工厂的检验员。在一次偶然的机会中，摄影师发现了她，并希望将她的照片刊登出来用以鼓舞战斗中的士兵。不久，她与一个模特经纪人签约，后者使她与二十世纪福克斯公司签订了第一份演出合同。她在银幕上的第一个角色是在《斯库达，嚯！斯库达，嗨！》中扮演的一个只有一句台词的女孩。之后她又扮演了一个坐在赛艇上的女孩，但大部分镜头都被删除，只留下了一个长镜头。当格雷斯听到诺玛说福克斯公司建议她使用"玛丽莲"这个名字作为艺名时，她马上回信说这个名字与格兰戴丝的本姓"梦露"很相配，于是玛丽莲·梦露这个名字诞生了。随后的几年里，梦露的演艺事业并没有取得进展。1948年12月31日，在制片商撒姆·施皮格尔举办的一场晚会上，梦露在晚会上邂逅了威廉·莫利斯事务所的合伙人约翰尼·海德。海德凭直觉认识到梦露极有潜力成为一名巨星，正是在他的极力推荐下，梦露上演了两部作品《夜阑人未静》和《彗星美人》，这使她一举成名。

由于经济上的困顿，梦露在1949年5月27日让摄影师汤姆·凯利为自己拍摄了一张裸体照片，用以出版金色梦幻小姐月历，她得到了50美元的报酬。后来梦露把这张照片卖给了杂志出版商休·海夫纳，此人便是美国著名成人杂志《花花公子》的创办人。于是，梦露的裸照被登在《花花公子》的创刊号上，成为公认的第一个《花花公子》女郎。年老的海德多次向梦露求婚，但遭到梦露的拒绝。1950年12月18日，海德因为心脏病突发而去世，梦露为此感到非常自责并企图自杀。1951年下半年，福克斯公司确信梦露极具发展潜力，于是开始给她提供发展空间。到了1954年，梦露已经主演了《绅士爱美人》《愿嫁金龟婿》和《娱乐至上》等影片，一跃成为当时最耀眼的女明星。由于电影公司总使她局限于演"白痴美人"一类角色，对此备感疲倦乏味的梦露与之解除了合同，前往纽约艺人工作室学习表演。

1953年8月，梦露与摄影师密尔顿·格林在二十世纪福克斯电影公司的停车场

诺玛在1945年拍的照片已初具明星气质

内偶然相遇，此时的格林已是名震美国演艺圈和社会上层的名流摄影大腕。有感于梦露对表演艺术的执着，在格林的建议下，二人合作成立了玛丽莲·梦露电影制片公司，并拍摄了大获成功的《七年之痒》。这部片中梦露站在地铁口的镂空铁板上，下面刮上来的风将她的白色大蓬裙掀起一朵浪花的镜头，成了她最为经典的造型。曾被二十世纪福克斯电影公司的老板桑奴克称为"草包美人"的梦露经格林全新包装，成为以性感巨星形象出现的好莱坞最抢手的女演员。1956年新年前夕，二十世纪福克斯电影公司终于向"草包美人"和格林投降了：公司请梦露和格林为它一年拍4部影片，题材任由梦露自己选择，拍摄过程也完全独立。他们拍的第一部片子就是堪称好莱坞经典的《公共汽车站》，她把自己的生活经历与剧中人物融汇在一起，演技也达到了前所未有的高度。新一轮的演出合同使梦露拥有更多自由的控制权，这段时间与她合作的明星包括加利·格兰特、克拉克·盖博、劳伦斯·奥利弗、约瑟夫·哥顿、理查德·威德马克、简·卢塞尔、劳伦·巴尔考、艾索尔·摩曼、查尔斯·劳顿、托尼·柯蒂斯、伊维斯·蒙坦德等。梦露终于成为红透整个好莱坞的一流明星，也是好莱坞一手炮制的最了不起的神话。

失败的婚姻与危险的爱情

玛丽莲·梦露短暂的一生中曾有过3次婚姻。第一次就是1942年6月19日，年仅16岁的梦露与邻居詹姆士·多尔蒂结婚。由于监护人的远离，年幼的梦露只能做这种选择以避免再次被送回孤儿院。这段婚姻虽然一直维持到1946年才结束，但二人的感情却早就出现了裂痕。为了逃避狂躁、沮丧的妻子，结婚不到一年，多尔蒂就参加了商业船队，从此两人各奔东西。

梦露与第二任丈夫、美国棒球明星乔·迪玛吉奥的婚姻，可以称得上是整个20世纪最动人，同时也是最短暂的名人婚姻。据说在少女时期，梦露就对这位年轻的意大利裔的棒球手有着强烈的好感。1952年，梦露与两名芝加哥怀特—索克斯队的队员在公共场合里摆姿势的照片被发表在《纽约运动杂志》的版面上，立即吸引了已从扬基队退役的乔·迪玛吉奥的目光。迪玛吉奥让他的一个朋友安排了一次会面。梦露很快就发现迪玛吉奥魅力无穷，而迪玛吉奥也被她的美貌深深打动了。圣诞节时，迪玛吉奥送给梦露一棵圣诞树，这份礼物让这位失去双亲的魅力女神顿时热泪盈眶。1954年1月14日，乔·迪玛吉奥和玛丽莲·梦露在旧金山的市政厅举行了婚礼。然而，深爱梦露的迪玛吉奥，不想与任何人分享玛丽莲，不想让她成为整个世界的，所以他希望梦露能离开好莱坞，这对梦露而言当然是不可能的。最终，公众强烈的关注使他们的婚姻更加紧张。在拍摄影片《七年之痒》的著名的那一幕中，当玛丽莲的裙子飞过了她的头顶时，迪玛吉奥非常愤怒。不久以后，他们决定分手。1954年10月，在度过了仅仅9个月的婚姻之后，玛丽莲冷静地向外界宣布他们签署了离婚协议。

离婚后的梦露受到了大量著名男人的追逐。1956年6月29日，梦露与剧作家亚瑟·米勒开始了她的第三段婚姻。在这段婚姻生活中，梦露怀孕了，但却因为她患上了子宫内膜异位症而导致了宫外孕,他们不得不选择流产以保住她的生命。之后的第二次怀孕依然以流产告终。梦露非常珍惜这段婚姻,她不仅支付了米勒前妻的赡养费,还用她公司的资金为米勒在英国购买了一辆美洲虎汽车,米勒也专门为妻子创作了剧本《不合时宜的人》作为情人节礼物。但是,梦露怪僻的行为以及对毒品、酒精的依赖最终导致了婚姻的结束。在《不合时宜的人》这部影片开拍的时候,两人的婚姻已经宣告破裂。1961 年 1 月 24 日,两人在墨西哥正式离婚。

除了这三任丈夫以外,梦露与美国许多名人都有往来。而肯尼迪兄弟与玛丽莲·梦露之间的私情,则是其中最广为人知的。更可怕的是,这种关系很可能为她日后的死亡埋下了伏笔。对于约翰·肯尼迪与梦露之间的感情,有多种说法。有人认为,早在 1951 年约翰·肯尼迪还是参议员的时候,就结识了梦露。曾经有记者于 1954 年在约翰·肯尼迪康复病房里看到墙上挂着一张梦露的招贴画。还有人声称,在 1961 年肯尼迪妹夫彼得·劳福德家举办的一次晚会上二人开始热恋。

不过,梦露与肯尼迪兄弟从未公开露面,所以尽管大家都认为梦露与这兄弟二人有染,却查无实据。只是在肯尼迪 45 岁生日那天,梦露当众出现,并现场演唱了生日祝福歌。但是,就在晚会之后几个月,梦露在自己家中孤独而神秘地死去。不久之后,肯尼迪兄弟也相继死于非命。

梦露在电影《七年之痒》中的经典镜头,这张照片引起了乔·迪玛吉奥的极度不满,不久以后两人就结束了短短9个月的婚姻。

迷雾重重:神秘的死亡

尽管梦露的演艺事业如日中天,但精神失常、妊娠失败、堕胎和婚姻危机等一系列的打击使她的精神急转直下。而梦露与肯尼迪总统兄弟二人的感情纠葛,再加上电影公司里面的重重矛盾,这些几乎让梦露万念俱灰。就在此时,那个在感情从未离开过梦露的迪玛吉奥再一次来到她的身边。梦露的现状令迪玛吉奥非常担心,于是他决定长期留下来。据披露,梦露曾答应和迪玛吉奥重新在一起生活,他们甚至悄悄约定将于 1962 年的 8 月 8 日复婚。然而不幸即将来临。

1962 年 8 月 5 日,星期天,凌晨 4 点 25 分,西洛杉矶警官杰克·克莱蒙突然接到一个电话——玛丽莲的私人医生英格尔伯格通知警方:梦露自杀了!10 分钟后,克莱蒙就赶到了梦露住处。当时,梦露家只有管家默里夫人、私人医生格林森和英格尔伯格。梦露赤裸着平躺在床上,脸部盖在枕头下,手里还握着电话筒,两条腿直伸着,床边散放着一些药瓶。克莱蒙的第一反应就是:一切是经过策划的,尸体

197

□历史悬案

梦露和乔·迪玛吉奥抵达日本

梦露在"阿瑟农场"和米勒及其父母在一起,这一段日子对从小缺少父爱和母爱的梦露来说,是她一生中最幸福的时光。

僵硬而不自然地陈列着,而那绝不是自然死亡的姿势。克莱蒙曾调查过数桩自杀案,根据他的经验,服用大剂量安眠药后人体要产生痉挛或呕吐后才会死去,所以死后躯体会扭曲,而梦露的尸体却不是这样的。根据问讯,默里夫人对克莱蒙说尸体是在午夜零时左右被发现的,距离报案时间有数小时的差距,格林森医生的解释是他们在等制片厂广告宣传部的"绿灯"。半个小时后,一个比克莱蒙高一级的警官,洛杉矶专门负责凶杀案的罗伯特·拜伦警长取代了他负责此案。然后,警长打电话让玛丽莲的第一任丈夫詹姆士·多尔蒂前来认领死者。

事后,据梦露的管家默里夫人说,1962年8月4日那天,梦露的精神并没有什么异常。梦露曾问默里夫人家里是否备有氧气袋,默里夫人说没有,于是她还给格林森打了电话要求送来。接着,又有人与她通了电话。这个电话显然对她的刺激很大,因为此后她的举止开始出现反常。

此后的数天里,梦露的公寓始终被记者和人群包围着,大家都在设法探究梦露的真正死因,希望能够有所发现。第一位带头调查的是专门报道刑事案件的记者弗洛拉贝尔·缪尔,职业的敏感促使她一听到梦露的死讯后就拿起电话,向通用电话公司的朋友索取玛丽莲最后3天的电话记录,然而她仍然慢了一步——电话记录已经在天不亮的时候就被人取走了。英国著名作家安东尼·萨默思在得知梦露的电话记录被人取走后,就知道其中必定有人在干预,在外界尚未意识到发生了什么事情之前,就已经先人一步处理了这件事。因为他对联邦调查局的内部组织结构相当了解,并熟知那里处理事情的方法,所以他认为此事必定是在某个地位很高,甚至高于当时的联邦调查局局长胡弗的人的指示下进行的,而这个指示很有可能是从司法部部长或是从总统那儿来的。

凶手是谁

几十年来，对于梦露的死因，有着各种各样的说法。有人说她是被黑手党所杀，因为她对弗兰克·西奈特的风流韵事知道得太多。也有人说她是在行将泄露肯尼迪弟兄的性丑闻时，肯尼迪家族的人派人杀害了她。作家诺曼·梅勒就大胆推测是秘密代理人杀害了梦露，以便掩盖肯尼迪兄弟的不光彩行为。而作家托尼·西亚卡在《谁杀害了玛丽莲》一书中，也提出了这一观点。有人甚至说中央情报局可能是杀害她的凶手，因为她放荡的性生活意味着她曾直接触到美国最高层的机密。还有许多人认为，她的死与她在最后几周对珠宝盒及保险箱中的财宝忧心忡忡有关。甚至还有一种说法认为是古巴人杀害了玛丽莲，其目的是破坏美国中央情报局操纵下的黑社会谋杀菲德尔·卡斯特罗的计划，并打击肯尼迪家族。

1962年8月10日，官方公布了验尸报告，称玛丽莲是服用过量的安眠药自杀而死的。可是根据法医的看法，如果是服用安眠药而死，胃里必定会有水分以及药剂的残留物，而验尸官在梦露去世的当天说她胃里没有任何药物。服用大量安眠药后最为明显的症状应该是死者在断气前会口吐白沫，可是官方的验尸报告中对此却只字未提。克莱蒙称自己当时就曾发现卧室内没有水杯，梦露如果要自杀，吞服如此多的药片没有足够的清水何以下咽？另外，法医还发现在玛丽莲的血液中含有大量的巴比妥酸盐成分。梦露去世前几天，她的医生曾给她开过一种烈性的安眠药巴比妥酸盐。化验结果表明，梦露血液中巴比妥酸盐的含量高达4.5%，如此大的药量足以使3个人丧命，而梦露绝不可能口服那么多药。医学界权威人士声称，唯一能造成上述情况的就是将药剂注射入人体的血管，而验尸官在报告中根本未提到遗体上有注射的痕迹。调查还发现，梦露卧室文件柜中与影片公司有关的文件不见了，涉及美国第一家庭的记事本和电话留言也都不翼而飞。梦露的心理医生格林森说她去世前一天很沮丧，但是那天见到过玛丽莲·梦露的许多人却说，她那天情绪很好，没有什么烦恼的表现。虽然传闻她有间歇性吞食药物的习惯，但也没有失控的征兆。如此多自相矛盾的地方，不能不让人对自杀之说产生怀疑。

更可疑的是，在梦露死后几小时里，她的管家默里夫人竟然做了一件她自称是"清理房间"的事情。她不仅清洗了所有的衣物、床单和桌布，处理掉了所有的食物和酒，而且扔掉了成堆的垃圾。虽然默里在梦露死后没有得到什么财产，但她却在20世纪60年代去欧洲旅行过3次。多年后，肯尼迪总统的妹夫彼得·劳福德在弥留之际曾接受了一次临终采访，据他透露，肯尼迪与梦露之间没有任何瓜葛，但他最后补充的一句话却又非常耐人寻味："即使梦露与肯尼迪兄弟间确有其事，我也不会说的。我不会，也不能说。"

40年后，有关研究者经大量调查和核实，终于使梦露死亡之谜逐渐浮出水面。研究表明，梦露无疑是被谋害致死的。但梦露被害原因，至今却仍无定论。

据分析，梦露与肯尼迪兄弟的频繁往来引起FBI的注意，他们开始调查梦露的背景。同时，由于肯尼迪家族与美国的黑手党存在非常复杂的关系，后者也开始注意梦露。与肯尼迪的私情使她的虚荣心日益膨胀，甚至做起了成为美国第一夫人的

□历史悬案

梦露的葬礼

梦露之死疑云重重,她与肯尼迪的绯闻使人们的眼光一度凝注到总统身上。

美梦。而后梦露又与罗伯特·肯尼迪坠入了情网,热恋中的梦露和罗伯特谈论的话题十分广泛,常会涉及政治和好莱坞的秘闻逸事。梦露对他们的政治性谈话做了笔记,为了和罗伯特有更多的共同语言,她还借阅了一些时事方面的书籍。殊不知,这位司法部部长在白宫和家族中所扮演的角色是非常特殊的。所以当他的私情与肯尼迪家族的政治前途发生冲突时,他会毫不犹豫地做出选择。而此时的梦露偏偏被热恋的错觉蒙蔽,到处炫耀她和肯尼迪兄弟的关系。她完全没有意识到自己已经处在火山口上,因为在这个时候,已经有人开始监听所有与肯尼迪兄弟相关的人,梦露则是他们最理想的对象。1962年夏天,肯尼迪兄弟发现有人在他们海滨的住所以及梦露的公寓都安装了窃听器,他们立刻意识到与梦露的关系使他们处于一种窘迫的境地。接着就有人带信给梦露,让她不要再与总统交往,否则可能遇到麻烦。梦露隐约感到,她已先后被肯尼迪兄弟愚弄了,她曾经对来访的朋友直言不讳地说,要把与总统两兄弟的关系公之于众。随着竞选议员初选日期的临近,梦露成了肯尼迪家族实现其政治理想道路上的绊脚石,于是罗伯特更改了电话号码,也不再理睬梦露的留言。

1962年8月4日,梦露在与发型师悉尼·桂拉罗弗谈话时偶然说出,肯尼迪与黑手党有不可告人的秘密。当天晚上,梦露接到数个电话,包括她以前的情人乔斯·波兰诺。波兰诺莫名其妙地批评梦露道:"你泄露了天机,这将震惊世界。"由于梦露无视现实的疯狂个性,只要她对媒体稍稍松口,拥有巨大权力的肯尼迪就会很快下马,肯尼迪家族也将陷入巨大的丑闻泥坑。所以,梦露已成为肯尼迪总统最直接的威胁。

梦露死后的第二天,其邻居证实,曾看见一个像肯尼迪模样的人带着另外两个人径直进入梦露的家,其中一人手里还提着黑色的医药箱。经历史学家查证,罗伯特·肯尼迪的确带着两个陌生人进入了梦露的卧室,随后肯尼迪出去待在附近房间里,直到那两个男人出来,他们才一起驾车离去。梦露死后,她与肯尼迪两兄弟的性丑闻一度有所报道,但美国政府不希望这件事像原子弹爆炸般震惊世界,所以对这件事一直是遮遮掩掩。结论很可能就是梦露不肯甘于作为政治家的玩物,又掌握了许多本不该知道的秘密,所以她的被谋杀也是情理之中的事情。

肯尼迪遇刺之谜

20世纪60年代，美国产生了历史上最年轻的总统：年仅43岁的约翰·肯尼迪。这位出身名门的总统，以其出色的领导才能、非凡的人格魅力以及流利的口才获得了广大美国民众的支持。然而当时任何人都不会想到，他也将成为美国历史上悲剧性的总统。1963年11月22日，美国南部城市达拉斯，肯尼迪总统携夫人杰奎琳一同在这里为下一年的总统选举做准备，他们沿途受到了民众的热烈欢迎。12时30分，当总统的车队经过一座大楼时，突然传来几声枪响，之后，只见敞篷轿车上的肯尼迪先用手护住颈部，接着向后倒在了夫人杰奎琳的膝上。随即，肯尼迪被紧急送往帕克兰医院。13时，院方宣布，总统因抢救无效死亡。消息一经传出，举国震惊。令人费解的是，在一向号称政府效率很高的美国，整整40多年过去了，肯尼迪遇刺事件的真相却仍然扑朔迷离。究竟谁是凶手，谁是幕后策划者？这一秘密为何历经40多年都未被揭开？

美国历史上最具魅力的总统

约翰·肯尼迪，美国历史上最年轻的总统。对美国人来说，他是一个传奇人物。肯尼迪出身名门望族，从小就接受到良好的教育，在新闻、军事、外交、经济等学科领域都有相当大的成就。在成为总统之前，他曾是一位优秀的新闻记者和畅销书作家，其主要作品《英国为什么沉睡》《英勇的人们》等，先后被译成了好几十种文字。1957年，肯尼迪因其传记作品获得了美国文学的最高荣誉——"普利策奖"。当选为美国总统后，由于其年轻而充满朝气的形象、开拓而务实的政策，肯尼迪得到了越来越多美国人的拥护。

当时，由于国内经济低迷、民权运动的高涨，国际上深陷越南战争和与苏联军事竞争的泥潭，美国的国家形象大受损害。肯尼迪上任后，凭借其非凡的领导才能，领导美国逐步走出了困境。在国内事务方面，他将美国当时最优秀的一批经济学家聚集在周围，认真倾听他们的意见，结果在他就职后的4年里，美国经历了历史上少见的时间长、势头猛的经济发展。对外政策方面，他推行"新边疆"政策，与苏联签署了禁止核试验的条约，并成功地化解了古巴导弹危机。尽管肯尼迪时期的美国已非常强大，但肯尼迪却坚持认为，所有国家都应该自由地采用自己的制度。他的开明、和平立场深受世界各国的称赞，他成为当时世界上"最受人钦佩的人物"。在越战问题上，肯尼迪也表现出了灵活而现实的态度。据透露，早在1963年春，肯尼迪就有计划打算在1964年选举结束后从越南撤出所有美军。不料天有不测风云，这样一位年轻而富有才华、具有无穷感召力的总统，却将面临悲剧的命运。

□ 历史悬案

　　1963年11月22日，肯尼迪携其夫人杰奎琳一道抵达美国南部城市、得克萨斯州的达拉斯，进行一次例行的公务巡视。得克萨斯州州长康纳利夫妇前去迎接，随后与肯尼迪夫妇一起乘坐一辆林肯牌敞篷大轿车，由机场开往市区，并准备在那里进行演说。车队沿途受到群众的热烈欢迎。中午时分，当车队进入埃尔姆大街，经过一座八层的教学图书馆大楼时，肯尼迪突然遭到刺客的枪击，头部与颈部中弹，半小时后，就在医院里死去；同车的州长康纳利也被击中两枪，受了重伤。

　　在肯尼迪死后不久，陪同肯尼迪访问的副总统约翰逊立刻护送肯尼迪灵柩返回华盛顿，并于当天下午3点38分在回航华盛顿的"空军一号"总统专机上宣誓接任美国总统。11月23日清晨，肯尼迪遗体从贝塞斯达海军医院移送到白宫。11月25日，美国政府为肯尼迪举行葬礼，以法国总统戴高乐为首的92个国家的代表团前来参加。

调查疑点丛生，结论众说纷纭

　　在美国历史上，自从1865年林肯总统被人暗杀以来，就曾发生多起针对总统的刺杀案。然而，在这众多的事件当中，肯尼迪遇刺案无疑是最扑朔迷离的。美国公众百思不得其解的是：肯尼迪竟在联邦特工的眼皮底下，当着摄影记者的面被人一枪"灭口"，而开枪杀人者不久之后又神秘死去。如今40多年过去了，肯尼迪被刺的一些具体内幕仍然神秘莫测。尽管当时美国官方宣布，奥斯瓦尔德是刺杀肯尼迪的唯一凶手，是他致命的两枪击中了肯尼迪的要害部位，导致了肯尼迪的身亡。但更多人则怀疑奥斯瓦尔德的被抓和被枪杀只不过是官方的一个掩人耳目的骗局而已，根本不能令人信服。多年来，不断有人对这一案件提出各种假设。据粗略估计，关于肯尼迪遇刺的内幕至少有36种不同的版本，但至今没有一种版本真正令人信服。

备受质疑的奥斯瓦尔德说

　　在肯尼迪中弹以后，他的保卫人员和警察等便立刻行动起来，寻找行刺者，最后在那座大楼五层的一间房间里发现了一支步枪，上面装有瞄准器，旁边还有几发弹壳。很快，警方就在一家电影院里抓获了暗杀刺客，经查，此人名叫李·哈维·奥斯瓦尔德，24岁，是美国前海军陆战队的神枪手，曾旅居苏联。11月25日，当达拉斯警察局准备将奥斯瓦尔德转移时，当场被一位名叫杰克·鲁比的夜总会老板开枪打死，而鲁比本人最后也死于监狱之中。当时，继任总统林登·约翰逊曾亲自任命了一个总统特别委员会，调查肯尼迪被杀事件的真相。经过近10个月的调查，有关方面寻访了552位证人和25000其他人员。1965年9月25日，委员会做出了一份912页，包括照片、图表、证据、证言和其他文件共25册，总字数达百万字的《总统特别委员会关于肯尼迪总统被暗杀的调查报告》（即"沃伦报告"），向全国人民提供总统暗杀事件的真相。报告中称，奥斯瓦尔德行刺肯尼迪是一个孤立的事件，他开枪没有纯粹的政治动机，因为奥斯瓦尔德是一名精神病患者。而且没有任何证据证明有人帮助过他。奥斯瓦尔德当时藏身于达拉斯学校书库，他是在总统车队驶

许多国家的政要出席肯尼迪的葬礼

法国总统戴高乐向肯尼迪的遗体致敬

过后,从后面开了三枪。但是,该报告一经出台,就遭到广泛质疑。

关于奥斯瓦尔德刺杀肯尼迪的动机,有人认为他是一位狂热分子,喜欢看007间谍小说,一直梦想叛逃出美国。此前他曾经试图偷渡到中美或古巴,但都失败了。所以有关研究者据此认为在看过007小说两个月后,奥斯瓦尔德就执行了行刺肯尼迪的计划。还有一种说法,认为奥斯瓦尔德患有抑郁症,他刺杀总统的唯一动机就是想引人注意,为了表现自己,他不惜选择了极端的方式。2003年,奥斯瓦尔德的哥哥罗伯特在接受美国全国广播电台的采访时确认了这一点。

然而,当时官方的报告中漏洞百出,实在是令人疑窦丛生。

第一,关于凶手发射的子弹数目及方向的疑点。当天,为了保护总统出行的安全,达拉斯警方曾在总统车队的汽车上安装了麦克风,以便对现场进行录音。尽管当时现场非常混乱,录音十分模糊,但有关专家仍有惊人发现。在录音带中有3声枪响听起来比较清楚,一位数学家经过详细测算,判断出这3声枪响的时间都与肯尼迪中弹的时间有着非常明显的间隔。但是,数学家还认为录音带中出现的一些"听起来像枪声的噪音",事实上也是枪声,而它的出现与肯尼迪被击中的时间恰好吻合,这也正是置肯尼迪于死地的一枪。更令人惊奇的是,这发子弹是在奥斯瓦尔德开枪前7/10秒射出的。也就是说,当时射向总统车队的并非委员会报告中称的3发子弹,而是4发。然而一些武器专家指出,凶手所使用的是一支1940年意大利制造的旧式步枪,没有自动装置,瞄准十分不便。它在袭击总统的五六秒内,最多只能射出3颗子弹。由此又有一些人设想,当时是有两个人从不同的方向向总统开枪。现场的一位铁路工人就曾证明说:当天肯尼迪总统车队经过的路边停车场上停放了几辆汽车,在枪声响起时,那里有几名军人和一名持报话机通话的人忙乱地离开了停车场。其他一些目击者声称,子弹是从教科书仓库大楼对面的草坪附近射出的,而不是楼内。当时,许多警察及目击者为捕捉凶手而冲向草坪。这些都足以证明,行刺肯尼迪的枪手至少有2个人。但因缺乏实际证据支持,这种猜测当时就被总统

203

□历史悬案

特别委员会全部推翻了。

第二,关于总统遗体查验中的疑点。案件发生后,有关部门对肯尼迪遗体进行了检查,试图发现蛛丝马迹。然而在此期间,再次出现了一些令人生疑的情况。据负责解剖肯尼迪遗体的海军医疗中心 X 光摄影师称,他在给总统遗体拍照后,联邦调查局特工坚持亲自显影,并拿走了胶卷和全部底片。他后来发现,许多底片失踪了,用来摄影的胶片在拍摄完成后也"曝光"了,剩下的只是一些模糊难辨的、不知出自何人之手的照片。根据其中的一张照片显示,躺在验尸台上的肯尼迪总统,脸部毫无损伤,眼睛睁着,嘴唇似乎还在微笑。曾在验尸时协助工作的达

这就是被警方认定的刺杀肯尼迪的唯一凶犯奥斯瓦尔德。

拉斯市退休警官保罗·奥康纳证明说,当时他发现总统的后头部被射穿,但脸部完整无伤。但是根据弹道学家的分析,按照常理,肯尼迪脸部的右半侧会被轰碎,不可能如此完整。于是有人怀疑,凶手并不是从后面向肯尼迪开枪,而是从前面将子弹射入总统头部的,然后有人将这颗子弹偷偷取了出来,并将弹道破坏,以便掩盖子弹真实的飞行方向,并且还设计了新的轨迹经过肯尼迪头后部的弹道。据当时负责解剖尸体的军医说:总统头部的伤口大概有 10 毫米 × 20 毫米,颅腔内空无一物,甚至连大脑也不见了!后来,肯尼迪的脑子与解剖时的照片和 X 光片被保存到国家档案馆。但 1966 年 10 月,这些资料统统不翼而飞。1992 年,曾经参与过抢救总统的帕尔克林德医院的医生克林绍出版了《约翰·肯尼迪——打破沉默》一书。书中称,总统被送来抢救时整个大脑右半部都没有了,根据头的右部情况可以断定,子弹是从总统右边太阳穴几乎沿着切线打穿颅骨的,并损伤了头顶和后脑勺骨。克林绍当时还检查出肯尼迪的喉结下部有第二处伤口,其入口似自来水笔直径一般大小。他确认,总统头部的两处伤口,是前面两次射击的结果。

第三,为什么有那么多的重要证人先后丧命?在肯尼迪遇刺后的,居然有 183 名与此案有关的重要证人先后丢失了性命。那些声称奥斯瓦尔德并非真凶的目击者,先后离奇地死亡。奥斯瓦尔德的一位好朋友乔治·德希尔德,刚接到总统委员会的临讯通知便无疾而终了;报社女记者多茜西曾到达拉斯监狱对枪杀奥斯瓦尔德的凶手杰克·鲁比进行采访,不久就在家中暴死;而在监狱中死于癌症的杰克·鲁比临死前曾表示,肯定有人做了手脚,人为地使他患上了癌症;《达拉斯时代先驱报》的记者吉姆·莱德与杰克·亨特曾在鲁比枪杀奥斯瓦尔德之后,到鲁比家进行过调查采访;但不久,吉

杀害肯尼迪的物证

姆在自己的家中被枪杀；杰克则因警察手枪"走火"而死于非命。众多证人的先后离奇死亡，难免使人们怀疑，奥斯瓦尔德绝非是个人作案，他的背景也并不简单，肯定和政治有着千丝万缕的关系。

关于政治阴谋的猜测

由于奥斯瓦尔德被认为是一名古巴的同情者，是菲德尔·卡斯特罗的疯狂崇拜者，所以有一些人推测奥斯瓦尔德决定枪杀肯尼迪是为了表明自己的忠心。于是，当时曾有人指责古巴与这起刺杀案有某种牵连。不过，古巴方面对此予以了反驳，并通过一些事实大胆推测：是美国中央情报局因不满肯尼迪对古巴制裁的约束，指使一名黑帮分子和两名古巴流亡分子暗杀了总统。古巴方面进一步指出，在总统被害的当天，有几位目击者曾在现场拍摄了照片，但事后他们的照相机、底片和摄影机都被自称为联邦调查局的人没收了，之后再也没有归还。负责救护总统的帕尔克林德医院的医生称，按照得克萨斯州法律，死者必须在当地解剖尸体，但当时一些荷枪实弹的联邦调查局特工包围了肯尼迪的灵柩并用枪威胁他们，强行带走了灵柩。事实上，以胡弗为首的联邦调查局确实与肯尼迪颇有过节。胡弗自恃统治联邦调查局多年，对任何人都不放在眼里，很多国家官员和总统也都因为有隐私和把柄握在胡弗手中而让他三分，唯独肯尼迪对他不屑一顾。1961年，肯尼迪迫使联邦调查局服从司法部的领导，限制了胡弗的权力，甚至将撤换联邦调查局局长的决议提上了总统的工作日程。1962年，白人优越主义者因肯尼迪授予黑人平等权利的公民权法而策划暗杀肯尼迪，联邦调查局虽然曾接到警告，但是却没有采取相应的行动来保护总统。

由于奥斯瓦尔德曾有在苏联生活的背景，并可能是中央情报局的双面特工，所以有人猜测，这可能同中情局和肯尼迪的矛盾有关。

1988年，事情似乎有了重大突破。有一个名为珍妮佛·怀特的女人和她的儿子李奇·怀特来到得克萨斯州莱特兰市的联邦调查局分部。珍妮佛称，她的丈夫罗斯克·怀特和射杀奥斯瓦尔德的鲁比共同谋杀了肯尼迪。她说，奥斯瓦尔德是丈夫罗斯克的好朋友，在到得克萨斯州教科书仓库大厦之前，他在一家印制军用地图的公司工作。当时珍妮佛在鲁比的酒吧做脱衣舞女，她看见丈夫罗斯克进来找鲁比，就在办公室外偷听了他们的谈话，而鲁比和罗斯克所商议的正是共同暗杀总统肯尼迪的计划。当时，鲁比发现了珍妮佛，立即打电话请示。然后告诉罗斯克让珍妮佛去接受消除记忆的电击治疗，并威胁他们说，一旦消息泄露出去，他们的两个儿子就没命了。1971年，珍妮佛在路上遇到一名陌生的男士，她被告知全家已经受到监视，如果罗斯克不合作，他们一家包括孩子在内都要完蛋。珍妮佛回家后询问丈夫，罗斯克说，这都是中情局的安排，自己只是执行命令，并叫她不要多问。3个月后，罗斯克在工作时因电焊枪爆炸死亡。罗斯克死后4年多，联邦调查局曾从他家里搜出许多与暗杀肯尼迪总统有关的照片和证据。其中奥斯瓦尔德拿着枪的照片，被交到特别委员会，但后来都没了音信。李奇·怀特说，1975年，有个自称是他父亲朋友的人来找他。那人告诉他说，罗斯克·怀特曾担任中央情报局秘密杀手的任务，暗

□ 历史悬案

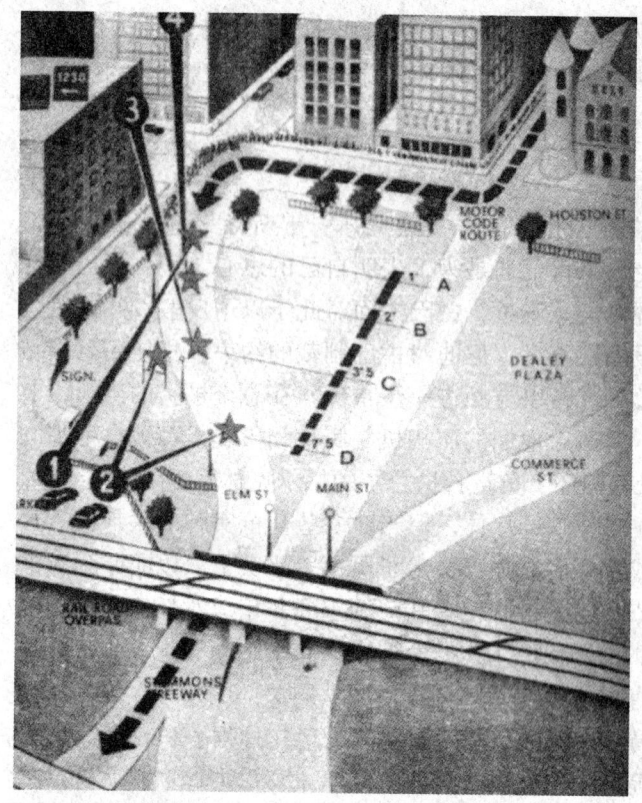

肯尼迪遇刺示意图

图中，A、B、C、D指向的五角星表示四颗子弹射向肯尼迪时肯尼迪的位置，字母旁边的数字表示子弹射出的时间。①、②、③、④表示可能有4个人刺杀了肯尼迪，其指向的五角星表示刺客瞄准的位置。虚线箭头表示总统车队行进的方向。

杀了肯尼迪总统，但无论如何，这都是以国家的利益为重的。后来李奇在家中的储藏室里发现了他父亲的日记，日记记录着从1957年开始，罗斯克进入中央情报局并在远东地区执行秘密任务的生活、他和奥斯瓦尔德的友情、暗杀肯尼迪的情况，以及他在谋杀总统之后担惊受怕的心情。此外，李奇还找到一个父亲留下的箱子，里面装着罗斯克在海军情报局工作时与奥斯瓦尔德在菲律宾及其他地方的合影照片。与以前搜到的证据一样，珍妮佛和李奇提供的资料在联邦调查局后来的调查中再也没有提起过。

另外，还有各种稀奇古怪的说法，如美国有一本名为《死亡的三角地带》的书，竟认为肯尼迪遇刺案是越南人所为。其理由是1963年11月，美国政府为挽救败局，策动了南越的军事政变，并打死了吴庭艳，而吴庭艳的余党就对肯尼迪采取了报复行动。

总之，尽管在1978年，当初的沃伦报告因漏洞百出而被参议院推翻，但参议院也没有说出谁是幕后真凶，而是欲盖弥彰地决定在2038年才公开肯尼迪遇刺案件的所有档案。

惊曝内幕：这是副总统干的

20世纪90年代以来，有关肯尼迪遇刺案的说法似乎渐渐有统一的趋势，越来越多的人认为，当时的副总统林登·约翰逊就是幕后的真正主使者。其实早在40多年前，就有人提出过这种怀疑，只是由于缺乏足够的证据而被忽略。不过近些年来，随着一些内幕的陆续曝光，情形对约翰逊非常不利。

2003年，在美国出版的一本名为《肯尼迪，最后的证人》的新书在全世界引起了巨大轰动。该书由法国记者威廉·雷蒙和一名自称为肯尼迪遇刺案最后的证人的美国商人比利·索尔·埃斯蒂斯合著，书中大量翔实的材料证实了一桩事实：当时的副总统林登·约翰逊卷入了这桩惊天谋杀案。

据称，身为商人的比利·索尔·埃斯蒂斯曾向约翰逊提供过金钱支持，他不仅知道杀害肯尼迪的凶手，还掌握一些证据，其中包括约翰逊寄给他的19封信，以及一些电话记录。据埃斯蒂斯说，尽管手中掌握着有关责任人的名单，但他在多年内一直保持沉默。1984年，他曾经通过律师和美国司法部联系，提供自己知道的细节，但由于埃斯蒂斯要求自己能够免除任何责任，和美国司法部的谈判不久便中断。

来自得州的林登·约翰逊在担任副总统前，曾被选为参议院议长，是美国最有权势的人物之一，而其背后还有一个坚实的得州集团的支持，亿万富翁埃斯蒂斯就是其中之一。当时，副总统约翰逊与肯尼迪产生了深刻的矛盾，因为后者准备在竞选连任时更换合作伙伴，另外据说肯尼迪还掌握了约翰逊等人的一些贪污劣迹，从而准备进行财政改革。于是，为了维护得州集团的利益，他们下决心要除掉肯尼迪。埃斯蒂斯还披露，约翰逊还找到了合适的政治盟友胡弗，正是由于得到了胡弗领导的联邦调查局的配合，对于肯尼迪遇刺的调查没有能够真正取得结果。

除了埃斯蒂斯以外，还有一位非常重要的证人，也于2001年透露了一些惊人的秘密，直接证明了约翰逊就是幕后主使人，这名证人就是约翰逊当年的情妇马德莱娜。据马德莱娜透露，刺杀肯尼迪是得克萨斯州的石油大亨哈罗德森·亨特出钱、约翰逊具体策划和幕后指挥的。马德莱娜从23岁时就成为约翰逊的情妇，他们的关系在极其秘密的情况下一直保持了20年，两人甚至还生有一个儿子。一心想当美国总统的约翰逊让马德莱娜绝对保守秘密，他担心黑手党及其政敌知道他的私情后会对他不利。马德莱娜了解约翰逊的许多情况，包括他在刺杀肯尼迪一案中所扮演的角色。可是多年来，马德莱娜一直守口如瓶，一是为了保护约翰逊，因为她始终爱着他；二是担心影响儿子的前程。现在，约翰逊早在1973年去世，他们的儿子也于1990年患癌症病故，马德莱娜也到了垂暮之年，再也没有什么好顾虑的了。于是，她站了出来，为这个震惊世界的大案作证。

据马德莱娜说，石油大亨哈罗德森·亨特是约翰逊的好朋友和金钱方面的支持者。1960年约翰逊在民主党总统候选人提名大会上败给肯尼迪之后，他们就对肯尼

惊人的巧合：美国总统肯尼迪与林肯两人的经历

林肯于1846年当选为美国会议员；肯尼迪于1946年当选为国会议员，整整相隔100年。

林肯于1860年当选为美国总统；肯尼迪于1960年当选为美国总统，整整相隔100年。

林肯（Lincoln）和肯尼迪（Kennedy）的名字都是7个字母。

他们的妻子都曾在白宫期间失去过孩子。

林肯和肯尼迪都特别关注民权。

两人据说在遇刺前的一个月里都在梦中得到过警告；两人遇刺的时间都是在周五；两人都是头部中枪；两人都是被美国南部地区的人刺杀；两人的继任者都叫约翰逊。

林肯的继任者安德鲁·约翰逊生于1808年；肯尼迪的继任者林登·约翰逊生于1908年，相隔整整100年。

刺杀林肯的枪手是约翰·威尔克斯·蒲斯；刺杀肯尼迪的枪手是李·哈维·奥斯瓦尔德，两人的名字都有15个字母；蒲斯和奥斯瓦尔德也都在审判前被刺杀。

□历史悬案

1963年11月22日，在肯尼迪总统遇刺几个小时候后，副总统约翰逊便在"空军一号"上宣誓就任美国第36届总统。

迪恨之入骨。约翰逊对败于肯尼迪一直耿耿于怀，每当谈及此事，他都激烈地咒骂肯尼迪是"爱尔兰的小杂种"。肯尼迪虽然让他当了副总统，但他心里明白，因他与许多丑闻有关，在1964年下一届总统选举中，肯尼迪肯定不会保留他的副总统位子。1963年11月21日，也就是肯尼迪遇刺的前一天晚上，马德莱娜参加了一个为埃德加·胡弗举行的晚会，晚会上富商云集。约翰逊到得很晚，他把亨特等叫到一个小屋子里开了十几分钟的会，其中一人还参加了后来调查肯尼迪遇刺事件的沃伦委员会。当约翰逊走出来的时候，他看到了马德莱娜，就凑到她的耳边小声对她说："从明天起，这个该死的肯尼迪就不会再妨害我，这不是威胁，而是说到做到。"第二天上午，在肯尼迪遇刺之前4小时，马德莱娜接到约翰逊从他与肯尼迪一起下榻的旅馆打来的电话，他将前一天晚上说的话又重复了一遍。马德莱娜当时并没弄清这句话的深刻含义，但在肯尼迪被杀后她一切都明白了。马德莱娜还回忆说，大约一个月后，她问约翰逊是否介入刺杀肯尼迪的案件，他顿时勃然大怒，责怪她不该谈论这个话题。接着，他对马德莱娜说："你不是认识我的朋友吗？是他们杀了他。"

肯尼迪遇刺身亡后，约翰逊成了白宫的真正主人。一个以最高法院大法官沃伦为首的七人调查委员会成立了，而该委员会实际上受到约翰逊的暗中操纵。大量事实证明，刺杀肯尼迪是一个精心策划的大阴谋，阴谋的背后就是野心勃勃的副总统约翰逊。肯尼迪的这次达拉斯之行就是约翰逊一手安排的。1963年6月5日，肯尼迪、约翰逊和得克萨斯州长康纳利在华盛顿一家饭店开会，两个得克萨斯人想方设法说服肯尼迪做了秋天到达拉斯的许诺。康纳利与约翰逊的关系非同一般，他的绰号就是"约翰逊的小伙计"。在刺杀案发前5个月，只有他们3人知道总统的这个计划。

到此，人们就可以结合当时的种种疑点来追踪了。首先就是总统车队在达拉斯的行车路线的选择，这条由德州州长康纳利越权强行制定的路线，在最初给白宫的报告中提到在埃尔姆街要拐弯。因为拐弯就必须降低敞篷车的车速，也就给射手击中目标提供了方便。22日那天，当车队就要出发时，秘密警察突然改变了原先拟定的计划，护送总统座车的摩托被减少了一半，向来被安排在总统座车前面的新闻车也被放在车队尾，因此，在枪击发生的一刻，现场竟然没有一个记者、一架摄影机或照相机。看来，这一切都是约翰逊安排的。再有，案发后，当肯尼迪还在医院抢救的时候，约翰逊就下达了清洗敞篷汽车的命令，接着又委派他的亲信将康纳利州长带血的衣服取回洗净，并再次下令销毁物证。肯尼迪死后几天的白宫对外联系的电话录音也透露：约翰逊利用其影响促使一些人士参加沃伦委员会，并威胁沃伦不要去追查事件真相。

2003年，白宫新任发言人麦克莱伦的父亲巴尔·麦克莱伦在新书《鲜血、金钱和权力：约翰逊如何谋杀了肯尼迪》中称，他当年和约翰逊的私人律师克拉克合伙开了律师事务所，与约翰逊一样来自得克萨斯州的克拉克早在1961年肯尼迪上任之初，就开始在约翰逊吩咐下酝酿刺杀计划。老麦克莱伦称，他手头掌握着克拉克一些从未发表过的信件、采访记录、照片以及留有他指纹的材料。

了解到种种直接指向约翰逊的证据后，如果我们结合美国的政治仔细加以分析，也就不难理解这样一个事实了：刺杀肯尼迪其实正反映了不同利益集团之间的激烈斗争，而肯尼迪只不过是这种斗争的牺牲品。至于案件本身，恐怕随着时间的推移和许多当事人的先后去世，这桩惊天谋杀案也注定要成为美国历史上最大的悬案了。

谁谋杀了马丁·路德·金

1963年8月28日，美国，华盛顿纪念碑下，一位年轻的黑人牧师正面对25万名听众发表演讲，他以充满感召力的声音说："我有一个梦想：总有一天我们能将种族不和的喧嚣变为一曲和睦的乐章。在佐治亚州红色的山丘上，昔日奴隶的子孙和昔日奴隶主的子孙同坐在友爱的桌旁，一同祈祷……我有一个梦想：我的4个幼小的孩子总有一天会生活在这样的国度里：鉴定他们的标准不是肤色，而是内在的素质和品格……"这个人，就是美国历史上伟大的黑人解放运动和民权运动的领袖马丁·路德·金。一直到今天，他的演讲录音，都是学习英语的人们的必备教材。尽管他在50多年前被罪恶的子弹击倒，但他的精神却成为后世宝贵的遗产，而美国人也专门为他设立了一个纪念日。

"我有一个梦想"

美国，一个向来标榜人权至上的国度，在其历史上曾出现过令人羞耻的记录，那就是对黑人的歧视和压制。虽然在19世纪60年代的美国南北战争结束后，由林肯倡导的解放黑人奴隶运动使黑人的处境有所改善，但由于美国社会种族主义势力不断膨胀，黑人问题并没有得到根本解决。过了近100年后，美国许多州居然仍在实行"种族隔离制"。在该制度下，广大黑人不但无法享受与白人同等的社会权利，还要忍受白人的欺压和歧视，这一问题也成了美国社会的"毒瘤"，黑人与白人之间的矛盾日益激化。正是在这样的时代背景下，美国出现了一位伟大的黑人民权领袖——马丁·路德·金。

□ 历史悬案

马丁·路德·金在1963年8月的一次华盛顿示威集会上发表演讲《我有一个梦想》。

马丁·路德·金（1929～1968年）出生于佐治亚州亚特兰大市的一个黑人牧师家庭，这在黑人当中属于中等阶级家庭。马丁·路德·金从小就受到家庭的熏陶，接受了系统的神学教育。15岁时，聪颖好学的马丁·路德·金以优异成绩连跳两级，从高中毕业，进入摩尔豪斯学院学习，成为院长梅斯博士的高才生。当时正值美国战后经济发展的巅峰时期，然而在国内，曾经在战争期间维护过民主事业的黑人却在经济和政治上受到歧视和压抑。面对这一现实，年仅17岁的马丁·路德·金立志为社会平等与正义做一名牧师。1949年，他进入著名的克拉泽神学院学习两年，获得神学学士学位，随后又进入波士顿大学攻读宗教学和教理神学，获得神学博士学位。在大学期间，他接触和研究了包括马克思、列宁、柏拉图、卢梭、尼采、甘地等人的多种思想，并逐步形成了自己独到的理论基础，尤其是信仰人的尊严和价值、基督教的普遍仁爱、甘地的不合作精神，构成了他的思想基础和行动准则。马丁·路德·金认为，无论是男人还是女人、黑人还是白人、富人还是穷人，人人生而平等。他主张公正无私的爱、普遍的爱，爱一切人，甚至要爱敌人。基于上述理念，马丁·路德·金对美国的种族歧视深恶痛绝，决心以自己的实际行动去改变这种现状。

1955年，年仅26岁的马丁·路德·金成为蒙哥马利市德克特斯特街浸礼会教堂牧师。就在这时，美国历史上一件具有深远影响的事发生了。1955年12月，一位42岁的黑人妇女罗莎·帕克斯在乘坐蒙哥马利市公共汽车公司的汽车时，因拒绝给一位白人男子让座，竟被警察以"擅占白人专座"的罪名拘捕，判处14天监禁或罚款14美元。消息一经传出，立即激起广大黑人的义愤，他们纷纷起来进行抗议游行。在马丁·路德·金和其他黑人领袖组织的"蒙哥马利改进协会"的号召和领导下，近5万名黑人展开了声势浩大的抵制公共汽车运动，这同时也揭开了持续十余年之久的黑人民权运动的序幕，而马丁·路德·金则迅速成为整个运动的领袖。结果，抵制乘车运动持续了整整一年，使那家汽车公司损失惨重，难以维持。1956年，在民权运动的压力下，美国最高法院不得不判决取消地方运输工具上的座位隔离制，并宣布在公共汽车上实行种族隔离违反宪法。在马丁·路德·金等人的领导下，美国黑人第一次以自己的力量取得了斗争的胜利。

以蒙哥马利市为发源地，美国黑人争取彻底的种族平等和公民权利的斗争迅速席卷全国。1957年1月，为了在初期统一组织和行动，有效地把民权运动推进下去，60位黑人牧师在亚特兰大组成了"南部基督教领袖联合会"，马丁·路德·金因其巨大的威望而被推举为该大会主席。从此，为了正义与和平，马丁·路德·金就不断往返于美国各大城市，四处奔走呼号。他主张运用非暴力的方式为黑人争取权益，认为只要一个国家的立国理念是人道、自由的，即使由于历史的原因，还存在许多暗角，人们对平等、正义的诉求迟早会取得胜利。在他的领导下，民权运动取得了一系列辉煌成果。

1960年1月31日，在北卡罗来纳州格林斯博罗市，一名黑人大学生到一家连锁店买酒时遭到拒绝，理由是"我们不为黑人服务"。于是，马丁·路德·金发起"入座运动"，其做法是：平静地进入任何拒绝为黑人服务的地方，礼貌地提出要求，如得不到满足就不离开。结果不到2个月，该运动就席卷了美国南部50多座城市。在行动中，广大黑人参加者打不还手，骂不还口，服装整洁，头发一丝不苟，以最有尊严的目光请求服务，得不到服务，就坐下来读书，即使遇到嘲弄和侮辱，也不卑不亢。在起初，许多人在运动中被捕，但马丁·路德·金再次发出"填满监狱"的号召。就这样，美国南部的几十家联合商店分别在1960年和1961年取消了便餐部的种族隔离制。

1963年，为了使世界人民关注美国种族隔离问题，马丁·路德·金会同其他民权运动领袖组织发起了历史性的"向首都华盛顿进军"的运动，要求职业和自由。1963年8月28日，在华盛顿广场林肯纪念堂前举行的规模浩大的黑人集会上，马丁·路德·金于发表了他举世闻名的演讲——我有一个梦想。在演讲中，马丁·路德·金向人们描述了他梦想中的美国："我有一个梦想，希望有一天，这个国家终将会站立起来，真正履行她的信条：我们认为所有人生来平等是不言自明的真理；我有一个梦想，总有一天我们能将种族不和的喧嚣变为一曲和睦的乐章。在佐治亚州红色的山丘上，昔日奴隶的子孙和昔日奴隶主的子孙同坐在友爱的桌旁，一同祈祷；我有一个梦想，希望有一天……"他的演讲在全世界都引起了极大的反响。当天，肯尼迪总统邀请他到白宫做客。1964年，由于巨大的国际威望和在争取民权方面的贡献，35岁的马丁·路德·金被授予诺贝尔和平奖，成为最年轻的诺贝尔奖得主，并被誉为"世界有色人种的榜样"。在奥斯陆的颁奖大会上，他的发言又极大地影响了欧洲各国人民。他说："我们现在任重而道远。但我认为，重要的是我们正在不断地进步。"他还宣称："总有一天，地球上所有的人都会看到人与人之间和平相处，宇宙的哀号将变成友爱的诗篇。"

的确，马丁·路德·金所从事的事业是一条漫长的道路。在南部，种族隔离和种族歧视依旧存在。为了维持现状，当地政府采取各种方式进行镇压。为了黑人的自由，马丁·路德·金本人也多次遭到迫害，先后被当局以种种罪名14次逮捕入狱，几乎坐遍了美国南方的所有监牢。但是，这一切都没有动摇马丁·路德·金的斗争决心，他坚信黑人群众赤手空拳能够同全副武装的军警对抗，能够在白人的石块和辱骂声中前进。在这一运动影响下，包括广大白人在内的美国社会各界都强烈要求实现种族平等并结束种族歧视。1964年，在各方压力下，美国国会通过了非常重要的民权法案，授权联邦政府取消公共膳宿方面的种族隔离，宣布在公营设备方面和就业方面的种族歧视为非法。为了纪念这一历史时刻，时任总统的林登·约翰逊向马丁·路德·金赠送了纪念钢笔。

然而，就在马丁·路德·金为实现他的梦想而不懈努力的时候，一起针对他的凶残阴谋正在策划之中。1968年4月4日，当他在孟菲斯一家小旅馆停留时，突然被一颗子弹击中，一代民权领袖，就这样永远地离开了人世。

马丁·路德·金死后，美国社会一度陷入混乱，愤怒的黑人掀起的暴乱席卷了许多城市，导致几百人伤亡，另有2万多人被捕入狱，而曾经一度辉煌的民权运动也陷入了停顿，这使人们更加认识到马丁·路德·金的价值所在。马丁·路德·金死后，美国政府为了纪念这位伟人，将他的生日定为美国的联邦节日，而历史上，能够受到这种待遇的只有两人，另一位是美国国父乔治·华盛顿。

阳台枪声：莫名其妙的凶犯

1968年4月，马丁·路德·金和他的追随者前往田纳西州孟菲斯市，支持清洁工人争取同工同酬的大罢工，下榻于洛兰旅馆306房间。4月4日下午6时左右，当和几名助手在共进晚餐后走到阳台上时，突然从对面传来一记枪声，随即，马丁·路德·金用手捂住自己的脖子，慢慢地仰面倒下。几分钟后，一辆白色救护车急驶而来，可惜为时已晚。晚上7时零5分，医生宣布，由于子弹炸开了大动脉血管，切断了颈髓，马丁·路德·金与世长辞，年仅39岁。据说，早在1963年约翰·肯尼迪遇刺身亡之时，马丁·路德·金就曾对妻子说过："在我身上将发生同样的事。我已经对你说过，这是一个病态的社会。"在1968年，他有了可能丧命于某种黑手之下的预感，所以他在演说中就曾提道："人们在议论，我们病态的白人兄弟可能对我干些什么。我不知道可能发生什么事。我与所有人一样，希望活得长久。长寿自有好处。但是，死亡也并不使我着慌。"

马丁·路德·金遇刺后，愤怒的人们强烈要求美国司法部门和联邦调查局迅速查明案件的真相，及时将凶手捉拿归案。在舆论的压力下，美国警方和联邦调查局特工展开了调查。4月5日凌晨，联邦调查局就宣布他们已掌握了破案线索。

经查，袭击马丁·路德·金的枪声来自洛兰旅馆对面的一家出租公寓。据经营出租公寓的布鲁尔太太说，4月4日下午3点15分，一名穿戴入时的青年人用约翰·维拉尔德的名字为自己租下二楼一个窗户对着洛兰旅馆的房间，并预付了一周租金，但他晚上6点后就失踪了。另一位临时住户也对警方说，枪响后，他立即看到有人手拿什么东西匆匆离开了二楼浴室，他还描述了此人的外貌，联邦调查局立即根据他的描述画出了此人的模拟肖像。不久，公寓附近的游艺场老板证实，枪响后，一个身穿深色衣服的人扔下一个包袱，驾着一辆白色"野马"牌汽车飞驰而去。循此线索，警方发现了一个被人丢弃的旅行袋，内有衣物、一架望远镜及一支雷明顿公司造的760型"打猎能手"式步枪等物。经鉴定，警方在4月8日宣布，那支雷明顿步枪的购买者登记名为埃里克·斯塔尔沃·高尔特，购枪地点是亚拉巴马州伯明翰市海空军需公司的商店，购枪时间是1968年3月30日，与约翰·维拉尔德很相似。4月20日，联邦调查局终于宣布，根据步枪上的手纹鉴定，无论4月4日下午在布鲁尔太太那儿借宿的约翰·维拉尔德，还是3月30日在店铺中购买那支雷明顿步枪的埃里克·斯塔尔沃·高尔特，事实上就是同一个人，真名为詹姆斯·厄尔·雷。联邦调查局断然肯定：詹姆斯·厄尔·雷就是真凶。

詹姆斯·厄尔·雷，1928年出生，伊利诺伊州人，1946年应征入伍，在联邦德国服役，后提前退伍。退伍后，他长期失业，又因盗窃、抢劫等罪行入狱被判处长达48年监禁。1967年4月，他孤身一人越狱成功，不到一年后，就再次犯下刺杀马丁·路德·金的罪行，并成功逃脱。直到1968年6月8日，詹姆斯·厄尔·雷才在伦敦机场候机厅被抓获。据说美国联邦调查局竟为此先后投入了3014名特工人员，累计行程50万英里，花费了140万美元资金。

凶手被抓获了，但是，人们不禁要问，雷的杀人动机是什么呢？因为事实表明，尽管有过盗窃和抢劫等罪行，该犯并没有暴力摧残他人肉体的记录。为了向公众有所交代，联邦调查局提供了一些所谓的"线索"。他们认为，正是因为其顽固的种族隔离立场，才导致雷向马丁·路德·金下了杀手。据说，1955年，雷在堪萨斯州利文沃思堡联邦监狱服刑期间，曾拒绝转到荣誉监狱，因为那里不实施种族隔离制度；在密苏里州监狱时，他还曾对一个同狱犯说过，这座监狱的黑人囚犯统统应该杀掉；另据说他曾表示，如果赏格优厚，他愿意去杀死金博士。总之，调查人员认为雷是一个极度仇恨黑人的种族主义者，并断定他是出于自命不凡和利益驱动的心理而从事暗杀活动。联邦调查局还判定，仇恨黑人，认为民权运动是颠覆活动的雷极有可能认为，把马丁·路德·金式的人物从世界上消灭掉是自己的义务。

但是，联邦调查局的这种分析从一开始就引发了人们的疑问。因为记录表明，雷其实只是一个笨拙的罪犯，但他在刺杀行动后，又如何能天才般地逃脱警方的抓捕？而且他还曾先后冒用几个姓名，堂而皇之地手持这几个假名的证件周游各地？这的确让人不可思议。那么真实的情况又是怎样的呢？

凶手詹姆斯·厄尔·雷

马丁·路德·金被刺现场
图中（右）为洛兰旅馆306房间的阳台，三人手指方向为凶手射击位置。

213

□历史悬案

1968年10月底,就在对詹姆斯·厄尔·雷进行开庭审判的前夕,在美国亚拉巴马州一份名为《展望》的杂志上,刊登了一篇由作家威廉·休伊撰写的文章。由于该文章披露了有关于马丁·路德·金遇刺事件的许多内幕,并预告将刊出连载,立即引起了广大读者的极大兴趣,使该杂志的销量大增。

威廉·休伊的文章是在向雷支付了4.7万美元后,根据后者的自述写成的。雷声称,他在1967年越狱后,遇到一个名叫劳尔的古巴人。劳尔向雷许诺,只要雷完成他交代的若干任务,就会得到一大笔钱。于是按照劳尔的吩咐,雷设法搞到驾驶执照,花了2000美元买了一辆"野马"牌汽车,最后又在蒙哥马利市买了一支雷明顿步枪,并于1968年4月4日驾着"野马"来到了孟菲斯市。他严格地执行劳尔的命令,在布鲁尔太太的出租公寓租下了5号房间。这个房间与浴室毗邻,从浴室窗口能清楚看到洛兰旅馆的阳台,而且正好是306号房门所在的位置。由于文章建立在第一手资料的基础上,人们都对此充满了兴趣,据说原本不景气的《展望》杂志当时的发行量竟达到了100万份。然而,就在作者即将谈到马丁·路德·金如何在4月4日被害的第三篇文章之前,出人意料的事情发生了:报纸刊出消息称文章不再发表,这在当时实在是难以理解的。当记者们去找作者威廉·休伊,以弄清连载文章夭折的真相时,休伊先是长时间不愿接见记者,拒绝回答他们的问题,后又干脆表示他认为雷是单独作案的,所谓劳尔是编造的。但是休伊的回答显然漏洞百出,因为他不可能在短暂的时间获得任何意外的补充材料,从而全盘否定了自己的观点。答案只能是,有人迫使休伊推翻密谋作案的结论,并定下雷单独作案的论调。那么这个人又是谁呢?

尽管休伊的第三篇文章没有发表,但实际上已经写完,并在编辑部被十几人看过。所以,有关这篇文章内容的消息仍然被透露了出来。雷是这样叙述的:他奉命在洛兰旅馆对面的布鲁尔太太出租公寓租了一个房间,然后,劳尔来到这个房间,而雷则按他的命令下了楼;枪响片刻之后,劳尔匆匆奔到"野马"车前,途中把装

1968年4月,为马丁·路德·金举行的葬礼。

有步枪的口袋扔在人行道上，钻进汽车，躺在后座前的地板上，连头带身子用垫子盖住，而雷则驾驶汽车向市区北部疾驶；后来，劳尔就下了车，从此消失了。

看来，要想彻底了解事情的真相，唯一的途径就是对雷进行审判了。

一波三折的审判：到底谁是密谋者

1968年11月12日，在马丁·路德·金遇刺半年之后，孟菲斯法庭终于决定对詹姆斯·厄尔·雷正式进行审判。然而意外再次发生。就在开庭的前一天晚上，雷突然宣布更换辩护律师。对此，孟菲斯司法部门的解释是，这个决定完全是由雷本人做出的，没有任何人向他施加任何压力。然而人们仍然对这个变故产生了很多疑问，首先，新律师必须从头开始工作，熟悉侦查材料，进行核查，并从中得出自己的结论，这将耗费半年多的时间；其次，雷所更换的是著名律师珀西·福尔曼，其所需的不菲律师费又是从何而来？

经过多次延期审判，最后开庭的日期终于确定在1969年3月10日，然而不可思议的事情再次发生了。就在开庭的前一天，孟菲斯司法当局宣布，公诉方和辩护方已达成协议：雷承认自己有罪，作为交换，他将不坐电椅，而是坐99年牢。在第二天的审判中，公诉人宣称雷是单独作案，还赞扬了被告主动认罪的配合态度，最后表示同意以99年徒刑代替电椅。结果，陪审团也一致通过了99年徒刑的方案。更让人生疑的是，在雷被送进监狱后的29年当中，曾先后8次上诉，声称自己是在被人胁迫和诱骗下才认罪的，并请求法庭重新审理此案，但当局根本就不予理会。最终，雷在狱中死于肝癌。

对雷的审判草草结束后，立即就招来人们的一致怀疑。尤其是马丁·路德·金的家人对法院的判决非常不满，他们认为杀害马丁·路德·金的不仅仅是凶手一人。马丁·路德·金的夫人科列塔·金在获悉孟菲斯法院的判决后说："决不能让认罪掩盖犯罪过程，也不能以认罪来终结对谁帮助扣动枪机的侦查。一切对这起凶杀案并非无动于衷的人，都应该要求田纳西州和联邦政府继续侦查，直到查清所有参与这件罪行的人。"迫于舆论压力，1978年，在马丁·路德·金被害10年后，美国国会对该案重新进行了专门调查，据说收集的材料达数10万页之多，总结报告长达800页。最终，国会也得出了马丁·路德·金是死于密谋的新结论，但同时又表示无法查明密谋的具体参加者。不过，这一说法没有被美国政府采纳。

20世纪90年代以来，由于多次有人出来作证，提出各种爆炸性的观点，使得马丁·路德·金遇刺案再次成为人们所关注的热点。

1993年，孟菲斯一家餐馆的退休老板劳埃德·乔尔斯突然在电视上承认，他就是马丁·路德·金遇刺案的主谋，还提到有人给他10万美元要他暗杀金。乔尔斯还详细描述了1968年4月4日暗杀马丁·路德·金的当天，他挑了一个射击角度好的房间，并选中孟菲斯的一名枪法好的警官刺杀金。在社会各界的压力下，孟菲斯一家地方巡回法庭的陪审团开始审理马丁·路德·金家属对乔尔斯提出的民事诉讼案。由6名白人和6名黑人组成的陪审团最终裁定：73岁的退休餐馆老板劳埃德·乔尔

□ 历史悬案

1965年3月，马丁·路德·金参加的从塞尔马到泰哥马利抗议进军队伍的领头部分。

斯雇用孟菲斯警官谋杀了马丁·路德·金。但是，1998年8月26日，美国司法部长雷诺下令对此案再次调查。经过长达18个月的调查后，司法部宣布没有找到令人信服的证据证明马丁·路德·金被害是一场阴谋，并推翻了乔尔斯提出的阴谋论。对于司法部公布的调查结果，马丁·路德·金以及雷的家人都表示拒绝接受。正如雷的兄弟杰里·雷在接受采访时所说："马丁·路德·金的家属认为我的哥哥是无辜的，大多数美国人也是这样认为的。"

不久，新的情况发生了。1999年，美国一个陪审团裁定，1968年遇刺的黑人民权领袖马丁·路德·金的死，是多种势力的惊天刺杀阴谋，而不是由枪手单独策划的。他们认为该刺杀案过于复杂，很难由一个人作案，显然是有预谋的。

2002年4月，美国佛罗里达州的一名牧师对《纽约时报》记者透露，自己1990年去世的父亲就是杀害马丁·路德·金的罪魁祸首。这位牧师名叫威尔逊，今年61岁。他介绍说，其父亲亨利是一个3人小组的头目，而正是该小组在1968年枪杀了马丁·路德·金。虽然这条新闻足以轰动世界，不过威尔逊并没有对自己的说法提供任何其他证据。针对这一新情况，美国联邦调查局已迅速与威尔逊进行了接触。不过，由于事情太过复杂，有关马丁·路德·金遇刺案的真相大白，恐怕我们还要耐心地等待。

水门事件之谜

水门，一座位于美国首都华盛顿的综合大楼。1972年6月17日清晨，据称是共和党所指派的5名"暗探"，闯入了数十年来一直设在此处的民主党全国总部办公室，在他们企图窃听民主党参加大选的情报时被发现，随后遭到逮捕。事件一经发生，美国舆论顿时哗然。这一事态最终导致时任美国总统的共和党人尼克松辞职，从而也使其成为美国有史以来任期未满而被迫辞职的第一位总统,这就是曾震惊全世界的"水门事件"。不过,作为美国历史上最为严重的政治丑闻,该事件显然隐藏有种种内幕,而绝不可能像表面上看起来那样简单。

举世震惊的水门丑闻

理查德·米尔豪斯·尼克松,美国共和党人,在1968年的美国大选中,他击败民主党人汉弗莱和独立竞选人华莱士,当选为美国第46届总统,1972年又连任第47届总统。对于中国人民来说,尼克松是一位非常特殊的美国总统。1972年2月,为了打破中美之间数十年的坚冰,尼克松毅然决定访华,成为访问中国的第一位美国总

1973年1月26日,尼克松在庆祝连任成功的就职舞会上向他的支持者致意。

统。访华期间,他受到了中国人民的热烈欢迎。2月28日,中美联合发表了著名的《上海公报》。尼克松的这一大胆举动立即震惊了世界,同时也为打开中美关系大门及改善和发展中美两国关系做出了重要贡献。退出政坛后,尼克松一直过着隐居式生活,并从事政治著作的写作,先后出版有《尼克松回忆录》《1999:不战而胜》《超越和平》等著作。1994年4月22日,尼克松因突患中风,在纽约康奈尔医疗中心逝世,享年81岁。

然而,这位杰出的政治家,在美国心目中,却因为轰动一时的"水门事件"而使其形象大受影响。1974年8月,正是由于这一事件,迫使正在任期中的尼克松狼狈地宣布辞去总统职务,这在美国历史上可是绝无仅有的。

1972年,时任美国总统的尼克松为了在下一届总统竞选中获得连任,成立了专门的"争取总统连任委员会",并任命自己的好友、司法部长约翰·米切尔担任主席。委员会为这一次竞选制订了一整套的行动方案,其中就包括偷拍文件和窃听。在执行窃听计划时,委员会安全顾问麦科德雇用了4名古巴流亡者当自己的助手。民主党全国委员会总部设在水门大厦六楼,这里理所当然地成为他们窃听的目标。1972年5月30日,麦科德等实施了第一次窃听行动。但意想不到的情况使第一次窃听毫无结果:安装在民主党总部两部电话上的窃听器,一个不知因何故障失灵,一个虽然窃听了200个电话,却没有丝毫价值。

1972年6月17日,麦科德又开始行动了。他在水门大厦对面的旅馆安排了负责望风和窃听的人,又在水门大厦二楼的某个房间安置了指挥联络人。午夜零点左

□历史悬案

要求弹劾尼克松的示威人群

右,麦科德和4个古巴人进入大厦。为了方便出入,麦科德用透明胶布粘住了大厦门锁的锁舌。他万万没有料到就是这块小小的胶布让他的行动毁于一旦。大厦的门卫发现了被粘住的锁舌然后打了报警电话。就在麦科德和4位助手在民主党总部办公室里忙着安装窃听器、四处翻阅和拍摄文件时,一辆没有任何标记的车停在了水门大厦门前,3名便衣警察进入了大厦。对面旅馆望风的人虽然看到了他们,却没有意识到他们是警察。当警察破门而入时,麦科德等人还在全神贯注地工作着。

事情发生后,水门事件与白宫还没有联系到一起。"争取总统连任委员会"立刻发表声明:麦科德只是被雇用来协助委员会装置安全系统的,此外再没有其他使命。委员会还强调:麦科德等人"既不是为我们干的,也不是经我们同意的","我们决不会允许或纵容这类活动"。但他们没有料到的是,一位化名"深喉"的知情人将一条重要线索透露给了《华盛顿邮报》的两位记者鲍勃·伍德沃德与卡尔·伯恩斯坦:被逮捕的古巴人随身携带的通讯本上有白宫官员的名字和电话号码。随后他们又查知,尼克松的竞选官员曾将25万美元的竞选费用转到了在水门被当场抓住的其中一个古巴人的账户上。于是,一篇篇揭秘文章在《华盛顿邮报》刊出,顿时引起了举世震惊。不论约翰·米切尔如何表白,许多人认定"夜闯水门"与白宫必定有牵连。总统本人对此事究竟是否知情呢?

眼看局面对自己越来越不利,尼克松无奈之下同意了手下提出的一个方案,即让涉案中的一人承担全部罪名,以使局势暂时缓和下来。不料在此紧要关头,尼克松的亲信米切尔却后院起火。米切尔夫人为了让丈夫摆脱政治羁绊,以便有更多的机会和时间在家里陪着她,宣称她那里有一本手册,里面详细记载着"夜闯水门"的预定计划,而她本人也了解整个事件的全部细节等。此言一出,米切尔果然于1972年7月1日辞去了"争取总统连任委员会"主席的职务。

面对种种打击和挫折,尼克松使出了浑身解数来摆脱水门事件给他制造的麻烦。1972年7月,美军终于从越南撤军,基本上结束了美国无限期地卷入越南的武装冲突;接着尼克松采取果断措施,成功制止了因越南战争而引起的持续性通货膨胀,在控制国内工资和物价的同时,为了阻止美元外流,又降低了美元与外币的兑换率。这一系列措施无疑给尼克松带来了巨大的好处,让他得以扳回劣势。在1972年11月7日举行的大选中,尼克松获得了决定性的胜利,连任第38届美国总统。轰动一时的水门丑闻似乎就这样不了了之了,美国民主党也只能吞下这颗苦果。当场被捕的那些人,也在开庭之后分别以1万~5万美元的保释金取保释放。

不久后，尼克松连任后对内阁进行的改组激怒了他的政治对手，使得水门事件再一次成为大家关注的焦点。1973年1月8日，"夜闯水门"的那些人被重新收审。3月20日，麦科德写信给联邦法院承认："被告们都曾受到政治压力，要他们承认有罪，并保持缄默。我担心有人向我的家人采取报复措施。"这封信一公布就引起了轩然大波，公众对此事也兴趣大增。不久白宫法律顾问、国内事务助理约翰·迪安向司法部门自首，并在1973年6月25日水门事件委员会的听证会上做证：尼克松曾亲自参与掩盖"夜闯水门"一事。

1973年7月16日，尼克松的前助手亚历山大·巴特菲尔德向参议院特别调查委员会透露，从1970年以来，尼克松就在白宫的办公室里安装了录音装置，以便把自己同所有人的谈话都录下来。于是水门事件的检察官考克斯要求尼克松交出录音以供检查，但遭到拒绝。1974年7月24日，美国最高法院以8∶0通过裁决：尼克松无权扣留刑事诉讼中的证据，并下令总统必须交出录音带。无奈之下，尼克松只得将录音带交给了法官。随后法官发现，有一盘录音带上的18分钟的录音被人为地洗掉了！而这盘录音带正好录自水门事件发生后的第三天，即1972年6月20日，谈话人是尼克松和他的办公厅主任。于是最高法院又一次下令，要求尼克松将其所有的录音带全部交出。这一次法官们在录音带中找到了尼克松参与掩盖水门事件真相的直接证据：在1973年6月23日的一盘录音带中，尼克松同办公厅主任讨论如何"让中央情报局压倒联邦调查局，使这次调查不能进行"，总统甚至粗暴地嚷道："我他妈的才不在乎发生了什么呢！我要求你们给我保密……不管是掩盖事实还是其他什么手段，只要能保住密，就那样干！"情况的发展已经使尼克松别无选择，为了避免弹劾，1974年8月8日上午11点，尼克松在白宫宣布辞职。美国设置总统职位185年以来，还是第一次出现现任总统任期未满而在如此不光彩的情况下被迫辞职的情况。

30多年后，一位尼克松总统昔日的高级助理透露，正是尼克松本人下令闯入水门大厦进行窃听活动的。这位名叫杰布·斯图尔特·麦格鲁德的昔日白宫高级助理，当年曾经指证下令闯入水门大厦内窃听和偷拍情报的是约翰·米切尔，并因涉嫌在揭穿"水门丑闻"中密谋做伪证而被判入狱7个月。根据麦格鲁德的说法，他曾在1972年3月30日同米切尔会面，并与FBI的一名特工戈登·利迪讨论了闯入民主党总部，窃听其主席布瑞恩电话的计划。米切尔随后与总统通了电话，虽然麦格鲁德没有听到尼克松讲的每一个字，但却听到了"最重要的"——"约翰……我们需要获得有关布瑞恩的信息，而我们唯一的办法就是按照利迪的计划行事，我们需要那样做。"由于尼克松说话的声音非常独特，所以他相信自己听到的绝对是总统本人的声音。挂了电话之后，米切尔让他通知毛利·斯坦丝（尼克松的商业秘书，后来出任金融委员会的委员长，负责为尼克松二次竞选筹集资金）给利迪25万美元。照他所说，尼克松自始至终都对"水门丑闻"了如指掌，而不仅仅是事后掩盖，但这一新说法却遭到一些历史学家的怀疑。研究尼克松白宫录音带的专家斯坦利·库特勒把这称为"一个可疑人物所说的可疑的话"。他是研究尼克松白宫录音带的专家，而

□ 历史悬案

1973年5月18日,美国国会就"水门事件"举行听证会。

绝望的尼克松出现在电视媒体上

这些录音带正是1974年白宫司法委员会建议投票对总统尼克松进行弹劾的重要证据,在那次投票以后尼克松就被迫辞职。库特勒说,如果尼克松和米切尔之间确实有麦格鲁德所说的那样的电话交谈,白宫应该保存有这样的记录,但是他却没有发现任何尼克松说"闯进水门,窃听电话"的录音。如今米切尔、斯坦丝和尼克松都已经作古,谁又能揭开尘封已久的历史真面目呢?

神秘的"深喉"

在"水门事件"中,有一个人一直深受公众的关注。就是这个人,抖搂出了美国历史上最为严重的政治腐败内幕,对美国的政治体制提出了严峻的挑战,并把一位现任的总统赶出了白宫。同时,也正是这个人改变了美国的新闻业,使秘密的消息来源从此得以登上"大雅之堂"。他就是向《华盛顿邮报》记者提供"水门事件"关键线索的神秘幕后核心人物——"深喉"。他到底是谁?作为美国民众"最熟知的匿名者",他的真实身份一度成为美国新闻史上最大的谜团。

"深喉"究竟何许人也,《华盛顿邮报》一直拒绝透露有关此人的任何消息。当时的知情者据说只有4个人:《华盛顿邮报》的两位记者鲍勃·伍德沃德与卡尔·伯恩斯坦、《华盛顿邮报》前执行编辑本·布拉德利,以及"深喉"本人。在《华盛顿邮报》上,许多关于"水门事件"的报道使用的都是不署名的消息源,时任《华盛顿邮报》总编的西蒙斯引用了当时一部颇具知名度的色情电影——《深喉》的片名作为告密者的化名。从此以后,"深喉"也成为这种秘密报道的代名词。

告密者为何如此害怕自己的身份被揭穿?在美国社会里,"告密者"显然是不受欢迎的,这大概也是"深喉"最为担心的,世人究竟会给自己冠以怎样的名号,是揭露真相的英雄,还是绊倒总统的叛徒?在谜底揭晓以前,答案是无法预想的。也许正是基于这种担忧,虽然最初揭露"水门事件"的《华盛顿邮报》的两位记者将与当年事件有关的一些秘密文件部分曝光,但"深喉"其人的身份却一直处于保密状态。当然,这丝毫阻挡不了世人对"深喉"到底是谁的种种猜测。

220

弗雷德·拉鲁，在水门事件中被称为"皮包人"。由于密闯水门大厦行动的谋划地是在尼克松总统在佛罗里达的度假地，而拉鲁本人当时就在其中。人们以此为由推断拉鲁有可能是"深喉"，而弗雷德·拉鲁则对此大喊"冤枉"。后来，拉鲁因被指控妨碍司法公正而被判入狱四个半月。此人于 2004 年 7 月 28 日去世。

当年的联邦调查局执行局长帕特里克·格雷因为符合鲍勃·伍德沃德在书中的描述，而且能够在"接头时间"出现，因此也成了怀疑的对象，被认为是最有可能的"深喉"。1973 年，参议院曾考虑提名格雷为联邦调查局的正式局长，但他却退出了竞争，自动提出辞职，这当然留给世人无限遐想。目前，格雷是美国康涅狄格州新伦敦县一家律师事务所的合伙人。

此外，人们曾经把怀疑的目光对准尼克松总统办公厅主任黑格、前国务卿基辛格、总统演讲稿撰写人帕特里克·布坎南乃至前总统老布什。

《华盛顿邮报》的记者鲍勃·伍德沃德能够获得如此之多的内幕消息，那么"深喉"很有可能就是埋伏在尼克松总统身边的人。由于"水门事件"中有数位尼克松政府的高级官员包括总统的特别助理在内都被牵连其中，被判入狱，最后就连总统本人也被迫辞职，而总统办公厅主任黑格和国务卿基辛格却在"水门事件"中全身而退了，于是人们便把怀疑的目光盯在了他俩的身上。

在众多的嫌疑人中，最令人惊讶的当数美国前总统老布什了。2005 年 2 月，美国《纽约邮报》爆出猛料：一名研究"水门事件"的美国专家哈维尔称，"水门事件"中出卖尼克松的神秘"深喉"就是老布什。哈维尔还指出，老布什和《华盛顿邮报》记者鲍勃·伍德沃德具有非常相似的背景，比如两人都曾在美国海军服过役，都是耶鲁大学的毕业生等。

尽管出现了这么多疑似"深喉"的人，但毕竟都只是世人的怀疑和猜测罢了。30 多年过去了，蒙在"深喉"身上的神秘面纱不仅没有消退，反而因时间的久远而愈加朦胧了。

最新消息："深喉"浮出水面

美国当地时间 2005 年 5 月 31 日，美国《名利场》杂志终于将这一悬案的谜底曝光，美国联邦调查局前副局长马克·费尔特在接受该杂志记者约翰·D.奥康纳的采访时亲口承认："我就是那个被称为'深喉'的人。"这一自白也终于让"水门事件"神秘线人的身份水落石出了。接着，鲍勃·伍德沃德与卡尔·伯恩斯坦也通过《华盛顿邮报》发表了一份官方声明，确认马克·费尔特就是"深喉"。为什么时隔 30 多年后，费尔特才承认自己的"深喉"身份呢？

现年 91 岁高龄的费尔特与女儿一起居住在加利福尼亚州圣罗莎市。究竟是把秘密带进坟墓，还是有朝一日公之于众？费尔特称自己经过了艰难的思想斗争。早在 1999 年，感觉身体每况愈下的他就曾郑重其事地告诉自己的密友、社会活动家伊微特·拉加德："我就是让尼克松下台的'深喉'。"拉加德当时为之目瞪口呆。尽管拉加德发誓要为好友保密，但在 2002 年，他终于忍不住将真相告诉了费尔特的女儿。

□历史悬案

鲍勃·伍德沃德和卡尔·伯恩斯坦收到有关"水门事件"的消息后兴奋不已。

随后,费尔特警告女儿和儿子小马克必须保守秘密,否则就断绝关系。2005年年初,由于身体状况越来越差,意识到自己时日无多的费尔特约见了自己的律师约翰·奥康纳,向他咨询联邦调查局会怎样看待"深喉"——是高尚的人,还是告密小人。费尔特担心一旦秘密公开,自己的声誉将会受到影响,说不定还会受到法律制裁,所以他坚持要把这个美国历史上最大的政治秘密带进棺材。但他最终没能抵挡住儿女们的劝说,决定将自己就是"深喉"的事实公告天下。

其实早在1974年,一份美国杂志就曾将"深喉"锁定为费尔特,但立即遭到了他的全盘否认,并声称要告上公堂。而今,费尔特却又亲口推翻以前的表态。那么,作为联邦调查局的二把手,费尔特当年为什么要出卖尼克松呢?《名利场》杂志在报道此事时认为,主要有两个方面的原因:

第一,白宫与联邦调查局积怨已深。"水门事件"的曝光并不是一件偶然的事情,而是有其根本原因的,可以说是多年的矛盾激化的结果。当年,白宫和联邦调查局的关系就不和。据费尔特本人讲,1971年,尼克松总统为了查出是谁将政府与苏联的战略武器会谈的消息透露给《纽约时报》,决定通过窃听器找出泄密者,但联邦调查局对此种做法表示出了不同意的态度。这件事使得尼克松政府与联邦调查局的关系更趋恶化,并导致尼克松转而向中央情报局寻求合作,于是臭名昭著的"铅管工人小组"就这样成立了,这个小组曾在"水门事件"中发挥了重要作用。作为联邦调查局的"二把手",费尔特对总统的行为当然极不赞成,他认为,安装窃听器是要得到法律许可的。为此他还亲自到白宫走了一趟,和总统的国内事务助手克洛赫小组展开了一场争辩。克洛赫小组的成员为尼克松辩护说,在政府和国会至少有四五百人值得怀疑。此后,费尔特发现,由于联邦调查局的不合作态度,尼克松政府已经决定要"惩罚"他们了,而"铅管工人小组"的工作也已经交接给了别人。后来发生的另外一件事情,对白宫和联邦调查局的关系更是雪上加霜。1972年3月,美国国际电话电报公司一份备忘录曝光,备忘录称,向尼克松的总统连任选举班底"进贡"40万美元就能帮自己了结一桩公案。此事让尼克松政府陷入极为尴尬的境地,被搞得灰头土脸。于是尼克松的特别顾问查尔斯·科尔森立即责令下属"求助"于联邦调查局,让他们断定这份备忘录系伪造的,没想到负责此事的费尔特却给出了与他们预期的结果相反的结论,如此,联邦调查局和白宫关系自然更加紧张,费尔特的不合作将白宫不满的怒火再次点燃。

第二,费尔特与尼克松是老冤家。当联邦调查局开始调查"水门"一案时,白宫开始为他们设置越来越多的障碍。要查清"水门事件"的真相,必须突破重重阻挠。费尔特将1972年的那些天称为"黑暗的日子"。为了查清雇用水门"夜贼"的资金来源，费尔特决定对墨西哥城的一家银行展开调查，但帕特里克·格雷却认为他们应该在墨西哥城召开新闻发布会，以便将中央情报局在那里的行动摧毁。费尔特担心这样做也会涉及联邦调查局的名誉，除非他们能得到中情局不在墨西哥进行调查的文字证明。费尔特认为，他们必须做些什么以得到国会和总统律师顾问约翰·迪安的合作，然后重新选举总统。

"水门事件"发生后不久，联邦调查局的传奇掌门人胡弗老局长就去世了，谁来继承大统立刻就成了各方瞩目的焦点。代理局长共和党人帕特里克·格雷希望能够继承胡弗的光辉业绩，而费尔特作为胡弗老局长的得意门生，一直深得这位传奇掌门人的信赖，被视为左膀右臂，外界也普遍认为费尔特是胡弗的当然接班人。所以费尔特满心希望自己可以接掌帅印，将恩师的辉煌事业进行下去。然而尼克松最终任命副司法部部长、"自己人"格雷继任联邦调查局掌门人。与当家人之职失之交臂，费尔特当然深感不满。事实上，对于费尔特的"雄心"，尼克松班底堪称了如指掌。据事后公开的白宫录音带表明，"水门事件"发生6天后，尼克松曾与属下商议，准备以与中央情报局冲突为由下令联邦调查局停止介入调查，费尔特也被特意"点名"。录音带中，白宫办公厅主任霍尔德曼说："马克·费尔特想要合作，因为他有野心。"尼克松回复道："是的。"

此时的白宫已经将费尔特视为敌人了。从后来的秘密录音中可以知道，费尔特早已是尼克松监视的目标之一。1972年10月，尼克松曾经说过"一定要将讨厌的联邦调查局放把火烧掉"，并明确提到了费尔特。对费尔特的调查也是细之又细，甚至连他的宗教信仰也进行了彻底调查，一会儿说他信天主教，一会儿又说他是犹太人。根据费尔特的回忆，在接下来对"水门事件"的调查中，格雷成了一道主要的障碍，甚至将费尔特的调查引向了歧途。他将擅闯水门大厦的"夜贼"嫌疑人限制在了7个人的身上，并对费尔特说，他的调查不能超出这7个人的范围。费尔特因此陷入了对"水门事件"调查的迷茫之中，正是在这种状况下，费尔特决定向《华盛顿邮报》的记者透露"水门案"的重要线索。

无奈的结局——尼克松早知谁是"深喉"

随着费尔特自曝"深喉"身份，尘封已久的"水门事件"再次吸引住了世人的眼球。2005年6月15日，美国《国家》杂志宣称从最新获得的联邦调查局解密文件中得知，费尔特在"水门事件"中还扮演着另一个鲜为人知的角色：他曾两次受命向《华盛顿邮报》的记者追查泄密者"深喉"的身份！也就是说，费尔特曾经带领着大批联邦调查局探员，装模作样地追查他自己！

为了保护自己，证明自己和"深喉"毫无关系，费尔特甚至还煞有介事地以联邦调查局副局长的身份约见伍德沃德。两人会面时，费尔特还特意让自己的助手、具有25年资历的联邦调查局资深探员瓦森·坎培尔在现场陪伴他。费尔特在后来的回忆录中称，那次会面是伍德沃德提出的，费尔特只不过同意了他的要求，之所以要求助手坎培尔做伴，是为了避免自己和伍德沃德的谈话内容被人错误地引用。在那次会面中，费尔特表现得极不合作，拒绝回答伍德沃德提出的许多问题。正是这样故布疑阵，炮制假线索，费尔特不仅成功地保护了自己，而且将联邦调查局特工耍得团团转，让所有人都以为"深喉"藏在美国司法部中。就连尼克松的亲信、联邦调查局局长帕特里克·格雷也对费尔特的话深信不疑，即使当尼克松怀疑费尔特就是"深喉"时，被蒙在鼓里的格雷仍然拍胸脯向尼克松保证，费尔特绝对忠诚清白。

费尔特不知道的是，当时他已经成为尼克松的怀疑对象。1972年10月19日的谈话录音中显示，白宫办公厅主任H.R.霍尔德曼告诉尼克松，经秘密渠道确认，费尔特就是主要泄密者。那尼克松为什么没有对费尔特采取措施呢？谈话录音给出的答案是尼克松对情报有所怀疑。在1973年2月28日的录音中，尼克松的私人顾问约翰·迪恩再次向总统进言，费尔特是知道那么多细节的"唯一一人"，因此是"深喉"的最可疑人选。但尼克松怀疑道："假设费尔特出面揭露了一切，这么做有什么好处？"再加上费尔特的泄密已经对尼克松政府造成了无法挽回的致命伤害，所以尽管尼克松和他的助手确信费尔特就是告密者，也已经是于事无补了。

从"我不是"到"我就是"，费尔特将这个秘密守了30余年。对于泄露"水门事件"线索的做法，费尔特多年来一直感到自责，他甚至曾表露，成为"深喉"可不是一件光彩的事。如今终于摘掉了面具，等待他的是福还是祸？在1973年5月31日晚些时候，争论就已经开始了，许多原尼克松政府要员就纷纷指责费尔特的做法。当年"水门事件"的幕后策划者之一戈登·利迪曾为此蹲了四年半监狱，出狱后花了大量精力查阅档案，试图查出"深喉"究竟是谁。他认为："如果他（费尔特）掌握了丑行的证据，为了荣誉应该将其提交给陪审团，提起指控，而不是有选择地泄露给某一媒体。"尼克松昔日的"捉刀人"帕特里克·布坎南则直呼费尔特为"叛徒"。而参议院"水门事件"调查委员会成员特里·伦兹纳则为费尔特辩解说，如果没有《华盛顿邮报》当年的报道，调查委员会也无从成立，一切真相将被掩埋，而费尔特是为了挽救联邦调查局的声誉才出此下策的。

再说"猫王"死因

1977年8月16日，是一个令全世界千百万歌迷无比悲伤的日子，这一天，美国摇滚乐天王巨星"猫王"在他的豪宅"优雅园"骤然去世，年仅42岁。作为20世纪最伟大的一位摇滚乐偶像歌手，"猫王"在人们心目中的地位是无可替代的。时至今日，每年都有将近60万人前往田纳西州他的故居"优雅园"参观。由于事前没有丝毫征兆，所以当这位偶像突然撒手西去时，自然给世人留下了无数未解之谜。

一代偶像，神秘地死去

"猫王"，本名埃尔维斯·阿伦·普雷斯利（Elvis Aron Presley），1935年1月8日出生于美国密西西比州一个贫穷的农场工人家庭。他从小就喜欢音乐，幼年时曾在教堂的唱诗班里参加演唱。10岁时，普雷斯利首次登台表演，在密西西比-亚拉巴马博览会上演唱了一首催人泪下的乡村歌曲《老牧师》。1948年，他随父母迁到孟菲斯。在这里，普雷斯利开始同一些职业乐手接触，并偶尔参加四人福音歌曲演唱组"黑森林兄弟"（Blackwood Brothers）的演出。不久，一次很偶然的机会，他开始了自己的音乐生涯。1953年的一天，为了送给母亲一份礼物，普雷斯利去孟菲斯录音服务公司的录音棚录制了一首歌曲。这家录音棚的老板是萨姆·菲利普斯，当时刚刚建立了自己的Sun唱片公司。听到普雷斯利的演唱后，菲利普斯的助手马里恩·凯斯克觉得普雷斯利很有潜力，就记下了他的地址。差不多一年之后，菲利普斯邀请普雷斯利来公司录制歌曲，几经周折，普雷斯利演唱的歌曲《好极了》（That's All Right）获得了相当大的成功，随后他就推出了自己的首张单曲唱片，在当地很受欢迎。

此后，普雷斯利又推出了几张唱片，并开始进行巡回演出。由于他的音乐体现了一种乡村音乐节奏与布鲁斯的结合，所以知名度也越来越高。不久，他又加盟了著名的RCA公司，很快普雷斯利就成了全国明星，他此后的每一张唱片都在排行榜上名列前茅。

普雷斯利是一位具有黑人风格的白人歌星，他向人们展示了一种极富个性和创新意味的白人音乐与黑人音乐风格的融合。作为一位摇滚乐大师，他在20世纪50年代后期，不仅仅是摇滚乐坛的偶像，还是摇滚乐的象征。尽管现在看来，普雷斯利的歌曲稍显简单肤浅，也缺少力度和社会责任感，但他那漂亮的容貌、标志性的扭胯动作和出色的舞台表演，已成为后世摇滚歌迷心目中永远的记忆，乐迷们给他起了一个特殊的名字——"猫王"。由于使摇滚乐在世界范围内流行，"猫王"成了20世纪美国流行音乐中最重要的人物，他是第一位将乡村音乐和布鲁斯音乐融进山地摇滚乐中的白人歌手。他是流行音乐历史上唱片销量最高的艺人，甚至在他去世之后，他的任何再版唱片都能保持极其稳定的销量。他是流行音乐历史上唱片销量最高的艺人，据1971年的统计表明，到当时为止，其唱片销量已达到1.55亿张单曲唱片、2500万张专

"猫王"激情四射的演出

□ 历史悬案

辑和 1500 万张 EP 唱片。

但是，正所谓天妒英才。1977 年 8 月 16 日，正值壮年的"猫王"突然在其豪宅"优雅园"中去世。这一消息，立即使全世界歌迷陷入了无限的悲痛中。"猫王"死后，人们为他举行了隆重的、规模空前的葬礼：一口白色的棺材，17 辆白色的高级轿车，还有 5 万名从各地前来悼念他的歌迷。时至今日，每年仍有大批崇拜者前往"优雅园"追思这位一代偶像。

由于"猫王"的去世的确太过离奇、太过突然，几乎外界所有的人都很想知道，1977 年 8 月 16 日那天，"猫王"的豪宅"优雅园"到底发生了什么事。

当时的记者是这样报道的：当天的午夜时分，"猫王"和他 20 岁的未婚妻金吉尔·阿尔登曾去看过牙医，这么晚去专业保健医生那儿给人的感觉有点奇怪。但"猫王"的保镖说，因为"猫王"拥有众多的崇拜者，为了避免歌迷云集，引起不必要的麻烦，此举是相当必要的。凌晨 5 点的时候"猫王"想打壁球，于是两人一起去了格雷斯兰大楼亮着灯的球场打了大约两个小时。回来之后，穿着蓝色睡衣的"猫王"说他想先在浴室里读一会儿书报再休息，随后他吻了一下金吉尔算是道了晚安。可是在她当天下午两点左右醒来时，却发现他没在床上。她叫喊着他的名字，也没有人应声，当她满腹狐疑地推开浴室的门时，却发现"猫王"脸朝下趴在长绒地毯上。随后，"猫王"的亲朋好友们乱成一团。等救护车到达的时候，"猫王"已经全身发紫。在其私人医生尼可波罗的坚持下，"猫王"被送到他常去的巴提斯医院，随后医生宣布 42 岁的猫王因药物引发心脏病致死。

对于医院的结论，"猫王"的追随者们表示不相信，事实上有关方面当时也的确发现了一些疑点。尤其是在事后警方前往"优雅园"调查时，惊讶地发现现场

冥想花园内的"猫王"墓碑及长明灯

已被全部更动，"猫王"的卧室和浴室也已经被女佣整理得干干净净。由于"猫王"去世前一直服用很多药物，甚至要吃 8 种药丸才能入睡，所以按照常理，室内的柜子里原本是应该装有很多药物的，可此时也已经是空空如也。他的身体里充斥着各种各样的药，但他的医生和家人却是讳莫如深，不愿提起这点，这就不能不让人对"猫王"的死因充满疑惑。

此外，由于"猫王"的验尸报告一直都没有公开，所以有人提出了这样的猜测："猫王"难道是被人谋杀而死的吗？当时曾有传言说，"猫王"在去世前曾受到美国联邦调查局的保护，原因是他将作为证人出庭指控黑帮分子杀人。也许就是因为这一原因，"猫王"成了那些不择手段的黑道人物的眼中钉，一定要除之而后快。由于"猫王"一天需要吃很多药，再加上每天出入"优雅园"的人很

多，所以如想下手调换药丸可以说是很容易的一件事。可惜这些仅仅是猜测，缺乏确凿的证据。事情发生后，"猫王"的家人中，除了他年仅9岁的女儿丽莎外，其余的都被警方侦讯过，但其具体内情至今也没有人透露。

另外，还有认为"猫王"是自杀的。据说，"猫王"的继母曾向外界宣称，"猫王"在去世前曾给他的父亲留下了一封遗书，其内容大概是："猫王"向父亲透露他得了癌症，因为无法面对癌症带来的巨大痛苦，所以不如干脆提前结束生命，这样既可以不再忍受病痛的折磨，又可以和生母在天堂相聚。但这个说法是否确切，又因为"猫王"的父亲已经去世而永远无法得到证实。不过，母亲对于"猫王"的巨大影响却是众所周知的。由于"猫王"的母亲操控和指挥着他的生活，久而久之，他对母亲的依赖已经到了无以复加的地步，离开了母亲他几乎不知道如何生活，而"猫王"爱他的母亲简直胜过一切。在母亲死后，"猫王"曾陷入长期的痛苦之中，所以有人推测也许他真的期盼着和母亲重聚。当"猫王"死后，人们也如其所愿将他和母亲合葬在一起，这也算是对他的一种慰藉吧。

元凶竟是镇静剂

相当一部分人认为，由于医生在"猫王"体内发现了14种成分不同的毒品，所以他有可能是因为一次性吸食了大量的毒品而送命的。"猫王"因吸食过量毒品而死的一种结论，显然是大家尤其是他的崇拜者最不愿意接受的。为此，众多热爱"猫王"的人，都希望他们的偶像不会是因非法使用毒品而死的，否则他作为有史以来最伟大歌手的形象岂不是彻底被毁了吗？然而，联想到"猫王"的家人和医生在他死后对他所用的药物都三缄其口，不由使人怀疑真的有这种可能性。况且"猫王"在世时，就一直有传言称他是个大瘾君子，尽管他的经纪人矢口否认了这种流言，并把这位歌手描绘成一尘不染的、喜欢唱福音音乐的田纳西乡村小伙。

就在人们对药物问题争论不休的时候，1979年，在"猫王"去世两年之际，又一种新的说法被提了出来。这年12月13日，美国著名的法医西里尔·韦希特在一次电视节目中，第一次对公众宣布，"猫王"并非死于心脏病或者其他别的什么原因，而是因为将大约10种镇静剂混合使用才致死的。正是这一举动对他的中枢神经系统起了相当大的副作用，从而导致了他的心脏停止跳动。这种情况在业内通常称之为"复方用药"，一般是指两个以上的大夫在没有相互通气的情况下，为同一个病人开处方。

当初，在"猫王"的尸体解剖工作完成后，负责的法医杰瑞·弗朗西斯科博士曾就"猫王"的死对记者发表过这样的陈述：根据解剖的结果，死因是心力衰竭而引起的心律失常。他还分析道，"猫王"患有几种心血管疾病，一种是轻度高血压，并曾有过一段时间的治疗；一种是心血管硬化。这两种疾病有可能是导致心律失常的原因，但准确的原因目前尚不能确定。而西里尔·韦希特认为，从一个有经验的法医口中说出这样的话简直荒唐之极。每个人的心脏停止跳动都会死去，但关键的问题是：是什么导致心脏停止跳动的？1977年10月，在"猫王"死后数月，浸礼会医院的病理学家们也表示,他们认为是药物而不是心律失常导致了"猫王"的死亡。随后,杰瑞·弗朗西斯科博士举行新闻发布会,再一次宣布"猫王"的死是高血压、心脏病和心血管病导致的。这位法医说,田纳西大学医学院做了彻底的毒理学分析,认为药物是致死的原因是无稽之谈。他甚至无数次地重复着"药物未在埃尔维斯的死上起作用"这句话。当时"猫王"的私人医生尼可波罗博士也当即表示同意弗朗西斯科博士的结论,否认了关于他的病人用药不当的传闻,并以肯定的口吻对记者说:"假如他用可卡因的话,我会知道的。"

针对弗朗西斯科博士等人的结论,西里尔·韦希特说出了一个鲜为人知的秘密:在对"猫王"遗体进行解剖的当天晚上,浸礼会医院准备了两份同样的人体组织样本,一套样本给了杰瑞·弗朗西斯科博士,另一套样本则由浸礼会医院的一名病理学家送到了加州梵尼斯生物科学实验室,这是美国最权威的毒理学实验室之一,而这个生物科学实验室的化学家得出的结论,与弗朗西斯科博士所报告的东西却截然不同。西里尔·韦希特宣称自己很幸运地看到了加州梵尼斯生物科学实验室所做的毒理学报告的副本,正是通过对这份报告的仔细审核,他才做出了上述结论。

所谓毒理学报告,就是对人死的时候身体里所含的物质进行化验的结果。韦希特博士之所以认为"猫王"的死是综合药物作用的结果,是因为该报告在"猫王"体内发现了包括安定药瓦连姆瓦尔米德、普拉西定、苯巴比妥鲁米那和丁二烯巴比妥鲁米那在内的多种镇静剂。其中致命的主要是镇痛药可卡因,这种药对中枢神经有压抑作用。令人难以置信的是,这些药怎么可能让一个病人同时服用呢?正是根据"猫王"死后身体里这些药物的含量,韦希特博士声称他绝不相信"猫王"是自杀的,几乎可以确切地说这位伟大的摇滚歌手死于一场事故。如果"猫王"所服用的药物出自两个以上大夫开的处方,那么每一位大夫都不够谨慎,因为他违背了行医的一个原则性的观念:在开对大脑有抑制作用的药的处方之前,必须先弄清楚病人是否在服用有同样病理作用的其他药物。看来,正是这些不负责任的处方要了"猫王"的命。

一石激起千层浪,韦希特博士的结论一经公布,顿时引起了很大的反响。没过几天,田纳西州的法官下令将"猫王"尸体解剖的整个报告公之于众,这个报告证实了韦希特博士提出的疑点。浸礼会医院的病理学家们所做的细心解剖与弗朗西斯科博士所说的解剖结论有多处矛盾的地方:第一,弗朗西斯科博士说"猫王"的心脏器官增大了一倍,这种异常情况表明,他患有高血压心脏病。然而,浸礼会医院的病理学家们称出的死者心脏重量为520克,以"猫王"的身高体重看,其心脏器官的正常重量应该是350克至400克之间。所以何来增大一倍之说?第二,解剖报告还说医生们检查了心肌是否有伤痕,结果并没有找到。没有盐和水的滞留,也就是说不存在充血性心力衰竭。第三,大夫们发现"猫王"只是患有非常轻度的高血压,而这种程度的血压,绝不足以严重到要了他的命。第四,脑部的检查表明没有血块、梗死或动脉瘤,也没有中风的迹象。第五,从解剖学的角度来看,即使是完成了解剖，也没有充分的依据可以确定死亡的原因，而是还要综合稍后才会出来的毒理学报告才能得出结论。作为一名法医，弗朗西斯科博士不等显微观察和毒理学报告出来就宣布"猫王"的死因，可以说是略显仓促了些。

几个星期以后，联邦法院召集了一个大陪审团，传唤索取了有关"猫王"一案的所有解剖和毒理学报告。之后，该陪审团提出了一个涉及面颇为广泛的起诉书，指控当过10年"猫王"私人医生的尼可波罗博士对"猫王"开了过量的处方用药。因为官方的调查表明，仅仅在"猫王"死亡之前的7个月内，尼可波罗博士竟给他开了高达5300片的各种兴奋剂和镇静剂！医疗委员会同时也暂时吊销了尼可波罗博士的行医执照3个月。尼可波罗博士聘请了著名的律师詹姆斯·尼尔（此人在全国律师里面也可说是佼佼者之一，他曾被召对"水门"丑闻中的几个关键人物提起过公诉，并使这些人都被定了罪）。在法庭上，尼尔说他的委托人的确向"猫王"提供了所有这些处方药物，但其目的是试图挽救这个人的性命。因为"猫王"是个毒瘾很大的瘾君子，如果不能从尼可波罗博士那儿弄到这些药，他一定会上街去弄来更危险的药物。所以尼克波罗斯博士这样做至少能监督"猫王"，而实际上却是在帮助他慢慢戒毒。在尼尔如此"据理力争"之下，尼可波罗博士被陪审团裁定为无罪。韦希特博士认为这简直就是诡辩，并用了一个很形象的比喻来形容：这就好像在对法官说银行无论如何都是要被抢的，既然如此，我就先来抢——因为我知道自己不仅不会杀人，而且还打算把一部分抢来的钱送给穷人！实际上尼可波罗博士恐怕是出于私心和贪欲——害怕"猫王"解雇他，才没按正确而必要的医疗手段行事。至于弗朗西斯科博士，韦希特博士认为他或许也是一位"猫王"的歌迷，如果按照实情宣布这位歌手死于药物，必定会损害"猫王"的偶像形象。正是出于这种动机，他才替这个案子做了遮掩。

又过了12年，时间走到了1991年。埃里克·穆尔海德博士终于公开证实了韦希特博士的观点。穆尔海德博士是位极受人尊敬的病理学家，1977年他在孟菲斯浸礼会医院就是负责"猫王"案的病理分析，并参与和指导了尸体的解剖工作。他说自己从第一天开始就知道"猫王"不是死于弗朗西斯科博士所说的心脏病。他为自己没有及时站出来纠正这一错误说法向大家表示了歉意，看来这一段公案似乎也可以告一段落了。

"猫王"塑像
1980年雕成，最初被放置在孟菲斯，后来迁移至优雅园。

□历史悬案

偶像幽灵：稀奇古怪的传闻

事情远未结束。由于仍有不少狂热的歌迷始终不相信"猫王"的死讯，所以多年来竟不断有人宣称"猫王"根本就没有死，他还活在这个世界上。

作为无数歌迷心目中的传奇偶像，"猫王"留给歌迷们的印象是"叛逆"、爱出"怪招"。也许是这种印象太过深刻，所以连他的死也被

灯火通明的"优雅园"已成为歌迷悼念"猫王"的最佳地点

那些狂热的歌迷当作他的"怪招"之一。许多人一直认为，所谓"猫王"在1977年8月16日骤然而逝的消息，纯粹是正值盛年的他因为不堪忍受盛名之累，想远离喧嚣尘世好好休息，所以终于下定决心以"死亡"这个无可争议的理由告别众多的歌迷，从而来达到最终隐遁的目的。相信"猫王未死"的人还将"猫王"的一位好友的暗示作为证据：如果"猫王"知道还有这么多的人在关注他的话，那么这位传奇人物也许会在某个时候重新现身于世人面前。所以他们坚信发生过的一切不过是个假象而已，等"猫王"休息够了，他就会回来的。有些"猫王"的忠实崇拜者，甚至还创造出了一个更加离奇的关于"猫王未死"的版本：由于"猫王"的歌声美妙无比，连那些外太空的居民也被他的歌声深深吸引住了。为了更好地欣赏他的歌曲，这些具有特异功能的外星人带走了"猫王"，去了另外一个不为我们所知的空间。

2003年10月，类似的惊人消息还在出现——有目击者称在美国田纳西州格里斯兰见到了疑似"猫王"埃尔维斯·普雷斯利的男子，并且有照片为证！目击者是一位53岁的女游客，据她说，由于在田纳西州格里斯兰"猫王"的别墅前见到了一个极似"猫王"的老年男子，于是她便偷偷溜进了别墅并拍下了黑白照片作为证据，而且她坚信她所看到的就是"猫王"本人。从照片上来看，已经68岁的"猫王"韶华已逝，坐在别墅前的一辆轮椅上休息。所有看过照片的人都表示，如果这张照片的真实性可以肯定的话，那么上面的人有98%的可能性就是"猫王"本人。而此前，加州的一位餐馆女招待也称"猫王"曾到她们的餐馆买过一个三明治。

所谓"猫王未死"之类的说法不断掀起轩然大波，引起全世界的关注，但最重要的，还是人们应记住他的歌声，以及他短暂辉煌而又传奇神秘的一生。

中国篇

□ 历史悬案

华夏文明之初

汉族的形成和发展，是以华夏为主体，融合他族，不断发展壮大起来的。在中华五千年文明的漫漫发展历程中，随着各民族经济文化上互相交流，互相渗透，形成统一的中华民族。"华夏"被当作中华民族的称号，但对于"华夏"的由来，却很难给出一个定论。华夏第一都到底在哪里？传说中，黄帝是中华民族的祖先。然而，真有黄帝这个人吗？据说全国共有黄帝陵7处，哪一个是真的黄帝陵呢，轩辕黄帝陵到底在何处？现在仍然众说纷纭，没有统一的说法。

"华夏"的由来

关于"华夏"的由来，上古时代就流传这样一个传说。蚩尤原来是炎帝的大臣，是个很有野心的人，他想独霸天下，于是联合苗氏，想把炎帝从南方赶到涿鹿，自称南方大帝。决定胜负的一战开始了，他们大战于涿鹿的野外。大战当时，蚩尤一夫当关，手持长剑，指挥着自己的士兵冲向炎帝的阵营，炎帝部落明显处于下风。不得已，炎帝被迫一面抵抗，一面带着部队仓皇地撤离战场，并向黄帝求援。这时蚩尤已向涿鹿进军，黄帝下令重整队伍，两军开始了新一轮的对垒。黄帝心想：只要我和炎帝携手并肩、齐心协力，一定可以打败蚩尤。但他们低估了蚩尤的法力，蚩尤竟然施起了妖法，刹那间，天地间扬起一片浓雾，而且天黑得伸手不见五指，炎黄的军队什么都看不见，被打得节节败退。面对一意孤行、制造战争、祸害百姓的蚩尤，黄帝决定奋力一搏，他找到了炎帝商量作战计划，并让人利用太极推测演算，后来又派人到蚩尤的大本营探听军情，知道蚩尤马上就要反攻再次施妖法，黄帝掌握了战争的主动权。当蚩尤的部队冲上来时，便被炎黄联军团团包围。此时炎黄联军把骨头做的战鼓擂得震天响，使得联军的士气大振，士兵们个个变得更英勇了。最后终于将蚩尤的部落打得落花流水，蚩尤也被俘虏。不肯投降的蚩尤被黄帝下令斩首，而炎黄部落最后团结一致，统一了整个中原。从此以后，中原各部落都尊黄帝为共主，炎、黄等部落在黄帝的领导下融合成华夏民族，这就是"华夏"的由来。

另外一个关于华夏由来的传说，对此有不同的解释。相传，我国历史上第一个朝代是夏朝。大禹历时数年，成功治水，被舜选拔为继任者。之后他开启了一个清明的历史时代。所以在当时，以禹代表的夏后族在当时独领风骚，成为盛极一时的氏族部落。再加上夏后族以华山作为自己的活动中心，所以他们又被人们称为华夏族。这也是禹的儿子建立的第一个王朝叫夏的原因。

今天，对于华夏由来的争论仍然不断。一些专家学者将众多观点归纳为两类。第一种观点认为，"华夏"是民族的名称。他们认为我国古代以"夏"为族名，"华夏族定居在华山之周，夏水之旁，故而得名"，讲的就是这个意思。"夏"这个名词是由"夏水"得到的。中华民族自古以来就是融合了别的不同民族构成的一个庞大的民族。尽管她不是一个单纯的民族，但是在历史的长河中始终以一个核心民族为中心，逐渐地融合和同化别的民族，形成一种"单元性的多元化民族"，这就是今天的中华民族。在先秦时代，她被称为华族或夏族。而"华"指的是居住在华山，以玫瑰花(华)作图腾的"华族"，"夏"则指的是居住于长江中下游的"夏族"，"夏族"的祖先是夏后氏。华夏民族的称谓，由此而来。

炎帝像

炎帝即神农氏，姓姜，号烈山氏或厉山氏，与黄帝同为少典之子。炎帝最初居于姜水(岐水)流域，后东向发展，进入中原地区。相传他教人务农，用木耜耕作；又亲尝百草，一日而遇七十毒，识别药性，遂有医药。

还有一种观点，认为"华夏"根本上不是什么民族的称呼，它仅仅指的是一个地域文化概念。而在这个派别中，又有两种不同的解释。第一种解释是：遥远的中华民族的远祖们曾经分为3个主要的集团，他们分别是华夏、东夷和苗蛮。在不断的争战和竞争中，黄帝取得了最终的霸主地位，于是他领导的华夏集团成为当时的文化和政治主流，东夷和苗蛮两大集团不得不俯首称臣，被迫纳入华夏文明的圈子里。第二种解释是：远古时代是以文化高低来定名的，所以，文化高的周礼地区称为"夏"，同样另一个文化高的民族称为"华"。"华"和"夏"合起来，统称为"中国"。相反地，对于华夏周围的四方，由于他们是文化低的地区和民族，所以被称为"东夷""南蛮""西戎""北狄"。后来华夏不断融合壮大，周围四方民族凡是接受华夏文化的，大都纳入了传统华夏文化的范畴，华夏渐渐地就成了中华文明的代称了。

华夏第一都到底在哪里

中华民族有悠久的历史，从早期的人类到原始氏族社会，这片土地上有过我们祖先的身影。随着生产力水平的提高，社会不断进步，尧、舜、禹三代之后，禹于公元前2070年建立夏朝，"夏"便成为我国历史上第一个国家政权。我们今天对于夏代的了解相当贫乏，只有少数文献中的一些零星记载。由于商都殷墟的发现，对商王朝的文明状况，我们有了较清楚的了解，而此前的夏代却仍是一片空白，几乎都要让人淡忘这个曾统治华夏几个世纪之久的王朝。如果能找到夏朝的国都遗址，

□ 历史悬案

二里头遗址7号墓址与宫城南墙

我们就不会对夏代如此迷茫，但作为华夏第一都的夏都到底在哪里，长期以来一直是困扰历史学家的难题。

有人说是位于山西省运城市的夏县。据称，因我国奴隶社会第一个王朝夏朝在此建都而得名，号称"华夏第一都"。其历史悠久，为中华民族的发祥地之一。相传是嫘祖养蚕、大禹建都的地方，素有"禹都"之称。不过至今还没有在夏县找到有说服力的文化遗址。

有人说应该是在今许昌西部的禹州。禹州市是中华民族发祥地之一，大禹因治水有功曾在此受封"夏伯"。禹的儿子启继位后，于钧台大宴天下诸侯，建立了中国历史上第一个奴隶制国家——夏朝，亦被称为华夏第一都。夏都是在禹州吗？目前仍不能确定。

1959年夏，中国科学院考古研究所组织了一支考古队，开始了探寻夏都的田野考察。从传说中夏人活动的中心地区豫西开始，在拨开重重迷雾后，考古队将目光锁定在河南偃师二里头，集中对其进行考古发掘。以此为标志，中国考古学界开始进入有目的、有计划地探索夏文化的时期。

早期奴隶制夏王朝的存在无可非议，但由于文献和考古资料的缺乏，夏代的文化面貌始终无法确认。20世纪60年代末，考古工作者在河南省偃师县二里头村发现了一些古文化遗址，出土陶器十分特殊，介于龙山文化与商代之间，引起了学术界的极大兴趣。二里头村，位于偃师县西南9千米的洛河南岸。古文化遗址包括二里头、圪当头、四角楼、寨后和辛庄5个村，面积375万平方米。1957年发现后，1959年开始进行发掘和研究工作，先后发掘面积达1万平方米。文化遗物的特征介于龙山文化晚期和商文化早期之间，尚属首次重要发现，命名其为"二里头文化"。这处遗址的最下层被确认为夏文化，出土有铜刀，为我国发现最早的青铜器。其上层为商代文化，发现有大型宫殿基址，面积达1万平方米。遗址中出土了大批工艺精良的铜器与玉器，应为夏商时期的都邑遗址，在考古学上占有极重要的地位，对了解和研究夏商文化的历史有很大意义。

经过几十年的研究，可以确认二里头遗址是一座早期王城。但这座都城是属于商代的还是夏代却还不清楚。2003年，考古人员又在现已发现的中国最早都城遗址"二里头遗址"中找到了两座大型宫殿建筑。其中一座，呈缺了一个角的长方形，东西长为110米左右、南北宽100米，东北部折进一角。整个庭院范围都是建造在高于地面半米的夯筑平台上。庭院四周为走廊，除西廊是外有墙、内有走廊外，其余三面中间都是墙，内外皆有走廊，说明在庭院北、东、南三面可能还会有相邻的庭院。这座宫殿的样式，后代许多建筑都有沿用。新的宫殿建筑群的发现又吸引了人们的目光，无论从其规模还是样式看，都是皇宫大院的建筑。

这两座宫殿遗址的特殊处和意义，不完全在于认定它们是王宫，更重要的是它们发现的位置。早先考察知道二里头遗址所处的社会，很可能是处于夏商两代分界的时期，其上层是商文化遗留，其下层为夏文化遗留。而这两座宫殿初步确定是处于夏文化层，那岂不是说，我们可以确定这是夏代的都城了吗？有位考古专家激动地说，"这意味着人们几乎可以从中触摸到中国第一个王朝的脉动了"。

然而事实上，二里头遗址是不是夏都并未得到公认，首先就此遗址本身的时期争论仍在继续，有人说属于夏文化晚期，有人说属于商文化早期，更为普遍的说法是介于夏商之间。历史学家冷静地说，二里头遗址本身还存在着许多未解之谜，作为都城的二里头，它的内涵布局及其演变过程、它的文化面貌及其社会生活与组织结构、它的族属国别以及人地关系等诸多课题，目前还只是粗线条的把握。

黄帝是传说中的人物吗

古书中有"三皇五帝"的说法，其中"五帝"是指东方太皞、南方炎帝、西方少昊、北方颛顼和中央黄帝。而传说中，黄帝是中华民族的祖先。然而，他究竟为什么被称为"黄帝"？现在仍然众说纷纭，没有统一的说法。

有学者认为，黄帝是神话传说中的雷电之神，后来才崛起为中央黄帝。相传他长有四张脸，能同时顾及东、西、南、北四个方向。无论什么地方发生了事情，总逃不过他的眼睛。后来，他战胜了东、西、南、北四个天帝，建立了自己的神国。

黄帝和炎帝停战言和后组成的统一的部落联盟，成为中华民族的祖先。所以，今天的中国人自称"炎黄子孙"。

也有学者认为，黄帝实有其人，他应该是原始社会末期一位部落联盟的首领。《史记·五帝本纪》记载："黄帝者，少典之子，姓公孙，名轩辕。生而神灵，弱而能言，幼而徇齐，长而敦敏，成而聪明。轩辕之时，神农氏势衰，诸侯相侵伐，暴虐百姓，而神农氏弗能征，于是，轩辕乃习用干戈，以征不享，诸侯咸来宾从。"

这些记载似乎说明历史上的黄帝实有其人，是中华民族形成与发展的创始者。因此，说他是人更有道理。那么，他又为什么被称为"黄帝"呢？

据说，黄帝在五个天帝中是管理四方的中央首领，专管土地，而中原的土地是黄色的，故名"黄帝"。学者们认为，这反映了上古时期，人们对黄土地的崇拜。古史称他为"以土德为王"。后世之人因此而崇尚黄色，把黄色演变成一种权力和尊贵的象征。历代帝王穿的"龙袍""马褂"都是黄色，就是由此引发而来的。

在中国的历史典籍和神话传说中，都有许多关于黄帝的记载，但因年代久远，许多说法都已经无法考证。然而，黄帝作为中华民族的始祖却是不容置疑的。

炎帝、黄帝战蚩尤一事是真的吗

中华民族是龙的传人,又自称炎黄子孙,这是从何而来的呢?传说上古在黄河流域有个强大的部落联盟,其首领分别为黄帝和炎帝。黄帝姓公孙,名轩辕。蚩尤也是个部落首领,长有四只眼睛、三双手,而且还是铜头铁额,吃沙石为生,不过他不像别的部落首领那样臣服于黄帝和炎帝,还兴师作乱,于是炎黄联军便与蚩尤不断地发生战争。最后一战,据《山海经》记载,蚩尤请了掌管刮风和降雨的神仙"风伯""雨师"前来助战,掀起了狂风暴雨扑向炎黄联军,同时又作大雾令炎黄联军不辨方向。这时黄帝也请来天上的女神,请女神止住风雨,做指南车以别四方,最后擒杀了蚩尤。

这段传说太神奇了,神奇得让人难以置信,所以有人说黄帝、炎帝、蚩尤是传说中的人物,不可靠,即使有,也可能只是一个部落的名称。有人说"黄帝他们原本就无其人,无其说",一句话就否定了古代史书的记载。还有人热衷于从远古神话角度把黄帝等描述成非常怪异的形象。

那么炎帝、黄帝、蚩尤等是人还是神,炎黄战蚩尤一事是真的吗?史书记载纷繁复杂,无法说清楚。如果能有考古发掘的遗址来证明才最有说服力。

1928年在山东章丘龙山镇城子崖首次发现一处遗址,据考察时间为公元前二十几世纪。而后在山东境内和河南、陕西都发现众多类似的遗存,考古学界命名为龙山文化。龙山文化,泛指黄河流域中下游地区相当于新石器时代晚期的文化遗存,也有称为金石并用时代的。其命名缘由,是从首次发现地而来的。龙山文化内涵丰富,主要分布在山东境内,年代为公元前2500~前2000年;河南龙山文化,年代为公元前2600~前2000年;陕西龙山文化,年代为公元前2300~前2000年。其共性是以农业经济为主,石器、骨器、陶器等手工业有了一定的发展,在某些遗址发现了铜器,揭开了青铜文化的序幕。

有人说龙山文化能证明炎帝、黄帝战蚩尤一事。我们对于商代以前的社会状况,因为没有文字的记载,了解很有限,基本上依据的是后人口耳相传的言说,没有确证。所以首先要看按人类社会的发展规律,说明传说中炎帝、黄帝所处的历史时期,是否有可能发生这样的事件。根据人类学、历史学的研究结论,人们在原始社会早期,不可能发生战争。人类社会的发展过程,首先由猿变成人,经过漫长的年代学会制造和使用工具,且这方面能力不断提高,人们的生活从而得到改善,不用过茹毛饮血、食不果腹的日子,于是人口迅速增加,社会组织发展起来,最早产生的形式是动物式的群落,而后变为有血缘关系的部落。发生战争的前提是有大量剩余产品的出现,于是氏族首领就可能利用特权占有多余的产品,产生贫富分化。不同的氏族、不同的部落间也可以通过战争掠夺其他部落的剩余产品,而且战俘在初期是全部杀掉,后来认识到可以强迫战俘劳动,这就是最早的奴隶起源。

龙山文化能否证明那个时期我们的祖先可能爆发过大规模战争呢?据学者研究,龙山文化之前还是母系氏族社会的仰韶文化,那炎帝、黄帝所处的龙山文化时期是以女性为主导的母系氏族，还是以男性为主导的父系氏族社会呢？

这个问题关系到炎帝、黄帝战蚩尤的可能性。在农业出现以前，人们是依靠狩猎和采集来维持生活的，那时候，男子负责猎取禽兽，捕捉鱼虫；妇女负责采集野生植物的果实和块根。后来，在长期的采集活动的实践中，妇女

黄帝战蚩尤图

蚩尤是今山东一带的部落联盟首领，本领高强，横行霸道，黄帝与他在涿鹿展开激战并将其擒杀，涿鹿之战成了我国古代战争起源的标志。战争使我国逐渐形成为以黄帝、炎帝部落为中心的华夏民族。

们逐渐掌握了种植野生植物的技术。这样，就发展了初步的农业生产，仍旧由妇女来经营。那个时期，妇女在生产上和社会生活上居于支配的地位。因此，那个时期的氏族公社称为母系氏族公社。经过世世代代的劳动，农业和饲养家畜逐渐发展了，代替了狩猎活动和采集活动。社会的生产力发展到这个阶段，繁重的农业劳动和饲养家畜的劳动，逐渐由男子来负担，男子在社会生产上起着比妇女更大的作用，最后完全代替妇女成为社会生产的主要力量。在社会生活中，男子也逐渐居于支配地位。这样，氏族公社内部发生了深刻的变化——从母系氏族公社过渡到父系氏族公社了。

农业和饲养家畜的发展，把原始社会从母系氏族公社推进到父系氏族公社阶段。龙山文化是父系氏族公社时期的一种文化，就是根据这种情况来判断的。只有到了父系氏族阶段，生产发展，出现贫富分化，原始社会的平等被打破，大规模战争才可能发生。考古发掘证明，黄帝所处的龙山文化时期，确实是原始社会开始瓦解、奴隶社会渐渐形成的父系氏族时期，发生部落间的战争是完全有可能的。

依据这种解释，黄帝、炎帝是上古的部落首领，为掠夺财富，扩大势力范围，与以蚩尤为首的另一部落发生了冲突，于是灭了蚩尤。史书还记载，黄帝当时对不服从他的部落都实行征伐。后来，因为利益争夺，黄帝与其同族兄弟炎帝也发生了一场大战，最后以炎帝失败而告终。

这种说法比较有道理，至少说明这个传说有一定的可信性。不过，炎帝、黄帝战蚩尤具体如何，黄帝、蚩尤是什么样的人仍然没有得到明确的解答，依然是个令人迷惑的传说。

轩辕黄帝陵在何处

司马迁所著《史记》关于黄帝的记载："生而神灵，弱而能言，幼而徇齐，长而敦敏，成而聪明。"15岁就被群民拥戴当上部落领袖，37岁成为中原部落联盟的首领。轩辕黄帝一生历经52战，降服炎帝，诛杀蚩尤，结束了远古战争。由于轩辕黄帝为

□历史悬案

中华民族创造了丰富灿烂的文化,后世都尊称轩辕黄帝为"文明之祖""人文初祖"。黄帝死后,人们选择了"桥山之巅",将他深深埋进黄土里,希望"黄帝灵魂升天,精神永远常在"。这就是今天海内外中华儿女拜谒的中华第一陵——黄帝陵。

不管黄帝众多传说的真伪,但黄帝陵却自古以来就有,黄帝陵在哪里呢?

第一种说法是黄帝陵位于陕西北部今黄陵县境内的桥山之巅。据《史记·五帝本纪》载:"黄帝崩,葬桥山。"自秦统一六国后,历朝历代每岁祭奠黄帝陵持续不断,因此黄陵县境内的黄帝陵已经有很多各代遗迹。陵冢在桥山之巅。桥山有沮水环绕,群山环抱,古柏参天,有大路可通山顶直至陵前。山顶立一石碑,名为下马石,上有"文武百官到此下马"字样。古代凡祭陵者,均须在此下马,步行至陵前,陵前有一祭亭,亭中立一高大石碑,上有郭沫若题"黄帝陵"三个大字。祭亭后面又有一块石碑,上书"桥山龙驭"四字。黄帝陵冢在山顶平台的中央,陵冢高3.6米,周长48米。四周古柏成林,幽静深邃。历代政府对保护黄帝陵古柏都很重视,宋、元、明、清都有保护黄帝陵的指示或通令。据《黄陵县志》记载,桥山柏林约4平方千米,共6.3万余株。历朝历代政府为了表示尊祖,宣扬礼制,都会去祭祀黄帝,又因为此处陕西黄帝陵最早有秦始皇祭奠过,于是后来者都到此祭祀。不过很多人并不认同这就是黄帝陵所在地。

第二种说法是黄帝陵应在今河北省涿鹿县的桥山。

根据《魏土记》的记载:"下洛城东南四十里有桥山,山下有温泉,泉上有祭堂。雕檐华宇被于浦上。"(《水经注》)《史记·五帝本纪》载,"黄帝与蚩尤战于涿鹿之野";北魏著名地理学家郦道元所著《水经注·漯水篇》载,"黄帝与蚩尤战于涿鹿之野,留其民于涿鹿之阿",也有此处为"桥山"的介绍。涿鹿县的桥山,在今河北省涿鹿城东南20千米,它以山顶上天然形成的一座拱石桥而得名,海拔981米。在桥山附近的一道山梁上,还有一个巨大的四方石桌,传说是祭祀黄帝时在此摆设祭品的。石桌右侧有一峭壁,壁面平整,像一块巨大的石碑,上面布满与象形文字一样的图案。传说这是古人刻石记事而留下来的遗迹,我国古代有许多帝王都到桥山举行祭祀活动。

第三种说法是黄帝陵在北京平谷区。明《顺天府志》卷一上

黄帝陵冢
陕西省黄陵县城北桥山,西汉司马迁《史记》载:黄帝崩,葬桥山。故而历代帝王大都来此祭祖谒陵。陵内有刻着"黄帝陵"三个大字的祭亭。整个陵墓高3.6米,周围48米。桥山下的黄帝庙大殿正中上有"人文初祖"巨匾,内有14株古柏,其中一株称为"轩辕柏",据说是黄帝亲手种植的。

记载:"(北京)平谷区东北十五里,传为轩辕黄帝陵,有轩辕庙。"黄帝当时曾在北京附近河北涿鹿一带建都,死后又葬在这里。唐代陈子昂的诗说:"北登蓟丘望,求古轩辕台。应龙已不见,牧马空黄埃……"李白亦有"燕山雪花大如席,片片吹落轩辕台"的诗句。南宋丞相文天祥诗曰:"我瞻涿鹿郡,古来战蚩尤,轩辕此立极,玉帛朝诸侯。"北京市文物研究所与平谷区文化文物局组织中国社科院、历史博物馆、北京历史研究所等单位的专家学者,到平谷区山东庄村实地考察这个村西的轩辕陵,并确认这座轩辕陵即是中华民族始祖黄帝之陵,不过认为这个陵和陕西桥山的黄帝陵一样,是黄帝的衣冠冢。

据说全国共有黄帝陵 7 处,甘肃、河南、山东、河北等地都有黄帝陵,哪一个是真的黄帝陵呢、轩辕黄帝陵到底在何处?这同黄帝的其他传说一样还没有答案。

汉字起源之谜

早在几千年前就产生的汉字孕育和记录了中华民族古老的历史文化,传承了黄土地上悠久的文明。汉字以它独特的形状和用法而在诸多文字中独树一帜。汉字是怎样产生的?又是什么人发明的?对于此,历来有不同的说法,最为流行的是"仓颉造字"说。据考古资料表明,在我国原始社会晚期已有汉字的萌芽。1975 年在西安半坡仰韶文化遗址中,发现陶器上有一些重复出现的有规律的简单符号,被郭沫若认定为中国文字的起源。但是,随着出土的陶器种类与数量的增多,又出现了风格各异的文字和符号。至今考古学家也没有给汉字起源的研究画上一个圆满的句号。随着发现的增多,问题也就越显复杂。但可以肯定的是,汉字是汉民族的祖先经过长期社会实践而创造的一种文字符号系统,也是世界上历史最悠久的文字体系。

汉字的起源是怎样的

第一种说法是"仓颉造字说"。

东汉的许慎在《说文解字》中说黄帝的史官仓颉创造了"书契"。"书契"是指刻写在陶坯或甲骨上的文字。原始文字的起源和发展的几个阶段是"八卦""结绳""书契"。因此,在汉字起源的诸多说法中,"仓颉造字说"的影响比较大。《荀子》《吕氏春秋》和《韩非子》等古文献,也都肯定了"仓颉造字说"。

第二种说法是"陶器刻符说"。

仰韶文化陶器记事符号被发现后,不少专家学者认为,这是具有汉字性质的符号。在龙山文化、大汶口文化、良渚文化和二里头文化中出土了一大批带有记事符号的陶器。大汶口文化陶器的一些刻符被解读为"戍、斤、斧、炅、旦"等字。因此，人们认为，中国汉字起源于陶器刻符。

第三种说法是"殷商甲骨文说"。

持这种说法的学者认为，文字在殷商时才出现——青铜器铭文和甲骨文。因此，殷商时代的甲骨文是现在已知用于记录成句语言系统的最古文字。在商代，甲骨文已具有相当程度的规范。它不仅在语法结构上为先秦书面语言奠定了雏形，而且在字形上也跟西周、东周、秦、汉文字一脉相承，是相当成熟的文字体系。范文澜也持这种说法。

第四种说法是"夏代起源说"。

郭沫若认为，像其他事物一样，文字的产生与发展更应是一个漫长的历史过程。因为殷商时代的甲骨文已很成熟，所以其产生至少应在商以前1000年左右，因此中国文字应该是起源在夏或夏之前。已进入阶级社会时代的夏应该有文字，至少应该有原始文字。在现有的文献资料中，《史记》中的《夏本纪》《殷本纪》都载有明确的先王、先公世系，它所依据的肯定是古代文献的记载。也就是说，用于记录历史的、开始与语言相结合的文字系统在夏启时代已经出现。

但是，这仅仅是推测。因为在考古发掘中还没有发现确凿无疑的夏代文字。中国文字究竟源于何时，到现在为止还是一个谜。

真是"仓颉作书"吗

关于"仓颉造字"，有个美丽而神奇的传说。仓颉本来是黄帝的史官，他有着四个眼睛，能上观天文，下察地理，还能看到一般人所看不见东西。黄帝时期，人们都还在结绳记事，这种方法过于简单，没办法将复杂多变的各种情况记录下来，人们往往因为无法正确传达和交流自己的意思，而使农耕生产受到了阻碍。于是关心民生的黄帝就命令仓颉去想办法。仓颉接到命令后，把自己关在洧水河岸边上的一个房子里，天天想得饭都忘了吃，觉都顾不得睡，整天蓬头垢面，但还是没造出字来。有一天，他站在屋门口的大树下发呆，一只凤凰飞过，把嘴中的果实丢在他面前，仓颉捡起来仔细一看，发现上面有一个从来也没见过的图案，十分美丽。这时有一个猎人经过，看到那个图案就告诉他说那是貔貅的蹄印，与别的兽类的蹄印不一样，而且世界上万物的蹄印都是各不相同的。仓颉从这些话中得到了启发，意识到自己原来造不出字是因为闭门造车的缘故。于是，他周游四方，跋山涉水，看到什么都要仔细地观察和思考，将他们的特征记下来，风花雪月、飞禽走兽、日月星辰都成为他的灵感来源。他将这些灵感的美丽动人之处整理出来，成为最早的象形字。传说他在造字的时候，天上竟然不可思议地下起米来，夜间天地间会有野鬼凄厉的哭嚎声。仓颉把他造的这些象形字献给黄帝，黄帝看后非常满意，立即召集九州酋长前来，让仓颉把造的这些字传授给他们，九州酋长们又在各自的部落和领土大力推行。于是，九州大地人们都开始使用这些象形字，这给人们生产生活和交流信息提供很大的方便。

关于这段传说，很多书中有相关的记载。汉代淮南王刘安著的《淮南子》一书中说："颉作书，天雨粟，鬼夜哭。"汉代最伟大史学家司马迁在《史记》一书中也说："造端更为，前始未有，若仓颉作为……是也。"到了东汉，许慎更是很明确地在《说文解字》中写道："黄帝之史仓颉，见鸟兽蹄迒之迹，知分理之可相别异也，初造书契。"《兖州续志》中说："仓颉，冯翊人，黄帝史官也。生四目，观鸟迹而制字。"此外，为了纪念仓颉造字的功劳，后人还根据传说把河南新郑县城

仓颉造字图

南仓颉造字的地方称作"凤凰衔书台"，宋朝时还有人在这里建了一座叫"凤台寺"的庙宇。仓颉的坟墓也有多处。文物考古工作者在现在的铜城镇王宗汤村调查发现一处龙山文化遗址，距今约4000余年，据说原来被当地人称"仓王坟"，坟前还建有"仓王寺"。可以看出，仓颉造字的说法还是很有来历的。

但是如果客观和理性地分析的话，汉字的复杂和多变根本不可能由一个人在较短的时间内发明出来。仓颉所处的时代还是原始社会，人们每天风餐露宿，最基本的生活都无法保证，如此低的生产水平和文化水平要发明像汉字这样既独立发展又有相当久远历史的文字，对仓颉这种原始人来说简直不可能。此外，根据学者的考证，当时的文字有许多异体字，这些异体字无疑产生于其他人的手中，所以人们认为"仓颉造字"是一种不太可信的说法，最有可能的是他对这种形体不一的文字进行了整齐划一的处理工作。荀子就曾经认为，古时候，创造文字的人很多，文字是众人发明的，仓颉的功劳只是在于整理它们罢了。一个很有说服力的考古史实是有人发现西安半坡出土的陶器上有一些刻画符号，笔画简单，距今6000年左右，比仓颉造字的时代早1000多年。除了仓颉外，传说还有神农作穗书，黄帝作云书，祝融作古文，少昊作鸾凤书，曹阳氏作蝌蚪文，曹辛氏作仙人书，帝尧作龟书，大禹铸九鼎而作钟鼎文，等等，可以说是各有各的道理。文人学者们为此考证了2000多年，发表了各种看法，但谁也没能说服对方，成为权威。

但不管"仓颉作书"的真相是怎样的，不论它是严肃的史实还是美丽的传说，都反映出人们对祖国文字的热爱、对它传承中华民族悠久文化的肯定。正因为人们对那些造字的祖先怀着热烈的感激和景仰，那些动人的传说才能流传千古。

商代墓葬悬疑

甲骨文是中国最早的成熟文字，其与埃及的纸草文、巴比伦的泥版文字等同为人类最珍贵的文化遗产，后两种都已失传，而中国甲骨文几经变异，一脉相承，终于成为现在中国通行的文字。小屯村甲骨文的发现使殷墟遗址渐渐呈现在人们眼前。商朝是我国奴隶社会的发展时期，从成汤到商纣，共传17世，31个王，前后约有496年。商朝时，地域辽阔，势力最大时东到大海，南到长江流域，西达陕西西部，是当时的一个大国。商朝前期，王朝内部的政治斗争十分激烈，由此也导致外患不断，为保持国家的长治久安，商朝经历了五次迁都。公元前14世纪，商王盘庚把都城迁到殷，从此商王朝稳定下来，因此商朝又称为殷商。殷墟是我国考古史上最早的、历时最长的、规模最大的考古发掘之地。在小屯村西北地发掘的妇好墓是谁的墓藏，是"商王武丁王后"的这个妇好的墓藏吗？商代墓藏留给人们许多疑问。

小屯村甲骨文发现引出的殷墟遗址

在19世纪末的一天，河南安阳市西北郊小屯村的一位农民耕作之时，偶然从地下挖掘出数片龟甲和兽骨。他拿起来看时，发现上面刻有文字，但却不知道是什么东西。这一地带的农民农耕之时，常常能发掘出铜器、古钱、古镜等物，并转卖获利。此人发现甲骨后，以为自己这次又能得些意外之财，便继续挖掘，结果发现很多甲骨，于是，他把这些甲骨拿回家中，准备出售，不料却无人问津。后来，小屯村又有许多甲骨出土。许多农民就把甲骨充作龙骨和龟板卖给中药店铺，当时中药店铺有龙骨、龟板等药材，药铺又常常以古骨充当龙骨，而且古骨研磨成粉，可治刀伤，因而这些甲骨有了一些"销路"，但价格低廉，一斤仅得数钱。对贫穷的农民而言，这又是一条财路，村民便乘农闲之时四处挖掘。他们把形状大的甲骨卖给药铺，小的则填塞枯井。由于药铺收购的"甲骨"不能有文字，村民们又每每把甲骨的文字用刀刮去以后出售。他们不知道，自己愚昧无知的行为毁灭了许多无价之宝。

小屯村出土的甲骨文，基本上都是商代遗留下来的。小屯村曾经是商朝后期的国都所在地。

公元前16世纪前后，商汤灭夏，在中原地区建立了商。在当时特殊的历史背景条件下，商王盘庚曾5次迁都于殷。直到商纣亡国，273年间殷一直是商代晚期的统治中心。周取代商以后，殷民迁走，殷都也在漫长的历史变迁中沦为一片废墟。殷都的文明也只局限在文字记载上，甚至有人认为那些记载几近传奇，不可尽信。然而一连串的偶然事件逐渐使人们否定了这种怀疑，殷都积淀的古文明在考古者的手下逐渐展现出来，而甲骨文就是人们认识殷都文明的最丰富材料。

小屯村农民的意外发现引来了无数的学者，经研究，他们确定了这些刻有文字的甲骨属商代王室占卜用的刻辞。继甲骨文后，大规模的发掘工作随之而来，于是，一座标志古代文明的都市遗址——殷墟遗址被发现了。

殷墟遗址是商代后期的王都所在地。河南安阳市西北2.5千米的小屯村是遗址的中心，洹水两岸的后岗、武官村、高楼庄、花园庄、孝民庄、侯家庄、四盘磨、大小司空村等10多个村庄都在遗址的范围内，总面积约24平方千米。

殷墟遗址从1928年开始共经历了15次发掘。1937年抗日战争爆发后，发掘工作被迫停止。1949年后，殷墟的发掘继续进行，直到今天尚未间断。

从遗址上看，小屯村是当时的王宫所在地。到目前为止，已发掘出70多处版筑房基，其中有大型宫殿和宗庙基址，也有小型居住址，都排列有序。在房基附近还发现有700多个大小深浅不同的窖穴，这些窖穴大都用来储藏粮食、器具、甲骨，少数则作为居穴。在小屯村也发现有墓葬，它们集中分布在宗庙基址周围，多为人祭坑。另外，在遗址的东边曾发现包括有名的妇好墓在内的属于王室贵族的中型墓。

王陵区分布在洹水北岸的侯家庄和武官村一带。在这里共发现13座大墓和千余座小墓、排葬坑，其中赫赫有名的商王大墓就在武官村。据推测，大墓多半是王陵，小墓和排葬坑应该是附属于大墓的陪葬墓和人祭坑。

古代居民遗址和墓地在其他各村也有发现，但规模都略小，在小屯村东南的苗圃北地和小屯村西北的北辛庄分别发现了规模较大的铸铜和制骨作坊遗址。

殷墟是我国考古史上最早的、历时最长的、规模最大的考古发掘之地，所获实物资料也极为丰富，其中经科学发掘所得刻字甲骨将近3万片，青铜器多达数千件，以及不计其数的玉、石、骨、角、牙、蚌、陶等各类遗物。所有这些都是研究商代历史最珍贵的实物资料。

妇好墓的主人究竟是谁

殷墟是商王朝后期的王都。据文献记载，自盘庚迁殷至帝辛覆亡，历经8代12王。据历史学家确认盘庚迁殷为公元前1300多年，武王克商年为公元前1046年，共有200多年，商王朝居殷最久是无可争辩的。按理，出土最多文物的就应为诸商王的陵墓了，特别是一些功勋显赫的商王，但是已发现的商王陵都被历代盗墓者洗劫，失去了研究的宝贵资料。直到妇好墓发现，一大批文物才得以面世。妇好墓位于当时小屯村的西北地，这里原是一片高出周围农田的岗地，1975年冬考古工作者对其进行考古勘探，在这一带用洛阳铲打孔钻探，几天后在钻一个孔的时候发现土层有变化，工作人员马上兴奋起来，这预示着里面可能有遗迹。这时在场的人谁也没有出声，小心翼翼

妇好墓出土的铜鸮尊　商

地向下铲去，在大概钻到 6 米深时，慢慢向上拔铲，探铲提上来了，满铲都是鲜红的漆皮，漆皮就是腐坏的棺木，气氛顿时活跃起来，大家异口同声地说，是墓葬。

发掘结果证实，这便是妇好墓。妇好墓保存完好，随葬品极为丰富，共出土不同质料的随葬品 1928 件，有玉器、象牙器、骨器、宝石器、青铜器、蚌器等，其中制作水平最高的是青铜器和玉器。青铜器共 468 件，以礼器和武器为主，礼器类别较全，有炊器、食器、酒器、水器等。尤为珍贵的是有诸多成套器皿，圆鼎 12 件，每组 6 件；铜斗 8 件，每组 4 件。还有成对的方壶、方尊、圆鼎；有的酒器竟配有完整的 10 觚、10 爵（觚、爵为古代的青铜酒器）。

玉器类别比较多，有琮、璧、璜等礼器，作仪仗的戈、钺等，另有工具和装饰品。其中，玉人是研究当时人的发式、头饰、着装等的形象资料。各种动物形玉饰有龙、凤，有兽头鸟身的怪鸟兽，各种动物形象以野兽、家畜和禽鸟类为多，如虎、熊、象、鹿、马、牛、羊、鹦鹉等，也有鱼、蛙和昆虫类。

人们惊异于墓藏的奢华，感叹随葬品的精美和极高的艺术成就，于是疑问产生了，这个墓主人究竟是谁呢？肯定是个显贵无疑，那么又是哪个显贵？商代历史几乎没有记载，甲骨文的发现及释读，却使我们得知了部分情况。

从出土文物看，有部分铸有铭文，其中铸妇好铭文的共 109 件，占有铭文铜器的半数以上。其实妇好墓的发现正好解决了一个难题，因为专家们在此之前早就知道有"妇好"这个人。解读甲骨文的记载，妇好为商王武丁的妻子，是我国有文字记载的第一位文武双全的女将军。甲骨文中有关她的记录有 200 多条，属于数量相当多的。她曾率领 1.3 万多人的军队去攻打前来侵略的鬼方，并大胜而归，因功勋卓著而深得武丁、群臣及国民的爱戴。妇好终因积劳成疾而先逝，国王武丁予以厚葬，并修筑享堂时时纪念。

这个墓葬便是妇好的了，大量的刻有"妇好"的铭文器物，说明是她所有。而且墓室中发现兵器：商妇好大铜钺。钺主要是作为军权的象征。妇好墓出土了 4 件青铜钺。其中一件大钺长 39.5 厘米，刃宽 37.5 厘米，重达 9 千克。钺上饰双虎扑噬人头纹，还有"妇好"二字铭文。该钺并非实战兵器，而是妇好统帅权威的象征物。

虽然墓葬与甲骨文一定程度上相印证，认定墓主就是妇好，不过她又是什么样的人呢，甲骨文本身的记录也是让人无所适从。

有的甲骨片上说她是个大元帅，带兵镇压奴隶起义，辅助国王武丁南征北战；有的龟甲上说她是个诸侯，有自己的领地和供奉；也有的龟壳片上说她是商王武丁最宠爱的王后，武丁对她情深意笃，为她的怀孕和生子而焦虑。从这些发现上看，有人综合以后，说她是王后又有独立的领地，兼为一方诸侯。

可是后来发现的龟壳片上又出现了奇怪现象，有一些铭文中居然说她又嫁给了武丁前几代的君主，而且嫁了三个人！这令研究妇好的人们产生疑问：妇好到底是一个人，还是一类人的总称？为什么她在时间跨度长达 300 年间嫁给 4 个商王？于是原来肯定的墓主"商王武丁的王后"这个妇好，究竟是不是墓主，还是另有其他妇好？历史之谜解开一层，又显出一层。商代妇好墓主人究竟是谁？

谜团重重的后母戊鼎

后母戊鼎是世界上罕见的青铜器贵重文物之一,而且也是到今天为止所有出土的鼎中最大最重的。它的存在和发现本身就是一个传奇故事。从它的发现和出土无不充满神奇色彩,再加上它的特定发现时期,使本来就具有很大价值的后母戊大方鼎蒙上了一层层神秘的面纱。

后母戊大方鼎的鼎耳为什么不翼而飞?这里有这样的传说:1939年是一个动乱的年代。时局的混乱,加剧了盗墓风气的盛行,身居河南省安阳市武官村的村民自然不会忘记身居殷墟之旁这块风水宝地,村民们开始有组织地在夜间盗掘古墓。3月的某个深夜,在河南安阳侯家庄武官村吴玉瑶家的农田里,距武官村大墓西南隅大约80米处,随着村民的铁锹"仓啷"的脆响,华丽雄伟的青铜之冠、国之重宝——后母戊大方鼎出土了。村民们忙碌了一夜,但因为鼎太大、太重而实在无法搬动,他们不甘心整夜提心吊胆地忙碌无功而返,于是一个私掘者取来锯子,将大鼎的一只鼎耳锯下,然后又将大鼎重新掩埋。事后他们相约谁也不准说出此事。后来,侵华战争爆发,日本人闻知此事,想花重金购买都没有得到。抗日战争胜利后,后母戊鼎在1946年6月重新出土,作为蒋介石的寿礼,被用专车运抵南京,拨交中央博物院筹备处保存。但当年被盗墓的村民偷偷锯下的一只鼎耳在动荡的年月里下落不明,这也成为后母戊大方鼎的永远的遗憾。今天我们看到的后母戊大方鼎,有一只鼎耳是后来补铸上去的。1959年,中国历史博物馆在北京建馆,后母戊大方鼎又被运到北京展出。现在中国历史博物馆展出的是原鼎的复制品,真品早已作为珍贵的历史文物保护起来了。

后母戊鼎整个总重875千克,高达133厘米,口长110厘米,宽78厘米,足高46厘米,壁厚6厘米。因为此鼎大得足够做马槽,所以人们又称它为"马槽鼎"。后母戊鼎立耳方腹、四足中空,除鼎身四面中央是无纹饰的长方形素面外,其余鼎身各处皆有饰纹,而且各部分纹饰各具形态。鼎身四面的长方形素面周围以饕餮作为主要纹饰,四面交接处,则饰以扉棱,扉棱之上为牛首,下为饕餮。鼎耳外廓有两只猛虎,虎口相对,口中含人头,鼎耳侧是鱼纹纹饰。四只鼎足的纹饰也很有特色,在三道弦纹之上各饰以兽面。鼎腹内壁铸有铭文"后母戊"。其造型、纹饰、工艺均达到极高水平,堪称商代青铜文化顶峰时期的代表作。

关于鼎身腹内的"后母戊"铭文也存在着种种猜测,据此,也产

后母戊鼎模型　商
后母戊鼎总重875千克,高达133厘米,口长110厘米,宽78厘米,足高46厘米,壁厚6厘米。

生了一些对后母戊大方鼎属商朝哪个时期的种种说法。最初，该鼎被学者命名为司母戊鼎，但争议一直不断。有多位学者提出"司"字应作"后"字解，因为在古文字中，"司""后"是同一个字，于是便将此鼎的名字最后确定为"后母戊鼎"，铭文意即"将此鼎献给敬爱的母亲戊"。

后母戊大方鼎最为神秘也最难让人猜测的是它是如何铸造的。后母戊大方鼎表明商朝青铜器的制作技术已经达到炉火纯青的地步，标志着我国古代青铜工艺出现第一个高峰。但是铸造后母戊大方鼎，在当时的生产力情况下是一件相当困难的事。据推测，后母戊大方鼎的铸造过程是这样的。在商代，冶炼青铜用的是陶制的坩埚，它的形状和后来倒放着的头盔差不多，考古工作者趣称它为"将军盔"。据科学估算，每个"将军盔"能熔铜12.7千克。假使铸造一个中小型的铜器，只需用一个坩埚就可以了。但是，要铸造后母戊大方鼎这样的庞然大物就需要70多个"将军盔"同时浇铸，这意味着要求几百人同时操作。如此浩大的工程该如何施工呢？有人认为勤劳智慧的奴隶们采取化整为零的战略，先分别铸好鼎耳、鼎足、鼎身，然后再把铸好的各个部分合铸在一起。经过奴隶们的长期艰苦卓绝的劳动，终于铸成了后母戊鼎。但这种猜测没有得到相关科技的论证。直到今天，在发达的科技面前，都没有人能再现铸鼎的情况。

后母戊大方鼎是中华文明的瑰宝，它纹饰美观庄重，工艺精巧，一向为世人所钦羡。因此它的价值更高，而围绕它的种种迷雾也增添了它在世人心目中的地位，后母戊大方鼎之谜的解开，有待考古和科学技术的进一步发展。

诡异的中山王墓

公元前770年，周平王迁都洛邑（今河南洛阳），中国历史进入东周时期。东周分春秋和战国两个历史时期。春秋时全国共有100多国，经过不断兼并，到战国初年，只剩下十几国，大国有秦、楚、韩、赵、魏、齐、燕7国，即有名的"战国七雄"。除七雄外，并存的越、宋、卫、中山、鲁、费等小国后来也都被7国所吞并。中山国是春秋战国时期北方少数民族鲜虞族建立的方国，位于今河北省中部，因城中有山而得名。1978年以来对中山王墓的发掘和对中山国都城灵寿城的勘探，揭开了中山国千古之谜。河北保定满城县的满城汉墓从一开始就让人觉得与众不同。据考古工作者介绍，西汉流行的是竖穴土坑墓，而满城汉墓则显然是一座崖墓。所谓崖墓是指依山开凿的横穴墓。那么，墓主为何要如此别出心裁呢？这位墓主人又是何许人也？满城汉墓出土的完整的金缕玉衣是全世界为之倾倒的国家级文物，"金缕玉衣"能让尸体不朽是真的吗？

中山王墓为何有众多的鲜虞族珍宝

中山国是春秋战国时期北方少数民族鲜虞族建立的方国,中山王墓中最令人叹为观止的是出土的文物诡异奇巧,这些文物是北方少数民族特色文化与中原文化融合的结晶,多为稀世珍宝,在世界各地展出时不断引起轰动。

1974年,考古学者在平山县三汲乡的南七汲村发掘了1号、3号、4号、5号和6号等战国时期的墓葬以及无数的车马坑和陪葬墓,发现了战国时期中山国的都城灵寿古城,而离城西2千米处的1号墓就是中山国王后的陵墓,结果发现挖掘的出土文物都具有北方民族的文化风格。

1号墓和2号墓都有高大的封土台,其中1号墓保存较好,封土台南北长110米,东西宽92米,高15米,成三级台阶状。台上有带回廊和厅堂的三层建筑。两座墓都有陪葬墓和车马坑。王陵的墓室结构基本相同,平面为长方形,中间为方形椁室,南北为两条墓道。其中1号墓的椁室用厚约2米的石块砌成,椁室内约有4层套棺。两个墓出土的随葬器数量惊人,总数达到1900多件,其中包括青铜礼器、乐器、生活用器、雕塑,以及玉石器、漆器、陶器等。

春秋战国时期,大量错金银器的出现,成为这一时期工艺水平高度发展的一个标志。北方少数民族地区出土的大量金银器工艺所体现出的水平,令人惊讶。

墓中出土的许多文物堪称艺术珍宝,比如错金银镶嵌龙凤形铜方案,错金银的青铜动物形器座,错银双翼青铜神兽以及牛、犀牛、虎噬猪等形象,形如大树的十五连盏铜灯和银首人俑铜灯等,这些器物的形制特点都是战国前期所没有的。尤其是翼龙、水牛座、犀牛座以及龙凤方案座等青铜镶嵌工艺品,其镶嵌的技巧和图案,与战国前期颇不相同,技艺精湛、造型生动、组合巧思,为其他镶嵌器物难以比拟。

如错金银镶嵌龙凤铜方案,周身饰错金银花纹,下部有两牡两牝四只侧卧的梅花鹿环列,四肢蜷曲,驮一圆环形底座。中间部分于环座的弧面上,立有四条神龙,分向四方。四龙独首双尾。龙身蟠环纠结之间四面各有一凤,引颈长鸣,展翅欲飞。上部龙顶斗拱承一方形案框,斗拱和案框饰勾连云纹。此案动静结合,疏密得当,一幅特殊的龙飞凤舞图跃然眼前。

再如十五连盏铜灯,高82.9厘米,座径26厘米,重13.8千克。由灯座和7节灯架组成,全灯仿若一棵茂盛的大树,树干周围伸出7节树枝,托起15盏灯盘。每节树枝均可拆卸,榫口形状各不相同,便于安装。树枝上装饰着夔龙、鸟、猴等小动物,构思奇特,造型新颖。

中山陵墓作为处于北方地区的中山国陵墓,在铭文记述的资料和金银器工艺方面,向世人展示了中山国的

玉人　战国
河北省平山县中山王墓出土。

□ 历史悬案

历史与文化面貌。墓中出土了大量具有中原文化特点的文物，如青铜礼器、陶礼器等都与同时期的赵国、魏国墓葬出土的文物近似。有趣的是，它同时又出土了许多反映游牧生活的帐幕构件、巨大的"山"字形青铜饰件和动物造型的金银青铜饰品。

考古学家认为，中山国最早可能是北方民族鲜虞所建立的国家，所以有鲜虞族的器物在墓中。有些考古学家则认为，在战国时期，出现鲜虞族器物在中山墓中的原因，是由于不同民族长期的交往与共同生活，使得文化上的差异逐渐消失，中山国同其他列国一起经历了当时的民族大融合。

孰是孰非，还有待人们的进一步探索。

满城汉墓的主人是谁

满城汉墓位于河北省保定市满城县西南的一座陵山上。之所以称之为"陵山"，是因为当地相传这座山丘是一位古代帝王的陵墓。只是不知道这里埋的是哪一位帝王而已。

那么，满城汉墓的主人究竟是谁呢？满城汉墓其实有两座墓，1号墓全长51.7米，最宽的地方为37.5米，最高的地方为6.8米，容积近2700立方米；2号墓全长49.7米，最宽的地方为65米，最高的地方为7.9米，容积约为3000立方米。打开1号墓，惊现一件传说中的"金缕玉衣"，此外当然还有不计其数的稀世珍宝。但令考古工作者摸不着头脑的是里面竟然没有发现人的尸骨！据说，当时的负责人郭沫若马上推测道：可能是1号墓原本就是一座埋殉葬品的仓库，所以没有埋入尸体。如果此种假设成立的话，那么周围肯定还有一座或几座大墓，墓主人也许就埋在里面。

满城汉墓内景
河北省满城县陵山。

墓主人所在的墓葬在哪里呢？郭沫若认为，可能就在发现金缕玉衣的地方还藏有另一层墓穴，但也可能在1号墓的周围一带。后来，他经过认真思考，认定在1号墓北面的一座山坡上还有一座墓！就这样，满城汉墓的2号墓重见天日！

令考古队员大为震惊的是，2号墓竟然又发现了一件价值连城的"金缕玉衣"！不过，这件金缕玉衣与1号墓中的金缕玉衣有明显的不同，瘦小得多，似乎为女性所有。考古工作者还在2号墓中发现了两件刻字的铜器，上边有"长信尚浴……今内者卧"的字样，同时考古学家还发现了刻有"窦绾"和"窦君须"的铜印以及写着"中山祠祀"的封泥。

很显然，2号墓的墓主并不是我们要找

的人，而是另有其人，而且还是一位女性。根据所掌握的资料来看，这位女性是中山王的妻子，名字可能就叫"窦绾"，字"君须"。

绕了一大圈子，问题还是没有得到解决，满城汉墓的主人究竟是谁？考古工作者不得不重新思考这个问题。在1号墓中出土了不少铜器和漆器，上面刻着"中山府""中山宦者""御"等字样；出土的封泥作"中山御丞"；墓中还出土了大量西汉时期的五铢钱；墓主还有玉衣，这在汉代是只有皇帝、诸侯王和高级贵族才配穿的殓服，而满城汉墓在汉代为北平县地，属于中山国。综合上述这些情况，1号墓主很有可能为西汉中山王的陵墓。

只是，在历史上西汉中山王共有10位。到底是哪一位呢？1号墓中的出土文物给我们提供了重要线索。细心的考古专家发现，在1号墓中出土的铜器和漆器中，刻有许多纪年。有"卅二年""卅四年""卅六年""卅七年十月""卅九年""卅九年九月"，等等，都是在30年以上。由此考古学家们断定，这必是中山国第一代王靖王刘胜无疑！因为据史料记载，中山国10个王中，只有靖王刘胜在位42年，其余的都没有超过30年。

满城汉墓的主人身份水落石出了，只是，靖王刘胜的尸骨究竟到哪去了呢？后来清理修整金缕玉衣时，专家们发现里面竟然有些灰褐色的骨灰与牙齿的珐琅质外壳碎片。原来，经历了千年，刘胜的尸体早已腐朽，而他身穿的金缕玉衣又全部锈蚀在了一起，所以当时谁也没有注意。就此，这个困扰考古学家多时的谜团终于解开。

身穿金缕玉衣，仍旧没能保住尸骨，恐怕是靖王刘胜做梦也没想到的吧！玉衣在史书中称为"玉匣""玉柙"等，据文献记载，玉衣是汉代皇帝、诸侯王和高级贵族死后的殓服。玉衣分为金、银、铜三个等级，对应不同等级的王公贵族，是很有讲究的。《后汉书·礼仪志》中提到，只有皇帝才有资格葬以"金缕玉匣"，诸侯王、列侯、贵人、公主等使用"银缕玉匣"，而大贵人、长公主只能穿"铜缕玉匣"。刘胜只是一个诸侯王，按规矩只能穿银缕玉匣，为什么他们夫妇俩胆敢冒如此大不韪呢？

也许是为了显示自己的尊贵，但更可能是为了使尸体不朽。在汉代，人们普遍认为"玉能寒尸"。所以，汉代的皇帝贵族都争相大量使用玉衣作为葬服。《后汉书·刘盆子传》中对古尸不腐有这样一句总结，"有玉匣殓者率皆生"。可是，现在看来，这只不过是古人一厢情愿的美好愿望而已。刘胜夫妇虽不惜工本制作了两件金缕玉衣，但不朽梦落空，还是没有能保住他们的尸体。而与他们同时代的马王堆汉墓出土的一具女尸，身上并没穿什么金缕玉衣，历经千年却依然栩栩如生，这对刘胜夫妇来说，不能不算是一个极大的讽刺。

"金缕玉衣"真的能让尸体不朽吗

古代皇帝莫不希望长生不老、灵魂不灭，寻找长生不老药、喝甘露、炼丹丸等等是他们一生中的大事。为了长生，他们想尽了一切可能的方法，这种求生的欲望

□历史悬案

也寄托在死后的裹尸衣上,这就出现了汉代特有的玉衣。玉衣是什么样的?它是如何制成的?它真可以使寒尸不腐?种种谜团被考古工作者解开了。

据载,玉衣是汉代皇帝、诸侯王和高等贵族死后特制的一种殓服,史书中称"玉匣"或"玉柙",但它的形状究竟是什么样的,汉代以后就没有人知晓了。考古工作者在1968年河北满城县的一座小山丘上,发现了西汉中山靖王和他的妻子窦绾的墓。许多小玉片分散在刘胜和窦绾棺内的尸体位置上,经过考古工作者的精心修整和研究,终于复原出两套完整的玉衣,使我们得以亲眼看见史书中记载的玉衣的样子,这个谜团随之被解开了。

这两套玉衣制作很精细,他们的外观和人体的形状一样,分为头部、上衣、裤筒、手套和鞋五大部分,各部分都由许多三角形、长方形、梯形、圆形等图形的玉片组成,玉片上有许多小的钻孔,玉片之间用编缀着纤细的金丝,所以又称为"金缕玉衣"。刘胜穿的玉衣形体肥大,头部的脸盖上刻画出眼、鼻和嘴的形状,腹部和臀部突鼓,裤筒制成腿部的样子,颇似人体。可能是出于对女性形体造型的避讳,窦绾的玉衣比较短小,没有做出腰部和臀部的形状,刘胜玉衣全长1.88米,由2498片玉片组成,用于编缀的金丝约重1100克。

汉代人喜欢用玉衣做殓服与当时人的迷信思想想必有关联。在汉代,人们深信玉能使尸体不朽,玉塞九窍,可以使人气长存。九窍指的就是两眼、两鼻孔、两耳孔、嘴、生殖器和肛门,一共九个孔。出土的玉衣经常就搭配有用玉做成的眼盖、鼻塞、耳塞、口含、罩生殖器的小盒和肛门塞。其中最讲究的是要用玉蝉含口,因为古人认为蝉是一种代表清高而且品格修养好的昆虫,它只饮露水而不吃东西。人死后,其灵魂离开尸体,正如蝉从壳中蜕变出来时一样,所以古人可能就是借"以蝉为含"的寓意。还有的学者持偏向于生物学的解释,他们认为汉人用玉蝉作口含,是受这种昆虫循环生活的启发,从蝉蜕转生而领悟再生,因此给死者含蝉比喻这只是暂时的死亡,而生命可以获得再生。

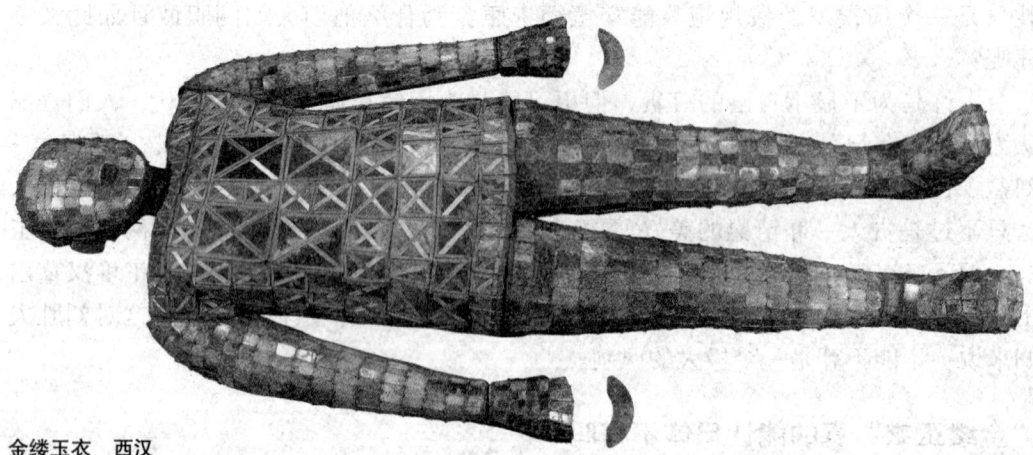

金缕玉衣 西汉
河北满城县中山靖王刘胜夫妇墓出土。这件金缕玉衣上衣前片除下缘外,所用玉片都比较厚大。其制作方法是先将玉片作对称横行的排列,然后贴在麻布衣片上,再用宽约6厘米的丝带,顺各对角线作交叉形粘贴在玉片上,同时每个玉片周围也用织物粘贴,编结成牢固、美观的完整衣片,衣片周缘也用织物包边。

在2000多年前的西汉时代是如何制作出来如此精美的玉衣的？让我们现代人确实捉摸不透。玉衣制作所用的玉料要经过开料、锯片、磨光及钻孔等多道工序，每一片玉的大小和形状都必须经过精心的设计和细致的加工，制作过程是很复杂的。据科学测定，玉片上有些锯缝仅0.3毫米，钻孔直径仅1毫米，它的工艺繁杂与精密程度实在令人惊叹。整个玉衣制作过程所花费的人力和物力当然也十分昂贵，据推算，汉代一名玉工制作一件玉衣需要花费十余年的工夫。

汉代皇帝可谓费尽心机，用玉衣作为殓服。但其结果适得其反，由于金缕玉衣价格昂贵，往往好多人去盗墓，以致汉代帝陵都被挖掘一空。盗掘者取出金缕玉衣加以焚烧，汉代帝王的尸骨也一并化为灰烬。因此，公元222年，魏文帝曹丕下令禁止使用玉衣，从此历史上就没有玉衣了。有幸躲过被盗命运的那些诸侯墓葬，尸骨早已化为泥土，但他们所留下的精美绝伦的玉衣，让我们不得不惊叹2000多年以前工匠们的高超技艺。

秦始皇身后留下的悬案

秦王嬴政用了10年时间，横扫六合，一统天下，建立了中国历史上第一个多民族的中央集权的封建国家——秦朝。秦始皇是一个卓越的政治家，为了加强帝国的统一和稳固，在政治上、经济上、思想上实施了一系列措施，对历史的发展做出了巨人的贡献，堪称千古一帝，被西方人尊为"东方的拿破仑"。但是，他12年的统治也充分暴露了他狂妄自大、专制暴虐、穷奢极欲的本性。所以，有人对秦始皇做过这样的结论：秦始皇，因完成统一大业而名垂青史，因实施暴政遭千古骂名。

其实，千百年来，引人注目的不仅是秦始皇的功过，他的身世、死因，甚至他的陵墓也因众多未解谜团而备受关注。

谁是秦始皇的父亲

秦始皇留给后人的一系列悬案中，第一个就是他的身世之谜。关于秦始皇身世的争论，可谓由来已久。有人认为他是大商人吕不韦的后代；有人认为他是正宗的秦国王室血脉，即子楚的儿子。

最先提出秦始皇是吕不韦的儿子的观点的人，应该是司马迁，因为在他之前的史书从未有过这方面的论述，直到《史记》问世后，人们才在《史记·吕不韦列传》中看到了这样一个信息：吕不韦把已有身孕的爱妾赵姬送给子楚为妻，时隔不久，赵姬生下一个男孩，取名为赵政。

司马迁的观点在汉代，乃至从汉到宋代这么长的一段时间里并未引起什么争议，甚至他的观点还被沿用到后来的权威史学论著之中，比如，东汉班固的《后汉书》、北

□历史悬案

吕不韦像

宋司马光的《资治通鉴》。班固还直接称秦始皇为"吕政"。

无论是班固还是司马光,在中国史学界,乃至在中国历史上,都是让人尊敬、值得信赖的。人们相信他们之所以会采用司马迁的观点,应该都是经过考证的。所以班固和司马光对司马迁的认可,无疑更给"秦始皇乃吕不韦之后"的论断增加了可信度。

可是,随着社会的变迁和人们历史观、价值观的变化,后世之人开始对司马迁的观点产生了质疑。据记载,质疑的开端是从明人汤聘尹开始的。汤聘尹在自己的《史稗》中明确地提出了秦始皇是吕不韦之子这个传说不可靠,他认为"秦始皇为吕不韦之子"实乃"战国好事者为之"。

汤聘尹的论断一出,立即引发了"秦始皇乃吕不韦之后说"和"秦始皇乃子楚之后说"的持久论战。支持"秦始皇乃吕不韦之后说"的人首先以司马迁的历史地位和影响压人:司马迁治学严谨,不会贸然记述此事。言外之意就是司马迁的治学态度不该被否定吧。

支持"秦始皇乃子楚之后说"的人以牙还牙,同样以《史记》为论据来证明自己的观点。他们说,《史记》记载,(赵姬)至大期时,生子政。期,即一周年。就是说子楚娶了赵姬一年后,赵姬才生嬴政。十月怀胎,一朝分娩。从时间上看,嬴政是子楚所生还有什么可怀疑的吗?再说,如果赵姬真的在进宫之前已经怀孕,迁延日久,秦始皇就会不及期而生。身为一国之君的庄襄王子楚不会不明白这个简单道理的。如果他发现嬴政不是自己的骨血,又怎么能立他为继承人呢?

真是有理有据,言之凿凿。可是支持"秦始皇乃吕不韦之后说"的人并不认可,又提出了疑问:为什么汉代以后的诸多历史资料都认可该说法,承认嬴政是吕不韦之子呢?

支持"秦始皇乃子楚之后说"的人解释说,这很可能是后来的史学家为汉取代秦寻求历史依据。他们的逻辑是,秦内宫如此污秽,王位继承制这样混乱不堪,怎么能治理好一个国家,故秦二世亡是自然的。另外,秦末的人们愿意承认秦始皇不是秦王室的嫡传子孙,因为这样他们就会有很好的造反理由,为推翻秦朝在舆论上做准备。

由汤聘尹引发的争论,激发了不少历史学家的兴趣,也赢得了一些历史大家对"秦始皇乃子楚之后说"的支持。与汤聘尹同朝的王世贞、清代的梁玉绳,都作了相关的考证,并分别在《读书后》和《史记志疑》中支持汤聘尹的观点。王世贞还提出了两种可能,一种是吕不韦故意编造,以求自己长保富贵;另一种是吕氏的门客泄愤,骂秦始皇是私生子,使天下人都知道秦比六国先亡。

认为嬴政是子楚骨血的学者也不甘示弱,又提出新的论据:秦昭王在位时,子楚还在赵国做人质,他会轻易地将王位传于一个在敌国当人质的王子吗?子楚的命运都握在赵国人手里,飘忽不定,他未来的儿子的命运更难料定。如此说来,当年吕不韦阴谋得逞的可能性极其渺茫。反对者则说,吕不韦本来就是一个大投机者。只要有一线希望,他是不会放过机会的。

20世纪70年代后期,秦始皇身世问题再一次成为史学家们争论的热点。这一轮争论是从历史学家钱穆的特别考证开始的。在《系年》中钱穆否定了始皇为吕不韦子之说,否定了吕不韦荐嫪毐替己之说,同时还指出了吕不韦与始皇之间可能有政治上之冲突。紧接着,中国科学院原院长、著名历史学家郭沫若在《十批判书》中对吕不韦为秦王嬴政生父之事也提出了怀疑。书中,郭沫若提出了三个疑问:为什么仅见《史记》中有记载,而《战国策》却半字未提呢?这个故事及类似春申君与女环的故事,情节就像小说一样,可信吗?在《吕不韦列传》中说"子楚夫人赵豪家女",显然说赵姬不是吕不韦买来的歌姬,这不是自相矛盾吗?郭沫若还提出了一个特别的看法,即"嬴政是吕不韦之子"这种说法始于西汉初年,是吕后授意编造、散布的,目的无非是为她的夺权作铺垫。当时她就曾让诸吕散布谣言说天下本是吕家的,是被刘家夺去的。也就是说,吕家夺权是理所当然的。

针对郭沫若的三点质疑,获中国图书奖的《秦始皇大传》的编著者郭志坤做了针锋相对的批评。他以为《战国策》没有记载并不能说明《史记》的真实性就必然值得怀疑;尽管与春申君与女环的故事雷同,也不能就说《史记》的记载不真实。之所以相似,说不定这种斗争手段在当时是比较流行的也不可知;关于赵姬的来历,《史记》的说法并不是自相矛盾,《史记》记载的"邯郸诸姬绝好善舞者"献于子楚,把此"姬"说成"赵豪家女"也是完全可行的。

中国著名学者韩兆琦为了支持"秦始皇乃子楚之后说",也就赵姬的出身提出了新的论点:既然赵姬出身豪门贵族,又怎么会给地位卑微的商人吕不韦做侍妾,进而被献给庄襄王呢?由此推断,赵姬先怀上吕不韦的孩子,再被献给庄襄王,封为王后,根本无从说起。韩兆琦还对司马迁记载这件事进行了解释:"因为他带有好奇之心,喜欢记载这种奇闻怪事。"

支持"嬴政是吕不韦之子说"的人则针锋相对地说,即便赵姬出身豪门,也不是没有可能沦为歌姬。当时赵国的政局动荡不安,今天的贵族、官僚说不定明天就会失势,沦为乞丐和囚徒,妻女沦为供人玩弄的优伶、歌姬也不是什么新鲜事。加之当时的吕不韦财大势大,赵家若败落,赵姬投靠到他那里完全在情理之中。再者,凭着吕不韦高强的手段,暂时隐瞒赵姬已有身孕的事实亦非难事。况且,当时的子楚正在赵国当人质,孤苦伶仃。财大气粗的吕不韦送给他小妾,他高兴还来不及,难道非得刨根问底,查个水落石出不可?

当代秦汉史专家张传玺坚持认为嬴政应为子楚之子,他说:"有关秦始皇身世的史料都出自司马迁之手,没有其他材料佐证。我个人不赞成这种说法。并且从嬴政的出生时间来看,嬴政是吕不韦所生这一点是值得怀疑的。"他说的"其他材料"主要指的是《战国策》,《战国策》确实没有"秦始皇是吕不韦的儿子"的相关记载。

□ 历史悬案

　　而历史学家张大可教授则说:"我个人赞成司马迁的说法,因为至少有两点是肯定的:一是嬴政之母的确为吕不韦所献,二是嬴政的确生于赵国。"

　　真是公说公有理,婆说婆有理。这场旷日持久的争论显得比以往更激烈了,一方观点一出,另一方必然应对自如:

　　支持"秦始皇乃吕不韦之后"的人说:《史记》虽然具有文学色彩,但它并不移花接木;支持"秦始皇乃子楚之后"的人说:司马迁因为受自身的遭遇影响,就给暴君涂上不良的墨迹也是可以理解的,所以,在《史记》中,也不能排除,司马迁在记录秦始皇时,因反感而夸大其词。

　　支持"秦始皇乃吕不韦之后"的人还提出了一个颇引人深思的问题:吕不韦由商人而为丞相、仲父,如果没有政治资本和有关隐私,能成就这样的"大业"吗?
　　……

　　有关秦始皇身世的争论还在继续。但无论秦始皇是吕不韦的儿子,还是秦王室的血脉,都无法埋没他在中国历史上的重要地位及作用。也许正因为他的特殊地位,这场争论还会继续下去。

身形猥琐还是英武潇洒

　　说起秦始皇的长相,人们不免会联想到唐代画家阎立本的《历代帝王图》。在《历代帝王图》中,君主们都是方脸、高鼻、垂耳的形象,生来就是一副帝王相。所以,秦始皇作为中国的第一个皇帝,肯定也不会差到哪里去,人们于是就根据晋武帝司马炎的画像推演出秦始皇嘴角紧闭、双目有神、挺腰站立、雍容华贵的样子。

　　不过,推测就是推测,是立不住脚的,北京师范大学历史系的晁福林教授认为,伟人也并非个个都是潇洒之人,由于历史资料对秦始皇的相貌记载不多,文人墨客描绘他的形象时想象的成分很大,所以多不足为凭。

　　那么,号称"千古一帝"的秦始皇,其相貌到底是什么样的呢?史料上就没有确切的记载吗?当然不是。司马迁在《史记·秦始皇本纪》中,就曾引用尉缭子描述秦始皇体貌特征的话:"秦王为人,隆准,长目,鸷鸟膺,豺声。"隆准,就是说鼻子呈马鞍形;长目,就是说他的眼睛细而长;鸷鸟膺,指胸骨突出,应该是今天所说的鸡胸。西汉解释儒学典籍的《纬书》中的《易纬》《春秋纬》和《礼纬》等篇也包含有一些关于秦始皇相貌的记载。这些书中,除了说他具有"隆准""长目""鸷鸟膺"等特征之外,还说他"虎口""日角"。虎口,就是说他嘴巴外形像老虎的嘴巴;日角,就是说他的两眉之间有一块鼓起来的骨头。并且根据《礼纬》中的记载,

秦始皇嬴政像
始皇嬴政,公元前246年至公元前210年在位。二千多年来关于秦始皇的功过人们争论不休。说他有雄才大略也好,说他凶狠残暴也罢,都是轰轰烈烈的一生。

254

秦始皇的个头特别高，有八尺六寸，腰围为七围。

郭沫若根据《史记·秦始皇本纪》中尉缭子的话分析，认为秦始皇有生理缺陷。其胸形（鸡胸）、鼻形变异（马鞍鼻）与气管炎（豺声即表明有支气管炎）等症状显示他是个软骨病患者。影片《荆轲刺秦王》中身形猥琐、身体孱弱的秦始皇形象就是迎合这种说法而设计的。

秦始皇的长相果真如此猥琐吗？中国人民大学历史系孙家洲教授提出了不同的观点，他认为尉缭子这么描述秦始皇不是客观的，带有恶意的夸张。由此可见，郭沫若推断秦始皇有生理缺陷也是不可靠的。

北京大学历史系秦汉史专家刘华祝比较认同《纬书》中关于秦始皇体貌特征的记载。《纬书》相当于汉代的经书，该书在我国失传，20世纪80年代末期才从日本运回。他特别对《礼纬》中记载的秦始皇身高和腰围做了推究。书中说秦始皇高八尺六寸，将其换算成今天的长度单位，大约相当于1.98米。对于秦始皇的腰围，书中说他腰围是七围。关于围，现在有几种解释，有人认为合抱为围，有人认为五寸为围，还有人说一尺为围。当时的一尺相当于现在的七寸。如果是五寸为一围，那么秦始皇的腰围就是三尺五寸。刘华祝教授根据上下文分析，认为一尺为一围的说法较为可信。这样算来，秦始皇的腰围应相当于现在的四尺七寸。刘华祝教授说："如果记载属实的话，那么秦始皇的形象在今天看来，肯定是异常高大威武。"

在史学界，和刘华祝教授观点相近的看法很多。已故历史学家翦伯赞就曾推断，秦始皇的相貌应是相当漂亮的；清华大学工艺美院的杜大凯教授说，秦始皇出生在秦地，属西北人，按照常理应该是典型的西北大汉，高大魁梧。

秦始皇到底长什么样还是说不清、道不明，于是，有人从秦始皇的性格、情感经历入手，判断他的长相。这些学者认为，特定的情感经历会影响一个人的外在形象和性格，像秦始皇这样有非凡经历的人，无论身材威武还是身形猥琐，在五官表情上肯定有他的特别之处。陕西历史博物馆的张铭洽研究员则表示，一个人的外在形象是其内在性格的外化，同时从一个人外在的性格也能大致推断出他的相貌。他根据秦始皇的种种性格分析，认为秦始皇的体貌特征应该是：身材高瘦，眼睛深陷，眉毛和眼睛较细长，鼻梁较高，腮帮突出。

真是各说各有理。秦始皇到底是身形猥琐还是英武潇洒呢？想必到目前为止没人能说个明白。

为何不立后

一般说来，中国古代的帝王登基时即立皇后，旷世之主秦始皇却终身未曾立皇后，致使秦始皇陵园内一墓独尊，没有皇后墓。究竟是什么原因使堂堂的始皇帝没有立后呢？

对于秦始皇未立皇后之谜，千百年来，历史学者们争论不休。先前有学者指出，秦始皇未立皇后可能是由于他在位期间，秦国内部政局动荡不稳，对外兼并战争频繁，以致忽视了立后大事。但是，2004年，参加"秦俑学第六届学术研讨会"的历史学家们提出了不同的看法,他们认为立后关系秦王朝的政权建设,秦始皇未立后不会是因为他不重视,或者是皇太后不操心,抑或大臣们不尽职尽责,其根本原因应在于嬴政的性格缺陷及家庭环境影响。

据秦兵马俑博物馆副研究员张敏分析,从13岁登基到22岁亲政,在这9年的太平日子里,秦始皇未立皇后的原因应该跟他追求长生不老和后宫美女过多有关。秦始皇在位期间,曾四次巡视六国故地,其中三次召见方士,以求长生不老之药,甚至还派徐福率3000童男女赴东海的神山求取神药。古代的皇帝立后,很大程度上是出于日后有嫡出皇子继承皇位的考虑。当时的秦始皇正有长生不死的愿望,所以,在一定程度上延迟立后的进程是很有可能的。

张敏副研究员还说:"由怨母而仇视女人的心理阴影,使秦始皇长大后在婚姻能力上未能健康发展。宫中众多嫔妃,仅仅能满足他的生理需要。由母亲行为而形成的心理障碍,是秦始皇迟迟未立后的重要因素之一。"

说到这里,我们有必要把赵姬与嫪毐的故事交代一下。据史料记载,秦始皇的生母赵姬一度行为失谨,与嫪毐等人秽乱后宫。开始,秦始皇由于年幼无知,对此并不知情。他听信母后的话,请她迁往雍宫。从此母子不在一处。在雍宫,赵姬肆无忌惮地与嫪毐淫乱,连生两个男婴。嬴政仍不知晓,还在母亲的要求下,封嫪毐为长信侯,并赐给他数千奴婢,食邑山阳。

有一天,嫪毐与大臣饮酒,喝醉后彼此之间起了口角。嫪毐口出狂言:"我是秦王的假父,你敢与我斗口,难道不识高下吗?"大臣不甘心受辱,遂将此言告诉秦始皇。嬴政听到这个消息,愤怒异常,密令人调查虚实。密报说,嫪毐本不是阉人,确有与太后通奸生子之事。

嫪毐得知消息,情急之下,伪造诏书调动卫兵攻打咸阳宫。秦始皇命御林军迎敌,嫪毐兵很快被击溃,嫪毐被擒。嬴政下令车裂嫪毐,又灭其三族,旋即派兵搜查雍宫,捕杀两个私生子。赵姬亦被拘禁,数年后赵姬亦死。

由此看张敏副研究员的推断不无道理。

另外,按照礼法,皇后为后宫之主,秦始皇深恐皇后对其不忠,觊觎他手中至高无上的皇权,所以才迟迟不立皇后。同时,秦朝后宫佳丽的行为处世态度也令秦始皇不满。后宫佳丽多为原六国子民,她们忘记了昔日的国亡主辱,一门心思地讨秦始皇的欢心。在秦始皇看来,"主辱而臣死"才是正理,因而对她们的不贞极为鄙视。因此,尽管他每日与宫女颠鸾倒凤,寻欢作乐,却从不以她们为意。

关于秦始皇重视贞节的观念,有学者以下面一则事例进行了佐证:当时,秦国有一位寡妇名清,青年丧夫,始终守节,克勤克俭,秦始皇极为赞

秦朝咸阳宫遗址

赏，并破格赐令旁座。秦朝的等级制度是异常严格的，即便是当朝丞相，上朝时也只能站着。一个寡妇受到如此礼遇，实属难得。另外，秦始皇还为她筑造怀清台，以旌扬其节，至今蜀中尚有台山，亦称贞女山，相传就是这位寡妇的清居之地。

关于秦始皇不立后一事，张敏副研究员还提出了另外一个看法，即秦始皇统一六国后，东方六国的佳丽尽充秦始皇的后宫。从中选定一个既是名门之后又贤淑靓丽的女子也不是一件简单的事。况且秦始皇统一六国之后，认为自己功德无量，甚至超过了远古时代的圣王——三皇五帝，皇后的标准无从确定，选定皇后就更难了。

仅张敏副研究员一人就提出了如此多的观点，这个问题的复杂性可见一斑。

对于秦始皇不立皇后的原因，历代学者给出了各种各样的答案，但孰是孰非，至今仍然没有一个定论。

焚书坑儒了吗

据史料记载，秦始皇灭掉六国以后，采取了一系列措施加强中央集权。公元前213年，秦始皇在都城咸阳与文武群臣及众儒生大排筵宴。宴会之上，众儒生围绕分封制和郡县制孰好孰孬的问题，发生激烈争论。博士生淳于越等人主张恢复商周时代的分封制，丞相李斯等则赞同郡县制，并严厉指责淳于越等人"道古以害今"。淳于越等人不以为然。李斯遂向始皇帝进献《谏逐客书》，大力批驳儒生不识时务之后，建议焚书。

焚书的前后，秦始皇迷恋仙道，追求长生不老，派徐福、侯生、卢生等人四处寻求仙药。侯生与卢生等人未能找到仙药，心急如焚，又害怕受到惩罚。于是，他们咒骂了秦始皇一番，悄悄地逃走了。秦始皇闻讯十分恼怒，下令把诸生统统集中到都城咸阳，交给御史审查讯问，借以查出造谣惑众的侯生、卢生两人的行踪。诸生人人自危，为保全性命，只得相互推诿。秦始皇失去耐心，亲自圈定460余人，悉数坑杀。

这就是千百年来一直流传的秦始皇"焚书坑儒"事件的始末。可是，随着时间的推移、史料的丰富，历史学界对秦始皇"坑儒"产生了疑问，认为把焚书坑儒的罪过一股脑推给秦始皇的做法值得商榷。

从以上有关记载来看，焚书的决策确实是秦始皇做出的。关键是他焚书之后有没有"坑儒"呢？分歧就在这里。有相当一部分学者认为，从"坑儒"事件的起因看，秦始皇坑杀的460余人应该是方士，而非儒生。这是符合逻辑的。但相关历史资料显示，当时始皇帝的长公子扶苏进谏："众儒生都学习孔子的学说。"这样一来，秦始皇坑杀的这些人又像是儒生，或者说有相当部分儒生。

另外一部分学者则认为，应把秦始皇的"坑儒"视为"焚书"的继续，因为这两项举措均为了钳制思想、防民之口，所以被"坑"的这些人应该是儒生，而不是装神弄鬼的方士。他们的有力证据是东汉卫宏《诏定古文官书序》的相关记载：秦始皇焚书之后，儒生多愤愤不平。于是，他命人在骊山的温谷挖坑种植瓜果，这些

□ 历史悬案

秦始皇焚书坑儒图

瓜奇迹般地在冬季成熟。秦始皇以评论这种奇异现象为名，召博士诸生集于骊山观看。正当众儒生们说东道西、争论不休时，秦始皇趁机命令兵士突然填土埋之，700多名儒生全部被活埋在山谷中。根据这一点来看，秦始皇确实有过"坑杀儒生"的行为。

除以上两种观点外，研究正史的学者又有新说。他们认为，"坑儒"纯属子虚乌有，它应该是"坑方士"的讹传。史载，"坑方士"确有其事，它出现于始皇三十五年，原因就是侯生、卢生咒骂秦始皇并逃跑。这些学者分析指出，"坑方士"之所以讹传为"坑儒"，是因为当时的方士多兼通儒术，加之此前有焚毁儒书之举，后人由此附会，误把坑杀方士说成坑杀儒生。

这些学者强调，这不是说被杀的460多人中没有儒生，全是方士，也可能有一些倒霉的儒生由于为方士求情，而一同被裹挟其中。至于这些人被杀的原因则与儒家的政治主张和学派观点无关。所以即使被杀者有儒生，也并非因其为儒生而得罪，而是与方士们有某种牵连之故。因此绝无理由说秦始皇"坑儒"。

对于到底是坑杀了460余方士还是700多儒生，有的学者提出两者可能都是事实，或者说是前后两件事，即秦始皇集体坑杀文人可能不止一次。他们的理由是，秦始皇是一位典型的暴君，嗜杀成性，无论是方士找不到长生不老药还是儒生非议朝政，都有可能被坑杀。这种观点有一定合理性，但揣测、臆断的成分比较多，有力证据不足。

尽管秦始皇早已背上"坑儒"的千古骂名，但直到今天，秦始皇究竟有没有"坑儒"这一谜团还是没有解开。

秦始皇传国玉玺下落追踪

玉玺是国家权力的象征，其自身也具有无比珍贵的价值。随着朝代的更迭，玉玺也经历了风风雨雨。秦始皇统一中国之后，为了显示其志高无上的权威而令玉工孙寿为其刻制了一枚国玺。国玺是以闻名天下的和氏璧刻成，玺方四寸，其上盘曲巨龙，李斯手书的"受命于天，既寿永昌"八个形如"龙凤鸟鱼"之状的篆字镌刻其上。

"玺"和"印"在秦汉之前并无尊卑之分。自秦始皇后，玺成为皇帝专用。因为它是用玉刻成的，所以国玺又称玉玺。

凭此玉玺秦始皇原想将皇位代代相传，没想到秦二世便亡国了。从此，这象征着至高无上权力的玉玺也便成为历代帝王争夺的对象。他们为这块玉玺而钩心斗角,互相厮杀。

在秦朝末期,刘邦进入咸阳,子婴在举行了投降仪式后将传国玉玺献给了刘邦。到了西汉末年,王莽篡权,他命其弟王舜进宫向其姑母孝元太后逼索传国玉玺。太后一怒之下将玉玺掷到地上,撞破了一角。王莽用纯金把撞去的一角补上。王莽失败后,传国玉玺落入东汉开国皇帝刘秀之手。东汉末年,十常侍作乱。汉少帝夜出北宫,却把传国玉玺丢失了。后来孙坚攻入长沙,在城南甄官井捞出一宫女尸体,从其项下锦囊中的一个金锁锁着的小匣子内发现了玉玺。孙坚死后,袁术拘捕了孙坚妻子而夺得玉玺。袁术兵败身亡后,传国玉玺落入曹操之手。西晋统一后,司马炎得到了玉玺。西晋灭亡之后,玉玺流落到北方十六国。后来,有人将传国玉玺献给了东晋皇帝。东晋灭亡后,玉玺被刘裕得到,开始在南朝宋、齐、梁、陈中流传。隋文帝灭陈后,获得传国玉玺。隋末,隋炀帝被宇文化及杀死,玉玺落入宇文化及手中。宇文化及兵败后,窦建德得到玉玺。窦兵败后,唐高祖李渊又得到玉玺。从此以后,玉玺在唐传了370年。最后,玺被后梁皇帝朱温获得。梁之后,玉玺归后唐。公元963年,石敬瑭勾结契丹耶律德光攻打洛阳。后唐废帝李从珂见失败已成定局,便带着玉玺登玄武楼自焚了。传国玉玺从此便没了踪影。

随着时间的推移,一度失踪的玉玺据说又重现人间,并被元顺帝的后人博硕克图汗得到。元太祖成吉思汗的嫡系后裔林丹汗得知了这一消息,他认为这玺应属于他,便用武力把它从博硕克图汗手中夺了过来。后来玉玺又被皇太极用武力夺去。皇太极得到之后,才发现玺上刻的是"制诰之宝",并非秦始皇的传国玉玺。但皇太极为了宣扬"天命所归",对外仍称获得了传国玉玺,于是改"金"为"清",建立了大清国。后来清朝统一了天下,就将这颗假传国玉玺当成了清朝传国的宝物了。这是关于玉玺下落的第一种说法。

除此之外,还传说北宋时咸阳的一位农民耕地时发现一方玉印,上面刻着"受命于天,既寿永昌"八个字。当时的宰相蔡京得知这一消息后,命拿来考证。最后他宣称这就是秦始皇的传国玉玺。此事曾轰动一时。到后来这块玉玺被一位曾在美国侨居多年的国民党军官得到了。"文革"期间,这位军官要在澳门出售这块玉玺,香港的一位爱国人士得知这一消息后,表示愿收购这块玉玺捐赠给祖国。但经专家鉴证后说这方玉玺是赝品。此后也有一些关于玉玺下落的传说,但真实性都值得怀疑。

唯一能肯定的是,秦始皇的传国玉玺肯定尚在人间。因为据专家介绍,用来雕制传国玉玺的和氏璧是玉石中的"柱长石",能耐1300℃的高温,所以一般火焚化不了它。由此说来,说不定哪一天这方传国玉玺会真的重现人间。到那时,关于玉玺下落的谜团就会解开了。

真有阿房宫吗

"六王毕,四海一,蜀山兀,阿房出……楚人一炬,可怜焦土。"晚唐杜牧的一篇《阿房宫赋》,人们耳熟能详。它勾起了人们对阿房宫的无限憧憬,但它存在的真

□历史悬案

实性,是否建成、被毁,以及大小、地理位置等都成为让人费解的谜。

关于阿房宫,《史记》也有记载:"东西五百步,南北五十丈,上可以坐万人,下可以建五丈旗。周驰为阁道,自殿下直抵南山。表南山之巅以为阙。为复道,自阿房渡渭,属之咸阳,以象天极阁道绝汉抵营室也。阿房宫未成;成,欲更择令名名之。作宫阿房。故天下谓之阿房宫。"无论是《史记》还是《阿房宫赋》都绘声绘色地描述了阿房宫的宏伟气势和瑰丽景象,但事实究竟是什么样子的呢?历史学家和考古工作者试图用他们的努力给我们一个准确的答案。他们通过对遗址的勘测,对史料的综合分析,得出的结论却让人大跌眼镜。

首先,阿房宫的真实性受到质疑。历史事物存在与否,只能依据当时的确切记述或实物。然而,中国社科院考古研究所研究员、阿房宫考古队领队李毓芳经过在阿房宫遗址长期考察,迄今没有发现任何实物实证。北大历史系教授刘华祝则分析认为,秦宫可能有阿房宫的档案,只是经过秦末八年的战乱,荡然无存了。"秦始皇造的长城、秦陵还看得见,但证明阿房宫的,也就只有后来《史记·秦始皇本纪》那句'先作前殿阿房'了",他说。

对此有人提出质疑,生活在秦始皇百年之后的司马迁的话的可信度有多大?中国秦汉史研究会副会长张传玺谈到这个问题时说:"的确值得怀疑。但司马迁距离秦朝不过100年,就像我们讲述民国初的事,应该不会出入太大。况且司马迁连商王世系年表都没写错,阿房宫的存在应该可以肯定。"

不过几乎所有的专家都认为,即便阿房宫存在,也没有杜牧说的那么大的规模,至多有其所说的百分之一大。

现在,我们姑且承认阿房宫存在过。那么,第二个谜又摆在面前:它有没有建成?西安市文物保护考古所所长孙福喜表示,阿房宫周围14平方公里内,有60多

阿房宫图卷　清　袁耀
此图所绘依山殿阁,傍水楼台,山水相连,花木并茂,并有龙舟、游艇、宫人等点缀。

260

处夯土基址，一些地方可能建成了，另外一些地方当时还未建成。他对阿房宫的前殿是否建成持怀疑态度。2004年11月，阿房宫考古队的最新调查显示，闻名遐迩的阿房宫只有一个绵延上千米的大土堆。

经过近两年缜密的考古挖掘，李毓芳领队整理出一份关于阿房宫的"身世报告"，报告中称"阿房宫'名宫无宫'"。她曾对记者说："目前在考古中发现，阿房宫没有宫，前殿遗址只有3堵墙（东、西、北），南墙都没来得及建。很显然，当时建得太仓促，而且尚未完成。"李毓芳分析说，前殿相当于皇帝的"办公楼"，但"办公楼"现场，除了上面谈到的3面墙，只有一个东西长1270米、南北宽426米、现存最大高度12米的夯土台基。

尤其令人费解的是，考古过程中，始终没有发现秦代建筑的痕迹。李毓芳就此分析："如果秦始皇当初建造的阿房宫气势那么恢宏，它的文化堆积到哪里去了呢？考古发掘的过程中，汉代堆积层内倒是出土了不少秦代板瓦片和筒瓦片。但目前为止，遗址内还没发现秦代宫殿建筑中最常见的，也是必不可少的建筑材料之一——瓦当。"

基于这些疑点，李毓芳初步给出了结论：阿房宫没有建成是不争的事实。同时，也有一些专家认为，所谓的阿房宫实际上仅指一个前殿，根本没有什么其他的配套建筑了。在阿房宫前殿的土台子中，考古队员的探铲接触到了非常坚硬的夯土，并发现了一堵东西走向的夯土墙。土墙建在台子的北沿，大体上中间较宽，两端较窄，最宽处有15米，窄的地方有6米多，全长近1000米。顺着夯土台的北沿，考古队员挖出了一个100米长的探方。他们把夯土台的边缘部分打开了一个纵向剖面后，夯土台地基的南面立即呈现出了一个坡道。古代，为了方便运输黄土，夯筑地基，通常都会修建一条坡道。如果阿房宫前殿已经建完，就没有必要再留一条运土坡道。这条不该出现的坡道，让李毓芳更加肯定了自己的论断——宫殿并未修建完毕。

况且在发现夯土墙的地方，探方底部又露出些许瓦砾，然而除了少得可怜的秦代瓦片，巨大的台基只是一个平平整整、干干净净的夯土堆，丝毫没有宫殿建筑的蛛丝马迹。

李毓芳领队为了印证考古发掘的结果，翻开了年代久远的历史典籍。她发现当初秦始皇开始建造阿房宫的时间是公元前212年，但在公元前210年他就突然病逝了。在这之前，规模宏大的秦始皇陵也正在施工。为了尽快建好陵墓，安葬秦始皇，秦二世不得不暂时停止阿房宫的工程，集中力量修建秦始皇陵。从开始计划修建阿房宫那天算起，阿房宫前殿的工程历时不到3年。这项庞大的工程，在当时的技术条件下很难在短短几年内完成。

同时，李毓芳从地基中部采集了一些土样。通过检测，土壤中不仅没有大块的炭灰，连植物细胞也少得可怜。土样检测的结果再次证实了李毓芳最初做出的结论：阿房宫前殿遗址上除了3面土墙之外，没有任何其他建筑，阿房宫根本就没有建成。

在阿房宫建成与否的问题还没有彻底解决的时候，另外一个关于阿房宫的谜团也引起了人们的极大关注，那就是它有没有被焚毁过。在《阿房宫赋》中，晚唐诗人杜牧不但用大量笔墨描述了阿房宫的恢宏，还为后人留下了"楚人一炬，可怜焦土"的传说。正是因为杜牧的极力渲染，才使很多人对此事深信不疑。

李毓芳领队当初来到西安时，脑子里也全是杜牧笔下的情景。考古发掘过程中，她一直在考虑这个问题："会不会阿房宫里那些秦代建筑都随着当初项羽的那把火付之一炬了？"她曾经对咸阳宫进行过挖掘，对于如何认定古建筑是否经过火烧很有经验。在考察阿房宫前殿时，李毓芳第一次对杜牧的说法提出质疑：整个遗址没有被烧的红土、灰迹和结块，勘探、试掘阿房宫前殿的台基时，发现其地层构成为耕土—扰土—晚期堆积—夯土台基或者是耕土—扰土—汉代堆积—夯土台基，没有一处被烧过的迹象。许多专家认为她下"阿房宫没烧过"的结论太草率，事情已经传到国家文物局，局领导要她写报告。李领队坚持己见，还是那两字：没烧。

李毓芳不仅坚持自己的结论，还做出了解释："火烧阿房宫应该是误传。"她说，关于项羽火烧阿房宫、火三月不灭的说法，秦汉时期的正史资料中并没有确切的记载。至于《史记·项羽本纪》中说项羽在秦都咸阳屠杀民众，"烧秦宫室，火三月不灭"，她分析指出："秦咸阳是秦朝都城，所烧毁的宫室应是首都宫殿，根本不是地处渭水之南的上林苑中的阿房宫。"

那为什么杜牧的《阿房宫赋》描写得如此惟妙惟肖，甚至还有图作证？对于这个问题，李毓芳这样解释："阿房宫图实际上出现于明代之后，得出这个考察结果后，我又仔细阅读了杜牧的《阿房宫赋》。我认为杜牧所描述的阿房宫图景是他通过合理想象得来的，而明代之后出现的阿房宫图则又是建立在杜牧的这个合理想象上。"李毓芳还说，杜牧的这篇文章的主旨并不是为了描写阿房宫的真实图景，而是想讽古喻今，所以可信度并不高。"杜牧的合理想象，千年以来，无意间误导了大家对阿房宫的认识。"她最后说。

在李毓芳阐述"没烧"的观点时，记者却在现场听到支持"烧了"的一种新论据：这里曾平整过土地，外面那一层长不出庄稼的红烧土，早被刨得干干净净。对此，李毓芳领队反诘：考古队员是在打了一米多深之后才见到夯土层，上面那一层是"浮土"。难道说，谁会先刨掉了红烧土，再堆上一米多厚的"浮土"？

北大的蒋非非教授则认为，人们争论的问题根本就是伪问题，不值得争论。《史记》中的确记载项羽放过一把火，但同时说得很明白，这把"三月不灭"的火烧掉的是"秦宫室"。至于项羽火烧阿房宫，那不过是诗人的附会妄言，哪里能当正史？

在争论阿房宫是否被烧过的同时，人们对它的建筑规模也十分感兴趣。阿房宫到底有多大呢？杜牧说它"覆压三百余里"，这可能正是阿房宫出名甚至成为历史地标的最主要理由。中国秦汉史研究会副会长张传玺对此分析说："杜牧偷换概念，要说300里，应该指从咸阳到临潼'关中计三百余'的全部秦宫，阿房只是其中的一个代表。或者说，300里仅仅是夸张的说法。"所以，他与众多专家都认为，阿房宫的规模应该如《史记》中所描述的那样大："东西五百步，南北五十丈。"

把汉代的计量单位换算成今天的长度单位，《史记》描述的阿房宫总体建筑面积约为11万平方米，相当于天安门广场的四分之一。对于这个说法，有专家马上质疑，因为这与最新探明的阿房宫夯土台基面积（54万平方米）对不上。张传玺副会长解释说，阿房宫有可能像故宫太和殿那样，采用托盘式台基。台基很大，有54万平方米，而主殿只占了11万平方米。

一波未平，一波又起。人们又开始质疑阿房宫的确切位置，因为它既没有地面建筑，又没有图纸保留下来，《史记》中笼统地说阿房宫建于"渭南"，如今划定的"遗址"就一定是真的阿房宫遗址吗？中国社科院考古所所长刘庆柱做了如下推衍：根据《史记》所说，阿房宫的方位北不过渭河，南不过秦岭，在这个范围内，现在就发现这么一个大土台子，阿房宫应该就是它了。这显然难以服众。北大的蒋非非教授说："说到底，仅凭一个大土台子，很难断定它就是阿房宫。考古上的事没铁证就什么也定不了。"上海大学的谢维扬教授也说："谁都希望史存水落石出，但能讲几分就几分，不能急。"

几乎是同时，人们又问：阿房宫有"瓦"吗？2003年，某媒体报道"中国首次在阿房宫遗址出土完整秦宫铺瓦屋顶"。原来，考古队员探孔时一直往南打出夫，找到了"土台子"的南边沿，还在边沿外发现6行筒瓦、5行板瓦的"铺瓦屋顶"。既然许多专家都认为，阿房宫根本就没建起，哪来屋顶的瓦？但这些货真价实的秦瓦，并非在54万平方米的"遗址"上出土的，而是在其南边沿的3米之外发现的。而且，严格地说这不是"秦宫"瓦，所以不能证明"土台子"上曾建过秦宫，更不能证明阿房宫的存在。如果不是阿房宫的瓦，又是什么建筑的瓦呢？李毓芳领队说，这些谜有待于进一步考古发掘，才能解答。

依据当代现有考古证据，阿房宫并未建成。

病死，还是被害而亡

公元前210年，秦始皇巡游至沙丘平台（今河北广宗西北），猝然病逝。他死后发生一系列重要变故。这不禁让人们怀疑，他究竟是怎么死的，是病死的，还是被谋杀的？如果是谋杀，那么又是什么人，出于什么目的谋杀威震四方的秦始皇呢？

关于秦始皇之死，司马迁在《史记·秦始皇本纪》中有明确记载，说他在第五次出巡时，途经平原津患病，之后扶病抵达沙丘平台一带，死在那里。人们普遍认为，秦始皇平时骄奢淫逸，纵欲无度，导致身体虚弱不堪，又加之出巡期间车马劳顿，以致一病不起。秦始皇死后，大家如临大敌，气氛一度很紧张。《史记》上说，丞相李斯恐宣布秦始皇的死讯会使天下有变，于是秘不发丧，把盛殓始皇帝遗体的棺木置于辒凉车中，让亲信宦官日夜守

李斯像

护，同时昼夜兼程赶回咸阳。每到一处，地方官要按例进膳。官员奏事时，李斯命宦者在车内应答。时值酷暑，尸体发臭，李斯命人在车帐中放入一石鲍鱼，来混淆尸体的臭味。直到巡游队伍进入咸阳，才正式发丧。这种种做法，无疑给秦始皇之

死蒙上了一层更加神秘的色彩。

后世历史学者通过分析《史记》中的《秦始皇本纪》《李斯列传》和《蒙恬列传》等文章中关于秦始皇死亡的史料,指出秦始皇死得非常蹊跷,并非如人们所说的"病死于路上"。他们的理由是,秦始皇并不像历史上的某些封建帝王那样体弱多病。诸多秦汉史籍中,都未发现他患有暗病、宿疾的记载,从各方面的情况判断他的身体一向健壮。突出的事例是,秦王政二十年(公元前227年)他遭遇荆轲行刺时,还能在惊慌中挣脱衣袖,绕着柱子逃跑,而且没让荆轲追上。

秦始皇第五次出巡是前210年,当时他才50岁,并不算衰老。况且,他在平原津得病之后,又坚持走了140多里到达沙丘;即便在沙丘平台养病期间,还能口授给公子扶苏的诏书。种种迹象表明,当时的秦始皇思维清晰如故,根本不像患了什么致命的急病。最起码,他还不致在沙丘一病不起。所以,学者们有理由把注意力转向其他方面。

值得一提的是,秦始皇养病的沙丘宫周围的环境。相传,它原本是殷纣王豢养禽兽的处所,四面极为荒凉,宫室空旷深邃。战国时期,一代枭雄赵武灵王因庇护叛乱的长子章,被公子成和李兑率兵包围于此,欲出不能。宫中储备的食物有限,武灵王和公子章竟然活活饿死在沙丘宫中。可见沙丘宫这个地方与外界隔绝的程度。在这种与世隔绝的封闭环境之中,发生不测的可能性是很大的,尤其是在关键的历史时期。

专家们根据秦始皇生前死后赵高的言行,以及他与扶苏、蒙恬、胡亥、李斯等人之间的利害关系推测,他弑君的可能性最大。赵高与蒙恬、蒙毅兄弟二人有宿怨。据说,赵高曾因徇私枉法之罪,被蒙毅(蒙恬的亲弟弟)依法判处死刑,后因秦始皇亲自过问,赵高才捡回一条性命。当时,蒙恬北击匈奴,有大功;蒙毅官至上卿,受秦始皇信赖。他们一个为武将任外事,一个为文臣在内谋划,不仅深得始皇信任,还与公子扶苏往来过密。一旦扶苏即皇位,蒙氏兄弟的地位必将更加巩固。因此,赵高对声望煊赫的蒙氏兄弟既恨又怕,如何解除蒙氏兄弟的威胁对他来说关乎生死荣辱。他认为,只有设法压制扶苏,扶持胡亥才是唯一的一条出路,这是比较可行的一个方案,因为秦始皇最宠爱胡亥,扶苏之外也只有胡亥最有可能继承皇位。同时,他也在寻找机会除掉蒙氏兄弟。当时,秦始皇在沙丘养病,给赵高提供了一个扭转命运的机会。始皇病重期间,下诏给扶苏:"与丧会咸阳而葬。"很明显,这是要扶苏继承皇位。赵高思谋已久,当然不会错过这样的良机。那时候,秦始皇身边有丞相李斯和上卿蒙毅,李斯私心重,容易控制,蒙毅与赵高势不两立,是其行动的障碍。其他侍从均是赵高的同党。

秦始皇病重期间,作为皇帝亲信的蒙毅,竟然被遣,"还祷山川"。学者们认为这可能是赵高的计谋。因为当时蒙恬正领兵30万随公子扶苏戍守上郡,赵高从秦始皇身边赶走蒙毅,就去掉了扶苏的耳目,从而为自己后来计谋的实施清掉了一个绊脚石。

还有,从赵高当时的处境看,他只能走这一步险棋,否则就得坐以待毙。秦始皇口授诏书给扶苏时，赵高在场。诏书中有什么内容，他最清楚不过。诏书封好后，他却扣压未发，以便寻找机会说服胡亥和李斯，矫诏杀死扶苏、蒙恬。但诏书扣压的时间又不能太久，万一秦始皇病情有所好转，得知诏书

秦始皇帝陵铜车马二号车

此为秦代的铜车，出土于秦始皇陵，前驾四马，单舆双轮，顶上有椭圆形车盖。秦始皇出游时乘坐的即是此种车。

未发，赵高肯定被处死。或者说，秦始皇弥留不死，李斯又没被说服，反而向始皇告发，赵高也是一死。所以，赵高在劝说李斯、胡亥之前杀了始皇，才能确保万无一失。秦始皇一死，就不怕李斯不就范，自然也不会有人再追问诏书的事了。可见，赵高在扣压诏书的那一刻起，就再也没有退路了。

赵高劝说胡亥取代扶苏自立时说："臣闻汤武杀其主，在下称义焉，不为不忠。卫君杀其父，而卫国载其往，孔子著之，不为不孝。狐疑犹豫，后必有悔，断而敢行，鬼神避之，后有成功。"认为是赵高谋杀秦始皇的学者从这些弑君言论推断，他完全有可能对重病中的秦始皇下毒手，使其提前结束生命。他们分析认为，赵高可能早就有谋害秦始皇的想法，只是秦始皇平时深居宫中，戒备森严，无法下手。现在他在旅途中病倒，给了赵高一个机会。

另外，赵高不仅有肆无忌惮的弑君言论，而且在后来还有公开的弑君行动。秦末农民战争风起云涌之际，赵高曾指使亲信咸阳令阎乐率兵千余人，乔装为盗，闯入皇宫，逼迫秦二世自杀。阎乐还骄横地说："臣受命于丞相（赵高），为天下诛足下。"胡亥自杀身亡之后，赵高把玉玺佩在自己身上，来到大殿，欲自立为帝，无奈群臣不服，他才立皇族子婴为王。

尽管如此，秦始皇之死，仍然疑云重重。

秦始皇陵墓中的重重谜团

秦始皇陵墓是中国历史上的第一座皇帝陵园，位于陕西临潼城东约5000米处。据史料记载，秦始皇自即位之初就开始营建这座陵墓，前后延续30多年，秦亡时仍未完全竣工。20世纪60年代后，考古界对该陵墓进行多次调查和探测，但出于保护文物的目的始终未发掘。20世纪70年代，秦始皇陵墓中的兵马俑发掘出土。它们在让人们震惊之余，也使这座骊山脚下的秦始皇陵闻名于世。据中央电视台报道，骊山脚下的那座幽深而神秘的秦始皇陵，无论是从陵园的封土、地宫、内外城垣的形制上看，还是从其附属建筑和布局角度分析，与先秦时期的任何一座国君陵园都有很大差异。其陵寝规模之宏大、设计之奇特、用工人数之多、持续时间之久均属空

□ 历史悬案

前绝后。

这座充满神奇色彩的地下"王国"，千百年来引发了无数人的猜测与遐想。地宫的深度、门户，以及其中的"上具天文"、水银、奇珍异宝、始皇帝棺椁和遗体、防盗装置等重重谜团不仅困扰着诸多专家学者，也使秦始皇陵更加引人注目。

秦始皇陵的众多未解之谜，首先引起人们注意的是其地宫的深度和广度。地宫究竟有多深呢？司马迁在《史记》中说"穿三泉"，《汉旧仪》则言"已深已极"，说明已经深到不能再挖的地步。这个问题引起了华裔物理学家丁肇中与陈明等三位科学家的兴趣，他们利用现代高科技手段探测并推测地宫的深度应为500～1500米。

国内文物考古、地质学界的专家和学者对地宫的深度进行了多方面的研究与探索，得出的结论是：地宫并没有人们想象的那么深。他们说，实际深度应与芷阳一号秦宫陵园墓室的深度接近。这样推算下来，从地宫底部至坑口的实际深度约为26米，至秦代地表最深也就在37米左右。但事实是否如此，有赖于考古专家进一步勘探、验证。

至于秦始皇地宫的广度，最新的考古勘探资料表明，东西方向上，它的实际长度为260米，南北方向的实际长度为160米，总面积达41600平方米，其规模相当于5个国际足球场那么大，堪称秦汉时期规模最大的地宫。考古专家通过钻探进一步证实，幽深而宏大的地宫为竖穴式。所谓竖穴式，即由地面垂直向下挖成竖向土坑，利用坑壁作为墓穴的一部分或全部墙壁。

人们除了关心地宫的深度和大小，还对地宫设有几道门非常感兴趣。关于秦始皇陵地宫门道的数量问题，《史记》有明确的记载："大事毕，已藏，闭中羡，下外羡门，尽闭工匠藏，无复出者。""大事毕，已藏"，就是说秦始皇的丧事完成了，棺椁及随葬品全部安放妥当。这时，工匠们正在中门以内忙活，外面突然间"闭中羡门，下外羡门"。工匠们"无复出者"，都成了陪葬品。这里涉及既有中羡门，又有外羡门，因而内羡门不言自明。地宫有三道门似乎已成无可辩驳的事实。但司马迁说到中羡门，用了个"闭"字；说到外羡门，则用了个"下"字。由此可见，中羡门是能够开合的活动门，外羡门则是由上向下放置的。专家们推断，中羡门可能是横向镶嵌在两壁夹槽中，是一道无法开启的石门，内羡门可能与中羡门类似。三道羡门极可能在一条直线上。

司马迁在《史记》中描述秦陵地宫时，写道"上具天文，下具地理"。其中的含义是什么呢？著名考古学家夏鼐经过反复考证，初步推断："'上具天文，下具地理'的含义应理解为，墓室顶有绘画或线刻的日、月、星象图。这一古老的传统可能仍保存在秦始皇陵中。"近年来，西安交通大学的考古专家在汉墓中发现类似"天文""地理"的壁画。其上部是象征天空的日、月、星图象，下部则为代表山川、河流的壁画。由此推断，秦始皇陵地宫的上部可能绘有完整的二十八星宿图，下部则为以水银代表的山川地理图。

说到"以水银代表山川地理"，人们不禁会问：秦始皇陵地宫真的埋藏有大量的水银吗？秦始皇陵以水银为江河大海的记载始见于《史记》，稍后的《汉书》中也有类似的表述。那么，陵墓中到底有没有水银始终是一个谜。2003年，地质学专家经过反复测试，终于发现秦始皇陵的封土中有"汞异常"现象。该处土壤中含有大范围、强异常的汞含量，而秦陵周围其他地方的土壤汞含量极低。这初步证实了《史记》所载"以水银为百川、江河、大海"的真实性。

在接下来的物探考古过程中，中国地质调查局研究员刘士毅还发现，秦始皇陵封土堆的汞异常分布别具特色，颇为耐人寻味：北、东方向最强，南、西方向次之。根据秦始皇陵内以水银模拟天下江河湖海的传说推测，这样的分布可能与秦朝时期中国人的江河地理概念有关，也可能与秦始皇到过渤海、徐福东海求取长生不老药有关。考古专家由此进一步推断，《史记》中关于始皇陵中埋藏大量汞的记载是可靠的。

那么，地宫为什么要以大量水银模拟天下的江河湖海呢？北魏时期的地理学家郦道元对此的解释为："以水银为江河大海在于以水银为四渎、百川、五岳九州岛，具地理之势。"历史学家的说法更为贴切：一是水银的形态、颜色像水；二是水银有毒，墓中有大量水银存在，微生物不易存活、繁殖，这样遗体、棺椁和陪葬品腐朽的速度会慢一些；三是大量的水银挥发到墓穴的空气中，一旦盗墓者潜入墓室吸进过量的汞蒸汽，轻则肌肉瘫痪、精神失常，重则一命呜呼，这在一定程度上起到防盗的作用。

地宫中埋藏的奇珍异宝当然也受到人们热切关注。《史记》中明确记载，秦始皇陵中有"金雁""珠玉""翡翠"等珍宝。《三辅故事》中说，项羽入关盗掘秦陵时，曾有一只金雁从墓穴中飞出，一直朝南飞去。斗转星移，几百年之后的三国时期，有人送一只金雁给名叫张善的官吏。他从金雁上的文字立即判断它出自始皇陵。秦始皇陵也因这个神奇的传说而笼罩上了一层神秘的色彩。但秦始皇陵中具体有什么稀世之宝现在不是很清楚。

20世纪80年代末，在秦始皇陵地宫的西侧，考古专家们还发掘出土了一组大型彩绘铜车马。车马无论从造型上，还是从装饰上看，都是极为精美、别致的。除了铜车马，考古专家还发掘出了一组木车马。之所以说它是木车马，因为车、马、御官俑等都是用木头制成的，而一些饰物，比如说辔头等，都是用金、银、铜铸成的。地宫的外侧尚且有如此之精美的随葬品，地宫内的随葬品之丰富、藏品之精美是可想而知的。

到目前为止，考古界对秦始皇陵的发掘断断续续地已经历40多年，发现的主要遗址和遗迹（主要包括帝陵封土、铜车马坑、寝殿、便殿、陪葬墓区、珍禽异兽坑、铠甲坑、百戏俑坑、文俑坑等）中有大量价值连城的文物。但据专家透露，这些重要发现仅是秦陵的"冰山一角"。由于条件所限，秦始皇陵的外城以外地层也只勘探了很小的一部分，至于地宫中的文物情况知道的还很少。

秦始皇陵的核心是地宫，地宫的核心是秦始皇的棺椁，备受瞩目的秦始皇棺椁是铜质还是木质的？对于秦始皇使用什么样的棺椁，早期的《史记》和《汉书》等重要历史典籍均未明确记载。司马迁只以一句"下铜而致椁"一笔带过。于是，学者们据此得出结论：秦始皇使用的是铜棺。但相关文献资料记载，秦始皇的棺椁"冶铜锢其内，漆涂其外"，并且"披以珠玉，饰以翡翠"，使得"棺椁之丽，不可胜原"。既然能够"漆涂其外""饰以翡翠"，那么棺椁恐怕只能是木质的，因为铜棺或石棺用不着用土漆涂其外，只有木棺才可能使用土漆。就此看来，秦始皇使用木棺的可能性大一些。

再者，从先秦及西汉的棺椁制度考察，天子使用"黄肠题凑"的大型木椁已是约定俗成的规矩。秦始皇生前自命功高盖世，胜过远古的三皇五帝，不可能放弃"黄肠题凑"的木椁而改用其他棺椁。

秦始皇棺椁的材质还没有搞清楚，人们又开始探索秦始皇陵地宫有没有空间的问题。秦始皇陵墓的主持者之一李斯描述地宫时曾说："凿之不入，烧之不燃，叩之空空，如下无状。"如果他的这段话记载无误，那么地宫明显有个外壳，总体上是一座密封的、真空的大地堡式地宫。但目前的考古勘探结果已经表明，秦始皇陵地宫为竖穴式。墓内可能有"黄肠题凑"的大型木椁。如果真是竖穴木椁墓，墓道及木椁上部都必须以夯土密封。这样一来，墓室内外就会严严实实，不会再有空间。

如果地宫没有空间的说法成立，显然与李斯"叩之空空，如下无状"的表述相矛盾，而相关文献资料则更多地支持"地宫是空的，且有较大的空间"的说法。事实怎样呢？由于目前的考古勘探尚未深入到地宫的主要部位，所以地宫内部是虚是实的谜还没有揭开。

人们在关注秦始皇使用的棺椁的同时，更关心的还是秦始皇的遗体。20世纪70年代中期，长沙马王堆汉墓"女尸"出土，其尸体保存之完好令人瞠目结舌。由此，有学者推测秦始皇的遗体也会完好地保存下来。客观上，当时已经具备了保护遗体的技术和手段，但秦始皇遗体是否完好地保存下来呢？多数专家对此持否定态度。

公元前210年，秦始皇死在出巡途中，当时又正值酷暑时节。根据目前遗体保护的经验，一般遗体保护必须在死者死后即刻着手处理。稍有延误，尸体本身已开始变化，再先进的技术也回天乏术。而秦始皇死后辗转了数千里，才回到咸阳安葬，前后间隔近两个月。史载，李斯等人为了掩饰尸体的臭味，把一石鲍鱼放入运送秦始皇遗体的车帐中，可见，遗体在途中已经开始腐烂。照此推断，秦始皇的遗体不等运回咸阳处理早已面目全非了。所以说，秦始皇遗体保存完好的可能性很小。

秦始皇陵考古队队长段清波指出，秦始皇的遗体完好保存下来的可能性不是很大，但是根据目前在墓中探测到的水银和秦汉时期对人尸体处理的手段分析，保护完整的骨骼的可能性非常大。他说："一旦发现其骨殖，我们从骨架当中能提取出秦始皇本人的DNA片段，之后再结合与秦始皇相关的秦的祖先的DNA分析结果，就可以解决一个大的问题，即秦人的来源问题。"段队长进一步指出，根据秦始皇的骨架还可以复原他的长相。

秦始皇的遗体究竟有没有完好保存，以及利用它能做什么，还有待科学家们进一步研究探索。随着发掘秦始皇陵这个话题的升温，另外一个问题摆在人们面前：

中国篇

秦始皇陵地宫的防盗设施如何,有没有重重机关和弩箭?据《史记》记载,秦始皇陵地宫"令匠作机弩矢,有所穿进者辄射之"。按照这个说法,地宫中应该是安装着一套自动发射的暗弩。如果这些文字记载属实,它算得上是中国古代最早的自动防盗器。

光靠这段文字还不够,专家们联系当时的秦军装备情况分析,秦代曾生产过连发三箭的弓弩。而且秦陵附近已经出土秦代强弩的箭头,这些箭头为三棱流线型,三个弧面的弧度完全相等,原理类似于今天的子弹头。从力学角度考虑,这类箭头对铠甲有极强的穿透力。另外,从秦兵马俑复原和《六韬》的表述来看,当时秦军中射手所占的比例很大,按最低的说法也有 15%,而且射手中弓、弩手的比例为 1:2。

就以上资料分析,秦始皇地宫中布置弩箭的可能性极大。但是安放在地宫的暗弩是不是一套自动发射的弓弩(当外界物体碰到机关,弓便会自动发射)值得商榷。到目前为止,能够证明秦代制造自动发射弩箭的资料还很少。所以,秦代何以生产高超的自动发射器仍是一个谜。

铜戈 秦

秦在商鞅变法以后,重视耕战,并且对兵器的制作极为重视,常在兵器上刻勒工匠名,对铸造的监督甚严,质量要求也很严。全国各地出土的吕不韦监造的铜戈便是明证。此戈是秦军使用的青铜武器,刚韧锋利,到今天仍寒光闪烁,削发即断。

徐福东渡之谜

徐福东渡一事,最早见于司马迁《史记》的记载。公元前219年,秦始皇首次东巡,登泰山刻石颂德后,南下琅玡台(今江苏赣榆),逗留数月。在此期间,齐人徐福趁机上书秦始皇,说,海中有名为蓬莱、方丈、瀛洲的三座神山,为仙人所居,那里有长生不老之药,自己愿带童男童女前往,求来献上。秦始皇听后大悦,先后于公元前219年和公元前210年,两次派徐福泛海东渡。但是最后,徐福"黄鹤一去不复返",音信渺茫,不知所终。除了《史记》记载,关于徐福东渡,民间还有太多的传说,针对这些疑问,各方学者投入了极大的关注,进行了不懈的查证和探讨,但始终都没有得出一个确切的结论。

是史实还是传说

毕竟时间太久远了,所以一提起"徐福东渡"这件事,人们不仅要首先质

269

□历史悬案

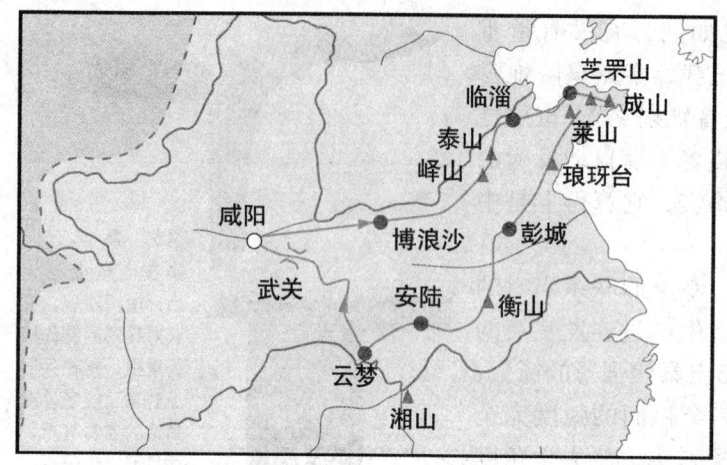

公元前219年秦始皇巡行路线示意图
秦始皇巡视了齐国、楚国旧地,在泰山封禅,琅玡台刻石,并派人入海求仙。

疑,它到底是史实,还是传说?历史上真有徐福这个人和徐福东渡这件事吗?

关于这一问题,多数人认为徐福东渡是史实,因为从史料看,西汉与秦朝相距不远,司马迁治史严谨,不可能没有依据就捕风捉影两次记载此事。并且先秦时期方术盛行,秦始皇统一全国后,为确保帝业万古,难免产生延年益寿、长生不老的想法。这从他耗费大量财力,在咸阳营造宫殿,自诩为"真人"期盼能与神仙沟通的情况看,也是完全可信的。在这种情况下,他派徐福出海求取仙药,完全可能。再说,这么多的民间传说,不可能都是空穴来风、无稽之谈吧。况且,五代后周时济州开元寺的义楚和尚在《义楚六帖》的《城郭日本》一文中,还转述一个渡海来到中国洛阳的僧人的话,说徐福东渡到了日本。

不过,也有人认为,徐福只不过是《史记》中辑录的一个传说人物而已,并非真有其人其事,司马迁根据传闻所记,目的是借秦始皇信神仙、迷方士的行为,来讽喻汉武帝相似的爱好。何况,所谓的蓬莱、方丈、瀛洲三神山也都是无稽之谈,只是海上偶尔出现的海市蜃楼罢了,根本不可能是什么日本。

还有人质疑,如果徐福东渡是真,司马迁在《史记》中记载这件事后,为什么在以后漫长的时间内都没有人再提及呢?怎么会留下这么长时间的记载中断?五代后周《义楚六帖》转述日本僧人的话,有可能是为了中日友好的需要所说的附会之语,并非确有其事,"徐福东渡"完全可能是后人附会而成的。

因此,对于徐福东渡究竟是传说还是史实,专家学者至今尚未形成一致的看法,这个问题也仍然是一个需要继续探讨的历史之谜。

随着"徐福热"的兴起,中日学者都做了大量的考证。从大量的考古实物看,徐福东渡并不是不具有可能性的。我们姑且认为确实有徐福东渡这么一码事,那么,徐福故里又在哪里呢?

徐福故里在哪里

关于徐福故里,也就是说徐福究竟是我国什么地方的人,司马迁在《史记》中只笼统地说他是"齐人"。问题是"齐"既是一个历史概念,又是一个称谓广泛的地域概念,它既可指战国时期的"齐国",也包含有"齐地"的含义,甚至还包括秦朝的"齐郡"。根据史书对"齐国""齐地""齐郡"的界定,史学家推测,如果"齐人"指齐国之人,那么现在的江苏赣榆、琅玡、山东黄县(今龙口市)等都包括在内;如果指"齐地人",赣榆则被排除在外,而只包括琅玡、黄县;如果是指"齐郡",则琅玡也被排除,只有黄县可能。由于《史记》记载的笼统和"齐地"含义的丰富,后世学者对徐福故里的确认,难免产生分歧。

1982年6月,江苏省赣榆县在进行地名普查工作时,发现有个徐阜村原名为徐福村,调查现存的嘉庆元年《赣榆县志》和几种乾隆年间的"宗谱",也都证实该村原名为"徐福村"。通过实地考察还发现,在这里的乡民中间,至今还广泛流传着徐福的许多事迹,比如说他是个会针灸和医药的名医,救治过许多乡亲,后来被秦始皇派到海外寻求仙药,从此一去不返。乡人为了纪念他的恩德,还在村上建有徐福庙。

有关学者据此推断,《史记》中的"齐人",应指齐国之人,位于江苏赣榆县城北金山乡南一公里处的徐阜村就是徐福的故里。但是,这种观点受到了许多学者的质疑,他们认为"徐福村"的记载多为附会之词,不足为凭。首先,徐福村肯定不是秦代的村名,因为村一级的建制是唐宋以后才出现的,秦代县以下基层建制为乡、里。经考古发现,在这里出土的遗物也仅仅是汉代时的;其次,按照中国为尊者讳、为亲者讳的传统习俗,后人为了纪念徐福为其建造庙宇可以理解,但以徐福名字为村名,使其死后被人千呼万叫,是完全不可能的,因为这与封建社会的避讳观念完全相悖。另外,赣榆只是在一段时间内为齐国的土地,而到秦灭六国时,赣榆为楚国领土,这与《史记》所载之"齐人徐福"之"齐人",诚为不相关之事。因此,有的学者认为所谓徐福村很可能是以讹传讹,根据史书附会而来,相沿至今的。所以,江苏赣榆徐阜村不可能是徐福故里。

那么,徐福故里会是什么地方呢?有的学者认为徐福故里应是汉代的徐乡县,故城在今山东龙口市黄县镇西北。因为,从文献资料记载看,《史记》称徐福为"齐人",从黄县的历史地理沿革看,自春秋后期至战国时期,该地一直为齐国疆域;秦统一六国后,黄县隶属齐郡,与《史记》"齐人徐市"的记载也完全一致。另外,《史记封禅书》又载:"自威、宣、燕昭使人入海求蓬莱、方丈、瀛洲,此三神山者,其传在渤海中……燕齐海上之方士。"这段记载表明,黄县在先秦时期方术就极为盛行,炼丹求仙之人甚多,与徐福前往"三神仙"求取仙药的背景完全相符。再者,《汉书地理志》记载:"东莱郡有县十七……徐乡。"而关于徐乡县的由来,元代研究齐国史地的著名学者于钦在《齐乘》中明确指出:"徐乡,盖以徐福求仙而得名。"这就是说,这个县因徐福求仙而得名,徐乡就是徐福的故乡。中华人民共和国成立以后,考古工作者在今龙口市乡城镇东村发现了徐乡故城遗址,证实文献记载不假。并且至今在黄县民间还流传着许多徐福入海求取仙药的故事,全县境内与这一事件有可能相关的村庄达20余处,比如徐家庄、登瀛村、海庙徐家等等,每个地方还都流传着与徐福紧密相关的故事。鉴于此,一些学者认为徐福为秦齐郡黄县徐乡(今龙口市乡城镇)人。

□历史悬案

但是,也有学者对这一观点表示怀疑,因为于钦在《齐乘》中说"盖以徐福求仙为名","盖"乃大概、可能之意,表明作者也只是臆测,并不肯定。至于说资料记载、考古发现等依据也并非黄县一地所有,因此龙口市黄县镇也不一定就是徐福故里。此外,还有徐福是琅玡人的说法,不过也只是依据史料的猜测,难以定论。

由此看来,徐福故里在哪里仍是一个有待进一步考证的问题,关于这一话题的争论,也难免会继续下去。

从哪里起航,走的是哪条航线

说到徐福东渡,人们难免会问:徐福东渡的起航港在哪里?这是很自然的事情。这一问题其实也是徐福研究中的一个热点问题。

从各方学者所列举的起航地点来看,几乎包括了整个中国海域。不过中心大致围绕在山东半岛所在的渤海、黄海地区。有人说徐福是从江苏赣榆起航的;有人说是从山东黄县(龙口市)起航的;有人说是从徐山起航的;也有人说是从河北饶安(盐山)起航的;还有人说是从山东琅玡起航的。除此之外,我国台湾学者还提出了从"浙江沿海起航"的说法,日本学者提出了"广东沿海"起航的主张,不过,经过论证,这两种说法的可能性极小,这里就不再论述。

江苏赣榆起航说。这一说法是建立在认定赣榆的徐福(阜)村就是徐福故里的基础之上的。这一观点为我国地理学家罗其湘、徐福研究专家汪承恭最早撰文提出的。他们认为,徐福第二次出海东渡的起航点,据实地考察,是在离徐福故乡——徐福村不远的海州湾沿岸的岚山或连云港附近。并断言秦始皇三到琅玡,有两次到过赣榆,秦始皇最后一次东巡(公元前210年),由江南渡江"并海上、北至琅玡"时,徐福在他的家乡一带,又一次见到秦始皇,并再次受命出海。另外,赣榆的《徐福故里古遗迹考察材料》称,在赣榆大王坊村附近古河中曾发现了距今2000多年的造船木材,认为是徐福造船遗留,继而论证,"徐福在这里造船,以荻水口入海东渡,是有根据的",并肯定地指出:"在始皇三十七年,秦始皇出游,五六月间,来到秦东门,为秦东门建成和徐福东渡,举行盛大海祭,徐福率队出荻水口,进行东渡,'得平原广泽,止王不来'。"但是,这一观点遭到了有关学者的质疑:首先这一说法是建立在赣榆是徐福故乡的基础上,然而徐福故里是不是这里,如前面已述存在争议,因而这一结论也自然值得怀疑。其次,从《史记》记载看,徐福两次

黄河营古港遗址
此为众说纷纭的徐福东渡起程地点之一,位于山东省龙口市徐福镇。

拜见秦始皇都是在琅玡，并未见记载他在异地拜见过。至于秦始皇的最后一次东巡路线，据《史记》明确记载是自咸阳"至云梦……浮江下……过丹阳，至钱唐……上会稽……还过吴，从江乘渡。并海上，北至琅玡"，根本就没有经过赣榆，怎么可能到赣榆造船出海呢？再说，古代森林茂密，遍及沿海各地，造船在沿海哪个港口都能进行，赣榆具备的条件，在其他地方也完全可以。至于在赣榆出土的沉积木头是很正常的事情，与徐福造船遗址没有什么必然联系。况且，数千童男女的征集、训练和给养补给及百工、船员的配备，也是小小的赣榆一地所无法解决的。因此，所谓在赣榆造船、出海之说是不大可能的，更谈不上是定论。

山东黄县（龙口市）起航说也主要是基于黄县可能是徐福故里的论证。龙口市徐福研究专家李永先曾撰文认为："徐福东渡从琅玡徐山和黄县北海岸这两个海港起航，不仅从《史记》中可以找出根据，后来也有许多古籍记载和民间传说。"并指出"徐福第二次东渡是从黄县家乡起航"，"徐福从黄县北海岸东渡，这里就是后来的登州湾"。他还论证说，秦始皇三十七年，秦始皇再次相信徐福的谎言，为徐福第二次东渡配备了射手。他还亲自在芝罘（今烟台）射死一条大鱼，象征为徐福东渡扫清道路。徐福第二次东渡即在这一海域的黄县北海岸（今登州湾）起航。但是，据青岛市社会科学院研究员张树枫分析，徐福船队在出海求仙期间，为了躲避风浪、补充粮食，而在黄县沿海停泊，在民间留下相关传说的可能性极大，但仅此就确定徐福从黄县起航东渡是没有道理的。如同赣榆起航港的论述一样，黄县是否为徐福故里是徐福船队是否在此起航的主要依据，然而黄县是不是徐福的故里，有待进一步论证。另外，从有关资料分析，当时的黄县只是一个偏僻的县城，不管是从轮船的制造、人员的征集，还是物质的供给等各方面来看，都无法满足大规模远航的要求。事实上，当时在山东半岛只有琅玡是中心城市和沿海大港，徐福没有道理舍弃琅玡优越的航海条件，而到荒僻小县的登州湾装备船队、起航东渡。所以黄县作为徐福船队的临时停泊港可能，作为起航港则是完全不可能的。

河北饶安（盐山）起航说的主要依据是这里有千童县。据唐代李吉甫《元和郡县志》记载："饶安县，北至州九十里，本汉千童县，即秦千童城，始皇遣徐福将童男女千人入海求蓬莱，置此城以居之，故名。汉以为县，属渤海郡。灵帝置饶安县，以其地丰饶，可以安人。"有的学者据此认为徐福当年在盐山县一带招募童男童女，并百工、水手、弓箭手等人，最后乘船经无棣沟入海，辗转漂泊，最后到了日本。针对这样的论述，有的学者提出了反对意见，他们认为，千童城的存在确实是不争的事实，但是很可能是徐福首次出海时，船队抵达渤海湾后上岸休整时所留下的遗迹。按一般常理，徐福在芝罘（今烟台）与秦始皇别过后，不可能随秦始皇"并海西"，再跑到盐山去筑城休整征发童男女，然后再起航东渡。据此，盐山只能是徐福航海求仙活动中曾停留过的休整地点，但不是徐福东渡的起航港。

徐福自徐山起航说，是流传最久、史书记载最多的少数入海地点之一，影响极大。其主要依据为：北宋《太平寰宇记》引《三齐记》云："始皇令术士徐福入海，求不死药于蓬莱方丈山，福将童男童女二千人于此山集会而去，因曰徐山。"元人于

273

钦所撰《齐乘》也记载有"又东徐山,方士徐福将童男童女二千人会此入海采药不返。"民国年间成书的《增修胶志》转引《三齐记》也说:"小朱山又东徐山,方士徐福将童男童女二千会此,入海采药不返。"这些记载均证明,徐山为徐福入海求仙之地。从位置看,徐山位于胶州湾南侧,距徐福活动中心琅玡不远,从此招募童男童女、百工、神射手等起航东渡的可能性是极大的。从自然条件看,这里有茂密的山林和优良的港湾,也具备制造和停泊船只的条件。但是也有学者指出,徐福从徐山起航东渡的记载主要源于《三齐记》,而此书成书时间不详,可能为晋人所著,而这时已离秦朝有数百年之久,这一说法很可能是源于民间传说,从而以讹传讹。而"徐山"地名的出现,据确切考证最早见于唐代时的《隋书·地理志》,而这时距离秦朝已经近900余年,由此史书上记载的徐福自徐山起航东渡的真实性很值得怀疑。甚至有学者指出,徐山是因三国徐庶而得名,当地民间至今还流传着这样的说法,徐庶推车到此,在西山的山洞中住过,故名徐山,至今这里流传有"徐庶不离帽子峰"的谚语。由此,也有人认为徐山称呼的由来与徐福也许根本就没有什么关系。另外,当时徐山周围穷乡僻壤,徐福没有必要舍弃距离这里不远的琅玡,而专门跑到这里征集人员、物资,进行东渡。至于良港和山林也并非该地独有,不能作为徐福由此东渡的确证。因而徐福东渡自徐山起航的说法,也并非定论。

琅玡(山东省黄岛区西南)是目前多数学者认可的徐福东渡起航港。首先,琅玡在当时经济发达,人口众多。在春秋时期,琅玡就一度是强大的越国的都城;战国时,琅玡更是齐国大邑,人民安居乐业,经济繁荣,是少有的富饶之地;秦统一后,琅玡仍为当时全国少数政治、经济、文化发达的中心城市之一,亦是36郡中唯一濒海的郡治所在。因此琅玡拥有雄厚的物质基础,人口资源丰富。而这些条件对"费以巨万计"的徐福东渡物资的筹集、人员的招募起着决定性的作用。其次,除琅玡山外,附近还有徐山以及大小珠山等,山上有着大量的优质木材,具备打造木船的充足条件。再者,琅玡自春秋以来就是优良港湾和海军基地,秦统一后,琅玡港北接齐、燕,南连吴、越,附近属花岗岩侵蚀性海岸地貌,水深港阔,起航条件极佳。从《史记》记载看,琅玡一直就是徐福海上求仙的活动基地,他第一次向秦始皇上书就是在琅玡,蒙准后,所有出海的准备工作也自然会在所有条件都具备的琅玡进行,并由此起航。第二次徐福通过"大鲛鱼"骗过秦始皇后,始皇"乃令入海者赍捕巨渔具,而自以连弩候大鱼出射之。自琅玡北至荣成山,弗见,至芝罘,见巨鱼,射杀一鱼,遂并海西。至平原津而病"。也就是说秦始皇和徐福船队一起自琅玡起航北上到荣成山,没有见到大鱼,一直到"芝罘",才射杀了一巨鱼,寓意为求仙船队,扫除拦路恶神。之后,他与徐福在芝罘别过,徐福踏上了东渡之路,并从此杳如黄鹤。因此从《史记》记载来看,徐福就是在琅玡港第二次出海东渡的。这一观点为多数学者所认可,但事实是否真的如此,仍有待进一步论证,以取得一致意见。

如果徐福船队真的是从琅玡起航的,目的地也假设为日本,那么他们走的是哪一条航线呢?

关于这个问题，目前学术界最具代表性的两种观点是"北行航线"和"南行航线"。支持"北行航线"观点的学者认为徐福船队是从琅琊出发的，他们绕经辽东半岛南、朝鲜半岛西后，又穿过对马海峡，到达日本北九州和歌山等地的；支持"南行航线"观点的学者又因出发港意见不一致，提出了两条航线：一条航线是从山东半岛的青岛或芝罘出发，横渡大海，再经朝鲜半岛南部到达日本九州等地；另一条航线是从苏北沿海诸港口出发，横渡黄海，或者是到了朝鲜半岛后穿过济州海峡抵达日本九州。

一些专家学者研究认为，从当时的造船技术、航海知识、海洋条件以及考古发现等来看，"北行航线"说比较可信。首先，从造船技术看，琅琊本来就融会了春秋时期越国和吴国的造船工艺，齐国时候更是得到了进一步发展。秦始皇统一全国，打破了区域限制，造船业和航海技术进一步交融，无疑得到了更大进步。在这种条件下，完全可能造出具备一定远航能力的大型船只。并且自战国时期就不断有方士出海求取仙药，在长期的航海实践中，必定积累了一定的航海经验。其次，据史书记载，早在战国时期，我国就探索出了一条经朝鲜半岛到达日本的航海线。齐威王、宣王和燕昭王时，就有不少齐燕方士入海寻找三神山，求取仙药。这些方士的入海地多在碣石或山东半岛，入海后可能就有到达朝鲜半岛南部或日本岛的。汉武帝时，曾有从山东半岛发楼船攻打匈奴的记载，其所经之地就是前述北行航线到朝鲜岛西岸之一段。因此，距此110年前的徐福东渡，最大可能也是走这一航线。北大历史系教授刘华祝也认为，北行航线上海岛相望，航程中可随时就近躲避风浪，补给淡水、食物等，安全系数大。而南行航线要经过黄海，在当时没有罗盘，船队导航主要靠日月星辰或目视，船行动力主要靠海风和人力的情况下，成功的概率较小。而且这一航线的开通，据史书记载也是南朝以后的事。日本人宫泰彦了也曾指出："日本海有一种左旋之回流，利用此种回流，可以由朝鲜南部古辰韩地方到达日本山阴。中、朝、日的古代便者曾在这条航线上往来了近千年。北行航线沿岸不断出土有战国时燕齐的刀币，还有青铜剑、青铜戈、铜铎等，说明战国时已开通此航道。"从以上资料来看，徐福东渡很可能走的是北行航线，但事实如何未得而知。

徐福到日本了吗

徐福东渡究竟到了什么地方，无疑是诸谜中最惹人注目的一个。我们知道徐福等人出海的初始目的是到渤海中寻觅蓬莱、方丈、瀛洲三神山，向山上神仙求取长生不老之药，但是古代渤海的海域概念与今天所指大为不同，它不仅包括了今天的渤海，还包括黄海，乃至东海。而我国东面的大海中，有今朝鲜半岛、我国台湾岛、菲律宾的吕宋岛、日本群岛等。司马迁只说"得平原广泽，止王不来"，而这"平原广泽"究竟是什么地方呢？徐福究竟到了哪个岛呢？

针对这一疑问，也有多种不同的看法。有人说徐福东渡到了朝鲜半岛，还有人认为徐福到了舟山岛或者台湾或者吕宋岛。这两个观点的支持者只不过是从方位上做的判断，都没有强有力的证据可以证明，所以观点相对勉强。

275

□ 历史悬案

日本徐福祠
位于日本九州岛佐贺县。

这两种观点的反对者倒是举出了一些史料进行了批驳。

《三国志·吴书·吴主传》中对徐福东渡的目的地有这样的记载：公元230年，孙权曾派遣将军卫温、诸葛直率领士兵万人，出海寻找"夷洲及亶洲"。而"亶洲在海中，长老传言：秦始皇帝遣方士徐福将童男童女数千人入海，求蓬莱神山及仙药，止此洲不还。世相承有数万家，其上人民。时有至会稽货布，会稽东县入海行，亦有遭风流移至亶洲者。所在绝远，卒不可得至，但得夷洲数千人还。"从陈寿的这段叙述可以断定，亶洲绝对指的不会是台湾，因为卫温和诸葛直已经到了台湾（夷州）；也不会是吕宋岛，因为陈寿说亶洲有人口"数万家"，而吕宋岛至元世组时仍旧"民不及二百户"；更不可能是舟山岛，因为该岛离大陆较近，容易到达，谈不上"所在绝远"。因此，司马迁所记载的"平原广泽"不可能是上述列岛。

那么，这里的亶洲到底是哪里呢？关于这一点，前已有述，五代后周的义楚和尚在所著《义楚六帖》中记载了公元927年渡海来到中国洛阳的日本僧人倡弘大师所说情况："日本国亦名倭国，在东海中，秦时徐福率五百童男、五百童女止于此国。"他还说，日本有座富士山，又称蓬莱山，徐福定居于此，其子孙至今皆称秦氏。当然，亶洲就是日本的说法在三国时候就已经有了。法国人希格勒在《中国史乘中未详诸国考证》一书中也明确指出亶洲即日本岛。

近代的中日学者最初也都肯定了此说。他们支持亶洲就是日本的说法，不仅是因为前面的史料，更是因为至今日本九州半岛的佐贺县还有"徐福上陆地纪念碑"以及徐福的石冢和祠堂等遗迹。徐福还被当地人尊为司农耕、蚕桑和医药的大神，并长时间被大规模地祭祀。在该县金立山神社供奉的主神就是徐福。在日本的史籍文献中，关于徐福东渡日本的记载更是多得不胜枚举。

日本学者奥野利雄还考证，徐福东渡后主要活动地域在日本九州、熊野一带。研究《富士古文书》的权威铃木贞一甚至认为徐福是70岁去世的。这些观点无疑都认为徐福当年确实到了日本。

1950年，中国台湾学者卫挺生在专著《徐福入日本建国考》一书中，进一步提出一个石破天惊的观点，认为徐福与日本传说中的神武天皇是同一个人，就是说日本的开国天皇就是徐福。这一观点提出后，在日本引起了极大的反响。日本学者于当年便自发组成了"日本民族头骨指数测定会"，由文部省补助经费，让日本各地大学的解剖系教授对各大学男女生的头骨进行测量，测量的总人数多达六七万人。5年后这些集中代表了全国280个县市居民的头骨测量数据，由日本体质人类学权威长谷部言人博士进行整理分析，并同日本周围民族的头骨指数进行了比较研究。结果表明，现代日本人大多数的头骨指数与中国浙江、江苏、安徽、福建等省人的头骨指数完全相同，与上述省份外的居民部分相异，并由此得出了"日本史前时代的祖先，曾经留住在中国的东海沿岸"的结论。这一结果从一个侧面证明了徐福东渡日本的可能性。

20世纪80年代，随着中国以及日本徐福研究热的兴起，对徐福是否东渡日本的研究更加深入。台湾学者彭双松于1975～1981年，先后八次赴日本实地考察。据他统计，日本各地与徐福姓名联系在一起的墓、祠、碑、宫、庙、神庄等遗址有50余处，登陆点20余处，传说故事30余个。在取得了大量调查资料的基础上，他于1982年6月发表了《徐福即神武天皇考》一文，进一步论证了卫挺生的观点，认为："昔日中国的徐福，就是日本开国第一代神武天皇。"此后，中国社科院历史研究所研究员赖长扬在1985年著述的《港台的徐福研究及其在日本的影响》一文中则记载：昭和天皇之弟三笠宫就表示过赞同"徐福即神武天皇"的观点，1975年"香港徐福会"成立时，他在贺词中肯定"徐福是我们日本人的国父"。1980年4月29日，九州岛佐贺县在日本"天皇诞生日"举行了隆重的"徐福大祭"，祭歌中有这样的词句："二千余年悠久的历史啊！欢欣庆祝神社的祭典，奉到秦皇的命令，率领童男和童女，徐福一行在明海的寺井湾登陆，劈开茂密的芦苇向前迈进。"

此外，据考证，在认为最有可能是徐福登陆地点的日本歌山县（纪伊半岛）熊野河口（现在的新宫市），至今还有"秦住""秦须浦"的称谓，相传为徐福时相沿至今。这里还有被认为是当时徐福等人住过的阜屋模型，新宫市还遍布着一种叫"天台乌药"的老草药，相传就是徐福要找的长生不老之药。一些学者还考证认为，在日本除"秦"姓外，"羽田""铘""波多"等姓氏的读音也与"秦"的读音相同，而这些姓氏多为徐福后代，或者至少与徐福有一定的关系。如前日本首相羽田就称自己是徐福的后裔。据说，当时与徐福一起东渡蓬莱的人为了免于秦始皇的追杀，才改了这么多姓氏的，但是故土难忘，都带着秦的读音。另外，新宫市内还有不少姓"东""西""南""北"的居民，据当地人传述这些姓氏也为徐福的后裔。日本民间流传，徐福率领三千童男女仓促到达日本后，由于这些童男女都是被秦始皇强行征调的，并不知道他们的姓名，只能问出他们是住在哪一个方向的，住在东边的就让他们姓"东"，住在西边的就让他们姓"西"等。这些人的后代也就顺其自然姓"东""南""西""北"了。目前住在新宫市的居民中，有大量这类姓氏的人，虽然没有人直接承认他们是徐福所率童男女的后代，但都奇怪地聚集在徐福登陆的新宫市一带。

以上资料充分论述了徐福东渡确实到了日本，甚至有可能他就是日本传说中的神武天皇。但是，必须承认仍有部分日本学者对徐福东渡日本的观点表示怀疑。他们认为，按当时的造船技术和航海知识，徐福的船队无法战胜海洋上的狂风恶浪，只能停留在中国千里海岸的某个港口或沿海大小岛屿上，并逐步向中国内陆移居；再说传说中徐福到达的三神山，只是渤海湾的小岛，并非日本境内。其次，从时间上考证，徐福东渡的说法，产生于10世纪前后的日本，以前并没有记载，很可能是当时随着中日交流的频繁，东渡到中国的日本和尚牵强附会地带去了有关徐福的传说，不辨真伪的义楚和尚将其载入《义楚六帖》中，并且经过以讹传讹，到了宋代乃至今日，人们对此更加深信不疑。退一步说，即使徐福带领大批童男和童女到达了日本，为什么当时没有把汉字传入日本，而是直到公元2世纪才传入日本呢？甚至还传说徐福把造纸术也传到了日本，但事实上，中国当时还在使用竹简写字，这种说法岂不荒谬？据此，他们认为，日本国内史料的记载以及现存的有关徐福的遗迹，是当时的僧侣为了将徐福树为中日友好的旗帜而伪造的；至于日本神武天皇，只是日本历史上神话时代的人物，根本无法与徐福挂钩；徐福日本后裔之说，更是捕风捉影，无稽之谈。

不过，这些否定徐福到达日本的说法，大多被认为是极其牵强的。徐福东渡日本一事，由于时代久远，难免会有谬传，但是，毕竟有那么多的文献记载、实地物证以及日本徐福墓址，甚至徐福被称为农神、蚕桑神、医药神的史实证明了徐福东渡确实到了日本列岛，这仅仅用后来作伪者使然，是难以解释清楚的。而且事实上，秦朝时期，我国沿海齐国等地的造船技术和航海知识已经有了相当发展，徐福第一次出海又顺利归来，就证明了他已经掌握了一定的航海技术。至于汉字，秦始皇时才逐步统一规范，后来又有不少变化，徐福没有把汉字带入日本，是完全可以理解的。

总体来说，中日的学者大多倾向于徐福确实到达了日本。不过由于年代久远，史料过简，加之论者所处角度不同以及对史料理解的歧义，甚至带有政治色彩，使得这一问题在许多方面都产生了激烈的争论。也因此，对于徐福东渡是否到达日本，注定还要在不断地论证和反驳中，继续下去。

赤壁大战之谜

东汉建安十三年（公元208年），孙权、刘备联军以5万人的兵力击败曹操数十万大军的赤壁大战，是我国历史上一次以少胜多、以弱胜强的著名战役，在我国军事史上有着极其重要的地位。赤壁之战揭开了三国鼎立的历史序幕，对当时时局的发展产生了决定性的影响。不过，由于这一战役发生在一千七八百年以前，而正史《三国志》对它的记载又比较疏略，加上后世的文学家以此战役为题材而创作诗文、小说时，有意无意地掺入夸张、附会的成分，使这次大战的部分历史真相，至今在人们的心目中模糊不清。有关赤壁之战的若干问题，比如赤壁大战发生的确切地点、双方兵力以及胜败原因等，史学界历来存在争议。

究竟是哪个赤壁

赤壁之战的古战场究竟在什么地方，自南北朝以来就众说纷纭，形成了湖北汉川、汉阳、武昌、黄冈、嘉鱼、蒲圻（今赤壁市）的著名六赤壁说。不过，经过学术界长期的争论，前三种说法已经基本被排除，倒是后三种说法至今仍然争论不休。

认为嘉鱼县东北赤壁是真正的赤壁古战场的说法主要源于《水经注》的记载。《水经注》说："赤壁山在百人山南，应在嘉鱼县东北，与江夏接界处，上去乌林二百里。"《水经注》的作者郦道元生活在北魏年间，距离三国不远，并且治学一向严谨，这一记载应该比较可信。但是，这种说法认为"赤壁、乌林相去二百里"，与史实记载悬殊甚大，自产生起，就遭到了不少人的质疑。比如，南宋著名地理学家王象之在《舆地纪胜》中指出，据《水经注》，"则赤壁、乌林相去二百余里。然疑乌林、赤壁一战相继，乌林之捷，又自赤壁始。及观《江表传》：赤壁败后，黄盖与操诈降书（始）操，以众寡不敌。交锋之日，盖为前锋。至战日，盖使用火攻之策，操乃败走。"认为"赤壁、乌林相去二百里"，而这两次战役是接连发生的，这一记载很值得怀疑，王象之在该书中对赤壁山的具体地点采取了存疑的态度。然而，到了清朝末年，著名地理学家杨守敬却再次肯定了《水经注》上的说法，认为嘉鱼县东北赤壁是赤壁大战的古战场。《大清一统志》中也说赤壁"在嘉鱼县东北江滨"，谓"按《水经注》，赤壁山在百人山南，应在嘉鱼县东北，与江夏县接界处，上去乌林且二百里"。可是，今天学者分析认为，这种说法虽把赤壁定位在长江南岸，但与《三国志》记载的曹军与孙刘联军相遇于赤壁，初战不利，曹操引军驻于江北乌林，周瑜、刘备驻南岸赤壁，两军形成南北对峙之势不符。因为赤壁大战后，两军马上就形成了隔江对峙之势，不可能再沿江跑到二百里外，摆开对峙。其次，当时侦察、通信工具都不发达，如果两军相距两百里，周瑜、刘备又怎么可能及时了解曹军的情

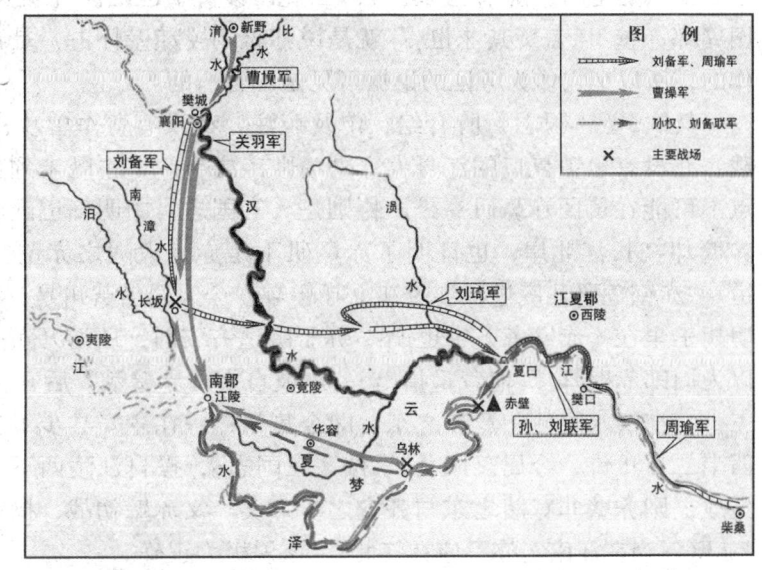

赤壁之战形势示意图
赤壁之战中拥有优势兵力的曹操出人意料地败给孙刘联军，这使得史学家们纷纷分析猜测曹操失败的原因。

况，抓住战机呢？黄盖又怎能用火突袭曹军？正如有的学者指出的那样："如果相距二百余里，当时的木船要行驶几天才能由武昌的赤壁到达乌林。在这种情况下，孙刘联军全军在江上行驶数天，岂不暴露目标？黄盖诈降岂能成功？在这种情况下，要等待风势发动火攻，岂不贻误战机？"由此可见，嘉鱼县东北赤壁很难说就是赤壁大战的古战场。

认为黄冈赤壁是真正的赤壁古战场的观点是基于以下几点考虑的：首先，北宋许端夫在《齐安拾遗》中最早记述这里为赤壁大战之赤壁；随后，大文学家苏轼被贬为黄州团练副使时，曾两次夜游黄冈（古黄州）赤鼻矶下，更把这里视为赤壁古战场而借古抒怀，写出了著名的前、后《赤壁赋》以及《赤壁怀古》词。苏轼的二赋一词空前绝后，影响深远，加之苏轼博览群书，知识渊博想来不会有错。正是由此这种说法广为流传，大行于天下。其次，据《三国志·吴主传》所载，"当初，曹操一面使人持檄于东吴，一面挥师东下"。当孙权"最终决意逆操，命周瑜率军启程，其时曹军东下至少十天了"，"二军只可能在夏口一带相遇"。苏辙《赤壁怀古》诗云"新破荆州得水军，鼓行夏口气如云。千艘已共长江险，百战安知赤壁焚"。夏口正是今天黄冈一带，所以赤壁之战应该在黄冈。再者，《三国演义》中波澜壮阔、扣人心弦的赤壁大战，也是将地点定在黄州的。有人据此认为，罗贯中不可能凭空捏造赤壁的所在地，这正是他"尊重历史，忠于陈寿原意"之故。不过这种观点受到了普遍质疑。

首先，说苏轼在二赋一词中说黄州赤鼻矶为"三国周郎赤壁"是不成立的，因为在《赤壁怀古》词里，苏轼写得很明确："故垒西边，人道是，三国周郎赤壁。"就是说这个"故垒西边"的黄冈赤鼻矶，听当地人传说是"三国周郎赤壁"，而不是自己考证后确定的。南宋赵彦卫在《云麓漫钞》中也说："东坡黄州词云，'人道是，三国周郎赤壁'，盖疑其非也。"就是说苏轼的《赤壁怀古》是在听了当地人传说后而作的，所以把它作为考证的论据可见是不合适的。

其次，《三国志》所有纪、传及裴注，都没有曹军曾攻占夏口或越过夏口的记载，亦没有坐镇夏口的江夏太守刘琦败走之事。曹军既未到过夏口，赤壁之战的地点不可能在黄冈赤鼻矶一带。特别是《三国志》中明确记载赤壁在长江南岸，黄州赤壁却在长江北岸，也证明了赤鼻矶不是赤壁大战之赤壁。南宋李壁就在诗中写道："赤壁危矶几度过，沙羡江上吁嵯峨。今人误信黄州是，犹赖《水经》能证讹。"明胡王圭在《赤壁考》中也说："苏子瞻适齐安时，所游乃黄州城外赤鼻矶，当时误以为周郎赤壁耳。"他着重指出："东坡自书《赤壁赋》后云：'江汉之间，指赤壁者三：一在汉水之侧，竟陵之东，即今复州；一在齐安县步下，即今黄州；一在江夏西南二百里许，今属汉阳县。'按《三国志》，操自江陵西下，备与瑜等由夏口往而逆战，则赤壁非竟陵之东与齐安之步下矣。又赤壁初战，操军不利，引次江北，则'赤壁'当在江南，亦不应在江北。"该说极为正确。

再次，假设赤壁、乌林大战的地点在今黄州赤壁的团风镇，那么，曹军既败，就应向北逃回许都或向西北退保襄阳，何必要跑到西南的华容道呢？王象之在《舆地纪胜》卷79《汉阳军·景物上》中就清楚地指出了这一点，说："黄州之说盖出于《齐安拾遗》以赤鼻山为赤壁，以三江下口为夏口，以武昌县（本鄂县，建安二十五年孙权改名）华容镇为曹操败走华容道，其说尤谬。盖周瑜自柴桑至樊口，后遇于赤壁，则赤壁当在樊口之上。今赤鼻山址在樊口对岸，何待进军而后遇之乎？又赤壁初战，操军不利，引次江北，而后有乌林之败，则赤壁当在江之南岸。今赤鼻山乃在江北，亦非也。又曹操既败，自华容道走，退保南郡。汉南郡，今江陵；华容，今监利也。武昌华容镇，岂（当）赤壁、南郡路乎？东坡《赤壁赋》中皆疑似语，未可为证。"元、明、清时期，地理考据学家均从王象之意见，故称黄州赤鼻山为"东坡赤壁"，以与三国赤壁区别开来。

最后《三国演义》作为小说，并非信史，虚构的地方很多。与《三国志》比较，好多地方都没有尊重历史，有失实的嫌疑，它的许多难以自圆其说的漏洞正好反证了赤壁之战的地点不在黄冈赤鼻山。

由此看来，黄州赤壁被称为"文赤壁"当之无愧，但是把它说成是一战定乾坤的"武赤壁"战场，却颇有争议。

认为蒲圻县（今赤壁市）西北赤壁是赤壁大战之赤壁的说法最早见于唐初。《后汉书》卷74下《刘表传》："操后败于赤壁。"李贤注云："赤壁，山名也，在今鄂州蒲圻县。"杜佑在《通典》卷183鄂州蒲圻县下注云："后汉建安中，吴王孙权破曹公于赤壁，即今县界。"又在岳州巴陵县下注言：《括地志》云："'鄂州之蒲圻县有赤壁山，即曹公败处。'按《三国志》云……曹公进军江陵，得刘琮水军船步数十万，自江陵征备，至巴丘，遂于赤壁。孙权遣周瑜水军数万，与备并力逆之。曹公泊北岸。瑜部将黄盖诈降，战舰数千艘，因风放火。曹公大败，从华容道步归，退保南郡。备、瑜等复追之。曹公留曹仁守江陵城，自径北归。"李吉甫在《元和郡县图志》卷7《江南道三》鄂州蒲圻县下说："赤壁山，在县西一百二十里，北临大江。其北岸即乌林，与赤壁相对。即周瑜用黄盖策，焚曹公舟船败走处。故诸葛亮论曹公，'危于乌林'是也。"因为蒲圻赤壁山的地形与《三国志》所载赤壁大战当时的地形基本一致，所以，后来的地理志书多采用了这一点。

尤其是近代以来"蒲圻赤壁"说更加受到史学界的普遍认可，其主要根据是，《三国志》中对曹军的进军路线是这样记载的："建安十三年，秋七月，公到新野，琮遂降，备走夏口；公进军江陵……公自江陵征备，至巴丘（即岳阳）……公至赤壁，与备战不利。"就是说当年曹操南下的进军路线是：新野—襄阳—当阳—江陵—赤壁。曹军在长江南岸的赤壁初战失利，退屯江北的乌林；后在乌林遭火攻而大败，由华容道逃奔江陵（今湖北荆州市）。今天的蒲圻赤壁、洪湖乌林和华容古道（位于湖北监利东北），与《三国志》记载的赤壁大战中曹军退兵江陵的路线、地形、方位基本一致，所以，有人坚信蒲圻县西北赤壁说是正确的。

另外，宋代以来，在蒲圻赤壁、洪湖乌林的岩缝、地下发现了大量赤壁大战时的折戟、断枪、箭镞等。比如南宋诗人谢枋得在《赤壁诗序》中曾说："予自江夏溯洞庭，舟过蒲圻，见石崖有'赤壁'二字，因登岸访问父老曰：'乌林有烈火岗，上有周公瑾庙地。今土人耕地得箭镞，长尺余，或得断枪折戟，其为周瑜破曹军处无疑。'"1976年，在赤壁山下，考古学家挖地一米多深后，发现了许多沉船上的铁环、铁钉、东汉铜镜等物；在赤壁山上，考古学家也有所发现，比如铜、铁、玉带钩等；赤壁对岸的乌林，1973年出土了东汉晚期的铜马镫一件，印有东汉献帝"建安八年"的瓦砚一台，并有东汉铜镜、陶瓷器和箭镞等。迄今为止，在这一带出土文物中属于赤壁之战的戈、矛、剑、戟、刀、镞、等铁制兵器已达千余件。从宋代迄今不断出土的实物资料来看，蒲圻西北最有可能是真正的古赤壁战场，这也是蒲圻如今被命名为"赤壁市"的原因。不过，这一观点也并非最后定论，对此仍有不少学者持否定态度，赤壁大战的地点之争也仍在继续。

败于火攻，还是另有原因

在赤壁大战中，拥有绝对优势兵力的曹操，怎么就被孙、刘联军彻底击溃于乌林了呢？对此，众多历史学家大为不解，纷纷就曹操败北的真正原因进行了多方考证。

《三国演义》中周瑜在战前预见性地指出了曹军败北的不利条件：一是曹操占有的"北土既未平安，加以马超、韩遂尚在关西，为操后患"；二是曹军"舍鞍马，仗舟楫，与吴越争衡，本非中国（中原的意思）所长"；三是彼时正值"盛寒"，马无草料，会成群饿毙；四是北方士兵远涉江湖之间，不习水土，必传染疾病。裴注引《江表传》还记有周瑜曾向孙权指出曹操征刘表之军"已久疲"，而他收编的刘表旧部"尚怀狐疑"，云云。这就是说，曹操还有"以疲病之卒，御狐疑之众"的劣势。由于一场战争的胜负是有多种因素共同起作用的结果，所以曹操败北的原因以上的分析都是有道理的，这一点是史学界共同认可的。那么在此基础上，曹操兵败的主要原因究竟是什么呢？

传统学术界一般认为是孙刘联军采用火攻的策略最终导致了曹操的大败。《三国志·蜀书·先主传》载："权遣周瑜、程普等水军数万与先主并力，与曹公战于赤壁，大破之，焚其舟船。"司马光在《资治通鉴》中也说，黄盖"乃取蒙冲斗舰十艘，载燥荻、枯柴，灌油其中，裹以帷幕，上建旌旗，预备走舸，纱于其尾。去北军二里余，同时发展，火烈风猛，船往如箭，烧尽北船，延及岸上营落"。《三国演义》中更是将黄盖诈降、庞统献连环计以及诸葛亮借东风等细节描写得扣人心弦，最后自然论证出曹操主要是兵败于火攻之上。今人分析认为，曹操下令把战船连接在一起，最后导致联军火攻，是其水军葬身火海的主要原因。比如《周瑜传》云"权遂遣瑜与程普等，与备并力逆曹公，遇于赤壁。时曹公军众已有疾病，初一交战，公军败退，引次江北，瑜等在南岸。瑜部将黄盖曰：'今寇众我寡，难以持久。然观操军方连船舰，首尾相接，可烧而走也。'乃……先书报曹公，欺以欲降……"因而可以肯定，火攻是曹操水师战败的主要原因，但是水师的战败是否等同于全军的战败呢？能因此而断定整场战争的最后失败也是由于火攻吗？

正是基于对传统火攻论的质疑，近些年来，有的学者提出了一种全新的观点，认为曹操的败北，最主要的原因是因为军队遭遇到了空前的疾病瘟疫，导致战斗力丧失，具体来说是由于血吸虫病导致了曹操的惨败。

首先，从史料记载看，《三国志·魏书·武帝本纪》中并未提到赤壁之战中孙、刘采用火攻之事。据载："（建安）十三年，秋八月，公南征刘表……至赤壁，与备战不利，于是大疫，吏士多死者，乃引军还。"就是说曹操到了赤壁，与刘军大战，不占上风。后来发生瘟疫，士兵大部分都死了，不得已带领部队回去了。又《武帝纪》裴注引《江表传》："周瑜破魏军，曹公复书与权曰：'赤壁之役，值有疾病，孤烧船自退，使周瑜虚获此名。'"也明确表明正是由于严重的瘟疫疾病，导致了曹军大败，却因此使周瑜获得了虚名。而曹操所说并不是唯一凭证，《吴书·吴主传》中也有"瑜、普大破曹公军，公烧其余船引退，饥疫死者大半"的记载，就是说对手也承认曹操自己曾有烧毁战船之举，曹兵因"饥疫"而死者有大半之多。可见意外的烈性传染病是曹操失败的客观原因和主要原因。

赤壁之战

其次，1981年《中华医史杂志》和《文汇报》均曾载文，认为是血吸虫病导致了曹操的失利。从史料记载看，我国很早就存在血吸虫病。远古的《周易》卦象中就有"山风蛊"的病症记载，所指就是血吸虫病；现今，研究者在山上于1973年的长沙马王堆一号墓中的女尸肠壁及肝脏组织中也发现了大量血吸虫卵。由此不难看出，早在汉代，长沙一带就有血吸虫病，并且从资料上看，展开赤壁之战的地区，尤其是湖南湖北一带，正是血吸虫病发区。从时间上来说，血吸虫病的流行季节正好是曹军迁徙、训练水军的秋季。身居北方、以陆军为主的曹军猛地转入南方转而为水军，染上此病也是不足为怪的。现代医学说，血吸虫的潜伏期仅为一个月，一个月后就会使感染的病人出现急性症状。曹军就是在训练时期染上此病，在决战时期进入急性期的，所以，曹军才会变得不堪一击，遭此重创。

可是，出于同样的条件，孙刘联军为什么没染上血吸虫病呢？道理很简单，因为免疫力不同。孙刘联军本身就长期居于南方，体内对血吸虫病已经产生一定的免疫力，即便染病，也是慢性的。

这种观点的提出产生了巨大的影响，同时也引起了史学界新的争论。有人认为曹军败北的原因是多方面的，至于"疫病如何，更有待考查"。《新医学》1981年11期与1982年5月25日的《文汇报》刊登的季始荣《曹军兵败赤壁是由于血吸虫病吗？》一文，就这个问题提出了质疑。

曹操训练水军的地点据载并不在血吸虫病流行的疫区，而是在黄河以北的邺（今河南安阳县境），那里没有血吸虫病，时间又是春正月，气候寒冷，不可能感染血吸虫病。为了追赶刘备，曹操途经江陵可能会在那里停留较久，可是，就因为这一点就说曹军染上了血吸虫病，恐怕就没有道理了。首先江陵不是水军基地；其次，曹军驻留江陵是晚秋时节，这种时候感染血吸虫病的机会是极少的。据史料记载，曹操水军除自己在邺所培训外，大部分收编自刘表余部，这些士兵大多是湖北、湖南人，世居于血吸虫病流行区，与孙刘联军的免疫力没有什么差别。另外，刘璋补充给曹操的兵卒多为四川人，同样来自血吸虫病疫区，也有一定免疫力。由此，认为曹操和孙刘联军的免疫力强弱不同，患病轻重不同，是不值得商榷的；血吸虫病潜伏期一般在一个月左右，极少数在两个月以上。潜伏期越长，发病的症状也就越轻，所以即使曹军在秋季患上了血吸虫病，十二月发病的概率应该很小。至于说因此而引发许多官兵同时发病，导致军事上全线败退，那就更难想象了。

对此湖北大学人文学院的张国光认为不是血吸虫病而是流行性脑膜炎导致曹军战败。因为，流行性脑膜炎多流行于冬春之际，一旦爆发，传播速度极快，并且在当时的医疗条件下，一旦感染此病必死无疑。当然这一观点仍需进一步论证。

总的来说，赤壁曹军败北的主要原因，火攻论不可尽信，血吸虫病说也有缺陷，流行性脑膜炎的说法也需进一步论证。因此曹操赤壁败北的主要原因至今仍是难解的历史之谜。

玄武门之变真相之谜

唐高祖武德九年六月四日（公元626年7月2日）一早，太子李建成接到内线密报，说秦王昨夜入宫，向父皇密奏建成、元吉淫乱后宫，要他早做准备。于是，李建成与齐王李元吉立即进宫，一来向近臣打探消息，二来赶快向父皇解释。此时，李世民与长孙无忌等早已埋伏于玄武门。李世民对准李建成射一箭，李建成中箭身亡。李元吉急忙向西逃去，被尉迟敬德射杀。六月初七，世民被立为皇太子，不久，李渊传位于太子，自己退位为太上皇。这就是史书记载的"玄武门之变"的始末。对于"玄武门之变"这一石破天惊、喋血宫门的宫闱大事，历来正史都认为秦王是在一忍再忍、被逼无奈之下，不得已而做出的自卫之举。一切真如史书所述吗？历史学家对此多有分歧，说法不一。

李建成是个阴险狡诈的人吗

正史上对李建成人品的记载多有虚构的成分，大多评价他阴险狡诈、贪功好色、妒贤嫉能；与功勋卓著、光明磊落、英武仁厚的李世民不可相提并论。可是我们通过史料分析不难发现，李建成绝非平庸等闲之辈。从军功上看，李渊晋阳起兵后，李建成西渡黄河，攻克长安。后占据长安，使唐军声威大振，不但使威胁蜀地的势力依附了唐，也使西秦霸王薛举被切断在西北成为孤军，还决断了王世充西逃之路，更有效遏制了虎视眈眈的突厥。长安城在隋末群雄并起、问鼎天下的过程中所起到的战略作用是相当大的，并不比洛阳逊色。

除此之外，李建成还有许多其他功绩：武德二年，李建成又率兵平定司竹群盗祝山海；武德四年，有稽胡数万叛乱为边害，李建成以计杀其壮男六千有余，敌首领逃走；武德六年，他和李元吉一起进攻刘黑闼，以王圭、魏徵之策擒之。

由此看，李建成的军功与李世民相比并不逊色多少。虽然史书中李建成没有李世民"虎牢一战"的经典战例，但也不能据此断定其用兵能力有多么差。再说玄武门之变后，李建成败北，舆论更是倾向李世民。即使有再经典的战例，想来也不会被详尽地记入史册，顶多一句"李建成纳计，乃克长安"。

再从人品上分析，《资治通鉴》引《新唐书》言其"性颇敦厚"，《通鉴纪事本末》道其"性宽厚""得众心"。试想，李建成能让魏徵、王圭等一代良臣为其效力，肯定也非庸碌无德之辈、不得人心之徒，甚至可以说礼贤下士，深得人心。并且据说，魏徵曾多次规劝李建成杀掉李世民，李建成都多存仁厚之心，不忍下手，这似乎也反映了李建成心怀仁德，并非阴险狡诈。至于头脑，李建成身为太子，很清醒自己所受到的威胁，他先团结李元吉，又与坐镇幽州的庐陵王李瑗联手，并笼络高祖身边的重臣，多为自己美言。他还能与后宫交好，注意团结那些皇亲国戚，宫内宫外大多是太子系。这些都说明他足够精明睿智。

由以上分析，不难看出李建成不仅有继承皇位的资格，还有君临天下的能力，并且得到了许多人的拥护，远非史书记载的阴险狡诈、贪功好色、庸碌无为之辈。既然如此，玄武门之变的真正起因就有待进一步推敲了。

唐太宗像
尽管李世民如何登上皇位是一个有争议的历史事件，但这不能改变他是一位杰出的帝王这一事实。他是儒家思想的典范，在他身上"修身、齐家、治国、平天下"得到了完美的统一。

谁是始作俑者

既然李建成具备君临天下的能力，如果他稳坐太子宝座，安分守己，不轻举妄动是否就能继任大统呢？玄武门之变确实是秦王无奈之下的不得已之举，且"既喜且怜"吗？李世民究竟是否真如史书所载，在玄武门之变中处于被动自保的位置

□历史悬案

呢？晋阳起兵后，他是否也就甘心只做秦王呢？我们再从事变的另一个主角秦王李世民入手来逐层分析。

《资治通鉴》引述唐史，有这样一段记载："……上之起兵晋阳也，皆秦王李世民之谋。上谓李世民曰：'若事成，则天下皆汝所致，当以汝为太子。'李世民拜且辞。及为唐王，将佐亦请以李世民为世子。上将立之，李世民固辞而正。"这段史实大有可疑之处，其实隋末农民起义此起彼伏，李渊自知无力挽回隋亡败局，又深晓隋炀帝猜忌嗜杀，政局动乱，难以自保，因而早有反意。再说，据史料记载，实际上首提造反的是刘文静，李世民只是鼓动者之一。怎么能"皆秦王李世民之谋"？况且这时天下未定，鹿死谁手不知，"皆汝所致"从何说起。特别是这个"请以李世民为世子"的"将佐"可谓料事如神，然而如此神明，能为太宗脸上贴金之人，并不见史书对其有载。由此可见，这段"废立"之说，实为捕风捉影，"事后诸葛亮"编造而来，是为后来李世民继任大统"正名"的。

而实际上，李世民觊觎帝位之谋，是随着自己军功的不断增长而日益膨胀的，这从记载李世民早期活动的史书中，也可窥见一斑。据《旧唐书·隐逸传》记载："道士王远知，琅玡人也……武德中，太宗平王世充，与房玄龄微服以谒之。远知迎谓曰：'此中有圣人，得非秦王乎？'太宗因以实告。远知曰：'方作太平天子，愿自惜也。'太宗登极后便要'加重位'，对方还是归隐山林，贞观九年太宗降诏曰：'朕昔在籓朝，早获问道，眷言风范，无忘寤寐。'"如果这一记载属实，李世民称"早获问道"，对道士的预言"眷言风范，无忘寤寐"，不正道出了李世民早就萌生了称帝之心吗？

武德四年，当李世民攻克东都洛阳，更是分散钱帛，笼络人心。设天策府、文学馆，招贤纳士，闲则共话古今，纵谈天下，俨然君臣气派，时人称其天策府为"小朝廷"。封德彝更是一针见血地指出："秦王恃有大勋，不服居太子之下。"此后，李世民还苦心经营洛阳，并派陈亮到山东联络山东豪杰，扩大自己的实力。还让妻子长孙氏入宫活动，"孝事高祖，恭顺妃嫔，尽力弥缝，以存内助"。从而多方面培植自己的力量。其身边更是聚集了大批文臣武将。这些史实进一步证明，秦王不但有当皇帝的野心，更为此做了积极的准备。李世民后来还收买了李建成东宫官王晊等人，玄武门政变前夕，入秦王府告密的正是其人。收买一个人，也非一朝一夕之事，如果秦王没有预谋，至于如此吗？

从常理分析，如果李世民安于做秦王，不培植势力、虎视眈眈，可能会与太子相安无事。

正因为他自恃功高，有称帝的野心，无奈却是高祖二子，按"立长子以长不以功"的原则，长子在先，他岂有称帝的可能？正由于此，李世民才处心积虑地积聚力量，寻找机会，企图除掉这个正统皇位继承人，为自己继任大统铺平道路。而李世民身边的文臣武将出于自身利益地考虑，当然也会怂恿李世民夺取帝位，当上皇帝。在这种背景下，"树欲静而风不止"，李建成感受到了巨大的威胁，才拉拢四弟李元吉，结好朝中大臣，以稳固自己的太子地位。

从当时的形势发展来看，由于李建成得到了弟弟、宫中、朝中多数高官甚至父亲的支持，李世民不可避免地处于弱势地位，虽然于情于理他都应处在主动出击的位置。但是在东宫实力远远超过秦王府的情况下，逼迫李世民必须示弱退让，保存实力，营造环境，以求一击必杀。这就是说，李世民在夺取帝位这一件事上，在战略上始终是主动的，只是处于斗争的需要，才在战术中被动罢了。并且可以说这场政变的起因就是李世民。著名学者陈寅恪就明确指出："唐自开国时建成即号皇太子，太宗以功业声望卓越之故，实有夺嫡之图谋，卒酿成武德九年六月四日玄武门之事变。"因而谈不上李世民对太子一忍再忍、宅心仁厚之说。

不过，可以肯定在夺取帝位和保住帝位的明争暗斗之中，李建成也并非坐以待毙，面对日益增强的秦王势力，李建成无疑十分担忧。《资治通鉴》曰："世民功名日盛，上常有意以代建成，建成内不自安，乃与元吉协谋，共倾世民，各引树党友。"这自然是可以理解的。甚至有记载，起初，秦王随父皇临幸齐王府，李元吉在寝宫中埋伏护军宇文宝，劝说李建成杀掉秦王，李建成生性仁爱宽厚，阻止了。随着双方斗争的进一步深化，李建成曾试图重金收买秦府骁将尉迟敬德、段志玄等人；还准备调程知节（程咬金）往康州任刺史；并通过高祖之手将房玄龄、杜如晦逐出王府，并不许私见秦王等，想以此分化、瓦解秦王府的文臣武将，孤立李世民，逐步消除他的势力。然而事实上，李世民则更技高一筹，他将计就计，让手下假装离开长安，然后偷偷潜回秦府，示敌以弱，积蓄力量。之后他又以其人之道还治其人之身，收买了东宫集团中的要人，在后来事变中发挥了重大作用。

那么，史书中记载的太子屡害秦王是真的吗？

在众多有关李建成陷害李世民的事件中，以下两件事最为突出。第一件是，突厥退兵之后，李渊率领三个儿子一起狩猎，命他们驰射角胜，李建成有意把一匹健壮却易于颠扑的劣马授予李世民，并说道："这马善于急速奔驰，能够跨越数丈宽的山涧，弟弟善于骑马，可以试着骑它。"结果劣马连颠三次，每次李世民都跃到数步之外，才幸免于难，否则几死马下。李世民对宇文士说道："彼欲以此见杀，死生有命，庸何伤乎！"李建成、李元吉由此打小报告道："秦王自言，我有天命，方为天下主，岂有浪死。"给李世民扣上谋反的帽子，因此李世民被责。这一记载历来为人怀疑，要知李世民久经战阵，怎么能不知道战马对一个骑射者的重要作用呢？在双方剑拔弩张、明争暗斗之时，他又怎么会舍弃自己的战马，反而听信李建成劝骑之言呢？况且，李建成又怎么会授马于李世民呢？即使盛情难却骑上了劣马，一蹶当应换骑，又岂能容忍连蹶三次？由此看来，这件事很难自圆其说，破绽百出，有待考辨。第二件事尤为离奇，说的是武德九年六月，也就是政变前夕，史载，李建成与李元吉邀李世民入宫宴饮，并在酒中下毒。结果李世民饮后"心中暴痛，吐血数升"，他们的叔叔淮安王李神通搀扶李世民"还西宫"。这件事想必虚造，无中生有之嫌更大，历来让人质疑。如果李建成果真设下鸿门宴，谋行鸩毒之举，岂能在他中毒后，不斩草除根，轻易放他而去？李世民"吐血数升"，却安然无恙，是其内功高强，还是所卖毒药是假冒伪劣产品？假使果真中毒，有淮安王在，李建成不便动手,李世民能够回到西宫,怎么三天后,就康复得能够手握强弓,一箭射杀李建成性命?何况,双方矛盾已经相当激烈,哪还能彼此信任,聚宴狂饮?其真实性难免令人怀疑,而诋毁兄长的嫌疑极大。

还有一件事特别值得一提,史书上记载"玄武门之变"前夕李世民进宫"密奏李建成、李元吉淫乱后宫"。我们知道"淫乱后宫",是最不堪的人伦大忌,也最易搞垮政治对手。如果此时李渊已有意接受李建成建议,削弱秦府势力,说明他已明确站在太子这一边。如果李世民在没有真凭实据的情况下,如何敢"冒天下之大不韪"密奏此事。高祖知道此事,怎会善罢甘休,必定会追查到底。再说李建成身为太子,自知秦王对其威胁极大,能否顺利登上皇位,还在两可之间,行为怎么会如此放肆,从而给政敌制造把柄。并且李世民又怎么可能会愚蠢到如此地步,在父皇面前直接揭发淫乱后宫这等丑事?对此,司马光认为此乃"宫禁深密,莫能明也"。由此看来,此事为史官恶意中伤的嫌疑极大,因为这样不但使李建成、李元吉名声扫地,也为太宗继任大统埋下伏笔。退一步说,如果这一事件属实,很可能就是李世民为玄武门之变所设的诱兵之计,因为高祖要三人第二天上朝对质,李建成、李元吉进宫必定经过玄武门,从而为该日政变提供了条件,至于李建成与李元吉是否真有淫乱后宫是值得怀疑的。

从以上分析来看,李世民并不甘心只做秦王,早有当皇帝的野心,并且招贤纳士,不断壮大自己的实力,对太子构成了威胁。随着形势的发展,秦王与太子争夺帝位的斗争也日趋紧张。史书中记载的李建成陷害李世民的史实,很有可疑之处。

此外,还有一点是很关键的,那就是玄武门总兵常何是谁的人。我们知道,玄武门乃入宫必经之地,所以,玄武门政变的双方谁能得到玄武门总兵常何的配合,无疑成功的概率就大大增加。那么,常何是否为秦王收买了呢?

对此曾有两种观点,一种认为玄武门总兵常何隶属李建成,为李世民所利用。政变之日,常何驻守,李建成不致生疑,李世民才能侥幸成功;另一种观点认为,常何早在攻洛阳时就跟随李世民,后虽曾跟随李建成征讨河北,但入长安却是奉李世民之命,所以是李世民的人。

著名史学家陈寅恪考证认为,常何原是太子李建成安插的人,后被李世民用重金收买。他能被收买还有一条重要因素:据《常何墓碑》记载其籍贯是汴州浚仪,他与李世民帐下的山东豪杰人物有着乡土连衣的关系。这也是收买可以成功的重要因素。正因当日常何是值班将领,从而放李世民领人进入宫内,提前设置下了伏兵。后在常何率领的禁军配合下,秦王集团迅速控制了宫城其他诸门。这可从《安元寿墓志》捕捉到一条线索:"皇基肇建,二凶构逆。公特蒙驱使,委以心腹。奉敕被甲,于嘉猷门宿卫。"该墓志的主人守卫的嘉猷门,是宫城西面的北门。太极宫其他七门,也被李世民集团迅速接管了。从而顺利逼宫,促使高祖把兵权交付李世民,并下诏封李世民为太子。

现在看来,玄武门之变的始作俑者很可能正是秦王本人,只是不知历史真相是否如此。

史官是否篡改史实

通过以上分析，可以看出，玄武门之变也许并非史书所载，是唐太宗忍无可忍、不得已的自卫之举，甚至很可能是他主动出击，设下圈套，诛杀了太子、李元吉，从而为自己继任大统扫清道路。司马光和范祖禹就指出李世民杀兄"贻讥千古""无君父也"。王夫之则直言痛斥曰："太宗亲执弓射杀其兄，疾呼以加刃其弟，斯时也，穷凶极惨，而人心无毫发之存者也。"那么，我们仍难免会产生疑问，玄武门之变的真相真的如此吗？正史上关于玄武门之变的史料又如何解释呢？这不禁让我们进一步产生疑问，李世民篡改史实了吗？

我们知道，历史是胜利者书写的，难免会依据胜利者的意旨和利益编撰。"玄武门之变"的史实，最早见于《国史》和《高祖实录》《太宗实录》，这均为李世民继任大统后，由其亲信房玄龄等人删略、编撰而成。在"玄武门之变"中，李世民是胜利者，舆论无疑会倒向他这一边，所谓"胜者王，败者寇"，房玄龄等人会依据史实，忠实记录"玄武门之变"的来龙去脉吗？他们难道不会顾及太宗的"龙颜"吗？这不能不让人产生怀疑。据《贞观政要》记载："贞观十四年，太宗谓房玄龄曰：'朕每观前代史书，彰善瘅恶，足为将来规诫。不知自古当代国史，何因不令帝王亲见之？'对曰：'国史既善恶必书，庶几人主不为非法。止应畏有忤旨，故不得见也。'太宗曰：'朕意殊不同古人。今欲自看国史者，盖有善事，固不须论；若有不善，亦欲以为鉴诫，使得自修改耳。卿可撰录进来。'玄龄等遂删略国史为编年体，撰高祖、太宗实录各二十卷，表上之。太宗见六月四日事，语多微文，乃谓玄龄曰：'昔周公诛管、蔡而周室安，季友鸩叔牙而鲁国宁，朕之所为，义同此类，盖所以安社稷，利万人耳。史官执笔，何烦有隐？宜即改削浮词，直书其事。'"这段话颇值得玩味，"太宗见六月四日事，语多微文"，让房玄龄"史官执笔，何烦有隐？宜即改削浮词，直书其事"说明史书对"玄武门之变"所述，水分极大，不合史实处极多。奇怪的是，《国史》既然不让当代帝王看，房玄龄已明确回答是为了保持"善恶必书"，唐太宗为何还非要亲自观看《国史》呢？并且又特别详细地看了"六月四日"玄武门一事呢？究竟是欲盖弥彰，故弄玄虚，还是真心规劝史官"善恶必书"呢？太宗阅后，房玄龄真的又"改削浮词，直书其事"了吗？这恐怕就不得而知了。

而后世编著的新、旧《唐书》等正史均取材于《国史》和这两

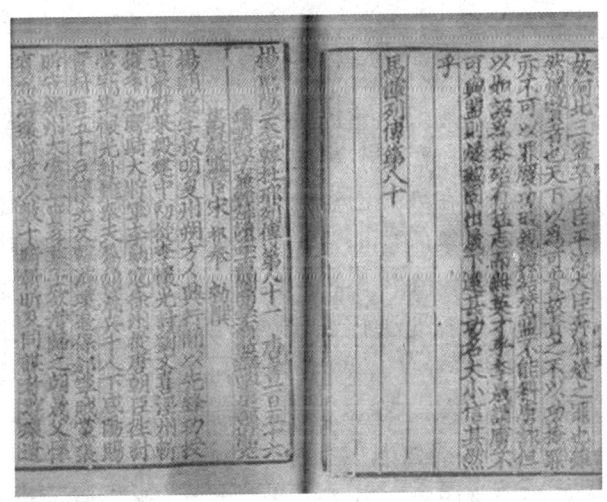

《唐书》内页

部"实录",所以,"玄武门之变"的本来面目究竟如何,是否为史官有意粉饰,肆意修改,只怕谁也说不清楚。毕竟至今,我们也没看到有关李建成、李元吉的亲信之人所撰书的"玄武门之变"的史料。我们也只是从这些正史的蛛丝马迹之中,寻找一二破绽进行辨析、破译,但所知可能只是冰山之一角,离整个事件的真相差距尚远。当然,也不排除后人因为李建成本为太子,从"立长不立功"的封建礼教出发,同情失败者,而对太宗"玄武门之变"产生怀疑。

我们只有期待将来人们能从地下发掘出一二当时知情者的秘密记录,从而还原全部事件的庐山真面目了。

乾陵悬疑

乾陵是唐朝高宗李治与其皇后也就是后来成为一代女皇的武则天的合葬墓,位于今陕西省乾县的梁山上。乾陵以山为陵,四周有阙门和巨型石刻,有象征帝王陵墓的华表1对。此外,有翼马1对、朱雀1对、鞍镫饰马5对,戴冠着长袍握剑的将军石人10对等。其中还有述圣记碑和无字碑。无字碑上面有保存比较完整(旁有译文)的女真文字,述圣记碑碑文计8000字,为歌颂高宗的文治武功之辞,且陵前排列了61尊王宾石人像,但石人像现已无头。乾陵除了武则天陵墓前的"无字碑"令人百思不得其解外,乾陵中的无头石人像也为有关专家们出了一道不大不小的难题。

武则天死后为何立无字碑

树碑立传是自古以来就有的惯例,但武则天却是其中的一个例外。武则天的一生是一个传奇,她打破了男尊女卑的千古礼数,打破封建时代的桎梏,坐上了皇帝宝座。关于她的种种传奇故事,无论是正史,还是稗官野史,抑或是民间文学和市井杂谈,都广泛记载和流传。她生前治国安邦、唯我独尊,创造了中国历史上很多的第一,现在人们已经给她的一些功绩以很高的评价。但令人捉摸不透的是,作为中国历史上第一位也是唯一的一位女皇帝武则天,在死后所树的碑上却一个字都没有,这给世人留下了一个千古未解的"无字碑"之谜。

武则天与丈夫唐高宗的合葬陵墓坐落在离西安市西北80千米的乾县梁山上,"无字碑"矗立于陵园内城的南面,朱雀门外司马道的东边,与西面颂扬高宗文治武功的"功德碑""述圣记碑"并肩而立。乾陵是武则天亲自规划和指挥修建的,从公元683年高宗驾崩到705年武则天死,耗时长达22年。"无字碑"由一块完整的大石头雕刻而成,高7.53米、宽2.1米、厚1.49米,总重达98.84吨。碑头雕刻着8条互相缠绕的螭龙,碑东、西两面各刻着冉冉腾飞的"升龙图"一幅,升龙身躯矫健扭动,神态飘逸若仙。碑座长 3.35 米、宽 2.65 米、高 1.10 米。碑的阳面是一幅线刻狮马图画,画中的狮昂首怒目,威严挺立,而马则屈蹄俯首,仿佛悠游就食。整座碑高大雄浑,雕刻精细,不愧为历代石碑中的典范,唯一与众不同的是没有碑文。

那么武则天为什么立下无字碑,像她这样的历史风流人物,为什么不大大地歌功颂德、名垂千古呢?关于这个谜底,众说纷纭,莫衷一是,但总结起来主要有三种说法。

"功德无量说"认为,武则天之所以立"无字碑",是用来夸耀自己,显示自己功高德大是不能用文字来表述的。的确,大量的历史记载也证明了武则天的治国才能,她是公认的我国历史上唯一的、杰出的女皇帝。从公元 655 年武则天开始做皇后起,她便参与和掌握大权达 50 年之久。如果仅从唐高宗驾崩算起,也有 21 年。在她统治大唐期间,她扶植新兴地主阶级,打击豪门世族;奖励农桑、兴修水利、减轻赋役和整顿均田制,使社会经济继续向前发展,人口数量不断增长;她还发展科举制度,吸收大量新兴地主阶级进入政治舞台,从而解决了以前困扰历代统治者头疼的豪门专权问题;在武则天统治初期,她也能知人善任,破格用人,鼓励各级官吏举荐人才,并虚心纳谏;她还加强了国家的边防,改善与边境各族的关系。总之,武则天是一个富有政治才干和理想的人,在她统治期间为人民谋取了很多好处,对唐朝在世界上的泱泱大国地位,做出了很大的贡献。而且巩固和发展了"贞观之治",为"开元盛世"奠定了基础,对唐朝经济的发展起了一个承前启后的作用,她的功绩的确难用文字表达。

还有一种说法是"自知之明说"。这种猜测认为,武则天有自知之明,立下"无字碑"是非常聪明的举动,是非功过留待后人评说。固然,武则天有可以肯定的一面,但也有应该否定的地方,所以留待后人评说是为上策。在她统治期间,唐太宗"贞观之治"以来的经济仍在继续发展。但当时的政治局面却不那么明朗,面对错综复杂的政治局面,她力挽狂澜,显示出了非凡的政治天赋。但她的消极面也比较突出,为了巩固自己的地位,她任用酷吏,培养党羽,消灭异己,扶植亲信,实行告密和监刑的恐怖政策,甚至还杀死自己的二子一女。尤其在她统治晚期,政治日益腐败,形成了一批以武氏为核心人物的新的特

无字碑 唐
武则天墓前无字碑,在今陕西扶风县乾陵。

权贵族。她统治期间还失去了安西四镇，缩小了国家版图。她在宫中还养男宠，生活荒淫无度。在大量的历史文献描述中，武则天凭阿谀奉承的手段骗取高宗信任，从地位较低的"才人"爬到掌握大权的皇后，最后窃居皇位。女人做皇帝，违反了封建礼乐常伦，所以她死后将权力交出给了中宗。武则天深处这种封建思想的氛围中，也知道自己篡权夺位罪孽重大，碑文的褒贬对她来说，都是难事，所以她干脆决定立"无字碑"，是非功过任由后人评说吧。

第三种说法为"左右为难说"。武则天死后，想到自己与唐高宗合葬，无论是称呼自己是皇帝还是皇后，都很难落笔。她的儿子唐中宗李显也觉得如果褒扬武则天，碑文刻上"大周天册金轮圣神皇帝"，作为李唐子孙感情上是很难接受的；如果贬低而刻上"则天大圣皇后"，而历史上武则天又的的确确做过16年的"大周"皇帝，这也不妥。中宗思前想后，左右为难，所以干脆"一字不名"让后人评说吧，自己也不愿冒篡改历史的罪名。

武则天立"无字碑"为后世出了难解之谜，让世人为之猜测揣摩。有碑无文，不如说无文胜有文，成为趣谈。一千多年来，至今依然难明其中真相。

乾陵石人像为何没有脑袋

所谓乾陵中的无头石人像，是指排列在乾陵朱雀门两侧的石人群像。东边有29尊，西边有32尊，每尊石人像都与真人一样大小，看打扮好像是来自异域他邦的外国使臣，只是他们的头颅全部不翼而飞。

那么，为什么石人像上的头都神秘失踪了呢？对于这个谜题，人们是仁者见仁、智者见智。有的人认为，那是八国联军干的好事。他们看见这么多个外国使臣竟然这么恭恭敬敬地守立在中国皇帝面前，感到是奇耻大辱，于是乒乒乓乓把石像头都砸了个稀巴烂。可是史书上并没有提八国联军来过这里！

还有人根据文献记载，认为在明朝末年，乾县大面积流行一种可怕的瘟疫，死者不计其数。老百姓中普遍有种看法，认为是乾陵中的这些外国使臣和洋人在作怪，只有让他们的脑袋搬家，才能拯救整个县。于是大家就商量着把所有石人像的头都敲碎了。

在明朝人李梦阳笔下还有这样一个故事，说乾陵的石人在太阳落山后都纷纷变成妖怪为害人间，在村里践踏田地，贪吃猪牛，无恶不作。老百姓气不过，抢起锄头把石像头都给砸了。

还有一种说法，极富现代眼光，认为后人觉得这些石人像肯定是价值连城的宝贝，就想方设法把这些石人像的头给弄下来了。

总之，乾陵石人像为何好端端地没有了头？那些石人像头到底哪里去了？或许，在不久的将来，这个谜就能大白于天下。

杨贵妃生死之谜

杨玉环和西施、王昭君、貂蝉并称中国古代四大美女。17岁时,她被选为唐玄宗之子寿王李瑁的妃子。开元二十八年(公元740年)十月,风流天子唐玄宗到骊山温泉宫游玩时,被杨玉环"回眸一笑百媚生,六宫粉黛无颜色"的美貌吸引。天宝四载(公元745年)八月,正式册立杨玉环为杨贵妃。从此,唐玄宗沉溺于杨贵妃的姿色风情中不能自拔。天宝十四载(公元755年),安禄山以诛奸相杨国忠为借口,突然在范阳起兵,惊破了唐玄宗与杨贵妃的美梦。在西逃途中,唐玄宗无奈,只得与杨贵妃诀别,命高力士将杨贵妃勒死在马嵬坡。不过,有传闻说,杨贵妃并没有死于马嵬驿,而是流落民间,还有人说她逃亡到了日本,难道杨贵妃真的没有死?如果死了,又葬于何处?

杨贵妃死于何处,是怎么死的

如果杨贵妃确实在安史之乱中死去,那么她究竟是怎么死的呢?一种说法是,杨贵妃被缢死于马嵬驿佛堂。《旧唐书·杨贵妃传》载,禁军将领陈玄礼等杀了杨国忠父子后,认为"贼本尚在","后患仍存",请求再杀杨贵妃以除后患。唐玄宗百般无奈,与杨贵妃诀别,"遂缢死于佛室",葬于马嵬坡前。《资治通鉴·唐纪》中继承了这一说法,记载唐玄宗是命太监高力士把杨贵妃带到佛堂缢死的。还有一种说法认为,并非缢死于佛堂,而是佛堂前的梨树下。比如李肇在《唐国史补》中说:"玄宗幸蜀,至马嵬驿,命高力士缢杨贵妃于佛堂前梨树下,马嵬店媪收得锦靿一只,相传过客每一借玩,必须百钱,前后获利极多,媪因至富。"北宋传奇作家乐史的《杨太真外传》也记载,唐玄宗与杨贵妃诀别时,她"乞容礼佛"。高力士遂缢死杨贵妃于佛堂前的梨树之下。明确指出杨贵妃不仅被缢死马嵬驿梨树下,还有遗失的锦袜作证,拾袜的老板娘还因此大发横财。唐史学家陈鸿的《长恨歌传》也记载,杨国忠被处决后,"左右之意未决。上问之,当时敢言者,请以杨贵妃塞天下怨。上知不免,而不忍见其死,仅袂掩面,使牵之而云,仓皇展转,竟就死于尺组之下"。但是对于杨贵妃死于梨树下的观点,由于白居易在《长恨歌》中有赞美杨贵妃"梨花一枝春带雨"的诗句,陈寅恪在《元白诗笺证稿》中指出:"所可注意者,乐史谓妃缢死于梨树之下,恐是受香山(白居易)'梨花一枝春带雨'句之影响。果尔,则殊可笑矣。"北宋乐史的说法主要来自《唐国史补》,而李肇的说法恐怕很可能是直接受《长恨歌》的影响而来。不过,这些史书都明确记载杨贵妃不管是被缢死于佛堂内,或者在梨树下,总之都认为是死于马嵬驿。这一说法,也为日本一些著名学者所认可,比如日本汉学家井上靖,在收集了大量史实的基础上,写了《杨贵妃传》

□ 历史悬案

一书,把这位传奇人物的悲欢离合,描写得淋漓尽致。关于杨贵妃的死,他的观点与中国历代学者观点一致,认为是被缢死于马嵬驿,而且还细致描写了杨贵妃被赐死前的态度。

但也有的学者认为杨贵妃并非死于马嵬驿佛堂或梨树下,而是死于当时的乱军之中,这可算是杨贵妃之死的第二种说法。这一说法的主要依据是一些唐诗的描绘。比如至德二载(公元757年),杜甫在叛军占据的长安城作了《哀江头》一诗,其中有"昭阳殿里第一人,同辇随君侍君侧""明眸皓齿今何在,血污游魂归不得"的句子,有人认为诗中暗示了杨贵妃并非被缢死于马嵬驿,因为如果是缢死了,不可能有血迹,何来"血污"之说。李益所作七绝《过马嵬》和七律《过马嵬二首》中有"托君休洗莲花血"以及"太真血染马蹄尽"等诗句,描绘出的都是杨贵妃为乱军所杀、死于兵刃之下的情景。白居易在《长恨歌》中也有"君王掩面救不得"之句,既然"救不得",如何还有被赐死的可能呢?分明是被乱军所杀。晚唐杜牧《华清宫三十韵》中的"喧呼马嵬血,零落羽林枪";张佑《华清宫和杜舍人》的"血埋妃子艳";温庭筠《马嵬驿》的"返魂无验表烟灭,埋血空生碧草愁"等诗句,也都认为杨贵妃是血溅马嵬驿,并非被缢死。试想,在当时的情况下,军士群情激昂,处于失控状态,加之认为杨贵妃是"贼本",因而在诛杀杨国忠的情况下,再乱刀砍死杨贵妃也并非没有可能。但是这一说法也历来为人质疑,因为所谓诗歌难免带有夸张、比兴、铺陈的创作手法,有着明显的文学色彩,并非为史实的实录,不足为据。再说这些诗人也不是马嵬驿事件的见证人,以讹传讹的可能性极大。

还有一说,认为杨贵妃是吞金而死。中唐刘禹锡在《马嵬行》一诗中曾这样写道:"绿野扶风道,黄尘马嵬行,路边杨贵人,坟高三四尺。乃问里中儿,皆言幸蜀时,军家诛佞幸,天子舍妖姬。群吏伏门屏,贵人牵帝衣,低回转美目,风日为天晖。贵人饮金屑……平生服杏丹,颜色真如故。"这首诗中,明确指出杨贵妃为吞金而死。陈寅恪曾对此说法颇感新奇,但在所著的《元白诗笺证稿》中提出质疑,他认为刘禹锡所作《马嵬行》一诗,是流于"里中儿"的传言,所以会有很多说法。但是,陈寅恪也没有排除杨贵妃在被缢死之前,也有可能吞过金,所以才为"里中儿"所传说。

总的来说,杨贵妃被缢死于马嵬驿佛堂,为正史所载,可信性较大。但是由于年代久远,史料记载多有分歧,杨贵妃究竟是死于佛堂或者梨树下,抑或是被乱军杀死或者吞金而亡,恐怕难

杨玉环像 清
杨玉环是唐玄宗最为宠爱的妃子,她天资聪颖,能歌善舞,为中国历史上四大美女之一。天宝年间,因安禄山叛乱,玄宗率军逃至马嵬驿,禁军将领要求杀杨贵妃以息众怒。然而若将大唐的衰败归咎于杨贵妃,难免有偏颇。

以说得清楚。不过,以上所说无疑都证明杨贵妃确实是死了,那么她死后葬于何方呢?

杨贵妃葬于何方

根据《旧唐书》记载,由于当时正在西逃途中,事起仓促,杨贵妃死后只是用紫褥包裹,葬于驿道西侧,时年 38 岁。也就是说连口棺材也没有,只是拿褥子裹在尸体上,草葬于大路西侧,随后唐玄宗就起驾向西继续逃亡去了。唐玄宗走了以后,当地流传有一种掘墓观美人说法,事实如何,不得而知。不过,据史料记载,西逃第二年,唐玄宗回銮时(当然此时他已经是太上皇),曾经下令,将杨贵妃的遗体改葬。但是据《旧唐书》记载,宦官启开坟墓后,却发现杨贵妃的尸体已经没有了,坟中只剩下一个香囊,于是也只能把香囊献给太上皇了。从杨贵妃死到改葬,中间只隔了一年半的时间,尸体不可能全部腐烂,连骨头都没了。因此,这一记载难免令人生疑:这里边究竟有没有埋过尸体?白居易《长恨歌》也证实:"马嵬坡前泥土中,不见玉颜空死处。"可见在唐时就已普遍认为杨贵妃并未葬在马嵬坡。那么杨贵妃究竟被埋在哪儿了呢?

要回答这个问题恐怕也不那么容易,因为现存的杨贵妃墓地就有四处之多。一处是在今天陕西兴平县马嵬镇西。近年来,经过当地政府修葺后的坟墓为一半坡上的小陵园,大门顶额上横书有"唐杨氏贵妃之墓"七字,进入园内,正面是一座三

明皇幸蜀图　唐　李昭道
此图描绘唐玄宗为避安史之乱而行于蜀中的情景,画中山石峻立,着唐装的人物艰难行于途中。

间仿古式献殿，献殿后面是坟冢，高3米，封土四周砌以青砖。之所以砌以青砖，还盛传一种说法：埋过杨贵妃的坟虽然时日不长，坟土却细腻光滑像擦脸的粉一样，并且奇香无比，所谓"此地纵千天，土香犹破鼻"。而且妇女用杨贵妃墓上的土搽脸，可以去掉脸上的黑斑，使面部肌肉细腻白嫩，其墓土也因此被称为"贵妃粉"，远近妇女争相以土搽脸，连外地游人至此，也要带包墓土回去。于是墓堆越来越小，守墓人不断给墓堆添土，但不久又被人挖光，为了保护坟墓，只好用青砖将其包砌。当然，这只是传说而已。杨贵妃墓前有一石碑，上刻："唐玄宗贵妃杨氏墓"。围绕墓的周围有三面回廊，上嵌大小不等的石碑，刻有历代名人游后的题咏。如上所述，唐玄宗回銮时，曾密令人将杨贵妃迁葬。由此看来，该墓是原来的墓，还是迁葬后的墓，或者说不定就是杨贵妃的衣冠冢呢，这一切也都是未可知。如今，在杨贵妃墓后的半坡上，还修有一亭，亭边用洁白的汉白玉雕了一尊高近3米的杨贵妃站像。雕像表情凝重，目光向下，若有所思，若有所悟……

另外，在日本山口县大津郡的久津渔村二尊院，保存有相传为杨贵妃墓的一座五轮塔。在久津二尊院里还供奉着释迦牟尼和阿弥陀佛两座立像，传说是唐玄宗为了安慰杨贵妃而特意送到日本来的，现已被日本列为重点保护文物。这在后面还要介绍，这里不再赘言。

2005年9月，四川大学的蔡正邦等学者提出了一种杨贵妃葬地的全新说法。他们从多个方面论证杨贵妃死后并未葬在马嵬坡，而是葬于四川省崇州市的三郎镇。从史料上看，《资治通鉴》曾载，唐开元二十三年，"朋故蜀州司户杨玄琰女（杨玉环）为寿王妃"；"杨钊（杨国忠），杨贵妃之从祖兄也……从军于蜀得新都尉……杨玄琰卒于蜀，钊往来其家"。他们认为这一记载说明杨贵妃的父亲曾在蜀地为官，并且死后家人留于蜀中，所以杨国忠才会"往来其家"。因而杨贵妃出生于蜀州，而蜀州即今天崇州市的古称。另外，《唐书》载，"贵妃缢路祠下，课尸以柴茵，瘗道侧，帝至蜀密遣使具棺椁葬焉"；而日本井上靖在所著的《杨贵妃传》中叙述，"（唐玄宗）即派敕使祭祀杨贵妃……悄命宦官将杨贵妃遗体移葬别处"，这说明杨贵妃虽死在马嵬坡，但遗体却曾被迁葬。另外从资料看，杨贵妃喜爱多汁水果，并且喜欢香辣味，这与蜀中人相似。在《马嵬方志》中记载，杨贵妃死前嘱托，入宫后常思念故乡蜀州的佳山秀水，请求死后归葬于翠围山中。从这些记载看，杨贵妃死后，唐玄宗听从其意，将她移葬到蜀中的可能性极大，而蜀中山水最佳的地方莫过翠围山。蔡正邦在对崇州市三郎镇进行实地调查时，还发现翠围山中还残留有"大唐天宝"字样的石碑。据说，多年前，崇州市收藏家陈忠仁曾在翠围山附近遇见两个盗墓者，向他出售唐代五爪金龙黄袍和五彩凤凰二马裙，"丝绸保存得当，千年不朽"。唐代丝绸保存到现在是完全可能的，而黄袍和凤裙，非帝王家不能拥有，而唐朝和翠围山有瓜葛的就只有杨贵妃一人。他们还从翠围山兽医马少君家听到一个世代相传的故事："杨贵妃墓就在翠围山中。"蔡正邦还从人文地理方面进一步论证说，杨贵妃墓应在三郎镇南面，墓北正对长安，正印证了古时合魂归里，面对"三郎""皇宫"的意思。他甚至认为，三郎镇的名称也与杨贵妃有关。

由于唐玄宗排行老三,三郎是杨贵妃生前对他的昵称,唐玄宗缢杀杨贵妃后,心中有愧,就改镇名为三郎镇,长伴妃墓,以求得心理平衡。并且三郎镇还有一个九龙沟,龙被喻为天子,即皇帝,这与凤栖山也恰好对应。不过,这种说法虽然论证充分,也有合理之处,但只是一家之言,也多有牵强附会之处,事实究竟如何,还需要进一步挖掘和论证。

中国台湾学者魏聚贤甚至在《中国人发现美洲》一书中声称,他考证出杨贵妃并未死于马嵬坡,而是被人带往遥远的美洲,因而杨贵妃死后也就自然葬于美洲了。不过这一说法太过于渺茫,也就不好论辩了。

如果没有死,流落何方

如果真如前文所述,在日本或者在美洲真有杨贵妃的墓,那就说明杨贵妃根本就没有死于马嵬驿。史学界也真有人做此判断,认为当时只是赐死了一个宫女当作替身,以假乱真罢了,实际上杨贵妃只是被贬为庶人,流落于民间。我国著名红学家俞平伯就持这种观点。他在《论诗词曲杂著》中对白居易的《长恨歌》和陈鸿的《长恨歌传》做了考证。认为如果以"长恨"为篇名,写至马嵬驿已经足矣,何必还要在后面假设临邛道士和玉妃太真呢?因而认为其分明暗示,杨贵妃没有死于马嵬驿,并且诗中明言唐玄宗"救不得",怎么可能会有正史所载赐死的旨意呢?因此,当时决不会被赐缢死。陈鸿的《长恨歌传》所言"使人牵之而去",是说杨贵妃被使者牵去藏匿远地了。白居易《长恨歌》说唐玄宗回銮后要为杨贵妃改葬,结果是"马嵬坡下泥中土,不见玉颜空死处",连尸骨都找不到,这就更证实杨贵妃未死于马嵬驿。特别是,陈鸿作《长恨歌传》时,唯恐后人不明,特为点出:"世所知者有《玄宗本纪》在。"而"世所不闻"者,今传有《长恨歌》,这分明暗示杨贵妃并未死,而只是流落到了民间。

与上面观点相仿,有人认为实际上杨贵妃出家当了女道士。这种说法的依据也主要是白居易的《长恨歌》:既然"马嵬坡下泥中土,不见玉颜空死处",说明杨贵妃并没有死。后来唐玄宗又派遣方士四方寻找,"上穷碧落下黄泉,两处茫茫皆不见",认为白居易实际上暗示杨贵妃没有香消玉殒、命丧黄泉,而是流落到了"玉妃太真院"当了女道士,而唐时的"女道士院"实质上与青

杨贵妃观音像

民间传说杨贵妃并未死于马嵬驿,而是东渡扶桑。时至今日,日本许多地方都有关于杨贵妃的文物,这尊杨贵妃像便是其中之一。杨贵妃东渡日本的传说或许是人们的一种美好愿望。

□历史悬案

华清宫

华清宫位于今陕西省临潼县骊山北麓的华清池畔,自秦汉以来,历代多次修葺增建。

楼无疑,从而认为杨贵妃沦落风尘,入了青楼。也因此,唐玄宗才"此恨绵绵无绝期",悔恨难当,无以言表。不过这两种观点都带有臆测和断章取义的嫌疑,都没有有力的证据为依托,并且白居易的《长恨歌》只是文学作品,难免会带有作者自己的想象和创造,虽然包含有一定史实,但拿来作为杨贵妃没死的论据,毕竟勉强。

还有一种说法,杨贵妃没有死于马嵬驿,而是逃亡到了日本。俞平伯在论证杨贵妃没有死于马嵬驿的基础上,还进一步论证她几经周折,逃到了日本,随她一起出逃的还有杨国忠的儿媳及孙子杨欢。传说,杨玉环寓居日本时,还帮助日本天皇挫败过一起宫廷政变呢!至今日本还有两座杨贵妃墓。在日本民间和学术界有关杨贵妃逃到日本的种种说法,广为流传。其中一种说法是这样的:当时,在马嵬驿被缢死的,乃是一个侍女。禁军将领陈玄礼怜惜杨贵妃貌美,不忍杀之,于是与高力士合谋,以侍女代死。高力士用车运来杨贵妃尸体,查验尸体的便是陈玄礼,因而使这一金蝉脱壳之计成功。然后,陈玄礼的亲信护送杨贵妃南下,到了现在上海附近,漂洋过海到达了日本久谷町久津,并在这里颐养天年,直到逝世。传说,安史之乱平定后,唐玄宗曾派方士出海寻找。在久津找到杨贵妃后,方士还将唐玄宗所赠的二尊佛像交给了她,杨贵妃则赠玉簪作为答礼。这二尊佛像现在还供奉在日本的久津院内。日本历史学家邦光史郎在《日本史趣事集》中也言之凿凿地说,杨贵妃最终死于日本,葬在久津的二尊院内。至今当地还保存有相传为杨贵妃墓的一座五轮塔。

日本《中国传来的故事》(1984年《文化译丛》第5期)一文中则记载道:"唐玄宗平定安禄山之乱,回驾长安,因思念杨贵妃,命方士出海搜寻,至久津向杨贵妃面呈唐玄宗佛像两尊。杨贵妃则赠玉簪以为答礼,命方士带回献给唐玄宗。虽然互通了消息,但杨贵妃未能回归祖国,在日本终其天年。"1963年,有一位日本姑娘甚至向电视观众展示了自己的一本家谱,煞有介事地声称自己就是杨贵妃的后人。

日本著名影星山口百惠，也自称是杨贵妃的后裔。如今的久津渔村，更以"杨贵妃之乡"而闻名。

在日本的杨贵妃墓附近，除了墓上的五轮塔外，还供奉着一尊造型优美的杨贵妃塑像。有关学者在此调查中发现，杨贵妃墓前有二块木板，一块是关于五轮塔的说明，一块是关于杨贵妃的说明，上面写着："充满谜和浪漫色彩的杨贵妃之墓——关于唐六代唐玄宗皇帝爱妾杨贵妃的传说"。调查发现这里的人们对杨贵妃有着特殊的感情，好像杨贵妃就是他们这个地方的人一样。甚至有人说杨贵妃在这儿还有后代，后代姓八木。

他们一直坚信一个古老的传说：当年杨贵妃在安史之乱的形势下，被逼无奈乘坐"空舻舟"飘在海中，经过漫长时日听天由命地漂泊，由于海流的作用，漂到了日本一个叫作"唐渡口"的地方，这里便是如今日本山口县的久津。杨贵妃死后，村人合力将其葬于隔山望海的地方。这里的日本人至今仍喜欢到杨贵妃墓朝拜，说这样做可以得到漂亮可爱的孩子。

2005年，著名作家叶广芹，在对日本"杨贵妃故乡"久津进行了大量调查的基础上，结合史料进行分析后，发表了《杨贵妃下落之谜》的演讲文。对杨贵妃在刀光剑影中，如何逃亡日本进行了详细的论述。她首先实地考察了日本久津的杨贵妃墓和二尊塔，向当地的百姓询问相关情况，并到"唐渡口"实地看了回流情况，还看了日本记载的有关杨贵妃逃往日本的记录。最后论述了杨贵妃逃亡日本的可能。按她的解释，杨贵妃最后能远逃日本，主要基于以下四个要素：第一，杨贵妃本人待人还算厚道，在宫中并没有得罪什么人，大家对她还是很有感情的；第二，杨贵妃得到了当时处于调节唐玄宗和军队各方面关系的前夫李瑁的帮助；第三，得到高力士的大力帮助，当初就是高力士设计让杨贵妃先当道士，后成为唐玄宗的杨贵妃，所以他不可能勒死杨贵妃；最后，关键一点是她得到了时任鸿胪卿的侄儿杨暄的帮助。由于鸿胪卿相当于外交部长的官职，杨暄与日本遣唐使交情深厚。杨贵妃可能沿着傥骆道从骆驿口进来，洋县出去，沿着汉江南下，然后到长江，再往南到海边，最后在日本遣唐使的帮助下到达了日本。她也表示这只是一种说法，中国正史的记录和日本的记录谁是谁非，谁也说不清。

由上述可见，随着时间的推移，关于杨贵妃之死的传说也就越来越生动、越来越具体，不过离开史实也就越来越远，戏说的成分也就越大。这其中反映出了随着时代的推移人们对杨贵妃之死的同情和一种重新的认识，也不排除在当今形势下，人们大打杨贵妃牌，借杨贵妃的声誉，来活跃旅游业。

总的说来，杨贵妃被缢杀于马嵬驿的史料是比较翔实的，且已得到公认。然而，杨贵妃出逃当女道士和逃往日本的说法，也言之成理、证之有据，似乎也不能轻易否定。至于事实如何还需假以时日，看能不能有更加有力的考古发现或者有关证据的出现。

宋太宗即位之谜

宋太宗（公元939～997年），北宋第二位皇帝（公元976～997年在位），在位22年，享年58岁，是宋太祖赵匡胤的亲弟弟。宋太宗本名赵匡义，为了避赵匡胤"匡"字讳，曾改名赵光义。在宋代历史上，宋太宗算得上是一个有作为的皇帝，因为他勤于政务，关心民生，所以死后谥号神功圣德文武皇帝。不过，这位英明君主，在野史记载中也有见不得人的污点，说他有弑兄篡位的嫌疑。

今天的史学者，围绕这一记载和正史中的种种说法，形成了两种截然不同的观点，一种认为是宋太宗"弑兄篡位"，夺取了哥哥的江山；一种认为宋太祖之死与他没有关系，他的继位合于情理。那么事实究竟如何呢？

斧声烛影中杀兄夺位吗

开宝九年（公元976年）十月二十日，"上御太清湖以望气……召开封王，即太宗也。延入大寝，斟酒对饮。宦官宫妾悉屏之，但遥见烛影下，太宗时或避席，有不可胜之状。饮讫，禁漏三鼓，殿下雪已数寸。太祖引柱斧戳雪，顾太宗曰：'好做，好做。'遂解带就寝，鼻息如雷。是夕，太宗留宿禁内，将五鼓，伺庐者寂无所闻，太祖已崩矣。太宗受遗诏，于柩前即位。逮晓登明堂，宣遗诏罢，声恸，引近臣环玉衣以瞻圣体，玉色莹然如出汤沐"。

这就是宋朝初年文莹和尚著的《湘山野录》一书关于斧声灯影的记载。斧声灯影之所以引人关注，就因为事情如此发展于情于理多有不合：正值盛年的太祖突然驾崩于"万岁殿"，并且未传位于两个儿子，而由弟弟赵光义继承大统。人们于是产生疑问：斧声烛影中，是太祖力劝弟弟继任大统，还是光义谋杀病中的哥哥篡位？

《湘山野录》关于"斧声烛影"的记载于是成了宋太宗弑兄篡位和后人对其即位合法性怀疑的直接证据。除此之外，后人还找出另外一些太宗可能弑兄篡位的证据。

《宋史·太祖本纪》中对太祖之死的记录就有不少疑点。该书对太祖的死只简略地说："癸丑夕，帝崩于万岁殿，年五十，殡于殿西阶。"根本没有说明猝死原因。太祖无病无恙怎么就突然崩逝于"万岁殿"呢？这难免让人怀疑。毛泽东在评点《宋史·太祖本纪》时，也曾对此批注："不书病，年五十？"所以，后人认为太祖猝死，是个历史疑案，而太宗此夜"留宿禁内"，且有"斧声烛影"之说，其弑兄篡位的嫌疑明显。

南宋遗民徐大绰在所著《烬余录》中更是直接写道，赵光义对归降的后蜀主孟昶的妃子花蕊夫人费氏垂涎已久。可是，孟昶去世后，宋太祖将花蕊夫人纳为己妃。后来，太祖因病卧床，半夜时赵光义叫他，见他不答应，便乘机调戏花蕊夫人，但

"太祖觉，遽以玉斧砍地。皇后、太子至，太祖气属缕"，赵光义慌忙逃回自己的王府，次日太祖驾崩。从这段叙述来看，赵光义好像是在皇宫陪伴患病的太祖，并趁他昏睡不醒，想乘机调戏钟情已久的花蕊夫人，但被太祖发觉，可能是他盛怒之下欲砍赵光义，由于病体虚弱，力不从心，反而被赵光义砍伤。等皇后和太子闻声赶到之时，赵匡胤已气息奄奄了。

太祖是病怒交加而死，还是为赵光义所害？尚难下断语。

另外，从太宗继位的过程来看，也大有可疑之处。据司马光的《涑水纪闻》记载，"太祖初晏驾，时已四鼓，孝章宋后使内侍都知王继隆（按：其他书籍上作王继恩）召秦王德芳；继隆以太祖传位晋王之志素定，乃不召德芳，径趋开封府召晋王。见医官程德玄坐于府门……乃告以故，扣门与之俱入见王，且召之。王大惊，犹豫不敢行，曰：'吾当与家人议之。'入久不出，继隆促之曰：'事久，将为他人有。'遂与王雪下步行至宫门，呼而入……俱进至寝殿。宋后闻继隆至，曰：'德芳来耶？'继隆曰：'晋王至矣。'后见王愕然，遽呼官家曰：'吾母子之命，皆托于官家。'王泣曰：'共保富贵，无忧也。'"这段记载与文莹《湘山野录》中说，"是夕，太宗留宿禁内"不同，而是说赵光义当夜回到了自己的府中，是在半夜由宦官王继隆和心腹程德玄陪同下一同前往宫中的，似乎证明赵匡胤崩逝之时，他根本不在现场，与"斧声烛影"无关。即使如此，也不免让人怀疑，宦官王继隆何以知道"太祖传位晋王之志素定"，平时有诏书吗？他是"金匮之盟"的见证人吗？宋后命他去召秦王德芳，为何竟敢擅作主张？程德玄怎么这么巧也到了晋王府？至少，这段记述明确表明，宋后召的是秦王赵德芳，即太祖小儿子，而并非赵光义。只不过赵光义先于诸王子，抢先进了皇宫。再说，假如太祖已经明确传位于赵光义，他又何必"犹豫不敢行，曰：'吾当与家人议之'"。这话从何说起？宦官王继隆又说："事久，将为他人有。"又说明了什么？司马光的这段记载，显然考虑到了为尊者讳，有意为太宗开脱，但是这些含糊其词的记载，是否又暗示了什么呢？

《宋史·太宗本纪》中在肯定宋太宗是贤君的同时，明确指出了四点非议："若夫太祖之崩不逾年而改元，涪陵县公之贬死，武功王之自杀，宋后之不成丧，则后世不能无议焉。"用白话来说，就是后代人难免对太宗有以下四点不解：其一，太祖去世后，他荣登皇位，为何不尊惯例次年改用新年号，而是连仅剩的两个月也来

宋太祖赵匡胤像

宋太祖赵匡胤（927—976年），涿州（今属河北）人，生于洛阳（今属河南）。后周显德三年（956年），积功至殿前都指挥使，拜定国军节度使。七年初，发动陈桥兵变，建立宋朝，改元建隆。

不及等待，就迫不及待地将开宝九年改为太平兴国元年呢？他如此急于改弦更张是不是心怀鬼胎，想以此先入为主，造成不可逆转的既成事实？这难免让人生疑。其二，赵光义的弟弟赵光美，既然是"金匮之盟"中"兄死弟及"的又一皇位继承人，为何赵光义继位后，先任命其为开封尹兼中书令，封齐王，后来却将这位因避讳而改名为廷美的弟弟莫名其妙地剥夺了王位，贬为涪陵县公，导致其不久就抑郁而死呢？其三，太宗继位后，曾封为节度使和武功郡王的太祖儿子德昭，为何征讨北汉之后，好意规劝太宗信守诺言，奖励出征的有功将士，太宗非但不听，居然说："待汝自为天子，赏未晚也！"德昭由此感到自己受到了极大的猜忌和防范，性命早晚难保，回家后自刎而死。这种行径，无异于逼其自杀。一年之后，太祖年仅23岁的幼子德芳，也神秘地暴病身亡。人们由此不免怀疑"共保富贵，无忧也"的诚意。其四，太宗曾经把皇嫂宋后加封为"开宝皇后"，但其死后，却不按皇后礼仪发丧，这又是为什么呢？所以"察其言，观其行"，太宗根本没有兑现"共保富贵"的诺言，只看到他斩草除根，逐一消除了皇位竞争中的最后隐患。以上四点的出现，难道全部出于偶然？

最后，我们再听听宋朝民间的声音。由于宋太祖暴死，五六年内两个儿子也不明不白地丧生，当时，民间就流传有各种版本的太祖神秘暴死和因果报应的故事。除"斧声烛影"之外，还有"宋太祖转世为斡离不，灭北宋，杀太宗子孙几尽"的传说。其中还有一个颇有影响的说法是这样的：宋太宗弑兄篡位，大逆不道，丧尽天良。由于其得位不正，导致北宋末年，半壁河山被占，钦、徽二帝被掳，宋太祖借金太宗完颜晟之手，报了是夜刀斧之仇。值得注意的是，宋太宗的后世子孙似乎也相信此说不假。南宋高宗赵构，因为他没有儿子，大臣们曾就皇位继承一事议论纷纷，多认为太祖是宋朝创造者，应该在他的后代中选择皇位继承人。对这种含沙射影之言，高宗开始时严加斥责，但是，突然有一天，他彻底改变了主意。据说，是夜他做了一个奇怪的梦，梦见宋朝开国君主赵匡胤带着他，逆转时光，回到当日的"万岁殿"，让他看了那夜"斧声烛影"的全部情景，并且说："你只有把皇位传给我的子孙，国势才可能有一线转机。"也许梦境之说，纯属后人附会，但是高宗传位于宋太祖后代却是事实。高宗最终找到了宋太祖的七世孙赵慎，并把皇位传给了他。这时距离"斧声烛影"之夜，已经有187年。我

宋太宗像
中国历史上为争夺皇位而残杀亲兄弟的事件屡屡发生，宋太宗也没能逃脱残害手足的嫌疑。

们也难免惊诧,宋高宗这一举动是否含有认识并承认了自己先祖的罪孽,并通过自己的努力,向宋太祖及其子孙偿还了亏欠的历史孽债的意思呢?当然,也可能太祖子孙继承南宋江山只是历史的巧合,这种因果报应之说只是后人附会而来。但是这些民间流传的故事,不也在某种程度上反映着历史的真实?

金匮之盟的真伪

前文多处提及的金匮之盟也是太宗即位的关键所在。围绕金匮之盟,学者们各执一词,有的认为确有金匮之盟,有的则认为那只不过是太宗为了稳固自己的统治在几年后的欺世盗名的杜撰而已。

据《杜太后传》记载:"建隆二年,太后不豫,太祖侍药饵不离左右。疾亟,召赵普入受遗命。太后因问太祖曰:'汝知所以得天下乎?'太祖呜咽不能对。太后因问之,太祖曰:'臣所以得天下者,皆祖考及太后之积庆也。'太后曰:'不然。正由周世宗使幼儿主天下耳。使周氏有长君,天下岂为汝有乎?汝百年后当传位于汝弟。四海之广,万机至众,能立长君,社稷之福也。'太祖顿首曰:'敢不如教。'太后顾谓赵普曰:'尔同记吾言,不克违也。'命普于榻前为约誓书,普于纸尾书'臣普书'。藏之金匮,命谨密宫人掌之。"

这就是历史上有名的"金匮之盟"。

关于金匮之盟,《宋史纪事本末》《续资治通鉴》及《续资治通鉴长编》也有类似的记载,只是言语上稍有些出入。但是由于年代久远,"金匮之盟"的真伪,很值得怀疑。因为从当时的情况看,杜太后去世的时候,赵匡胤年仅34岁,正当壮年,这时他的儿子德昭已经14岁,即使太祖三五年后去世,也不会出现后周世宗遗下7岁孤儿继承大统,造成群龙无首的危险局面。在这种背景下,杜太后怎么会做出有悖封建社会"嫡长子继承制"常理的决定,而说什么"汝百年后当传位于汝弟"的"金匮之盟"呢?退一步说,假定真有"金匮之盟",且"藏之金匮,命谨密宫人掌之",那么,太祖去世后,赵光义就应该立即拿出来,正大光明地宣示天下,说服众人。为何直到5年后,才在众论哗然的情况下,如梦初醒般地记起这件事来,并煞有介事地列举证人,公布誓约。因此,这难免让人怀疑,所谓的"金匮之盟"只是出于政治需要,太宗才伙同赵普伪造而来,以达到掩人耳目,为自己继位"正名"的目的。

对"金匮之盟"的可信性也有许多学者持肯定态度。从背景来看,北宋政权是通过陈桥兵变得来的,赵匡胤能够黄袍加身,主要在于后周时期典兵将领权势过重,赵匡胤大权在握;另外后周恭帝年龄太小不能控制局面,从而使赵匡胤有机可乘,取而代之。杜太后亲身经历过五代,面对五代君主13人,在位超过十年者无一,有7人死于非命这样一个王朝更替频繁、"你方唱罢我登场"的混乱局面,杜太后凭什么能够自信宋太祖就可以摆脱"宿命",而不像周世宗那样英年早逝、最终导致幼主执政失国呢?加之宋朝初建,国基不稳,成为又一短命王朝的可能性很大。再者,虽然当时太祖正值壮年,身体无恙,但是政治变化无常,"人有旦夕祸福",谁敢保证他就不会暴死，不会被人杀掉。假如真的这样，只有十余岁的德昭能应付这样的局面吗？而在这种情况下，具有丰富政治经验的赵光义无疑是最佳的继位人选。《宋史·后妃传》上也明确记载杜太后得知赵匡胤当上皇帝时，不但没有什么喜悦，反而语重心长地告诫他"吾闻为君难，天子置身兆庶之上，若治得其道，则此位可尊，苟或失驭，求为匹夫不可得，是吾所以忧也"。在这种背景下，杜太后以史为鉴，打破"嫡长子继承制"的固定模式，由年长者为君，以确保赵氏万年江山，是完全符合当时的时代背景和客观实际的。近代以来，有人否定"金匮之盟"，认为是宋太宗的伪造，毕竟都没有强有力的证据来证明其是伪造的，很可能是"嫡长子继承制"的固定模式在作祟，并由此而否定"金匮之盟"的可能性。综上所述，"金匮之盟"具有存在的条件和背景，其可能性极大。进一步来看，假设没有"金匮之盟"的誓约，宋太祖当时尚存两子，为何不立太子呢？

当然，宋人王禹偁在《建隆遗事》中记载有太祖立太子一事："上将晏驾，前一日，遣中使急召宰相赵普、卢多逊入宫，见于寝阁……普等复曰：陛下艰难创业卒至升平，自有圣子当受命，未可议及昆弟也。臣等恐大事一去，卒不可还。陛下宜熟计之。"这是见到的唯一商议立太祖之子的资料，但查证史实可知，赵普于开宝六年（公元973年）八月被罢相，出镇河阳，不可能在太祖临终时被召入宫并谈及继承人的问题。而且史料中也从没有记载太祖驾崩前一日，有大臣建议立太子之事。由此可见其叙述之荒谬。事实上，终太祖一朝，正史上也未见有立太子一事。宋太祖从公元960年即位称帝，到公元976年驾崩，在位达17年之久，有两位皇子在世。假设没有"金匮之盟"，太祖为何不立太子呢？再说，按照封建王朝的传统，"太子，国之本也"，是封建王朝历代帝王都非常重视的一件大事，从历史上看，很多皇帝继位之初，就立下太子，比如在唐朝，公元618年5月，李渊称帝，"六月，立李建成为太子"；唐太宗立李承乾也是"太宗即位，为皇太子，时年八岁"，为何独宋太祖迟迟不能定夺呢？也有人认为可能是太祖当时年富力强，圣体康健，不会料到突然驾崩，所以才未来得及立太子。但是事实上太祖去世时已经50岁，这在古人绝非早逝，并且在位已经达17年之久，若沿古制，

太祖蹴鞠图　元　钱选
宋太祖自幼爱好武术，传至现今的太祖十八棍即由他所创，同时，他也爱好蹴鞠（踢球），常与弟太宗赵光义在宫内和宫人进行比赛。上行必下效，蹴鞠在宋代极为流行。

304

早该立下太子了。所以，说太祖突然崩逝或者说英年早逝，不是不立太子的充分理由。再从《宋史纪事本末》记载来看："燕懿王德昭字日新，母贺皇后，乾德二年出阁。故事，皇子出阁即封王。太祖以德昭冲年，欲其由渐而进，授贵州防御使。开宝六年，授兴元尹，山南西道节度使、检校太傅、同中书门下平章事。终太祖之世，竟不封以王爵。"另一皇子德芳也仅仅是在开宝九年被封为贵州团练使，这就是说，太祖在世时，授予两个皇子的职位都不高，离太子的地位还有很大距离。通过这些史实可以看出，太祖在世时根本就无意于立太子。那么太祖为什么不立太子呢？对此合理的解释就是皇位继承另有其人，金匮之盟不假，太祖已经决意由弟弟光义继任大统。

可是反对者对此还是颇有微词，他们说，假设真的有"金匮之盟"，太祖着意传位于弟弟赵光义，以免重蹈柴世宗之覆辙，那么赵光义即位后为什么还有那么多的异常之举呢？

比如，太宗即位后，对皇位更替中涉及的关键人物都大加封赏。任命其弟赵廷美为开封尹兼中书令，封齐王；德昭为节度使和郡王，德芳也封为节度使。太祖和廷美的子女均称为皇子皇女，太祖的三个女儿还封为公主。太祖的旧部薛居正、沈伦、卢多逊、曹彬等人都加官晋爵，他们的儿孙也因此获得官位。而一些太祖在世时曾加以处罚的人，都予以赦免。这难免让人猜疑，如此举动正是因为有难言之隐，不正之举，所以才广播皇恩，以稳定人心。除此之外，太宗更是注重培养和提拔自己的亲信，其开封尹时的幕府成员如程羽、贾琰、陈从信、张平等人都陆续进入朝廷担任要职，慢慢替换了太祖朝的大臣。尤其是他在位时期，第一次科举取士人数就是太祖朝最多时的两倍，当然科举取士使不少出身寒微的有才之士能够入仕，是一项很好的施政措施。不过，试想这些平步青云的"天子门生"无疑对太宗心存感激，甘心为其效力，从而太宗自然也能够把权力集中在自己手中，将整个朝廷逐渐变成服从自己的机构。此外，太宗还陆续罢黜了一批元老宿将如赵普、向拱、高怀德、冯继业和张美等，将他们调到京师附近做官，便于控制。太宗重用亲信，大规模地取士，让朝廷中的官职大换血，是否有让自己培养的人充当各种要职，即使朝野内外对太宗继位有所非议，也能大权在握无所顾忌呢？当然，所谓"一朝天子一朝臣"，太宗培养亲信的举动也许根本就无可厚非，毕竟每位皇帝登基后都会培养自己的亲信之臣，以稳固统治。这些论述无疑包含有后人先验性的有罪推论的影子。

合法继位吗

有学者认为，后世治史者大多乐于从考证"斧声烛影"的各个细节出发，来推断宋太祖死于非命，赵光义弑兄篡位，从而否定太宗继位的合法性。而"斧声烛影"仅仅是稗官野史的传闻，可信度究竟有多大呢？这种研究问题的出发点本身可能就是一个误区。要论证太宗继位的合法性，根本不能简单地从斧声烛影出发，以讹传讹，应该从"金匮之盟"的真伪、太祖兄弟的关系、太祖生前不立太子、太宗继位

□历史悬案

后各方的反应等方面来分析。此话确有道理。

从前面史料分析可以推断,太祖驾崩之日,赵光义确实来过宫中。但留宿与否是正史与野史的分歧所在。由于年代久远,史料记载如此,我们不好判断孰是孰非,但也不能偏执一词,就断定太宗是夜留宿宫里,此处只好存疑。并且,如果是夜太祖不豫,怎么可能如《湘山野录》记述太祖出殿"引柱斧戳雪"?宫女与宦官听不到二人谈话内容,怎么就单单听到太祖"柱斧戳雪声""好做,好做"以及"鼻息如雷"的声音呢?再说,如果真的是太宗杀死了哥哥,如"引近臣环玉衣以瞻圣体,玉色莹然如出汤沐"。既然野史者都知道太祖是被谋杀,太祖的儿女们能不知道吗?要知道,他们是最后装殓、守灵的人呀。他们怎么就没一点反应呢?退一步来说,就算是慑于太宗淫威,敢怒不敢言、怕祸及家人,可是后来太宗北伐辽失败后,赵德昭因向太宗进谏赏罚问题,太宗说了句"待汝自为天子,赏未晚也!"一句话就把德昭气得自杀身亡,由此看来赵德昭并非没有血性之人,如果真有不共戴天的杀父之仇,他真的就会在沉默中忍气吞声?通过以上分析,足可看出《湘山野录》所述之谬。司马光《涑水纪闻》等史料中记载宋皇后遣王继恩召德芳一事也有可疑之处。要知道太祖驾崩之时,从德昭与德芳在年龄和官职上的对比来看,如果有子继承大统,也应该是德昭而不是德芳。后人只是耽于"好做"与"好为之"的解释与区别,以及利用"王大惊,犹豫不行""事久,将为他人有"等语来进行臆测,提出各种疑问,难免牵强附会、以讹传讹。至少,在没有进一步发现可靠史料的情况下,单凭揣测而妄下结论,是一种极不科学的方法,也更不能单凭怀疑就去否定一方、肯定一方。

从太祖与太宗的关系方面看太宗即位也是合法的。赵匡胤兄弟在夺取后周政权以及后来统一南方的过程中,向来配合默契,信任有加,史书上对他们之间的关系多有记载,比如,"开宝六年夏四月,召开封尹光义,天平军节度使石守信等赏花习射于苑中""开宝九年六月庚子,步至晋王邸,命作机轮,挽金水河注邸中为池""光义尝有疾,亲为灼

雪夜访赵普　明　刘俊
此画描绘的是宋太祖雪夜私访宰相赵普,商议统一大计的故事。

306

艾,光义觉痛,帝亦取艾自灸"。据说,太祖每次外出,必留赵光义守护都城;决策军国大事时也都让赵光义参与谋划;太祖曾想建都洛阳,大臣们纷纷劝谏,太祖都不采纳,倒是赵光义的一番陈说使得太祖改变了主意。太祖还对人说:"光义龙行虎步,出生时有异象,将来必定是太平天子,福德所至,就连我也比不上。"以上叙述难免会有后来史官附会之嫌,但也可从中窥见二人手足情之深。再试想,如果太祖预备传位于皇子,以太祖之英明以及"杯酒释兵权"压抑武将的手腕,能不知道让弟弟大权在握,会对皇子的继位构成巨大的威胁吗?可是,事实上太祖从没有压抑太宗的举动,一直对其信任有加,委以重任。这从赵光义步步升迁直至晋王的过程就可看出:"建隆六年正月甲子,赐皇帝殿前都虞侯、匡义为光义";"建隆二年七月壬申,以光义为开封尹";乾德二年"六月己酉,以光义为中书令";开宝六年九月,"己巳,封光义为晋王,兼侍中";"壬申,诏晋王光义班宰相上"。特别是开封尹之职,是通往皇帝宝座的重要一环,职位相当重要。如果没有对赵光义的充分信任,太祖是不可能让其担任的。所以,从史书上看,太祖与太宗之间一直关系亲密,彼此没有什么矛盾和分歧。《烬余录》中所述赵光义欲调戏花蕊夫人,被太祖发觉一事,明显是承接"斧声烛影"而来,并且其本身就值得怀疑,徐大绰何以知道此事?《湘山野录》记述"太祖引柱斧戳雪",这里成了"以玉斧斫地",并且又冒出了花蕊夫人当夜也在现场的附会。这些叙述明显为文人借题发挥,附会而来,不足为凭。并且单凭这件事就否定了太祖和太宗兄弟几十年的交情,未免把历史看得过于简单,而把古人猜测得太过于残酷,不合人情。

  从大臣幕僚的反应来看太宗即位也是合法的。我们知道宋太祖以军事起家,靠军功进至殿前都点检,在军队中有根深蒂固的关系,这也是他陈桥兵变能够黄袍加身的基础。建国之初,太祖就大封功臣,基本上有功之人都得到了合适的位置。后来虽有"杯酒释兵权"之说,但石守信仍在开宝六年秋被授予"信兼侍中"一职,石守信之子保吉还得以娶太祖第二女延庆公主,拜左卫将军,驸马都尉,高怀德也尚燕国长公主,"开宝六年,加同平章事";王审琦之子承衍在开宝三年尚太祖之女昭庆公主,其他重臣如楚昭辅在太祖朝时即为枢密副使、曹彬也已为枢密使、检校太尉、忠武军节度使,薛居正为门下侍郎、平章事等。就是说太祖驾崩之时,其功勋重将和亲信大臣仍在朝野中占据重要职位,如果太宗真的大逆不道、弑兄夺位,为何朝野没有一点反应呢?至少在正史和稗官野史中都没有见到因为太宗继位不合法而有人特意发难的事例。况且,太宗即位后并没有刻意压制旧臣,相反还继续留用,虽然,后来通过扩大科举而逐步补充和替换了太祖朝内的旧臣,但那也是说得过去的,"一朝天子一朝臣",太宗继任大统后为了稳固自己的统治,就是换上自己的人马,也在情理之中。历史上皇帝继位后,不都大多如此吗?有什么可疑的呢?通过臣下的反应以及太宗对这些旧臣的态度,可以得出这样的结论:太祖传位太宗之意,可能早有表露,朝中文武诸将对这种违反"嫡长子继承制"的情况早有心理准备,所以平稳接受。另外就是太祖开国之初,加强中央集权,削弱武将拥兵自重的政策收到了效果。但总的来说,在政权交接过程中,没有出现丝毫的震荡,不正说明太宗即位是合情合理的吗？

由以上分析来看，所谓的"斧声烛影"根本不是太宗能否继承大统的关键，太宗继承大统也并非"斧声烛影"这个偶然因素所能决定的，而是由当时的历史背景、稳固统治的需要、兄弟之间的关系等多方面因素综合起作用的结果。所以，太宗没有弑杀兄长，而是根据当时的情况，顺理成章登上皇位的。

明建文帝朱允炆下落之谜

明太祖朱元璋死后，由于皇太子朱标已于洪武二十五年（1392年）先他死去，便由皇太孙朱允炆即位，这就是建文帝，后世也称为明惠帝。建文帝即位不久，明王朝内部就发生了争夺皇权的内战。建文帝的皇四叔燕王朱棣以"清君侧"为名，于1399年公开反叛建文帝，发动了历史上著名的"靖难之役"。朱棣于1402年攻陷京城，赢得了这次争夺皇位的胜利。但是当他带领军队攻入皇宫时，只见宫中大火冲天，建文帝不知去向。他封锁城门，派人找遍了南京城，也没有见到朱允炆的影子。此后，有关建文帝下落的传闻流传甚多，这也成了一桩数百年来争讼不决的历史悬案。

死于大火吗

最容易得出的一个结论，就是建文帝死于大火。这也是正统史书记载最详的一种观点。当年，燕王兵临城下，建文帝见大势已去，悲痛万分，于是下令焚烧宫殿，建文帝携皇后马氏一同入火自焚。燕王朱棣入宫后清宫三日，在火堆里找到了被烧焦的尸体，八天后下葬。《明太宗实录》中是这样记载的："上望见宫中烟起，急遣中使往救助。至已不及，中使出其尸于火，还白上。上哭曰：'果然若是痴駿耶。吾来，为扶翼尔为善，尔竟不谅，而遽至此乎！'备礼葬建文帝，遣官致祭，辍朝三日。"就是说，燕王朱棣见宫中火起，派人前去营救，但已来不及了。于是，有太监从火中找到了建文帝的尸体，燕王哭着说："你真是太傻了，我来是为了帮助你做好事，你怎么就不能理解，以至于此呢？"随后，厚葬建文帝，并派官员祭奠，自己辍朝三日以示哀悼。

近代也有人认同这种观点，认为建文帝确实是自焚身亡了，因为当时燕军把皇宫团团包围，建文帝就是想逃也来不及了。何况，建文帝深知他四叔是个贪权无厌、心狠手辣的武夫，落在他手里绝无好下场，还不如一死了之。再说，朱棣也绝不会让建文帝活下去，否则，他就不能当皇帝。朱棣为了不留下"杀侄夺位"的臭名，后来故意苦心寻找建文帝下落，留下了历史疑案，这可能是朱棣的用心之机。

但是，这个看似最合理观点却遭到了后人的普遍反对。首先，据史料记载，当

南京皇城校尉铜牌　明

皇城内多为政府机构和皇家御园。1369年，设立亲军都尉府，统领中、左、右、前、后五卫，专事对皇城的保卫。1382年，建锦衣卫，设南北镇抚十四司，其编制将军、力士、校尉，专门为皇帝护驾，并巡查缉捕，是为御林军。校尉是御林军的低级军官，负责皇城安全，检验出入皇城人员的证件，若有失察，从重治罪。此铜牌为值夜班的军士佩带。

时火中尸体已经满身焦烂，四肢不全，燕王凭什么知道所找到的尸体就是建文帝呢？退一步说，如果建文帝死于大火，并且备礼葬之，那么坟墓在哪里？建文帝是明朝的第二位皇帝，要实行"天子之礼"，如此规模的宏大葬礼，怎么没有坟墓，并且不为世人所知呢？据载，连明崇祯帝也曾感慨想要为建文帝上坟，却不知墓葬何处？不过，也有人提出建文帝确已死于大火，只不过安葬时采取了"不封不树"（就是坟墓上不留标志物，没有封土也没有树立石碑）的方法，因而不为世人所知。但是，这种说法也为许多史学家所反对，如果确实埋葬了建文帝，且"遣官致祭，辍朝三日"，不可能对建文帝葬于何处不留下蛛丝马迹。何况，《明太宗实录》本身的可信度就值得怀疑，作为明朝的官方史书，肯定要避讳，而且据说明成祖还曾下令对此进行了三次修改，以删除不利于自己的言论。

其次，当时的燕王出于政治上的需要，宣告建文帝死于大火，并且把其中一具尸体当成建文帝，上演了一幕假葬建文帝的闹剧也是完全可能的。因为这样，那些追随和支持建文帝的人，看到群龙无首，也只有各自散去，从而有助于政治上的主动，也为自己称帝扫除了障碍。但是所葬者是否为建文帝，明成祖恐怕也不相信，至少将信将疑，怀疑居多。因为，明成祖即位后，曾派人四处寻找建文帝，比如派胡濙以寻找道士张三丰为名，多方察访建文帝的踪迹，达20余年；派郑和率领庞大的船队六下西洋，他们承载的第一使命就是"成祖疑惠帝亡海外，欲踪迹之"。如果确证建文帝已死，仅仅为了掩人耳目，不留下"杀侄夺位"的臭名，至于如此吗？况且，朱棣既然敢于发动"靖难之役"推翻皇侄的统治，还至于因顾忌"杀侄夺位"的臭名，而如此大规模地作秀？

再次，从后世史书记载中也可以找到这方面的论证。据记载，在建文帝被推翻的100多年后，万历二年（1574年）十月，12岁的明神宗曾向首辅大臣张居正打听建文帝下落一事，张居正也模棱两可，不知所终，只是说道："国史不载此事，但先朝故者相传，言建文皇帝当靖难师入城，即削发披缁，从间道走出，后云游四方，人无知者。"从张居正的回答也可以看到，建文帝不大可能是自焚而死的。

另外，200多年后，清朝人在所修《明史》中，对建文帝下落记载的存疑态度也似乎佐证了建文帝死于大火不太可信。书中是这样说的："谷王橞及李景隆叛，纳燕兵，都城陷。宫中火起，帝不知所终。燕王遣中使出帝后尸于火中，越八日壬申葬之。"说"帝不知所终"，又说出建文帝和皇后的尸体于火中，8天后埋葬了，这本身就自相矛盾，难以自圆其说。并且接着在后面又加了一句，"或云，帝由地道出亡"，就是说有人认为建文帝由宫中地道逃亡而去了。从中可以看出，清朝修《明史》的这些饱学之士,也不认同建文帝死于大火,但是由于对建文帝的具体下落他们也弄不清楚,只好存疑。不过,在当时燕军四面围困京城的情况下,建文帝有可能逃出皇宫吗?会不会真的死于大火了呢?这恐怕难以说得清楚。

总之,从史料分析和明成祖派人多方寻找建文帝的情况看,说建文帝死于宫中大火,是一个无法解释清楚,也无法令人信服的说法。

逃出皇宫说

假设建文帝没有死于宫中大火,他又到哪里去了呢?有人认为,建文帝根本没有死于宫中大火,而是以放火为掩护,乘机从地道逃出了皇宫,并出家为僧,云游四海去了。对于建文帝的出亡经过,传说十分复杂,流传着多种版本。

一种说法是这样的:燕军兵临城下,建文帝见大势已去,不知所措,想一死了之。这时一个叫王钺的太监向他奏道:当年太祖临终时,曾留下了一个匣子,遗命"临难时开启",这个匣子放在奉先殿中。群臣让他赶快拿出了那个盒子,只见这是一只红漆匣子,四周均用铁加固,两把锁也都灌了铁。众人急忙把盒子打碎,看到里面放了三张度牒,分别写着"应文、应能、应贤"三个名字,里头还有袈裟、鞋帽、剃刀等物及白金十锭。匣内还有用朱笔写就的字条,上面说,你们要是不想跑就自杀,要不然的话你们就拿着度牒跑。并画出了逃跑的路线,明确指出应文要从鬼门出去,其他人要从御沟水门走,到薄暮的时候在神乐观会齐。显然,度牒中"应文"所指正是建文帝朱允炆,因为不但年号,就连他的名字也暗合"文"字,而在群臣中正好也有叫应贤、应能的。见此,建文帝不禁仰天长叹道:"天数也。"随后,这三个人削了发,穿上袈裟、鞋帽,按匣中所示路线分两路逃出了皇宫。等建文帝从鬼门关(也就是皇宫的北门,宫中死了人要从后门抬出,因此也就叫作了鬼门)逃出,与另外两个人会合后,已是傍晚薄暮时分。他们一起来到神乐观,看见一只船停泊在岸边等候他们,站在船上的是神乐观的道士王升,他看到建文帝来了,说道:"皇帝万岁,我在这里等候你多时了。"这又是怎么回事呢?原来,王升头天晚上做了个梦,太祖托梦让他今天预备好船只,在这里等候建文帝。于是一行上了船,逃出了京城,从此建文帝带着这批人到处云游去了。

还有史书记载,朱允炆出生不久,明太祖为其占了一卦,知道他将来必有大难,所以留下了这个匣子。也有的认为这是朱元璋册封他为皇太孙时所留。

这是历史上记载颇多、流传最广的建文帝出亡的故事。除此之外,建文帝出亡的经过还有多种传闻、各种记载。有一种说法也极为奇特:燕军入城,形势急迫,建文帝左右均劝他逃亡,建文帝无计可施,情急之下,突然想起了翰林编修程济,便急忙招他问计。

程济是陕西朝邑人,是当时著名的奇术之士。建文帝即位不久,时任四川岳池教谕之职的程济竟斗胆上书,说某年某日

万里江山印玺　明

北方将有战事。廷议认为，这不是一个小小教谕可以议论的事，于是就把他逮捕至京，引其入见建文帝。程济大呼："陛下且留臣，到时无战事，臣愿服罪。"这才留下了他的性命。等到"靖难之役"起，建文帝服其为奇异之人，任命他为翰林编修，视为军士。后来程济和诸将北伐燕军，在徐州获胜，军中诸将十分高兴，树碑立功，在碑上刻下了此次北伐诸人的名字。只有程济不以为喜，独自一人夜间前往祭吊，"人莫测其故"。其后，燕军再次占领了徐州，朱棣见碑大怒，命人以铁锤砸碑，砸了两下后，又命停下，让人抄录下碑上诸人的名字，以待日后按姓氏追查诸人灭其家族，而程济之名正好被铁锤砸毁，日后家人得免。

程济如此神算，颇为建文帝信赖，燕军强渡淮水后，急忙把他从前线调回。至此危难之际，建文帝急招入问计。程济答道："天数已定，出走可勉。"于是，他为建文帝剃发，换上僧人服，从御沟逃出城去。在程济等人的帮助下，建文帝以僧人的身份云游四海，到过了许多地方。

而在民间也确实流传着各种各样有关建文帝云游到什么地方，留下什么遗迹，作了什么诗词的记载和说法。比如，有传说建文帝曾在四川的平倡佛罗寺隐身，还常在寺里面向京城的方向哭泣，他死了以后被葬在了寺后的山上，这个寺也被改名为望京寺。还有说建文帝曾隐居在四川宜宾的隆兴寺，死后葬在隆兴山下的塔林里，甚至还传说康熙帝曾去那里寻访过。有的还说他在四川的永庆寺曾留下了"杖锡来游岁月深，山云水月傍闲吟。尘心消尽无些子，不受人间物色侵"的诗句；在广西还写了这样的诗："牢落西南四十秋，萧萧白发已盈头。乾坤有恨家何在？汉江无情水自流。长乐宫中云气散，朝元阁上雨声收。新蒲细柳年年绿，野老吞声哭未休。"这些传说都活灵活现、像模像样的，而这些诗句也与建文帝的身世遭遇，痛失江山，漂泊江湖的无奈、凄苦的心情十分相符。

到此，人们不禁疑问，在燕军重重围困的情况下，建文帝真有可能逃出皇宫浪迹江湖吗？因为，前面所述的建文帝在祖父所留匣子的指示下或者在神算程济的帮助下逃出皇宫，都明显带有附会的色彩。如果朱元璋真能猜知皇孙命运，甚至在关键时候托梦于道士王升，为何不在如何巩固皇孙的江山方面出点主意呢？再说如果天数如此，干脆当时就让朱棣继承大统不就一了百了，不也就可避免一场祸及大半个国家的内部权力之争了吗？程济的神算也太有点神乎其神，让人难以相信。

那么，从技术角度考虑，建文帝有逃出南京城的可能吗？在此后的一些典籍中，还真出现了有关建文帝可能逃出皇宫所走密道的描述。如明史专家黄云眉教授在《明史考证》中引《马生龙凤凰台记事》云"宫中阴沟，直通土城之外，高丈二，阔八尺，足行一人一马，备临祸潜出，可谓深思远虑矣"。如果能够找到这条地道，对于佐证建文帝出亡，无疑具有显而易见的意义，可是这条地道确实存在吗？

几百年后的一个偶然的发现，仿佛使这段历史豁然开朗了。对这段历史很有研究的江苏省社会科学院历史研究所季士家研究员发现，早在1978年南京太平门附近一家工厂在建新工厂楼时，曾挖出了一段地道，而当时发现地道的地方就在原来明皇宫的旁边。从挖出情况看，地道高度大约在2.5米左右，宽度在2米左右，与史料记载基本相符。这无疑是一重大发现,如果当年建文皇帝出逃,很可能就通过这个地道逃出皇宫的。可是这一个地道是否能通出皇宫当时并不知道。

一直到2005年6月,季士家又得到一个消息,说在南京清凉山旁边的国防园发现一个明代涵洞。季士家随即到现场考察,发现涵洞位于原明故宫的宫城外,推断这个涵洞在当时主要是为排水用的,但不下雨时,就是一个没水的旱洞,完全可以容纳一个人通过。

联系多年前发现的皇宫内地道,这个涵洞很可能就是地道的出口。一位不愿透露姓名的考古专家也说,20世纪80年代,南京市考古工作者在明故宫基建施工过程中,的确挖掘出一条"大阴沟"的故道遗址,此沟可能就是御沟暗道。不管所说地道是否为一条,明代南京皇城有地道通到外面,看来确实是不争的事实。由此推断,为了求生,建文帝很可能使了一个火烧皇宫,自己则从地道逃出了皇宫的金蝉脱壳之计。明史专家潘群也认为:"建文帝就是出亡了,因为到今天为止并没有一个过硬的史料,证明他是死在宫中的。"

至于从火中检出的尸骨,有一个传说认为根本不是建文帝的,而是一个太监的。据说,建文帝在绝望中下令烧毁宫殿,自己也准备赴火自焚。这时,一个太监拉住他说:小臣没有办法保住陛下的江山,但不惜为陛下一死。愿赐御衣冠,代陛下一死,陛下则可脱身逃出,以图将来。建文帝听从了太监的劝告,将自己的衣冠赐予这个太监,然后趁乱从地道逃出。这个太监则穿上皇帝衣冠,乘白马,加鞭奔入火中。众人从远处看去,还真以为是建文帝自焚了!朱棣起先也相信了这种说法,但后来也略微听到了一些传闻,但为了稳定人心,还是以假乱真,以王礼安葬了太监。

传说自然不可靠,但是通过以上分析,建文帝在众人的协助下,从地道逃出皇宫的可能性很大。

穹隆山为僧说

如果建文帝真的逃出了皇宫,在明成祖不断地搜寻之下,他又能藏身何处、终老何方呢?

有人说建文帝到穹隆山出家为僧了。这种说法主要源于《明史·姚广孝传》。姚广孝是明成祖的心腹谋士,他在成祖夺取帝位的过程中出谋划策发挥了重要作用。明成祖夺取帝位后,他舍弃了成祖所给予的所有功名利禄,毅然归隐禅寺,深为成祖敬重。根据《姚广孝传》记载,姚广孝"十六年三月,入观,年八十有四矣,病甚,不能朝,仍居庆寿寺。车驾临视者再,语甚欢,赐以金睡壶。问所欲言,广孝曰:'僧溥洽系久,愿赦之。'溥洽者,建文帝主录僧也。初,帝入南京,有言建文帝为僧遁去,溥洽知状,或言匿溥洽所。帝乃以他事禁溥洽。而命给事中胡濙等遍物色建文帝,久之不可得。溥洽坐系十余年。至是,帝以广孝言,即命出之"。

从这段记载可知,当年有人怀疑建文帝出逃后,被自己的主录僧溥洽救出,藏匿在自己的寺院中,明成祖因此把溥洽关押在狱十余年。最奇怪的是姚广孝在生命垂危的暮年,特地从苏州赶到北京,请求成祖将溥洽放出。这有点匪夷所思,姚广孝不会仅仅因为佛门中人博爱的情怀而这么做吧？由此难免让人怀疑其中另有隐情。而穹隆山位于当时的江苏吴县，也就是今天的苏州市附近，查阅史料可知，穹隆正是当年明成祖分封给姚广孝的佛门禁地。

那么这与建文帝可能在穹隆山为僧究竟有什么关系呢？难道辅佐燕王朱棣夺取帝位的姚广孝与建文帝有什么关系吗？

上海某报记者徐先生，在1983～1990年，利用7年时间查阅大量史料和方志，进行多方实地考证，对建文帝可能在穹隆山为僧的说法进行了合乎情理的大胆论证。徐先生查阅史料和多方考证后推测，当年建文皇帝逃出皇宫后，很可能确实被他的主录僧溥洽和尚收留了，藏匿在自己的普济寺里。但是，由于朱棣很快就听到了风声，派人把溥洽抓了起来，逼其说

明成祖朱棣像

出建文帝去向，据载溥洽什么也没说。朱棣派大队人马继续搜查建文帝，却杳无踪迹。

那么如果建文帝确实逃出了皇宫，他会到哪里去了呢？会不会被溥洽藏到了什么地方？或者被另一个强有力的人接走保护起来了呢？这个人有没有可能就是神秘的姚广孝呢？徐先生又对姚广孝这个人物进行了分析，其中徐先生在姚广孝的家乡（今天的吴县湘城）调查时听到了一个故事很值得玩味：姚广孝功成名就后，向成祖请求回归故里，成祖准许了他的请求。姚广孝充满着衣锦还乡的喜悦踏上了归途，快到故土时，还拿出大量的钱财救济周边的灾民，十分志得意满。可让他想不到的是，回到老家时，人们给予他的竟然是指责与唾骂，指责他的人当中还有他的姐姐。原来，由于明成祖夺取了自己侄儿的皇位，不合封建礼教，而姚广孝"助纣为虐"，大家觉得没有什么值得高兴的。再说，你姚广孝是个和尚，念好自己的经就是了，干吗去管朱家皇帝的家事，帮他去打仗，死了那么多人，你算什么好和尚？这无疑使姚广孝大为震惊。姚广孝虽然帮助成祖夺取了帝王，可终究是个心地善良的出家人。在这种情况下，为了偿还良心的谴责，既然能请求成祖释放溥洽，也有可能庇护一个已经没有复国之能的皇帝。并且在当时，他完全具备这个能力，其穹隆山福地就是当时最安全的地方。另外，姚广孝在所写的《逃虚子集》中，也曾叙述自己救过一个五马贵人，这个五马是不是就是建文帝呢？

在这种推测的基础上，徐先生又围绕穹隆山进行了大量的史料和实地调查，发现了一些线索。首先他从苏州吴县明清时期的《苏州府志》中的《吴县志》上找到了这样一条记载："积翠庵，一名皇驾庵。明建文帝逊国时曾移驾于此。"而所谓的"积翠庵"正位于穹隆山脚下。他还在这里发现了一座奇怪的皇坟，从守墓人那里发现了从皇坟附近挖出的两座雕龙柱础，而能够享用龙这个规格的人，非天子莫属。1983年，他还在穹隆山脚下的一个小村子发现了一块石碑，上面有"皇驾庵明建文

□ 历史悬案

帝逊国于此"的字样，这与《吴县志》的记载完全一致。而在穹隆山附近民间还流传着许多有关建文帝的传说，一说穹隆山里藏有建文帝带来的宝贝。

甚至在1944年，因为这个传说，这里还发生了一起凶杀案。当时穹隆山住着一群尼姑，某天夜里，一群土匪冲了进来，抓住了一个叫觉性的尼姑，威逼她交出建文帝藏在这儿的宝贝。因为交不出宝贝，被土匪吊在树上活活刺死。穹隆山的这些奇怪现象和各种遭遇，也让人难免怀疑，曾经请求释放溥洽的姚广孝，很可能也真的将建文皇帝藏在了穹隆山上。在此基础上，徐先生又推测，1418年，姚广孝曾不远万里来北京冒死请求明成祖放过溥洽，因为，姚广孝深知如果自己不在了，穹隆山就等于失去了防范，那么建文帝的安全就没有了保障。他的冒死之举名誉上是为了溥洽，实际上是为了建文帝，他是在暗示成祖自己藏匿了建文帝，并希望成祖能饶过建文帝。明成祖当然能理解他的用意，所以在姚广孝死后，就派出探子胡濙去穹隆山寻找建文帝，并且还真的找到了建文帝。那么明成祖为什么没有采取行动呢？可以推测，当时朱棣想要杀掉这个手无寸铁的皇侄易如反掌，但是，他不愿意背负"杀侄夺位"的恶名，因为建文帝不死反而更有利于自己的统治需要。所以，当胡濙找到建文帝后，明成祖没有杀害他，而是将他幽禁起来。到了永乐二十一年（1423年），据《明史·胡濙传》有这样的记载："二十一年还朝，（胡濙）驰谒帝于宣府，帝已就寝，闻濙至，急起召入，濙悉以所闻对，漏下四鼓乃出。先濙未至，传言建文帝蹈海去，帝分遣内臣郑和数辈，浮海下西洋，至是疑良始释。"对这段记载，徐先生认为很可能是在这一年心力交瘁的建文皇帝走到了生命的尽头，一直紧密监视他行踪的胡濙急忙赶赴京城，将这个消息奏报成祖。至此，明成祖才对建文皇帝一案"疑良始释"，彻底放下心来。而建文帝死后被葬在了皇驾庵后的小山包里。如果这种说法为真，不但说明了建文帝藏身之所，也说明建文帝就是死在了永乐二十一年（1423年）。

建文帝穹隆山为僧的说法具有合理的成分，得到了部分史学者的认可。但是也为许多史学家所反对，毕竟到目前为止，还没有出现过任何一个强有力的证据可以证明事实确实如此。而且这种论断本身就因为缺乏强有力的证据，而包含着大量主

红崖天书

极具神秘色彩的"红崖天书"位于贵州省安顺地区晒甲山的一面山崖上，字形似文似图，若篆若隶，因字为红色，又无人破译，故被称为"红崖天书"。几百年来，很多人试图破解其中的奥秘，但都失望而归。当代学者林国恩经过九年的精心研究，提出了惊人的观点，他认为"红崖天书"是建文帝秘写的讨伐朱棣的檄文。他认为建文帝出逃之后曾藏匿于贵州的山谷之间，并在这里写了这份讨伐朱棣的檄文，让随从刻于山崖之上，号召臣民支持他推翻朱棣，重登帝位。由于不敢公开书写，随从们便以金文的变体加上篆体、隶体、象形文字、草书及图画的形义综合而成的一种"杂体"刻写了这一檄文。其内容可译为："燕反之心，迫朕逊国。叛逆残忍，金川门破。残酷杀害，致尸横、死亡、白骨累累，罄竹难书。使大明日月无光，变成囚杀地狱。须降伏燕魔做阶下囚。丙午（年）甲天下之凤凰——允炆（御制）。"林国恩的这一观点已得到有关专家的认可。

观推测的成分。徐先生个人也认为,"作为一个史学工作者,我只认为建文帝是出亡了,那么至于他出亡之后的种种关于他的记载,到现在我们还不能够把它当作真实的东西"。所以建文帝穹隆山为僧说,也只是建文帝下落之谜的一种说法而已。毕竟历史疑案的破解,是需要大量具有说服力的证据来说明的,仅凭臆测是不行的。

改姓隐居说

2004年8月,南京有线电厂一位84岁的退休工程师让庆光带着一本自家保存多年的《让氏家谱》向媒体透露了一个惊人的消息,说建文帝当年并没有自焚于宫中大火,而是逃出南京,改名让銮,晚年在湖南、湖北一带定居。并且世代繁衍生息,他本人就是建文帝的十五世孙。由此,提出了建文帝为让氏先祖的全新说法。

让庆光介绍,建文帝当年从地道逃出皇宫后,隐居民间,改名让銮,并假扮僧道,云游于滇、黔、蜀、粤、桂、湘、鄂各省,在游历名山大川期间,还题写过许多诗词和符号,向世人暗喻自己就是建文皇帝。晚年,让銮隐居于武昌,死后就葬在武昌洪山。

这些情况在《让氏家谱》中均有明确记载。至于建文帝隐居民间后,为何改姓"让"姓,让庆光解释,建文帝认为自己是逊位退国让出江山的,所以改名"让銮",就是让出皇位的意思。他还指出,自己出生在武昌,而先祖建文皇帝就葬在洪山宝通寺的宝塔旁。在他小时候,宝通寺的和尚能明确指出建文帝的墓地所在,他们还常指引让庆光的祖辈前去祭扫。不过,经过这么多年的岁月变迁,这座本就隐匿的帝王陵寝,已经无法找到。

那么这本《让氏家谱》是否可信呢?经考证,这本家谱是1945年由让氏后人让廉修根据历代先祖口授心传的描述和家藏中元烧包单(上有历代祖先名讳)修撰而成。当时还得到了著名学者张其昀、昌彼得的认同,张其昀为该家谱题写书名,昌彼得则作《〈让氏家谱〉叙录》,都肯定让氏为建文帝后人的说法。而让庆光的舅舅、台湾的陈万鼐教授在1950年由台北百成书店出版的《明惠帝出亡考证》一书中,也认为让氏是建文帝的后裔。不过,他的观点在当时并没有引起史学家们的关注。让庆光介绍,对于自己家族的这段历史,他自小就听父亲讲过,一直深埋心底。但是由于先祖被夺去了皇位后,朱棣还多方寻找,想斩草除根,明朝的时候,祖先们自然是不敢暴露身份。而到了清代,更不能讲自己是明朝皇族后裔。这600多年来,让氏只好一直隐瞒先祖身份,家族的历史也只能口耳相传,这本《让氏家谱》也是到20世纪40年代才敢公开编纂的。到今天,"靖难之役"已经过去了600多年,让庆光认为,是到了建文帝的后人站出来解开这个千古之谜的时候了。

中国社会科学院历史研究所博士生导师商传充分肯定了《让氏家谱》的价值,他不但详细考证了《让氏家谱》,还在《〈让氏家谱〉与建文帝出亡考》的论文中肯定了《让氏家谱》的历史意义。但是,他也说,虽然据《让氏家谱》所载让氏就是建文帝后人,但苦于没有实物证据,也就很难下结论了。不过,《让氏家谱》中说

"公（指建文帝）生前书法甚佳，武昌候补衙范衷愚家有祖遗一联，是其墨宝。殁后葬于武昌洪山之阳，生殁不详，惟知其享寿一百岁整"。可见，如果真能找到建文帝留下的一副对联和他在武昌的墓地的话，谜团将被彻底解开。

据史料记载，建文帝曾有两个儿子，大的叫朱文奎，建文元年立为太子，燕军攻入南京的时候太子已经7岁，下落不明；老二叫朱文圭，当时年仅两岁，朱棣后来把他囚禁在中都（安徽凤阳）的广安宫。从2岁一直囚禁到57岁，等放出时牛马不辨，如同傻子，并且不久死去。是否如同有的史学者所推测的那样，让氏后人很可能是和建文帝一起逃出的太子朱文奎的后人呢？

总的说来，《让氏家谱》本身的真实性还有待进一步论证，说建文帝改名让銮，也有点让人难以置信。试想，在当时明成祖派人四处察访建文帝的情况下，让銮的称谓也未免太过于张扬了，简直有点"此地无银三百两"的味道。所以，建文帝为让氏先祖的说法，还需要进行充分的论证，必须找到强有力的证据才行。

流亡海外说

建文帝流亡海外的说法流传很广，说是建文帝在随从掩护下逃出皇宫后，到了东南沿海一带，并在泉州开元寺当过和尚，最后经泉州潜逃到了南洋一带。而历史上明成祖曾先后多次派太监郑和率领庞大的船队出使西洋，其首要目的就是为了寻找可能逃亡海外的建文帝。《明史·郑和传》中更明确记载："成祖疑惠帝亡海外，欲踪迹之。"寻找建文帝为出使西洋的首要使命。另据史料记载，出使西洋的船队上有锦衣卫，有人推测这些人的使命就是寻查和追捕建文帝。

1997年，某杂志上发表的一篇题为《最近在印尼发现了建文帝的后代》的文章，使这一说愈加神乎其神。这篇文章说是在印尼苏门答腊岛东海岸的某个岛上，发现了一个遗世独立的偏僻小村落。这里世代居住着一群华人，他们只懂华语，不晓印尼话，多以捕鱼为生。并且一直保持着古老浓厚的华人习俗，特别奇怪的是在这里每年农历五月十六日这天，都要举行罕见而隆重的祭拜"皇爷"仪式，其中以焚烧龙船节目最为隆重。而这一天，正是建文帝当年的登基之日。在这一天，除了村中男女老少全出动外，也吸引了邻近小岛村民来观看这一年一度的盛典，场面极为壮观。而询问"皇爷"究竟是何方神圣？村里的人也都不知道。耐人寻味的是，这里的华人大多姓"洪"，而明太祖朱元璋的年号为"洪武"。据说，他们很可能是建文帝及其随从们逃遁到印尼后，为了表示对故土的忠贞和怀念，也为了避免被朱棣派人追杀，而改称洪姓的。

建文帝真的在泉州开元寺当和尚，并最后逃到了海外吗？

早在多年前，中国台湾学者陈水源所著《杰出航海家郑和》和日本学者上杉千年所著《郑和下西洋》两本著作中都提出建文帝曾到泉州开元寺当过和尚。不过这种观点至今也没有找到强有力的证据。泉州地方史专家、泉州师院原历史系主任吴幼雄教授对此基本持否定态度。他认为在当时的大背景下，收留建文帝要冒杀头的危险，而开元寺只是个中型寺庙，不具备这个能力，再说开元寺又何苦要冒这个风险呢？另一方面，泉州开元寺地处当地政治中心，泉州府和晋江县的办公地点都在附近，建文帝到此极不安全，还不如到偏僻深山中的寺庙去。此外，明朝泉州港已不如从前繁华，建文帝为什么非要从泉州外逃？

但也有的学者认为，并不能完全否定这种可能，他们通过对大量史料的考证认为，当年建文帝顺着长江坐船到了武昌罗汉寺，得到了住持达玄和尚的帮助，而泉州开元寺的念海和尚是达玄的弟子。经达玄的介绍，建文帝到了泉州开元寺，并最后伺机逃到了海外。不过这种观点仍然没有特别有力的证据证明，就是念海和尚是否真有其人，也没有得到确认。而《明史》中的记载，确实也透露出明成祖派郑和出使西洋，寻找建文帝的意图。明代史籍，如许相卿的《革朝志》等也明确记载郑和下西洋主要就是为了寻找建文帝。至于建文帝是否真的逃到了海外，恐怕难以说得清楚，至少还需要进一步的论证。

关于建文帝下落的传说还有很多，为什么会有这么多的说法呢？一般的解释是，建文帝在位期间，不但对明太祖的一些暴政进行了一定的修正，做了一些有益的事，还能礼贤下士，深得士子之心，况且他又是被自己的皇叔朱棣夺取了皇位，人们对他抱有同情心，希望他不死。特别是朱棣当了皇帝以后，采取了非常残暴的手段镇压反对派，人们就更加怀念、同情实行宽仁政策的建文帝，越发关注建文帝的死因，所以才有了那么多的以讹传讹的说法。

至于建文帝的最后下落之谜，至少到目前为止，历史学家还没有找到一个令人信服的答案。

郑和下西洋之谜

1405年，明成祖委任35岁的郑和为正使总兵太监，以钦差的身份，在7月11日那天，率领水手、翻译、医生、护船的兵士共2.7万余人，乘宝船62艘，从太仓刘家港出发，开始了第一次西洋之旅。当年秋，郑和船队经过长途航行，载着爪哇等国的朝贡使节和数十船朝贡贸易换回的异域珍品，完成处女航，载誉归来。此后，郑和率领着庞大的舰队又进行了6次西洋之行，历经亚非几十个国家。

郑和的远洋之行，为亘古未有之壮举。但是，由于时代久远，加之郑和下西洋的相关资料莫名被毁，致使许多关键性的问题竟成了扑朔迷离的难解之谜。

为何下西洋

郑和下西洋这样规模浩大的远航，究竟是为了什么、肩负着什么样的使命呢？后人对此众说纷纭，各执一词，猜测甚多，却很难取得一致意见。

最流行的一种说法认为是为了寻找失踪的建文帝。我们知道，明朝建文帝即位

□ 历史悬案

不久，燕王朱棣就以"清君侧"为名，大兴"靖难"之师，公开反叛。于1402年率军攻破南京城，颠覆了建文帝的统治。但是，当其带兵冲进皇宫时，只见宫中大火冲天，建文帝不知去向。《明史》对此记载，南京陷落时，"宫中起火，帝（建文）不知所终"。明成祖疑其逃往海外，为了长治久安，防止建文帝东山再起，威胁自己的统治，便派遣郑和出使西洋，寻找建文帝的踪迹，以消除政治隐患。《明史·郑和传》也清楚记载："成祖疑惠帝亡海外，欲踪迹之。"自此以后，附和其说者不乏其人，一些历史学家比如范文澜、吴晗等在自己的著作中也都认为郑和下西洋是为了寻找建文帝的下落。许立群在《中国史话·三宝太监下西洋》一节中也写道："永乐皇帝派郑和航海的目的是寻找建文帝，因为永乐篡了建文帝的帝位后，建文帝失踪了，永乐怕他逃到国外，将来回来复辟，所以派人去找他。"

这就是郑和出使西洋的真正目的吗？后人对此提出了质疑。

有人说这种说法很可能是明代中后期封建文人囿于狭隘的思想观念得出的结论，已故的中国明史学会前名誉会长刘重日先生就是这样认为的。他说，明成祖无疑是一个雄才大略的皇帝，既然朱棣在只有几千部卒的情况下都不怕建文帝，怎么会在大权在握时怕一个十几岁的小孩子呢？再说也没必要为一个失踪的人费这么大的劲啊！北京郑和下西洋研究会副理事长毛佩琦教授也认为通使西洋是明成祖对外关系的一项大政策，可以认为朱棣命郑和在出海时顺道寻访建文帝的下落，但如果说寻找建文帝就是郑和下西洋的使命，是小看了明成祖的胸襟。这两种观点都有道理，那么郑和下西洋究竟是为了什么呢？

有人认为是为了耀兵海外，宣扬朱棣天下观。《明史·宦官传》记载，郑和"且欲耀兵异域，示中国富强"，"遍历诸国，宣天子诏，因给赐其君长，不服则以武慑之"。据此有人认为，明成祖心高气傲，一心想超越前代帝王，建立不世伟业，把文治武功永垂史册，所以才派郑和"耀兵异域"，显示中国富强，满足自己"天朝上国"君主的虚荣心。梁启超在《祖国大航海家——郑和传》书中云：朱棣富有雄心壮志，想通过扬威壮举，达到震慑与笼络海外诸国受封之目的。李长博在《中国殖民史》书中也称郑和下西洋之动机是"耀兵异域"，别无他意。

可是，下西洋的原因就真的这么简单吗？有人通过明成祖

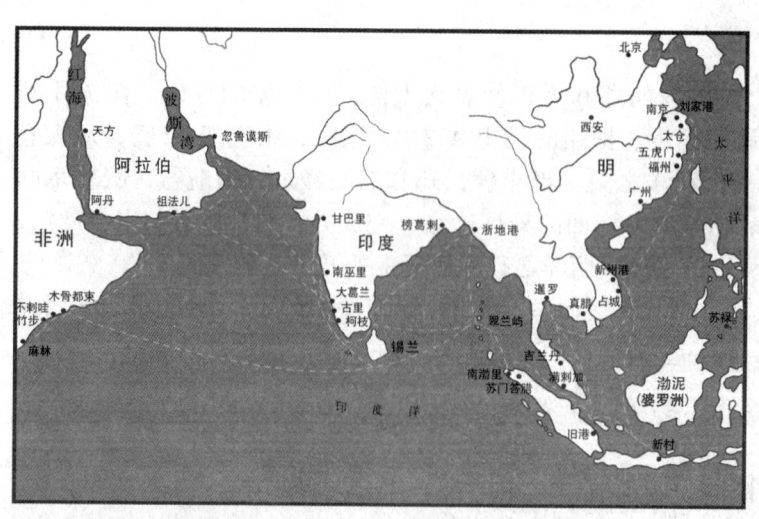

郑和下西洋路线示意图
据说，郑和下西洋之目的，是奉明成祖之命，寻找建文帝的下落。

向西洋诸国颁布的诏书，提出了新的观点，认为郑和西洋之行主要是为了推行朱棣的"天朝礼制体系"。其诏书是这样说的："朕奉天命，君主天下，一体上帝之心，施恩布德。凡覆载之内，日月所照、霜露所濡之处，其人民老少，皆欲使之遂其生业，不至失所。今特遣郑和赍敕，普谕朕意：尔等祗顺天道，恪遵朕言，循礼安分，毋得违越，不可欺寡，不可凌弱，庶几共享太平之福。"大意就是说，我奉天命，君主天下，施恩四海，不希望四海有流离失所之人。故特别派遣郑和告诉大家，我的想法，我的这番意图。你们要遵守天道，安守本分，不能恃强凌弱，要和睦相处，共享太平之福。一些专家认为这份诏书正体现出了明成祖自己对于天下秩序的设想，也就是他的天下观，他的理想的世界秩序，也就是希望在自己的主持下，建立一个各国之间睦邻友好，和平共处，共享太平的和谐世界，或者叫国际秩序。后人将其称为"天朝礼制体系"。毛佩琦教授以及当代明史研究专家郑一均都支持这种说法，认为这一思想体现了中国儒家的天下观：天子受天命统治中国，覆载之内不论近远，大家一律平等，不能以强凌弱、以众暴寡。

不过，这一看法明显带有拿现代人的观点衡量古人的意思。郑和七下西洋，耗资巨大，劳民伤财，就是为了这一目的吗？此说也不为定论。

还有人论证郑和下西洋主要是为了打通海上通道，发展海外贸易。中国周边的国家大多分布在东南亚和南亚地区，由于南洋诸岛与大陆地理分散，交通不协调，受到海洋空间的限制，缺乏进一步联系的基础，因而成祖派郑和下西洋。也就是说，郑和下西洋的目的是大力发展海外贸易，以经济交往为纽带，将分散于大洋中的各个国家和地区联结起来。

但是这一观点遭到了普遍的反对。明史专家、复旦大学教授樊树志认为郑和的航海并没有贸易的成分。他指出，当时郑和所带去的物品主要是为了实现朝贡关系，郑和代表中国皇帝接受当地国王的朝贡，并代表皇帝把礼品赏赐给那些国家，他带去的东西主要用于赏赐，而不是做生意。并指出："从经济的角度来讲，明朝方面是非常不合算的，所收到的朝贡礼品很少，而赏赐的东西非常之多，常常是用数倍的礼物回赠给臣服的各个周边国。"下西洋主要是政治行为，贸易是附加的。他还特别指出，夸大郑和下西洋的贸易活动，就是歪曲了郑和下西洋的目的。朱晨光在《郑和下西洋目的辨析》一文中也认为说郑和下西洋是经济因素是一叶障目之见，因为考察明代有关文献，未见过郑和屯兵异域，进行经济上的巧取豪夺。毛佩琦教授也认为："这种说法是用现代的经济观念，来解释古代人的行为。特别是当时中国是一个农业社会，没有必要寻求海外的市场，它不是后来资本主义积累时期，希望通过海外贸易发展自己的商品经济，中国的经济发展还没有达到这个程度。所以说简单地说，郑和下西洋是为了发展海外贸易，也是不确切的。"因而此说显然不能服众。

与此同时还出现了一种折中的观点，认为郑和下西洋既有政治目的，又有经济意图。韩振华在《厦门大学学报》上发表的《论郑和下西洋的性质》和陈得芝在《历史教学问题》1959年第3期的《试论郑和下西洋的双重任务》以及翦伯赞在《中国史纲要》等书中均认为郑和下西洋既有政治目的，又有经济意图。这种观点认为朱棣夺取了侄儿的帝位，自知名声不佳，便派遣郑和出使西域，耀兵海外，造成万国来朝的胜景，彰显自己继承王位的合法性和正统性。同时安抚或镇压逃亡海外的将士和臣民，宣扬国威，巩固自己的统治地位。另一方面开拓通往西洋诸国的海上航道，扩大官方贸易，用中国的瓷器、丝绸、茶叶等，换取海外的香料、补药、奇珍异宝等物品，以满足王公贵族的奢侈之需。正因为此，郑和率领的船队被称为"宝船"或"西洋取宝船"。这种说法比较全面，但是如前面所述，贸易并非出使的主要使命，下西洋也根本不是为了赚取利润，一些皇室用品也只是顺道买回罢了；从政治方面看，如果真是为了安抚逃民，迎接各国来朝使节，有必要大张旗鼓，在28年间屡下南洋吗？所以此说也有人质疑。

最后一种观点认为郑和七下西洋各有目的。尚钺在《中国历史纲要》认为，郑和第一次出使西洋是为了联合印度等国抄袭帖木儿帝国的后方，牵制帖木儿帝国继续东侵。后六次，由于帖木儿帝国的危险消除，则主要是为了开辟一条新航海路线，以便与国外进行贸易。李光璧的《明朝史略》进一步指出郑和首次西下带有扩大贸易、提高威望、联络印度等国的三重任务，后六次主要是为了通商的目的。郑鹤声、郑一均在《郑和下西洋简论》中认为，郑和前三次下西洋，主要是为了和东南亚、南亚沿海诸国建立关系，维护国际和平局势，提高明朝的威望，附带解决"疑惠帝亡海外"的问题。后四次主要是向东亚以西的更远的地区前进，开辟新的航道，让从来不与中国往来的海外之国"宾服中国"。刘重日也有类似看法，认为第一次下西洋是明成祖为了与更多国家和地区交流、结好，宣扬"天朝上国"的优越性，其后的几次是为了加强联系，并进行通商，当时，各国使节和商人来华朝拜进贡的渐多，为了能让他们安全回国并进行进一步交流，明成祖就让郑和进行了第五次和第六次远航。而第七次远航，则是宣德皇帝命郑和出行的，他的目的不外乎是要延续永乐皇帝的丰功伟绩。由此可以看出，七次远航的目的都是为了与各国交流以及进行商业贸易，只不过每次的具体目的略有不同罢了。但是事实上真的如此吗？该说也不为定论。

总体说来，以上各家之说各有道理，并且随着时代的不同，人们对郑和出使西洋的认识也在不断加深，甚至明显赋予了一种时代性的看法。可是到底哪种说法更符合历史真相呢？目前尚难定论，仍需进一步探讨。

郑和船队最远到了什么地方

大海浩瀚，航者无疆。那么郑和下西洋，最远到了什么地方呢？究竟如西人所说，深入大西洋，发现美洲，到达南极，还是仅止步于非洲东岸呢？

对于这个问题争论很大，国内外的专家、学者各执一词，根本无法取得一致意见。英国史学家李约瑟在《中国科学技术史》中，引用地图学家弗拉·毛罗所言，认为15世纪初郑和船只已经绕过好望角。20世纪50年代，澳大利亚的菲茨拉德在发表的《是中国人发现了澳洲吗？》一文中，认为郑和的船队很可能到达了澳大利亚西北的达尔文港，因为1879年曾在那里出土了一尊中国寿星石像，为明朝遗物。随后，马来西亚学者祖菲加甚至认为，郑和船队最远到达了南极，也到过大洋洲大陆。并具体指出郑和船队于1422年抵达南极大陆，之后途经大洋洲大陆，返回中国。

把这一争论推向高潮的是2002年英国退伍海军孟席斯在英国皇家地理学会上做出的结论：中国郑和下西洋舰队1421年到达美洲，比哥伦布早70年发现了新大陆。孟席斯的主要依据是，在美国发现了一张根据经纬度绘制出的古代地图，经有关人士考证，认为是中国人绘制。并且在加勒比海还发现了一艘沉船，可能是郑和的航船。另外，在加拿大岛屿遗址的坟墓中发现了汉字，遗址中的居民有黄种人的基因。孟席斯的这一结论震惊世界，他的著作《1421：中国发现世界》一书也成为最畅销的书籍。

但是对这些说法，中国学术界大多持否定态度。因为《明史·郑和传》和郑和助手马欢的著作《瀛涯胜览》中，都记载着郑和船队最远到了非洲东海岸木骨都束、竹步、麻林，也就是今天的肯尼亚和坦桑尼亚一带。并且在非洲索马里、肯尼亚、坦桑尼亚境内，考古发现了很多14～15世纪的中国古瓷。从事海洋地图研究的专家朱鉴秋认为："这可以作为郑和航海到达非洲的有力佐证。"对于孟席斯的观点，毛佩琦教授则持全盘否定的态度，他认为："不是有多大可能，而是完全不可能。"对于那张地图，毛教授认为中国古代地图的绘制方式不同于西方，在当时不可能出现根据经纬度绘制的地图，因此孟席斯所指的地图根本就不可能是中国人绘制的。对于加勒比海沉船、坟墓中的汉字、黄种人的基因，这几个证据，所有的中国专家都基本持否定态度，但也找不出具体反驳的理由。毛教授认为："这些都是没有确凿依据的，无法考证的。"但是，孟席斯很自信自己的观点，认为自己通过实地考察掌握了许多中国学者不曾见到过的证据，他认为："中国学者大多数都是在中国本地做研究、查资料，没有像我这样走出去，在欧洲、美洲、非洲等其他地方做实地考察和查阅资料。而这些资料中国的学者是看不到的。"孟席斯的话也是有道理的；因为中国学者的考证多源于史料记载，只是在故纸堆里找线索，难免会有很大局限性。况且，值得注意的是，郑和下西洋的船队由大小船只百余艘组成，由于海风、迷失方向等各种原因，很有可能会有个别船只脱离船队，在大海中漂泊，并由此发现了大洋洲、美洲，甚至南极洲，因为据载，有许多小

郑和雕像

船往往在船队回航几年后，才从西洋返回，这其中肯定也有许多船只不能返回，而在大海中漂泊，由此不能排除他们在偶然的情况下发现新大陆的可能性。但是，在没有确凿的证据之前，郑和船队最远到了什么地方，还是一个有待进一步考证的难解之谜。

西洋之行为何戛然而止

郑和七次西洋之行后，大明帝国永远停止了航海的壮举，中国的航海史也由此而沉寂了数个世纪。而此时的欧洲却掀开了地理大发现的狂潮……所以，我们不禁疑问，郑和航海的壮举为何戛然而止了呢？

有人分析西洋之行停止的主要原因是耗资巨大，得不偿失，缺少经济动力。据史料记载，早在郑和第六次航海归来后，明成祖就命他驻守南京，停止远航，以减轻百姓负担。明成祖去世后，明仁宗继位，下发的第一道圣旨就是"下西洋诸蕃国宝船，皆悉停止"。直到1431年，朱棣之孙明宣宗心血来潮，想要恢复日益衰败的朝贡贸易体系，再现大明"万国来朝"的盛况，才命郑和进行了最后一次远航。1433年，郑和在第七次下西洋归途中病死，也宣告了西洋之行的彻底结束。中山大学袁伟时教授明确指出："'支费浩繁，库藏为虚'，是终止下西洋的直接原因。"根据史料显示，郑和下西洋以及朱棣对西洋外邦朝贡者的大量赏赐，损耗极大，仅白银一项，每年就要花费600万两，还不包括对出使西洋两万官兵的嘉奖。另外，由于船队携带巨额铜钱出国收购，导致铜钱大量外流，造成国内"钱荒"，严重消耗了国库储备。并且物价大幅度上涨，人们生活困苦。更可怕的是，数万官兵葬身大海，数不清的船只在大海上漂流，直到实行海禁多年后，仍有船只陆续返回。明成祖去世后，反对西洋之行的浪潮一浪高过一浪。明朝成化年间兵部车驾郎中刘大夏就认为下西洋"费钱粮数十万，军民死且万计"，"于国家何益，此特一弊政"，而坚决反对再次出海。袁伟时教授进一步认为，郑和的西洋之行，与哥伦布等人的探险活动旨在掠夺黄金、白银、土地或其他奇珍异宝完全不同，其目的是"宣扬国威""完全是政治挂帅！对中国来说'何必言利'"。因此，西洋之行只是皇帝的个人行为，根本没有足以支撑的经济基础。

但是有的学者不同意这种说法。郑和研究专家郑明认为耗资巨大，只是停止航海的一个借口，并非根本原因。他说：

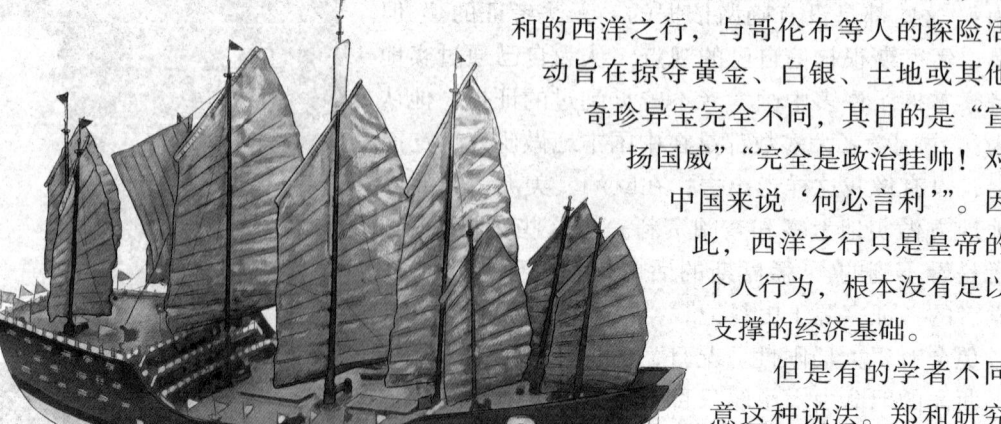

郑和下西洋海船复原图

"封建制度和保守的思想才是实行闭海的主要原因,即使个别英明的封建统治者打破这个桎梏,在一定的范围里做出有声有色的事情,但是,最终封建制度是没有开放的态度的,陈腐的保守思想也是不要求下西洋的。"他还举例指出清朝的国力远远超过了明朝,但是清朝皇帝并没有一个想到要下西洋,面向海洋开放。因而国家的经济对航海的影响远远没有那么大。由此,他认为从根本上说是农业帝国的土地理念打败了海洋理念,而郑和只是一个非常好的执行者和组织者,但不是决策人,郑和的去世对航海是有影响,但绝不是决定性的影响,完全有人可以接替他继续航海。

还有一种观点认为主要是朝中文官集团和以郑和为首的宦官集团争权夺利,宦官集团失败,从而导致航海事业也从此搁浅。

上面各种说法,均有一定道理,但也都是一面之词,究竟是哪种原因,或者是哪种主导因素,抑或是综合因素的作用导致了航海事业的结束,就不得而知了。

郑和航海档案被毁原因

郑和下西洋的官方资料,即当时称为《郑和出使水程》的海航档案(记载了郑和及其部属在将近30年间的7次远航的航海经验及机密史料),据传被明朝兵部官僚藏匿并销毁,不知是真是假。如果真是这样,那么,人们不免产生疑问,为什么要把那些宝贵资料销毁呢?以致后世对这段历史的研究因为资料的缺乏而困难重重。

一般认为是明朝成化年间反对下西洋的兵部车驾郎中刘大夏所为。刘大夏认为郑和下西洋,劳民伤财,是一大弊政,担心后人步郑和之后尘,便一把火烧毁了郑和出使西洋各国的详细资料。明人《殊域周咨录》一书记载了此事,说明宪宗成化年间,有太监怂恿皇帝效仿成祖派郑和下西洋之事,于是皇帝下诏到兵部索要郑和出使南洋的海图和相关资料。时任兵部车驾郎中的刘大夏事先把这些资料藏匿了起来。兵部尚书项忠索要无果后,责问看管档案的小吏。在一旁的刘大夏答道:"三宝下西洋,费钱粮数万,军民死且万计,纵得宝而回,于国家何益,此特一弊政,大臣所当谏也。旧案虽存,亦当之。"项忠无言,只好以散失复奏皇帝。明人顾起元在专记史事掌故的笔记《客座赘语》中也记载了这件事情。由此,"旧案虽存,亦当之"成了刘大夏焚毁这些资料的重要证据。

但是,藏匿资料和焚毁资料是完全不同的两个概念,刘大夏真的焚毁了这些资料吗?明朝法律对官员极为严酷,按照《大明律》的规定,官吏遗失"事关军机钱粮"的文书资料,不但要停发俸禄,还要承受残酷的杖责。

无意丢失尚且如此,刘大夏竟敢故意焚毁这些资料?而刘大夏为明朝中期重臣,先后辅佐四位皇帝,岂能不知明朝的律令。况且明朝正史中,也从来没有见到过刘大夏焚毁资料的记载。《明史》中有刘大夏的传记,篇幅不短,也未曾见有焚毁资料的记录。因而,仅凭明朝私人书上记载就说刘大夏焚毁了郑和航海资料,后人难免会有怀疑。

甚至有的史学家认为，根本就没有什么航海资料。复旦大学教授樊树志就认为，郑和下西洋也许根本就没有留下过什么航海日志，因为现在没有任何史料可以证明这样的日志确实存在过。但是，海军少将、中国造船专家郑明则不同意这种观点，他举例说，现在能看到龙江船厂志里写了八个字"海船已革，尺度无考"，很明显有被消除掉纪录的痕迹，显然是有人毁了资料。

那么，假如刘大夏没有焚毁这些资料，这些资料又确实存在过，它们又被谁焚毁了呢？对此又有不同的说法。如果刘大夏只是藏匿了这些资料，不可能被带出档案库，它们应该还在府库之中。目前用于保存明清历史档案的中国第一历史档案馆中，保存有3620余件明史档案，但是几乎全部是明末天启、崇祯两朝的。明初和中期的都荡然无存，这其中当然也包括郑和下西洋的资料。

对此有学者解释："明代档案所以保存不多，一因明清之际的战乱，二因清代乾隆帝时期修撰《明史》之后，按照当时惯例，对所依据的档案史料往往弃置甚至焚毁掉。"因此如果刘大夏把资料还保存在府库中，很可能毁于战火，或者被清乾隆帝朝修史时弃置或者毁掉。

要是这样，乾隆皇帝就逃脱不了焚毁资料的嫌疑了，但是，这一说法也缺乏有力的证据，只是一种猜测而已。这些资料究竟被谁毁掉了，是刘大夏，还是清朝修史时所为，恐怕是永远都解不开的历史疑案了。

明末三大悬案

明万历朝，因立太子一事引起了朝廷的激烈争论。万历四十三年（1615年）五月发生了有人持棒闯入慈庆宫、欲谋害太子的案件，震惊了朝廷内外，史称"梃击案"。万历四十八年（1620年）八月，万历帝去世后，太子朱常洛即位，改元泰昌，历史上称为明光宗。可是明光宗在位仅一个月，就一命呜呼了。随后明光宗长子朱由校即位，是为明熹宗。在短短两个月内，皇位一下子由祖父传到孙子手中，可谓明史之最。

更为引人注目的是从明光宗到明熹宗的皇位更替过程中，又相继发生了两个宫廷大案："红丸案"和"移宫案"。"梃击案""红丸案"和"移宫案"，被总称为"明末三案"。由于"三案"发生在皇位递嬗和各方斗争的过程中，各种势力纷纷介入，使得案件因无法正常审理，而变得异常扑朔迷离、错综复杂。

"梃击案"的幕后主使是谁

万历四十三年（1615年）五月初四，正是端午节的前夜，太子居住的慈庆宫里的人们正沉浸在节日即将来临的喜气当中，突然，一个手持枣木大棍的男子出现在慈庆宫前。他将守门的老太监一棒打倒,冲进门内,直奔前殿檐下,并拾级而上,试图加害太子。这时,太子内侍韩本用闻讯赶到,与同来的七八名太监一拥而上,将陌生男子擒获,交由东华门的守卫指挥使朱雄收监。第二天,朱常洛将此事禀告明神宗,得旨立即派人审查。于是,案子交到了巡城御史刘廷元等人手里。

联系多年来宫廷内部围绕立储一事而进行的明争暗斗,刘廷元等人隐约觉得此事关系重大,非同寻常。但是他们又左右不敢开罪,于是草草了案。将讯问的结果奏呈万历皇帝:闯宫的男子名叫张差,是蓟州井儿峪人,经再三审讯,"本犯呶呶称吃斋讨封等语,话非情实,词无伦次,按其迹苦涉疯魔,稽其貌系黠猾"。就是说犯人说话颠三倒四,看起来有点癫狂,话里头经常提到"吃斋讨封"等语,但又有些狡猾。报告本身模棱两可,可以理解为犯人看上去是个疯子;又说"貌系黠猾",似乎预谋不轨。而且认为,这样的案犯,应该严加审讯,从重拟罪;而刘只是个巡城御史,当然不胜此任。

于是,案子被推到了刑部。刑部郎中胡士相、岳骏声等人,深知该案发得蹊跷,关系重大,而以郑氏与东宫的矛盾而言,审案稍有不慎,便会开罪郑氏。由此,他们便想就此了结此案,因而拿"稽涉疯癫"大做文章。初十,他们上报了审问结果:张差是蓟州人,因当地刚开了一座官窑,一时柴薪走俏,张差变卖田产,收购了大批柴薪前往卖给官窑。由于当地人李自强认为他抢了他们的生意,一把火把张差的柴薪烧光。张"日夜气忿,失态癫狂",得了疯病,并于本年四月进京审冤告状。路上,受人欺骗说拿一木棍可以当作冤状。张差信以为真,拿着木棒,四处乱撞,最后打伤太监,误入慈庆宫。不知为何,前后两审的结果却不相同,前审中的"吃斋讨封"的结论不见了,代之而来的是纯粹"疯颠"的结论,就连狡黠的性格判断都没了。胡士相等人的处理意见是:按照法律,将张差立即问斩。

可是,此事早已传遍了宫廷内外,大街小巷,人们议论纷纷,闹得满城风雨。人们推测,此事一定与郑氏一伙有关,说刘廷元、胡士相等人的审讯虎头蛇尾,有意包庇幕后主谋,郑氏无形中成为众矢之的。明神宗朱翊钧对外界传闻十分恼怒,在郑氏的鼓噪下,他下令刑部对张差严加看管,不准任何人探望,想等到舆论平息后,再作处理。然而一些平时对皇太子的安危十分关心的正直官员们对案情的判断也深为不满,慈庆宫虽然禁卫不严,但又怎么是一般人说进就进的呢?这背后肯定有隐情。刑部衙门中有一个叫王之寀的主事,极有正义感,他就抱着这种疑问,暗中探牢,巧审张差,结果再一次引起了轩然大波。

王之寀曾做过县令,颇有审案经验。十一日,王之寀带领一班狱卒为牢中囚犯散发饭

明神宗朱翊钧像

菜，他故意留置了张差的饭菜，最后才送。饭拿到张差的狱室后，王之寀见张差身强力壮，神情紧张，绝不像疯癫之人。于是，他命令狱卒把饭菜放在离张差一定距离的地方，对他说："实招与饭，不招当饥死。"张差久久低头不语。这时饭时早过，张差忍不住饥饿，小声说："不敢说。"于是，王之寀命牢中其他狱吏回避，只留两名狱卒在旁，亲自对他进行审问。张差在招供中说："我小名张五儿，父张义病故。有乡人马三舅、李外父，叫我跟不知名的老公，说：'事成与尔几亩地种！'老公骑马，小的跟走。初三歇燕角铺，初四到京……到不知街道的大宅子，一老公与我饭，后来又交给我一根枣木棍，说：'你先冲一遭，撞着一个，打杀一个，打杀了我们救得你！'领我由厚载门进到宫门上。守门阻我，我击之堕地。已而老公多，遂被缚。小爷福大。"

到这里谁都看得出，张差棒击小爷（皇太子）是受太监指使的。于是，王之寀立即上奏，不但认定张差"不颠不狂，有心有胆"，还请求皇上立即准予朝审或由九卿、科道及三法司会审。

王之寀的奏疏引起了轩然大波。有敢说话的官员，如陆大受，就开始影射背后指使之人必有"奸畹"，暗示此事是郑贵妃之父郑国泰所为。而明神宗对王之寀及陆大受的奏疏，皆扣留不报。但是，舆论已经无法控制，宫廷上下，人心沸腾。大臣们要求查明真凶，彻底查清张差所说太监何人的呼声越来越高，各种奏章纷至沓来。而且有人指出，这个案子是危急太子生命安危的一种讯号，如果不查清，后患无穷，所以"务在首恶必得"。

越来越多的人参与到此案的调查中来。御史过庭训通过蓟州知州戚延龄调查张差的为人，得到的结果是张差实属疯癫之人，大臣中间又有人想以"疯颠"二字定案。五月二十日，刑部会同十三司官，原参审人员王之寀，再次提审张差。在这一审中，张差又交代了一些新的内容："马三舅名三道，李外父名守才，同在井儿峪居住。又有姊夫孔道住在本州城内。不知姓名老公，乃修铁瓦殿之庞保。不知街道大宅子，乃住朝外大宅之刘成。三舅、外父常往庞保处送炭，庞、刘在玉皇殿商量，和我三舅、外父逼着我来，说打上宫中，撞一个打一个，打小爷，吃也有，穿也有。刘成跟我来，领进去，又说：'你打了，我救得你。'"

原来是太监庞保、刘成主使张差棒击太子的。那么，太监为什么要谋害太子朱常洛呢？背后肯定另有隐情。由于庞保、刘成二人是郑贵妃的人，所以人们不禁把目光投向了郑贵妃。

审讯情况传出后，群情激昂，无法遏制。大臣们的上疏不断，其中多涉及外戚。大臣们并没有把矛头直指郑国泰，郑国泰却坐不住了，为了澄清自己，五月二十一日那天写了一个揭帖。没想到，此举让事中何士晋抓住了把柄。何士晋说："陆大受疏内虽有身犯奸畹凶锋之语……并未直指国泰主谋。此时张差之口供未具，刑曹之勘疏未成，国泰岂不能从容少待，辄尔具揭张皇，人遂不能无疑。"郑国泰可谓是弄巧成拙，不打自招，竟将自己卷入了案中。他的愚蠢之举同时也让郑贵妃陷入了麻烦之中，好在郑贵妃因为得皇帝宠，可以日夜向明神宗哭泣。碍于郑贵妃的情面，再加上明神宗本人也不愿让事态进一步扩大，就让郑贵妃去请求太子朱常洛的原谅。在太子面前，郑贵妃为了开脱自己的罪责，求得太子的谅解，一再向太子下拜。太子为了照顾坐在旁边的明神宗的颜面，只好回拜，并原谅了郑贵妃。

五月二十八日，已经25年不见群臣的明神宗，在无可奈何的情况下带着皇太子、皇孙、皇孙女在慈宁宫慈圣太后灵前召见了诸大臣。

明神宗身穿白袍戴着白冠，面向西而坐，右边站着穿青袍的朱常洛，左边阶下并排站着皇孙、皇孙女四人。明神宗拉着朱常洛说："你们都看见否？如此儿子，谓我不加爱护，譬如尔等有子如此长成，能不爱惜乎？"边说边让太监们将皇孙、皇孙女引上石级，"朕诸孙都已长成，还有什么说的！"

明神宗神态自若地对朱常洛说："你有什么话，跟大臣们都说出来，别顾忌。"朱常洛道："似此（张差）疯癫之人，决了便罢，不必株连。"又说："我父子何等亲爱！外廷有许多议论，尔辈为无君之臣，使我为不孝之子。"

父子俩简直在给"梃击案"定调于——张差所为源于疯癫，不要株连他人。见此情形，大臣们也就作罢了。五月二十九日，张差被凌迟处死。六月一日，明神宗密令将庞保、刘成处死，梃击一案就此再无从查起。

综观全案始末，郑贵妃为"梃击案"的主谋是毫无疑问的，否则，郑贵妃因何要拜太子？刘成、庞保又为何被秘密处死？然而，就是这已近昭然若揭的真相，却成了历史上的一大悬案。

朱常洛死于红丸吗

"梃击案"以后，朱常洛的地位提高了不少，他在处理"梃击案"中的表现，深为万历帝赞赏。万历帝也觉得这个孩子已经长大，而朱常洛的几个儿女也给垂暮之年的他带来了几分欣慰和喜悦，因此对朱常洛的态度有了很大转变。"梃击案"中大臣们的表现，也使郑贵妃一伙看到了大势所趋、人心所向，意识到太子的地位已经不可动摇。由此，郑贵妃为了保住自己的地位，并为以后打算，对朱常洛的态度骤然判若两人，倒一味逢迎起来，不时派人给太子送去金银珍宝和美食酒馔，并选了美女送来侍奉太子。朱常洛有些受宠若惊了，因为长时间以来，朱常洛的生活都是不尽人意的，突然之间有人可以讨好善待自己，他怎么消受得了，于是，本就荒唐的生活变得更加放荡。尤其在万历四十一年（1613年），太子妃郭氏去世，朱常洛少了约束，行为更加不羁，结果本就虚弱的身体更加虚弱。

万历四十八年（1620年）八月初一，明

明孝端显王皇后像
曾抚养皇长子朱常洛长大成人，支持立皇长子为太子。

神宗归西天之后，做了19年太子的朱常洛登上了皇帝宝座，次年改元泰昌。即位之初，朱常洛算得上是一个有为的君主，做了许多值得称道的事。比如，连续两次发内帑共计160万两，用来赏赐在辽东及北方的前线防军；撤回万历末年引起官怨民愤的矿监和税监；召回在万历一朝因为上疏言事而遭处罚的大臣，补用空缺的官职。

此时的郑贵妃因害怕朱常洛会计前嫌，就向朱常洛的宠妃李选侍示好，还请求朱常洛立李选侍为皇后。李选侍也知道投桃报李，就请朱常洛封郑贵妃为皇太后。郑贵妃还极力讨好朱常洛，向他大献美女。而朱常洛则是照单全收。

或许是出于感激，朱常洛还处处以先皇为借口，优待郑贵妃，似乎他已经忘记了郑贵妃曾经的所作所为，甚至在明神宗驾崩的第二天，朱常洛就传谕内阁："父皇遗言：'尔母皇贵妃郑氏，侍朕有年，勤劳茂著，进封皇后'，卿可传示礼部，查例来行。"见此情景，礼部右侍郎孙如游急奏："臣详考历朝典故，并无此例。"朱常洛感到为难了，只好将奏疏留中不发直至收回。

虽然如此，郑贵妃仍然不死心，继续向朱常洛献美。这样一来，瘦弱不堪的朱常洛不但要承担诸多政事，还要"退朝内宴，以女乐承应"，"一生二旦，俱御幸焉"，结果身体累垮，到八月初十已经一病不起，形容憔悴，"圣容顿减"。

十四日，郑贵妃指使自己的亲信太监，时为司礼监秉笔太监兼掌御药房的崔文升给皇帝进"通利药"，即大黄。大家都知道，大黄可以攻积导滞，泻火解毒，相当于泻药，朱常洛服用后一昼夜间连泻了三四十次，身体已经接近衰竭状态。

廷臣们见状不妙，就对崔文升产生了怀疑，给事中杨涟说："贼臣崔文升不知医……妄为尝试；如其知医，则医家有余者泄之，不足者补之。皇上哀毁之余，一日万机，于法正宜清补，文升反投相伐之剂。"杨涟认为，按照朱常洛当时的情况，实应该进补药，而崔文升却给皇帝进泻药，可见其心阴毒。外戚们也都认为其中有阴谋，就向朝中大臣哭诉："崔文升药，故也，非误也！"

八月二十二日，朱常洛召见大臣，郑重其事地对杨涟等人说："国家事重，卿等尽心。朕自加意调理。"随后，朱常洛下令逐崔文升出宫。八月二十九日，鸿胪寺丞李可灼想给皇上进献仙丹，太监们实在不敢做主，只好禀告内阁大臣方从哲。方从哲说："彼称仙丹，便不敢信。"

此时的朱常洛预感到自己的时日已经不多，就一边安排后事，一边召见众大臣，嘱咐大臣们小心辅佐太子。说话间，朱常洛突然想起仙丹之事："有鸿胪寺官进药，何在？"方从哲说："鸿胪寺丞李可灼自云仙丹，臣等未敢轻信。"朱常洛抱着死马当作活马医的想法，让人招李可灼进宫献药。

很快，李可灼就来到了宫里。他先为明光宗诊脉，述说了诊断结果，得到明光宗的赞同，然后调制好一颗红色药丸，请皇上服用。服完红丸后，朱常洛感觉不错，就让内侍向外传话："圣体用药后，暖润舒畅，思进饮膳。"

傍晚时分，朱常洛不顾御医们的反对，又服了一粒红丸。服用后，见皇帝没有什么不良反应，李可灼就对询问病情的内阁大臣说：皇上服药后，传如正常。可是，九月初一凌晨，群臣被急召入宫，当大臣们急匆匆赶到时，仅做了一个月皇帝的明光宗朱常洛已经驾崩了。在这种情况下,方从哲仍认为李可灼诊病有功,以皇长子令旨,赏李可灼银五十两,彩缎两匹。

明光宗朱常洛的驾崩引起了朝臣们的议论,大家都认为皇帝之死与进药有关。原郑贵妃属下崔文升先上泻药,使明光宗大泻不止;一贯依附郑氏集团的方从哲引荐的李可灼再进红丸,初服有效,连服三丸,就一命呜呼了。或许正是这两人的特殊身份,才引起了群臣的争议。

联系前面发生的"梃击案",以御史王安舜、南京太常寺少卿曹珍为首的正统派大臣,认为崔文升、李可灼是有意杀君,实属罪大恶极,不但要立正刑典,还要追查出幕后的指使。所谓的幕后指使,大家也是心知肚明的,当然是指郑贵妃一伙。

首辅大臣方从哲为了表明自己是清白的,就反复强调进药时的情景,然而,明光宗去世后,他极力对李可灼进行奖赏,难免让人生疑。直到内阁大学士韩爌将进药的前后始末详细地上奏给新即位的明熹宗,才让方从哲脱了干系。

事态发展得越来越严重,为了控制局面,阁臣建议明熹宗将崔文升发谴南京、李可灼发配远方充军,这件事才算告一段落。

如果细细琢磨的话,我们会发现"红丸案"中存在许多疑点,比如,崔、李二人的进药究竟是出于自愿,还是受人主使?这个幕后主使真是郑贵妃吗?可是,我们已经很清楚,崔文升是郑贵妃的人,说郑贵妃指使崔文升很好理解,那么李可灼是受谁指使呢?是不是其中还有别的政治阴谋?李可灼的红丸究竟是什么呢?

时至今日,还有人分析,红丸其实就是红铅丸,是用妇人经水、秋石、人乳、辰砂调制而成,性热,正好与当初崔文升所进的大黄药性相反。本就虚弱的朱常洛,在最后的岁月连遭性能相反而且猛烈的两味药物的折腾,岂能不暴毙而亡!

事情是不是真的如此呢?这众多的疑问,也许永远都难以解开了。

李选侍死于移宫吗

在"红丸案"中提到过一个李选侍,"移宫案"就与她有关。李选侍本是郑贵妃的人,是郑贵妃为了讨好朱常洛送给他的,朱常洛将长子朱由校交由她抚养。她一面极力勾结郑贵妃一伙,一面利用自己得宠的机会开始干预朝政。

按照明代的制度,皇极殿和乾清宫,本应归皇帝、皇后专用,可是,明神宗时,郑贵妃以侍奉明神宗为由搬进了乾清宫。朱常洛即位后,郑贵妃不该让出乾清宫,但她欺负朱常洛软弱,仍然霸着乾清宫不搬出来。朱常洛无奈只好居住自己原来的太子宫——慈庆宫内。这种状况一直持续到崔文升进药事件发生,郑贵妃才迫不得已搬出乾清

二进宫版画

明末"移宫案"对后世影响深远,著名的京剧《二进宫》《大保国》都是根据这一历史事件编演的。

宫。郑贵妃搬出去后，李选侍就随着朱常洛住进了乾清宫。现在明光宗死了，按道理李选侍就应该腾出乾清宫，但是她因为有自己的目的就向郑贵妃学习，也赖着不搬，结果就发生了明末第三大案——"移宫案"。事情的始末是这样的：

八月二十九日，明光宗为了安排后事，就在乾清宫召见了大臣们。谈话中明光宗提出要册封李选侍为皇贵妃，可是，还没等皇帝的话说完，大臣们还没反应过来，拉着皇长子朱由校躲在内阁偷听的李选侍使劲推出了朱由校，朱由校言不由衷地接住皇帝的话茬说："要封皇后！"众臣和明光宗都瞠目结舌。礼部大臣孙如游回过神后说："皇上封李选侍为贵妃，臣等不敢不遵命。"方从哲等人也来到皇帝病榻前，奏请明光宗封李选侍为皇贵妃。

可是，谁也没料到当天夜里明光宗因服用红丸没留下遗诏就驾崩了，大臣们被弄了个措手不及。身居乾清宫的李选侍得到消息后，先下手为强，为了能牢牢控制储君朱由校，就命令宦官手持大棒守在门口，不让大臣入内。她的目的很明确，就是以此来要挟群臣答应封自己为皇后的要求。如果能如她所愿，朱由校登基后，她就可顺理成章地垂帘听政，控制朝政。

大臣们当然明白李选侍的用意，纷纷表示反对。大臣杨涟说："天下岂可托妇人？"群臣商议立即去乾清宫，带皇长子出宫。可是，来到乾清宫门口，大臣们被守门太监拦住了。杨涟厉声喝骂太监："皇上驾崩，嗣主幼小，你们拦住宫门不让进去，意欲何为？"说完，他不由分说冲上前去，直闯入宫门，群臣也随其后蜂拥而入。

太监王安赶紧进入乾清宫的暖阁回禀李选侍和朱由校。王安说："如今情形不让群臣见皇长子恐怕不合适，因为皇长子既非嫡子，又未正式册封为太子。"李选侍虽然不甘心，但也没办法，便让王安扶朱由校出宫。

群臣一见到皇太子，一边三呼万岁，一边簇拥着将朱由校引向事先准备好的御辇。朱由校一登上小轿，大臣刘一璟、周嘉谟、张维贤、杨涟等不等轿夫赶到就亲自将轿抬了起来，快步前行。等到李选侍意识到上当时，已来不及了。

到了文华殿，群臣请朱由校即日登基。朱由校不同意，只答应初六登基。当天，朱由校在大臣的护卫下回到慈庆宫。

后来，李选侍多次使计想诱骗朱由校，都没有成功，只好以先帝有嘱为名，赖在乾清宫不走。可是大臣们不肯善罢甘休，催她移宫的奏章每日不断。为了避免再出现一个郑贵妃，大臣们认为绝不能纵容李选侍，尽管李选侍放出风声说光宗曾嘱托自己照顾、辅助朱由校。

新帝即位前一天，六部九卿诸臣齐聚乾清宫外，一起声讨李选侍。有些害怕的李选侍在百般拖延不见效果的情况下，不得不领着自己唯一的亲生女儿（朱由校同父异母的妹妹，称皇八妹），灰溜溜地迁出了乾清宫。

可是，李选侍并不善罢甘休，她让手下宦官四处散布谣言，说皇上庶母（李选侍）被大臣所逼自缢，皇八妹跳井自杀。一时间谣言四起，弄得满城风雨。刑部尚书亲自入宫探寻实情时，御史贾继春综合各种传说，趁机上了大臣们一本。

奏疏一出立即引起了一场轩然大波。群臣十分气恼，都认为贾继春一向依附方从哲，与郑贵妃及李选侍等也有联系，实属奸党。

刚刚即位的明熹宗为了不让事态进一步扩大、造成不好的影响，只好站出来表明了自己的态度。他不但列举了李选侍的种种罪状，还揭发她"殴毙圣母"，说李侍选曾殴打明熹宗的母亲王氏，就是因为李选侍的羞辱，王氏才含冤而死的。

庆陵 明

庆陵位于北京昌平天寿山陵内莆山寺二岭南麓，是明朝第14位皇帝明光宗朱常洛和皇后郭氏、王氏、刘氏的合葬陵寝。

但首辅大臣方从哲认为如果真如此公布上谕，岂不是"彰父之过"，暴露明光宗的不光彩吗？明眼人都知道，方从哲此举看起来好像是替皇帝着想，可实际上还是在偏袒李选侍。针对方从哲的表现，杨涟立即上疏，详细叙说了移宫始末，并明确指出选侍自缢、八妹跳井都是无稽之谈。

见了杨涟上疏，明熹宗不顾方从哲的上奏再次上谕揭露李选侍的罪行，明确支持杨涟。这份上谕叙述了明光宗去世后，李侍选别有用心，阻止自己召见群臣的情景，以及以前对自己的"漫骂凌虐"。最后，明熹宗宣布免去李选侍的封号，罢免了贾继春的官职。至此，"移宫案"结束。

在"移宫案"中，李侍选是自己一个人对抗群臣，还是与郑贵妃集团勾结，郑贵妃为幕后主使？后来谣言四起，真相不得而知。

李自成兵败后的生死之谜

李自成，陕西米脂县人，明末著名的农民起义军首领。明崇祯十七年（1644年）三月十九日李自成攻破北京城，崇祯帝见大势已去，自缢于煤山（今景山），明王朝被推翻。李自成于北京城正式登上了皇帝宝座。然而，登基后不久，他的命运骤然逆转。镇守山海关的明将吴三桂引清军入关，在山海关大战中击败大顺军，李自成被迫带领伤亡惨重的大顺军退出北京，转战河南、陕西、湖北等地，其后屡战屡败，再无回天之力。1645年，李自成兵败九宫山，从此销声匿迹了。于是，有人发出疑问，叱咤风云、赫赫声名的闯王，结局究竟如何？真如史书所言在湖北通山县被地

□ 历史悬案

主武装杀害，还是确如民间流传在湖南石门夹山寺出家为僧？时至今日，有关李自成的最终归宿流传着十多种说法，孰是孰非，莫衷一是。

九宫山兵败被杀说

关于李自成的结局，史书记载最详细的一种说法就是在湖北九宫山兵败被杀。据载，李自成山海关大战失利后一路南撤，逢战必败，溃不成军。由于当时清军以为明朝报仇、剿灭"闯贼"为借口进入关内，自然对其狂追不舍。而新建的南明王朝更把李自成视为亡国逆贼，恨之入骨，因此也不断组织人马或联络沿途地方乡勇截击，大顺军面临的环境空前恶劣。1645年4月中旬，大顺军主力行进到距离江西九江不远的地方时，被清军又一次追上。经过一番混战，清军攻破大顺军的大本营，将汝侯刘宗敏、军师宋献策、李自成的两位叔父（赵侯、襄南侯）以及一批将领家属俘获。这一突发变故，使本来就士气低落的大顺军雪上加霜，人心大丧。

李自成像

此时，清军已经追到九江一带，大顺军如果继续东下，很可能在长江下游遭到围攻，因为清军的东路豫王多铎部当时正试图经过河南归德府、安徽泗州向南京逼近，如果他回师而上的话，很容易对大顺军形成包抄之势，鉴于此，李自成及时改变战略，掉头准备穿过江西北部转入湖南。在仓皇中，李自成率军来到了湖北通山县和江西宁州（今修水县）交界的九宫山下。

同年5月，在清军铁骑的围追堵截之下，李自成在九宫山下与前来追杀的英亲王阿济格再次激战，其后不知所终。

最先报告李自成遇难九宫山的是清王朝负责追击闯王的靖远大将军阿济格。他在1645年阴历闰六月初四给朝廷的奏疏中说："李军兵尽力穷，窜入九宫山中，随后在山中遍寻李自成不得。降兵、降将都说，李自成逃走时，仅携带随身亲信二十人，被村民围困，不能脱，自缢而死。派认识李自成的人去验尸，尸体已经腐烂，不可辨认了……"这一消息上报北京后，清廷十分高兴，认为贼首被歼，无疑是大功一件，多尔衮还因此告祭天地太庙，宣谕中外。地方官员也纷纷上表庆贺。可以看出，此时以多尔衮为核心的清廷是相信李自成已经死了的。

可是，就在阿济格凯旋途中，多尔衮得到了大顺军重现江西的情报。由于没有看到李自成的首级，多尔衮因此怀疑李自成的死讯不可靠。为此，阿济格又找了认识李自成的人去认尸，但是尸体已腐烂，无法辨认。于是在第二次上奏中，他说得更加含糊，至于李自成是死是活也说不清楚了，说还得继续察访。这让多尔衮大为震怒，七月二十日，他派人对即将进京的阿济格进行了严厉地训斥。胜利班师还朝后的阿济格不仅没有得到封赏，还因为欺诳罪由亲王降为郡王，罚银五千两。这明

332

显说明，清廷对李自成的死产生了极大的怀疑。但是，很快阿济格就被恢复了亲王，甚至多尔衮晚年还把他当作了最亲信的人。清廷对阿济格态度的变化，使本来就扑朔迷离的李自成生死之谜，愈加不辨真伪。

南明的五省总督何腾蛟在隆武二年（1646年）阴历二月所写的《逆闯伏诛疏》中也说李自成死了，不过这时距离李自成兵败九宫山已近10个月了。奏疏上是这样说的："闯逆居鄂两日，忽狂风骤起，对面不见，闯心惊疑，惧清之蹑其后也，即拔贼营而上。然其意尚欲追臣，盘踞湖南耳。天意亡闯，以二十八骑登九宫山为窥伺计。不意伏兵四起，截杀于乱刃之下。相随伪参将张双喜系闯逆义男，仅得驰马先逸。而闯逆之刘伴当飞骑追呼曰：'李万岁爷被乡兵杀死马下，二十八骑无一存者。'一时贼党闻之，满营聚哭……嗣后大行凶问至（指弘光帝被清军俘获），剿抚道阻音绝，无复得其首级报验。今日逆首已泥，误死于乡兵，而乡兵初不知也。使乡兵知其为闯，气反不壮，未必遂能剪灭，而致弩刃之交加，为千古大快也。自逆闯死，而闯二十余万之众初为逆闯悲号，既而自悔自艾亦自失，遂就戎索于臣。逆闯若不死，此二十万之众，伪侯伪伯不相上下，臣亦安得以空拳徒手操纵自如乎？"何腾蛟的这份奏疏是关于李自成死于湖北通山县九宫山下的又一原始文献。由于几个月前李自成的部将接受了他的节制，他有充分的条件从大顺军将领及士兵的口中获悉李自成牺牲的经过，这份奏疏应该是比较可信的。南明的隆武帝朱聿健得到奏疏后，"大喜，立拜（何腾蛟）东阁大学士兼兵部尚书，封定兴伯，仍督师"。

应该说何腾蛟关于李自成死于九宫山团练之手的消息直接得自跟随李自成的许多大顺军将领，甚至包括了李自成牺牲时就在身旁的养子张鼎（即张双喜），应当说是相当可靠的。但是，由于没有李自成的首级为凭，隆武朝廷内部表示怀疑的大有人在。右副都御史郭维经就曾经上书认为，说李自成死在九宫山没有任何根据，何腾蛟是七月下旬从李自成投降的部下那儿知道的，并且是过了年以后才上报的。如果在没有得到准确答案的情况下就封赏，恐怕不合适吧。况且，如今李自成还是生死不知，下落不明，万一哪天有人提着李自成的头来领赏，何腾蛟该做何解释呢？

看了郭维经的上疏，朱聿健也产生了怀疑，就让何腾蛟再报一次，然后再宣布这一捷报。何腾蛟于是第二次上疏辨明"闯死确有实据，闯级未敢扶同，谨据实回奏"。

总的说来，由于清廷和南明都没有得到李

湖北省通山县九宫山李自成之墓

自成的首级，由此而产生"自成生死终未有实据"的怀疑是自然的。但是阿济格与何腾蛟上报的奏疏中关于李自成死于九宫山的描述在主要情节上（时间、地点和牺牲经过）是一致的，由于主要消息都源于当时原属于大顺军的兵卒所，应该具有相当的准确性。

根据这两份报告，《明史》中也做出了自成已死，而尸朽莫辨的模糊结论。这个结论，因许多地方志、家谱的发现而有所加强。清初的史家费密在其所著《荒书》中对李自成牺牲的经过做了详细的描写："大清追李自成至湖广。自成尚有贼兵三万人，令他贼统之，由兴国州游屯至江西。自成亲随十八骑由通山县过九宫山岭即江西界。山民闻有贼至，群登山击石，将十八骑打散。自成独行至小月山牛脊岭，会大雨，自成拉马登岭。山民程九伯者下与自成手搏，遂辗转泥淖中。自成坐九伯臀下，抽刀欲杀之，刀血渍，又经泥水不可出。九伯呼救甚急，其甥金姓以铲杀自成，不知其为闯贼也。武昌已系大清总督，自成之亲随十八骑有至武昌出首者，行查到县，九伯不敢出认。县官亲入山谕以所杀者流贼李自成，奖其有功。九伯始往见总督，委九伯以德安府经历。"费密所提到的牛脊岭，确实是当地的地名，程九伯也确有其人，康熙四年《通山县志》有他的小传："程九伯，六都人，顺治二年五月闯贼万余人至县，蹂躏烧杀为虐，民无宁处。九伯聚众，围杀贼首于小源口。"另查《德安府志》职官志"国朝经历"条下第一人即"陈九伯，通山人，顺治二年任"。姓名虽稍有不同，但也足以证明程九伯得到清廷奖赏的真实性。这些记载无疑从一个侧面证明李自成很可能死于湖北九宫山。

那么，既然李自成死于此处，为什么清军和南明双方都没有得到李自成首级这一重要证据呢？这无疑是李自成死于湖北九宫山的说法需要进一步论证的问题。

今人分析认为，对于阿济格来说，未能取得李自成首级可能主要是由于时间相隔稍久，农历五月以后南方天气已相当炎热，"尸朽莫辨"是完全可能的。而清政府得到李自成被害的消息是在顺治二年（1645年）七月十五日，江西、湖广等八省总督佟养和上任后才找到杀害李自成的凶手程九伯的。阿济格向清廷奏报时并没有这个线索，被派去实地查验的人也无法取得实证。

而南明方面，大顺军在安葬了李自成遗体后就转入江西和湖南，通山县已属清军的势力范围。何腾蛟当时在湖南长沙，不大可能派人前往清军控制的区域挖掘李自成遗体。再说，何腾蛟名为五省军务总督，实际上实力相当有限，只是由于大顺军将领的主动才建立了联合抗清阵线，"一时骤增兵十余万"。即便何腾蛟会派军队进入通山县，他也不敢轻视大顺军余部，而去把李自成遗体挖出来枭首"报验"。这个道理很好理解，他只能在上疏中含糊其词地解释剿抚道阻音绝，没法拿到他的首级报验。至于多尔衮在阿济格上报李自成死后，又得到情报说李自成直接统率的那支大顺军主力进入了江西宁州、瑞昌一带，一种解释认为，明清文献中"闯贼"一词既可指李自成本人也可指李自成起义军，也可能是大顺军一部进入江西而被误认为是李自成遁走江西了。

因此，从以上的分析来看，李自成被地方武装杀死于湖北九宫山的可能性极大。

后人据此还在湖北九宫山建有李自成的陵墓,至于此举是否真的迎合了历史真相就不得而知了。

当然,也有人对此说持否定态度,他们认为李自成是清王朝和南明王朝的死敌,他的生死绝对是当时的重大事件。而阿济格报告中说是"尸朽莫辨",纯属附会之辞,难怪清王朝不会信!何腾蛟的报告更是马后一炮,谎报战功,南明王朝自然也不会相信。特别是,李自成退居湖湘时,他的手下还有40余万兵马,驻九宫山一带至少也有数万人,说他仅带20名亲信与事实明显不符。再说,如果李自成真的被杀,他手下的几十万大军,岂会善罢甘休,必定会对乡勇进行残酷的报复。然而事实上,九宫山异常平静,他手下的几十万大军和他的妻子高氏都是平静的,这就反证了李自成没有死于九宫山。况且除了史料记载外,至今也没有找到过任何强有力的实物证据证明李自成确实死于九宫山,只凭史料记载难以让人信服。至于在民间广泛流传的李自成殉难九宫山的说法,有人认为实际上是李自成与其部下放的烟幕弹,一个缓兵之计,目的是让敌人放松对自己的警惕,一旦时机成熟,便可东山再起,卷土重来。

那么,如果真的如此,李自成没有死于九宫山,他又会到哪里去呢?一种广为流传的说法是李自成在湖南省石门县夹山寺出家为僧了。

夹山寺出家说

湖南省的石门县古称澧阳,又称澧州,而夹山寺位于石门县东15千米的三板桥,是一座唐代时建造的古刹。李自成禅隐湖南石门县夹山寺的说法在民间流传甚广,影响极大。传说李自成兵败后,到石门县夹山寺为僧,法名奉天玉和尚。这种说法最早见于《澧州志林》所收乾隆帝时任澧州知府的何璘《书<李自成传>后》

北京故宫武英殿
李自成率起义军攻克北京后,曾在这里处理日常政务。

一文中。何璘在文中称，有一个姓孙的先生对他说，实际上李自成并未死于湖北九宫山，而是跑到湖南的石门出家了。对此，何璘还专门向当地的一些老年人询问，而他们说李自成确实是从湖北公安跑到湖南夹山寺出家为僧了，并且他的坟墓还在那里。

于是，愈加好奇的何璘就专程到夹山寺调查，寺中一位70多岁服侍过奉天玉的老和尚接待了他，他告诉何璘奉天玉和尚是顺治初年入寺的，当时没有说自己从哪里来，但听他的口音像是西北人。此后，一个自称是奉天玉的徒弟，自号野拂的和尚来到这里。他对待奉天玉更是毕恭毕敬。当老和尚把寺里珍藏的奉天玉画像给何璘看时，何璘倒吸了一口冷气，奉天玉和尚的画像与《明史》中记载的李自成太像了。为此，有人根据李自成曾自称"奉天倡义大元帅"，后又称"新顺王"，断定"奉天玉"即"奉天王"。至于多那一点，无非是为了隐讳。

现在看来，奉天玉和尚很可能就是李自成。

20世纪80年代，在夹山寺附近的一系列考古发现与何璘的记载完全一致，似乎进一步佐证了这种可能。1981年元旦，当地的考古工作者在夹山寺大路西坡偶然发现了一座古墓，但是古墓挖开后奇特的墓葬体制和庞大的规模让考古工作者大惑不解。该古墓为一墓三穴，有着完整的结构。随后从墓中出土的一块名为《中兴夹山祖庭弘律奉天大和尚塔铭》的碑刻，使考古工作者了解到这个墓穴正是奉天玉大和尚的。从记载看这个和尚是顺治九年来到夹山寺的，他的弟子门徒多达数千人，影响力如此之大，确实绝非一般和尚。

其后工作人员在继续挖掘过程中，在中间墓穴又发现了一只白底青花瓷坛，瓷坛做工细腻，釉面竟然装饰有麒麟和凤凰的图案，尤为奇怪的是青花瓷坛上压着符号奇特的方砖。参与了这次考古的湘西著名考古专家龙西斌认为："这种瓷器比较少见，还没有发现过这种麒麟和凤凰的图案，所以我们认为这件瓷器，并非一般和尚所用。我们在夹山寺掘墓葬的时候，发现其他几个和尚都是用普普通通的瓦罐，像这样精美的瓷器，我们还没有发现，特别是麒麟和凤凰的图案纹饰清晰，应该是一个有等级的和尚才可以享用的。"并且这位和尚的下葬方式也是违背僧规的，他不但没用龛和塔来安置遗体和骨殖，而且按照陕北民俗下葬，实在太不应该了。而李自成的家乡就在陕北米脂县。这是不是可以证明李自成并没有死在九宫山，而是出家为僧了呢？

后来龙西斌等人一次在陕北米脂县开会了解到，据记载，明朝时陕西总督汪乔年派陕西米脂的边大绶去掘李自成祖父的墓，据一个当年掘过李自成祖上墓的知情人透露，李自成祖父的墓、父亲的墓，当时就是一墓三穴型的。由此他们推断这个一墓三穴正与陕北米脂的风俗一致。陕西米脂还提供了另外一个线索，就是陕北的人死了之后，男砖女瓦留下圹符碑的符号，寓意"身披北斗，头戴三台；寿山水远，石朽人来"。这与奉天玉和尚墓中青花瓷坛上奇特的方砖符号是一样的。所有这一系列奇怪的现象，让专家们不由得对这位神秘的墓主人生出浓厚的兴趣。

1981年秋，文物考古工作者又在与夹山相邻的慈利县发现了野拂大和尚墓，墓碑上明文写道，老禅师出身行伍，出生在明朝，清朝去世。曾经"战吴王于桂州，追李闯于澧水"。

显然他所说的吴王就是吴三桂，并且他是与吴三桂在桂州作战之后追随闯王来到澧水的。另外，研究人员还发现在现在的张家界，也就是原来的永定，有一个天门山，天门山有座庙，相传是野拂大和尚在那里建的。《永定县乡土志》曾记载，野拂为"闯贼之余党"，从石门夹山寺"飞锡来兹、实繁有徒、丛林大举"，显然说野拂是李自成的一个部将。于是有人推测，"野拂"可能就是李自成的亲侄儿李锦，而被野拂精心侍奉的奉天玉和尚就是李自成。随后，在夹山寺里还发现了镶嵌在大雄宝殿正门东侧墙壁中的《重兴夹山灵泉禅院功德碑》，因立于康熙四十四年（1705年），故又被称为"康熙帝碑"，系奉天玉大和尚死后30年的追记，碑文写道：因明朝末年的战火，这里几乎成了废墟。后来奉天玉老人从四川来到这里，重振门庭，几年之后，夹山寺就蔚为壮观了。

另外，立于清道光年间，被称为"道光碑"的《重修夹山灵泉寺碑志》，也记载，顺治初年，有个叫奉天玉的和尚来到这里，招收了很多徒弟，寺庙的衰败得以彻底改观。后来，还从夹山寺一个密藏墙洞中发现了，后来被证实是奉天玉大和尚写的《梅花百韵诗》残版和野佛和尚写的《支那撰述》残版，上面的诗句也透露出奉天玉大和尚很可能就是李自成。比如《梅花百韵诗》中有一首《马上梅》写道："金鞍玉镫马如龙，来去风花雪月（后面一个字脱落了），满堂春色暖融融。"一个和尚要金鞍玉镫干什么呢？难免让人怀疑；还有一首叫《东阁梅》："东阁阁东头，徐听三公话政猷，煮茶当酒唤同流。"三公是太师、太傅、太保，皇帝手下的三个参谋，一个寻常和尚怎么可能会同三公有什么关系呢？野拂和尚的《支那撰述》中也反映出同样的信息，比如上面有"皇帝圣躬万岁万岁，尧帝之仁中宫皇，再愿满朝文武功"的句子，野佛和尚称奉天玉为皇帝，然后在夹山"再愿满朝文武功"，夹山已经作为他的殿堂登基了，一个普通的和尚怎么会写这样的诗句，又怎么会有"皇帝圣躬万岁万岁""满朝文武功"的说法呢？这一发现，更加证明了前人夹山寺的考证并非空穴来风。

1992年9月，工人们重修夹山寺大悲殿时，在大殿中部地基里又发现了一个刻着"敕印"二字的龟形敕印。据专家鉴定，它是明末清初的东西。再查阅夹山寺历史的记载，使用这个敕印的除了奉天玉和尚，再无他人。我们知道"敕"是封建社会皇帝的专用名词，一个和尚竟然运用皇帝的做法，代表皇权的敕印却埋在大雄宝殿的中央，这说明了什么呢？

李自成赈济百姓的织金黄缎袍

两年后，在石门附近，有人挖菜窖时偶然挖到一块写着"奉天玉诏"四个字的铜牌。经鉴定，它也是明末清初的，也是奉天玉和尚的东西。众所周知，"诏"历来是皇帝专用，奉天玉和尚敢用"诏"的称号，绝对不是一件简单的事情。在奉天玉和尚身上，竟然有如此浓重的皇权色彩，说明奉天玉绝不是一个普通的和尚。

接下来的几年中，夹山附近的石门县、临澧县、澧县等地又相继发现了"永昌通宝"铜币和铸有"西安·王"字样的铜质马铃以及刻有"永昌"字样的折扇扇骨，这些东西的出土说明李自成不是没有禅隐在此的可能性。

除此之外，还有这么一个事实：临澧的蒋家有许多传世的文物，包括香炉、酒杯、玉雕等珍贵的玉器，经鉴定均为明末清初的器物。这些宝物，不但工艺超群，而且价值连城，绝不应该出现在夹山这片山区，所以人们对它的来路难免会有所怀疑。而相传蒋家原本姓李，为躲避清廷的追杀才改姓蒋。这种种迹象表明，奉天玉和尚极有可能就是闯王李自成，奉天玉的称号正与他"奉天倡义大元帅"的称号相合，此外，敕印、"奉天玉诏"铜牌均属皇帝专用，暗合李自成大顺皇帝的身份。

现在看来，李自成禅隐在此完全可能，可那又是为什么呢？既然他禅隐在此，为什么还会有兵败九宫山被杀的流言呢？针对这一问题，有人推测李自成去当和尚，是形势所迫，不得已之举。当时面对强悍的满族八旗兵，大顺军接连败北，根本无法抗衡。早在大顺军退出北京城的时候，李自成就有联合南明抗清的想法，可是，李自成是朱明王朝的死敌，南明朝廷更以"报君父仇""联清讨贼"为举国大纲，所以联合南明抗清一直无法实现。然而，面对日益紧迫的形势，李自成必须做出决断。有些专家认为，很可能在败退武昌时，就有谋士给他出主意，让他归隐，从而让部下去联络南明，共同抗清。而在当时，也只有这两股力量联合，才有可能同士气极盛、战斗力极强的清军决一胜负。也许正是在这种情况下，李自成采纳谋士的建议或者自己决定退隐。而选择出家在当时无疑是最为明智的做法，况且李自成小时候曾有过一段出家的经历，再续前缘是顺理成章的事情。

那么为什么会选择石门出家呢？据考证，当时石门地区处于政治边缘地带，清朝和南明的势力均未渗入，并且这里是土家族的地盘，归隐最为安全，因此，选择在此出家。至于史书上记载的九宫山被杀说，正如前面已提到的，很可能是李自成和属下设下的一个迷局，或者说缓兵之计。因为扬言李自成已死，可以起到一箭三雕的作用：首先，可以打消南明王朝对这支大军的敌意，为联合南明抗清铺平道路；其次，可以麻痹清王朝，使其放松警惕，一旦时机成熟，便可乘势再起，卷土重来；最后，可以成功掩护李自成顺利归隐。

可以想到，在夹山寺禅隐后，胸怀天下的李自成仍然密切关注着时局的发展，与大顺军余部保持着密切的联系，继续在幕后指挥着他的部队联明抗清，"奉天玉诏"铜牌就是直接的证据。但是联合南明抗清的计划难以实现，新兴的清王朝更以秋风扫落叶之势，逐个歼灭了反清的军事力量，李自成东山再起的愿望最终落空。

这位在风云集会的明末政治舞台上声名赫赫的末路英雄,也只有在晨钟暮鼓、青灯黄卷中度过自己的后半生。

澧州知府何璘的记载,如此众多的文物考证,加之对当时时局的分析,李自成归隐湖南石门夹山寺确实证据确凿,合情合理。可是这究竟是不是历史真相呢?对于此说反对者也大有人在。

他们认为此种观点漏洞百出,根本无法自圆其说。首先奉天玉从何处、何时来到夹山寺与李自成联系不上。出土的塔铭上明确表明,奉天玉是1652年从四川来到夹山的云游和尚,初到夹山,见古刹破败,便沿门托钵,求乞多方支持,以修复寺庙。而事实上李自成在1645年五月,就从历史记载中消失了,这段时间他到哪里去了?并且从未见到有什么记载说李自成到过四川,因此怎么能把这个明确记载从四川来的和尚硬附会为李自成呢?其次,塔铭记载还说奉天玉曾和当地的地方官员往来密切,修复夹山寺的时候,当地官员还捐了钱,甚至说他"历经清要"。所谓清要,据《朝野类要》卷二解释"职慢位显谓之清,职紧位显谓之要,二者兼之,谓之清要"。而事实上,完全可以肯定李自成作为明末的农民起义领袖与官方所谓的"清要"之说不可能有任何关系。再说如果真是李自成禅隐于此,试想作为清朝和南明通缉的要犯,他怎么可能抛头露面沿街求乞修庙之资呢?又怎么可能与地方官员往来密切?起码的保密措施,他都不懂吗?

据考证,塔铭的作者刘萱为明朝遗臣,他是忠于大明朝的,又怎么可能为颠覆了明朝统治的李自成写铭记功呢?因此,奉天玉作为一个公开的身份,又与官方有着密切的关系,恰好证明了他不是李自成。

1982年冬,湖南慈利县发现的《野拂墓碑》中还有"久恨权阉""也逐寇林""方期恢复中原"等词句,表明野拂和尚痛恨明朝宦官当权,对农民起义军和清军入关十分憎恨,期望有朝一日能够收复中原失地,显然是明朝遗臣口吻,与李自成部下的身份不符。野拂与奉天玉关系密切,恰好从另一个侧面让明奉天玉不是李自成,可能也是明朝的遗臣。

从李自成余部的表现来看,如果李自成并未死去,那么大顺军强有力的领导人仍在,本应调度有方、进退有序。可是实际上,李自成余部的历史表现却异常混乱:有降清的,有降明的,降明又降清的,或者降清降明之间徘徊不定的。出现这种局面,正好证明李自成已经死去,才会群龙无首、乱作一团。

退一步说,当时李自成还有40余万人马,如果他仍健在,完全可能占据险要之处,占山为王,再树大顺旗帜,与清军继续争锋。即使不能夺回失去的江山,也不至于那么快就从明末清初的历史舞台上销声匿迹了。至少1645年五月以后,史书上再也没有任何关于李自成的政治活动了,总是不争的事实吧?这足以证明李自成确实已经兵败而亡了。

现在看来,奉天玉和尚是不是隐遁出家的李自成,一时间还真说不清楚,因为正反两方面论证都言之有据、合情合理,究竟孰是孰非,史学界也难以做出定论,而所有的研究推理终究只是猜测。

□ 历史悬案

被部将所杀说

假设当年李自成没有身死九宫山，也没有出家为僧，那么他的最终结局究竟如何呢？这恐怕谁也无法说得清楚了。近年来，随着对各地史料、地方方志研究的不断深入，有关李自成的结局，又出现了在广东乐昌万古金城被部将所杀的说法。这一观点是粤北乐昌市考古学者丘陵于2004年9月提出的。他说："轰轰烈烈的明末农民大起义兵败后，李自成并没有出家做和尚，也没有前往九宫山，而是辗转来到粤北乐昌的金城山，蜷伏6年继续着其抗击清军的战斗，不幸为自己内部的叛军所害，死于'湘粤之途，马背之上'，乐昌万古金城是其最终归宿。"

丘陵的观点是基于对史料、传说的论证和实地考证得出的。据史料记载大顺军兵败后是分东西两路南撤的，东路人马由刘宗敏、田见秀、牛金星等人带领，西路人马由李过、高一功等人带领。可是，据丘陵考证事实并不是这样，他说大顺军是兵分三路撤退的，也就是说在原来的说法上，多出了一支由李自成率领的中路军。中路军是在部队到达襄阳时从东路军分出来的，并且由襄阳经荆州、澧州、凤凰、广西龙虎关、连县、宜章莽山等地，最终到达了广东乐昌金城山。之所以史书对此没有记载，主要是大军师宋献策的功劳，他巧妙地分路行军，主要是为了迷惑清军，以便让闯王能够安全脱险。看来，大军师的妙计不但瞒过了清军，也瞒过了考古学家们。

他还说，李自成到达金城山后，化名"曹国公"，并以此为根据地，着力打造新的大顺京城——万古金城。在此期间，他与北边据守坪石金鸡岭的高桂英率领的女兵、东边镇守庆云凑云山的宋献策所部遥相呼应，共同抗清。

后来，李自成被叛军所害，安葬在金城山的山岭中，后被太子移迁至佛地凑云山。"前三山，后三山，面前流水转九弯；左有青龙倚皇榜，右有白虎朝马山。"就是一首隐喻李自成墓地的隐诗。

所谓的金城山为粤湘边境的一带群山，坐落于乐昌梅花镇西北的武江三角洲，距坪石、梅花各约8千米。这一带山势险峻，山间小路崎岖，易守难攻，只有一条小路通往山顶。随着这条小路来到山顶，有一段用石头砌成的古城墙将山路堵死，

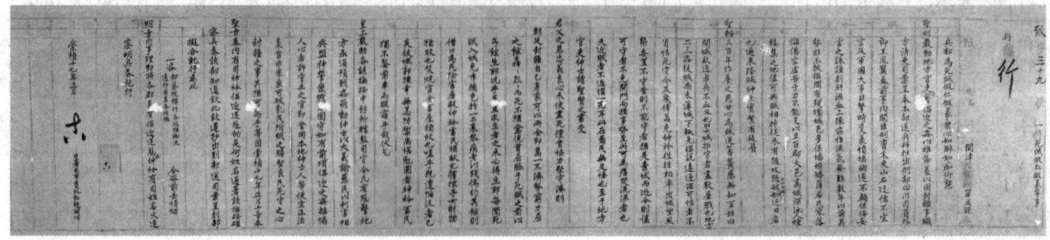

兵部报告李自成活动情况行稿　明

这是崇祯十七年（1644年）明朝兵部向各地下属机构发布的行稿。在行稿中，明政府不得不承认李自成的军队受到农民"如醉如痴"的欢迎，许多地方官员也"开城欢迎"。行稿要求各地主迅速报告"倡迎逆贼"的官员的情况。1644年春，李自成在西安称帝，建立大顺政权，准备率领军队向北京进攻，行稿就是在这种形势下发布的。两个月后，李自成率领军队攻取北京，明朝灭亡。

顶部为半弧形的拱门仅容一人通过,可谓"一夫当关,万夫莫开"。丘陵认为,这就是万古金城的城门。进入城里,可以看见一个个巨石形成的小山头,各山头之间地势相对平缓。这些平缓地带就是李自成的屯兵之所。穿过城门,由一条山道往里走大约1公里处,有一座名为"万福仙"的寺院,寺内供奉着曹国公的木雕像。寺外有两块石碑,石碑上的字迹因年代久远已经看不清楚,但经过整理后仍可依稀看到"曹国公"的字样。据丘陵考证,此碑是民国时期的人为纪念"曹国公"刻写的。至今,石碑还可辨认出"明末清初之际有曹国公结寨于此,并勒石于其间曰'万古金城'"的字样。

说到将曹国公确定为李自成的依据,丘陵说,不仅粤湘考古专家已经考证,就是在乐昌梅花一带的民间,也流传着这样的说法:曹国公不是姓曹,而是姓李,人称李大人。当年曹国公部众万余,石工数千,石头建筑如城墙、廊亭、庙宇等均标志有龙形图案。由此,丘陵判断,曹国公应该就是李自成,因为在明末清初,以真龙天子自称的李姓之人,除了李自成,再没有别人。

丘陵还指出,李自成之所以选择在金城山一带屯兵,就是因为这一带山势险峻,易守难攻。另外,化名曹国公的李自成还到过凤凰、龙虎关、莽山一带,这一点在当地的县志中均有记载,而此前已论证过的军师宋献策与太子逝于庆云凑云山之说都印证了自己的新说。

当然,丘陵提出的这一全新的观点,具有合理的成分,但是假设的嫌疑极大,没有强有力的论据可以证明,比如无法判断当时李自成确实到了广东万古金城。而曹国公是否就是李自成,也大有可疑;并且李自成被哪个内部叛将所杀,都难以自圆其说,论据都不充分。况且,明末清初,天下大乱,完全有可能是其他拥兵自重的明朝将领或者农民起义军落草为寇,盘踞在此,而并非李自成。况且,当时军事斗争异常紧张,南明和清朝的军队又都在四处追查李自成,规模如此巨大的行军,能不被他们发现?因此,有人说这一观点论据多为牵强附会,难以为史学家所承认。

另外,还有人提出甘肃榆中青城可能为李自成终老之处,主要论据是在那里的一户人家发现了一本抄修于康熙三年(1664年)的《李氏家谱》。上面有李氏族人逃难至青城的明确记载。至今当地民间还有李自成化装成和尚来青城投靠其族人的传说。当地李氏都以李自成后人自居,并有坟墓为证。然而,这一说法的可能性极小,多不被人认同。

总的说来,李自成这位出身于贫苦农民家庭的传奇英雄,在我国明末清初的历史上,叱咤风云,戎马一生,以大无畏的革命精神坚持与腐朽的明王朝斗争,屡经沉浮,并最终推翻了明朝的统治,留下了无数的传奇故事。至于他兵败后,究竟落得了一个什么样的结局,恐怕很难说得清楚。

孝庄太后下嫁真相之谜

孝庄太后，姓博尔济吉特，原名布木布泰，蒙古族人，是清太宗皇太极的妃子，顺治帝福临的生母，康熙皇帝的祖母。皇太极去世后，庄妃（孝庄太后）在满族贵族内部错综复杂的政治角逐中，巧妙联合各种力量，成功地将自己年仅6岁的皇子福临扶上了皇位。清廷入关后，功高位重的多尔衮——孝庄太后的小叔子，排斥异己，广树亲信，大权独揽，独断朝纲。在这种情况下，孝庄太后借助各方力量，成功地瓦解了摄政王多尔衮对顺治皇帝构成的威胁。太后下嫁一事，据说就发生在与摄政王斡旋的过程中。太后下嫁的说法在清代就已经在民间广为流传，妇孺皆知。但太后真的下嫁了吗？对于这个问题，300多年来，专家学者各持己见，真可谓真假难辨，疑团难解。

太后下嫁不是没有可能

俗话说，无风不起浪，民间之所以盛传太后下嫁的故事，就是因为根据当时的历史情况看，孝庄太后下嫁还是有原因和动机的。不过，后人经过多方分析，得出的结论也是说法不一。

有人说，孝庄太后有可能下嫁多尔衮是因为她为了报恩。这种说法多见于文人笔记：皇太极去世后，睿亲王多尔衮完全可以继任大统，因为他有足够的实力和条件。但是，他没这样做，而是将皇位让给了皇太极的第九子，年仅6岁的福临，自己则称摄政王。在他的影响下，诸王公大臣对福临的即位也就不敢多言，福临顺利地当上了皇帝。之后，多尔衮为了大清的江山，又亲率八旗劲旅，挥戈南下。经过艰苦的征战，多尔衮不但大败李自成军，还占领了北京城。

此时，多尔衮仍然有机会称帝，但是他还是没有这么做，北京局势一稳定，就立即迎请顺治帝移驾北京。福临成了清朝入关后的第一位天子。

多尔衮的苦心和忠诚不但让皇帝感动，也感动了大臣们，大臣们都认为多尔衮理应得到回报。久未得到孝庄太后的多尔衮认为，不如借此时机了了自己的心愿，于是，召来大学士范文程等，密谋迎娶孝庄皇太后之事。

第二天，百官上朝后，范文程上奏说："摄政王功高望重，谦抑自持。自入关以来，大权在握，却并不以帝位自居，尽心辅佐皇上。如此让位之德，亘古少有，又如何能够报答得了呢？正好，摄政王是皇上的叔父，今日让位的事，就跟皇父传位给自己的儿子一样。摄政王既然像对待太子一样对待皇上，皇上也应当像对待皇父一样对待摄政王，以此作为报答，诸位觉得如何？"众人连连称好。范文程紧接着提议道："近日闻说摄政王妃新亡，而我皇太后又盛年寡居。皇上既视摄政王如父，自然不可使父母异居两处。因此，伏请摄政王与皇太后同宫而居。"众人又都随声附和。于是，史官将此事记载于册曰："皇太后下嫁摄政王。群臣上贺表。"

相传，多尔衮和太后的婚礼极为隆重，京师除了一两个自命清高者，其余的人都亲临现场，同瞻盛典。当时，还以顺治帝福临的名义诏告天下，说"太后盛年寡居，春花秋月，悄然不怡。朕贵为天子，以天下养，乃独能养口体，而不能养志，使圣母以丧偶之故，日在愁烦抑郁之中，其何以教天下之孝？皇叔摄政王现方鳏居，周室懿亲，元勋贵胄，其身份容貌，皆为国中第一人，太后颇愿纡尊下嫁。朕体慈怀，敬谨遵行。一应典礼，着有司予办"。

在这个故事中，多尔衮以摄政王的身份，通过授意群臣请求的策略，达到了逼娶太后的目的。而太后一直没有露面，仅在诏书中称她"盛年寡居，春花秋月，悄然不怡"，故"颇愿纡尊下嫁"。

有些演义小说中称太后与多尔衮早就有私情，太后下嫁是顺其自然。皇太极的庄妃，就是后来的孝庄太后，容貌姣好，冰清玉洁，故得名"大玉儿"。入宫之初，因为年纪尚小，并未引起皇太极的注意。她本是皇后的亲侄女，姑侄俩自会经常来往，久而久之，皇太极被大玉儿的容貌所打动，决定封大玉儿为妃。可是，当时的大玉儿情有所属，心中的情人就是多尔衮。大玉儿和多尔衮可谓青梅竹马，两小无猜，但是皇太极并不知道。皇命已下，实难违抗，结果，大玉儿嫁给了皇太极。她还凭借自己的智谋，帮助皇太极劝降了洪承畴，可谓功勋卓著，深得皇太极的宠爱。多尔衮知道已经与大玉儿无缘了，就娶了小玉儿。据说，小玉儿也是生得花容月貌，但是，因为多尔衮已经心有所属，对小玉儿自不会好到哪里去，于是，小玉儿对大玉儿因嫉生恨。

小说中还说大玉儿和多尔衮虽然各有所属，但是私下里仍然往来频繁，结果出于报复，小玉儿就把两人的私情，通过某王禀告给了正在同明军作战的皇太极。皇太极听后愤怒异常，当即离开战场回到沈阳皇宫，但回宫不到一日就暴病驾崩。

皇太极死后，多尔衮协助大玉儿让福临当上了皇帝，自己成了摄政王，大玉儿成了皇太后。从此，二人以商讨国家大事为名公开往来。小玉儿妃愤恨不平，与多尔衮争吵之后自尽而死。摄政王妃既死，大玉儿便名正言顺地下嫁了多尔衮。

关于太后有可能下嫁的原因猜测还有第三种，那就是太后是为了保住儿子福临的皇位而被迫下嫁多尔衮的。此说还是基于庄妃与多尔衮的私情而起的。太宗驾崩后，庄妃借与多尔衮的私情，得到多尔衮的帮助，使得福临顺利地登上了皇位。庄妃本想垂帘听政，又怕宗室中人反对，就与多尔衮商议。最后，两人决定采用摄政制，由福临做皇帝，太后掌执内权，睿亲王多尔衮摄政。

清廷入关后，摄政王仗着自己的军功将大权独揽，还让王公大臣对他北面而朝。太后十分疑惧，但为了稳住摄政王，她故意下诏命诸臣以皇叔九千岁的礼仪进上，多尔衮并未怀疑，欣然接受。

可是，有一天，太后与多尔衮并辇而行，侍卫前来禀事，都是先太后，后才轮到摄政王。多尔衮大为不满，就耍起了脾气，不上朝，不进宫。太后得奏，心中懊

□ 历史悬案

丧，当时没有多尔衮还不行，可是多尔衮又如此专横，这可怎么办？如果不想办法，福临的皇位早晚会被他夺去。思来想去，只有一个办法，就是下嫁多尔衮。于是，太后命内大臣往摄政王府议下嫁之事，并命内三院拟太后下嫁及称尊皇父的典礼。

闻听此事，明朝旧臣陈之遴十分惊异，咋舌道："这种礼也能议吗？"太后听说他的言论后，大怒，要不是有大臣在旁相劝"下嫁是大喜事，不宜用刑见血"，陈之遴必死无疑。陈之遴死罪虽免，仍被贬到吉林三姓城入军籍服役。

可见，太后下嫁实在是委曲求全，不得已而为之。

关于太后下嫁的说法还有许多，有些故事荒诞不经，有的如同淫秽小说，都令人难以置信。但是除了民间传说外，史学家也有太后下嫁的说法，大致与第三种说法相似，说太后为了笼络多尔衮，巩固福临的帝位而下嫁。那么，太后是否真的下嫁了呢？

真的下嫁了吗

时至今日，关于太后是否下嫁，仍是一个颇有争议的问题，当我们把它作为了一个严肃的历史课题对待时，就必须找到太后下嫁与否的正反论据。也只有这样才能在立论和批驳中，寻找和接近历史的真相。

相信太后下嫁的人提出了自己的论据，他们认为作为一桩政治婚姻，太后为了保全福临的皇位下嫁给多尔衮是完全可能的。试想，顺治登基时还只是个孩子，而孝庄太后也是一个30余岁的寡妇，在当时的那种情况下，仅凭他们母子怎么可能撑起整个大清江山？并且，当时多尔衮已经掌握全部军政大权，尤其是入关后他更是专横跋扈，说一不二，连皇帝都不放在眼里，作为福临的母亲，不委身下嫁，恐怕也没什么好法子了。至于是主动自愿，还是被逼迫，以及结婚的时间、地点，是否举行过大典，其实都是不重要的。因为，孝庄太后只要达到政治上的平衡，保住福临的皇位就达到目的了。事实上她也确实牵制住了多尔衮，所以，说两人确实有私情，也是不过分的。

从满族的风俗看，孝庄太后下嫁也是有可能的，因为旧时的满族，父亲死了儿

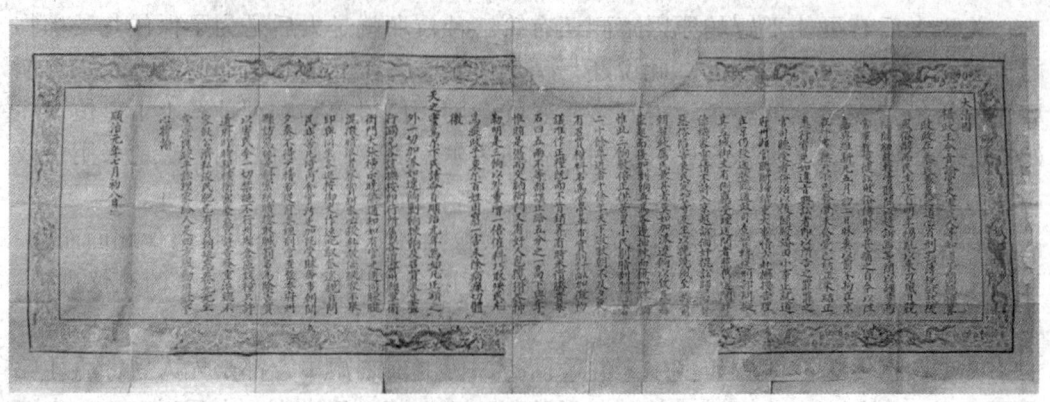

摄政王谕官吏官民人等令旨

子可以娶其庶母；兄长死了弟弟可以娶其嫂子。这一点在《清实录》中就有记载，顺治七年（1650年）正月，多尔衮就将肃亲王豪格的福晋博尔济锦氏娶来做自己的妃子。在教士汤若望留下的文字中也曾记载说顺治皇帝最宠爱的董鄂妃实际是自己的弟媳。也就是说，如果我们把太后下嫁的事和旧时满族风俗联系起来的话，太后下嫁就没什么不好理解了。"皇嫂下嫁"成为避讳恐怕也是在满族汉化程度加深后才有的。

顺治帝朝服像

从多尔衮"皇父摄政王"的称谓上，也能看出太后下嫁的事实。大概在清末民初时期，有人在顺治初年的科举考卷上发现"皇父摄政王"的字样曾与皇上并排单立为一行。后人对"皇父摄政王"进行考证后发现，福临对多尔衮的称谓是不断变化的——顺治元年（1644年）称"叔父摄政王"，顺治二年（1645年）称"皇叔父摄政王"，顺治五年（1648年）称"皇父摄政王"，因此，人们得出结论，多尔衮名讳变化过程实际上是太后与多尔衮的婚姻由隐秘到公开的一个反映，如果太后未曾下嫁，为什么福临要叫多尔衮为皇父？而且，这一点在朝鲜的《李朝实录·仁祖》卷五十上也有记载：顺治六年（1649年）二月，清廷派使臣去朝鲜递交国书，朝鲜国王李倧看见书中称多尔衮为"皇父摄政王"，便问："清国咨文中有皇父摄政王之语，此何举措？"清朝来使答曰："今则去叔字，朝贺之事，与皇帝一体云。"朝鲜国右议政郑太和说："勅中虽无此语，似是已为太上矣。"国王李倧也说："然则二帝矣。"这说明，关于多尔衮的称谓，朝鲜君臣也表示怀疑过。既然外交文书上都这样写，外交使臣也作此解释，说明太后下嫁是真的。

顺治七年（1650年），多尔衮病死的第二年，朝廷历数了他的种种罪行，其中"自称皇父摄政王"和"亲到皇宫内院"就是他的两条大罪。这一事实，在清朝人蒋良骐的《东华录》中就有记载。从此可以看出，如果太后没有下嫁，多尔衮敢深入内院，并且把福临当成儿子吗？太后和皇室亲王贝勒能接受吗？

在明朝遗臣张煌言的《建夷宫词》中，也有讽刺太后下嫁的诗句："上寿称为合卺尊，慈宁宫里烂盈门。春宫昨进新仪注，大礼恭逢太后婚"，"掖庭又闻册阏氏，妙选孀娃足母仪。"尽管张煌言有借诗讽刺清廷的意思，但是，俗话说无风不起浪，如果没有这事，他怎么能说得有鼻子有眼的。

顺治的一封诏书也很值得怀疑。顺治十七年（1660年）十二月二十四日，顺治降谕礼部，其中有这样几句话："睿王摄政时，皇太后与朕分宫而居，每经累月方得一见，以致皇太后萦怀弥切。乳母竭尽心力，多方保护诱掖，皇太后眷念慈衷赖以宽慰。"顺治因乳母李氏病故而写的诏书，透露出了这样一个信息：因为多尔衮摄政，才使得顺治与母亲孝庄太后分宫而居，母子累月不能相见。为什么会这样？"每经累月方得一见","皇太后萦怀弥切",皇太后为什么不与自己的幼子住在一起?顺治为什么不去看望自己的母亲?这中间难道没有别的因素在阻止他们母子相见吗?而这个因素,除了多尔衮之外,还有谁会有这么强的力量?顺推下去,我们很容易就能得出这样的结论,如果皇太后不是下嫁了,怎么会长期不在宫中?

孝庄太后去世后的墓葬也可以说明问题。清朝早期丧葬制度规定,皇后死后,都要与皇帝合葬,同陵同穴,哪怕在皇帝之后死去。可是,孝庄太后死后却没有遵守这一祖制,而是单独葬在了遵化的清东陵风水墙外,并且灵柩还在地面上停放了38年之久。这是为什么呢?

史料中虽记述孝庄太后生前曾叮嘱康熙帝:"我身后之事特以嘱汝,太宗文皇帝梓宫安奉已久,卑不动尊,此时未便合葬。况我心恋汝父子,当于孝陵近地安厝,我心始无憾。"可这很有可能只是托词,因为顺治六年(1649年)四月,皇太极的孝端文皇后死后就葬入了昭陵。究其原因,恐怕是随着汉化的深入,孝庄太后和康熙帝都感觉到了下嫁一事不是什么光彩事,尤其是孝庄太后更觉得在阴间无法面对太宗皇帝的缘故吧。至于为什么孝庄太后灵柩要在地面上停放那么久,可能是因为康熙帝感到不知如何是好,遵守太后遗嘱觉得对不起太后,不遵守太后遗嘱又觉得对不起太宗,所以迟迟不能定夺。

另外,清东陵的5个皇帝、14个皇后、136个嫔妃,都葬在风水墙内,而只有孝庄太后葬在风水墙外,这又是为什么呢?野史上的解释是,因为下嫁一事对爱新觉罗皇族来说是一件丢脸的事,所以罚她在陵区大门之外永远为子孙后代看守陵门。这种说法虽然经不住推敲,但是不管怎样,孝庄太后被葬在清东陵外,确实有违情理,难免会让人联想到下嫁一事。

从现实主义古典名著《红楼梦》中好像也能看到孝庄太后下嫁的影子。比如,贾氏二房四子的名字分别是敷、敬、赦、政,而这四个字合起来谐音正好是"夫敬摄政";宁国府老仆人焦大喝醉酒后,说这府里"爬灰的爬灰,养小叔子的养小叔子"。在书中前半句有所指,后半句就不知其出处了。所以,有人认为此处是对孝庄太后下嫁小叔子的影射。还有人把贾母和孝庄太后联系到了一起,这也难怪,贾母年轻时为宁府长媳,老来为荣府太君,这种一身两任的经历与孝庄太后有点相似。

如果我们硬把小说中的零散的隐语作为太后下嫁的证据,似乎有些武断,不过在这部被认为是反映作者所处时代社会生

册封庄妃册文　清

庄妃于明天启五年(1625,天命十年)嫁于清皇太极。明崇祯九年(1636,崇德元年),清太宗皇太极册封后宫时被封为西宫。此图是册封永福宫庄妃的册文。

活的百科全书中,这些情节是不是在暗喻什么,或者真有什么含义呢?

1946年10月,近代学者刘文兴在撰写的《清初皇父摄政王多尔衮起居注跋》中写道:宣统元年(1909年),他的父亲刘启瑞任内阁侍读学士,奉命收拾内阁大库档案,"得顺治时太后下嫁皇父摄政王诏"。这是一个极其重要的信息,如果太后下嫁的诏书确实为真,那无疑就是太后下嫁的铁证了。

综上所述,正是因为有了这么多的佐证,很多人都认为太后下嫁确有其事。只是到了后来,汉化的加深,清朝统治者才意识到这件事很不体面,从而将有关太后下嫁的文件从官方的典籍中全部删掉了。并且据说是到乾隆朝,主管修史的纪晓岚见到了太后下嫁的诏书,认为:"这种事怎么可以传示后人,以彰其丑?"并请示乾隆帝,将有关内容全部删削,最终使得这一事件成为了历史疑案的。

根本就没下嫁吗

也有不少史学家对太后下嫁一事持否定态度,认为太后下嫁根本就是了虚乌有、捕风捉影之事,甚至是敌视满族的文人士子们故意编造、恶意中伤的产物,根本与史实不符。针对上文观点,他们给出了一一的批驳。

说孝庄太后和摄政王多尔衮之间有难以言说的恋情是可能的,但是说为了保住顺治帝的皇位,孝庄太后被迫接受政治婚姻,下嫁多尔衮,则是完全不可能的。首先,顺治的皇位是经过八旗之间剑拔弩张的斗争,最终作为权力平衡和斗争多方互相妥协的结果而最终确立的,并非多尔衮的个人因素决定的。其次,清军入关后,多尔衮确实曾大权独揽,对顺治帝构成了极大的威胁,然而并不是孝庄太后下嫁多尔衮,就能阻止他称帝野心的。而事实可能恰恰相反,下嫁多尔衮不是增加反而是削弱了孝庄太后牵制多尔衮的能力。因为,按照清初八旗制度的规定,两黄旗作为太宗皇太极的遗产,其合法继承人应该是继承帝位的福临。孝庄太后只有作为太宗的遗孀和当今皇上的生母,才能与儿子共同享有继承权,才能被两黄旗承认为女主人。如果她下嫁了多尔衮,就不再是皇太后了,而成了摄政王妃,这样就理所当然不再被两黄旗认可了,而失去两黄旗的支持,孝庄太后将无所凭依,对多尔衮的制约将更加有限。所以,太后下嫁对维护儿子的帝位,不但无益,而且有害。并且从历史上看,孝庄太后一直是两黄旗的女主人,而这恰恰证明了她没有下嫁多尔衮。

对于有人认为按照当时满族有兄死则弟娶其嫂的风俗,太后下嫁是可能的观点,反对者认为,这只是推测,不能作为太后下嫁的证据。事实上,清朝入关以后,婚姻观念发生了很大的变化,满族贵族内部也逐渐视"族内婚"为犯法。比如,1650年多尔衮强娶侄儿豪格的妻子,就引起了许多人的非议,据《汤若望传》记载"是为全国之所愤慨非难的一件事情了"。虽然当时人们迫于多尔衮的淫威,敢怒不敢言,但是他死后,这件事受到了很多人的抨击,成了他的一大罪状。在这种情况下,多尔衮娶自己的皇嫂,无疑罪名会更大。以多尔衮和孝庄太后的英明,都不可能做出这种极不明智的选择。退一步说,就算当时有兄死弟娶其嫂的风俗,但也不能仅仅因此就证明多尔衮娶了皇嫂,这中间并没有必然的联系。

347

至于"皇父摄政王"的称谓,已故著名史学家孟森认为,清朝入关后,逐步接受了汉族的文化,"皇父"的称呼可能如同古代"尚父""仲父"一样,都是皇帝对臣下的尊称。比如周文王称吕望(姜子牙)为尚父,意为可尊尚的父辈;齐桓公尊管仲为仲父,是视之如父的意思。虽然称呼中都有"父"字,其实并非真的成了父亲,而只是对功高重臣的一种尊称。顺治称多尔衮为"皇父",也应该是如此。另外,满族本就有将亲属称谓与爵秩称号联系起来,以示宠幸的习惯。比如,多尔衮被称为"叔父摄政王""皇叔父摄政王"就是这种称号(当然,孟森之说也只是一家之言,并非定论,胡适当年就对此提出了疑问,认为孟文"未能完全解释皇父之称的理由","终嫌皇父之称似不能视为仲父、尚父一例")。

另外,对于史书所载,多尔衮"亲到皇宫内院",想必是与太后一定有什么瓜葛的说法。反对太后下嫁的学者认为,这一点正是多尔衮去世后,济尔哈朗列举的多尔衮罪行之一。如果太后真的光明正大下嫁了,多尔衮完全可以自由出入宫禁,甚至天天住在皇宫内,"亲到皇宫内院"还算什么罪行呢?再说,如果多尔衮真的和太后有说不清的关系,济尔哈朗提出这条罪行,就不怕"投鼠忌器",连太后也一起羞辱了吗?退一步说,多尔衮就是"亲到皇宫内院",也可能是同太后商议国家大事,这有什么可说的;就算他有淫乱后宫的嫌疑,也有可能是与其他妃子、宫女等,不一定就是太后。况且,太后如果真的下嫁了,并且颁发诏书告知天下,必然会照会朝鲜,朝鲜使臣和国王不可能不知道这件事。而他们的疑问,恰巧证明了太后没有下嫁。所以称多尔衮为"皇父摄政王","亲到皇宫内院"不能作为太后下嫁的证据。

而张煌言的诗更是不足为凭的,因为他是故明旧臣,对清朝怀有敌意,所作诗句难免有诽谤之意。比如《建夷宫词》的题名,建指建州,不称为"后金""清",并且用"夷狄"的"夷",本身就带着明显的民族偏见。并且据考证《建夷宫词》作于顺治七年(1650年),而《清会殿事例》上则记载:"顺治十年建慈宁宫于隆宗门之西。"也就是说孝庄太后最早于顺治十年才搬进慈宁宫的,那么说"慈宁宫里烂盈门",在慈宁宫中大办婚事,必须在顺治十年之后,而事实上多尔衮早于顺治七年十二月病死,太后嫁给谁呢?另外,据《清实录》中记载,多尔衮在顺治七年正月娶自己的政敌、顺治的大哥豪格的妻子时,曾张灯结彩,铺张了一番。因此,张煌言很可能把多尔衮娶博尔济锦氏当成了"太后下嫁",写进了《建夷宫词》。再说,张煌言作此诗时,身在江南,根本不在京城,很可能是道听途说,以讹传讹而来。并且诗可以夸张,可以比附,不能作为严肃的史料来用,所以正如20世纪30年代史学家孟森所考证的那样:"不能据此孤证为论定。"

关于顺治的诏书问题,有人认为可能是太后出外礼佛或者其他活动,并不能据此就认为是太后下嫁的证据。

孝庄太后没有与皇太极合葬,而是葬于清东陵外,据他们分析主要源于以下原因:首先,满族入关以前,实行火葬;入关后,由于受到汉族文化的影响,他们也逐渐认为火化为不孝不仁,开始实行土葬。而孝庄太后知道自己死后肯定是要土葬的,可是这样一来,皇太极的墓必须经过改建,才能放下三个骨灰罐和一口大棺木,而且"卑不动尊",这对死者是不恭敬的,鉴于此,才决定另行安葬;其次,说太后葬在风水墙外,是罚她为儿孙看陵园,纯属无稽之谈。试想,如果太后真的下嫁了,清廷后来认为是件大丑事,那么必定会严加封锁,讳莫如深,不可能对她如此公开惩罚,留人笑柄。太后之所以葬在"风水墙"外,主要是因为顺治帝的孝陵占据了东陵区的最佳位置(因为他是入关后去世的第一个皇帝,当然要选择至高无上的墓穴),当初也没有考虑孝庄太后会不入盛京昭陵,也就没有在清东陵为她留下一个好地方。由此,当孝庄太后要求葬在孝陵附近时,让康熙帝犯了大难,因为太后是顺治帝的母亲,身份最高贵,把她葬在陵区内的任何地方,位置都低于顺治帝的孝陵。而孝庄太后又遗言"一定要在孝陵附近为我找一块地方安葬",只有把她葬在孝陵附近,但是又不能葬于陵园,否则就成了一个体系,无法区别。正因此,康熙帝不知如何是好,迟迟不能定夺,这也是太后灵柩迟迟不能安葬的原因。一直到雍正朝,雍正帝看到大清江山永固,康熙帝儿孙满堂,便认为多蒙太后庇佑,也说明太后"安厝"之地为风水宝地,便决定把她葬在了那里。

实际上,孝庄太后的陵墓被称为昭西陵,与孝陵近在咫尺,却独成体系,其名义上仍与沈阳皇太极的昭陵是一个体系。并且,按照清室拜祭皇陵的规定,拜谒时应从高辈分的人拜起,昭西陵处于清东陵门口,正好符合了这一要求。由此,太后葬于清东陵风水墙外,完全出于实际情况的需要,与太后是否下嫁没有关系。

孝庄文皇后像

孝庄文皇后,博尔济吉特氏,蒙古族,科尔沁贝勒蒙古思之子寨桑的女儿,名布木布泰。13岁时嫁给皇太极,后被封为永福宫庄妃。孝庄皇后历经三朝,皆尽心辅佐皇帝,为清廷入主中原坐稳江山立下了汗马功劳,深受后代皇帝尊敬。

至于《红楼梦》"隐语"的说法,作为学术研究无可厚非,但根本不能作为太后下嫁的论据。即使我们能够确证《红楼梦》中的隐语是指孝庄太后下嫁一事,也可能只是作者对民间广为流传的太后下嫁一事的艺术反映,至于是否真有其事,恐怕连作者也说不清楚。所以太后是否下嫁,并不是《红楼梦》上的隐语可以论证的。

针对刘文兴所说的他的父亲亲眼看到了顺治时期太后下嫁的诏书一事,人们也不免产生怀疑,真有这份诏书吗?现在是否还在世,藏在哪里?据说,有人还曾就此事专门请教了刘文兴的一位朋友、现已病故的故宫博物院研究员朱家溍先生。他说:刘先生在文字声韵方面的研究是很严谨的,但有时也难免开点玩笑。他曾就太后下嫁诏书的真实性,向他提问了几个怀疑问题,刘先生均笑而不语。朱先生便说:这是你老兄又在开玩笑捉弄人了吧?他哈哈大笑说:"的确,诏书是没有的,我因为打算卖掉这部书,所以写跋语时加点噱头,你何必认真,姑妄听之而已。不过我相信太后下嫁是真的。"这就是说,太后下嫁诏很可能也是子虚乌有之事。况且,如果

摄政叔父王令旨 清

太后真的下嫁，并颁发诏书，大办婚宴，那根本就不是什么秘密了，一定会有许多人知道。但是，在当时大臣的笔记等严肃史料中均没有这一记载。

另外，还有人分析，如果太后确实下嫁了，《汤若望传》中肯定要有所反映。《汤若望传》上面对清廷中的许多事情都直言不讳，汤若望与皇太后有义父女关系，太后下嫁作为一件大事，他不可能不知道。而他的笔记中没有记载这件事，也从一个侧面证明了太后不曾下嫁。上面提到的朱家溍先生在一篇涉及太后下嫁的文章中，也认为太后下嫁是假的。他说，人们之所以众口一词，是因为他们都认准了太后下嫁多尔衮确有其事，只不过下嫁诏书在乾隆帝时被偷偷销毁了，所以后世就没了凭证。这只能说明人们不了解清朝制度。按清朝制度，太后下嫁这种大事，是要颁诏天下、让世人尽知的，所以，后世君臣即便想否定这件事，也必须发谕旨，否则，只偷偷销毁诏书是没用的。当然，这也只是一家之言。

时至今日，太后是否下嫁仍是史学家颇有争议的论题。至于太后是否确实下嫁，在没有出现新的强有力的论据之前，仍是一个历史悬案。

顺治帝出家之谜

清世祖顺治，名爱新觉罗·福临，是清朝入关后的第一位皇帝，也是清朝历史上唯一公开皈依佛门的传奇皇帝。作为一位少年天子，顺治帝在同反对汉化的勋旧大臣的较量中，由于周围始终没有形成以自己为主导的政治势力，常常败下阵来。这种种迷茫和失意造成了他刚愎自用、急躁易怒、敏感脆弱的个性特征。尤为不可思议的是，尊为帝王的福临却与佛教结下了不解之缘。当他挚爱的皇贵妃董鄂氏死后，他的精神支柱完全崩溃，健康状况每况愈下，爱妃逝世不到百天，他便染上天花，撒手人寰。

但是民间却盛传顺治帝并没有死于天花，而是在董鄂妃死后，万念俱灰，彻底了决红尘，出家当了和尚。事实究竟如何？年仅24岁的顺治帝是因病而逝，还是另有隐情？民间传说他出家当了和尚，是真的吗？

难道不是患天花而死吗

据史书记载，顺治十八年（1662年）正月初二福临患病，正月初七驾崩于养心殿。《清世祖实录》对顺治帝患病的经过、去世前的活动、死亡情况等是这样记载的："顺治十八年，辛丑，春正月，辛亥朔，上不视朝。免诸王文武群臣行庆贺礼。孟春时享太庙，遣都统穆理玛行礼。壬子，上不豫……丙辰，谕礼部：'大享殿合祀大典，朕本欲亲诣行礼，用展诚敬。兹朕躬偶尔违和，未能亲诣，应遣官恭代。著开列应遣官职名具奏。'尔部即遵谕行。上大渐，遣内大臣苏克萨哈传谕：'京城内，除十恶死罪外，其余死罪，及各项罪犯，悉行释放。'丁巳，夜，子刻，上崩于养心殿。"

从《实录》中的详细记载可以看到，顺治帝患病是在初二，而到初六已经"大渐"，就是病情急剧加重而且很危险，到初七日凌晨就去世了。而对死亡情况的记述却仅有11个字："丁巳夜子刻，上崩于养心殿"，并未对其病因提及半字。

正是基于《实录》所载，顺治帝病发突然，死因不明，后人不免产生了怀疑：为什么关乎皇帝生死的大事，只以寥寥数字敷衍了事，并且对死因只字未提？顺治帝正当人生盛年，并没有听说患什么病，怎么突然就撒手人寰了呢？

另外，顺治帝的遗诏也引起了人们的怀疑。在这份遗诏中，顺治帝列举了自己平生的14条罪行，比如对自己渐习汉俗、早逝无法尽孝、与亲友隔阂等，均充满了自责之语。为什么顺治帝会对自己所作所为如此内疚自责？这样的自责似乎很不符合一代少年天子离开人世时的最后心情。因此有人怀疑这份遗诏并非出自顺治帝本人，而是出自顺治帝的母亲孝庄皇太后之手，因为自责的内容，多是皇太后对顺治帝的不满之处。这自然加深了人们对顺治帝之死的更深一层的怀疑。

顺治帝之死和遗诏的可疑，引起了后人的各种猜测。清史学者孟森经过详细考证，发现顺治帝确死于天花，并未离宫出家，这一点见于他的《清初三大疑案考实》之二《世宗出家事实考》。孟森的论据来源于顺治时的礼部侍郎兼翰林院掌院学士王熙所撰的《年谱》。该《年谱》详细记载了顺治十八年（1661年）正月初一至初八这几日顺治帝及其本人的活动，"辛丑三十四岁，元旦因不行庆贺礼，黎明入内，恭请圣安，吾入养心殿，赐座、赐茶而退。翌日，入内请安，晚始出。初三日，召入养心殿，上坐御榻，圣躬少安，命至御榻前讲论移时"，"初六日，三鼓，奉诏入养心殿，谕：'朕患痘势将不起，尔可详听朕言，速撰诏书，即就榻前书写……'遂勉强拭泪吞声，就御榻前书就诏书首段。随奏明恐过劳圣体，容臣奉过面谕，详细拟就进呈。遂出至乾清门下西园屏内撰拟。凡三次进览，三蒙钦定，日入时始完。至夜，圣驾宾天，血泣哀恸"。

《年谱》上明确记载顺治帝对他说："朕患痘势将不起，尔可详听朕言，速撰诏书。"由此，孟森认为王熙作为顺治帝的宠臣，且在顺治帝病亡之前一直侍奉其左右，其《年谱》并非官方史书，没有必要避讳隐瞒，其上所言可信。他还进一步发现，当时的兵部督捕主事张宸在所撰的《青琱集》中也提到了这一点："辛丑正月，

□历史悬案

顺治帝像

世祖章皇帝宾天,予守制禁中二十七日,先是初二日,上幸悯忠寺,观内珰吴良辅祝发。初四日,九卿大臣问安,始知上不豫。初五日,又问安,见宫殿各门所悬神对联尽出。一中贵问各大臣耳语,甚仓皇。初七日,释刑狱诸囚一空。传谕民间毋炒豆,毋燃灯,毋泼水,始知上疾为出痘。"张宸与王熙一样,都是顺治帝病逝前后的亲身经历者、目睹人,都说顺治帝是死于天花,这些事实似乎都确凿无疑地证明顺治帝确实死于宫中。

至于史书上没有明确记载顺治帝患天花而死的原因,孟森认为,由于当时人们谈"天花"而色变,为了稳定人心,避免引起朝野恐慌,才对这一病因秘而不宣。后来的史学者出于避讳,也没有在史书上说明。

有关专家还分析认为,从顺治帝的感情基础和思维方式分析,遗诏中的自责并非不合情理。入主中原后,顺治帝所面临的环境是完全不同于他的先祖们的,可以说是相当陌生的,他不但要尽力去熟悉与适应新情况,有时还要背离满族原有的习俗,这难免会使他陷入一种困惑与矛盾之中。另外,顺治帝曾经一度笃信基督教,也可能会形成感恩所得、自我忏悔的性格。在这种情况下,顺治帝因自己不能很好地解决新问题而自责是完全可能的。事实也是这样,他在位期间曾屡次下诏自责,并要求各种文书不能称自己为"圣",甚至还常把各种灾害或者动乱归于自己的"政教不修,经纶无术"。在《清世祖实录》中还有一些记载:顺治十六年(1659年)正月,讨平李定国后,顺治帝认为这些成就并不是自己的德行所能实现的,拒绝贺礼;顺治十七年(1660年),在祭告天地、宗庙时,他对自己在位的17年做过简单的总结,通篇是自谴自责之词,并且下令暂时终止官员上给自己的庆贺表章。所以说,这《遗诏》中自我责备也是符合顺治帝的性格的。

退一步来说,就算这份诏书有伪造的嫌疑,也可能是顺治帝在病重期间,神志不清,无法口授遗诏,而根据太后之意由大臣们草拟而成。再说,据记载,顺治帝临终还遗命:"祖制火浴,朕今留心禅理,须得秉炬法语。如善果、隆安法喜有素,可胜此任;若森和尚不日能至,法次长於两寺,可转命也。"最终于四月十七日,由赶到京城的茆溪森和尚主持,在景山寿皇殿为顺治帝遗体秉炬火化。这件事在溪森死后,由他的徒弟们为其编辑的《敕赐圆照溪森禅师语录》中有记载,足以证此事不假。

《清圣祖实录》卷一中还记载,安放顺治帝遗体的梓宫(棺材),在顺治十八年(1661年)二月初二被移放到景山寿皇殿。其后,继位的康熙皇帝在所有应该致祭的日期都前往致祭。卷二中又记载,在四月十七日这一天,康熙皇帝来到安放着顺治帝梓宫的景山寿皇殿,在举行了百日致祭礼以后,将顺治帝的神位奉入了乾清宫,

352

以等待选择吉日奉入太庙。二十一日，则举行了"奉安宝宫礼"。"宝宫"二字的意思，是骨灰罐，这说明，二十一日时顺治帝已经被火化。所以说，顺治帝驾崩于养心殿是顺治十八年正月初七的子刻，病因可能是天花。据《清圣祖实录》卷九记载，该"宝宫"在康熙二年四月二十四日黎明，被起程移奉孝陵，在六月初六的戌时，同孝康皇后和端敬皇后的宝宫一起，被安放在地宫的石床上，并掩上了石门。

从上面的分析看，顺治帝患天花而死，似乎是最接近历史真相的答案。但是也有学者并不认同这一说法，并提出了质疑。首先，据医书记载，人患天花后，痘疮成浆之时精神倦怠，神思昏沉，不省人事，呼之不应，自语呢喃，如邪祟状。从医理上看，患天花的人死前根本不可能神志清醒，就是皇帝也不例外，还怎么可能口授遗诏？因而，《年谱》中记载的关于顺治之死的一些内容是不太真实的。再说，史料上对于顺治帝得病的时间也是自相矛盾的。《清实录》记载，初二那天顺治感到身体不适；《青珂集》却说初二顺治到悯忠寺看太监吴良辅剃度；《年谱》记载王熙初一到初三连续三天进宫请安，都没有说顺治生病。《年谱》是最让人怀疑的，如果顺治真的染上了天花，他不可能在初二发病初期冒着高烧到悯忠寺看太监吴良辅剃度，更不可能在初三那天还和王熙讨论事情。而且让人们感到费解的是，王熙最后讨论的内容，用了"俱不敢载"四个字简单带过。如果没有什么别的原因或苦衷的话，王熙为什么要在顺治帝驾崩这一问题上遮遮掩掩呢？顺治患病去世应该属于正常死亡，为什么清宫档案对他的死因只字未提、讳莫如深？

对于此，民间广为流传着另一种说法，称顺治帝根本没有死于天花，而是到五台山出家当了和尚。孝庄太后为了顾及大清的声名，只好对外宣布顺治帝驾崩，由顺治帝八岁的皇子玄烨即位，即康熙帝。那么事实究竟如何呢？顺治帝真的出家当和尚了吗？他又为何要出家当和尚呢？

果真出家了吗

要探究顺治帝是否出家，这要从他迷恋佛法说起。清朝统治者本来就推崇藏传佛教，早在清太祖努尔哈赤的时候，他的脖子上就挂有念珠，并在清朝的第一个都城赫图阿拉修有佛寺、皇寺。皇太极把都城迁到盛京沈阳后，更是修了专门崇奉佛教的实胜寺。加之，顺治帝的母亲孝庄太后是蒙古族人，自幼就受到佛教的熏陶，又年轻寡居，就以虔诚信佛排解心中的苦闷。

正是由于种种历史和家庭的影响以及个人的特殊因素，顺治帝自小就与佛教结下了不解之缘，稍长就信奉起佛教来，他的一生更与佛教有着"剪不断、理还乱"的关系。

据记载，顺治帝14岁那年，在遵化打猎的时候认识了一位法师。当时，这位法师正在山洞内静修，两人相见后，交谈甚欢。从这以后，顺治帝更加迷恋佛法。顺治十四年，在太监的精心安排下，顺治帝还亲自到高僧憨璞聪居住的海会寺，与他促膝长谈。回宫后，他又把这个和尚接到宫城西侧西苑（也就是现在中南海）的万善殿，继续论佛谈法。顺治帝还与当时著名高僧玉林琇、木陈忞、茆溪森等过往

□ 历史悬案

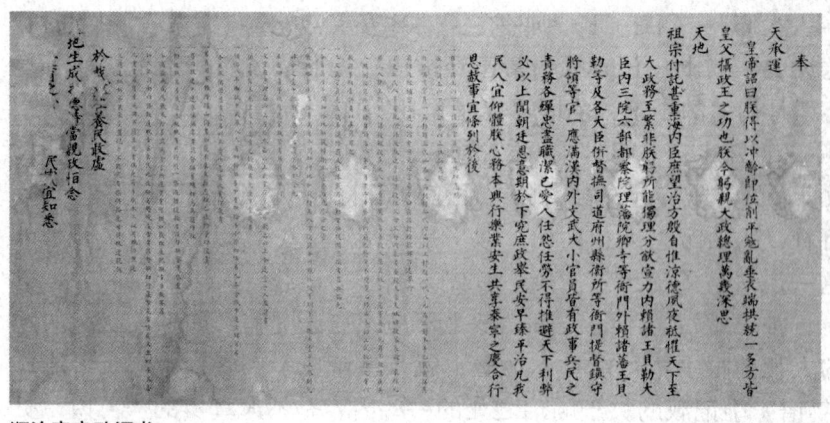

顺治帝亲政诏书

甚密。一次，顺治帝在与茆溪森和尚谈话时，还自称是他的弟子，这在历代帝王中也实为少见。顺治帝还请玉林琇为他起法名，"要用丑些字样"，他自己选择了"痴"字，于是取法名"行痴"，法号"痴道人"。玉林琇还称赞顺治帝是"佛心天子"，顺治帝在这些和尚面前则自称弟子。据记载，顺治帝还做了出家偈，全篇充满了佛家禅悟的情怀以及对出家为僧的向往，更包含着生在帝王之家的辛酸和不幸：

天下丛林饭似山，钵盂到处任君餐。黄金白玉非为贵，唯有袈裟披最难！朕为大地山河主，忧国忧民事转烦。百年三万六千日，不及僧家半日闲。来时糊涂去时迷，空在人间走一回。未曾生我谁是我？生我之时我是谁？长大成人方是我，合眼蒙眬又是谁？不如不来亦不去，也无欢喜也无悲。悲欢离合多劳意，何日清闲谁得知？世间难比出家人，无牵无挂得安闲。口中吃得清和味，身上常穿百衲衣。五湖四海为上客，逍遥佛殿任君嬉。莫道僧家容易做，皆因屡世种菩提。虽然不是真罗汉，也搭如来三顶衣。兔走鸟飞东复西，为人切莫用心机。百年世事三更梦，万里江山一局棋！禹尊九州汤伐夏，秦吞六国汉登基。古来多少英雄汉，南北山头卧土泥！黄袍换却紫袈裟，只为当初一念差。我本西方一衲子，缘何落在帝皇家！十八年来不自由，南征北战几时休？朕今撒手归西去，管你万代与千秋。

顺治帝与高僧的谈话中更是多次流露出遁隐空门的思想倾向。比如，一次，福临与佛教大师玉林琇谈起自己的身体不好，食不甘味，寝不安枕，随后说道："朕想前身的确是僧，今每到寺院，见僧家明窗净几，辄低回不能去。"还说道"财宝妻孥，人生最贪恋摆拔不下底。朕于财宝固然不在意中，即妻孥亦觉风云聚散，没甚关情。若非皇太后一人挂念，便可随老和尚出家去"。玉林琇闻言大为吃惊，极力劝谏福临身为国君，是要"保持国土，护卫生民"的，如果只图自己清静无为，忘却这件大事，凭你如何修行，"也达不到诸佛田地"。所以"出家修行，愿我皇万勿萌此念头"。这才劝住了顺治帝。

作为一位年少有为的君主、万人仰慕的少年天子，顺治帝如此迷恋佛法，多次萌生遁隐空门的想法，确实非同寻常，令人费解。

除了受周围人群的影响，他本人所处的环境以及遭遇是否也是一个原因呢？的确如此。首先，我们知道顺治帝是在清太宗皇太极去世后，在多种政治势力复杂斗

354

争和互相妥协的情况下,侥幸当上皇帝的。而他在位的18年,前8年主要由摄政王多尔衮发号施令,他根本就是一个政治傀儡。多尔衮后来更是独揽大权,逐步分化了支持顺治帝的各种力量,1648年,更是被尊奉为"皇父摄政王",成了名义上的"太上皇",实际上的皇帝。顺治帝的处境危如累卵,只有仰人鼻息,任人摆布。由此可以想到,顺治帝前期一直生活在摄政王多尔衮的阴影里,处境危险,经常担惊受怕。这些因素对顺治帝性格的形成,以及后来一心向佛一定有影响。另外,从史料分析,顺治帝与自己的母后孝庄太后的关系也并非多么融洽。《清史稿·后妃传》中对于顺治帝与母后的关系记载十分简略,仅仅60个字,而且所记内容也多是例行公事的一些事情。在这种环境下,形成了顺治帝高傲自尊,而又任性敏感的个性。加之多愁善感,身体羸弱,他常常在苦闷和忧郁中度日。特别是作为大清国承前启后的一代君主,他肩负着太多的使命,亲政后,更是日理万机,每天都要处理大量的事务,年仅10多岁的少年天子,不胜重负,该会有多累多烦?据说,有一次他曾对木陈忞说:"我睡觉时只能单人独室,不能与人同床。临睡前,必须让所有的人都出去,若听到一丝气息,就一夜睡不着。睡早了也不行,必须熬过半夜,困极了,才能一觉睡着。"从中也可看出顺治帝的苦闷,甚至患有脑神经衰弱的疾病。而佛教的出现正好慰藉了他疲惫的灵魂,给他打开了一个逃避现实、回归轻闲自我的全新世界。

　　从以上分析来看,顺治帝确实与佛教有着割舍不断的情缘。在这种情况下,当宠爱的董鄂妃不幸去世后,一下子失去了精神寄托的顺治帝,万念俱灰,产生遁入空门的念头恐怕也就不足为怪了,难怪会有传说说顺治帝出家与他宠爱的董鄂妃的去世有着直接的关系。

　　顺治帝对董鄂妃十分宠爱,说"三千宠爱于一身"也不为过。在董鄂妃之前,顺治帝曾先后册立过两位皇后,但他都不满意。顺治十年(1653年)八月,颁诏废掉了第一个皇后。次年,由孝庄太后主持,聘定了孝惠皇后,但仍不得顺治帝的欢心,后来甚至下令停止了她作为皇后应有的一些礼仪,若不是太后出面阻止,很可能再行废后之举。在顺治帝短暂的一生中,一共娶了19个妻妾,但是最讨他欢心,视为红粉知己,并且至死忠贞不渝的只有董鄂妃一人。这一点从董鄂妃晋升就可以窥见一斑。顺治十三年(1656年),董鄂妃进宫,当年八月二十五日封为"贤妃",仅一月有余又晋封为"皇贵妃"。接着到十二月初六,顺治帝又为董鄂妃举行了极为隆重的册妃典礼,并颁诏大赦天下。按照礼制,只有册立皇后,才颁诏天下,因为册立皇贵妃而颁诏并大赦天下,在清朝的历史上绝无仅有。据传教士汤若望记载,自

敬佛碑拓片　清　顺治帝书

从董鄂妃出现后，顺治帝尽改以前好色纵淫的恶习，专宠贵妃一人，两人情投意合，心心相印。虽然在名分上董鄂妃的地位低于孝惠皇后，实际上几乎取代了皇后，如前所述若不是太后劝阻，很可能福临会废掉孝惠皇后而让董鄂妃取而代之。

顺治十四年（1657年）十月，董鄂妃为顺治生下了一个儿子，在顺治的诸子中排行第四，大约是因为爱屋及乌的缘故，顺治帝对这个孩子宠爱有加。据《汤若望传记》记载，皇四子"是皇帝要规定他为将来的皇太子的"，可见顺治帝对其的喜爱程度。如果这个皇子能够长大成人，后来继承皇位的可能就不是康熙帝了。但是这个让顺治帝百般宠爱的皇四子还没来得及起名，就夭折了。董鄂妃伤心欲绝，痛不欲生，顺治帝陪伴左右，寸步不离。为了安慰悲痛中的爱妃，他甚至特别追封死去的皇四子为和硕荣亲王。但是不管顺治帝如何安慰，董鄂妃终因郁郁寡欢，染病不起，在顺治十七年（1660年）八月病逝，年仅22岁。

董鄂妃的逝世使少年天子彻底崩溃了。他痛不欲生，亲自为她守灵，并且不顾皇帝的尊严，大哭大闹，寻死觅活，不顾一切，人们不得不昼夜看守着他，使他不得自杀。在董鄂妃逝世的当天，他又下令"亲王以下，四品官员以上，并公主、王妃以下命妇，俱于景运门外，齐集哭临，辍朝五日"。如此，他还嫌不够，又破例追封董鄂妃为皇后，并加谥号"孝献庄和至德宣仁温敬皇后"，谕下礼部。闻者颇感惊讶："不过一个贵妃罢了，又何至于如此。"顺治帝在第五日，还在爱妃生前居住的承乾宫举行了隆重的追封典礼，以自己的名义撰写了"董鄂妃行状"的祭文，全文数千言，极尽才情和哀伤，历数了董鄂妃的嘉言懿行、兰心蕙质。顺治帝还命大学士金之俊写了《孝贤皇后传》。尽管顺治帝已经做得够多了，然而仍然难以平复他的痛苦，他又下令将承乾宫内大小太监、宫女等30余人全部赐死，为贵妃殉葬，造成了清宫罕见的一大惨案。

不仅如此，几近失去理智的顺治帝，再无心政事，还大吵大闹着要出家，两个月内先后38次到高僧馆舍，谈佛论禅，完全沉迷于佛的世界。据《大觉普济能仁国师年谱》《敕赐圆照茆溪森禅师语录》《北游集》《续指月录》等僧侣书籍的记载，顺治帝曾经在顺治十七年（1660年）十月中旬，也就是贵妃去世两个月后，决定舍弃皇位，身披袈裟，孑身修道。他命令茆溪森和尚为其举行了净发仪式。起初，茆溪森百般劝阻，他都不听，没有办法只好为他进行了剃度。而这一举动急坏了皇太后，她火速派人把茆溪森的师父、报恩寺主持玉林琇召回京城。玉林琇到京城后对弟子茆溪森的行为极为恼火，当即命人架起柴堆，要烧死他。玉林琇还对顺治帝

皇家档案

中国第一历史档案馆藏有明朝和清朝遗留的原始档案1000余万件。在这些珍贵的历史资料中，最受当时皇家尊崇保护的是《实录》《圣训》和《玉牒》。它们在漫长的清统治时期，被单独保护在皇史宬（位于北京南池子）的雕龙云纹镏金铜皮"金柜"里，由专职守尉看护。其中的《实录》，是由继位的皇帝组织人员，依据各种文书档案，按照年月日的顺序，为去世的皇帝编写的事实记录。

进行了规劝，而顺治帝一心皈依佛门，并提出佛祖释迦牟尼和禅祖达摩都是舍弃王位出家。玉林琇说：他们是在过去世悟立佛禅，而现在从出世法来看，最需要您在世间护持佛法正义，护持一切菩萨的寄身处所，所以您应该继续做皇帝。正是在玉林琇的规劝和要烧死茆溪森的压力下，顺治帝才回心转意，蓄发还俗了。

虽然这一件事不为清朝正史所载，但这些高僧的普遍记述，证明了它的真实性。就是说顺治帝在爱妃去世后不久，确确实实削发为僧了，后在众人的一再劝阻下，不得已只好蓄发还俗了。茆溪森和尚的塔铭上就有这样几句话"人人道你大清国里度天子，金銮殿上说禅道，哈哈，总是一场好笑"，也印证了这件事。

事后不久，顺治帝接受玉林琇的建议，在阜成门外八里庄慈寿寺从玉林琇受菩萨戒，并加封他为"大觉普济能仁国师"。顺治成为清朝历史上唯一公开皈依禅门的皇帝。

或许正是因为顺治对董鄂妃和佛法的痴迷程度超出了寻常，民间才自然而然地流传开了顺治帝并未死去，而是到五台山为僧的观点。

对于顺治帝是否出家当了和尚，现在存在着两种针锋相对的观点。

支持这一说法的人认为，据《起居注》记载，康熙帝即位后不久，孝庄皇太后曾多次带着他上五台山礼佛。这一活动本来完全可以在北京举行，他们为什么舍近求远，不远千里去五台山呢？这一异常之举，有人怀疑可能是孝庄太后和康熙帝以礼佛之名，行前去探望顺治帝之实。民间更是传说，康熙帝一生5次巡游五台山，实际上都是为了寻找父皇，但尘缘已了的顺治帝根本不与他相认。无奈的康熙帝曾在寺庙墙壁上题写了"文殊色相在，惟愿鬼神知"的诗句，表达了这种父子不能相认的苦闷心情。

另外，有人说从当时江南著名才子吴梅村的《清凉山赞佛诗》诗中也能看出顺治帝出家的意思来："陛下寿万年，妾命如尘埃。愿共南山椁，长奉西宫杯。"在当时的江南广泛流传着顺治皇帝与董鄂妃的故事，不过那里的人们多认为董鄂妃就是江南名妓董小宛。于是，人们见到吴梅村的诗后，就认为陛下就是顺治皇帝，而诗中的"千里草"和妾无疑就是董小宛。

还有"八极何茫茫，日往清凉山"一句，也很不容易让人理解。据吴梅村笔记记载，诗中的清凉山，指的就是佛教圣地五台山，顺治帝生前从未到过五台山，为何诗中会说顺治帝"日往清凉山"？据说，有一次顺治帝在梦中见到董鄂妃到了五台山，因此也决意到五台山修行。由于吴伟业的诗素有"史诗"之称，人们也对这种说法信者云云。在五台山也确实流传着各种各样有关顺治帝到此出家的故事和传说，并且都生动形象。晚清时，庚子之变后，慈禧太后西逃到山西，当地官员为接待她，从五台山借了一些用具。据说这些用具跟宫廷用具相似，很可能是在此出家的顺治帝当年用过的。

《清朝野史大观》《顺治演义》《顺治与康熙》等野史和文学作品中，更是把顺治帝出家的过程描绘得具体、生动，合情合理。比如《清朝野史大观》中记载："世祖（顺治）之于董贵妃，所谓君非姬氏，居不安，食不饱者也。乃红颜短命，世祖对之，忽忽不乐，未数月，遂弃天下，遁入五台山，削发披缁，皈依佛土……满洲族人，虽百方劝解，卒不能回。由是于十八年正月，谬谓世祖病殁，而以十四罪自责之遗诏下矣。"蔡东藩在《清史演义》中也写道："顺治帝经此惨事，亦看破世情，遂于次年正月，脱离尘世，只留重诏一张，传出宫中。"从以上分析来看，顺治帝当年似乎真有到五台山出家的可能。

但是反对者则认为顺治帝是死于天花，并没有出家。除了前面所叙述的顺治帝极可能死于天花的观点外，他们认为拿吴梅村的《清凉山赞佛诗》来说明顺治帝出家一事，是十分荒唐的。顺治帝有没有出家，其周围的大臣们都不知道，怎么偏偏吴梅村就知道了？还有人认为，其中"可怜千里草，萎落无颜色"的"千里草"指的是董小宛，可是实际上顺治帝与江南名妓董小宛年龄相差16岁，并且董小宛的丈夫冒辟疆在所著的《影梅庵忆语》中明确证明她在1651年时就已去世，不可能得到顺治帝宠爱。在当时信息不发达的情况下，人们把董鄂妃误认为是董小宛，以讹传讹，从而把两个完全不同的人附会在了一起，这也证明了这种说法的荒谬。再说，《清凉山赞佛诗》只是一首诗，作者很可能尊重了艺术的真实，而忽略了历史的真实。

至于说孝庄太后和康熙帝后来几次到五台山是为了寻找顺治帝的说法，也显牵强。孝庄太后本人就笃信佛教，五台山又是佛教名山，到五台山许愿拜佛是再正常不过的事情，有什么可疑的？五台山所流传的顺治帝到此出家的故事以及在那里找到了与宫中相似的器具等说法，很可能是五台山为了提高自己的知名度，而编造出来的，并不是历史事实。

两种观点截然相反，各有各的理。顺治帝到底是死了，还是出家为僧了，孰是孰非，恐怕也说不清楚。

顺治帝之死又有新说

2004年某报刊登了"顺治被郑成功毙于厦门"的新闻，引起了广泛关注。这一报道主要源于手抄本的《延平王起义实录》一书。这本书是郑成功的后人郑万龄在整理祖上的遗书时发现的。全书以日记的形式记载了郑成功戎马倥偬的一生。其中，有一段记载说，有人密报郑成功，高崎之战中，顺治皇帝在厦门思明港被炮击中，清军将领达素不敢对外公布这个消息。另外，书上还有一段披露郑成功的父亲郑芝龙被害内幕的文字，其中再次提到顺治帝死因：太师郑芝龙降清后，屡次写信劝儿子郑成功投降清朝都以失败告终，但顺治帝并未加罪于他。而顺治帝被炮毙于厦门后，辅臣苏克萨哈与郑芝龙有仇，向康熙帝建议："郑成功可以用炮击死我们的先皇，皇上难道就不能处死他的父亲吗？"康熙帝采纳了他的意见，即位不久就把郑芝龙处死了。

这个关于顺治帝之死的全新说法引起了有关学者的注意。厦门文史专家洪卜仁认为，顺治帝很有可能御驾亲征，到过厦门，并且清军将领达素之死，确实存在颇多疑点。《延平王起义实录》中称，顺治帝被炮毙后，达素畏罪自杀。在另一部重要史料《海上见闻录》中，今人发现也有类似的记载：十月清调达素回京问罪，达素在省吞金而死。如果这个记载属实，究竟是什么原因迫使达素走上了自杀之路呢？

不仅仅是史料中，就是民间也有顺治帝曾经御驾亲征来到厦门的传说。述职这个故事的人都说，顺治帝与郑成功作战时被郑成功炮轰而死，并掉在了港中的江水里。水里的鱼吃了皇帝的肉后，身体还发生了变形，成了无鳔江鱼。王熙在《自撰年谱》中对顺治帝之死讳莫如深，闪烁其词，仅仅用"俱不敢载"四字带过，是不是因为顺治帝是被郑成功炮轰而死，清廷严格保密，才不敢说呢？

不过，清史专家何龄修仔细研究了厦门文史专家提供的种种史料后提出了质疑。首先，为什么这么重大的事情，在记录郑成功事迹的《先王实录》里边没有记载呢？据考证，郑成功在收复台湾之前曾说过打败了达素军队，但并没有说打死了顺治帝。其次，南明大臣张煌言在给永历皇帝的所有奏报中，也从没提到顺治帝死于郑成功的炮轰。据此分析，在当时应该没有这种说法，要不各方不可能没有反映。清军与郑成功所部作战是在五月，如果说顺治帝被郑成功炮毙而死，应该不超过五月。而新皇帝即位是在顺治十八年（1661年）正月，如果顺治帝五月死的，这说明从五月到第二年正月，这么长一段时间清廷皇位是虚悬的。这可能吗？再说清朝王熙等人的记载也不可能是空穴来风！

总之，《延平王起义实录》中的记载，给顺治帝之死提供了一种全新的说法。但是顺治帝是否御驾亲征来过厦门、是不是真的死于郑成功的炮轰，除了一份家传的手抄本和一个无稽的传说外，并没有找到其他什么强有力的佐证。

顺治帝究竟有没有出家？他又是怎么死的？也许永远无法得到确切的答案。顺治帝神秘的死亡也许在紫禁城的静默中被永远尘封了，然而，历史也许正是因为有了诸多难以猜测的谜题，才会显得更加耐人寻味。

雍正帝继位之谜

康熙六十一年（1722年）十一月十三日，康熙帝驾崩于北京西郊的畅春园，遗命皇四子胤禛继位，就是后来的雍正皇帝。不过，雍正帝继位的同时，关于他或其他人篡改遗诏的说法就传播开来。之所以如此，原因是多方面的，客观上来说，首先，康熙帝儿子众多，诸皇子中优秀者不乏其人，康熙帝不立太子，也就始终没有指明太子的合适人选。其次，以一纸遗诏传位这种做法与惯例不合，本身就容易令人生疑。另外，康熙帝是十三日病逝，遗诏是十六日才公开的，这一点也难以自圆其说。在一般人看来，胤禛能够继承人统显得异常突兀。当然雍正帝继位后的一系列举动，也让人生疑。那么，事实究竟如何呢？

□ 历史悬案

改诏篡位说版本众多

认为雍正帝改诏篡位的人很多,并且说法也各有不同。有人说,康熙帝在弥留之际,留下遗诏:"传位十四子",交给国舅隆科多。而执掌当时京城兵权的隆科多,正是胤禛的心腹,二人勾结,将"十"字改为"于"字,于是,遗诏成了"传位于四子",胤禛顺利当上了皇帝。还有人说,康熙帝在畅春园病重时,胤禛献上了一碗人参汤,他喝了以后就归天了,然后他和隆科多勾结,伪造遗诏顺利继位。也有人说,康熙帝晚年已决定将皇位传给十四子胤禵。康熙帝病重时,传旨急召胤禵返回,但是,这道圣旨被隆科多截留,没能传出去。因此,康熙帝死时,胤禵还远在千里之外的西北,隆科多假传圣旨,立雍正为帝。

除了以上几种说法,野史中还有一种传说:康熙帝临终时急召大臣入内,久无人至。后睁眼一看,发现皇四子胤禛立在跟前,康熙帝大怒,抽出枕边的玉如意向胤禛掷去……不久驾崩。胤禛拿出早已篡改的遗诏,顺利登基。

不管是哪种说法,都认为雍正帝是通过改诏或者捏造诏书而篡夺皇位的。支持这种观点的人认为,雍正帝之所以能够成功,一方面源于隆科多掌握着京城兵权和宫廷禁卫军,康熙帝驾崩后,立即把京城中诸皇子监视了起来,控制了京城局面;另一方面,当时康熙帝准备传位的皇十四子胤禵还远在西北边疆,受到了手握重兵的四川总督、胤禛的另一死党年羹尧的牵制,无法兴师反击。而隆科多是雍正帝的亲舅舅;年羹尧则是雍正帝的妻兄,他们帮助雍正帝完全在情理之中。

当然这只是野史所言,史书上对雍正帝的继位则是这样记载的:康熙帝临终,召诸皇子及文武大臣,宣布"皇四子人品贵重,深肖朕躬,著继朕登基,即皇帝位"。持雍正帝改诏篡位说的学者普遍认为正史上的记载,全系伪造,并不可信。有关学者还通过研究,列举了一系列雍正帝即位的可疑之处,作为自己的论据。

雍正帝观书像

从有关史料看,康熙帝对胤禛并不十分看好,几乎从没有派他做过什么大事。康熙帝生前甚至对他喜怒不定、遇事急躁的缺点十分反感。虽然他后来说佛谈道,戒急用忍有所改正,但是爱民如子的康熙帝仍会考虑是否把一个国家托付给一个喜怒无常的人。而1715年,重新崛起的蒙古族准噶尔部进兵西藏,威胁甘、北、滇等西北、西南大片领土时,康熙帝派胤禵出任抚远大将军,统筹西北事务,明显表现已经心仪由胤禵为继承人。胤禵出征西北,直到康熙帝病逝,都仍是朝中一等一的大事。可是《清实录》中对此记载极少,这很让人怀疑是雍正帝继位后,大量删除康熙帝时记录的结果。即便如此，仍能从中看出康熙帝让胤禵担任如此要职，确实含有提高他在群臣中威望的意思。甚至在战事后期，康熙帝病情加重，曾指示胤禵通过和谈暂时休战，迅速返京，但和谈尚未结束，康熙帝突然驾崩，给雍正帝制造了机会。从朝中大臣和诸王子的反映来看，也都倾向于皇十四子继位，这至少也代表了部分人的意愿。

《清圣祖仁皇帝实录》中记载康熙帝临终的当天，"皇四子胤禛闻召驰至。巳刻（早上九点到十一点之间），渐进寝宫。上告以病势日臻之故。是日，皇四子三次进见问安"。这段记载，说明康熙帝当时还十分清醒，一天内曾三次召见了胤禛。如果这些事为真，恰恰证明康熙帝并无意传位于他，否则为什么三次见面都没当面告诉由他继承大统呢？其中正史还记载，康熙帝在临终的当天（十三日），寅刻（夜里三点钟到五点钟），召皇三子、皇七子、皇八子、皇九子、皇十子、皇十二子、皇十三子共七位阿哥和理藩院尚书隆科多进宫，向他们宣谕："皇四子胤禛，人品贵重，深肖朕躬，必能克承大统，著继朕登基，即皇帝位。"这难免让人疑问，这么重要的事情，为什么却不告诉皇位继承人本人呢？再说，如果真有其事，诸位皇子还至于在得知雍正帝继位后，个个失态、吃惊不已吗？还至于雍正帝自己出来写什么《大义觉迷录》为自己的继位辩护吗？所以这些记载，很可能根本就是无中生有的谎话，是雍正帝继位后编造出来的。

还有一个疑问，康熙帝病逝后为什么由隆科多单独向胤禛宣布遗诏？并且这么重要的遗旨，在宣布时为什么不召集王公大臣和其他皇子到场？这种明显的暗箱操作，怎能不让人怀疑？有的学者就认为，这个遗旨是篡改的，是假的。另外"康熙帝遗诏"自然应该在康熙帝去世前就已经定稿并经过康熙帝审定，也自然应该在康熙帝逝世后马上宣读，为什么到十六日才公布？不管怎样解释，都难以自圆其说。还有康熙帝驾崩的噩耗传出后，京城九门关闭6天，诸王非传令旨不得进入大内。这是为什么呢？如果确实有康熙帝遗诏在手，明确指明由皇四子继位，至于如此吗？

其实，野史笔记中的某些说法，也并非全是捕风捉影、无稽之谈。比如皇子的书写格式，在雍正帝以前，都写成四皇子、十四皇子的格式；自雍正帝以后，改为了皇四子、皇十四子，这说明了什么？由此，传说把"传位十四皇子"，是完全可以改为"传位于四皇子"的。当时隆科多掌握着禁卫军，完全有可能联合雍正帝，里应外合篡改诏书，假传圣旨，甚至不排除在康熙帝的饮食中下毒。历史上，秦朝宦官赵高不就成功篡改诏书，拥立胡亥当了皇帝吗？以雍正帝后来对待兄弟的残忍看，这种可能完全存在。

雍正帝对待诸兄弟的残忍，仅以他缺乏宽大之心是解释不通的。联系康熙帝临终时的情景看，很可能康熙帝逝世后，由隆科多出面召诸皇子入畅春园并将他们软禁，随后雍正帝装着不知情的样子从外面匆匆赶来，隆科多宣皇四子入内，宣告篡改的遗诏。由于诸皇子在畅春园受到了隆科多的武力威胁，或者他们发现了雍正帝继位的许多可疑之处，诸皇子怨言四起，表示出强烈的不满或者不服。正因为此，雍正帝才痛下杀手，对诸兄弟残酷地杀害或者监禁，借以杀人灭口。

年羹尧、隆科多与雍正帝的关系也有颇多可疑之处。从史料上看，雍正帝继位后，隆、年二人位置极尊，权力很多，当时任官有"隆选""年选"便是由隆、年二人任命。由此，可以看出雍正帝与这二人关系之密切。年羹尧早期在致胤禛的一封信中写道："今日之不负圣上，他日不负王爷。"这证明他早就是胤禛的死党，并且把康熙帝和仅仅还是雍亲王的胤禛并列，完全可以看出二人非同寻常的关系。雍正帝登基时，胤禵不敢轻举妄动，是认真考虑了年氏手下大军的牵制作用的。但是随着雍正帝皇位的巩固，这两个可能知道雍正帝夺位内幕的权臣，渐渐为雍正帝所不容。隆科多后来陆续将家产转移到亲朋家中，以防雍正帝抄家，他还说过这样一句话："白帝城受命之日，即是死期已至之时。"似乎对自己的命运有所预感。不出所料，后来果被雍正帝宣布41条大罪，投入监狱致死。年羹尧也被雍正帝找借口杀掉了。

雍正帝死后不埋在顺治帝和康熙帝所在的清东陵，而是埋在清西陵也颇值得玩味。雍正帝为什么要另辟葬地呢？有人认为雍正帝之所以不子随父葬，是自觉得位不正，不愿意也没脸面与地下的皇父相见，因此才另建了清西陵。

经过清史专家王钟翰等通过比较存世的几份满文和汉文诏书，进一步确定《康熙帝遗诏》是参照康熙五十四年（1715年）十一月二十一日谕旨加以修改而成的。康熙帝曾说过："此谕已备十年，若有遗诒，无非此言。"因而这份诏书可能确实为伪造。

但是，也有不少史学家提出了针锋相对的观点，认为康熙帝确实遗诏雍正帝继位，雍正帝继位名正言顺，并且将他的诸多恶名一一昭雪，彻底为雍正帝平反。

遗诏继位说

后世还有相当一部分人认为雍正帝本来就是康熙帝心仪的皇位继承人，是遵遗诏即位的，根本不应该对此有什么疑问。

这样的结论是从康熙帝最后十年的有关情况分析中得出的。在康熙帝的诸位皇子中，前太子胤礽被废黜后，最有实力角逐皇位继承人的主要还有皇长子胤禔、皇四子胤禛、皇八子胤禩和皇十四子胤禵。其中胤禔在太子第一次被废后，曾竭力谋取储位，遭到康熙帝的严厉斥责，随后又发现他用厌胜术诅咒太子，甚至建议康熙帝杀掉胤礽，康熙帝对其彻底失望，下令将他永远囚禁。他由此失去了角逐皇位的机会。八子胤禩，聪明能干，有胆有识，党羽广布，在当时确实有成为继承人的可能。但是，操之过急的他，曾发动群臣在皇父面前举荐自己，从而弄巧成拙，引起了康熙帝的震惊和不满。其后，康熙帝知道胤禩也有谋杀太子的意图，斥责他"自幼心高阴险"，不守本分，"妄蓄大志"，不讲臣弟之道，甚至说他"想杀二阿哥（胤礽）未必不想杀朕"。这说明康熙帝对他已经感到恐怖和反感，他的爵位也一度被革除，争夺帝位已经无望。

皇十四子胤禵为胤禛同母弟，在康熙帝晚年，他的地位提升极快，在镇抚西北动乱中,他出任抚远大将军,确实成为满朝瞩目的人物,也使他成了一个可以和胤禛匹敌的可能皇位候选人。但是,令人生疑的是,如果说1718年让胤禵到西北指挥对准噶尔的战斗,是为了让他建功立业,树立威信,那么为什么1721年将立战功的胤禵召回北京述职后,第二年在自己体弱多病的情况下,又让他重返前线,这显然表明皇位不是要传给胤禵的,否则,以康熙帝之英明,怎么会料不到一旦自己驾崩,不管留下多长时间的权力真空,都有可能引发争夺帝位的内乱。所以,康熙帝器重皇十四子不假,要传位于他未必是真。

在这些人逐一被排除后,最有可能成为皇位继承人的便是胤禛。不管别人如何评价,雍正帝为了谋取皇位韬光养晦也好,费尽心机地表现也好,毕竟他确实赢得了康熙帝的称誉。他根据心腹戴铎的建议,适当展露才华,而又克制内敛,不露锋芒,以免引起皇父猜忌。并且友爱兄弟,"不拉帮""不结派",对诸兄弟一视同仁。另外,他紧紧围绕"诚孝"皇父大做文章,如诸皇子为争夺皇位大打出手,磨刀霍霍时,他置身事外,一味表现出对皇父的"诚"和"孝",如太子初次被废,康熙帝大病一场,他入内奏请太医并亲自监视药方,服侍皇父吃药治疗,并劝慰父皇。康熙帝后来就传谕表扬他:"当初拘禁胤礽时,并没有一个人替他说话,只有四阿哥深知大义,多次在我面前为胤礽保奏,像这样的心地和行事,才是能做大事的人。"并说:"四阿哥体察朕意,爱朕之心,殷勤诚恳,可谓诚孝。"再者,对于皇父交给他的差事,他总是一丝不苟、兢兢业业地做好,并且做事雷厉风行,奖惩分明,严猛相济,效率极高。

这种鲜明的做事风格,对于校正康熙帝晚年政务废弛、积弊丛生的政治、经济局面是十分必要的。主张宽仁的康熙帝,在晚年选择严猛施政的雍正帝,正体现了一个明智的政治家的选择。最后,针对一次康熙帝提起他喜怒不定、遇事急躁的缺点,雍正帝很早就开始注意纠正,甚至通过谈佛论道、一心向佛的表现来证明自己。

1702年,当康熙帝旧事重提时,他央求皇父说:"经父皇教诲已经改正,现在我已经30多岁了,请你开恩将谕旨中'喜怒不定'四字不要记载了吧。"康熙帝于是同意,因谕:"此语不必记载!"由此雍正帝十分完美地在父皇面前回避了自己的弱点,彰显了自己的长处。康熙帝给雍正帝王爵赐号"雍亲王"中的"雍"字,含义极为丰富,大约就有和睦之意。雍正帝

图为清朝的《胤禛朗吟阁行乐图》。胤禛即后来的雍正帝,文武双全,颇有治世之才。

□ 历史悬案

的治国之才，不结党、诚孝、有能力，完全符合康熙的太子标准，是诸王子中最有资格继承大统的。

康熙帝晚年，对胤禛的信任和器重与日俱增，生病期间，多次派他到天坛代行祭天大典，要知道康熙帝对祭祀，特别是祭天是十分重视的，历来视为国之大事，在身体允许的情况下，断不会委托他人。从派胤禛代替自己主持祭天，就足以看出对他的认可和信任。

另外，康熙帝作为一个多子多孙的皇帝，在众多的孙子中，最为宠爱胤禛的儿子弘历（即后来的乾隆帝）。据说，他晚年每次围猎都要带上这位聪明伶俐的孙儿。后来，康熙帝见到弘历的生母，连连称她是"有福之人"。虽然说以康熙帝之英明，不可能仅仅因为想传位给心爱的孙子，而选择孩子的父亲为皇位继承人，但是至少可以说这也是促成雍正帝继位的有利因素。

至于雍正帝进献人参汤毒死了康熙帝，也是齐东野语之论。首先，康熙帝防人的警惕性很高。皇太子首次被废黜，就源于他在帐篷的缝隙里偷看康熙帝的动静，被康熙帝发现，认为有谋害自己的企图。此后康熙帝更是加强了自我保护，怎么可能让皇子随便害自己。其次，有资料证明，康熙帝认为北方人的身体，不适宜吃人参，并在多种场合说过这种话，胤禛作为善于猜测父皇之心的皇子，怎能不知道这一点。最后，按照清廷制度，皇子不能随意进宫，更不能进出皇上寝宫。即使被宣诏进入寝宫，也有太监在旁边，所以胤禛谋害父皇的可能性极小。

野史中说雍正帝勾结隆科多把康熙帝"传位十四子"的遗嘱，改成了"传位于四子"的说法，也是不大可能的。当时的繁体字的"于"写作"於"，"十"字很难改成"於"字。并且在清代，皇帝发布的官方文书都是满、汉文合璧，即使汉文的"十"字可以改成"于"，满文怎么改？况且，康熙帝病重诸皇子肯定都十分关注，甚至相对于远在天坛斋所的雍正帝来说，他们得到康熙帝驾崩的消息可能更早。事实上，等雍正帝赶到畅春园时，诸多皇子都已经赶到，他们不可能给时间让雍正帝和隆科多密谋并篡改诏书。再说，隆科多也是胤禩的舅舅，他不致为雍正帝夺得皇位而冒险把"十"改成"于"，倒可能是受到康熙帝的临终嘱托，出来辅佐胤禛的。所以，说雍正帝勾结隆科多篡改遗诏的说法是站不住脚的。

《清圣祖仁皇帝实录》中明确记载，康熙帝临终前召见了6位皇子和隆科多等人，宣谕"皇四子胤禛，人品贵重，深肖朕躬，必能克承大统，著继朕登基，即皇帝位"应该是真实的。虽然有人说这是伪造的，但是也只是一种说法，并没有强有力的证据可以肯定它确实是不可信的。据说，康熙帝召见几个皇子的同时，下旨让雍正帝从天坛赶到康熙帝寝宫，显然是要把皇位交给他。另外，在皇子们还在世时，

圣祖仁皇帝（即康熙帝）谥册 清

364

雍正帝不可能编造康熙帝召见皇子们的事，否则不一下子就被揭穿了吗？可至今也还没发现有人揭发他的档案材料。

至于康熙帝驾崩后关闭京城九门6天，也可能是因为以一纸遗诏继位不符合清朝的惯例，为了避免引起内部混乱和恐慌，才做出如此决定的。之所以遗诏没有在当天宣读也可能事出有因，但并不能以此作为雍正帝篡位的证据。

许多野史传说认为，雍正帝即位后杀兄屠弟的凶德恶行，正是出于掩盖篡位劣迹的考虑，这似乎也有待商榷。首先，皇长子胤禔、废太子胤礽都是在康熙帝的时候已经被囚禁了，雍正帝只是遵循康熙帝生前的谕旨办理。对于胤礽，雍正帝对他还是不错的，登基的时候就封他的儿子弘晳为郡王，允许他到康熙帝灵前哭祭。还派人给胤礽送去衣食和医药，令其大为感动。其次，雍正帝对皇八子胤禩、皇九子胤禟以及自己的同母弟皇十四子胤禵确实十分残酷，雍正帝之所以留下残害手足的恶名也并非冤枉。不过细细分析，这也是由多种原因造成的。这三个皇子在当时党羽广布，势力都很大，对雍正帝这位新君极不尊重。胤禩向朝臣亲友散布对雍正帝继位的质疑和不信任，公开说雍正帝会杀他，与新君对立的态度明显；胤禟的母亲宜妃不顾礼节，在雍正帝生母德妃之前跑进康熙帝灵堂，全然不把雍正帝放在眼里；胤禵对雍正帝继位更是大为不满，行为放肆，以至连胤禩都提醒他收敛点。在这种背景下，雍正帝显然敏感地意识到了他们对自己皇权的威胁，因此才相继对他们罗织罪名，囚禁或者杀害。

这也是对诸皇子多年来储位之争的总清算，再说这种骨肉相残可以上溯到清太祖时期，也并非雍正帝首开先河。

当然，雍正帝对胤禩、胤禟罗织重重罪名，又分别逼他们改叫侮辱性名字，确实彰显了雍正帝的残暴、狭隘以及缺少宽容。但不管哪位皇子继位，出于对自己皇位的考虑，可能都会如此。因此，把雍正帝的凶德恶行归咎于他为了掩盖篡位之实，无疑也有"先验论"的嫌疑。

雍正帝杀掉隆科多和年羹尧是为了消灭篡位的活口，也只是一种推测的说法。其实，前面已经有所分析，隆科多与雍正帝合谋篡改遗诏的可能性极小，他的功劳主要也就是口传遗命，帮助雍正帝顺利登基，并在初期保护了雍正帝的安全。年羹尧虽然为雍正帝旧人，但关系也并非像传说的那样密切。至于说年羹尧在川陕总督任上，钳制了抚远将军胤禵，也并非事实。因为，胤禵离京千里，起初根本不知京中变故（因为隆科多在局面稳定以前，曾封锁京城，不准出入），后奉旨进京，当然不会发生兵变。雍正帝起初与这二人关系密切，完全是出于对权臣的笼络，并非传说的他们在篡位中立了大功。后来，年羹尧平定青海之后，恃功自傲，骄横跋扈，在军队中竖立起了自己的绝对权威。他的举动让雍正帝起了疑心，这才是他在雍正二年（1724年）被杀的直接原因。而隆科多则是众大臣共同揭发了40多条大罪，被软禁而死的，并非雍正帝故意杀他的。所以，这二人的死，并不能作为雍正帝篡位的证据。

至于把雍正帝没有遵循"子随父葬"的习俗，作为篡位旁证也是牵强附会的。

比如皇太极的昭陵是在沈阳,而顺治死后就没有与他一起葬在昭陵;虽然雍正帝的墓在清西陵,其子乾隆帝的墓却在清东陵。况且如果雍正帝因篡位死后无颜见康熙帝,那他也不敢进太庙才对,因为太庙是皇帝祭祖的地方,那里供奉着清朝历代先帝的灵位,按当时迷信说法,在那里雍正帝不是还能见到康熙帝和他的祖先吗?

皇太子宝印及印文 清

因此,通过以上分析,雍正帝继位合情合理,名正言顺。之所以后来会闹得满城风雨,除康熙帝未立太子以及以一纸遗诏继位不合传统外,可能还源于那些争夺皇位失败的皇子以及余党在社会上广布谣言,对雍正帝继位提出诸多质疑,从而使雍正帝非法继位的传言越来越多,真假莫辨。

当然雍正帝对诸兄弟的迫害以及杀害功臣的举动,使他的形象极为不好,这也促使了许多人倾向于雍正帝改诏篡位的说法。当然,这也只是一种说法而已。

无诏夺位说

说雍正帝改诏篡位,有许多矛盾无法解释清楚,难以自圆其说;说他奉诏继位,也没有真正有力的证据,并且漏洞百出。事实上,如果康熙帝真有遗诏传世,断不会弄得谣言四起、众说纷纭,诸皇子也不至于表现出如此不满的情绪。所谓的"康熙帝遗诏"很可能是后来伪造的。而雍正帝改诏通过上面分析可能性极小,并且很可能根本就没有遗诏,改什么呢?所以,康熙帝究竟是心仪皇四子还是皇十四子也不是问题的关键,也许他根本就没有想到自己会突然死去,也就根本没有明确表态由谁继位。在这种情况下,雍正帝凭着自身的优势,在隆科多这个关键人物的帮助下,抢得了皇位。由此,既不能说是雍正帝改诏篡位,也不能说是他奉诏继位,只能说在这场前前后后长达40余年的皇位争夺战中,他凭着自己的阴险狡诈(或者说智慧),取得了最后的胜利,并通过自己严酷的手段巩固了这份胜利。这种观点调和了前两种观点,似乎也有道理。

至于雍正帝继位的真实历史内幕恐怕很难说得清楚,如果是改诏篡位,作为胜利者的雍正帝,自然会销毁所有可能的证据;如果是正常继位,为何自他继位起,民间就开始广泛流传如此众多的非法继位的种种传说呢?他继位前后的一系列异常之举,也确实令人生疑。也正因此,雍正帝继位至今仍是难有定论的历史悬案,更是清朝历史上最耐人寻味、最扑朔迷离的难解之谜。

时至今日,这一历史疑案不但是史学界激烈争论的历史问题,更成为文艺界争相炒作的题目。

雍正帝死因之谜

雍正帝无疑是清朝260余年历史上，争议最大、留下疑案最多的皇帝，除了众说纷纭的继位之谜，他的死也同样备受关注。据记载，雍正十三年（1735年）阴历八月二十三日凌晨，雍正帝胤禛突然暴死于圆明园中。雍正帝平时身体十分健康，又不是年老衰亡（年仅58岁），怎么突然死亡呢？由于雍正帝残暴多疑的性格，生前对诸兄弟和功臣们的残酷迫害以及难以自圆其说的继位之谜，使他长期以来就形象不佳，最后突然暴死的结局，引来后人的众多猜测。尤其是到了现代，小说、影视作品中对雍正帝之死的演义和附会越来越多，使这一本来就众说纷纭的历史悬案，更加扑朔迷离。

吕四娘刺杀雍正帝说

在关于雍正帝之死的各种传说中，以吕四娘刺杀雍正帝的说法流传最广，《清宫十三朝》《清宫遗闻》等书都有记载。

1728年秋天，远在湖南乡下的读书人曾静，派自己的学生张熙给当时的川陕总督、清军名将岳钟琪送了一封信。这封信的内容，充斥着大量的反满思想。信中还列举了雍正帝"弑父篡位""杀兄屠弟"的种种罪行，鼓动身为岳飞后人的岳钟琪，趁势起兵，推翻满族人统治，恢复汉人天下。岳钟琪看到这封信后惊骇不已，经过对张熙软硬兼施、威逼利诱，终于弄明白了事情的来龙去脉。原来曾静是湖南乡下的一个读书人，年轻时曾应试入学，中过秀才，后来连试不中，遂绝仕途，开始安心耕读生涯。他还收了两个徒弟，分别叫张熙、廖易。后来，由于生活变得穷困潦倒，他开始愤世嫉俗。一个偶然的机会他看到了吕留良的书，愈加滋生了推翻满族人统治、光复汉人天下的想法。

吕留良是浙江石门县人，清初著名学者，在当时名气极大，被人称为"东海夫子"。但他拒绝为清廷效力，康熙年间，两次被地方官员举荐，都坚不赴任。不过，到曾静给岳钟琪写信时，吕留良已经去世40多年了。但是他的学生故旧仍有许多，子孙尚在，而且著作也有一定的影响。吕留良强调传统的"华夷之辨"，他认为满族是夷族，文明不如汉族，是野蛮人，因而劝告汉人不要傻傻地遵守君臣之道，不要效忠于满族建立的野蛮政权。曾静正是受到了这种思想的影响，又听到民间许多雍正帝"改诏篡位""杀兄屠弟""诛戮功臣""贪财好色"的种种传闻，认为雍正帝是不折不扣的暴君，理应推翻，这才出现了派弟子投书岳钟琪一事。

岳钟琪根据张熙的口供，把他与曾静之间的往来，以及受到吕留良著作影响的前前后后详细上报了雍正帝。雍正帝得报后大怒，他认为吕留良这种反满思想的传

□ 历史悬案

吕留良画像

播，对清朝的统治极为不利，必须严加惩处。1730年，雍正帝接连降旨，大开杀戒。吕留良和他的长子吕葆中虽然已死，仍被开棺戮尸，枭首示众；次子吕毅中被斩首；孙辈男女全部被发配到关外宁古塔为披甲人当奴隶；吕留良所著的文集、诗集、日记全部烧毁。此案还株连甚广，吕留良的学生严鸿逵被凌迟处死，沈在宽被斩首；其他吕氏门生以及刊刻、贩卖、私藏吕氏著作之人，或斩首，或充军发配，或杖责，下场都极为凄惨。

吕留良一案，死难者共达100余人，是雍正朝一起极为残酷的"文字狱"，在社会上造成了极恶劣的影响。

就因为这件事，雍正帝死后不久社会上便流传开了雍正帝是被吕留良的孙女吕四娘刺杀的传说。据说，雍正帝大兴文字狱，大肆株连时，吕留良的孙女吕四娘因不在家中，幸免于难。年仅13岁的吕四娘得知家中祖孙三代惨遭杀戮、迫害，义愤填膺。秉性刚强的她咬破手指书"不杀雍正帝，死不瞑目"九字。从此隐姓埋名，潜伏民间，拜师学艺，勤学苦练，练就了一身奇高的剑术，成了当时有名的女侠。

雍正十三年（1735年）八月，吕四娘乔装打扮，混入宫内。此后，她找到合适的机会，乘机砍掉了雍正帝的脑袋。雍正帝被杀后，清廷为了掩盖事实真相，制造了雍正帝病死的假象，因雍正帝头被吕四娘带走，清廷秘密造了一颗金头下葬。

与这一传说相近的，还有各种说法。比如，吕四娘的师傅是一僧人，为雍正帝当年的武林十二好友之一，武功盖世，剑术奇高，且有一项秘不外传的绝技。后来因看不惯雍正帝的阴险狡诈，不愿助纣为虐，愤然离去，遁隐山林。哪料，雍正帝深知其手段高超，怕他威胁自己的统治，派出御内高手四处寻找欲置他于死地而后快。最终这些人找到了高僧的藏身之所，并布下层层精兵。高僧见状，哈哈大笑，对雍正帝派来的人说："我今天死了，你们的主人也不可能逃。一个月后，自然会有人为我报仇，你们等着瞧罢。"说罢，自刎而死。雍正帝得报后，深知这位昔日好友的厉害，心中不免有点恐慌，遂布置大内高手小心提防。想不到一个月后仍被高僧的得意女弟子吕四娘用飞刀绝技削掉了脑袋；还有传说吕四娘刺杀雍正帝，得到了一个名叫鱼娘的女子的鼎力相助。吕四娘利用朝廷在全国选秀女的机会，以美貌混入宫女之列。一次，她和雍正帝的另一名侍女鱼娘一起侍奉雍正帝寝宿，鱼娘早已看出了吕四娘的用心，便帮她望风，协助四娘刺死了雍正帝。但鱼娘究竟是谁，为何如此却不知。

吕四娘刺死雍正帝的说法，在民间流传极广，随着时间的推移，情节也越来越奇特，各种稗官野史都有记载。近代以来，这一传说更是被拍成了电影、电视，情节渲染得惊险刺激、引人入胜。

1981年，考古工作者发掘泰陵雍正帝地宫，虽因故最终未能打开便停止了，但是不久民间却传出雍正帝地宫被打开，雍正帝有尸身没有头的说法。这自然不可信。

368

不过，历史上是否确有吕四娘其人，雍正帝是否真的被她砍掉了脑袋呢？

有学者认为这种说法之所以广为流传，却也事出有因。首先，1730年雍正帝在给自己的亲信大臣、浙江总督李卫的奏折中有这样的批示："近闻有吕氏孤儿漏网之说，此事与卿关系匪浅，尚须严为查办。"由此看来，吕氏有孤儿漏网的说法，早在雍正帝在世的时候就已经传入宫中。雍正帝让李卫深入调查，严加查办，看得出他本人也感到了一种深深的隐忧。这无疑成为这种说法的有力佐证。其次，雍正皇帝的猝死确实也有许多异常之处，例如，雍正帝平时身体十分健康，怎么会突然就驾崩了呢？并且据说鄂尔泰是雍正帝临终受命大臣之一，在袁枚为他所撰的《武英殿大学士太傅文端公行略》中，曾有这样一段描绘鄂尔泰驰入紫禁城传雍正帝遗诏的描写："（鄂尔泰）捧着诏书从圆明园赶往紫禁城。深夜无马，只好骑着骡子奔入宫里，宣旨弘历（乾隆）登基。这时，人们很惊讶地发现鄂尔泰左腿鲜血直流，才知道太仓促，被骡子给磨伤了。鄂尔泰竟没有察觉。"这难免让人生疑，如果雍正帝是正常死亡，鄂尔泰何至于如此惊惶？并且，乾隆皇帝在父皇死后的第二天，颁布了一道奇怪的上谕："朕受皇考鞠育……今忽遭大故，龙驭上宾。""忽遭大故"之语是何等语气！这种措辞一般不会用来说皇帝死因，用在这里既可理解为暴病而死，也可理解为身遭仇杀，死于非命。由此种种疑点来看，雍正帝之死确实充满蹊跷，为吕四娘所杀的说法也非空穴来风。

不过，对于这样的说法，史学界普遍认为吕四娘刺杀雍正帝完全是子虚乌有的传闻，历史上根本不可能有这种事情。第一，吕留良之案，吕氏一门不大可能有漏网者。1730年，问过"吕氏孤儿"一事后，当年七月，李卫回复说，吕氏一门，不论男女老幼均已严加看管，连吕家的墓地也已严密监视起来。李卫是雍正帝的亲信，以擅长缉捕盗贼而著称，不可能对雍正帝敷衍塞责。并且他曾为吕家题过匾，吕案发生后雍正帝没有责备他，他心怀畏惧，更是戴罪立功，尽全力搜查相关人员，不可能使疑犯逃脱。因此，如果真有吕四娘其人，逃脱的可能性也是微乎其微。第二，清朝选秀女的条件是十分严格的，这从清宫《钦定宫中现行则例》中就可以看出。在这种情况下，就算吕四娘成了漏网之人，也不可能有混入皇宫的机会。第三，雍正帝死于圆明园，而这里自雍正初年就设有护军营，戒备森严，昼夜巡逻，绝非电影、小说中所虚构的那样，一个飞檐走壁的女侠就可以轻易潜入，砍下皇帝的脑袋。另外，根据《雍正帝起居注册》记载，雍正帝临死的前两日直至临终都很清醒，对诸事安排得井井有条，如果真被刺杀了，不可能在病危期间召集诸王和重臣前来寝宫，并亲自"授受遗诏"。

而民间之所以会流传吕四娘刺死雍正帝的传说，究其原因无外乎以下几点：首先，清廷始终难以泯灭汉人的反抗之心，特别是吕留良案，杀人太多，引起了汉人的极大愤慨，希望能有吕氏后人手刃暴君。由此，吕四娘刺死雍正帝的说法，很可能是民间一些文人根据有关传说附会而来，包含着汉人强烈的民族情绪，也隐含着人们"恶有恶报"的因果报应观。其次，雍正帝在争夺皇位的斗争中，树敌甚多，这些人或其余党，也都痛恨雍正帝，使有关雍正帝的谣言越传越复杂。再者，民间对神秘的宫廷，一向充满了好奇，稍有风吹草动，便会听风就是雨，以讹传讹。而史书上有关雍正帝之死的记载十分简略，完全没记载病情，并且从发病至死亡仅三天时间，联系社会上的种种传说，难免产生各种附会。

除了说雍正帝是被吕四娘刺杀的之外，民间还流传着几种雍正帝被害的传说。有人说雍正帝是被宫女缢死的。柴萼《梵天庐丛录》中记载，传说雍正九年（1731年），曾有宫女与太监吴首义、霍成合谋，企图用绳索把雍正帝勒死，但未能得逞，后被发现救活。不过，这种说法可能完全是张冠李戴式的误传。明嘉靖帝曾遇到过类似的事件，可能由于嘉靖帝和雍正帝的庙号都是"世宗"，所以才出现了这种附会，而事实上基本不可能有这回事。

还有人传说，是曹雪芹和竺香玉合谋毒死雍正帝的。故事是这样的：一直以来，曹雪芹与竺香玉都是两情相悦，《红楼梦》中林黛玉的原型就是竺香玉。可是，在二人未结连理之前，雍正帝抢先霸占了竺香玉。曹雪芹思念竺香玉，就寻机混入了宫中与竺香玉用丹药毒死了雍正帝。毫无疑问，这仅仅是个无稽之谈。

另外，还有人说雍正帝是被湖南的卢氏夫人刺死的。相传，这位夫人的丈夫卢某因谋反被雍正帝所杀，其妻精于剑术，为了给丈夫报仇雪恨，她潜入圆明园刺死雍正帝，然后自刎。这个说法显然是吕四娘刺杀雍正帝的翻版。卢夫人刺死雍正帝显然也是不可能的事情。

总之，野史中关于雍正帝之死还有多种传说，大多都与吕四娘刺杀雍正帝的说法有几分类似。甚至有些小说、野史还把雍正帝描绘成武功高超的人物，说他发明了一种叫"血滴子"的武器，按动机关，数步之外，飞取人头，因而杀人无数。而事实上满族人习武为平常习惯，但雍正帝这方面本事平平，他几乎没有外出围过猎。

雍正如果不是被害而死，又是死于何因呢？

死于丹药中毒吗

关于雍正帝之死，除了以上野史传闻的被吕四娘或者某个剑侠刺死，以及被人合谋害死外，还有传闻雍正帝是死于丹药中毒。这种说法在民国初年就有人提及，近年来学者对此进行了多方论证。

最早提及雍正帝之死与服食丹药有关的，是清末民初清朝宗室子孙金梁著的《清帝外传》一书，上面曾有"世宗之崩，相传修炼饵丹所致，或出有因"的记载。不少清史专家，正是围绕这一说法进行了充分的论证。据考证，雍正帝在登基之前身体还是相当好的，根本看不到有关生病的记载，这也是他能够在激烈的储位之争中长期准备，最后赢得胜利的基本条件。继承皇位后，雍正帝勤于政务和处理政争，精神和体力必定耗费甚巨。登基之初，他的身体状况尚好，这可从他给大臣们奏折上回复的"朕安""朕躬甚安"等朱批中看出。但自1728年以后，随着皇位巩固，政局稳定，他的私生活开始放松，整日沉溺女色，加之年过五十，身体渐渐不好。到了雍正七年（1729年）冬天，他得了一场大病，1730年三四月份稍重，五月曾有好转，至六月曾一度病危，甚至连后事都做了安排。不过到了1731年夏他的病完全康复。就是在这场大病期间,雍正帝曾向心腹密臣发出谕旨,要他们推荐好医生、道士等。

他在大臣田文镜的一件奏折上曾批道:"可留下访问有内外科好医生与深达修身养命之人,或道士,或讲道之儒士、俗家……一面奏闻,一面着人优待送至京城,朕有用处。"后来田文镜很快将"异人"贾士芳送到了北京。雍正帝经过贾士芳的治疗后,颇有效果,后来几乎天天与其见面,听他讲长生不老之术。雍正帝在给鄂尔泰的一封信中,也曾说:"朕躬违和,适得异人贾士芳调治有效。"贾士芳俨然成了雍正帝的宠臣,"异能"之士,身价陡增。

然而伴君如伴虎,两个月后雍正帝处死了贾士芳,据清廷档案解密,可能是因为贾士芳能够控制雍正帝的病情,让他能好能坏,贵为天子的雍正帝哪能如此受人摆布,因而借故杀了他。但雍正帝并没有因此失去对道士的信任,甚至更加热烈。贾士芳死后不久,他又召正一派道士娄近垣进宫,娄近垣既提倡修养,也主张炼丹。他小心谨慎侍奉雍正帝,深得雍正帝赏识。这次大病康复,可能多少与这些道士有点关系,此后他更加笃信道家长生不老之术。

雍正帝道装像　清
雍正帝与道士交往,从他在藩邸时就开始。即位后,他在宫中蓄养道士,并频繁地与白云观等处的道士交往。

他继续密令地方官员为其推荐名医方士,高价悬赏长生不老之药。他还让川陕总督岳钟琪察访名为狗皮仙的道士,据说此人藏有防衰的秘方。岳钟琪报告说,那人类似疯子,又无德行,万不可信,他只好作罢。四川巡抚寮访到一位"龚仙人",据说有长生之术,86岁了还有生育能力,90多岁了还像年轻人一样。雍正帝立即谕令召进宫来,可就在这时,那个龚仙人升天死去了,为此,他感到极为惋惜。不过各地还是送来大批道士,雍正帝都养在宫中。

雍正帝在与道士们打得火热的同时,也开始了大规模的炼丹活动。早在做皇子的时候,雍正帝就对道士们炼的"功兼内外"的仙丹推崇备至,深信可以延年益寿。甚至还做了一首《烧丹》诗,称赞仙丹有"光芒冲斗耀,灵异卫龙蟠"的功效。

雍正帝的炼丹活动愈演愈烈。他专门在皇宫禁苑中开辟场所,并提供炼丹所需的资金、原料、杂役人员配合炼丹活动。1730年的《活计档》中记载,他先后命人往圆明园中运入了4000余斤木柴煤炭和大量矿银等物,开始了大规模炼丹活动。经有关学者查证,从雍正九年到十三年(1731~1735年),雍正帝炼丹的记载越来越多。而自雍正八年(1730年)十一月至雍正十三年(1735年)八月,在这5年间,雍正帝下旨向圆明园运送炼丹所需物品157次,平均每个月都有两三次。累计算来,共有黑煤192吨,木炭42吨,此外还有大量的铁、铜、铅制器皿,以及矿银、红铜、黑铅、硫黄等矿产品，并有大量的杉木架黄纸牌位、糊黄绢木盘、黄布（绢）桌围、黄布（绢）空单等物件。所有这些物品，都是炼丹的必需之物。

雍正帝《御制文集》中的一些诗句也透露出他对炼丹的着迷和热衷。比如"铅砂和药物，松柏绕云坛""自觉仙胎热，天符降紫鸾"等等。在圆明园为雍正帝炼丹的道士，主要有张太虚、王定乾等，这些人都会一套"修炼养生"方术，对"炼火之说"更有一番研究。在这期间更没有辜负雍正帝的期望，不断炼出了一炉又一炉的"金丹灵药"。

从一些资料看，雍正帝吃了丹药感觉良好，还拿出一些赏给自己的心腹大臣和出征打仗的将帅服用。比如，他曾赐"既济丹"给鄂尔泰服用，后听鄂尔泰说"大有功效"，雍正帝高兴之余，还特别告诉他："旧服药方，有人参鹿茸，无金鱼鳔，今仍以参汤送之，亦与药方无碍。"不少大臣和将军都收到过他专门派人送去的"平安丸"，还声称这是"难得之妙药"。还有一次，他把一种叫作"太乙紫金锭"的药赐给田文镜作为寿礼，并且还特别做出了说明："有人新进朕此一方，朕观之甚和平通顺，服之似大有裨益，与卿高年人必有相宜处……卿虽近七旬，朕尚望卿得子。此进药人言，此方可以广嗣，屡经应验云云。"

雍正皇帝沉迷于这些命名为"丹""丸"之类的药物的同时，他也忽略了一件事情，那就是炼丹所用的铅、汞、硫、砷等矿物质都是含有毒素的，对人脑五脏侵害相当大。可能正是这些丹药中的毒素日积月累，渐渐在雍正帝体内积聚、侵蚀，而最终要了他的命。

据《活计档》记载，就在雍正帝死前的八月初九，总管太监陈久卿、首领太监王守贵一同传话，圆明园二所用牛舌头黑铅200斤。当天，这200斤黑铅便运入园子。黑铅是炼丹常用原料，更是一种有毒金属，过量服食可使人致死。雍正帝就是在服用这种丹药12天后在园内暴亡的。这不能说是偶然的巧合。

新皇帝乾隆帝登基后，对宫中炼丹道士的处理也颇有嫌疑之处。首先，雍正帝死后的第二天，乾隆帝就迫不及待地下令驱逐炼丹道士张太虚、王定乾等各归本籍，并要他们对宫中及先帝的一言一行，不准在外谈起，如有违者绝不宽贷。这不禁让人怀疑，如果不是他们惹下了什么弥天大祸，乾隆帝何至于在万事待理之际对这些道士大动肝火，并专门发布一道上谕呢？有人分析，可能因雍正帝死于丹药，乾隆帝迁怒于道士们，但又不能动杀机，因为那样不免有揭父之短的嫌疑，因此，只好将他们驱逐出去。再有，乾隆帝在谕旨中说："皇考（雍正）万岁余暇，闻外间有炉火修炼之说。圣心深知其非，聊欲试观其术，以为游戏消闲之具……圣心观之，如俳优人等耳，未尝听其一言，未曾用其一药。"这无疑是为父皇雍正帝辩解，尤其是"未尝听其一言，未曾用其一药"之说，难免有点不打自

雍正帝十二月令行乐轴　清

招,"此地无银三百两"之嫌。

此事发生后,乾隆帝郑重告诫宫内一干人等不许乱说乱传,以免生出闲话让皇太后不高兴。这就让人产生疑问了,"闲话"指的是什么?什么样的闲话会让皇太后不高兴?难道雍正帝真的死于丹药中毒,具体地说就是死于炼丹道士之手吗?

近年来,雍正帝服丹药致死的说法越来越引起史学家的关注和认同。美国学者A.W.恒慕义在20世纪40年代即指出:"胤禛相信道教关于长生不老的说法,所以他服用各种各样的药物。正是这些药物,导致他的死亡。"海外学者杨启樵也推断雍正帝是服饵丹药中毒而亡的。冯尔康认为,雍正帝"死于丹药中毒,此说颇有合于情理处"。杨乃济则提出"雍正帝死于丹药中毒说旁证"。并且,随着雍正帝炼丹档案的进一步发掘,人们发现雍正帝的确有服丹致死的可能。不过,这也仅仅是一种推测,并非定论,事实真相是否如此仍有待论证。

正常死亡说

据《雍正帝起居注册》记载,雍正帝死前的具体情况为:"八月二十一日,上不豫,仍办事如常。二十二日,上不豫。子宝亲王、和亲王朝夕侍侧。戌时上疾大渐,召诸王、内大臣及大学士至寝宫,授受遗诏。二十三日子时龙驭上宾。大学士宣读朱笔谕旨,着宝亲王即位。"

如果起居注记载是真实的,可以看出雍正帝在死前两日直至临终,都异常清醒,这说明雍正帝不是被仇人杀害,但也不一定就是丹药中毒,因为从发病到死亡仅3天时间,如果是丹药中毒应该有一个较长的过程才对。由此,有些学者认为雍正帝纯属正常死亡。

雍正帝执政13年来,勤于政务体力透支很大,同时由于诸多原因,他基本上处于众叛亲离、孤家寡人状态。劳心费力,精神极度压抑,使他心神长期不得安宁,常常夜不能寝,心身疲惫。有记载,雍正帝生命垂危之际,请同胞兄弟出山辅助就遭到了拒绝,其所处境况之悲苦可想而知。

1729年后,局势基本稳定,可是雍正帝又开始贪图女色。据朝鲜《承政院日记》中记载:"雍正帝沉浮女色,病入膏肓,自腰以下不能运用者久矣。年且六十,其死固宜。"朝鲜使者在给本国国王的报告中是没有必要诋毁和攻击雍正帝的,这条记载应该可信。由此也可看出雍正帝晚年身体亏损的情况。正是这种淫荡奢靡的生活,导致了雍正帝身体的每况愈下,走向衰竭。

从现代的医学角度看,一个表面上十分健康的人,因心脏病、脑出血等突发性疾病完全可能突然病逝。雍正帝晚年身体已经十分羸弱,极有可能患中风类的突发疾病致死。因此雍正帝暴卒与死于非命并没有必然联系。

人们之所以对雍正帝之死产生怀疑,是因为他从发病至死不过区区三天,给人暴亡的感觉,并且史书记载十分简略。可是清朝官书中,有关帝王之死记载简略的并非雍正帝一人,比如顺治帝、乾隆帝、嘉庆帝、道光帝,从病到死都不到一日;更有甚者清太宗皇太极,"无疾,端坐而崩",都无从说明是横死还是死于非命,怎

□历史悬案

么就拿雍正帝之死说事呢?

雍正帝之死,至今仍为史学界一大悬案。也许有朝一日,等人们打开了雍正帝的泰陵,看看躺在地宫里的雍正帝到底有没有头,并对其遗骨进行科学化验,就可以彻底查明雍正帝的死因了。

乾隆帝身世之谜

清高宗乾隆帝弘历,是中国有史以来最长寿的皇帝,也是历史上实际执政时间最长的皇帝。他在继承康熙帝、雍正帝两朝文治武功的基础上,继续致力于国家的大一统和多民族国家的巩固和发展。历史上著名的"康乾盛世",就是在他的统治下达到了顶峰。乾隆帝一生南巡北狩,赋诗作词,御笔文墨遍布全国;并且娴熟武事,善喜用兵,夸耀"十全武功",自称"十全老人"。然而,这位生前风光无限的封建帝王,死后却因为身世问题让人议论纷纷。生在何处?生母是谁?这些对于一般人来说一清二楚的事情,在乾隆帝这儿却离奇得真假难辨,这不能不说是这位"古稀天子""十全老人"最为尴尬和无奈的事情了。

生于雍和宫,还是承德避暑山庄

乾隆帝像
清高宗乾隆帝即爱新觉罗·弘历,号长春居士,晚号古稀天子、十全老人。在位60年,将中国封建社会的发展推向了顶峰。

按常理说,一个人生在何处,应该是一清二楚的事情,不应该有什么含糊。可这事儿在乾隆皇帝这里,却偏偏说不清、道不明,尽管他贵为龙子龙孙。

乾隆帝是雍正帝的第四个儿子,史书明确记载他出生于康熙五十年(1711年)八月十三日,可是关于他的出生地点却颇有争议,有人说他生在北京雍和宫,有人说他生在承德避暑山庄。乾隆帝本人一直认定自己出生在雍和宫。

位于北京城安定门内的雍和宫,在康熙帝时候,四皇子(雍正)的府第当时并不叫雍和宫。该名"雍和宫"是雍正帝登基后的事。乾隆帝继位后,把父亲雍正帝的画像供奉于雍和宫的神御殿,派喇嘛每天念经。因此,雍和宫还被称为喇嘛庙。

乾隆帝对雍和宫可谓是情有独钟,不但每年正月初七都要到雍和宫瞻礼,就是平时路过这里也要进去小驻片刻。他还多次作诗或诗注表明雍

374

和宫就是自己的生身之地：乾隆四十三年（1778年）新春，在《新正诣雍和宫礼佛即景志感》诗中，有"到斯每忆我生初"的诗句；乾隆四十四年（1779年），在《新正雍和宫瞻礼》的诗句中说"斋阁东厢胥夙路，忆亲唯念我初生"；乾隆四十七年（1782年）正月初七，作《人日雍和宫瞻礼》诗注云"余实康熙辛卯年生于是宫也"；乾隆五十年（1785年）正月，曾作有"来瞻值人日，吾亦念初生"的诗句。

从以上诗句和注释来看，乾隆帝一直认为自己出生于雍和宫，并且还特别指出了是雍和宫的东厢房。

既然乾隆帝本人都这么说了，按道理是不应该有什么怀疑的，可是，却有人在乾隆帝在位时就提出了他出生于承德避暑山庄的说法。

乾隆四十三年（1778年），军机章京管世铭在随乾隆帝到承德山庄打猎的过程中，先后写下了34首诗，其中的第四首写道："庆善祥开华渚虹，降生犹忆旧时宫。年年讳日行香去，狮子园边感圣衷。"管世铭在这首绝句的后面还加了注解："狮子园为皇上降生之地，常于宪庙忌辰临驻。"就是说，狮子园是乾隆皇帝的降生之地，因此乾隆帝常常在先帝雍正帝驾崩的忌日到那里小住几天。狮子园是承德避暑山庄外的一座园林，因为它的背后有一座形状像狮子一样的山峰而得名。康熙帝到热河避暑时，雍正帝作为皇子经常随驾前往，狮子园便是雍亲王一家当时在热河的固定住处。

那么，管世铭所言究竟有几分可信呢？据考证，管世铭虽然官职不高，但任军机章京多年，并且还和朝中的一些官员往来频繁，比如与当朝元老阿桂就关系非常。因此，他是完全可能了解一些宫廷掌故和秘闻的。作为军机章京，他随扈乾隆帝驻跸山庄、进哨木兰，对皇帝在避暑山庄的行动起居是比较了解的。再说，如果没有把握，他也断不敢把"降生犹忆旧时宫"以及狮子园为皇上降生之地的意思写入诗内，而且该诗集在当时就已刻板行世。由此来看，管世铭对这种说法是相当自信和有把握的。

大概是乾隆帝在晚年也听到了有关自己出生地的不同之音，因而才于1782年在所写的诗注中，特别写道："余实康熙辛卯年生于是宫也"，就是说"我确实是在康熙辛卯年出生在雍和宫的"。这句话十足地包含着澄清事实的意味，显然是针对外面谣言而发的。

乾隆五十四年（1789年）正月初七，乾隆帝又作《新正雍和宫瞻礼》诗云"岂期苍政忽焉老，尚忆生初于是孩"，其下自注云："予以康熙辛卯生于是宫，至十二岁始蒙皇祖（康熙帝）养育宫中。"又一次强调自己确实生于雍和宫。

然而令人生疑的是，乾隆帝的继承人，他的儿子嘉庆帝也认为乾隆帝生于承德避暑山庄。嘉庆元年（1796年）八月，乾隆帝86岁大寿，以太上皇身份到避暑山庄过生日。跟随到此的嘉庆皇帝写诗庆贺，诗的开头两句是："肇建山庄辛卯年，寿同无量庆因缘。"嘉庆帝在这两句诗文的后面注释说："康熙辛卯肇建山庄，皇父以是年诞生都福之庭……此中因缘不可思议。"意思是说，辛卯年（1711年），康熙帝亲题"避暑山庄"匾额，御制《避暑山庄三十六景诗》，山庄肇建，皇父乾隆帝恰好于这一年诞生在这诸福齐聚之地，这其中的缘由确实"不可思议"；1797年，乾隆帝又到避暑山庄过生日，嘉庆帝再次写诗祝寿，在诗文的注释中嘉庆帝把乾隆帝的出生地说得更明确了："敬惟皇父以辛卯岁诞生于山庄都福之庭。"嘉庆帝这两次写的诗和注释无意间都明确指明，"皇父"乾隆帝毫无疑问是生于承德避暑山庄的。

但是，十几年后，嘉庆帝却又放弃了这一看法，认同了"皇父"生在雍和宫一说。这是怎么回事呢？原来，清朝每一位皇帝登基以后，都要为先帝纂修《实录》（记载一生经历、言行和功业）和《圣训》（皇帝的训谕）。嘉庆十二年（1807年），朝臣编修乾隆帝的《实录》和《圣训》，嘉庆帝在审阅时发现，在这两部非同小可的典籍中，编修官们都把"皇父"的出生地写成了雍和宫。嘉庆帝当即命令编修大臣认真核查。此后，翰林出身的文化殿大学士刘凤诰把乾隆帝当年的诗找出来，凡是乾隆帝自己说生在雍和宫的地方都夹上纸条，然后呈送嘉庆帝御览。面对皇父御制诗及注释，嘉庆帝开始感到问题的严重性。在这样一个事关皇父降生地的重大问题上，他总不能违背皇父本人的意见吧！于是，嘉庆帝断然放弃了皇父生于承德避暑山庄狮子园的说法，把乾隆帝的出生地写为雍和宫。这样，在撰修成书的《清高宗实录》中就成了这样的记载："高宗……纯皇帝，讳弘历。世宗（雍正）……宪皇帝第四子也……以康熙五十年辛卯八月十三日子时，诞上于雍和宫邸。"这段故事很有意味，它表明直到刘凤诰拿出乾隆帝白纸黑字的御制诗之前，嘉庆皇帝一直都是坚信父皇是出生在承德避暑山庄的。其实，嘉庆帝接受这一说法也是很勉强的。

虽然嘉庆皇帝勉强接受了，但是乾隆帝的出生地之争，在嘉庆帝死时又出现了争议。嘉庆二十五年（1820年）七月二十五日，嘉庆帝突然在避暑山庄驾崩。御前军机大臣、内务府大臣马上撰写嘉庆帝遗诏，但是在遗诏中却再次提到乾隆帝的诞生地就是避暑山庄。当时遗诏是这样写的：皇父乾隆帝当年就生在避暑山庄，所以我死在这里也没有什么遗憾的了。

一看就知道，遗诏是以嘉庆帝的口气写的。可是，新继位的道光皇帝看过之后，却立即下令追回发往天下的遗诏。为什么呢？因为道光帝发现了问题，就是关于乾隆帝出生地问题。当时道光帝的谕旨是这样说的："昨内阁缮呈遗诏副本，以备宫中时阅，朕恭读之下，末有皇祖（即指乾隆帝）'降生避暑山庄'之语，因请出皇祖《实录》跪读，始知皇祖于康熙辛卯八月十三日子时诞生于雍和宫邸。"道光帝进而解释说，嘉庆帝突然驾崩，"彼时军机大臣敬拟遗诏，朕在居丧之中，哀恸迫切，未经看出错误之处，朕亦不能辞咎"。

从他的谕旨中我们不难发现，道光帝一直弄不准祖父究竟出生在什么地方，是专门"跪读"《实录》之后"始知"祖父生于雍和宫的，要不然怎会犯这样的低级错误。

被追回修改后的遗诏很牵强地说成乾隆帝的画像挂在山庄：

遗诏原本："古天子终于狩所，盖有之矣。况滦阳行宫为每岁临幸之地，我皇考即降生避暑山庄，予复何憾？"

遗诏修改本："古天子终于狩所，盖有之矣。况滦阳行宫为每岁临幸之地，我祖、考神御（即画像）在焉，予复何憾？"

遗诏把乾隆帝降生在山庄，改为画像挂在山庄，与"予复何憾"相接，实在有些牵强，难以成为嘉庆帝死在山庄而无所抱憾的理由。

此后，道光帝为了把皇祖乾隆帝生在北京雍和宫的

乾隆帝射箭图屏　清　王致诚　油画

说法作为定论确定下来，还做了一项根本性的举措，就是把嘉庆帝当年说乾隆帝生在避暑山庄的御制诗作都做了修改。不过，这一招确有点弄巧成拙，由于嘉庆帝的诗早已公开刊刻流行天下，这样大张旗鼓地修改诗文注释，结果是欲盖弥彰，反倒使乾隆帝的出生地更加令人疑窦丛生。

通过对这些大量异常情况的分析，我们发现乾隆帝出生于承德避暑山庄的可能性更大，否则管世铭怎么会提出这种说法，嘉庆帝和军机大臣们又怎么可能接连犯这种低级性错误呢？可以推断，乾隆帝出生于避暑山庄的说法早就盛行。不过，这也只是一种推断，乾隆帝到底生于北京雍和宫，还是承德避暑山庄？学术界至今还没有取得一致意见，仍是一桩历史疑案。

会不会是在草棚诞生

近年来，还有人提出了乾隆帝降生于承德避暑山庄的一个草棚中的说法，并且这种说法还流传甚广。

据传，乾隆帝的母亲是汉族女子李金桂，诨名丑大姐，是当时避暑山庄的一个下等使女。据说，康熙四十九年（1710年）秋季，康熙帝带领诸皇子和义武人臣，到"木兰围场"进行狩猎活动。这天，雍亲王胤禛追逐一只长着二只鹿角的人鹿，越追越远，不知不觉脱离了大队人马，只有一个贴身仆人恩普远远跟在后面。追出数里后，胤禛才寻机射杀了那只大鹿。赶上的恩普割断了鹿的喉管，拿出了一个木碗，接了一碗鹿血递给了胤禛。胤禛一饮而尽，随后主仆二人跨上马，缓缓南下。可是没有多久，胤禛便觉浑身不对劲，急躁难耐，满脸通红。

这是怎么回事呢？原来鹿血是极强的壮阳之物，由于胤禛刚才追得口渴，一下子喝了一大碗，因而鹿血劲发，狂躁难耐。胤禛忙问恩普："这附近可有人家？"恩普说："可能没有。"胤禛破口大骂："混账东西，真没用。"恩普此时已经心领神会，忙说："四爷，翻过前面的山，就是行宫了，我去想想办法。"下了山坡后，恩普把主子带到了猎场外的一个小园子里，让胤禛在园子里的小屋子等着，自己去去就来。一会儿，恩普领着一个使女边说话边向这里走来。听那女的说："大老远来这儿干什么呀？"恩普回答说："你进去就知道了。"说着就把走到门口的女子推进了屋里，然后掩上了门。胤禛也来不及过问恩普从哪里弄到这么一个女子，就在这间小木屋里

迫不及待地与她草草地做了一回露水夫妻。

谁曾想到，胤禛的这番风流，却留下了一个龙种。围猎的大队人马去后，管事的人就发现干粗活的使女李金桂的肚子一天天地大了起来。本来按规矩，园中像李金桂这样的汉家女子，年龄已大，早就应该放出嫁人了。可是由于她长得太丑，没有人家愿意要，娘家早已没人，就继续留在园中。谁料这次竟被人弄大了肚子。避暑山庄总管慌忙把这件事告诉了朝中内务府总管大臣，也是胤禛的舅舅隆科多。隆科多觉得事情重大，亲自前往行宫北面的茅草屋，传询李金桂。他严厉地问："你说清楚，肚中所怀孩子到底是谁的？"李金桂肯定地回答："四阿哥的。"隆科多进一步问道："你认识四阿哥吗？""不认识。""你不认识四阿哥，怎么知道是他的孩子呢？""是恩普告诉我的。"隆科多由此知道此事着实不假，种玉之人必定是胤禛。

知道真相后的隆科多感到此事非同小可，此时正是争夺储位的关键时刻，必须设法让四阿哥渡过难关才是。于是，隆科多和胤禛的母亲德妃为此事，出面向康熙帝求情，胤禛也向父皇承认了过错。康熙帝闻后大怒，但事已如此，也没有什么办法，最终也就没有惩罚胤禛，这场风波才算过去。

据说李金桂怀胎达 11 个月之久，于次年八月十三日，在破旧不堪的马棚里产下了一个白胖男婴。这孩子长得还算体面，一生下来哭声震天，不同凡响。按说，一个使女本来可以不管不顾的，但是由于生下了皇家的骨血，也就非同寻常了。为此，胤禛的母亲德妃想了一个好办法，将李金桂收养在胤禛的府中，把她生下的白胖小子交给了胤禛的侧福晋钮祜禄氏抚养。之所以如此，一来，按清朝家法满汉是不准通婚的，李金桂是汉族女子，当然说不过去；二来，当时满族崇尚子以母贵，这钮祜禄氏是努尔哈赤时代开国功臣额亦都的曾孙女，身份较为显赫，并且她嫁到胤禛府后，已经 20 多岁，尚未生子。由此，这个来历不同寻常的孩子，也就有了一个身份尊贵的母亲。

这个孩子因为禀赋异常，天资聪慧，深得康熙帝的宠爱，12 岁就被带进宫中恩养，而他正是后来统治中国达 60 余年的乾隆皇帝。

乾隆帝生于避暑山庄草房的说法，极具传奇色彩，但也得到了不少学者的认可。最早提出这一说法的是曾做过热河都统幕僚的近代作家、学者冒鹤亭。据他所说，这一秘闻是他听热河当地宫监说的；并且清政府每年都拨专款修葺狮子园中的那个草房也确实令人生疑；据说后来乾隆帝奉母命南巡，江南命妇私下里都说太后确实很丑。因此，冒鹤亭对乾隆帝由丑女李氏生在草房的说法确信不疑。

后来，有个叫庄练的台湾史学家在《中国历史上最具特色的皇帝》一书中说："冒鹤亭因为曾在热河都统署中做幕宾之故，得闻热河行宫中所传述之乾隆帝出生秘事如此，实在大可以发正史之隐讳。"另外，自称为"历史刑警"的现代台湾小说大家高阳也曾著文，肯定乾隆帝生母是热河行宫的李氏。

除此之外，史学家经过考证还得到了一些相关论据。《清圣祖（康熙）实录》卷二百四十七载，康熙五十年（1711 年）七月，雍亲王确实曾专程赶赴热河向皇父康熙帝请安。根据时间推断，这正是传说中乾隆帝生母李桂氏大腹便便之时，临产在即,康熙帝是否把雍亲王召到热河当面确认此事,确实让人怀疑。反过来说,康熙五十年以前,按例随行的王公们从没有人带家属去过山庄,雍正帝也不可能带着即将临产的钮祜禄氏前往避暑山庄,因而,如果乾隆帝真的出生于避暑山庄,不太可能是钮祜禄氏所生。

再者,据记载,康熙五十一年(1712年)康熙皇帝将狮子园赐给了胤禛,在众多的园内风景中,却夹杂着一处绝不相宜的"草房"。而这座位于热河行宫内"东宫"(俗称"太子园")之前规制隘陋的茅草房,确实备受礼遇,清政府每年都要拨专款修葺。清代官修的《热河志》,还专门将它作为重要一景写入书中。一座普通不过的茅草屋却被如此看重,确实费人思量,也让人怀疑此一草房,绝非寻常之陋室。

按照《清会典》规定,身为皇子的亲王可封侧福晋四人,但需是生有子女者,而胤禛的侧福晋却只有年氏和李氏二人,均都生子。如果钮祜禄氏确实在康熙五十年(1711年)生下乾隆帝,不应该不封,而事实上其名号一直是"格格",仍是小姐的身份。另外,在清代凡是妃嫔生子为帝而被尊为皇太后者,上尊号的册文中必有"诞育"皇帝的字样,因为这是她当上皇太后的唯一原因,必须表明。而乾隆帝在给钮祜禄氏上皇太后尊号和徽号时,只用了相当于养育的"鞠育"字样,"始终未见诞育二字"。这两点可以证明钮祜禄氏并非乾隆帝生母。

通过以上分析,乾隆帝由热河宫女生在草棚的说法似乎言之凿凿。但是也有学者认为这些证据漏洞百出,难以自圆其说。

首先,以胤禛之"隐忍",不可能为逞一时之快,而忘记了处心积虑的皇位之争。并且按照清朝的家法,皇子与宫女通奸,当以秽乱宫闱论处,罪名相当严重。胤禛不大可能一改平时"性量过人,深明大义"的常态,而做出这种事情。要知道当时储位之争相当激烈,又处于康熙帝及诸皇子的眼皮底下,什么事情都是可能暴露的,胤禛不会如此大意。

再说,康熙五十年(1711年)七月雍亲王赴热河请安确有其事,但由此就说是康熙帝质问山庄宫女李氏怀孕一事,很是牵强,更多的成分是在猜测。何况就是说乾隆帝确实生在避暑山庄狮子园,也不能直接证明热河宫女李桂氏就是其生母。特别是史书记载,乾隆帝诞生于康熙五十年八月十三日,而胤禛围猎后离开山庄是在四十九年九月初三,如果乾隆帝生母为李桂氏,就是说她从怀孕到临产足有一年时间。这在小说中可以附会,但在现实中不合常理,实不可信。

至于热河行

承德避暑山庄文园狮子林
传说乾隆皇帝就出生在狮子园中的一座草房里,这也是至今无法确定的一个千古之谜。

宫的这座"草房",也未必就因李氏生育乾隆帝而引人关注的。在亭台楼阁一派富丽之间,点缀一些田园野趣,为我国古代园林的惯用之法,根本就没有什么大惊小怪的。况且草房还有雍正帝亲题的匾额,后来乾隆皇帝也常常在这里留下吟咏的圣迹。比如乾隆五十年(1785年)曾作《草房》一诗,开头就是:"草房缘缀景,朴素倚翠岭"的句子,明确指出了草房含有"缀景"和"示俭"两种意义。正因这两位皇帝的热爱,才使这座茅屋因人而贵,所以它被写进《热河志》也是不足为奇的。

另外,据有关学者考证,亲王可封四位侧福晋,是乾隆七年(1742年)以后的定制,不仅雍正帝,就是乾隆帝做皇子时,也只有两名侧福晋;并且封侧福晋也并非以是否生有子女为条件,首要条件是看其母家的地位。因此,钮祜禄氏未被封为侧福晋不足为怪。另外,所谓乾隆帝对钮祜禄氏未用"诞育"二字也不确切,在《清高宗实录》中,乾隆帝就多次使用"诞育藐躬,备劳抚鞠""藐躬诞育,备荷恩勤"等字样。这也是一家之言。

事实是不是这样不得而知,毕竟大多数史学者都对此说持否定态度。

海宁换子是真事儿吗

对于寻常百姓来说,究竟出生在什么地方,也许并不是十分重要,然而对于乾隆皇帝来说,这却非同寻常。因为他的出生地直接关系到他的生母是谁,而这又与乾隆帝的身世密切关联。

关于乾隆帝身世的问题,还有一个让人震惊的传说,即他是海宁陈阁老之子。

浙江海宁,在清朝时属杭州府,是濒临海边的一个小县。海宁地方虽小,却因为在这里能观看到气势磅礴的海潮而闻名于世。相传,康熙年间,皇四子胤禛与朝中大臣、来自海宁的陈大倌,也称陈阁老,关系很好,两家往来密切。那一年恰好雍亲王的王妃钮祜禄氏和陈阁老的夫人分别生了个孩子,而且是同年同月同日。不过,陈夫人遂愿生了个白胖小子,王妃却生下了个女儿。某日,雍亲王让陈家把孩子抱入王府看看。可是,当孩子送出来时,陈家的白胖小子竟变成了小丫头,陈家上下个个目瞪口呆。陈阁老知道是被胤禛掉了包,但素知雍亲王的手段,知道此事性命攸关,不敢前去理论,劝全家忍气吞声算了。

雍亲王之所以换陈家的孩子,是因他在争夺皇位中与诸兄弟势均力敌,但是当时自己只有一子,且懦弱无用,不为皇父所爱。因此他觉得自己在这一点上处于下风,有必要弥补这一缺憾,这才有换子之举。

而那个被雍亲王调包的胖小子,据说就是乾隆皇帝。这种说法不知产生于何时,但在民间流传相当广泛,并且故事越说越真。还传说雍正帝登基后,特别擢升陈氏宗族数人,礼遇深厚,就与此有关。而乾隆帝当上皇帝后六下江南,竟有四次在陈阁老的私家园邸停驾暂住,目的就是到海宁探望亲生父母。

海宁民间更是盛传,陈家有乾隆帝亲笔题写的两块堂匾,一块是"爱日堂",一块是"春晖堂"。"爱日"也好,"春晖"也罢,用的都是唐朝孟郊《游子吟》一诗中"谁言寸草心,报得三春晖"句子。乾隆帝若不是陈家之子,谈得上报答父母如春晖一般的深恩吗？

　　还有一种说法，说当年雍正帝府所生为女，雍正帝自己并不知道，是王妃为了提高自己在诸妃中的地位，而暗中调换的。据说，乾隆帝后来知道自己是汉人后，在宫中常常穿汉装，还问下人自己像不像一个汉人，甚至还想下令满族人全部改穿汉装，后经一位亲信大臣百般劝谏才作罢。

　　当时还有人写了一首诗说此事："钜族盐官高渤海，异闻百代每传疑。冕旒汉制终难复，曾向安澜驻翠蕤。"诗中的高渤海指的是陈氏祖上原为渤海高氏，"冕旒"显然指身为皇帝的乾隆帝。所谓的恢复汉制和"安澜驻翠蕤"，指的就是穿汉服和南巡住在海宁陈家的事。

　　对于所谓的雍正帝或王妃换出去的那个女儿，在江浙一带的传闻中也有"交待"。据传，这位皇家的金枝玉叶，长大后嫁给了大学士蒋廷锡之子蒋溥。蒋家专门为她建造了一座楼，世称"公主楼"。

　　海宁换子的说法在民间产生于何时不得而知，不过，从有关资料来看，这种说法最早见于文字，是晚清天嘏所著的《清代外史》一书。这本书中有一个醒目的标题就是《弘历非满洲种》，文中说乾隆帝知道自己不是满族人，因此在宫中常常穿汉服，还问身边的宠臣自己是否像个汉人。从标题就能看出，当时这一说法带有强烈的反满情绪，对清朝皇帝的诋毁，带有浓厚的政治色彩。

　　随后，名噪一时的鸳鸯蝴蝶派大家许啸天在所撰的《清宫十三朝演义》中，又对这种说法进行了淋漓尽致的发挥：乾隆帝原是陈阁老的儿子，被雍正帝妻子用调包计换了来，乾隆帝长大后，从乳母嘴里得知隐情，便借南巡之名，去海宁探望亲生父母，但这时陈阁老夫妇早已去世，乾隆帝只能到墓前，用黄幔遮着，行了做儿子的大礼。许啸天自然生动、形象真切的描述，十分合广大市民的胃口。随着《清宫十三朝演义》的风靡，这种说法愈加深入人心。

　　近些年来，有关乾隆帝是海宁陈家之子的传闻更是接连不断地闯入文艺作品，愈演愈烈，其中影响最大的便是武侠小说大家金庸的《书剑恩仇录》。金庸是浙江海宁人，从小就听到了有关乾隆帝的种种传闻，所以他的第一部武侠小说《书剑恩仇录》也就紧紧围绕乾隆帝的身世之谜展开。书中写道，当时江湖最大的帮会——红花会的总舵主于万亭夜潜皇宫，将乾隆帝生母陈世倌夫人的一封信亲手交给乾隆帝，信中详述当年经过，又说他左腿有朱记一块为证。待于万亭走后，乾隆帝便把自己的乳母廖氏传来，秘密询问，知道了自己的身世。当年陈世倌的小孩被抱进雍亲王府，"哪知抱进去的是儿子，抱出来的却是女儿。陈世倌知是四皇子掉了包，大骇之下，一句都不敢泄漏出去"。金庸还在书中写了陈世倌的三公子乾隆帝的亲弟弟陈家洛，继于万亭之后成为红花会会主后，期望激发哥哥乾隆帝的汉族意识，共同成就恢复汉家天下的宏业等情节，读来引人入胜，也使乾隆帝是海宁陈家之子的说法更加妇孺皆知。

　　传说这么多，传闻这么广，真有点"假作真时真亦假"的感觉，那么乾隆帝究竟是不是海宁陈阁老的儿子呢？

如果事实确实如此，乾隆帝便是海宁陈世倌的儿子，他完全是一个汉人皇帝！那么事实究竟如何呢？有人对这种说法产生的前前后后进行了考证，发现了一些问题。

从雍正帝方面看，根据清室家谱《玉牒》记载，弘历诞生以前，雍正帝虽然长子、次子早殇，但第三子已经8岁，另一个王妃过了三个月又添了一个儿子。因此，根本没有必要偷换他人之子。再说当时雍正帝年仅34岁，还有生育能力（后来还有孩子诞生），也没有这个必要。退一步说，那时的雍正帝自己能不能登上皇位还在两可之间，他又凭什么知道陈家的儿子就是个大富大贵之人，就能讨得父皇欢心呢？再说，假设就是为了争夺帝位，偷换了一个汉人之子，以雍正帝的心机，也断不会把皇位传给他，让他稳坐大清江山，这种说法无疑把历史简单化了。

说雍正帝不知内情，是王妃擅作主张把女儿换成了男孩，也是不可能的。因为清代对皇子皇孙的诞生有一套严格的记录制度。皇孙诞生，会马上派遣本府太监报奏内务府奏事官，再有宗人府专折奏闻皇上，以备命名，根本不可能数月或数日之后才报告。况且生孩子时稳婆环列，御医侍候，还有不少宫女跑前跑后，是男是女众人皆知，岂能轻易调包？

从陈家这方面看，更无这种可能。据考证，当时陈大倌并不在京城任官，即使夫人生下了一个孩子也不可能被雍正帝调包。在这种情况下，人们又把怀疑的目光转到了海宁陈家另一个在京做官的人陈元龙身上。但是这也是不可能的。据《海宁渤海陈氏宗谱第五修》查知，陈元龙育有一子二女，其子于康熙三十三年（1694年）早亡，17年后乾隆帝才出世，陈家二女也早于乾隆帝20多年出生，根本就没有孩子可换。

至于那两块匾额，也与乾隆帝的身世毫无关系。据史学家孟森考证，清国史编撰的《陈元龙传》中说：康熙三十九年（1700年）四月，康熙帝在便殿召见群臣，说："你们家中各有堂名，不妨当场写给我，我写出来赐给你们。"陈元龙奏称，父亲年逾八十，故拟"爱日堂"三字。《海宁州志》还提到，康熙五十四年（1715年）六月，因陈元龙胞弟陈维坤的妻子黄氏守寡41年，康熙帝便御书"节孝"两字赐之，又赐以"春晖堂"匾额。这就是说，两方匾额的题词都是康熙帝根据臣下的请示书写的，与孝敬父母的意思根本没有任何联系。

其实，乾隆帝与陈阁老属于正常的君臣关系，根本没有传说的那么神乎其神。事实上陈阁老在乾隆六年（1741年）担任内阁大学士后不久，就因为起草谕旨错点被革了职，当时乾隆帝当面痛斥他："无参赞之能，多卑琐之节，纶扉重地，实不称职。"如此不留情面，哪有半点父子之情？

据档案记载，乾隆帝南巡到海宁，主要是为了视察耗资巨大的钱塘江海塘工程。作为农业立国的封建王朝，清朝的统治者对修造和维护水利工程十分重视，康熙帝时期就对黄河水患进行了大规模的治理，雍正帝以后水利建设的重点移到了东南海塘（沿海大堤）上。到乾隆帝时，海潮北趋，海宁一带潮患告急，而海宁大堤一旦冲破，苏州、杭州、嘉兴、湖州这一带全国最富庶的地区势必被淹，到那时将会严重影响国家的税收和漕粮的征收。因此,为了亲自视察海塘工程情况,乾隆帝仿效其祖父的做法,六下江南,四次亲临海宁,检查海塘工程,当时建造的某些工程,至今仍起着挡潮防患的作用。当年乾隆帝巡视时,作为偏僻的小县海宁的唯一名门望族,由陈家接驾是理所当然的。乾隆帝前后共在陈家住过四次,从未召见过陈家子孙,那么传说中的"升堂垂询家世"之事也就更加无从说起了。

至于蒋氏娶雍正帝公主之事,据考证,蒋溥先后有过三位夫人,其中第二位是个陈姓女子,但并非陈大倌或者陈元龙的女儿,只是陈家的远亲,更与雍正帝毫不相干。对于所谓的"公主楼",史学家孟森曾专门前往当地进行了调查,结果当地人都说家乡没有什么"公主楼"。

"解铃还需系铃人",我们看看把乾隆帝是海宁陈家之子的故事写得最深入人心、影响最大的金庸是怎么说的。金庸曾坦诚地告诉读者,《书剑恩仇录》中所谓的乾隆帝的弟弟"陈家洛这人物是我的杜撰",他还明确声明:"历史学家孟森做过考据,认为乾隆帝是海宁陈家后人的传说靠不住。"后金庸还俏皮地说:"历史学家当然不喜欢传说,但写小说的人喜欢。"无可厚非,作为一位武侠小说大家,金庸更重视艺术的真实,而不是历史的真实。

虽然金庸作了如此说法,但毕竟历史已经离我们越来越远,真相如何恐怕谁也不好下个定论。

不过,此说法之所以会在民间如此盛行,原因倒是可以说个二三。首先,海宁陈家当时确实十分显赫,曾经"位居宰相者三";康熙朝更有陈家三人同榜的荣耀,如此簪缨之族,显贵之家自然格外引人注意,也难免为好事者所热论。其次,乾隆帝六下江南,曾四次驾幸海宁陈家,在封建社会这是何等荣耀,也自然惹人遐想。再次,主要还在于早先这种说法迎合了汉族士大夫对满族的仇视以及丑化的心理,与民间(汉人)反满情绪的高涨密切相关,比如最早提出这一说法的时间正是晚清末年。最后,文人们的著书立说,对这种说法的传播更是起到了推波助澜的作用,这些也从一个侧面见证了民间俗文化的厉害。不过,至今海宁换子说仍旧深入人心,也仍被许多人所津津乐道。

生母莫非是钮祜禄氏

既然说乾隆帝生母是热河行宫汉族女子所生缺少依据,难以成立;说其为海宁陈家之子,更是无稽之谈,那么清史记载乾隆帝的生母是谁呢?

据《清高宗实录》记载:"高宗……纯皇帝,讳弘历,世宗……母孝圣……先皇后钮祜禄氏,原任四品典仪官加封一等承恩公凌柱之女,仁慈淑慎,恭俭宽和,事世宗宪皇帝……以康熙五十年辛卯八月十三日子时诞上于雍和宫邸。"清宫《玉牒》中也记载乾隆帝"母孝圣……熹妃钮祜禄氏,系原任四品典仪官加封一等承恩公凌柱之女"。这大内秘档似乎可以证实,乾隆帝的母亲不是山庄宫女,而是熹妃钮祜禄氏。

钮祜禄氏,系满洲镶黄旗人,虽然姓氏高贵,实则出身寒微,父亲只是个四品

□历史悬案

乾隆帝南巡图　清

清乾隆皇帝曾经六次到江南巡视,并多次在海宁陈家驻跸,因此引来了诸多猜测。

典仪(后才加封一等承恩公)。康熙四十三年(1704年),年仅13岁的钮祜禄氏只是被赐给胤禛作侍女。当时胤禛已有三位福晋,其中嫡福晋更是出身名门的乌拉那拉氏。

钮祜禄氏出身寒微,只是个侍女,人长得也不漂亮,原本没有被雍亲王宠幸的可能,只因康熙四十九年(1710年)夏天,雍亲王得了一种传染病,福晋们都不愿去身边伺候,钮祜禄氏奉命接近胤禛,专心侍奉他。一连五六十天,她白天黑夜地侍奉病中的雍亲王,无微不至,十分体贴。雍亲王病好后,心存感激,"遂得留侍,生高宗"。

据史料记载,乾隆皇帝对母亲钮祜禄氏十分孝顺,他曾侍奉母亲三游五台,三上泰山,四下江南,并多次到塞外避暑山庄。乾隆帝的诗文中也有不少称颂钮祜禄氏养育之恩的诗句。如乾隆四十二年(1777年)正月初八,67岁的乾隆帝陪侍85岁的皇太后赏灯后作诗说:"家宴观灯例节前,清晖阁里列长筵。申祺介寿那崇信,宝炬瑶檠总斗妍。五世曾元胥绕侍,高年母子益相怜。扶掖软榻平升座,步履虽康养合然。""高年母子益相怜",这饱含深情的诗句,道出了乾隆帝母慈子孝的情怀。

钮祜禄氏去世后,乾隆帝怀念母亲,还别出心裁,命令宫中巧匠用3000多两黄金精心制作了一个金塔,专门用来存放太后生前梳头时掉下来的头发,所以叫"金发塔"。乾隆帝母子感情如此之深,也可从一个侧面证明了钮祜禄氏应该就是其亲生母亲。

然而,从有关文献来看,有关乾隆帝生母的记载确实存在难以自圆其说的疑点。乾隆十七年(1752年),清人萧奭所著的《永宪录》卷二记载:"雍正元年十二月丁卯(二十二日),午刻,上御太和殿。遣使册立中宫那拉氏为皇后。诏告天下,恩赦有差。封年氏为贵妃,李氏为齐妃,钱氏为熹妃,宋氏为裕嫔,耿氏为懋嫔。"萧奭还在书中提出:"齐妃或云即今之崇庆皇太后(钮祜禄氏)。俟考。"就是说,在当时就有人对乾隆帝生母是谁提出了疑问,并且当时册封的王妃中,根本就没有钮祜禄氏,有的人认为齐妃李氏可能是乾隆帝生母,但有待考证。高阳在《清朝的皇帝》一书中,更是大胆认为萧奭《永宪录》中,"这'俟考'二字,是一种暗示,是一隐笔兼曲笔的巧妙暗示;齐妃非高宗生母,而故意这样写,是曲笔;齐妃李氏,暗示高宗生母姓李,此为隐笔。"这样说来,乾隆帝生母为汉人女子李金桂似乎也有可能,这确实也是一家之言。

另外,清宫档案的记载也大有问题。清朝的《雍正朝汉文谕旨汇编》雍正元年(1723年)二月十四日记载:"雍正元年二月十四日奉上谕:遵太后圣母谕旨:侧福

384

晋年氏封为贵妃，侧福晋李氏封为齐妃，格格钱氏封为熹妃，格格宋氏封为裕嫔，格格耿氏封为懋嫔。该部知道。"

同一件事，成书于1741年的《清世宗实录》卷四却在熹妃的记述上有了差异。其中写道："甲子（二月十四日），谕礼部：奉皇太后圣母懿旨：侧妃年氏封为贵妃，侧妃李氏封为齐妃，格格钮祜禄氏封为熹妃，格格宋氏封为懋嫔，格格耿氏封为裕嫔。"

通过这两则资料的对比可以发现，等到乾隆帝登基后，档案上才有了钮祜禄氏的记载，而先前的"格格钱氏"莫名其妙地变成了"钮祜禄氏"。

这两份清廷档案，对同一件事迥然不同的记载应如何解释呢？有人认为，格格钱氏与格格钮祜禄氏应该是一个人，因为都是同一天，奉太后懿旨受封为熹妃的，不可能是两个人。但这是说不通的，如果是一个人，怎么会写成两个人的名字。于是有人推断，由于雍正朝实行的是秘密立储的制度，起先并不知道谁是太子，因而也就没有注意到子以母贵的问题。可能是乾隆帝登基后，他的母亲总要一个高贵的出身吧，因此才将熹妃钱氏篡改为了钮祜禄氏。有的学者更有创意性的猜想是"四品典仪凌住"将钱氏认作了干女儿，从而使钱氏有了一个高贵的姓氏和出身，这样也就解决了身份与形式的难题。

与这种猜想近似，乾隆帝生母还有另一种说法。这种说法是由晚清一位著名的学者、诗人王闿运提出的。王闿运是曾国藩的幕友，做过大学士萧顺的西席（家庭教师），了解到不少清廷掌故。他指出，乾隆帝的生母虽然是钮祜禄氏，但的确与避暑山庄有关。在所著《湘绮楼文集》里说，乾隆帝之母钮祜禄氏家居承德城中，家里很穷，雇不起仆人。七八岁的时候，她就跟着家里人到了市面上卖豆浆、酒以及各种饭食等谋生。后来开个小饭铺，因为为人热情，经营比较好，生意异常红火。到十三四岁的时候，钮祜禄氏到了北京，正好赶上选秀女，她就混到里头参加了选秀，结果就被选上了，再后来被分到雍亲王府做了粗使丫头。接着所说的雍亲王得病，她精心侍奉，后为雍亲王宠幸，生下了弘历的说法与前面所述一样。

这些说法都表明乾隆帝生母钮祜禄氏确实出身低微，并非多么显赫的大家闺秀。但是，清末民初的清朝遗老金梁等人写文章认为，清宫选秀女是相当严格的，不可能让承德这么一个女孩子混到里头选了秀女，对这种说法持否定态度。

还有一种说法，是民国年间做过国务总理的熊希龄，从"老宫役"口中听到的，他后来把这个说法讲给了胡适听："乾隆帝之生母为南方人，诨名'傻大姐'，随其家人到热河营生。"后来这个女孩子生了一个男孩，就是后来的乾隆帝。由于胡适把它收进了《胡适之日记》里，这个故事得以流传

孝圣宪皇后半像　清
孝圣宪皇后，钮祜禄氏，康熙四十三年（1704年）入侍胤禛藩邸。

开来。

乾隆帝诞生于何处,生母究竟是谁确实充满了疑窦。野史传闻虽然不可信,但是按正史记载,《雍正朝汉文谕旨汇编》与《清世宗实录》上关于熹妃钱氏与钮祜禄氏记载上的矛盾,至今仍不能自圆其说。其他的各种说法,虽然也有许多漏洞,但也并非全不可信。总之,乾隆帝的身世之谜,注定还要继续争论下去。

太平天国之谜

太平天国运动,是中国近代史上规模巨大、波澜壮阔的一次反帝反封建的农民运动。这场运动自金田起义开始,坚持斗争长达14年,势力扩张到18个省,有力地打击了清王朝的腐朽统治和资本主义强烈的野蛮侵略,加速了封建社会的崩溃,对中国的政治、经济、文化等各方面都产生了深刻的影响,在中国农民运动史上留下了光辉的一页。

但是由于年代久远、史料匮乏,太平天国运动也留下了许多难解的历史悬案,引来了史学界的争鸣和讨论,比如,杨秀清有没有逼封"万岁"?天京变乱后,石达开缘何出走?石达开的藏宝传说是怎么一回事?洪秀全和石达开当年是否分别留下了大量宝藏?李秀成投降书是真是假?《李秀成自述》是伪造的吗?

外国人担任过太平军上校吗

1853年3月19日,太平军占领南京,改南京为天京,建立太平天国。清政府为了镇压太平天国革命,与外国反动势力相互勾结。美、英、法三国纷纷组织了洋枪队。清政府借助这些外国军事势力对太平天国将士进行疯狂的杀戮。太平天国面临着抗击中外反动势力的斗争。

在外国侵略者武装干涉太平天国革命的同时,一些外国人也参加了太平军。据史料记载,太平天国的外籍军人有数百人,忠王李秀成手下的洋人志愿军就有200人左右。这些人来自欧洲、美洲、大洋洲、非洲。来自非洲的战士就有五六十人之多。来自欧美,有姓有名,其事迹可考的共有13人,其中英国5人,美国4人,法国2人,意大利1人,希腊1人。有6人在战斗中牺牲,这数字还不包括他们的家属,如英国人棱雷的夫人玛丽。太平天国的领导人称参加革命的外国友人为"洋兄弟",现代史籍中称之为"洋将"。

洋人的参与,使太平军不再只靠冷兵器作战,西洋武器的使用使得这次大规模的农民起义显得有声有色,十分壮观。

棱雷(F.A.Lindley)是英国人,1840年2月3日出生于伦敦一个普通家庭。1859年夏,他乘"埃缪"号船到香港,在香港英军司令部当一名海军下级军官。到达香港后的第二年春天，太平天国在天京外围打垮了清朝江南大营，乘胜攻克常州、苏州和浙江的嘉兴，接着向上海进军。这一重大胜利，引起各方面的关注。棱雷决定辞去在海军中的职务，找一个不受拘束的自由职业，观察太平天国的情况。他在一艘中国商人的小轮船上当大副，船长也是他的一个辞去军职未久的同僚。这艘轮船要航行到上海附近的太平天国统治区收买蚕丝。

1860年秋，棱雷带夫人玛丽驾驶轮船进入太平天国辖境，防守边境的军士们彬彬有礼、严整肃穆的气氛与所见清朝官兵的凶残贪暴大大不同，生气勃勃的革命军给棱雷留下了良好的印象。

不久他就大胆地去苏州拜见名震一时的忠王李秀成。那时候，李秀成刚刚从上海受挫回到苏州，听说有一个英国人要见他，李秀成立即答应了，并让他享受最友好的款待。李秀成为棱雷介绍了太平天国的情况，通过了解，棱雷明白，欧洲社会中所宣传的太平军肆意破坏和杀戮的形象是被歪曲的。从那时起，太平天国革命已经深深打动了他，于是他向李秀成表示愿意加入太平军。李秀成随即颁发给他一个可在太平天国辖区内自由往来的通行证。

1861年夏，棱雷投效太平天国后，就向那些许多拥有欧式大木船、宁波船及其他江船的欧洲人宣传太平天国的宗旨，激发起他们对太平天国的同情，鼓动他们用行动来支持太平天国革命。尽管当时外国侵略者和清朝统治者正在封锁为太平天国购买武器和粮食的人，他还是亲自到了上海。

棱雷是一名军人，曾在太平军中带炮队出征，但他更多的时间是为太平天国训练军队。他把自己所知道的铸造炮弹、制造引信和炮位瞄准的全部知识教给荣王廖发寿的部下。

1863年5月，天京雨花台要塞失守，天工急诏李秀成率军赶回浦口。这时候，棱雷正奉命协助守卫九瞭洲要塞，接到李秀成前来支援的报告后，棱雷立刻把他所率领的船只开过去，为渡江的军队做掩护。

而九瞭洲要塞正是保卫天京和浦口两岸交通的关键。清军水师为了控制长江数千里的交通，断绝太平天国接济，集结成千的炮船与太平军展开恶战。眼看九瞭洲要塞失陷时，棱雷的夫人玛丽和战友埃尔中弹牺牲，他自己也受重伤昏了过去。

棱雷伤愈后又潜到上海去捕获清军战船。棱雷仅带着6个人，利用自己外国人的身份假装记者登上了清军一艘叫"飞而复来"的轮船，当天夜里，在棱雷的策划下，终于把"飞而复来"号开回了太平天国。这艘船，船头架有一门32磅旋转炮，船尾架有一门性能良好的12磅榴弹炮，船中军火弹药极为充足。太平天国把它定名为"太平"号，由棱雷统领。太平军俘获这艘轮船，打乱了清军进攻苏州的部署，在保卫无锡战役中，发挥了巨大威力。为此，棱雷也受到太平军的奖赏。

1863年11月底，棱雷和他的战友怀特取道嘉兴去上海。但是，他们抵沪不久，怀特就被英国领事拘捕入狱，以暗助"逆匪"的罪名监禁，入狱后几天他就死在地牢里。而此时清军大肆布置密探，棱雷也无法活动，同时因为积劳成疾，医生劝他转地疗养。最后，棱雷决定回英国。

□ 历史悬案

1864年，棱雷回到英国。但是，他听到的都是英国人把干涉太平天国的侵略战争说成是"一种对于中国前途显得非常有利的政策"；把屠杀中国人民的刽子手戈登奉为英雄。对太平天国有极大的偏见。于是棱雷决定把自己的经历写成一本书，还人们一个太平天国的真实面目。1866年2月3日，棱雷的新书《太平天国革命亲历记》完成。棱雷称，他的《太平天国革命亲历记》是"遵照伟大的太平天国革命领袖的嘱托而写的"，书的扉页上写着："献给太平军总司令忠王李秀成——如果他已去世，本书就作为对他的纪念。"该书出版时，李秀成已被杀害，但棱雷对李秀成的尊敬和怀念已跃然纸上。

1872年9月14日，棱雷和他后来的妻子海伦结婚时，结婚证书上仍然署明自己是"前太平军上校"。1873年3月29日，棱雷在他年仅33岁的时候，因左心房破裂在伦敦逝世。在死亡登记上，他的职业依然是"前太平军陆军上校"。棱雷终生铭记着他与太平天国的关系，作为众多太平天国的"洋兄弟"中的一员，人们将从他身上找到一群人的身影，尽管他们已经淹没在历史的浩瀚烟海之中。

杨秀清有没有逼封"万岁"

1856年9月至11月，太平天国内部爆发了一次严重的内讧，北王韦昌辉和燕王秦日刚率兵攻入东王府，将东王府上下几千人悉数杀死，后韦昌辉和秦日刚又被洪秀全诛杀，次年又出现了翼王石达开由于受到洪秀全的猜忌，率领10万精兵出走天京的余波。这场"天京变乱"，严重挫伤了太平天国的事业，是太平天国运动由盛转衰的分水岭。

那么，这场内乱缘何爆发，它的起因是什么呢？一般都认为是因为东王杨秀清威逼洪秀全封自己为"万岁"，而导致了统治者内部诸王之间矛盾的总爆发。可是有趣的是，究竟有没

洪秀全像

有所谓的"逼封万岁"一事，百余年来，史载互异，莫衷一是，成为太平天国运动史上的一桩疑案。

那么事实真相究竟如何呢？对此，史学界颇有争议。

史学界大多数学者对"逼封"一事深信不疑，坚信"天京内乱"始于杨秀清"逼封万岁"，他们认为，从历史上看由于农民起义领袖自身的局限性，这种在革命政权相对稳定后，彼此恃功自傲、互相猜忌，争权夺利是完全可能的。

已故著名史学家罗尔纲说，逼封确有其事，内讧的起因，确是由于杨秀清逼洪秀全让位而起。学者徐彻也认为，天京变乱是杨秀清逼洪秀全让位而起，杨秀清要挟天王，威逼他加封自己为万岁，应视为篡位之举。孙克复、关捷通过研究外国人在《华北先驱周报》上发表的通信等资料认为："杨秀清'逼封'问题，是千真万确，

无可怀疑的。""杨秀清'逼封万岁'给太平天国革命造成的后果是严重的。""是整个'天京事变'的导火线"。李宏生也认为:"从现存的资料来看,杨逼封万岁的史载恐难推翻,洪秀全'主动加封'杨秀清万岁的断语恐难足信。"林庆元认为:"杨秀清为了夺取洪秀全的最高权位,曾图谋对洪行刺并逼洪封其万岁,这一史实是无法否认的。"

另外也有大量史料可以证明这一点,张汝男的《金陵省难纪略》中记载:"一日,(杨)诡为天父下凡,召洪贼至,谓曰:'尔与东王俱为我子,东王有大功劳,何止称九千岁?'洪贼曰:'东王打江山,亦当是万岁。'又曰:'东世子(东王之子)岂止是千岁?'洪贼曰:'东王既万岁,世子亦便是万岁,且世代皆万岁。'东贼伪为天父喜而曰:'我回天矣。'洪贼归,心畏其逼而无如何也。"张汝南本人曾记载,这段记述"系访问确切,得以附入"。另外,太平天国后期重要将领李秀成在其被俘后所写的供状中,也曾提到这件事:杨秀清"过度要逼天王,封其万岁。那时权柄皆在东王一人手上,不得不封",最终杨"逼天王到东王府,封其万岁"。另据《贼情汇纂》记载,杨秀清后来确实行为跋扈,"自恃功高,一切专擅,洪秀全徒存其名";还说:"秀清叵测奸心,实欲虚尊洪秀全为首,而自揽大权独得其实,其意仿古之权奸,万一事成则杀之自取。"且"每诈称天父下凡附休,令秀全跪其前,甚至数其罪而杖责之"。因而在这种情况下,杨秀清假借"天父下凡"逼洪秀全封其为"万岁"是完全可能的。由此得出结论,正是由于逼封事件的发生,才使得洪秀全感到东王有篡位之心,回宫后调动女兵防守王城,又密诏北王、翼王回京,从而出现了韦昌辉等血洗东王府的一幕。

然而,反对者却认为,"逼封万岁"一事纯属捏造,很可能是韦昌辉或洪秀全以及二人合谋提出的诛杀东王的借口。

首先,李秀成对这件事的叙述很值得怀疑。因为杨在天京"逼封万岁"时,李秀成正在句容、金坛和丹阳一带同清军作战,根本不可能是"逼封"之事的目击者。再说,李秀成"时官小,不甚为事",还没有直接参与诸王之间的活动,因此他所说的"逼封"一事,肯定是道听途说而来,未必可信。

其次,《石达开自述》中曾记载,韦昌辉在就督江西之前,就有诛杀东王杨秀清之心,被洪斥责拒绝。韦昌辉杀杨秀成后,洪秀全曾指责他:"尔我非东王不至此,我本无杀渠之意。"杨秀清死后,洪秀全在《赐西洋番弟诏》中更是说东王是"遭陷害",并规定"东升节"有关事项,以纪念杨秀清。从这些资料分析,很可能是韦昌辉自己捏造了"逼封"之说,并以此为借口,打着天王"密诏"的口号,诛杀了宿敌杨秀清。正如学者庄福铭在考证了大量史料后所说的那样:"所谓杨秀清称'万岁'和'逼封万岁'说法,都是缺乏历史事实根据的。从天王诏旨和天国现存的文献记载看,杨秀清爵职虽续有增封,唯独'九千岁'之称照旧。参照清方和私家著述的记载,虽真伪间杂,互有歧异,但关于东王杨秀清及其子东嗣君称'九千岁'和天国诏旨、文献记载是完全一致的,杨'逼封'不是事实,而是韦昌辉策动'天京事变'诛杨伪造的口实。"

再次，洪秀全密诏韦昌辉和石达开秘密进京，无疑包含着让二王"救驾"的意思，因而很可能是洪秀全后来也有了诛杀东王之心，与韦昌辉合谋提出了"逼封万岁"的说法，只不过杨秀清死后，洪秀全才惺惺作态地表明自己没有杀其之心。史式就认为："洪秀全和韦昌辉发动突然袭击杀害东王杨秀清时，总得找个借口，于是在杨秀清死后立即出现了'逼封万岁'的谣言，根据'谣言对谁有利'的线索，我们不难发现，这些谣言都来自天王府，来自洪秀全。"

太平天国官方文书中对这件大事从没有做过记载，这也难免让人怀疑这件事的真实性。史学者奚椿年认为，"杨秀清代天父传言，一般都是把内容笔录下来，并作为文件一直保存"，"而这一次'逼封万岁'的传言，偏偏没有一字记录，连洪本人也未提及"，"在英国发现的全部《天父天兄圣旨》中仍无此事的记载"。其中1856年8月9日天父下凡诏书，"明白无误地记的是天父指责'朝内诸臣不得力，未齐敬拜帝真神'。而所谓'封其万岁'，天父既未主动提出，杨也无'逼封'之举。这就再次证明了，《金陵续记》《金陵省难纪略》以及《李秀成自述》所记均是与事实不合的"。

除了上述两个观点，也有说是洪秀全主动加封"万岁"的。这种观点认为，洪、杨之间的矛盾是客观存在的，从事态的发展来看，是洪秀全最早露出了杀机，密诏韦、石回京，而且"天京变乱"的最大获益者也是洪秀全。因此，不排除是洪秀全主动为东王加封"万岁"，著名史学家方诗铭就认为，"1856年，太平天国大破清军江南大营，天京相对稳定。洪、韦认为时机已到，再露杀机，对杨秀清施加毒手。这次内讧也是洪秀全挑起的。如果加杨秀清'万岁'称号，属于'逼封'，是由杨秀清挑起的话，那么，他必然会提高警惕，尽管洪、韦发动突然袭击，也不能如此轻而易举地将他杀死。新本《石达开自述》揭出了历史真相，加封'万岁'是洪主动的，一方面可以麻痹杨秀清，一方面又可以激怒韦昌辉，借韦之手杀死杨，然后再除掉韦昌辉。《李秀成自述》所叙述，是事后按照洪秀全意图伪造的历史"。从当时的情况看，这种可能也确实存在，因此"主动加封说"确实也有道理。

杨秀清究竟有没有"逼封万岁"，是关系到"天京变乱"起因以及评价洪、杨功过的一个重要问题，也是太平天国研究中无法回避的问题，所以在得到足够的证据之前，是不好随便下结论的。

石达开出走之谜

石达开是太平天国领导集团中文武兼备的卓越领袖之一，天京事变后他率领精锐部队神秘出走，最后在大渡河全军覆灭。对其出走的根本原因，主要责任在谁，历来众说纷纭。史学界对此存在两种截然相反的观点，有的说是因为石达开本人，有的说是因为洪秀全的陷害。

那么事实究竟如何呢？两种观点的各自论据又是什么呢？

认为责任在石达开的观点由来已久，多为正统史书所采用。天京变乱后，石达开回朝，受到百官拥护，都向天王保举他辅佐天王治理天国。天王对深孚众望的

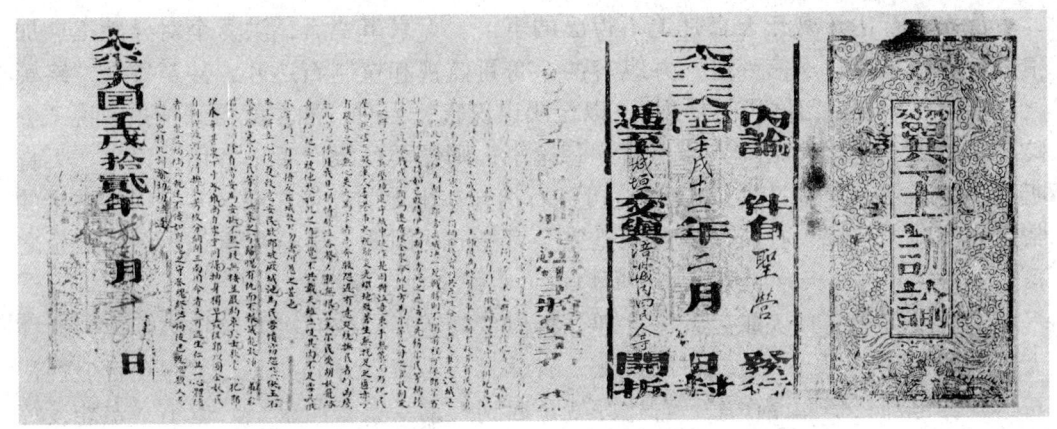
石达开率军到达四川涪州时给当地民众的训谕

石达开疑心重重,就封两个昏庸无能的哥哥洪仁发、洪仁达为安王和福王以牵制石达开。对此石达开非常不满,由于早有远征四川、自立一国之心,遂于咸丰七年(1857年)六月率领部队离京出走。洪秀全得知后十分后悔,削去了两个哥哥的王位,并刻了"翼王"金牌一道,派人追赶挽留。但石达开不为所动,依然远去。

清方缴获的《六安州总制掌书陈凤曹上六安州总制陈敬禀》中更有"翼王私自出京,誓不回去"一语。李秀成在《自述》中也说:"那时朝中无将,国内无人,翼王将天朝之兵尽行带去。"在"天朝十误"中,李秀成更说:"误因翼王与主不和,君臣疑忌,翼起猜心,将合朝好文武将兵带去,此误至大。"

清朝明心道人写的《发逆初记》中说,石达开未出广西之前,已经主张进军四川,但是杨秀清不同意。由此看石达开出走天京,远征四川是蓄谋已久的事情。

史学家多认为石达开骄傲自满、刚愎自用,希图占领四川自立一国,从而削弱了太平天国的军事势力,为这场轰轰烈烈的农民起义的失败埋下了伏笔,自己也最终兵败大渡河,留下了千古悲歌。

也就是说,石达开出走的根本原因在于石达开自己的不顾大局,一意孤行。史学家牟安世就认为:"石达开出京远征的根本原因,首先在于石达开本人,他利用群众对他的爱戴和推崇,具有乘乱擅权的个人野心,自负于他自己一系列的军事上的成就,滋长了目空一切的骄傲自满情绪,从石达开以后的行动来看,他的出走实际上是一种分裂革命队伍的严重错误。"何龄修、龙盛运也认为,尽管石达开是被逼走的,但公开分裂的第一步毕竟是石达开迈出的,石达开出走后,洪秀全派人百计挽留,但石达开"拒绝翼王封号,坚持分裂到底","石达开的分裂行动,也给他自己和他带走的大军,带来了毁灭"。这种观点把离京出走,造成革命分裂的一系列原因都归于了石达开个人。

但也有人反对这种观点,认为应该具体问题具体分析。具体地说就是,石达开离开天京根本原因应该是洪秀全,说石达开一心希图占领四川自立一国是不符合史实的。至于最后公开分裂革命,这一责任则应由石达开来负。

首先，石达开离开天京是迫不得已的事情。天京事变后，洪秀全对异姓王愈加猜忌，专信本族，不信外姓，并纵容两个哥哥监视和挟制石达开，甚至发展"终疑之，不授以兵事，留城中不使出"，以至阴谋谋害。当时，湘军就得到情报，说"金陵各伪王忌石逆之能结交人心，石逆每论事，则党类环绕而听，各伪王论事，无肯听者，故忌之，有阴图戕害之意"。可见石达开在出走前处境之艰。并且以洪秀全的猜忌和阴险，杀掉人心所向的翼王是完全可能的。因此为了避免重蹈杨、韦被杀之覆辙，石达开逃离天京无可厚非。所以说，责任全在洪秀全。

至于洪秀全公开认罪后，按常理分析似乎石达开应该回去继续辅佐朝政，这样太平天国也许还会有一线转机的说法，有学者认为事实并非如此。洪秀全百般挽留石达开，也许只是惺惺作态。石达开就是回到天京一意委曲求全，也不一定能发挥多大作用，并且再次被洪秀全杀掉的可能性极大。另外，石达开和洪秀全在战略思想上也存在很大的矛盾。洪秀全自入天京之后，贪图享受，不思进取，只图眼前利益，再无长远眼光，保住天京城成了他的首要战略目标。而石达开认为只保京城，画地为牢，就会陷于被动，最后必然失败，主张以主力争取上游，夺取全面胜利。可能正是在这一思想的支配下，他觉得"将在外，君命有所不受"，可以按自己的战略思想指挥作战，以便发挥更大的作用。所以在洪秀全公开谢罪之时，他仍然不肯回京也完全在情理之中。

其次，李秀成在《自述》中所说："那时朝中无将，国内无人，翼王将天朝之兵尽行带去。"这句话是值得怀疑的。试想，石达开是私自离开天京的，并没有得到洪秀全的批准，岂能"将天朝之兵尽行带去"？事实上，石达开离开天京，渡江北上时，只带了随身警卫队伍数千人。在沿途张贴表明心迹的《五言告示》中，还谆谆劝告天国军民"依然守本分，照旧建功名"，并没有鼓动大家脱离太平天国，脱离洪秀全。还说"惟是用奋勉，出师再表真，力酬上将德，勉报主恩仁。惟期成功后，予志复归林"。因此谈不上是分裂革命队伍，而只是被迫离去。"出师再表真，力酬上将德"等句也表明他根本就没有分裂革命队伍的意思。并且仅凭数千人，怎么可能远征四川，自立一国呢？而后来石达开能够聚集到十万人马，完全是许多旧部自愿追随，千里归附的，这只能说明石达开为人心所向。

正如史学家史式所指出的，石达开出走以后的实际行动证明他并非蓄意远征不返。从史料来看，石达开出走后的近两年时间中，他只在皖、赣、浙、闽等省活动，先是赴援江西，进攻浙江以配合天京解围，以后又经过福建到达赣南的南安府，接着又准备北攻赣州（没有实现），从没有脱离太平军的主战场。当时清军对石达开的去向也提出了各种猜测，但从没有提到他可能远征四川。近来发现的咸丰七年（1857年）九月德兴阿向清廷上的奏片，也进一步说明了石达开离开天京后，仍和洪秀全有着批复奏折联系。片中说："……又抄得石逆由安庆寄与洪逆伪章一纸，内有令贼党李寿成（李秀成）会合张洛行领数十万贼分扰下游，又调贼党陈玉成、洪仁常、洪春元、韦志俊、杨来清等各率贼数万及五六千不等概回金陵，并欲赴援江西，窜扰浙江等语。而书中之意，似与洪逆各树党援，不相附丽。洪逆伪批，亦似外示羁縻内怀猜忌。惟贼踪分合无常，总不容稍疏防范。"咸丰帝朱批该片的日期为九月二十二日。

史学家史式分析认为，这一奏片出自清廷，并且也符合当时的实际情况，应该是可信的。从这一史料可以看出，石达开出走天京四个月后，仍与洪秀全保持着奏折的批复联系。并且是按照事先的作战计划与太平军各路人马紧密配合的。石达开仍然关心着天京的防务，并且能够继续行使他全军统帅（通军主将）的职权，调动李秀成等人率部回援天京。因此，并非像通常说的那样，脱离天京后，石达开就自以为是，与南京失去了联系，走上了流寇主义道路。

说石达开主动分裂革命，就是从情理上来说也是讲不通的，石达开怎么可能一下子就断绝了与太平天国的感情呢？即便与洪氏集团有矛盾，他也不可能一下子就忘掉了太平天国。事实也是这样，一年以后在围攻浙江衢州时，石达开还曾大力配合天京方面的作战。而根据史实，直到石达开驻军江西南安府之时，才有人向他提出进图四川的建议，此时离开天京已近两年。这说明石达开离开天京前期根本就没有远征四川、自建一国的企图，而是仍和太平军紧密配合，努力解除天京之围。

因此史学家认为，石达开离开天京是被逼迫所致。正如吴廷嘉评价的那样，石达开的分裂主义错误并不以天京出走为标志，从1857年6月到1858年冬，他围战赣、湘、闽，未脱离太平军的主战场，只是到了1859年2月，他确定远征四川，与天朝的政治军事斗争完全脱离，并一意孤行，无视洪秀全的悔悟，拒绝部下的告谏，才形成了他的转折和质变。所以，联系当时太平天国的政治军事局势，石达开被逼离开南京，最后走上远征的道路是在主客观以及时势所迫等多种因素的情况下不得已的选择，这才是历史的真实情况。

从以上分析看，认为责任全在石达开的观点无疑受到了挑战。不过事实究竟如何，石达开出走的责任如何划分，还需历史学家做出最后定论。

李秀成投降书是真是假

忠王李秀成，太平天国后期重要的领导人之一，也是太平天国人物评价上争议最大的人物之一。当太平天国的京城被清军攻破后，他不幸被湘军俘虏。被俘后的李秀成一改往日之英勇，竟然在曾国藩的囚笼里写下了长达五六万字的《亲供》，即后人所说的《李秀成自述》。这篇《自述》使李秀成成了一个晚节不保的叛徒，给自己从前十余年无所畏惧的征战历程抹了很大的污点。一个时期，很多人对李秀成进行口诛笔伐。但是很多学者对李秀成投降书的真伪问题提出了质疑，认为这个由清政府宣布的投降书是非常有争议的，而以此书来断言李秀成是晚节不保的叛徒，这显然有失公允。

李秀成真的是叛徒吗？李秀成的投降书是真的吗？

李秀成投降书的原稿在后世一直不为外界所知。当时李秀成被害后，曾国藩命人将他的《自述》删改、誊抄了一份上报军机处，这份誊抄的文本后来由九如堂刊刻，即所谓的"九如堂本"。至于原稿的去处，世传曾国藩既没有上交朝廷，也不肯

□ 历史悬案

忠王李秀成像

公开示人,而是私下扣留,他的后人也对此讳莫如深,严加保管,对外人一概保密。当曾国藩的刻本问世后,人们就对其真实性提出了种种怀疑。

有人从根本上否认了这个投降书的真实性。如棱雷的《太平天国革命亲历记》一文说:"1852年,在太平军占领南京以前,清官方即已捏造一篇他们名为《天德供状》的文件,伪托是叛军领袖的供状,谎称他们俘获了这个领袖。《忠王自述》很可能也是同样靠不住的。这篇文件或为某个著名的俘虏所伪造(他可能因此而得赦免),或为两江总督曾国藩的狡猾幕僚所伪造。"棱雷认为李秀成投降书根本就是别人伪造的,甚至李秀成被俘虏一事也可能是伪造的。

1944年,广西通志馆的吕集义来到湖南湘乡曾国藩的老家,在百般请求下终于在曾家的藏书楼中阅读到了"投降书"的原稿,抄补了5000多字,还拍摄了14幅照片,之后根据这些文字和原来"九如堂本"的2.7万多字出版了《忠王李秀成自述原稿校补本》。罗尔纲根据吕氏的校补本和照片进行研究,写出了《忠王李秀成自传原稿笺证》。该书以笔迹、语汇、用词、语气、内容等方面的鉴定作为依据,指出曾国藩后人出示的李秀成《自述》的确是忠王的亲笔。例如,罗尔纲一字一句、一笔一画地拿"原稿"和庞际云收藏的李秀成亲笔答词28字真迹对照,还征求了笔迹鉴定专家的意见,最后断定"原稿"是真品。从内容看,"原稿"十分清楚地描述了从金田起义到天京陷落14年间的每个过程和细节,这是曾国藩难以捏造的。此外,罗尔纲还指出,"原稿"的称谓大都遵循太平天国的制度,这也不是旁人能够清楚知道的,曾国藩等人也不可能做到自然地遵守。而"原稿"的大量李秀成家乡的方言,更是曾国藩等人无法伪造的。

罗尔纲的这一观点曾一度成为定论,但是,随着曾氏后人所存的"原稿"的出版,更多人看到了李秀成《自述》的全貌。在20世纪80年代前后,学术界再次掀起了一场论战,如荣孟源曾经两次撰文断定这份"原稿"并不是李秀成的真迹,而是曾国藩修改后重抄的冒牌货。他的理由主要包括以下几点:

首先,根据其他史料记载,李秀成的自述一共写了9天,每一天若干页。按照常理,全文应该有8个间隔,但是今天所见的《李自成自述》"原稿"的影印本文字相连,每天都写到最后一页纸的最后一行字,看不出每天的间隔。何况,既然是每天各交一些,真迹就应该是散页或分装成9本,但是今本却是一本装订好的本子。由此可以推测,所谓的"原稿"显然是曾国藩派人将李秀成每天所写的真迹汇抄在一起的。

其次,根据很多材料的记载,李秀成当时写了5万多字,然而今天的"原稿"影印本却只有3.6万多字。那少的1万多字到哪里去了呢?显然应该是被曾国藩撕毁了。既然是被撕毁，那么"原稿"的内容就应该上下不相衔接。可是在影印本中，每页都标有页码，整齐清楚，并且前后内容完全相连，人为更改的痕迹十分明显，显然是删节后的抄本。

再次，从写作的形式等方面看也有问题。太平天国有严格的书写规定，而"原稿"的影印本中出现的"上帝""天王"等词多数并不抬头；一些字该避讳的时候不避讳，不该避讳的时候却避讳了，如凡"清"字均不讳，而不该讳的"青"却写成了"菁"等。这些显然都是违背太平天国的避讳制度的。何况，这样的笔误在"原稿"中出现的次数很多，不能简单地看成是笔误。

针对荣孟源的意见，也有人提出反对。陈旭麓认为，我们不可设想当时的李秀成好像后来的作家一样，有一个每天分节写出的章节安排。至于书写形式，李秀成作为一个成年人早就已经形成了通行的书写习惯，尽管他熟悉太平天国的书写格式，但因疏忽犯讳，并不奇怪。说曾国藩作假也不合情理，他若要作假应该是在上报军机处和刊刻的时候就完成，何必造个假东西当作宝贝传之后代？曾氏后人又何必要将这个显然会招来众议的假东西公之于世？而钱远镕认为这个"原稿"不仅是李秀成的真迹，还是完整无缺的。曾国藩只对它进行了删改，并没有撕毁或是偷换。对钱远镕"完整无缺"的观点，罗尔纲虽然不同意，认为"原稿"确实有被曾国藩撕毁的地方，但他仍然坚持"原稿"并不是冒牌货，是李秀成的真迹。

李秀成生前在战场上英勇善战，对后期的太平天国的政治、经济、军事都产生了重大的影响。被后世争论了半个世纪之久的《李秀成自述》的真伪，也许是论断他功过的最好证据吧。世人希望这个谜能赶快解开。

太平天国宝藏之谜

大渡河因为太平天国将领石达开的覆灭，以及70余年后中国工农红军的成功抢渡而留在大多数中国人的记忆当中。同时，它也由于与石达开宝藏的关联而引起中外寻宝者的关注。

"碑史漫传曾羽化，千秋一例不平鸣。"石达开是太平天国最富有传奇色彩的将领之一。他生于1831年，1851年1月11日，太平天国起兵于广西金田，20岁的石达开开始统率千军万马。太平军很快攻占永安州，12月，洪秀全分封诸王，石达开被封为翼王。在太平军的诸将领之中，石达开以智谋素著，用兵如神。曾国藩曰："查贼渠以石为最悍，其诳煽莠民，张大声势，亦以石为最谲。"左宗棠则谓石"狡悍著闻，素得群贼之心，其才智诸贼之上，而观其所为，颇以结人心，求人才为急，不甚附会邪教俚说，是贼之宗主而我之所惧也。"更有人盛赞他为绝代英物，是奇男子。同时，他的勇敢无畏、正直耿介和温厚性情也使他获得了太平天国军民的热烈拥戴。

太平军曾一度占据了半壁河山，定都天京，意气风发，令清朝统治者措手不及、狼狈不堪。可惜，他们胜利之下滋长的骄傲情绪，内部的争权夺利斗争断送了太平天国的大好前程。东王杨秀清功高盖主，意图篡位。洪秀全授意北王韦昌辉剪除杨

□ 历史悬案

天京失陷

秀清，韦昌辉大开杀戒，杀了杨秀清的家人、部下1000余人，是为"天京事变"。石达开等人回到天京，责韦昌辉杀人过多，要求洪秀全惩办。洪秀全乘机剿灭了韦昌辉的势力。此后，太平天国的事务全权委托石达开代理，但洪秀全已经不信任任何人，处处掣肘。石达开忠而被谤，信而见疑，一怒之下率领十万余众离开天京，自立门户，这成为太平天国由盛转衰的分水岭。

石达开随后转战湘、鄂等地，后攻入四川。离开了太平天国根据地，石达开虽富有军事才能，但终究孤掌难鸣，于1863年被围堵在大渡河畔，全军覆没。英雄即使失败了也依然是英雄，在大渡河与石达开对阵的王松林、许亮儒，都对他的英雄气概与仁义之风钦佩不已。在石达开死后，有关他的传说遍布他生前转战过的大半个中国。甚至数十年后，清末革命党从事反清活动时仍有人打着他的旗号，并通过诗歌、小说、绘画等各种媒介宣传他的英雄事迹，以"激励民气，号召志士，鼓吹革命"。

关于石达开的另一个传说是：在大渡河覆灭的前夕，石达开自知此役凶多吉少，于是把军中大量金银财宝埋藏在一个隐秘之处。传说，石达开当时还留有一张藏宝图，图上写有"面水靠山，宝藏其间"的隐语。

太平天国覆亡后，曾盛传天京天朝宫殿下埋藏有大量宝藏，曾国藩兄弟所率湘军更是对此深信不疑，城破之日对南京城进行了大肆搜刮，但是否曾找到大量宝藏至今不知。那么太平天国是否藏有大量宝藏，最后下落又如何呢？

有人认为，太平天国在天京苦心经营十载，一直就有洪秀全窖藏金银财宝的传说，不可能是空穴来风。当时太平天国为了应付残酷的军事斗争，采取了所有公私财产都必须统一集中到"圣库"（即国库），人们生活必需品由圣库统一配给的制度，甚至规定百姓若有藏金一两或银五两以上的都要问斩。这种制度使得太平天国的财富高度集中，为窖藏提供了可能。特别是洪秀全建天朝宫殿时，是倾"全国"所有，掠夺各地宝物于宫内，这也证明了窖藏的可能性。后来李秀成在临刑前的供状中也说："昔年虽有圣库之名，实系洪秀全之私藏，并非伪都之公币。王长兄（指洪秀全）、次兄（指杨秀清）且用穷刑峻法搜刮各馆之银米。"这就进一步说明，天京事变后太平天国政权由洪氏嫡系掌管，"圣库"财富已成洪秀全的"私藏"，因而洪秀

396

全窖藏金银的可能性极大。甚至有人推测，洪秀全进入天京后便脱离了群众，避居深宫，十年未出。如果没有其亲许，任何人都不能进入天王府，对其他异姓诸王更是猜忌日深。

天王府成为他唯一信赖和感到安全的地方，如果要窖藏的话，最有可能就在天朝宫殿附近或者天朝宫殿下面。

但是当年曾国荃讯问李秀成："城中窖瘗（埋藏）金银能指出数处否？"李秀成并没有正面回答。在自述中，他曾委婉陈述"国库无存艮银米"，"家内无存金艮银"，似乎否定了窖藏的说法。并且太平天国长期处于清军围剿之中，日常开支甚大，有没有可能剩余大量财物，留下宝藏呢？这也是值得怀疑的。

不过，不管怎样，破城之日，湘军四处掘窖金却是事实。曾国藩甚至还为此发布过"凡发掘贼馆窖金者，报官充公，违者治罪"的命令，他在给朝廷的奏报里也对此事毫无隐瞒，公然提出"掘窖金"的话。

然而湘军入城后不久，又流传开了曾国荃（曾国藩之弟）得窖金的说法。曾国荃的部队是最先进入天王府的，相传曾挖得洪秀全的藏金而入私囊，最终为毁灭证据，一把大火烧了天朝宫殿。

清人笔记中曾有记载，洪秀全的窖金中有一个翡翠西瓜是圆明园中传出来的，上有一裂缝，黑斑如子，红质如瓤，朗润鲜明，皆是浑然天成。这件宝贝最后落到了曾国荃手中。另有记载："宫保曾中堂（指曾国藩）之太夫人，于三月初由金陵回籍（湖南），护送船只，约二百数十号。"如此多人，是护送窖金，还是其他重要物品？这也令人生疑。虽然曾国藩向同治帝所上的奏报中，否认了天王府有窖金之事，只说除了二方"伪玉玺"和一方"金印"，别无所获，但是也让人怀疑是不是曾国藩欺上瞒下挖到了窖金，并秘密据为私有了呢？

后来，南京民间仍旧流传着大量有关太平天国窖金的传说，如所传蒋驴、王豆腐致富的故事等。直到辛亥革命以后，还有军阀要掘太平天国窖金发财。这种种迹象似乎表明天京城内有窖金。

曾国藩手札
这两份手札记载了曾国藩在攻破天京后的兴奋心情。

也有人认为，其实天王府并没有被全部毁掉，有不少还未烧尽，当年的核心建筑"金龙殿"依然存在，百年来，从来没有对其地下进行过勘查。"金龙殿"下边说不定还藏有宝藏呢。

总的来说，太平天国是否有宝藏本身就是个谜；而曾国藩兄弟是否挖到了宝藏，并私吞了这些宝物也是个谜；至今"金龙殿"下面是否还藏有宝藏还是个谜。

据说，抗战期间，国民党四川省主席刘湘曾秘密调了1000多名工兵前去挖掘。在大渡河紫打地口高升店后山坡下，工兵们从山壁凿入，见到了三个洞穴，每穴门均砌石条，以三合土封固。但是挖开两穴，里面仅有零星的金玉和残缺兵器。当开始挖掘第三大穴时，为蒋介石侦知。他速派古生物兼人类学家马长肃博士等率领"川康边区古生物考察团"前去干涉，并由"故宫古物保护委员会"等电告禁止挖掘。不久，刘湘即奉命率部出川抗日，掘宝之事也就被迫中止。

除了大渡河边藏有宝藏的说法外，在重庆南川市铁厂坪民间也曾有石达开藏宝的说法。说是当年石达开西征途中路过南川，留下了一批宝藏，只要找到了一座名为"太平山"的位置，就能找到石达开宝藏。这些煞有介事的记载，让人觉得石达开藏宝好像确有其事。那么事实究竟如何呢？

在大渡河岸边的石棉县安顺村，当地流传着这样一个传说：石达开随军带了很多金银财宝，这些金银财宝被装到7个大棺材里，他派相当于一个连的军队负责埋藏。埋完宝藏后，这一个连的人被守在出口处的由10个人组成的小分队全部杀死了。然后，这10个人的小分队回去吃完饭后全部死去，而做饭的炊事员后来也被一支毒箭射死。所以宝藏究竟埋在哪里根本没人知道。

在重庆南川市鱼泉乡山王坪"太平山"，确实能看到一块岩石上刻有"太平山"三个字，字体是普通的楷书，用錾子凿成，每个笔画成麦穗形状。据南川市文物管理所所长介绍，"太平山"三个字，时间太久，已经风化了，无法考据出具体年代。不过，据说这里曾是当年太平军曾铸造过兵器的地方，从相关遗址附近挖出过一些破碎的青花、粗瓷瓷片，鉴定结果是晚清时期的，大致是与太平天国时间吻合，但并没有任何文字记载这里确实为石达开驻军之地。石棉县文物局和南川文物局也都表示没有任何的史料记载可以证明辖区内有石达开的宝藏。双方的回答如出一辙："民间传说而已，文物部门没有为此展开过任何专门的研究工作，也没有任何相关记载。"

但也有学者认为，太平军全军覆没后，确实留下了两大悬案，其一是太平军数量巨大的金银财宝秘藏之地；其二是翼王剑不翼而飞。当然，还有专家认为太平军当时的境况根本不可能有大量的金银财宝，完全是在弹尽粮绝的状况下才全军覆没的。

通过以上分析来看，所谓的石达开藏宝仅源于民间传说，除此之外，并没有发现别的什么证据可以证明。不过，分析当时太平军的情况，就是真有藏宝之举，也不会有人知道。因为藏宝本来就极为秘密，而石达开所率余部后来基本全军覆灭，就更不会有人知道了。

慈禧太后之谜

慈禧太后叶赫那拉氏，咸丰元年（1851年）入宫，封懿贵人，六年后生子载淳（同治帝），晋懿贵妃。同治帝即位后不久，慈禧太后与恭亲王奕䜣联合，发动"辛酉政变"，密谋杀害或处置了肃顺等八大臣，实行垂帘听政，控制了大清的实际权力。光绪帝即位后，慈禧太后仍垂帘听政。光绪帝亲政后，在维新派的支持下发动戊戌变法，后被慈禧太后扼杀，光绪帝还被慈禧太后囚于瀛台。1895年，光绪帝卒。次日，慈禧太后亦卒，被葬于东陵。

作为中国近代史上最有权势的女人，慈禧太后不但三度垂帘听政，执掌晚清政权近半个世纪，是晚清政治舞台上最重要人物，她的传奇人生也为后人留下了许多难解的谜团。

生于何地，说法不一

1851年咸丰皇帝诏选秀女，对中国历史产生重大影响的叶赫那拉——后来的慈禧太后被选入宫，封为兰贵人。1854年又被封为懿嫔，两年后她为咸丰帝生下了皇长子载淳，从而晋封为懿妃。1857年，她的地位再次得到提升，被封为懿贵妃，从此她在宫中的地位仅次于咸丰帝的皇后钮钴禄氏。由于得到咸丰帝的宠幸，慈禧太后开始干预朝廷政事。咸丰皇帝死后，她夺得太后的权位，与钮钴禄氏平起平坐。这也标志着继唐代武则天成为中国古代历史上唯一的女皇之后，又有一位女性开始操纵中国的命运。

在慈禧太后众多的谜案中，她的出生地在哪里，也就是她的身世究竟如何，是近年来最惹人注目、说法最多的历史之谜。

清朝史书记载，慈禧太后出生于满洲镶蓝旗一个官宦世家，父亲名叫惠征。清宫档案《内阁京察册》（清政府对京官三年一次的考察记录）记载，惠征在道光帝早年一直担任吏部笔帖式，二十六年（1846年）调任吏部文选司主事。后因工作成绩突出，受到了皇帝的接见，并被外放。道光二十九年（1849年），出任山西归绥道；咸丰二年（1852年），调任安徽徽宁池太广道的道员。从慈禧太后父亲惠征的履历看，他曾先后在北京、山西、安徽等地任职。这就导致了慈禧太后出生地的

慈禧太后油画像

□ 历史悬案

多种说法。

另外，几乎没有任何文献记载过慈禧太后的出生地，因为谁也没料到这个出身普通官宦之家的女子，几十年后会成为执掌大清国朝政近半个世纪的圣母皇太后，所以慈禧太后的出生地也就成了难解之谜，有人说她出生在北京，有人说她出生在安徽芜湖，有人说她出生在甘肃兰州，还有人说她出生在浙江乍浦，也有人说她出生在内蒙古自治区呼和浩特。至于哪种说法准确，一直以来都没有一个确切的结论，因为任何一种说法都有看似合理的依据。

北京说。持这种说法的学者认为慈禧太后出生于北京西单牌楼北劈柴（今辟才）胡同一带或者北京东城方家园。有关学者在清宫档案中发现了咸丰五年（1855年）慈禧太后的亲妹妹（也就是后来醇郡王奕譞的侧福晋，光绪皇帝的生母）被选为秀女的记录。其上明确记载，此女属满洲镶蓝旗，姓叶赫那拉氏，父亲名叫惠征，最高官职做到五品的道员。而按照京师八旗分城居住的规定，乾隆三十五年（1770年），镶蓝旗满洲都统衙门在阜成门内华嘉寺胡同；到民国初年，镶蓝旗满洲都统衙门旧地在阜成门内华嘉寺14号，劈柴胡同距华嘉胡同很近。慈禧太后的父亲属于满洲镶蓝旗，应当住在劈柴胡同一带。因此有学者认为，咸丰五年之前，慈禧太后的娘家应该住在北京西单牌楼北劈柴胡同，慈禧太后的出生地也应该在这里。

慈禧太后的后人根据祖辈的口述，也确证慈禧太后诞生于此。另外，现代小说家高阳在《清朝的皇帝》中记述："慈禧太后母家在东城方家园，父官至安徽徽宁池太广道，时当道光末年，洪杨起事，惠征守土无方，革职留任，旋即病殁，遗妻一子女各二，慈禧太后居长。"也有的书上说："恭亲王曾慷慨言之：'大清天下亡于方家园'！"注云："方家园在京师东北角，为慈禧太后母家所在地。"从这些史料看，慈禧太后则可能出生于北京东城方家园。慈禧太后出生于道光十五年（1835年），这时慈禧太后的父亲还在北京任职，因此慈禧太后出生于北京的可能性较大。但是这种说法也只是一种猜测，由于进宫以前对慈禧太后的生平资料并没有留下什么记载，慈禧太后入宫时选秀女的"排单"至今还没有发现，因此并没有过硬的资料或者证据可以证明慈禧太后就出生在北京。

安徽芜湖说。这种说法主要是根据慈禧太后的父亲惠征曾做过安徽徽宁池太广道的道员，道员衙署在芜湖，因此说她出生在芜湖。据说，慈禧太后善于演唱南方小曲，比如民国时期出版的《清朝野史大观》中就记载："那拉氏者，惠征之女也，惠征尝为徽宁池太广道，其女生长南中，少而慧黠，缥艳无匹俦，雅善南方诸小曲，凡江浙盛行诸调，皆朗朗上口。"一些小说、影视中也多有这样一个情节，兰贵人（就是后来的慈禧太后）在圆明园桐荫深处唱一曲"女儿十八正当年"的缠绵小曲，咸丰帝听得如醉如痴，从而博得了宠爱。不过，这种说法还是比较勉强的，因为根据史书记载，惠征当徽宁池太广道员是在咸丰二年（1852年）二月，正式上任是在同年七月。而慈禧太后已经在咸丰元年（1851年）入宫，被封为兰贵人；档案中还发现了兰贵人受到赏赐的赏单。惠征未曾到安徽上任，慈禧太后已经入宫了，不太可能出生于芜湖。再说，从慈禧太后会唱南方小曲，就说她出生在南方，不和北方

中国篇

慈禧太后之谜

慈禧太后叶赫那拉氏，咸丰元年（1851年）入宫，封懿贵人，六年后生子载淳（同治帝），晋懿贵妃。同治帝即位后不久，慈禧太后与恭亲王奕䜣联合，发动"辛酉政变"，密谋杀害或处置了肃顺等八大臣，实行垂帘听政，控制了大清的实际权力。光绪帝即位后，慈禧太后仍垂帘听政。光绪帝亲政后，在维新派的支持下发动戊戌变法，后被慈禧太后扼杀，光绪帝还被慈禧太后囚于瀛台。1895年，光绪帝卒。次日，慈禧太后亦卒，被葬于东陵。

作为中国近代史上最有权势的女人，慈禧太后不但三度垂帘听政，执掌晚清政权近半个世纪，是晚清政治舞台上最重要人物，她的传奇人生也为后人留下了许多难解的谜团。

生于何地，说法不一

1851年咸丰皇帝诏选秀女，对中国历史产生重大影响的叶赫那拉——后来的慈禧太后被选入宫，封为兰贵人。1854年又被封为懿嫔，两年后她为咸丰帝生下了皇长子载淳，从而晋封为懿妃。1857年，她的地位再次得到提升，被封为懿贵妃，从此她在宫中的地位仅次于咸丰帝的皇后钮钴禄氏。由于得到咸丰帝的宠幸，慈禧太后开始干预朝廷政事。咸丰皇帝死后，她夺得太后的权位，与钮钴禄氏平起平坐。这也标志着继唐代武则天成为中国古代历史上唯一的女皇之后，又有一位女性开始操纵中国的命运。

慈禧太后油画像

在慈禧太后众多的谜案中，她的出生地在哪里，也就是她的身世究竟如何，是近年来最惹人注目、说法最多的历史之谜。

清朝史书记载，慈禧太后出生于满洲镶蓝旗一个官宦世家，父亲名叫惠征。清宫档案《内阁京察册》（清政府对京官三年一次的考察记录）记载，惠征在道光帝早年一直担任吏部笔帖式，二十六年（1846年）调任吏部文选司主事。后因工作成绩突出，受到了皇帝的接见，并被外放。道光二十九年（1849年），出任山西归绥道；咸丰二年（1852年），调任安徽徽宁池太广道的道员。从慈禧太后父亲惠征的履历看，他曾先后在北京、山西、安徽等地任职。这就导致了慈禧太后出生地的多种说法。

另外，几乎没有任何文献记载过慈禧太后的出生地，因为谁也没料到这个出身普通官宦之家的女子，几十年后会成为执掌大清国朝政近半个世纪的圣母皇太后，所以慈禧太后的出生地也就成了难解之谜，有人说她出生在北京，有人说她出生在安徽芜湖，有人说她出生在甘肃兰州，还有人说她出生在浙江乍浦，也有人说她出生在内蒙古自治区呼和浩特。至于哪种说法准确，一直以来都没有一个确切的结论，因为任何一种说法都有看似合理的依据。

北京说。持这种说法的学者认为慈禧太后出生于北京西单牌楼北劈柴（今辟才）胡同一带或者北京东城方家园。有关学者在清宫档案中发现了咸丰五年（1855年）慈禧太后的亲妹妹（也就是后来醇郡王奕譞的侧福晋，光绪皇帝的生母）被选为秀女的记录。其上明确记载，此女属满洲镶蓝旗，姓叶赫那拉氏，父亲名叫惠征，最高官职做到五品的道员。而按照京师八旗分城居住的规定，乾隆三十五年（1770年），镶蓝旗满洲都统衙门在阜成门内华嘉寺胡同；到民国初年，镶蓝旗满洲都统衙门旧地在阜成门内华嘉寺14号，劈柴胡同距华嘉胡同很近。慈禧太后的父亲属于满洲镶蓝旗，应当住在劈柴胡同一带。因此有学者认为，咸丰五年之前，慈禧太后的娘家应该住在北京西单牌楼北劈柴胡同，慈禧太后的出生地也应该在这里。

慈禧太后的后人根据祖辈的口述，也确证慈禧太后诞生于此。另外，现代小说家高阳在《清朝的皇帝》中记述："慈禧太后母家在东城方家园，父官至安徽徽宁池太广道，时当道光末年，洪杨起事，惠征守土无方，革职留任，旋即病殁，遗妻一子女各二，慈禧太后居长。"也有的书上说："恭亲王曾慷慨言之：'大清天下亡于方家园'！"注云："方家园在京师东北角，为慈禧太后母家所在地。"从这些史料看，慈禧太后则可能出生于北京东城方家园。慈禧太后出生于道光十五年（1835年），这时慈禧太后的父亲还在北京任职，因此慈禧太后出生于北京的可能性较大。但是这种说法也只是一种猜测，由于进宫以前对慈禧太后的生平资料并没有留下什么记载，慈禧太后入宫时选秀女的"排单"至今还没有发现，因此并没有过硬的资料或者证据可以证明慈禧太后就出生在北京。

安徽芜湖说。这种说法主要是根据慈禧太后的父亲惠征曾做过安徽徽宁池太广道的道员，道员衙署在芜湖，因此说她出生在芜湖。据说，慈禧太后善于演唱南方小曲，比如民国时期出版的《清朝野史大观》中就记载："那拉氏者，惠征之女也，惠征尝为徽宁池太广道，其女生长南中，少而慧黠，缥艳无匹俦，雅善南方诸小曲，凡江浙盛行诸调，皆朗朗上口。"一些小说、影视中也多有这样一个情节，兰贵人（就是后来的慈禧太后）在圆明园桐荫深处唱一曲"女儿十八正当年"的缠绵小曲，咸丰帝听得如醉如痴，从而博得了宠爱。不过，这种说法还是比较勉强的，因为根据史书记载，惠征当徽宁池太广道员是在咸丰二年（1852年）二月，正式上任是在同年七月。而慈禧太后已经在咸丰元年（1851年）入宫，被封为兰贵人；档案中还发现了兰贵人受到赏赐的赏单。惠征未曾到安徽上任，慈禧太后已经入宫了，不太可能出生于芜湖。再说，从慈禧太后会唱南方小曲，就说她出生在南方，不和北方人会唱黄梅戏就说她生在安徽一样滑稽吗？所以，认为慈禧太后出生在安徽芜湖纯属无稽之谈。

甘肃兰州说。这一说法源于慈禧太后的父亲惠征曾任过甘肃布政使，传说慈禧太后就出生在兰州八旗马坊门（今永昌路179号院）。不过专家们经过查阅文献、档案，认为这种说法恐难成立。

浙江乍浦说。1993年某报刊登了一篇不足三百字的报道："史界新发现，慈禧太后生于浙江乍浦。"文中说，慈禧太后的父亲惠征，在道光十五年至道光十八年（1835～1838年）间，曾外放到浙江乍浦，任正六品武官骁骑校，而慈禧太后正是在这一时期出生，所以她的出生地是"浙江平湖市乍浦城内的满洲旗下营"。该报道还举证说：在现今的浙江乍浦老人中，仍有种种关于慈禧太后幼年的传说。单从时间上来看，这种说法是可信的，因为慈禧太后的确出生于道光十五年（1835年）。但是，一些学者查阅清朝考核官员的档案记载却发现道光十四年（1834年）官员考核时，惠征被定为吏部二等笔帖式，三年后又被作为吏部笔帖式进行考试，可见这时惠征在北京做吏部笔帖式，为八品文官。可见说慈禧太后出生在乍浦，是不恰当的。因为，如果惠征这几年确实在乍浦为官的话，他将从一个京城八品以下的二等文官，忽然连升几级，成了正六品的武官，这实在不合常理。再说，正六品武官怎么会一下子又降回到八品文官，并且没有任何原因，显然，这一说法存在许多破绽。

内蒙古自治区呼和浩特说。这一观点的依据是慈禧太后的父亲惠征曾任过山西归绥道的道员，归绥道驻地在归化城就是今天的呼和浩特市。传说，慈禧太后就出生在呼和浩特市的落凤街，她小的时候还常到归化城边玩耍。可是，据文献记载，惠征任山西归绥道道员时是道光二十九年（1849年）前后的事，可那时慈禧太后已经15岁，正在宫中参与选秀女，所以慈禧太后不可能出生于归化城。不过，说慈禧太后随父回归化城住过，倒是可能的。并且从礼法角度讲，慈禧太后的母亲也不可能从大老远的北京回娘家生孩子。所以，说慈禧太后出生在今呼和浩特市是没有根据的。

慈禧太后出生地又有新说法

近年，关于慈禧太后的出生地又出现了一种新的说法，即山西长治。一段时间以来，这种说法相当盛行，并且得到了许多相关学者的认可。

据山西长治人传说，慈禧太后不是满族人，生父也不是惠征，而是地地道道的汉族女子，在长治出生并度过了自己的童年。据说，她原是山西省潞安府（今长治市）长治县西坡村王增昌的女儿，名叫王小慊。王家极为穷困。母亲病死后，年仅四岁的王小慊被卖给上秦村宋四元家，并改名为宋龄娥。可是，没过几年，宋家又遭遇灾难，王小慊又被卖给了潞安府知府惠征家。惠征夫人见王小慊模样俊俏，又聪明伶俐，非常喜欢她。有一次，惠征夫人无意中还发现王小慊的双脚心各长一个贵痣，认为她是大福之人，就收她为养女，改姓叶赫那拉，更名玉兰，归为满族。知府还为玉兰在府署后院专设了书房，供她读书。

□ 历史悬案

1852年,玉兰被选入宫,后来还当上了皇太后。由于清廷严禁满汉通婚,违者满门抄斩,因此惠征及其家人不敢向外泄露半句,慈禧太后的真实身世也就不为世人所知了。

百余年来,在长治县西坡、上秦两村及附近村落一直流传着慈禧太后是本地人的说法。为此,上秦的宋家还曾联名写信,要求政府调查澄清这件事。中国人民大学历史系杨益茂教授在《慈禧太后童年应当考订清楚》一文中写道:"在这些成果中,我认为最值得注意的是近百年来流传的口碑史料。并且,山西省长治地区那两个村子里的人也都口口声声地说慈禧太后就是他们那的人,而且不因慈禧太后名声不佳或历史政治批判所湮没,这实在是一个值得重视的问题。如果说解谜的话,应首先解开这个口传史料之谜。"

王家从乾隆五十九年(1794年)一直记录到现在家谱上,也明确有"王小慊后来成为慈禧太后"的记载。当地还盛传,在西坡村外边的山脚下,还有据说是慈禧太后生母的坟。坟前有碑,原来是木碑,后来竖立石碑。在上秦村关帝庙后,至今还保存着一处娘娘院,据说是慈禧太后入宫前住过的院落,一直保存至今。宋家还祖传有光绪年间清廷特制皮夹式清朝帝后宗祀谱(简称"皮夹子")。据有关学者考证,皮夹子与清廷宫规相符,显然是皇家之物,并非假造。在普通老百姓之家发现这种物件,必然有其缘由,值得重视。

在上秦村宋家的土炕上,还曾刨出了慈禧太后给宋家的信,从中可以看出慈禧太后与宋家的关系及慈禧太后的身世等方面的一些情况。另外,上秦村宋六则家还祖传有慈禧太后寄(送)给宋家的单身照片。慈禧太后如果不是长治人,宋家又怎么会出现这些"宝物"呢?

据考证,慈禧太后酷爱长治一带的食品,如沁州黄小米、壶关醋、襄垣黑酱、酸菜,尤其爱吃团子。据说,慈禧太后当上皇太后后,还专门请了一个长治厨师给她做团子。特别是慈禧太后还会唱长治地区的上党梆子,而这种戏曲不但地方性强,很难懂,也从没有走出过本省。据说,在她六十大寿时,还专门请长治壶关一个叫"十万班"的戏班,为她唱这种戏。作为太后的慈禧,不但能听懂还会唱,如果她不是长治人就太让人奇怪了。

一些资料还表明,慈禧太后对满族文字知之甚少,批改奏折基本都是用汉文。慈禧太后还是小脚,有满族后裔回忆:"慈禧太后的脚不是我们满族人的那种大脚,是缠过又放开的那种。"我们知道满族女子都是天足,而慈禧太后缠过足,也说明她可能是汉族女子。

慈禧太后储秀宫的寝卧处

一些学者还从慈禧太后极不尊敬惠征夫人以及相关亲戚等认为,慈禧太后不是惠征夫妇的亲生女儿。并从她关心农事,喜欢乡下风景,对山西的官员比较袒护等细节来佐证她是出身长治贫苦农村的汉族女子。

也有的学者认为,"慈禧太后是汉家女"的说法不仅破解了一些清末历史中的难解之谜,也为合理解释慈禧太后的某些行为提出了依据,从而为史学家研究慈禧太后打开了一个全新的视角。比如一些学者就认为,慈禧太后年纪轻轻就发动"辛酉政变"处理了肃顺等八大臣,并且执政后敢于打破清廷的常规,大胆启用汉臣,如曾、左、李、张等。她这种敏锐、果敢的政治素养,没有满、汉之分的成见,不大可能出自养尊处优的清朝贵族,而更有可能得益于她出身汉族贫寒家庭、幼失怙恃、备尝艰辛的生活经历和磨炼。这种说法从另一个侧面反证了慈禧太后出身于长治农家的可能。

慈禧太后出生于山西长治的说法,在长治可谓众口一词。对此,当地有关部门进行了长期的研究和大量资料的论证,长治市还专门成立了"慈禧太后童年研究会"。这种说法也引起了许多专家、学者的重视,如今流传深广,影响巨大。

但是持否定态度的学者也大有人在,这些人认为,王家的家谱不是原来的家谱,是后来抄的,这只是后人所为,是什么人所加,根据是什么都不知道,因而不足为凭;所谓慈禧太后写给宋家的书信残片,经考证,字迹不像是慈禧太后的;全信的内容更是支离破碎,仅剩下了45个字,而由"山西说"的学者按自己的意思增加上去的就达118个字,并且关键性的字是加上去的,所以可信度很低;所谓的皮夹子,确实制作于清光绪年间,但是说持此皮夹者应为高级官员和皇亲国戚则不一定,由这个皮夹子而推断宋四元夫妇为慈禧太后养身父母也缺乏根据;经有关专家考证,在相关的时间内,历任潞安府的知府共有七个人,但是没有惠征,那么既然惠征没有在山西潞安府做过官,慈禧太后怎么会在潞安府被卖到惠征家呢?显然在这些疑窦没解开之前,"山西长治说"也只能作为一种重要的说法存在,也非定论。

从上面的分析可以看出,慈禧太后的出生地究竟是什么地方、身世究竟如何,是出身满族的千金,还是山西长治的贫穷汉家女子,至今仍然没有定论。在这种种说法中,以"北京"和"山西长治"两种说法的可能性最大,而这两个中又究竟是哪个呢?我们还需拭目以待看有没有新的论据出现。

她害死了慈安太后吗

同治、光绪两朝初年,慈安太后、慈禧太后两太后先后两次垂帘听政。慈安太后性喜清静,对政治权力不是很感兴趣。而慈禧太后则不同,辛酉政变后,她的权力欲不断膨胀,参与朝政,处处揽权。但是慈安太后居慈禧太后之上,手上握有咸丰帝临终授予的"御赏"印,对慈禧太后还是有很大限制的。不过,在两人的长期相处过程中,两位太后并没有出现什么大的矛盾。但是,1869年慈禧太后宠监安德海之死,被认为是两位太后之间矛盾的集中体现。

安德海是慈禧太后十分宠信的太监,辛酉政变时,他受慈禧太后派遣,往来于

□ 历史悬案

慈安太后便服像

承德和北京之间，与恭亲王奕訢秘密联络，为政变的成功立下了汗马功劳，此后更是极得慈禧太后赏识。

安德海自恃慈禧太后娇宠，气焰嚣张，行为跋扈。皇宫上下，从王爷、军机大臣、嫔妃、公主，到小太监和宫女们，无不畏其三分，这引起了慈安太后的极大不满。野史甚至传言安德海不是真太监，据说还有性能力，与慈禧太后有染等等。到了1869年，安德海奉慈禧太后私令，到江浙一带采办龙衣。安德海乘船顺运河南下，龙旗招展，铺张声势，宛如天子出巡一般。他还沿途搜刮民财，招摇滋事，激起了极大的民愤。行到山东时，山东巡抚丁宝桢以假冒圣命的名义将其逮捕。

原来按照清初制度，太监不得出宫门，更没有让太监出外采办之先例，所以丁宝桢逮捕他名正言顺。丁宝桢的这一手出乎慈禧太后意料，使她陷入被动，因为她出面保护安德海，就说明她违反祖制，于常理不合。而慈安太后早就对安德海大为不满，抓住这个好机会，趁机召开军机大臣及内务府总管等议安德海之罪，并下令将其就地正法。

慈禧太后拖延了数日，终因众议愤然，还是被迫下发了谕旨。安德海之死暴露了两宫太后之间的矛盾，使慈禧太后更深切地感到，慈安太后是自己进一步控制大权的障碍。

光绪七年（1881年）三月十日，慈安太后偶患感冒，微疾小恙，根本就没有引起下人的注意。谁料，当晚却传出了病故的消息。慈安太后小病猝死，年仅四十五岁，自然引起了人们对其死因的猜疑。不少野史和民间传说更是不约而同地把矛头指向了慈禧太后，认为是慈禧太后害死了慈安太后。所以，关于慈安太后之死，世上流传着多种说法。

相传，咸丰帝死前，就觉察到慈禧太后是一个不法乱政、野心勃勃的女人。因此，他特别密授慈安太后朱谕，嘱咐她如果自己死后，慈禧太后恃子为帝、胡作非为，就以此谕将其除掉。咸丰帝死后，慈安太后曾把密谕拿给慈禧太后看，以示警醒。密谕的存在，让慈禧太后惶恐不安，办事谨小慎微，不敢胡作非为。对慈安太后更是言听计从，百般讨好。在慈禧太后的蒙骗下，慈安太后放松了警惕，并在一次同宴后，当着慈禧太后的面将遗诏烧毁。不久，慈禧太后派人给慈安太后送去了几样小点心，慈安太后吃后就中毒而死。

野史中还有一种说法，说慈禧太后好看戏，后来在某次看戏时相中了一个姓杨的戏子，并暗中将他召入宫中，肆意淫乱，乃至怀孕。1881年慈禧太后患了一场病，实际上是她乱服打胎药，导致流产所致，御医们不明就里，久治无效。后来，薛福成兄弟入宫以血崩之名医治，实际上暗用产后补药，因而得以痊愈。这中间，慈安太后对其病因微有所闻，深为不满，这让慈禧太后十分害怕。于是，慈禧太后为了大权独揽，干脆一不做二不休，决意除掉慈安太后。

还有一种说法是慈安太后下令诛杀安德海让慈禧太后怀恨在心，因而决意铲除她专权道路上的绊脚石，就密令太医用不对症之药，将慈安太后害死。后世的史学家也有相信此说的，明清史专家商鸿逵就认为，安德海为慈安太后下令杀掉，慈禧太后由此痛恨慈安太后，所传慈安太后因食慈禧太后所献食物暴死，"揆诸情由，当属可信"。《清朝野史大观》也载："或曰慈禧太后命太医院以不对症之药致死之。"

根据以上野史传闻以及史学者的推断或许可以得出这样的结论——慈安之死慈禧太后有着难以推脱的嫌疑，可是，正史上对这件事却并无记载。不过从翁同龢的日记记载看，慈安太后之死确实异常：慈安太后三月初十感冒，非常想喝点什么，然而当晚就传出了病亡的消息。次日，翁同龢入宫看到了十日的药方尚在，据说慈安太后头疼厉害，早上喝了一顿药；中午时已经神志不清，牙关紧闭；晚间只开了一些喝的药，但慈安太后已经进入了弥留状态，不能喝药了，当晚就离开了人世。从发病到死亡如此之快，确实令人不解。

当然，也有人认为慈安太后与慈禧太后共同垂帘听政达20年之久，二人的根本利益是一致的，慈禧太后没有必要害死慈安太后，慈安太后可能是患了脑出血等急性病去世了，与慈禧太后并没有什么关系。

总之，慈安太后之死涉及深宫隐秘，除翁同龢的日记外，没有发现什么资料对慈安太后的死因有记载。退一步说，如果真是慈禧太后害死了慈安太后，她必定会销毁一切罪证。不过，按常理猜测，以慈禧太后的阴险和狡诈，为了大权独揽害死慈安太后的可能性极大，但是在没有确凿的证据发现之前，这也只是一种合理的猜测，毕竟历史疑案的破解终究是需要充分证据的。

缘何逼死珍妃

珍妃，他他拉氏，满洲镶红旗人，礼部侍郎长叙之女。光绪十四年（1888年）十月选为珍嫔，光绪二十年（1894年）春因慈禧太后六旬庆典，晋封珍妃。珍妃是光绪帝一生中唯一宠爱的妃子，也是唯一一个给光绪帝无助和压抑的生活带来阳光和喜悦的女人。1898年戊戌政变后，光绪帝被囚于瀛台，珍妃也受到牵连，被囚禁于紫禁城东北部的北三所。1900年八国联军进攻北京，慈禧太后携光绪帝出逃，行前，令人将珍妃推入乐寿堂后井中溺死。可是，慈禧太后缘何逼迫珍妃堕井？珍妃堕井的真相究竟怎样？长期以来流传着多种说法，令人真假莫辨。

一种说法是因珍妃请求"皇上留京"，触怒了慈禧太后，被慈禧太后下令扔进了井里。八国联军侵入北京后，慈禧太后胁迫光绪皇帝离京西逃。珍妃从北三所中放出来后，跪求慈禧太后将皇帝留在京城，主持朝廷的正常事务。慈禧太后大怒，以"扰乱后宫，不守本分"为名，令太监崔玉贵把珍妃推入井中致死。曾为溥仪当过英文教师的庄士敦就认可这种说法，他曾写道："珍妃曾跪在冷酷无情的太后面前，乞求她不要强迫皇帝随其出走。珍妃是皇帝最宠爱的妃子，她知道他愿意并渴望留下，

□ 历史悬案

去面对联军的司令官们……据说太后没有给跪在面前恳求她的珍妃任何回答，而是对她的随从太监勃然大怒，命他把泪流满面的妃子扔进井里。"

另一种说法是慈禧太后以贞洁观为由，逼珍妃自尽，珍妃不愿，慈禧太后便命令太监把她扔进了井里。珍妃之死的见证人，原清宫太监唐冠卿曾这样回忆："庚子七月十九（1900年8月12日），八国联军攻进北京，宫中一片恐慌。太监总管崔玉贵率领快枪队四十人守在蹈和门，我率领四十人守在乐寿堂。中午的时候，我在乐寿堂后门休息，突然看到慈禧太后从内殿出来，身旁并没有随侍的人陪伴。我想她可能要到颐和轩，于是就上前去扶她。走到乐善堂右边，太后又沿着西廊走，我感到

珍妃像

很惊讶，就问她：'老佛爷到什么地方呢？'她说：'你不用问，随我走就行了。'到了角门转弯处，她对我说：'你到颐和轩走廊上守着，如果有人偷看，就打死他。'我正吃惊，崔玉贵来了，扶着太后走出角门向西走去。我私下想，她不会是殉难的吧！但不敢开口问。一会儿，听见珍妃来了。她向太后请了安，并祝老佛爷吉祥。太后说：'现在还成话么，义和团捣乱，洋人也进入北京了，该怎么办呢？……'接下来几句，声音太小，我辨认不出说的是什么。忽然又听到太后大声说：'我们娘俩跳井吧！'珍妃哭着求太后开恩，并说：'我没有犯重大罪名。'太后说：'不管有无大罪，难道我们留下遭受洋人的毒手吗？你先下去，我也下去。'珍妃不停地叩头请求太后开恩。接着又听到太后叫崔玉贵，就听到崔玉贵说：'请主儿遵旨吧。'珍妃说：'你算什么人，也逼迫我？'崔玉贵说：'主儿下去，我也下去。'珍妃怒曰：'你不配。'我听到这里，已木立神痴，不知所措。突然又听到太后大声喊道：'把她扔下去。'然后听到有挣扎扭动的声音，过了一会儿，听到'砰'的一声响，想来珍妃已经落到井里了。"唐冠卿作为清廷太监，应该说是最接近珍妃之死现场的人，这种说法相对比较可信。

金易、沈义羚著的《宫女谈往事》中，"崔玉贵谈珍妃之死"一节对珍妃之死的叙述，与上面两种说法十分接近，基本上是将二者合一，大致是这样的：慈禧太后在出逃前，已经深思熟虑要逼珍妃自尽，当珍妃被带到颐和轩后，有这样一段对话（注：因为是宫女转述崔玉贵所说，这里是崔玉贵说的话）："到了颐和轩，老太后已经端坐在那里了。我进前请跪安复旨，说珍小主奉旨到。我用眼一瞧，颐和轩里一个侍女也没有，空落落的只有老太后一个人坐在那里，我很奇怪。珍小主进前叩头，道吉祥，完了，就一直跪在地下，低头听训。这时屋子静得掉地下一根针都能听得清楚。老太后直截了当地说，洋人要打进城里来了。外头乱糟糟的，谁也保不定怎么样，万一受到了污辱，那就丢尽了皇家的脸，也对不起列祖列宗。你应当明白，话说得很坚决。老太后下巴扬着，眼连瞧也不瞧珍妃，静等回话。珍妃愣了一下说：我明白，不会给祖宗丢人。太后说，你年轻，容易惹事！我们要避一避，带你

走不方便。珍妃说，您可以避一避，可以留皇上坐镇京师，维持大局。就这几句话戳了老太后的心窝子了，老太后马上把脸一翻，大声呵斥说，你死到临头，还敢胡说。珍妃说：我没有应死的罪！老太后说，不管你有罪没罪，也得死！珍妃说：我要见皇上一面。皇上没让我死！太后说，皇上也救不了你。把她扔到井里头去。来人哪！就这样，我和王德环一起连揪带推，把珍妃推到贞顺门内的井里。珍妃自始至终嚷着要见皇上！最后大声喊，'皇上，来世再报恩啦！'我敢说，这是老太后深思熟虑要除掉珍妃，并不是在逃跑前，心慌意乱，匆匆忙忙，一生气，下令把她推下井的。"这一记载如果确实是出自崔玉贵之口，那么显然是最接近历史真相的，就是慈禧太后在西逃前，逼死了珍妃，珍妃也确实曾请求让皇帝留下主持大局。这应该是珍妃死因的第三种说法了。

　　还有一种说法是珍妃因为当时患天花，请求不随慈禧太后西行，慈禧太后十分恼怒，把她淹死在井里。据太监小德张过继孙张仲忱在《我的祖父小德张》一文中回忆：当年八国联军进城后，慈禧太后来到了御花园旁，在养心斋前换上了便装。各宫妃嫔陆续到来，光绪帝也由瀛台过来，换上了青衣小帽。这时，慈禧太后命人把珍妃叫来，让她换好衣服一起走。不大一会儿，珍妃披散着头发，穿着旗袍走过来。慈禧太后大怒说："到这时候了，你还装模作样，洋人进来，你活得了吗？赶紧换衣服走！"珍妃说："皇阿玛，奴才面出天花，身染重病，两腿酸软，实在走不了，让我出宫回娘家避难去吧！"慈禧太后不同意，仍然叫她走，珍妃跪在地上就是不走。慈禧太后大为恼怒，回过身来大喊一声，叫太监崔玉贵把珍妃扔进了井里。据后人考证，当时珍妃可能真的患了天花，卧病在床。

　　最后还有一说，出自《我所知道的慈禧太后》一书。这本书是慈禧太后的曾孙叶赫那拉·根正所写，书中对珍妃之死经过是这样叙述的：由于珍妃聪明而又漂亮，非常有才干，仿佛就是年轻的慈禧太后，也因此慈禧太后实际上十分喜爱珍妃。后来由于珍妃通过关系从外国人手里买了照相机，在宫中乱照相，并且穿的衣服在当时看来很失体面。慈禧太后当时对照相机缺乏认识，认为是妖术、邪术；珍妃爱穿男人衣服，也让慈禧太后不能理解。因此，慈禧太后与珍妃之间有了隔阂，但慈禧太后并没有因此而有加害珍妃之意。八国联军攻进北京后，慈禧太后决定西行，可是西行带不了那么多人，便决定带上皇帝和隆裕皇后一起走，而其他的一些亲属都暂回娘家躲一躲，妃子也不例外。然而，在这紧要时刻，珍妃一直缠着慈禧太后说：我是光绪帝的妻子，我也要跟着去，您有偏见，皇后是您的侄女，所以您偏心。这让慈禧太后十分难堪，大清国，包括皇帝在内，也从来没有人敢顶撞她。随后，珍妃一直跟着慈禧太后叙说自己的理由，走到了颐和轩附近，不死心的珍妃又说：我是光绪帝的妻子，就要跟皇上在一起，不在一起，宁愿死。活着是皇家人，死了是皇家鬼。慈禧太后一听更加生气，现在是什么时候了还大吵大闹的，就随口说："你愿意死就死去吧。"当时说话不远处正好有一口井，珍妃就说：既然这样，我就死给你看。于是就直奔井口而去。慈禧太后一看不妙，赶忙叫太监崔玉贵去拉她，但已来不及了，珍妃已跳下了井。由于情况危急，太后来不及管她，就西行了。由于该书为慈禧太后亲属所著,这种说法明显带有为慈禧太后开脱的意味,真实性很值得怀疑。

在以上五种说法中,前四种说法较为可信,可是在当时的情况下,慈禧太后究竟为何非置珍妃于死地,是深思熟虑后的谋杀,还是一怒之下的冲动?至今仍是个莫衷一是的历史之谜。

是否害死了光绪帝

清光绪三十四年十月二十一日(1908年11月14日),被慈禧太后囚禁十年之久的光绪帝,于中南海瀛台涵元殿崩逝,年仅38岁。令人奇怪的是,次日中午慈禧太后也于中南海仪鸾殿病逝。光绪帝正值壮年,怎么突然就去世了呢?光绪帝与慈禧太后相继去世,间隔不过一天,这仅仅是巧合吗?

联系长期以来清廷内部皇帝与太后之间的斗争,双方水火不容的矛盾以及光绪帝受到的种种虐待,很多人都猜测是慈禧太后临终前害死了光绪帝,慈禧太后才是光绪帝之死的真正凶手。事实确实如此吗?慈禧太后有必要害死光绪帝吗?

这还要从光绪帝与慈禧太后之间的矛盾说起。众所周知,戊戌变法失败后,以慈禧太后为首的顽固派重新把持了所有朝廷大权,改良派人士或遭屠戮或被通缉,光绪帝更是被囚禁于中南海瀛台,成了徒存虚名的皇帝。

但是,维新派在地方上的影响依旧存在,在名义上,光绪帝依旧是皇帝,而他比慈禧太后年轻30多岁,慈禧太后一死,很有可能重新归政于他,到那时东山再起的光绪帝必定会对顽固派进行打击和报复。

光绪帝读书像

并且,戊戌变法得到了许多国家的关注和同情,相对于行将就木并且保守的慈禧太后,列强们似乎更希望由年轻而又开放的光绪帝当政,所以光绪帝只要名号仍在,他所具有的巨大影响力就不容忽视。正是看到了这种潜在的威胁,从有关记载看,慈禧太后囚禁光绪帝后不久,就有意谋害或者废掉光绪帝。

慈禧太后起初的策略是,对外大张旗鼓宣布光绪帝已经病重,并下诏广求名医入宫为光绪帝看病,每天还将光绪帝的病历和药方传示各官署,甚至送到东交民巷各使馆。一时间,人心惶惶,似乎光绪帝大限已至。慈禧太后这样做,一方面是为谋害或者废掉光绪帝制造烟幕弹;另一方面借以试探各方的反映,尤其是试探各国公使的反映。出乎意料的是,光绪帝的安危受到了外界的广泛关注,一时人言鼎沸,传言甚多。有说光绪帝已经自尽身亡;有的说正抱病,被囚一室;甚至还有报道说光绪帝已被顽固派害死，所谓"病重"不过是一种假象；甚至对此极为不满的各国公使还纷纷向总理衙门建议，派一位医术高超的西医为光绪帝看病。慈禧太后起初不同意，后来迫于广泛的舆论压力，勉强同意让法国名医德对福入宫为光绪帝看病。诊断之后，德对福将结果公布于报纸之上，世人才知道光绪帝并没有什么大病，所谓的病情，也只是"体气瘦弱，精神短少，消化迟滞，大便滞泄"等，并非什么绝症。由此，慈禧太后通过"皇帝病重"谋害光绪帝的伎俩被揭穿，慈禧太后也通过这件事看到了舆论所向。

不久，顽固派又试图废掉光绪帝，对外宣称："帝久病不能君临天下"，为废立制造舆论。但是这种做法也立即遭到了外国驻华使节的反对，一些手握实权的封疆大吏也致电表示反对，流亡海外的康有为、梁启超更是发动侨民，致电清廷，"请皇帝圣安"，并要求慈禧太后归政于光绪帝。在这种情况下，顽固派明显感觉到了光绪帝背后的力量，也暂时不敢轻举妄动。

后来，慈禧太后又听从亲信荣禄的建议，于光绪二十五年十一月（1899年12月），宣布立端郡王载漪之子溥俊为大阿哥，定于次年元旦令光绪帝让位于他。不想这一计谋，也遭到了外国驻华使节的反对，外国人认为顽固派扼杀帝党，实行的是某些排外或者闭关的政策，这将对他们的侵略不利。后来甚至有传言，洋人要"勒令皇太后归政"，这让慈禧太后恼羞成怒，不惜利用义和团向侵略者宣战。之后，洋人和慈禧太后达成了谅解，洋人同意继续由慈禧太后维持局面，慈禧太后也甘愿为洋人效劳。在这种情况下，光绪帝的废立已暂时威胁不到慈禧太后的统治，慈禧太后也就放下了心。然而，慈禧太后对囚禁在瀛台孤岛上光绪帝的种种折磨，似乎让人感到她随时都希望光绪帝死去。

据有关资料说，光绪帝在瀛台孤岛上受着非人的折磨，生活极为凄苦。光绪帝刚到瀛台时，依照慈禧太后的吩咐，每天还给两席饭菜，后来只剩下一席。而所谓的饭菜，除了干冷变质的食品之外，别无其他。太监们也往往任意敷衍，有时甚至十脆不送。当时工部侍郎立山因为冬天给光绪帝住的大殿糊了糊窗户纸，就被慈禧太后大骂一顿。

光绪二十四年（1898年）冬天，因南海结冰，光绪帝和几个小太监一起玩耍，不知不觉踏冰走上了岸，后被大太监崔玉贵看见。崔玉贵以小太监挟持光绪帝出巡，欲行不测为由，将6个小太监全部打死。从此，对光绪帝的管束愈加严格，只要南海结冰，就有人不厌其烦地砸冰，防止光绪帝逃跑。

慈禧太后对光绪帝精神上的折磨更加残酷，不仅逼死了他唯一宠爱的珍妃，还处处借机刺激和打击光绪帝，甚至到后来太监们也都不把光绪帝放在眼里。

正是因为慈禧太后曾试图谋害或者废掉光绪帝，并对他的"囚徒"生活极尽虐待之能事，人们才怀疑是慈禧太后最后派人害死了光绪帝。再说，一生要强的慈禧太后能容忍一直被自己压制的光绪帝死在自己的后面吗？她就不害怕光绪帝重新执政后，翻她的旧案？尤其是二人离世的时间相距不到一天，这仅仅是巧合吗？所以这种怀疑是理所当然的。后世许多对光绪帝之死知情的人，也大量撰文，对这件事

□ 历史悬案

有所叙述。

当时长期担任起居注官,接近光绪帝的恽毓鼎,在所写《崇陵存信录》一书中说:光绪三十四年(1908年)秋,入诊者都说光绪帝并无大病。十月初十,逢慈禧太后生日,他还准备给太后祝寿,后慈禧太后传懿旨:因皇帝有病在身,免其率百官行礼。并且说,当时慈禧太后患腹泻已经多时,有人进谗言,说光绪帝听到太后病了,面露喜色,慈禧太后十分恼怒地说道:"我不能死在你前面。"到了二十一日光绪帝就驾崩了。清末名医桂庭在所写的《诊治光绪皇帝秘记》一书中也披露:光绪帝临死前三天,曾在床上乱滚,并且肚子疼痛难忍,脸颊发暗,舌头又黄又黑,似乎有中毒的迹象。

1980年,清西陵管理处对清光绪帝及隆裕皇后所葬崇陵棺椁(于1938年被盗)进行了清理并重新封闭,而光绪及隆裕皇后的头发被移至棺椁外,保存在清西陵管理处文物库房。

光绪皇帝的遗骨犹在,随着科学技术的发展,通过尸体检测来揭开真相,越来越成为可能。2003年,中央电视台清史纪录片摄制组、清西陵文物管理处、中国原子能科学院反应堆工程研究设计所和北京市公安局法医检验鉴定中心四个单位开始共同合作,组成"清光绪帝死因"专题研究课题组。课题组运用侦查破案的思维方式,根据信息的产生、传递、处理、还原、应用等原理,充分利用"中子活化""X射线荧光分析""原子荧光光度""液相色谱/原子吸收联用"等一系列现代专业技术手段,通过开展综合分析、模拟实验、双向推理、多维论证等多项工作,对西陵保存的光绪头发、衣物、遗骨以及墓内外环境进行反复的检验和缜密的分析研究。在经过五年之后,2008年11月2日,课题组对世人公布确证"光绪帝系砒霜中毒而死"这一结论,但学术界仍可提出异议。

至于凶手,有人认为以当时的条件、环境而论,如果没有慈禧的主使和授意,谁也不敢也不能下手毒杀光绪,而且慈禧又有谋害光绪的动机,因而,慈禧就是毒杀光绪的凶手。

还有其他说法,认为是李莲英或者袁世凯出于自身安危的考虑,怕慈禧太后死后,光绪帝重新执政,会对自己不利,因而下手害死了光绪帝。德龄女士在《瀛台泣血记》一书中叙述:

崇陵 清
光绪三十四年(1908年)十月二十一日,年仅38岁的光绪帝带着壮志未酬的遗憾离开了人世,风雨飘摇的大清帝国里一丝微弱的光亮熄灭了。图为河北易县埋葬光绪帝清西陵金龙峪崇陵。

李莲英一直跟着慈禧太后,他怕慈禧太后死后,光绪帝重新执政算自己的老账,下手毒死了光绪帝。英国人濮兰德和白克好斯合著的《慈禧太后外传》中也支持这种说法。而末代皇帝溥仪在《我的前半生》中则说,他听说光绪帝是喝了袁世凯送来的一剂药而死的。由于在戊戌变法期间,袁世凯出卖了光绪皇帝,一旦慈禧太后死后,光绪帝重新执政,肯定会向袁世凯算账,所以袁世凯要在慈禧太后死之前,先把光绪帝害死。

总的来说,在光绪帝诸多的死因中,被慈禧太后害死是一种重要的说法。至于事实是否如此,到目前为止,史学界仍没有定论。

张文祥刺马案之谜

张文祥,河南汝阳人。曾参加捻军,在著名捻军首领孙葵心旗下当了一名小头目。他作战凶狠顽劣,骛猛善战,各地乡勇无不闻风丧胆,在捻军中素有"小张飞"之誉。太平军兵败后,张文祥又回到浙江,联络旧部试图再举,直到刺杀马新贻,被寸磔至死。马新贻,山东菏泽人,1847年中进士。他以办理团练、组织地主武装"剿捻"起家,为人阴险狡诈,表面伪善,手腕凶残。1868年正月,升调闽浙总督,未到任,旋被调补两江总督,在官场一帆风顺。1870年被张文祥刺杀于江宁督署。

那么,张文祥为什么要刺杀马新贻呢?曾国藩等要员对此案讳莫如深,最后仅以"海盗挟仇报复"之名草草了结,实在难释众疑,这其中又是什么缘故呢?

为兄弟报仇吗

有人说张文祥刺杀马新贻是为了给兄弟报仇。

1855年,马新贻任合肥知县,曾疯狂操办团练围剿捻军,一次战斗中马新贻所率团练被捻军打得大败,自己也被活捉,这支捻军的头目正是张文祥。当时张文祥有两个结拜兄弟曹二虎和石锦标,曹二虎精于相面之术,他看到马新贻面相极好,为大富大贵之人,又念及捻军内部四分五裂,难成大事,便有借马改换门庭之意。由此,他向张文祥和盘托出了自己的想法。张文祥起初认为,马新贻被捻军所捉,怀恨在心,哪有什么可借之处,并不赞成。一旁的石锦标也赞同曹二虎的意见,认为可以试试看。

于是张文祥松了马新贻的绑,设宴款待,并向其道出了归顺之意。马新贻听后大喜,对他们说:"这事包在我身上!福中丞与我私交极好,你们又有武功,只要肯投诚,定会得到重用。今后升官发财,我们共享富贵。"随后还歃血盟誓,打消了三人的疑虑。第二天,这支捻军随马新贻投降。

马新贻在上司福济面前将自己如何劝降之事,大大地渲染了一番,决口不提被

411

降之事。福济称赞他能干，并将这支捻军改编成练勇。

至于为何发展到刺马，说法就多了。其一，起初，马新贻为了围剿捻军，对这三位兄弟多有重用，大家相处还好。等到马新贻发迹后，怕自己被捻军所缚一事暴露，遂密谋杀死张文祥等人。由于偶然机会，张文祥侥幸逃出，另外二人被杀，张文祥立誓为兄弟报仇，决心手刃负义的仇人，因而才有刺马之举。

其二，说是张文祥当时率领着800多名能征善战的兄弟投降后，马新贻密谋将这800余人全部杀死，张文祥侥幸逃走。由此，张文祥与马新贻结下血海深仇，发誓不杀马新贻誓不为人，并远离安徽，苦练武功，最后终于将马刺杀。

其三，说是马新贻凭着这三个人建立了山字营团练，并仗着这支队伍在围剿捻军的过程中，屡立战功，迁升很快。到了1865年，马新贻已升为布政使。那时山字营裁撤，石锦标回家当了财主，张文祥、曹二虎仍留在马新贻身边，马新贻待他们确也亲如兄弟。

不久，曹二虎将妻子郑氏接到安庆。马新贻一次见郑氏生得美貌，顿起歹心。从此，常常变着花样将郑氏骗进藩署，恣意淫乐。张文祥对马新贻奸占朋友之妻的丑行大为不满，便将看到的一切告诉了曹二虎。夜间曹二虎就此事质问妻子，郑氏大哭大闹，矢口否认。几天后，马新贻也对曹二虎说："你我情同手足，岂能相信外间谗言？你外出时，郑氏冷清，间或进署与娘儿们叙叙话，有什么不可以的，千万别再怀疑自己的妻子了。"曹二虎想想也有道理，就信以为真。

半个月后，马新贻派曹二虎到寿春镇总兵徐塍处领军火。张文祥担心曹二虎的安危，决定与他同去。二人到了总兵衙门驻地后，张文祥留在客店里等曹二虎，曹二虎前去衙门投文。曹二虎刚刚递上公文，只见寿春镇中军官大声喝道："把曹二虎捆将起来！"曹二虎大吃一惊，忙问何故，中军官说："有人在马藩台那里告发了你，说你暗通捻匪，领军火实为接济他们。马藩台让我们以军法从事。"

等到张文祥赶到时，曹二虎已被绑到市曹斩首。张文祥痛哭流涕，埋葬曹二虎后，发誓为二弟报仇。从此远离马新贻，苦练武功，寻找行刺良机，最后终于为兄弟报了仇。

总的来说，这一说法多把张文祥和马新贻混为一谈，说他们起先是结拜兄弟，后来马忘恩负义，遂被极讲道义的张文祥杀死。该说多为文学作品、小说、电影等采用，可信度不大。

是被收买的刺客吗

关于张文祥刺马一案，后来又有了一个比较离奇的说法，说张文祥是受当时任江苏巡抚丁日昌之子所指使刺死了马新贻。

丁日昌的独子丁蕙蘅，是个不学无术的纨绔子弟，整天寻花问柳，吃喝嫖赌，游手好闲，诗词文章却作得狗屁不通，20多岁了连个秀才也没考中。丁日昌没有办法，花费大量银子给他捐了个监生，接着，又花费2万两银子，给他买了一个候补道的官职。这样只要哪处道员出缺，丁蕙蘅便可走马上任了。

谁料，这个不争气的丁蕙蘅在候职期间，嫌住在苏州由父亲管辖诸多不便，便带着妻妾和几个家丁来到江宁城，在秦淮河边置办了一栋楼房居住下来。某天由于在一家妓院，争风吃醋，指挥家丁将一扬州富商之子乱拳打死。丁蕙蘅眼看闯下大祸，塞给鸨母200两银子，要她收殓死人送回扬州，自己偷偷地溜出了江宁城。

两江总督衙门旧照

哪知这个扬州富商也只有这么一个宝贝儿子，虽知死于巡抚公子之手，可是气愤不过，仗着有钱，非要讨个公道不可。于是，他一面大张旗鼓状告两江总督衙门，一面又暗中送给马新贻5000两银子。

马新贻很快就知道了事情的来龙去脉，但是他左右为难：如果不理会，人命关天，富商交际甚广，江宁不予受理，他可以上告都察院、大理寺，最后还得追查自己的责任，且5000两银子也得不到；要是受理，事关丁日昌，得罪不起，特别是同僚之情，面子上很过不去。

思来想去，他还是受理了。马新贻把丁日昌叫到江宁，共同商议此事，最后决定：打死人的家丁各打一百板，选一人充军，赔偿银子1万两，革去丁蕙蘅的候补道之职。

这样处置，扬州富商勉强同意，一场人命案由此了结。对此，丁日昌自然极为气恼，一方面闹得人声鼎沸，丢人现眼；另一方面苦心为儿子捐的官职也泡了汤，于是，将不争气的儿子痛打一顿，关在府中不许出门。

丁日昌奉旨到天津办案后，丁老太太见孙子可怜，便把丁蕙蘅放了出来。丁蕙蘅把一腔怒火都集中到马新贻身上，认为是他毁了自己的锦绣前程，恼恨之余，他拿出3000两银子收买亡命天涯的张文祥，刺死了马新贻。

这种说法，在当时影响极大，有的干脆说是丁日昌因儿子人命案，被马严办，不留情面，因此怀恨在心，派张文祥刺死了马新贻。

为此，丁日昌还专门上折子奏明太后、皇上，申明此事来由，承认自己教子不严，请求处分。同时也为自己和儿子申辩。

不过，这一说法明显牵强，丁蕙蘅买通张文祥，证据何在？且张文祥的招供中也丝毫未涉及此事。由此，这种说法的可能性也不大。

为了同伙在东南的发展吗

陈功懋在《张文祥刺马新贻真相》一文中披露，张文祥刺马新贻是为了擒贼。

陈功懋的祖父号镜题，当年曾随马新贻到江宁襄办文案。司道会审张文祥时，

□历史悬案

临淮关战图
此图为《平定捻匪战图》之四。

山东捻军战图
此图为《平定捻匪战图》之五。

又参与录供研讯,对内幕知之甚详。这篇文章就是其参阅了祖父大量有关刺马案的笔记等撰写的,真实性较大。

书中记载,咸丰初年,张文祥在皖北捻军中担任小头目,屡次与练勇清兵作战。马新贻任合肥知县后,统率练勇清兵疯狂镇压捻军,由于马新贻手腕灵活,诡计多端,捻军吃过他不少亏。

1858年,捻军联合太平军一度攻克庐州府城(今合肥),马新贻全军溃散,马新贻本人和他的随从时金彪均被俘虏。而俘获他们的正是捻军小头目张文祥。当时,张文祥在察点俘虏时,讯知时金彪也是河南人。时金彪诡称自己参加团练并非出自本意,而是被逼迫,并且为时不久。张文祥念同乡之情,纵之离去。时金彪自己被释,跪谢文祥的同时,又称马新贻姓张,是他的朋友,请求张文祥将马一同予以释放。张文祥并不认识马新贻本人,听时金彪这样说,未经细审,又见与本人同宗,也就一并释放了。

马新贻死里逃生后,对时金彪自然十分感激,而对自己被俘一事,则守口如瓶。因为城官员失陷城池,被俘失节,在当时不但前程全毁,还要受到朝廷最严厉的处分。马新贻对上司谎称这次是中"贼"埋伏,误失城池,丢失印信,因此只受到了革职留任的处分,并很快官复原职。

再说张文祥,他虽在捻军中作战英勇,屡立奇功,可是由于本人桀骜不驯,又系外省人,捻军多为本地农民,对其多有排挤,正如他自己所说"战功甚多,地位甚小"。其后,在一次战斗中,捻军又受到一次重创,张文祥愤而离开捻军,跑到浙江宁波,寻找往日的兄弟邱材青等,准备别树一帜,自作首领。太平军到浙江宁波时,张文祥又投入了太平军,转战各地。

1864年九月,在太平军攻克漳州城时,张文祥再次俘虏了到福建公干的时金彪。张文祥觉其面熟,经过盘问果系庐州时放走的同乡,问其何以在此。时金彪撒谎说那次被俘释放后,即逃出合肥在外做小贩度日,这次来漳州采办漆器,运浙贩卖。张文祥再次信以为真,给予路费放之使离去。

次年冬,张文祥离开太平军回到浙江,准备联络浙江、江苏、山东一带的兄弟,

414

实现自树大旗的夙愿。回到宁波后,才知道南田山寨却在数月前已被攻破,张文祥哀伤不已。一天在茶馆中,他碰巧遇到了龙启云,才了解到别后的情况。龙启云介绍,浙江巡抚马新贻自到任后,专门与他们海上兄弟们为仇,曾两次派兵勇围打南田石寨,均被打退。当地有一个同伙叫吴炳燮,原系宁波一无赖,在太平军到宁波时曾投奔南田入伙,龙启运、张文祥亦都相识。太平军退后,吴炳燮在宁波开一烟馆,暗中为南田石寨做眼线。马新贻有个弟弟叫马新祐,人称马四爷,常到吴炳燮烟馆抽烟,趁机打探"海匪"踪迹和南田石寨情况。吴炳燮遂起了歹心,想趁此"立功",就背叛了南田。于是,一夜,吴炳燮以有急事求见寨主,夜间喊开寨门,率领官兵攻进了南田石寨。邱材青力战被擒,遇害,同伙战死和被杀者二百余人,大寨全部被焚。只有龙启云、陶湘国等人逃出,因怕吴炳燮捉拿,宁波城也不敢常来。

龙启云还告诉张文祥,吴炳燮出卖南田石寨后,得了一笔奖赏,又去新市骗走了张文祥之妻罗氏,现住在杭州。张文祥听后极为气愤,决心收复南田,为邱寨主报仇。数月后,张文祥与龙启云、陶湘国等收集南田旧部百余人,分批乘艇出海,联络活动在闽、浙、温、台沿海的"海匪"及太平军余部,拟大举收复南田。并在海门洋面乘机全歼黄岩总兵刚安泰、游击蔡凤占率领的巡逻船队,掠走船只20余艘。

浙江巡抚马新贻得报后,调集大队兵勇乘艇出海追捕,与张文祥等战于舟山海面。由于一些帮派见来敌凶猛,乘机撤退,张文祥部力战不支,损失惨重,收复南田的计划落空。后马新贻又亲至沿海巡视,加强了沿海的防剿缉捕,特别是马新贻兼摄盐政,对私枭亦严行缉捕镇压。而私枭多系张文祥同党,这一举措使得分伏在沿海的张文祥同伙们欲加举步维艰,难以生存。

张文祥后又听说苏浙边界尚有太平军余党、盐枭以及哥老会兄弟活动,便欲前往投奔。孰料,尚未计议妥当,马新贻又联合江苏省派兵突然进剿,全歼该处"枪匪",擒杀者达100余人。至此张文祥感到若不除掉马新贻,东南诸省断无同伙立足发展的机会。

经与龙启云、陶湘国密谋之后,张文祥决定"擒贼先擒王",主动请缨,亲自手刃马新贻。随后,张文祥一直寻机行刺,一次马新贻出巡至宁波,张文祥以结发妻被骗为由,拦舆喊冤,拟趁机行刺,由于马新贻护卫森严,只好作罢。后来张文祥决定到杭州寻找行刺机会,同时也寻找吴炳燮下落。

在杭州,张文祥不期遇到了时金彪,时金彪为了报答张文祥两次救命之恩,坚请与之结为兄弟,并请他住在衙门,天天以好酒好菜相待,无话不谈。张文祥谈到妻子罗氏被吴炳燮骗逃,听说吴与马四爷要好,其人当在杭州,请时金彪代为打听。

当张文祥说出妻子的年龄、相貌时,时金彪不禁大吃一惊,因为他知道吴炳燮曾通过马四爷向金夫人(马新贻之妻)推荐了一个娘姨,也是姓罗,年龄、相貌与张文祥所说的罗氏相仿。这个娘姨数月前已被马新贻收为第三个姨太太。时金彪自然不敢实说,只说代为打听。

一次,酒过数巡后,张文祥向时金彪打听马新贻过去做官情况,时金彪一时不慎透露出了当年合肥被俘真相,说当年同时被他释放的那个姓张的,正是当年庐州知府现在的抚台马新贻。张闻后又惊又恼，想不到恩仇如此巧合，十分恼恨当年竟犯下这样大错，亲手放走了仇人。

期间，张文祥想到了一个接近马新贻行刺的机会，让时金彪待马新贻回来时，说明庐州被俘之事，请其顾念恩情，赏自己一个前程，在衙门里求一个差使。然而，时金彪说马新贻面善心狠，杀人不眨眼，他最忌讳被俘一事，这样做怕不仅得不到差使，性命也难保。张文祥只好作罢。

数日后，时金彪赴江宁公干，张文祥亦离开了抚署。马新贻在回籍返浙途中，又奉旨调补两江总督。此间张文祥曾回宁波一次，后回到新市暂住。1869年八月张文祥来到江宁城，伺机下手，这时时金彪已随李宗羲到山西抚署当差去了。张文祥到督署附近徘徊，看到了墙上贴有每月二十五日考课武弁的总督榜文，于是决定趁机下手。

从这种说法来看，张文祥并非为了个人私怨而杀马新贻，主要是为了同伙在东南的发展，也为诸兄弟报仇。就他个人来说，甚至到最后也不知道自己的妻子被马新贻纳为了三姨太，只知道成了马新贻的侍女。至于庐州放走仇人之事，也是后来才知道的。不过案情确实复杂，新仇旧恨交织，阴差阳错间张文祥也算是为自己，"为天下人除此恶贼"。

这一说法为陈功懋根据先祖笔记等整理而成，在诸多刺马缘由中是相对较为可信的。

另外，还有一种说法，说是马新贻支持洋人，疯狂镇压各地乡民起义，引起了朝中清议派的反对，因而派张文祥刺杀他。或者说张文祥就是因为马新贻霸占了自己的妻子而刺马，等等。总的来说，此案缘由说法众多，也都各有道理，在民间广为流传。至于事实真相究竟如何、哪种说法最为可信，目前尚无定论。

为何草草了案

张文祥刺马案涉及多方利害关系，错综复杂，为了避免节外生枝，或者维护各方体面，最后几经会审，仍以"海盗挟仇报复"为名定案。

首先，马新贻早年被俘一事，如果照实上奏，不但会使其死后声誉扫地，更会贻笑天下，有损清廷威严。另外，马新贻作为两江总督，纳张文祥之妻（或者霸占所谓的曹二虎之妻），霸占民妻之嫌明显，这无论如何难以上奏。张文祥在被审讯时，曾在供词中说："早知当年俘虏的是马贼，当时就该杀了他，决不会让他活到今天。"张之万、魁玉在单独提讯时金彪时，时也招供了马新贻庐州被俘以及娶张文祥之妻的经过，可见这两件事着实不假。不过，在大审时，时金彪与张文祥对质，时全改原供，对马新贻被俘和罗氏一事只字未提，只说自己在漳州被俘时，结识张文祥，其念同乡之情，予以释放。这也许是审讯前就特意安排好的。

其次，张文祥在供词中说："我受天下人主使，为天下人除害，杀此恶贼。"又说，马新贻杀害他们难以计数的兄弟，破坏他们大事，尤为可恨，天下人都可以杀他。由此可以看出，这绝非挟私怨致此。而曾国藩等之所以将这一重大政治事件，推说成个人私怨，据说是因为当时太平天国初被荡平，清廷尚怀余悸，曾氏不愿以此震撼朝廷，激起他变。再者，天京被攻破后，曾国藩和左宗棠曾迭奏"江南余孽，早已肃清"，如今又出此大案，如果据实上报，自己也脱不了干系，因此经过幕僚研究，仍以"海盗挟私报复"定案，以求大事化小，息事宁人。

正是在这种大事化小思想的指导下，审讯档案中，把有关马新贻的不利证词全部删改，只留下私怨所致的有关情节。对其庐州被俘以及纳罗氏为妾之事，多为隐瞒。一桩惊天大案，就这样被草草了结，历史真相也被长期掩盖。许多大官僚，如曾国藩、杨昌浚等还纷纷上书奏请恤典，清廷也就迭谕褒扬，马新贻被赐谥"端敏"。几个地方还建立了专祠以示纪念。

《淮军平捻记》
此书作者是清朝人周世澄。

由于时代久远，加之有关资料多被篡改，刺马案的内幕究竟如何仍为许多专家、学者所关注，相信随着研究的深入，这一事件的来龙去脉，幕内幕外，将会水落石出。

清东陵被盗之谜

在清朝统治时期，清东陵是一块与世隔绝、神圣不可侵犯的皇家禁地。由于中国数千年来奉行的厚葬之风，清东陵的地宫内更是随葬着清朝统治者积聚的无数价值连城的奇珍异宝。然而在20世纪初，清东陵却遭到一场毁灭性的浩劫。1928年春夏之交，这座规模宏大、体系最完整的清代皇陵发生了一桩震惊中外的盗墓奇案，堪称地下宝库的慈禧太后定东陵和乾隆帝裕陵地宫被炸开，墓中珍宝被洗劫一空。令人奇怪的是如此备受关注的盗宝奇案，后来却不了了之。谁是这次盗墓的真正凶手？神秘的皇陵地宫是怎样被打开的？地宫里面究竟埋藏着怎样价值连城的珍宝？这些长期萦绕在人们心头的疑问一直都没有人给出答案。

东陵浩劫的罪魁是谁

1928年7月4日至7月10日，清东陵发生了最为惨重的浩劫。据当地老村民回忆，由于事前的军事封锁，大家都不敢出门，只听到陵区内炮声隆隆，还以为是剿匪或者军事演习。可是等到一切平静下来，有大胆者进陵，才发现皇陵被盗了。乾隆帝裕陵和慈禧太后定东陵地宫被炸开，现场一片狼藉，墓中富可敌国的珍宝被洗劫一空。

清东陵发生的惊天掘墓开棺案被报道后，舆论立刻哗然，社会各界纷纷要求严惩凶手，保护文物。清室遗老们更是义愤填膺，悲痛欲绝，溥仪号啕大哭，发誓报仇。那么究竟是谁，犯下了这令国人至今痛惜不已的弥天大罪呢？

相信今天的人们，大多都通过书籍、影视等作品了解到，是一个叫孙殿英的军阀盗掘了皇陵，这个人也因此留下了"东陵大盗"的万世恶名。然而查阅史料却发现，当时孙殿英并没有受到任何法庭的传讯和起诉。孙殿英在东陵案发后还曾宣称，那是土匪盗陵，自己所率部队得到的珍宝完全取自土匪手中。

难道真有另一支土匪盗取了皇陵，孙殿英只是坐收渔翁之利？直到今天，在谁是真正的盗墓者这一关键问题上，就是研究清东陵的专家们也时常陷入困惑。东陵罪魁是否还另有其人？孙殿英是个什么样的人物，他是如何被后人定为盗陵元凶的？最后又怎样逃脱了惩罚？这中间究竟有着怎样的惊天内幕？

孙殿英，河南永城人，名魁元，一般也叫孙老殿，因为出过天花满脸麻子，也有人叫他孙麻子。此人出身贫寒，自幼就跟流氓地痞鬼混，出入赌场，精于赌技。年长后更是不务正业，闯荡江湖，广结流氓恶棍、军警胥吏，开设赌局，贩卖毒品，坑骗钱财。后来孙殿英又加入了豫西的庙道会，利用该组织贩运鸦片，制造"红丸"，大发横财，并购买枪支，纠集徒众，发展势力。1922年，孙殿英投靠河南陆军第一混成团团长兼豫西镇守使丁香玲，被委为机枪连连长。依仗其权势，大肆贩毒。1925年春，他又投靠镇嵩军憨玉昆任旅长和国民革命军第三军副军长。同年秋，又率部投靠山东督办张宗昌。1928年，国民革命军北伐中原，奉军大败。原属奉系的孙殿英接受蒋介石收编，摇身一变成为国民革命军第12军军长，进驻河北东陵附近。正是在其部驻防期间，清东陵迎来了这次惨重的浩劫。

不过，由于事前孙殿英发出告示要在此地进行军事演习（也说是剿匪），清东陵方圆数十里内全部戒严，没有人知道盗墓者的来龙去脉。东陵盗案发后，面对强大的舆论压力，负有管辖权责的平津卫戍区总司令阎锡山下令严查。起初各方对盗墓者的猜测众说纷纭，并没有十分明确的目标。而这其中首先把矛头指向第12军的是一个叫和钧的满族守陵官员。

和钧奋笔疾书向溥仪报告了东陵被盗后的惨状，同时指出当时国民革命军第12军就驻扎在东陵附近的遵化，很可能是这支部队看见陵内守护形同虚设，从而监守自盗。不过这个报告在当时并没有引起人们的注意，真正让人们对第12军产生怀疑的是随后又发生的一件事。

这年8月的一天，北京琉璃厂规模最大的古玩铺"尊古斋"迎来了一位神秘的客人，此人携带了一批罕见的绝世珍宝，并急于出手。老板黄百川热情地接待了他。双方经过一番讨价还价，最后以10万元秘密成交。不料，走漏了风声，事情败露，二人因涉嫌贩卖国宝罪被北平警备司令部拘捕。经过审讯后得知，这位涉嫌销售东陵珍宝的神秘男子正是第12军的师长谭温江。

这一事件被报道后，舆论再次哗然，人们自然把怀疑的目光投向了身为谭温江顶头上司的12军军长孙殿英。

面对这种情况，1928年7～8月，孙殿英向自己的顶头上司发出了一系列报告文电，解释了这些珍宝的来龙去脉，日本人创办的《顺天时报》连续13天全文刊登了这些文电内容。其中孙殿英详尽记载了东陵被盗前后12军的换防调动情况，并着重指出，应乡绅之请求，派部剿办盘踞于马兰峪之悍匪马福田，这一仗剿获战利品若干，列出清单上缴。从清单上看，这些从土匪手中缴获的战利品大都是十分贵重罕见的珍珠翡翠。

在偏远贫瘠的遵化马兰峪，这些珍宝来自何方？显然出自地下皇陵。那么报告中所说的马福田惯匪，究竟是什么来头，是否有盗陵之举呢？据考证，北伐战争后期，原来占据东陵的奉军溃退关外而国民革命军尚未到来之际，东陵地区游兵散勇、土匪、强盗活动频繁，这其中确以土匪马福田势力最大。

马福田是清东陵东沟村人，早年就是一名土匪，专靠"绑票"过日子，后来投靠奉军当了团长。奉军败退后，他又纠集散兵游勇做起了土匪。对于马是否盗陵，今天有关专家分析："也是可能的。因为在东陵盗案发生18年后的1945年，马匪又窜回东陵，把当时没挖的几个陵盗掘了。"但是这次东陵被盗是否是他所为，就不得而知了。

由于当时清东陵被盗案情况复杂，土匪盗墓的可能性确实很大，孙殿英的报告立即发挥了作用。与此同时被捕的谭温江也一直否认自己参与过盗陵，关于珍宝来源，他也解释是缴获自土匪。因为查无实据，案件的审理一时陷入僵局。

事情并未就此结束，同年8月4日，在驶往青岛的一艘名叫"陈平丸"的轮船上，青岛警察厅抓获了两名逃兵，从他们身上搜出36颗珍珠，还有国民革命军第12军的标志。经过一番审讯，一名叫张歧厚的逃兵承认参与了东陵盗墓，从而把人们的目光再次引向孙殿英。

当时的报纸记载了张歧厚的自供："今年五月（公历7月）间……由军长（孙殿英）下命令，教工兵营用地雷将西太后及乾隆帝二坟炸开……我这三十六颗珠子就是在西太后的坟里拾的。我因当兵不易发这些财，再跟着队伍打仗去也无益，所以才由杨各庄偷着跑到天津卖了十颗珠子，卖了一千二百元钱……"这是第一份直接指证孙为盗墓嫌疑人的重要证据，产生了极大的影响。

南京国民政府迫于舆论压力，开始催促平津卫戍区总司令阎锡山尽快破案。1928年11月，当时的四大集团军首脑都派出自己的代表组成高等军法会来会审此案，东陵盗墓案真相一时大有水落石出之势。

对此，不仅清皇室，社会各界人士也都翘首以待，期望早日查明真相，给大家一个交代。然而，令人奇怪的是，如此备受关注的案件，却一拖再拖，迟迟不见下文。直到1929年4月底，也就是东陵被盗将近一年后才开始预审，经过匆匆一个半月的审理后，高等军法会在6月中旬，宣布了预审终结，结论是：东陵盗案系遵化驻军勾结守陵人员，盗墓分赃。对于所谓的"遵化驻军"是哪支部队、幕后主使究竟是谭温江还是孙殿英，判决草案模糊不清，含糊其词。

按照程序，高等军法会将"预审判决草案"的全部卷宗，呈交南京国民政府，静候最高当局的复核、宣判和执行。然而，案卷上报后却再也没了下文。为什么会这样呢？原来，当时无论是阎锡山还是蒋介石都是各怀鬼胎，明争暗斗，双方的军事大较量即将展开。而孙殿英手握一部分兵权，是双方都力争拉拢的对象。因此，谁也不愿意得罪孙殿英。

1930年4月，中原大战爆发。孙殿英见反蒋势力强大，再次易帜，投靠冯玉祥和阎锡山集团，被羁押在阎锡山辖区北平陆军监狱的谭温江也获得释放。这个东陵要犯，正如当时一家报纸所言"不知何故又将其释放"，自此东陵盗案不了了之，成为当时最大的悬案之一。

1949年后，曾在孙殿英身边任参谋长的文强回忆，孙殿英曾不无得意地对他说："乾隆帝墓中陪葬的珠宝不少，最宝贵的是乾隆帝颈项上的一串朝珠，上面有108颗珠子，听说是代表十八罗汉的，都是无价之宝。其中最大的两颗朱红的，在天津与雨农（戴笠）见面时，送给他做了见面礼。还有一柄九龙宝剑，有九条金龙嵌在剑背上，还嵌有宝石，我托雨农代我赠给委员长（蒋介石）和何部长（何应钦）了……"孙还说："慈禧太后墓被崩开后，墓室不及乾隆帝墓大，但随葬的东西就多得记不清楚了……（其中的）翡翠西瓜托雨农代我赠宋子文院长，口里含的一颗夜明珠，分开是两块，合拢就是一个圆球，我把夜明珠托雨农代我赠蒋夫人（宋美龄）。宋氏兄妹收到我的宝物，引起了孔祥熙部长夫妇的眼红。接到雨农电话后，我选了两串朝靴上的宝石送去，才算了事……"

这段记载也许回答了清东陵盗墓案最终风平浪静的又一原因和一些不为人知的内幕，更成为今天人们判断孙殿英是盗陵主谋的引用最广的证据。除此之外，有关学者还从民国时期的档案中发现了一些蛛丝马迹，比如一份档案中曾提到在乾隆帝裕陵地宫内发现一个军用铁尖锄，还有带着黄色炸药痕迹的墙砖碎块。另一份档案记载，案发后，当地百姓曾经看见第12军的士兵到集市上，许多人裤脚沾满白灰。这个奇怪的现象意味着什么呢？专家认为由于东陵地宫为三合土夯成，地宫渗水，地上积满白灰浆，这正好表明了第12军盗墓是实。再说定陵和裕陵规模宏大，坚固无比，如果没有主使，组织大量人力，也不可能在短时间内得手。

从现在掌握的资料来看，学者们认为尽管不能怀着先入为主的观念武断谁是真正的东陵大盗，但孙殿英无疑仍是最大的嫌疑人。

神秘的地宫是怎样被打开的

众所周知，历代皇陵都修建得固若金汤，甚至传说地宫还布满机关暗器。清东陵裕陵是乾隆皇帝的陵寝，修建于清朝最鼎盛时期，耗银200多万两，遍选天下精工美料，陵墓美轮美奂，坚固无比。慈禧太后的定东陵建于清末，工程前后耗银227万两，持续14年，直到她死前才完工。陵墓金碧辉煌，奢华程度连皇宫紫禁城也难以企及。皇陵最重要的部分就是那高高封土宝顶下的地宫，那是安放帝后棺椁的地方。但据资料记载，陵墓的地宫"系用尺厚四尺纵横之玉石十三层建筑砌成。墓门三层，其外层门，系用尺余厚之玉石制造，第二、第三两层，系铁质包金者，墓门内又有数千斤重之石球，由门外用巨绳牵引，使其自动滚入门后之深槽内封锁盗墓者。至墓门外更有五尺厚墙一堵，以资掩护"。因此，如果不能准确地找到入口，要想进入地宫是相当困难的。由此，我们不禁疑问，当年东陵盗墓者是如何进入地宫的？

从陵墓被盗后拍摄的照片看，起初，匪兵们确实不知道地宫入口在哪里，而是遍地乱挖，宝顶上、配殿外、明楼里，都留下了他们挖掘的痕迹。那么他们后来又是如何找到入口的呢？

有一种说法是，盗墓者找到了当时建造陵墓的知情者，在其帮助下找到了入口。有的书上是这样叙述的：工兵营在陵寝各处连续挖了两天两夜找不到地宫入口。孙殿英急了，派人把当地地保找来。这个地保是个40多岁的小

图为清东陵孝陵神道。孝陵是顺治帝的陵墓。

地主，听说是要为盗皇陵当"参谋"，顿时吓得脸色蜡黄，浑身发抖，但又不敢得罪这个军长，只好说："陵寝面积这么大，我也不知道入墓穴的具体位置，还是找几个附近的老旗人问问吧！"孙殿英一听，立即派人抓来了五六个老旗人。但这些老人也不知道地宫入口，孙殿英以为他们不说实话，开始还好言哄劝，渐渐失去耐心，就用鞭子抽、烙铁烙。老人哪经得起这般折腾，不一会儿就死了两个，有一个实在受不了这罪，说出离此地10多公里有个姜石匠，曾参加过修筑陵墓，兴许还记得地宫入口的位置。

这个姜石匠是否知道地宫入口呢？我们知道，古时修筑皇陵，为了不让外人知道地宫入口，封墓的工匠往往都被处死，不会留下活口。如果姜石匠参与了封闭陵墓最后一关封闭隧道，他有活下来的可能吗？当年慈禧太后入葬时，的确有81人被留下封闭墓道，并被告知完事后从另一隧洞出去。工匠们都知道这意味着什么。姜石匠也在其中，但是他却不想就这么死了，因为他都40多岁了，几天前才听说老婆给他生了个独生子，他可不想连儿子都没看上一眼就死了。他正胡思乱想间，脚下一滑摔倒在地，恰巧被他自己搬的石头砸在身上，当场昏死过去。监工见他半天不醒，断定这家伙已经死了，就让人把他扔到了荒山上。谁知这个石匠命大，半夜时分就醒过来了。他见自己不在墓地里，连高兴都忘了就拼命跑回了家。

得到姜石匠知道地宫入口的消息后，不顾深更半夜，孙殿英马上命人把姜石匠"请"到东陵。姜石匠迷迷糊糊不知发生了什么事，孙殿英对他说，请指点一下进入慈禧太后寝宫的墓道入口就送你回去。姜石匠知道是怎么回事后，吓得跌坐在椅子上。姜石匠想：我怎么能做这种缺德事呢？孙殿英用元宝、金条来引诱，姜石匠还是一言不发。孙殿英很不高兴，真想大刑伺候他一番，可是，他又一想，如果这个

笨蛋经不住折腾，没了小命，不就找不到墓道入口了吗？于是，他眼珠一转，把桌子一拍，对着姜石匠骂道："妈的，给你脸你不要脸，再不说把你儿子抓来！"姜石匠一听这话，扑通一声跪倒地上。第二天，姜石匠乖乖地帮孙殿英找到了墓道口。

故事也许不可信，不过当年调查东陵盗案的国民政府接收委员会主任刘人瑞曾经接到报告：当时盗墓部队挖掘时，有人看见有两名白胡子工兵在现场。工兵中可能有这么大岁数的吗？刘人瑞当时就怀疑这二人可能是当初筑陵时的工人。今人分析，这种情况是完全可能的，按照古制，东陵周围几个村庄住着的都是守陵人的后代，不排除会有个别当年参加或者目睹过建陵的幸存者，盗墓部队很可能找到了这类了解内情的人。

还有一种说法认为，清代负责皇家陵寝建筑事务的机构样式房保存有大量陵寝设计施工时的图纸、烫样，这些资料清楚地记录了清东陵的结构秘密。清帝退位后，样式房随之衰落，这些曾经属于清宫秘档的物品，随着样式房工匠们的四散谋生，而大量流落到民间。由此，当年的匪军可能找到了一份这样的施工图纸，从而最终顺利找到了地宫入口。

当然，当时的情况究竟如何，已经无法知道，但不管怎样，盗墓匪兵们最终还是进入了地宫。今人可以想象，由于害怕传说中的暗器，走在这阴森恐怖、霉臭刺鼻的斜坡甬道上，士兵们肯定是精神高度集中，相当害怕。东陵被盗后，当地留下一些传说，其中就有盗陵士兵死于地宫的。有人说是胆小吓死的，有人说是争抢财宝自相残杀，还有说士兵中了墓中的暗器死的，众说纷纭，莫衷一是。

至于匪兵们如何打开慈禧太后棺椁的，有些资料倒是可以给我们提供一些信息。在一本名为《世载堂杂忆》的书中有一段据称是盗陵连长的回忆：他们是用刀斧砍开光芒四射的金漆外椁的。外椁被砍开后，匪兵们看见了一具红漆涂金的内棺。匪官们怕伤及棺内宝物，就严令匪兵不要用刀斧去砍。于是，匪兵们小心翼翼地用刀子撬开了内棺。该连长说："当时将棺盖揭开，见霞光满棺，兵士每人执一大电筒，光为之夺，众皆骇异。俯视棺中，西太后面貌如生，手指长白毛寸余……珠宝堆积棺中无数，大者由官长取去，小者由各兵士阴纳衣袋中。于是司令长官下令，卸去龙袍，将贴身珠宝搜索一空。"孙殿英在谈起当时的情景时不无炫耀地说："老佛爷（慈禧太后）像睡觉一样，只是见了风，脸才发了黑，衣服也拿不上手了。"

另外，据《孙殿英投敌经过》一文记载："乾隆帝的墓修得堂皇极了，棺材里的尸体已经化了，只留下头发和辫子。陪葬的宝物不少，最宝贵的是颈项上的一串朝珠，有108颗，听说是代表十八罗汉，都是无价之宝。其中最大的两颗朱红的……"

清东陵终于在盗匪们的贪欲下，惨遭破坏，留下了永远无法弥合的重创！

有多少珍宝被盗，如今流落何方

慈禧太后的定东陵和乾隆帝的裕陵这次被挖掘盗走了多少稀世珍宝，成了永远的历史之谜，我们只有通过一些相关的资料管中窥豹，对其有个大致的了解。据有关资料记载，早在慈禧太后生前，地宫刚修好之时，就有大量殉葬物品陆续放入，直到慈禧太后入葬关闭地宫为止。

这些珍宝本身的材质就已价值连城，其所包含的艺术价值更是无法估量。比如翡翠西瓜，青皮、红瓤、白籽黑丝；翡翠甜瓜，有白皮黄籽粉瓤的，有青皮白籽黄瓤的。又比如玉藕，藕上有污泥，且在节处生出绿荷花，开出粉红荷花。这些珍品件件巧夺天工，总价值无法估量，说其可以富国毫不夸张。

乾隆皇帝在位期间，国家强盛，文化繁荣，乾隆帝本人精通书画诗词，酷爱金鼎玉石陶瓷。在他死后，他生前喜爱的那些物品大多陪葬入地宫。不过，由于史料记载有限，我们已经无法对这些宝物一一历数。其中的书画、金鼎玉石、瓷器等等，宝物之多、价值之大不可计数。史料记载，孙殿英从地方强行征集了30辆大车。后人推测这些车就是用来运送东陵珍宝的。

孙殿英率部离开后，听到风声的散兵游勇和土匪一起奔向东陵，他们很快扒开地宫入口，蜂拥着钻入地宫，将剩余的珠宝洗劫一空。

那么，这些价值连城的珍宝最终流落到了什么地方呢？珍宝的命运大致有四：一部分被孙殿英用来四处行贿，落入了当时一些权贵之手。比如前面已述的，送给戴笠、蒋介石或何应钦、宋氏兄妹、孔祥熙夫妇等等。另外，孙殿英的上司国民党陆军上将徐源泉，也接受了孙的大量贿赂，甚至还传言徐在湖北汉口附近的仓阜镇上修建的徐公馆地下还埋藏有一部分珠宝；一部分被孙殿英部下瓜分，比如前面提到的张歧厚，只是一个普通的士兵，在地宫被盗后还从里面拣到了36颗珠子。那么，可想而知孙部的其他官兵们也自然人人有份。这些珠宝或者被变卖或者流落民间，下落不明；一部分珍宝被变卖或走私到国外，比如上面提到的师长谭温江就试图把大批珍宝变卖到琉璃厂古玩铺，这只是其中的一个花絮，当时变卖东陵珍宝的交易相当活跃。据记载，东陵珍宝被盗的消息也刺激着北平、天津一带颇为兴盛的古玩业的老板们。当时，小小的遵化县城几乎住满了一些"形迹诡秘"的生意人，这些人都是闻讯前来寻宝和购宝的古玩商。由于这些交易都是在极秘密状态下进行的，交易双方都秘不外宣，从而造成东陵珍宝的大量流失。比如1928年8月14日的报上有则新闻——天津警备司令部又在海关查获企图外运的东陵文物，计有35箱，内有大明漆长桌一张、金漆团扇及瓦麒麟、瓦佛仙、瓦猎人、瓦魁星、描龙彩油漆器、陶器等，系由某古董商委托通运公司由北平运到天津，预备出口，运往法国，价值2.2万元。同时，在遵化还截获了所谓国民政府内务部接收大员宋汝梅企图携带的铜质佛像24尊，以及乾隆帝所书用拓印条幅10块等。当时有关东陵珍宝的这种报道屡见不鲜；孙殿英向上司徐源泉上交的两箱珠宝，有史料记载，东陵盗案曝光后，徐源泉未敢全部私藏，而是由北平卫戍司令部出面，把它们存入大陆银行，当时还曾请古玩专家进行

慈禧陵的地宫

423

□ 历史悬案

鉴定何为乾隆帝葬物、何为慈禧太后葬物。后来随着高等军法会审理的不了了之，这批文物送到何处去就不知道了。有说当时被送到了故宫博物院，但后来随着抗战和内战的相继爆发，这部分文物究竟被送到了台湾还是留在了大陆，或者一部分留在了大陆，一部分被送到了台湾，就弄不清了。

总的来说，这些无价珍宝最终被弄得七零八落，不知去向。

慈禧太后墓中珍宝知多少

清内务府的《孝钦后人殓、送衣版、赏遗念衣服》册中，对慈禧太后墓中的珍宝有着详细的记载：

光绪五年三月二十五日（1879年4月16日）在地宫安放了金花扁镯一对，绿玉福寿三多佩一件，上拴红碧瑶豆三件。

光绪十二年三月二日（1886年4月5日）在地宫中安放红碧瑶镶子母绿别子一件，红黄碧瑶葫芦一件，东珠一颗，正珠一颗，红碧瑶长寿佩一件，正珠二颗。

光绪十六年二月二十九日（1890年3月19日）在地宫安放正珠手串一盘，红碧瑶佛头塔，绿玉双喜背云茄珠坠角，珊瑚宝盖、玉珊瑚杵各一件，绿玉结小正珠四颗。黄碧瑶葡萄鼠佩一件，上拴红碧瑶豆一件。红碧瑶葫芦蝠师一件，上拴绿玉玩器一件。绿玉佛手别子一件，上拴红碧瑶玩器一件。红碧瑶双喜佩一件，上拴绿玉一件。

光绪二十八年三月十日（1902年4月17日）在地宫安放白玉灵芝天然小如意一柄，白玉透雕凤龙天干地支转心璧佩一件，红碧瑶一件。

光绪三十四年十月十二日（1908年11月5日）在地宫安放金镶万寿执壶二件，共重一百九十七两七钱一分，上镶正珠四十颗，盖上镶正珠六十颗，米珠络缨一千零六十八颗，真石坠角。金镶珠石无疆执壶一件，共重九十一两六钱，上镶小红宝石二十二件，底上镶小东珠二十颗，盖上镶碎东珠二百零四颗，米珠络缨五百三十四颗，真石坠角。金镶珠石无疆执壶一件，共重九十三两七钱，上镶小宝石十六件，底上镶小东珠二十颗，盖上镶小东珠二百零四颗，米珠络缨五百三十四颗，真石坠角。金镶真石玉杯金盘二份，每盘上镶东珠二颗，共重六十六两五钱五

定东陵地宫中的慈禧太后棺椁

錾盘肠纹金指甲套正面和背面（右），纹金镯（左）百子如意 清

金指甲套采用传统捶打、錾刻、焊接等工艺制成。上部围成圆筒状，錾刻了盘肠形纹，下部做成半包围形，指尖上翘，卷边。金镯采用了范铸、錾刻、焊接等工艺。镯头平直，两端开合处有童子相对而视。边饰是曲线优美的绳纹。每只镯子上有多个隐去的童子。金镯里面有"如意"二字。因此金镯是当时"多子多孙，吉祥如意"的象征。

分。金镶珠杯盘二份,每盘上镶东珠八颗,杯耳上镶东珠二颗,共重六十八两三钱二分。雕通如意一对。

光绪三十四年十月十五日（1908年11月8日）在地宫中安放金佛一尊,镶嵌大小正珠、东珠六十一颗。小正珠数珠一盘,共二百零八颗。玉佛一尊。玉寿星一尊。正珠念珠一盘,计珠二百零八颗,珊瑚佛头塔,绿玉福寿三多背云,佛手双坠角上拴绿玉莲蓬一件,珊瑚古钱八件,正珠二十二颗。正珠念珠一盘,计珠二百零八颗,红碧瑶佛头塔、镀金点翠,镶大正珠,背云茄珠,大坠角珊瑚纪念蓝宝石,小坠角上穿青石杵一件,小正珠四颗,镀金宝盖,小金结六件。正珠念珠一盘,珊瑚佛头塔,背云烧红石金,纪念三挂,蓝宝石小坠角三件,加间小正珠三颗,珊瑚玩器三件,碧玉杵一件。雕珊瑚圆寿字念珠一盘,计珠一百零八颗。雕绿玉圆寿字佛头塔,荷莲背云,红碧瑶瓜毡大坠角上拴白玉八宝一份,珊瑚豆十九个。珊瑚念珠一盘,碧玉佛头塔,背云红色,纪念三挂,红宝石小坠角三件,催生石玩器三件。

这些都是慈禧太后生前明记在案的地宫殉葬物品,无一不是价值连城的宝物。慈禧太后死后,随之入殓的物品更多、更珍贵,内廷大总管李莲英的嗣长子李成武是慈禧太后的贴身侍卫,熟知内情,在《爱月轩笔记》中详细记着:

"太后未入棺时,先在棺底铺金丝所制、镶珠宝之锦褥一层,厚约七寸。褥上覆绣花丝褥一层,褥上又铺珠一层,珠上又覆绣佛串珠之薄褥。一头前置翠荷叶,脚下置一碧玺莲花。放好,始将太后抬入。后置两足登莲花上,头顶荷叶,身着金丝串珠彩绣礼服,外罩绣花串珠挂,又用串珠九练围后身而绕之,并以蚌佛十八尊置于后之臂上。以上所置之宝系私人孝敬,不列公账者。众人置后,方将陀罗经被盖后身。后头戴珠冠,其旁又置金佛、翠佛、玉佛等一百零八尊。后足左右各置西瓜一枚,甜瓜二枚,桃、李、杏等宝物共人小二百件。后身左旁置工藕一支,上有荷叶、莲花等;身之右旁置珊瑚树一枝。其空处,则遍洒珠石等物,填满后,上盖网被一个。正欲上了盖时,大公主来。复将珠网被掀开,于盒中取出玉制八骏马一件,十八玉罗汉　份,置于后之手旁,方上子盖,至此殓礼已毕。"

"北京人"化石失踪之谜

1927年春天,在美国洛克菲勒基金会的支持下,周口店考古拉开了序幕。1929年12月2日,从北京大学地质系毕业的裴文中,在一个洞里发现了一枚"北京人"头盖骨。1935年,因为裴文中赴法国学习古人类学,贾兰坡开始主持周口店的挖掘工作。1936年,考古队员发现了许多头盖骨碎片。贾兰坡将这些头盖骨的碎片对碴粘好后竟然得到了两个完整的头盖骨。不久,他们又找到了一个头盖骨碎片。几天之内连续发现三个头盖骨,这一令人激动的消息传遍了全世界。

425

□ 历史悬案

"北京人"化石的出土，为认识人类的起源做出了重大的贡献。但十分不幸的是，第二次世界大战以前挖掘出来的"北京人"化石除了三颗放在瑞典实验室的牙齿以外，其余都神秘地失踪了。

震惊世界的头盖骨

1914年，被北洋政府聘为"矿政顾问"的瑞典地质学家、考古学家安特生来到中国。他到中国后不久，就招募了一批技工，教授简单的化石知识之后，便吩咐他们到华北各地去寻找化石。几年后，终于传出了结果，一份来自北京西南周口店的考察报告，引起了安特生特别的注意。

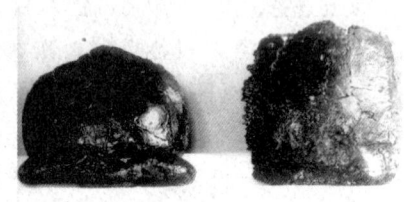

"北京人"头盖骨

旧石器时代早期，距今约50万年。1927年北京市房山县周口店第一地点出土，这是修复后的第一件"北京人"头盖骨化石的正面和后面，第二次世界大战时，不知去向。

1921年春，安特生和奥地利古生物学家斯丹斯基出现在了周口店。在当地老乡的指引下，他们来到被当地人称作"龙骨山"的北坡进行考察。安特生发现，在一大堆动物化石中有一些白色带刃的脉石英碎片，这些锋利的刃口，会不会是用来切割野兽肉的呢？他对身边的人说："我有一种预感，中国人祖先的遗骸就在这里，现在唯一的问题就是去找到它。"

两年以后斯丹斯基开始了小规模的发掘。1926年，一枚保存状态极佳的古人牙齿被发现了，加拿大籍解剖学家步达生对此进行了仔细研究，并提出了一个古人类新种属，即"北京人"。

然而这一说法立刻引起了国际上许多人类学权威的质疑，他们认为，仅凭牙齿化石就建立新的人类属种是无法令人信服的。在步达生的努力下，美国洛克菲勒基金会答应出资2.4万美元赞助周口店的发掘工作。步达生与中国地质调查所所长翁文灏取得联系，希望能与中国方面合作发掘周口店，双方一拍即合，并达成协议：采集到的一切标本最终归中国所有。

联合考古队组成了，他们花了4500美元，从当地的鸿丰灰煤场买下周口店这座山场。考古工作开始了，但挖掘只在春秋两季进行，因为夏天雨水多，发掘现场泥泞不堪，冬季地层冻得坚硬，发掘时会破坏化石。

1928年，刚从北京大学地质系毕业的裴文中来到了这里。1929年末的一天，就在准备收工的时候，他发现在主洞与裂隙交叉的地方有一个洞。在洞外工友的牵引下，裴文中沿着洞壁徐徐滑下，他点燃马灯，在微弱的光线下仔细寻找。突然，洞里传出裴文中狂喜的声音：这是什么？是头盖骨！

这一天是1929年12月2日，第一个"北京人"头盖骨被发现了，沉睡地下几十万年的北京猿人化石在周口店被挖掘出来了！这一爆炸性新闻和裴文中的名字以最快的速度从北京传遍了世界，国际学术界生动地称它为"古人类全部历史中最有意义、最为动人的发现"！

1935年，裴文中离开周口店赴法国学习古人类学，贾兰坡开始主持周口店的挖掘工作。当时因为找不到化石，许多人耐不住性子撤离了周口店，但贾兰坡仍不懈地坚持着。

转眼就到了1936年，然而周口店的挖掘除了一些人牙以外，再没有任何新的发现，如果6个月内再无进展，美国洛氏基金会将中断对周口店挖掘工作的支持。正当贾兰坡为找不到人类化石而一筹莫展的时候，奇迹出现了。11月15日上午，技工张海泉在砂土层中挖到一块核桃大小的碎骨片，放在小荆条筐里，贾兰坡问这是什么东西，他说："韭菜（即碎骨片之意）。"贾兰坡拿过来一看，不由大吃一惊："这不是人头骨吗？"他马上派人将现场围了起来，进行更为细致的挖掘，连豆粒大的碎骨也不遗落，在这半米多的堆积中，发现了许多头盖骨碎片，慢慢地，耳骨、眉骨也从土中露了出来，这是一个完整的头盖骨。接着在下午的挖掘中，又发现了另一个头盖骨，它的情形与上午挖掘的那一个相仿，均裂成了碎片。贾兰坡将两个头盖骨的碎片对碴粘好，送到了北京。

26日上午，又找到了一个头盖骨。这个头盖骨非常完整，连神经大孔的后缘部分和眉骨上部及眼孔外部都有。11天之内连续发现三个头盖骨的消息，一时间传遍了全世界，后来一个英国专门收集剪报的人给贾兰坡来信，说他当时搜集到的、世界各地发表的关于三个猿人头盖骨的消息竟有2000多条。此后大规模的发掘工作，一直延续到1937年卢沟桥事变才告一段落。

"北京人"化石如何失踪

"北京人"的发现，为人类起源提供了大量的、极具说服力的证据。周口店猿人遗址，是世界上发现材料最丰富、最系统的旧石器时代早期阶段的古人类遗址。

"北京人"洞穴堆积层厚达40多米，大致形成于距今70万～23万年前，"北京人"大约在距今70万～20万年在此居住，时间跨度长达50万年。他们的头部特征较为原始，但已有明显的现代蒙古人种的特征，"北京人"是属于从古猿进化到智人的中间环节的原始人类，它揭开人类历史的序幕，早在旧石器时代早期，"北京人"已懂得选取岩石，制作石器，用它作为武器或原始的生产工具，在与大自然进行斗争中改造自己。学会使用原始的工具从事劳动，这是人和猿的根本区别所在。

在"北京人"居住过的洞穴里，发现厚度达4～6米、色彩鲜艳的灰烬，表明"北京人"已懂得使用火，这是人类由动物界跨入文明世界的重要标志。

通过对"北京人"及其周围自然环境的研究表明，50万年前北京的地质地貌与现在已无多大差别，在丘陵山地上密布着森林群落，栖息着多种动物。这为研究北京生态环境变迁史提供了依据。

"北京人"及其文化的发现与研究，解决了19世纪爪哇人发现以来困扰科学界近半个世纪的"直立人"究竟是猿还是人的争论。事实表明，在人类历史的黎明时代，从体质形态、文化性质到社会组织等方面，的确有过"直立人"的阶段，他们是"南猿"的后代，也是以后出现的"智人"的祖先，"直立人"处于从猿到人进化序列中重要的中间环节。到目前为止，"直立人"的典型形态仍以周口店北京人为准

□ 历史悬案

则,周口店遗址依然是世界同期古人类遗址之中材料最丰富、最系统、最有价值的一个!

北京人化石失踪后,世界各地的新闻媒体传说纷纭,不但出了书,还拍了电影、电视剧,"北京人"失踪之谜也成了考古学界的一桩著名奇案。

周口店考古是在1937年7月7日卢沟桥事变爆发两天后停止的。当时周口店发现的所有古人类化石,都保存在北平协和医院里。可是,随着日本和美国的关系越来越紧张,人们也越来越担心,如果两国之间发生战争,日本一定会占领协和医学院,那么,珍贵的"北京人"化石恐怕就会落入日本人的手中。怎么办?要么把化石运到抗战大后方重庆去,要么在北平找一个妥善的地方把化石秘密收藏起来,要么就想办法送去美国暂时保管,只有这三条路可走。经过认真的思考、比较,人们认为还是送到美国去比较安全。可是,在发掘周口店之前就有过这样的约定,即经费由美国洛克菲勒基金会提供,但标本不得运出中国。

为了确保化石的安全,协和医院的负责人与远在重庆方面多次协商,最后征得同意,可以委托美国大使馆把化石运到美国暂为保管,但是等到战争一结束化石就得运回中国。

1941年2月初,包装在两个大木箱里的"北京人"和山顶洞人的化石,被移交给了即将离开北平撤回美国的美国海军陆战队,由海军陆战队上校阿舒尔斯特负责。12月5日,因为该部队要乘火车离开北平去秦皇岛,阿舒尔斯特就又让一名叫福莱的军医负责看管这批装有化石标本的箱子。福莱军医受命后,先行将这批箱子寄往秦皇岛霍尔坎伯兵营,接着他也赶到了那里。他打算在那儿改乘预计8日到港的美国轮船"哈里逊总统"号回国。

出人预料的是珍珠港事件爆发了,没等"哈里逊总统"号赶到,日军就占领了霍尔坎伯兵营,在那里的所有美国海军陆战队队员都成了俘虏,后来被押送到了天津战俘营。两个星期后,这些行李被运回天津,福莱军医领回了他的大部分行李。他把他个人箱子打开,发现属于他自己的现代人头骨标本不见了。而上校委托他保管的箱子虽然也在,但他没有打开检查,也就是说虽然箱子好像未被日军打开过,但并不能确定"北京人"化石是否还在箱子里。

初到天津战俘营时,福莱德行动还没受到限制,他就寻机将行李分别保管在三个地方:瑞士人在天津开设的仓库、法租界的巴斯德研究所以及几个中国朋友那里。后来,福莱军医没有了行动自由,他就不知道这些箱子的下落了。

其实,日本人早就注意到了"北京人"化石。据《裴文中关于"北京人"化石标本被劫及失踪经过报告》介绍,早在1941年12月8日珍珠港事件爆发前,日本东京帝国大学教授长谷部言人及其助教高井冬二就来过北平,高井当时还提出要到新生代研究室工作两周的请求。珍珠港事件爆发那一天的清晨,日本人迅速占领了协和医院,并详细检查解剖系的铁柜,然后进行封存,并派兵守护。

几天后,日本占领协和医院的负责人田冈大尉找到裴文中,说保险柜中所存放的全是石膏模型,追问"北京人"化石的去处。因为化石标本的装运是悄悄进行的,裴文中并不知情,所以也就无从说起。

另据有关报道说,日本人发现化石标本不见了之后,一面在报上大肆宣扬"北京人"化石"被窃",一面指派侦探锭者繁晴负责搜寻工作。大约两个月后,锭者传出在天津找到了"北京人"化石的说法。但是很快就否定了找到的东西与"北京人"化石有关,之后不久,搜索工作就停止了。

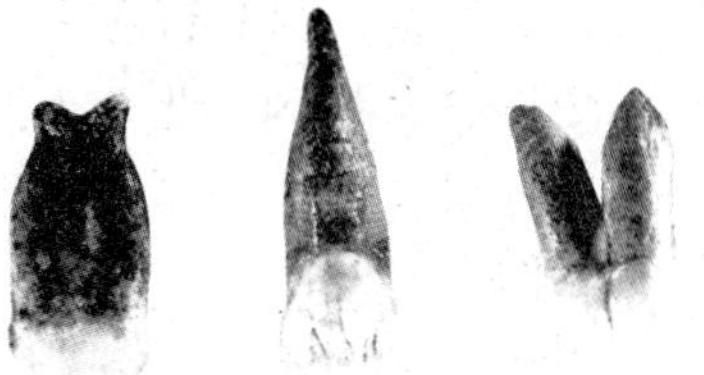

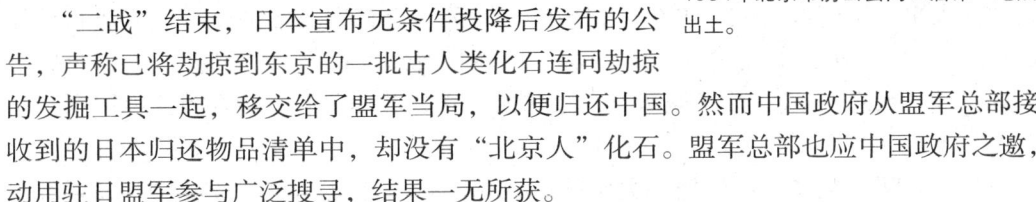

"北京人"牙齿化石
旧石器时代早期,距今约50万年。1934年北京市房山县周口店第一地点出土。

"二战"结束,日本宣布无条件投降后发布的公告,声称已将劫掠到东京的一批古人类化石连同劫掠的发掘工具一起,移交给了盟军当局,以便归还中国。然而中国政府从盟军总部接收到的日本归还物品清单中,却没有"北京人"化石。盟军总部也应中国政府之邀,动用驻日盟军参与广泛搜寻,结果一无所获。

目前,唯一健在的"北京人"头盖骨的"见证人"就是我国古人类学家胡承志。当年他年仅24岁,任北京协和医院新生代研究室技术员。据他回忆,1941年11月份的一天上午,大约是在珍珠港事件爆发前的18天到21天之间,也就是3个星期左右,他突然接到美国的新生代研究室名誉主任魏敦瑞的女秘书的通知,把"标本装箱运走"。第二天,在医院解剖科技术员吉延卿的帮忙下,胡承志开始了小心的装箱工作。

他把化石从保险柜里一件件取出,给每件化石都穿了6层"衣服":第一层包的是擦显微镜用的细棉纸;第二层用的是稍厚的白绵纸;第三层包的是医用吸水棉;第四层是医用细棉纱;第五层包的是白色粉莲纸;第六层用厚厚的白纸和医用布紧紧裹住。包完之后将化石装入小盒,并用棉花将小盒填满,然后分装在两只没有上漆的白色大木箱里。两个木箱一大一小,大的长48寸、宽22寸、高11寸,略小一点的木箱长45寸,宽和高均为22寸。木箱内6面都垫有弹性很好的黄色瓦垄纸数层。小盒逐一放入木箱后再用木丝填满,然后将木箱封盖、加锁,并在外面分别标上"CASE1"和"CASE2"的字样。

装好之后,胡承志把箱子送到了协和医院总务长博文的办公室,然后,他就离开了,再也没有从事化石工作研究。

胡承志认为"北京人"头盖骨被不懂化石价值的日本人砸烂扔掉的可能性不大。"因为化石包装得极考究,整整包了6层。但凡有点文化的人,即便不完全了解化石的真正价值,也不会轻易将之丢弃。"

从整个运送的过程看,"北京人"化石并未真正遗失。但它们究竟在哪里呢?是被埋藏在哪儿,还是被人有意隐藏起来了,这就不得而知了。

追寻"北京人"化石

北京房山周口店发现的"北京人"遗址,毫无疑问是20世纪古人类学研究中最具价值的贡献,因为它将人类历史的年代推前了数万年,至今仍是目前全球发现最完整、最丰富、最具说服力的古人类活动遗存。也就是说，无论从科研角度还是从政治角度看，找到"北京人"头盖骨化石都是极具历史意义的一件事。所以，抗战胜利后，裴文中等中国许多古人类学者、考古学家一直都没放弃过对"北京人"的寻找工作。

1945年8月28日、11月26日，裴文中先后两次致函中央地质调查所原所长翁文灏和现任所长李春昱，在信中，裴文中说："猿人标本前曾装二大箱交美国大使馆，唯未能运出，战争即行爆发。一年后东京帝国大学人类学教授长谷部言人和高井冬二来平，拟继续研究。曾找过胡顿问话未果。后日人至秦皇岛、天津及北平各处寻找，谓未找见，此后亦再无人追究……胡顿等猜疑标本或为日人得去，而故作不知。"信中裴文中还提出了至秦皇岛察访的请求，并提请赴日调查团代为留意"北京人"化石一事。

在此期间，裴文中还致信在美国的魏敦瑞，希望能寻求到麦克阿瑟情报参谋的合作，同时，他还在《纽约时报》发表了有关中国猿人标本失踪的文章。

同年12月，为了提高搜寻效率，裴文中应《大公报》记者徐盈之邀，撰写了《"北京人"在哪里》一文，在重庆、上海、天津三地发表。此举果然见效，文章发出不久，社会上就出现了"北京人"化石在日本的消息。1946年1月19日，一听到消息，翁文灏马上给美国马歇尔将军写了一封信，请求把"北京人"化石归还中国。可是，得到的东西虽与"北京人"化石有关，却不是"北京人"化石。

空欢喜了一场之后，中国政府又指令中国驻日代表团切实追寻，教育部还委派"清理战时文物损失委员会"专家李济之前往日本协助。但是结果却不令人满意，日方以"根据现有情况无法进行更深入的调查"将责任推得一干二净。

1948年12月6日，裴文中写信给李春昱说："弟前于李济之先生赴东京之时，曾函他，请询问高井冬二和长谷部言人，因他二人寻找之时，距遗失之时甚近，且曾询问在丰台集中营之美军陆战队官兵，更加利用日军军力寻找，当有所知。然而据李先生到平时云，美军总部以不知二人下落为辞，竟求与二人一见而不可得。现高井冬二仍在东京帝大地质系任助教，岂能以不知下落回答之"，"日方之复函，谓曾询问日军中之在秦皇岛者，彼等当不知之，即知之亦否认之。故弟认为，关键仍在东京之盟军总部。如询问高井和长谷部及当时之日宪兵'锭者繁晴'，更为有力，且可得确实消息"，"对化石之下落推测，则为日人所得（即长谷部），因何以彼于寻找后，即不再寻找？协和之胡顿，亦如此想法；唯博文则认为不可能。然无论如何，则询问高井等，可得第一手资料，则无疑问。高井现对人表示（现弟之一学生在彼处读书），曾寻找数月，毫无结果。纯系搪塞之辞。我们应知者为：曾于何处、何人寻找过，所得结果如何？要他历述所找之经历，他不能否认没有找过"，"唯找到之希望甚微，我始终认为，关键在'盟总'"。

为什么美方不调查被俘的陆战队员，也不愿中国方面会询高井？由此信可知，盟军和美国方面并不热心此事。由此，我们可以判断化石不排除流入美国的可能，因为美国科学家和陆战队员不但是当事人，还是化石遗失的最后见证人，按理说他们是最清楚化石的去向的，即便不知道在哪，至少他们也应该知道化石是在什么时候、什么地方丢失的。可迄今为止美方人士没能提供任何有利于化石回归的证据，这不能不让人产生怀疑。

看来，要找到"北京人"头盖骨化石只有靠我们自己了，可是，它又在哪里呢？

"北京人"化石可能在哪里

关于"北京人"化石的下落，流传有各种各样的说法。有人说"北京人"化石在运送美国的途中遗失了，可是从时间上来判断，这种可能根本不存在，因为"哈里逊总统"号早在抵达秦皇岛之前的长江口就触礁沉没了，福莱军医当然不可能带着化石登上这艘船。

还有人说"北京人"化石现在在美国，并且持这种观点的人还不少。1972年，美国总统尼克松访华，为了表示诚意，他想找到"北京人"化石作为礼物送给中国，但没有成功。可是，此事却引起了随行人员中的一位金融家贾纳斯的兴趣。回国后，他悬赏5000美元寻找"北京人"化石，虽然得到了很多线索，却都不是要找的标本。有一次，贾纳斯接到一位女士的电话，那位女士说"北京人"头盖骨化石就在她的手上。贾纳斯很激动，迫切要求与女士见面，双方约定在帝国大厦102层楼见面。见面后，女士只给贾纳斯看了一些照片。看着照片，贾纳斯疑为真品。可是，就在他们交流的过程中，有人给他们拍照。那位女士很生气，结束了谈话，转身走了。贾纳斯没能追上。可是，后来照片传到北京，裴文中看后认为这不是"北京人"头盖骨化石。

20世纪80年代，美国的一位古人类学家夏皮罗在他的《"北京人"》(Peking Man)一书中说，一位原海军陆战队军人曾告诉他，化石辗转到驻津美海军陆战队兵营，被埋在了6号楼地下室木板层下。他因此提出了"北京人"化石在天津的地下室被调包的观点。人们也是据此判断"北京人"化石可能在美国的。经过调查，那个兵营现在是天津卫生学校，6号楼已在唐山大地震时倒塌，可是，根据图纸发现，这座楼没有木板层，铺的是水泥地面，所以化石不可能被埋在这里。

1993年3月8日，美国海军某部军官、历史学家布朗又提出了"北京人"头骨化石可能在纽约的观点。《纽约邮报》还曾发布过他悬赏25万美元寻找"北京人"头骨化石的消息。

说"北京人"化石在美国的还有一种说法，当时守护在美国海军陆战队总部与美国驻华大使馆相通的便门口的一个卫兵，半夜时曾看到两个人将一箱东西埋在了大使馆门外十几米的后院里。所以，人们猜测，这箱东西说不定就是"北京人"化石。对此，长期研究"北京人"去向的中国学者、光明日报出版社原社长李树喜认为，既然中美已经就保管头盖骨化石事宜达成官方协议了，就不存在私埋的可能性。可是，谁都知道私埋的结果，不但可以说化石失踪了，还可以将其据为己有，运回美国了。难道这种可能性不存在吗？

不管支持"北京人"化石在美国的人有多少，毕竟到目前为止还没有一个确切的消息，所以，人们不免产生疑问，"北京人"化石会不会没在美国，而是在日本呢？道理很简单，如果当时美国陆战队队员的确在秦皇岛成了日军的俘虏，那么化石不在日本人手里又能在哪儿呢？

可是，如果这种说法成立的话，又如何理解战时日本方面的搜寻呢？针对这一点，有人说日本人不过是为了掩人耳目而已。不过，不可否认，化石也的确有不在日本人手里的可能。李树喜就认为化石在日本的可能性基本可以排除，并且据他说贾兰坡在世时也不相信"北京人"头盖骨在日本。认为化石标本不在日本，是基于化石本身的研究价值考虑的，也就是说化石只有用来研究才有价值。李树喜曾说："从常理来推测，'北京人'头盖骨之所以珍贵，主要在于其研究上的重要价值，关注的人多才有意义。假如在日本，无论是在政府手中，还是在民间，都应该将它公布出来，没有秘而不宣的道理，这样做没有任何意义。"

不过，这种想法是不是有些幼稚呢？毕竟这样最起码的行为，现实中的日本确实没有做到。战时日本从中国掠夺了大量文物，按上面的道理，日本应该主动归还，可是日方不但不配合，还要极力阻挠文物的回归。这种事情在一段时间以来时有发生。

尤其是20世纪80年代后期，古生物学家周兴国到东京举办"恐龙展"时，想进一步探查"北京人"的情况，请求与高井冬二面谈，可是却遭到了拒绝。在高井冬二的婉拒信中他不但否定化石到过日本，还断言化石由海上运到了美国。

可是，此举并不能扰乱周兴国的视听。周兴国认为，化石在日本的可能性比在美国的更大，因为日本有很强的掠夺性，化石遗失这件事毕竟是在日本人控制的局势下发生的。并且，日本在这方面也是有先例的，"二战"期间就窃取过一具在爪哇发现的梭罗人头骨化石，并且直到战后才被追回。

也有人认为遗失的头盖骨化石就在国内。对此，周口店古人类学研究中心的主任助理张双权说，经常会接到说见过"北京人"头盖骨的电话，但是进一步追查的时候，往往又都不是那么回事。

另据曹家骧的《考古发现漫笔》记载，1996年初，一个叫仰木道之的日本人，从他的朋友的朋友处得知"北京人"头盖骨化石被埋在距北京城外东2千米的地方，那还有一棵做了记号的松树。1996年5月3日，中国方面得到这一信息后，各路专家先对北京日坛公园"埋藏"地点进行了探测，然后于6月3日上午正式发掘。发掘了近3个小时，一无所获。

在种种谜团无法解开的情况下，有人提出了不耐烦的猜测，装化石的两个箱子保存在秦皇岛的库房中时，该库房曾被日军抢劫两次，说不定在战乱中日军把化石摧毁了，而他们并不知道。如果真是这样，那岂不是中国，乃至全世界、全人类的一大损失？好在，就在人们要陷入绝望的时候，又出现了一种新说法——"北京人"头盖骨在沉船"阿波丸"号上。这一说法是由20世纪70年代美国方面提供的资料率先披露的。

"阿波丸"号是一艘日本远洋油轮,船长154.9米,宽20.2米,深12.6米,总吨位11249.4吨,建造于20世纪40年代,1945年3月28日,被日本军队征用。在新加坡,"阿波丸"号装载了大批撤退的日本人,准备驶回日本,可是,在4月1日午夜时分,行至中国福建省牛山岛以东海域时,被正在巡航的美军潜水舰"皇后鱼"号发现。"阿波丸"号遭到数枚鱼雷袭击,3分钟后沉没。船上2009人中只有三等厨师下田勘太郎一人生还,其他乘客、船员以及船上装载的40吨黄金、12吨白金、40箱左右的珠宝和文物、3000吨锡锭、3000吨橡胶以及数千吨大米,全部沉入海底。

1972年,美国总统尼克松首次访华时,原想把"北京人"化石作为礼物送给中国,可是心愿未果,就又准备了一份大礼——"阿波丸"号沉没在中国海域的具体方位和装载货物清单。"北京人"头盖骨化石很可能也在上面。

1977年初,我国对"阿波丸"号进行了打捞。在打捞过程中发现,伪满洲国政要郑禹的家藏小官印(玉印)及郑孝胥安葬时分赠后人的圆砚竟然也在船上。这说明,"阿波丸"号上果然有中国的文物,"北京人"头盖骨或许真的在这艘船上。

但也有人提出了疑问,按时间推测,如果化石真的落在了日本人的手上,那也应该是1941年的事,为什么当时不将化石运回日本,而要等到1945年才装上"阿波丸"绕道东南亚运往日本呢?

如果,"北京人"头盖骨化石不在船上,那又在哪呢?在中译本著作《黄金武士》中,作者引述美国相关人士对话称,对于举世关注的"北京人"头盖骨下落一事,"我可以对《圣经》发誓,这些化石('北京人'头盖骨)和其他财宝一起被放在(日本)皇宫的地下室里。"

说得像真的一样,不过在经过了那么多的失望之后,人们不免会想这会不会只是文学作品用来吸引人眼球的一个噱头呢?

没有消息就是好消息,只要不能确切论证"北京人"头盖骨已经化为乌有了,那就有找到的可能,我们拭目以待吧。

周口店"北京人"遗址

周口店"北京人"遗址位于北京西南房山区境内,距市区约50公里。该遗址自1927年开始系统发掘,在前后几十年的发掘过程中,先后发现了40多个猿人个体化石材料、10余万件石器、丰富的人类用火遗迹以及大量的古脊椎动物化石。1961年3月4日被列为全国重点文物保护单位;1987年12月11日被联合国教科文组织列入"世界遗产"清单。